高 等 学 校 教 材

SPSS
统计分析基础教程
（第3版）

张文彤　编著

高等教育出版社·北京

内容提要

本书将统计理论与 SPSS 操作结合起来,是一本实用性很强的 SPSS 入门教程。本书共分 4 个部分。第一部分为软件入门与数据管理,主要内容包括 SPSS 入门、数据录入与数据获取、变量级别的数据管理、文件级别的数据管理、大型研究项目的数据管理、SPSS 编程;第二部分为统计描述与统计图表,主要内容包括连续变量的统计描述与参数估计、分类变量的统计描述与参数估计、数据的报表呈现、数据的图形展示;第三部分为常用假设检验方法,主要内容包括分布类型的检验、连续变量的统计推断、有序分类变量的统计推断、无序分类变量的统计推断、相关分析、线性回归模型入门;第四部分为统计实战案例集锦,主要内容包括 CCSS 项目的自动化生产、X 药物治疗原发性高血压的临床试验研究、咖啡屋需求调查、牙膏新品购买倾向研究、证券业市场绩效与市场结构关系的实证分析。本书基于 IBM SPSS Statistics 24 中文版,以真实案例贯穿全书,有助于读者提高实战能力。

本书可作为高等学校本科生和研究生统计分析课程教材,也可作为各行业中非统计专业背景、需要使用统计方法的人员,以及希望学习 SPSS 软件使用的人员的参考书。

图书在版编目(CIP)数据

SPSS 统计分析基础教程/张文彤编著.--3 版.--北京:高等教育出版社,2017.4(2021.11重印)
ISBN 978-7-04-047460-2

Ⅰ.①S… Ⅱ.①张… Ⅲ.①统计分析-软件包-高等学校-教材 Ⅳ.①C819

中国版本图书馆 CIP 数据核字(2017)第 027857 号

SPSS Tongji Fenxi Jichu Jiaocheng

| 策划编辑 | 刘 艳 | 责任编辑 | 唐德凯 | 封面设计 | 于文燕 | 版式设计 | 杜微言 |
| 插图绘制 | 杜晓丹 | 责任校对 | 陈旭颖 | 责任印制 | 刁 毅 | | |

出版发行	高等教育出版社	网 址	http://www.hep.edu.cn
社 址	北京市西城区德外大街 4 号		http://www.hep.com.cn
邮政编码	100120	网上订购	http://www.hepmall.com.cn
印 刷	河北鹏盛贤印刷有限公司		http://www.hepmall.com
开 本	787mm×1092mm 1/16		http://www.hepmall.cn
印 张	24.5	版 次	2004 年 10 月第 1 版
字 数	600 千字		2017 年 4 月第 3 版
购书热线	010-58581118	印 次	2021 年 11 月第 13 次印刷
咨询电话	400-810-0598	定 价	46.00 元

本书如有缺页、倒页、脱页等质量问题,请到所购图书销售部门联系调换
版权所有 侵权必究
物 料 号 47460-00

前　言

本书自 2004 年第 1 版出版以来,受到了广大读者的欢迎,被国内数百所高校选为本科生或研究生相关课程教材,在此感谢广大读者的支持与厚爱。

本书第 2 版出版于 2011 年,SPSS 在这几年间已经升级了 4 个版本,而且最新的版本易用性更强,软件功能也更丰富,因此需要对全书内容进行有针对性的修订。在第 2 版的基础上,结合 SPSS 版本的更新和读者的反馈,本版以 IBM SPSS Statistics 24 版为准,对内容做了如下调整。

1. 进一步实战化

仍然以中国消费者信心调研(CCSS)项目案例作为贯穿全书的主案例,并且每一章的编写都围绕该项目的实际分析展开,使全书的结构更贴近项目实际的分析流程。原有的"统计实战案例集锦"章节单列为第四部分,并进行了内容调整,以便于读者阅读。

2. 突出统计主线

在本书以前的版本中,考虑到当时用户的计算机应用水平,实际上一直采用软件+统计分析的双主线结构,这种两者兼顾的方式给读者带来了一些困扰。随着用户计算机应用水平的提高,本版不再需要两者兼顾,而能够突出统计分析的主线,软件操作步骤和技巧等均配合统计分析的主线展开介绍,供学有余力的读者学习。这样的结构更便于统计教学的开展。

3. 跟进软件新功能

SPSS 近几年来借助 Python 和 R 扩展增加了很多新的功能,对于这些新功能,没有必要全部进行介绍。本版采取授之以渔的思路,重点介绍在实际应用中有价值的新功能,并在第 1 章提供了插件安装、设定的操作方式,这样有利于读者根据自身需求进行深入研究。

本书内容覆盖了目前高等学校大部分本科专业统计分析课程的教学范围,并结合 SPSS 的强大功能做了很好的扩展。每章后均附有思考与练习,涉及统计学理论的章节还提供了本章小结;书中带 * 的内容具有一定的深度,读者可以根据个人基础和兴趣选学。此外,本书和《SPSS 统计分析高级教程》构成了对 SPSS 的全面介绍。为便于读者交流和使用这套书,读者可以通过以下网址获得相关资源。

微信公众号:统计之星。

本书案例数据、内容修订、拓展阅读资料可到"医学统计之星"网站上下载。

希望广大读者能够一如既往地踊跃提出自己的宝贵意见和建议,使得本书再次改版时能够更上一层楼,更好地满足大家的学习和工作需求。

作　者
2016 年 11 月

目 录

第一部分 软件入门与数据管理

第 1 章 SPSS 入门 ……………… 3

1.1 软件概述 …………………………… 3
　1.1.1 SPSS 发展简史 ……………… 3
　1.1.2 SPSS 的产品定位 …………… 4
　1.1.3 SPSS 的基本特点 …………… 5
　1.1.4 SPSS 的 Client/Server 结构与模块化结构 ……………… 5
1.2 SPSS 操作入门 …………………… 7
　1.2.1 SPSS 的安装与激活 ………… 7
　1.2.2 SPSS 的启动与退出 ………… 7
　1.2.3 SPSS 的操作方式 …………… 8
　1.2.4 SPSS 对话框操作基本规范 … 9
1.3 SPSS 的窗口、菜单项和结果输出 … 11
　1.3.1 SPSS 的 4 种窗口 …………… 11
　1.3.2 SPSS 菜单项 ………………… 12
　1.3.3 SPSS 的 4 种结果输出 ……… 13
　1.3.4 分析结果的保存和导出 …… 14
1.4 SPSS 的系统选项与扩展资源 …… 16
　1.4.1 系统选项 …………………… 16
　1.4.2 网站资源 …………………… 17
　1.4.3 安装 Python/R 扩展 ………… 17
1.5 SPSS 的帮助系统 ………………… 18
　1.5.1 学习向导 …………………… 18
　1.5.2 软件操作帮助 ……………… 19
　1.5.3 针对高级用户的帮助功能 … 20
1.6 数据分析方法论概述 …………… 21
　1.6.1 严格设计支持下的统计方法论 ……………………… 21
　1.6.2 半试验研究支持下的统计方法论 ……………………… 21
　1.6.3 偏智能化、自动化分析的数据挖掘应用方法论 ……… 22
思考与练习 ……………………………… 23

第 2 章 数据录入与数据获取 ……… 24

2.1 CCSS 项目背景介绍 ……………… 24
　2.1.1 项目背景 …………………… 24
　2.1.2 项目问卷 …………………… 24
2.2 数据格式概述 …………………… 26
　2.2.1 统计软件中数据的录入格式 ………………………… 26
　2.2.2 变量属性 …………………… 26
2.3 在 SPSS 中直接建立数据集 …… 31
　2.3.1 操作界面说明 ……………… 31
　2.3.2 开放题和单选题的设定与录入 …………………………… 31
　2.3.3 多选题的设定与录入 ……… 33
2.4 读入外部数据 …………………… 34
　2.4.1 读取电子表格数据文件 …… 34
　2.4.2 读取文本数据文件 ………… 35
　2.4.3 用 ODBC 接口读取各种数据库文件 ………………… 38
2.5 数据的保存 ……………………… 38
　2.5.1 保存为 SAV 格式 …………… 38
　2.5.2 保存为其他数据格式 ……… 39
2.6 数据编辑窗口常用操作技巧 …… 39
　2.6.1 数据录入技巧 ……………… 40
　2.6.2 快速定位技巧 ……………… 41
　2.6.3 窗口操作与切换技巧 ……… 41
思考与练习 ……………………………… 43

第 3 章　变量级别的数据管理 …………… 44

- 3.1　变量赋值 ………………………… 45
  - 3.1.1　常用基本概念 ………… 45
  - 3.1.2　界面介绍 ……………… 46
  - 3.1.3　案例:年龄变量 S3 的分组 … 46
- 3.2　已有变量值的分组合并 ………… 47
  - 3.2.1　对连续变量进行分组合并 … 47
  - 3.2.2　分类变量类别的合并 …… 48
- 3.3　连续变量的离散化 ……………… 49
  - 3.3.1　可视离散化 …………… 49
  - 3.3.2　最优离散化 …………… 50
- 3.4　自动重编码、编秩与数值计数 …… 52
  - 3.4.1　自动重编码 …………… 52
  - 3.4.2　数据编秩 ……………… 53
  - 3.4.3　指定数值的查找与计数 … 54
- 3.5　转换菜单中的其他功能 ………… 54
- 思考与练习 ……………………………… 55

第 4 章　文件级别的数据管理 …………… 56

- 4.1　几个常用过程 …………………… 57
  - 4.1.1　个案排序 ……………… 57
  - 4.1.2　拆分文件 ……………… 57
  - 4.1.3　选择个案 ……………… 59
  - 4.1.4　加权个案 ……………… 59
  - 4.1.5　分类汇总 ……………… 61
- 4.2　多个数据文件的合并 …………… 62
  - 4.2.1　一些基本概念 ………… 62
  - 4.2.2　数据文件的纵向拼接 …… 63
  - 4.2.3　数据文件的横向合并 …… 64
- 4.3　数据文件的重组与转置 ………… 66
  - 4.3.1　数据的长型与宽型格式 … 66
  - 4.3.2　长型格式转换为宽型格式 … 67
  - 4.3.3　宽型格式转换为长型格式 … 68
  - 4.3.4　数据转置 ……………… 69
- 4.4　数据菜单中的其他功能 ………… 69
- 思考与练习 ……………………………… 70

第 5 章　大型研究项目的数据管理 ……… 71

- 5.1　数据字典 ………………………… 71
  - 5.1.1　数据字典简介 ………… 71
  - 5.1.2　定义变量属性 ………… 72
  - 5.1.3　复制数据属性 ………… 73
  - 5.1.4　新建自定义属性和设置新变量的测量级别 ………… 74
- 5.2　数据核查 ………………………… 75
  - 5.2.1　数据核查概述 ………… 75
  - 5.2.2　数据验证模块 ………… 76
  - 5.2.3　标识重复个案 ………… 79
  - 5.2.4　双录核查 ……………… 80
- 5.3　数据准备 ………………………… 82
  - 5.3.1　标识异常个案 ………… 82
  - 5.3.2　数据自动准备 ………… 84
  - 5.3.3　数据的匿名化 ………… 86
  - 5.3.4　使用变量集 …………… 87
- 思考与练习 ……………………………… 88

第 6 章　SPSS 编程 ……………………… 89

- 6.1　CCSS 项目的数据处理需求 …… 89
- 6.2　SPSS 编程入门 ………………… 90
  - 6.2.1　基本语法规则 ………… 90
  - 6.2.2　SPSS 程序的创建方式 … 92
  - *6.2.3　结构化语句简介 ……… 93
  - 6.2.4　简单程序示例 ………… 94
- 6.3　语法编辑窗口操作入门 ………… 95
  - 6.3.1　语法编辑窗口界面 …… 95
  - 6.3.2　程序的运行与调试 …… 97
- 6.4　宏程序与 INSERT 命令 ………… 97
  - 6.4.1　宏程序 ………………… 98
  - 6.4.2　INSERT 命令 ………… 99
- 6.5　OMS 与程序自动化 …………… 100
  - 6.5.1　OMS …………………… 100
  - 6.5.2　程序自动化 …………… 103
- 思考与练习 ……………………………… 104

第二部分　统计描述与统计图表

第7章　连续变量的统计描述与参数估计 …… 107

- 7.1 连续变量的统计描述指标体系 …… 107
  - 7.1.1 集中趋势的描述指标 …… 107
  - 7.1.2 离散趋势的描述指标 …… 109
  - 7.1.3 分布特征及其他趋势的描述指标 …… 110
  - 7.1.4 SPSS 中的相应功能 …… 111
- 7.2 连续变量的参数估计指标体系 …… 112
  - 7.2.1 正态分布 …… 112
  - 7.2.2 参数的点估计 …… 113
  - 7.2.3 参数的区间估计 …… 114
  - 7.2.4 SPSS 中的相应功能 …… 115
- 7.3 案例：信心指数的统计描述 …… 115
  - 7.3.1 使用频率过程进行分析 …… 115
  - 7.3.2 使用描述过程进行分析 …… 117
  - 7.3.3 使用探索过程进行分析 …… 118
- 7.4 Bootstrap 方法 …… 121
  - 7.4.1 模型介绍 …… 121
  - 7.4.2 案例：对总指数进行 Bootstrap 估计 …… 122
- 思考与练习 …… 124

第8章　分类变量的统计描述与参数估计 …… 125

- 8.1 指标体系概述 …… 125
  - 8.1.1 单个分类变量的统计描述 …… 125
  - 8.1.2 多个分类变量的联合描述 …… 126
  - 8.1.3 多选题的统计描述 …… 126
  - 8.1.4 分类变量的参数估计 …… 127
  - 8.1.5 SPSS 中的相应功能 …… 127
- 8.2 案例：对学历等背景变量进行描述 …… 128
  - 8.2.1 使用频率过程进行描述 …… 128
  - 8.2.2 使用交叉表过程进行描述 …… 128
- 8.3 案例：对多选题 C0 还贷状况进行描述 …… 130
  - 8.3.1 设定多选题变量集 …… 130
  - 8.3.2 多选题的频数列表 …… 131
  - 8.3.3 多选题的列联表分析 …… 132
- 思考与练习 …… 134

第9章　数据的报表呈现 …… 135

- 9.1 统计表入门 …… 135
  - 9.1.1 统计表的基本框架 …… 135
  - 9.1.2 表头、数据区与汇总项 …… 136
  - 9.1.3 单元格的数据类型 …… 137
  - 9.1.4 几种基本表格类型 …… 137
  - 9.1.5 SPSS 中的报表功能 …… 139
  - 9.1.6 SPSS 中统计表的基本绘制步骤 …… 139
- 9.2 简单案例：题目 A3 的标准统计报表制作 …… 140
  - 9.2.1 案例介绍 …… 140
  - 9.2.2 绘制表格基本框架 …… 140
  - 9.2.3 设置摘要统计量及格式 …… 142
  - 9.2.4 调整各种显示细节 …… 144
- 9.3 复杂案例：题目 A3a 的标准统计报表制作 …… 145
  - 9.3.1 案例介绍 …… 145
  - 9.3.2 多选题、表格基本框架及汇总项的设定 …… 146
  - 9.3.3 设定分类变量小结和汇总项 …… 147
  - 9.3.4 "定制表"对话框的其他选项卡 …… 147
- 9.4 表格的编辑 …… 150
  - 9.4.1 基本编辑操作 …… 150
  - 9.4.2 主要编辑菜单功能介绍 …… 152
  - 9.4.3 表格属性的详细设置 …… 153
- 9.5 表格模板技术 …… 154
- 思考与练习 …… 156

第10章 数据的图形展示 ···················· 157

- 10.1 统计图概述 ···························· 157
  - 10.1.1 统计图的基本框架 ··········· 157
  - 10.1.2 统计图的种类 ················ 159
  - 10.1.3 SPSS 的统计绘图功能 ······ 162
- 10.2 直方图和茎叶图 ···················· 163
  - 10.2.1 案例：绘制消费者信心值的直方图 ··············· 163
  - 10.2.2 图形的基本编辑操作 ········ 164
  - 10.2.3 直方图图形框架的修改 ····· 170
  - 10.2.4 直方图的衍生图形 ··········· 171
  - 10.2.5 茎叶图 ························ 173
- 10.3 箱图 ······································ 174
  - 10.3.1 案例：用箱图分月份考察消费者信心的分布 ····· 174
  - 10.3.2 箱图的编辑 ···················· 175
- 10.4 饼图 ······································ 177
  - 10.4.1 案例：分城市、月份考察样本性别比例 ·········· 177
  - 10.4.2 饼图的编辑 ···················· 177
- 10.5 条图与误差图 ······················· 179
  - 10.5.1 简单条图案例：比较不同职业人群的消费者信心值 ·················· 180
  - 10.5.2 复式条图案例：分职业进一步比较不同人群的现状和预期指数 ··········· 181
  - 10.5.3 分段条图与百分条图案例：比较不同月份的 A3a 选项比例分布 ······ 182
  - 10.5.4 条图的编辑 ···················· 184
  - 10.5.5 带误差线的条图与误差图 ····················· 185
- 10.6 线图、面积图、点图与垂线图 ···· 186
  - 10.6.1 多重线图案例：分城市比较信心指数随时间的变化趋势 ··············· 186
  - 10.6.2 线图的编辑 ···················· 187
  - 10.6.3 面积图、点图与垂线图 ····· 189
- 10.7 散点图 ·································· 189
  - 10.7.1 简单散点图案例：年龄 S3 与消费者信心指数间的关系 ···················· 190
  - 10.7.2 散点图的编辑 ················ 190
  - 10.7.3 分组散点图案例：分性别考察年龄对信心指数值的影响 ················· 193
  - 10.7.4 散点图矩阵案例：年龄 S3 与现状指数、预期指数的关系 ···················· 194
  - 10.7.5 三维散点图 ···················· 195
- 10.8 P-P 图和 Q-Q 图 ················· 196
  - 10.8.1 P-P 图 ··························· 196
  - 10.8.2 Q-Q 图 ·························· 198
- 10.9 控制图与 Pareto 图 ·············· 199
  - 10.9.1 控制图 ·························· 199
  - 10.9.2 Pareto 图 ······················ 201
- 10.10 其他统计图 ························ 202
  - 10.10.1 ROC 曲线 ···················· 202
  - 10.10.2 高-低图 ······················ 204
  - 10.10.3 时间序列分析中使用的图形 ···························· 206
- 思考与练习 ·································· 206

第三部分 常用假设检验方法

第11章 分布类型的检验 ················ 209

- 11.1 假设检验的基本思想 ············· 209
  - 11.1.1 问题的提出 ···················· 209
  - 11.1.2 小概率事件与小概率反证法 ······················· 210
  - 11.1.3 假设检验的标准步骤 ······· 210
  - 11.1.4 假设检验的两类错误 ······· 211
  - 11.1.5 假设检验中的其他问题 ··· 211
- 11.2 正态分布检验 ······················· 212

11.2.1　K-S 检验的原理 ············ 212
   11.2.2　案例:考察信心指数分布
　　　　　是否服从正态分布 ······ 213
11.3　二项分布检验 ·················· 216
   11.3.1　二项分布检验的原理 ······ 216
   11.3.2　案例:考察抽样数据的
　　　　　性别分布是否平衡 ······ 216
11.4　游程检验 ························ 217
   11.4.1　游程检验的原理 ············ 217
   11.4.2　案例:考察 CCSS 抽样
　　　　　数据是否随机 ············ 218
11.5　本章小结 ························ 220
思考与练习 ····························· 220

第 12 章　连续变量的统计推断(一)
　　　　　——t 检验 ·············· 221

12.1　t 检验概述 ······················ 221
   12.1.1　t 检验的基本原理 ·········· 221
   12.1.2　SPSS 中的相应功能 ······· 223
12.2　样本均数与总体均数的比较 ··· 224
   12.2.1　案例:基期广州信心指数
　　　　　均值与基准值的比较 ··· 224
   12.2.2　单样本 t 检验中的其他
　　　　　问题 ························ 226
12.3　成组设计两样本均数的比较 ··· 226
   12.3.1　方法原理 ····················· 226
   12.3.2　案例:考察婚姻状况对
　　　　　信心指数的影响 ·········· 227
   12.3.3　两样本 t 检验的适用
　　　　　条件 ························ 229
12.4　正态性、方差齐性的考察与应对
　　　策略 ··························· 230
   12.4.1　正态性的考察方法 ········· 230
   12.4.2　方差齐性的考察方法 ······ 231
   12.4.3　数据不符合适用条件时的
　　　　　应对策略 ··················· 231
12.5　配对设计样本均数的比较 ····· 232
   12.5.1　方法原理 ····················· 232
   12.5.2　案例:同一受访者前后

　　　　　信心值的比较 ············ 233
12.6　本章小结 ························ 235
思考与练习 ····························· 235

第 13 章　连续变量的统计推断(二)
　　　　　——单因素方差分析 ······ 237

13.1　方差分析概述 ··················· 237
   13.1.1　为什么要进行方差分析 ··· 237
   13.1.2　方差分析的基本思想 ······ 237
   13.1.3　单因素方差分析的适用
　　　　　条件 ························ 239
13.2　案例:北京消费者不同时点信心
　　　指数的比较 ···················· 239
13.3　均数间的多重比较 ············· 242
   13.3.1　直接校正检验水准 ········· 242
   13.3.2　专用的两两比较方法 ······ 243
   13.3.3　两两比较方法的选择
　　　　　策略 ························ 245
   13.3.4　多重比较结果出现矛盾
　　　　　时的解释 ··················· 245
   13.3.5　案例:不同时点信心
　　　　　指数的两两比较 ·········· 246
   13.3.6　制表模块的两两比较
　　　　　输出 ························ 247
13.4　各组均数的精细比较 ·········· 249
   *13.4.1　方法原理 ···················· 249
   13.4.2　案例:一个时点与另两个
　　　　　时点均数的比较 ·········· 250
13.5　组间均数的趋势检验 ·········· 252
   13.5.1　方法原理 ····················· 252
   13.5.2　案例:对信心指数的变化
　　　　　做趋势检验 ················ 252
13.6　本章小结 ························ 253
思考与练习 ····························· 253

第 14 章　有序分类变量的统计推断
　　　　　——非参数检验 ············ 255

14.1　非参数检验概述 ················ 255
   14.1.1　非参数检验的特点 ········· 255

14.1.2　非参数检验预备知识 …… 256
14.2　两个配对样本的非参数检验 …… 257
　　14.2.1　方法原理 …… 257
　　14.2.2　案例：同一受访者前后
　　　　　　单项指标的比较 …… 258
14.3　两个独立样本的非参数检验 …… 260
　　14.3.1　方法原理 …… 260
　　14.3.2　案例：不同收入家庭经济
　　　　　　现状感受值的比较 …… 261
14.4　多个独立样本的非参数检验 …… 263
　　14.4.1　方法原理 …… 263
　　14.4.2　案例：北京消费者不同
　　　　　　时点的题目得分比较 …… 264
14.5　多个相关样本的非参数检验 …… 266
　　14.5.1　Friedman 检验 …… 266
　　14.5.2　Kendall 协同系数检验与
　　　　　　Cochran 检验 …… 267
14.6　秩变换分析方法 …… 268
　　14.6.1　秩变换分析原理简介 …… 268
　　14.6.2　案例：用秩变换来比较
　　　　　　不同时点的家庭经济
　　　　　　感受值 …… 268
14.7　本章小结 …… 269
思考与练习 …… 270

第15章　无序分类变量的统计推断——卡方检验 …… 272

15.1　卡方检验概述 …… 272
　　15.1.1　卡方检验的基本原理 …… 272
　　15.1.2　卡方检验的用途 …… 273
　　15.1.3　SPSS 中的相应功能 …… 273
15.2　单样本案例：考察抽样数据的
　　　性别分布 …… 274
15.3　两样本案例：不同收入级别
　　　家庭的轿车拥有率比较 …… 275
15.4　卡方检验的事后两两比较 …… 278
15.5　确切概率法和蒙特卡洛法 …… 279
　　15.5.1　Yates 校正与确切概率法 …… 279
　　15.5.2　蒙特卡洛法简介 …… 280

　　15.5.3　蒙特卡洛法的 SPSS
　　　　　　实现 …… 281
15.6　两分类变量间关联程度的度量 …… 282
　　15.6.1　相对危险度与优势比 …… 282
　　15.6.2　案例：计算家庭收入级别
　　　　　　和轿车拥有情况的关联
　　　　　　程度 …… 283
15.7　一致性检验与配对卡方检验 …… 284
　　15.7.1　Kappa 一致性检验 …… 284
　　15.7.2　配对卡方检验 …… 286
15.8　分层卡方检验 …… 286
15.9　本章小结 …… 289
思考与练习 …… 289

第16章　相关分析 …… 291

16.1　相关分析简介 …… 291
　　16.1.1　相关分析的指标体系 …… 291
　　16.1.2　SPSS 中的相应功能 …… 293
16.2　简单相关分析 …… 294
　　16.2.1　方法原理 …… 294
　　16.2.2　案例：考察信心指数值和
　　　　　　年龄的相关性 …… 297
　　16.2.3　秩相关系数 …… 298
　　16.2.4　Kendall 等级相关系数 …… 299
16.3　偏相关分析 …… 300
　　16.3.1　方法原理 …… 300
　　16.3.2　案例：控制家庭收入的
　　　　　　影响之后考察年龄
　　　　　　的作用 …… 300
16.4　本章小结 …… 302
思考与练习 …… 302

第17章　线性回归模型入门 …… 303

17.1　线性回归模型简介 …… 303
　　17.1.1　相关分析与回归分析的
　　　　　　联系与区别 …… 303
　　17.1.2　简单回归分析的原理和
　　　　　　要求 …… 304
17.2　案例：建立用年龄预测总信心

指数值的回归方程 …………… 306
17.3 多重线性回归模型入门 ………… 310
　　17.3.1 模型简介 ……………… 310
　　17.3.2 多重线性回归模型的标准分析步骤 ……………… 310
　　17.3.3 回归方程中的自变量筛选方法 …………………… 312
　　17.3.4 SPSS 中与多重线性回归模型相关的功能 ………… 313
　　17.3.5 案例:建立自变量包括年龄、性别、家庭收入的信心指数回归方程 …… 314
17.4 本章小结 …………………… 317
思考与练习 ……………………… 318

第四部分　统计实战案例集锦

第 18 章　CCSS 项目的自动化生产 …… 321

18.1 项目背景 …………………… 321
18.2 分析思路 …………………… 321
18.3 具体操作 …………………… 323
18.4 项目总结与讨论 ……………… 325
思考与练习 ……………………… 326

第 19 章　X 药物治疗原发性高血压的临床试验研究 ……………… 327

19.1 项目背景 …………………… 327
　　19.1.1 研究概况 ……………… 327
　　19.1.2 研究方法 ……………… 327
19.2 数据准备 …………………… 328
19.3 基线情况比较 ………………… 330
19.4 疗效评价 …………………… 332
19.5 安全性评价 …………………… 334
19.6 结论与总结 …………………… 336
思考与练习 ……………………… 336

第 20 章　咖啡屋需求调查 …………… 337

20.1 项目背景 …………………… 337
20.2 数据预分析 …………………… 338
20.3 主体问卷分析 ………………… 340
20.4 项目总结与讨论 ……………… 345
思考与练习 ……………………… 345

第 21 章　牙膏新品购买倾向研究 …… 346

21.1 项目背景 …………………… 346
21.2 分析思路 …………………… 346
21.3 数据预分析 …………………… 347
21.4 数据建模 …………………… 350
21.5 项目总结与讨论 ……………… 352
思考与练习 ……………………… 353

第 22 章　证券业市场绩效与市场结构关系的实证分析 ……………… 354

22.1 项目背景 …………………… 354
22.2 数据的采集 …………………… 354
22.3 数据预分析 …………………… 355
22.4 数据建模 …………………… 356
22.5 项目总结与讨论 ……………… 358
思考与练习 ……………………… 358

附录 …………………………………… 359

附录 1　各种情形下最常用的统计检验方法索引 …………… 359
附录 2　SPSS 函数一览表 ……………… 360
附录 3　统计术语英汉名词对照表 …… 371

参考文献 ……………………………… 377

第一部分

软件入门与数据管理

第 1 章 SPSS 入门

1.1 软件概述

SPSS 是世界上应用最广泛的专业统计软件之一,在全球拥有众多用户,分布于通信、医疗、银行、证券、保险、制造、商业、市场研究、科研教育等多个领域和行业,全球 500 强企业中约有 80% 的公司使用 SPSS,而在市场研究和市场调查领域则有超过 80% 的市场占有率,和 SAS 并称为当今最权威的两大统计软件。

SPSS 实际上是该软件的简称,其全称则发生过几次变化,最早为 Statistical Package for Social Sciences,意为"社会科学统计软件包";后来随着产品服务领域的扩大和服务深度的增加,SPSS 公司于 2002 年将英文全称更改为 Statistical Product and Service Solutions,意为"统计产品与服务解决方案",以反映市场的新趋势;但是在 2009 年 4 月,SPSS 公司做了一个令广大用户费解的决定:将 SPSS 软件更名为 PASW(Predictive Analytics Software)Statistics! 幸好在当年 9 月 SPSS 公司就被 IBM 收购,而新东家则立即终止了更名计划,重新将软件命名为 IBM SPSS Statistics,算是给这一事件画上了句号,并一直沿用至今。但无论名称如何,SPSS 软件的风格和基本定位始终未变,用户都喜欢称其为 SPSS,它也一直是广大用户所喜爱的强大统计工具。

1.1.1 SPSS 发展简史

SPSS 的历史开始于 1968 年,斯坦福大学的 3 位不同专业的研究生(两位博士研究生,一位硕士研究生)编制出了世界上最早的统计软件系统,并将其命名为 SPSS。随后,该软件和后续成立的 SPSS 公司就走上了持续发展的道路。

1968~1974 年:SPSS 成为真正的产品。从一个雏形开始,通过不断的代码积累和修改,SPSS 最终形成了成熟的、可销售的产品。

1975~1983 年:SPSS 公司正式成立,并在一系列探索之后,最终确立了以统计软件和统计分析服务为主业的定位。

1984~1991 年:PC 时代。SPSS 公司在全球首家推出了 PC 版的统计分析软件 SPSS/PC+4.0,该版本为全球第一套以图形菜单为用户界面的统计软件,也是 DOS 时代的统计软件经典之作。

1992~1996 年:Windows 时代。在 1992 年,SPSS 公司在全球首家推出了 Windows 版的统计分析软件 SPSS 6,随着这一软件的成功,公司也走上了快速扩张之路,并购了诸如 SYSTAT(1994)和 Jandel(1996)等企业。

1997~2002 年:向大企业进化。期间 SPSS 不断推陈出新,经典的 11 版就是在这一期间推出的。更重要的是,并购行动仍在继续,诸如 Quantime(市场研究应用软件)、ISL(数据挖掘软件)、ShowCase(商务智能中间件)、NetGenesis(网络数据分析应用)、LexiQuest(文本挖掘软件)和 netExs(OLAP 网络接口及界面)等一系列具有战略价值的公司被收入囊中,这也意味着公司开始形成完整的产品线。

2003~2008 年:向预测分析转型。在完成上述并购后,SPSS 公司开始重新整合产品线,并开始统一向商务智能与预测分析转型。SPSS 被定位为产品线中的普及类工具,和其余产品形成高低搭配。然而这一过程并不顺利,显然市场的成熟速度落后于预期,SPSS 公司坚持了下来。SPSS 也仍然在不断更新,13 版堪称又一个经典的版本,自 17 版开始提供基本成熟的中文界面与结果输出。

2009 年至今:融入 IBM。随着并购的完成,SPSS 产品揭开了新的一页,以 IBM 商务智能(BI)方向的一个重要产品线的面貌出现。19~24 版的更新主要是对数据的自动化准备、自动化分析等智能化、易用性方面进行了增强,同时开始提供 Python、R 的扩展模块,以便在保持易用性的同时能够为用户提供尽可能多的先进统计分析方法。

 SPSS 近年来始终以 1~1.5 年升级一个大版本号的速度进行升级,但显然并非每次更新都会有重大变化,基于十几年来对 SPSS 的使用经验,建议目前用户可以考虑使用 13 版、20 版和 24 版,前两个版本的质量很好,而 24 版则在新功能上更加完善。

1.1.2 SPSS 的产品定位

俗话说,尺有所短,寸有所长。每种工具都有其定位与特点,SPSS 虽然是一个很好的工具软件,但如果不能正确理解其行业定位,就无法最大限度地发挥其功用。实际上,在被 IBM 收购后,原 SPSS 公司的产品线被进一步整合为四大系列,具体如下。

(1) Data Collection Family:定位为中低端的数据采集与报告需求领域,是一个完整的技术平台,支持从创建调查到收集数据,再到报告的整个调查研究的生命周期。根据其应用领域,Data Collection Family 可以分为 6 个部分:在线调查(Online Surveys)、电话调查(Phone Surveys)、离线调查(Offline Surveys)、数据录入(Data Entry)、调查报告(Survey Reporting)、调查管理(Survey Management),其中每一部分都由数个产品组成。

(2) Statistics Family:定位为中端的统计分析服务需求领域,由原先的 SPSS 软件构成,但 Statistics Base 不再是必备模块,原先的每个附加模块现在都可以独立安装和运行,或者是几个模块组合在一起,每个模块都可以拥有数据访问、数据管理和绘图功能。

(3) Modeling Family:由原先的 Clementine 发展而来,现更名为 IBM SPSS Modeler,并进一步包括了 Text Analytics、Social Media Analytics 等相关产品。该产品线主攻高端的数据挖掘与商务智能需求领域,也是最有发展潜力的一块。

(4) Deployment Family:相对而言是对前 3 个产品系列的整合与后台支持,包括 SPSS Collabation&Deployment Services、Analytic Decision Management 等产品,用于将市场调研、统计分析技术、数据挖掘技术以及报表技术整合到一个平台中,帮助企业建立统一的中央资产存储库,用完整的预测分析流程支持企业日常业务,方便数据分析人员分享资源。

1.1.3 SPSS 的基本特点

SPSS 受到用户的广泛欢迎并长盛不衰的原因在于其强大的统计分析与数据准备功能,方便的图表展示功能,以及良好的兼容性、界面的友好性满足了广大用户的需求,特别是得到了广大应用统计分析人员的喜爱。

1. 功能强大

SPSS 囊括了各种成熟的统计方法与模型,为用户提供了全方位的统计方法,如方差分析、回归分析、多元统计分析方法、生存分析方法等,方法体系覆盖全面。在数据准备方面,SPSS 提供了各种数据准备与数据整理技术。例如,利用值标签来快捷地录入数据、对连续型变量进行离散型转换、将几个小类别合并为一个大类别、重复记录的发现、异常数据的发现等。这些强大的数据整理技术可使数据更易于分析使用。

在结果报告方面,SPSS 提供了自由灵活的表格功能,使得制表变得更加简单、直接。同时,SPSS 可绘制各种常用的统计图形,如条图、线图、饼图、直方图、散点图等多种图形,以对数据进行全面直观的展示。

2. 兼容性好

在数据方面,不仅可在 SPSS 中直接进行数据录入工作,还可将日常工作中常用的 Excel 表格数据、文本格式数据导入 SPSS 进行分析,从而节省了相当的工作量,并且避免了因复制粘贴可能引起的错误。

在结果方面,SPSS 的表格、图形结果可直接导出为 Word、文本、网页、Excel 等格式,而且目前已彻底解决了中文兼容问题,用户不需要进行任何附加设置就可自由使用中文,并将中文结果输出到 Word 等软件中直接使用。

3. 易用性强

SPSS 之所以有广大的用户群,不仅因为它是一种权威的统计学工具,也因为它是一种非常简单易用的软件。人机界面友好、操作简单,使得统计分析人员对它"情有独钟",事实上,不断地增强其易用性(而不是盲目追求方法的高精尖)几乎是近十几年来 SPSS 的核心改进方向。另外,SPSS 也向高级用户提供了编程功能,使分析工作变得更加节省时间和精力。

4. 扩展性高

SPSS 长期以来一直为竞争对手所诟病的问题主要是它对新方法、新功能的纳入速度很慢。这虽然与其市场定位有关,但毕竟是一个缺陷。对此,SPSS 提供了一个巧妙的解决办法,就是直接和 R 进行对接,通过调用 R 的各种统计模块来实现对最新统计方法的调用,从而彻底解决了这一问题。而这一扩展能力更是在 24 版中得到了重点强化,详见 1.4 节。

1.1.4 SPSS 的 Client/Server 结构与模块化结构

1. SPSS 的 Client/Server 结构

SPSS 自 10 版以来,一直是 Client/Server(客户-服务器)结构的体系。对于大数据量的分析,用户可以选择购买 SPSS Server,以利用 Server 的计算能力来解决数据量太大的问题。当然,对于数据量不大的客户,只用 SPSS Client 就可以了。现在国内绝大多数用户所使用的 SPSS,实际上就是指 SPSS Client。

2. SPSS 的模块结构

无论是 SPSS Client 还是 SPSS Server,均是模块式结构,即它把自己的所有功能划分为多个模块。用户可以根据分析中可能用到的数据处理和统计分析方法,选择适当的模块进行购买,而不必花更多的钱购买所有模块。

SPSS 的模块数量随版本的不同一直有所变化,在 18 版以前的版本中,Statistics Base 是必需的,软件的整个框架、基本的数据获取、数据准备等基本功能都被集中在这个模块上,其他模块必须在 Statistics Base 搭建的平台上工作。从 18 版起,其余模块也可以脱离 Statistics Base 单独存在并运行。但对于普通用户而言,仍然是以 Base+其余模块的用法最为常见。这里列出 SPSS 主要模块的功能简介,见表 1.1。

表 1.1 SPSS 常见模块与功能对应表

模块名称	功能
Statistics Base	提供最常用的数据管理和统计分析功能
Advanced Statistics	一般线性模型、混合线性模型、对数线性模型、生存分析等
Regression	Logistic 回归、非线性回归、Probit 回归等
Categories	对应分析、感知图、PROXSCAL 等
Missing Value	缺失数据的报告与填补等
Conjoint	正交设计、联合分析等,适用于市场研究
Forecasting	Arima 模型、指数平滑、自回归等
Tables	交互式创建各种表格(如堆积表、嵌套表、分层表等)
Complex Samples	多阶段复杂抽样技术等
Bootstrap	提供计算统计学中的 Bootstrap 方法用于参数估计
Decision Trees	提供树结构模型分析方法
Neural Network	提供 BP 神经网络和 RBF 神经网络方法
Data Preparation	提供数据核查、自动清理等一系列数据准备工具
Statistic Adapter	实际上属于 SPSS 和 Deployment Family 产品的接口,可以在企业应用程序、工具和解决方案环境中管理对象的生命周期
Direct Market	提供了一组用于改善直销活动效果的工具,以针对特定目标群体最大限度地提高促销措施的响应率

SPSS 软件以前是通过 License 来控制相应的模块是否可被安装,但是从 19 版起,则不再限制模块的安装,而是限制该模块是否可用。也就是说,如果是完整的安装包,那么在软件安装完毕之后,在软件菜单中将会出现所有模块的菜单项,但如果没有购买相应模块的 License,则相应的模块是无法运行的。

有一点需要澄清,国内一些 SPSS 书籍因对 SPSS 的功能模块介绍不全,总是在前言中声明所使用的是 SPSS 标准版。实际上 SPSS 的区别只在于各模块在运行时是否有使用许可,即便是为营销需求而打包销售的"标准版",其功能也远远超过了这些书籍所介绍的内容。

1.2 SPSS 操作入门

1.2.1 SPSS 的安装与激活

1. SPSS 的安装

以 IBM SPSS Statistics 24 版为例,其安装文件分为 32 位和 64 位两种,被集中放置在容量超过 4 GB 的一张 DVD 光盘中,光盘中除 Windows 版本的 SPSS 和 AMOS 安装文件之外,还包括了 Mac OS 版本 SPSS 的安装文件。本书只讲解 Windows 版本 SPSS 的情况。

SPSS 在 Windows 系统下的安装与其他软件并无太大差异,同样是在安装光盘上启动安装程序,然后按照界面的说明依次进行。在以前的版本中,可能需要选择希望安装的模块;而在较新的版本中,模块都是默认全部安装的,但是需要在安装时选择所需的语言种类。显然对绝大多数读者而言,英文和简体中文语言包是必选的内容。

如果用户希望在同一台机器上安装不同版本的 SPSS 软件,只需要按照先安装低版本,再安装高版本的顺序,并将其各自安装在不同目录中即可,这些不同版本的 SPSS 可以和谐共存,一般不会相互冲突。但是同一个大版本的 32 位和 64 位 SPSS 则不能共存。

2. SPSS 的激活

SPSS 在刚安装完毕时,尚未进行软件授权确认,此时只能获得 14 天试用期,过了试用期软件将自动锁闭。用户需要在开始菜单中找到"IBM SPSS Statistics"组,然后运行其中的"IBM SPSS Statistics 24 许可证授权向导",在联网的状态下输入授权码将软件激活,激活完毕后所购买的模块就可以正常使用了。

1.2.2 SPSS 的启动与退出

以 Windows 系统为例,在开始菜单中找到"IBM SPSS Statistics"组,选择其中的"IBM SPSS Statistics 24",就会启动 IBM SPSS Statistics 24,之后就会打开 SPSS 的数据编辑窗口。对于第一次使用 SPSS 的用户,系统会弹出欢迎对话框,如图 1.1 所示。和老版本相比,24 版的欢迎对话框明显突出了三大方向。

(1)新功能介绍:由于新功能集中在易用性和扩展性上,为帮助用户尽快了解这些内容,将其以翻页的形式直接放置在对话框右上角,用户如果感兴趣可以单击链接详细了解。

(2)社区资源:未来 SPSS 社区的作用应该越来越重要,而许多用户可能还不完全了解其用途,因此将其直接放置在右中部加以突出显示。

(3)帮助与支持:这一部分继承了原有欢迎对话框的特色,仍然为新用户提供使用教程和帮助入口。

用户可在其中选择所需的操作,如果不希望该对话框再出现,则选择左上角的"新数据集",然后选中左下角的"以后不再显示此对话框"并单击"确定"按钮即可。

如果要关闭该软件,则选择菜单文件的"退出"选项,或者直接关闭窗口,即可退出 SPSS。

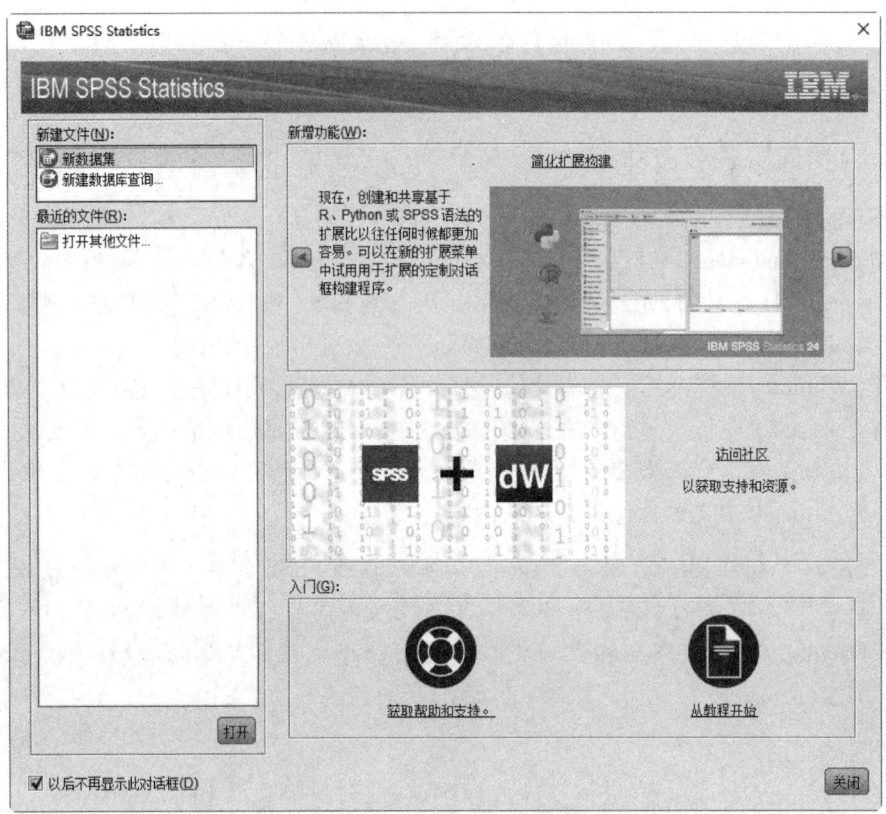

图 1.1　SPSS 24 版第一次启动时的欢迎对话框

笔者在本书编写时所采用的软件环境为 Windows 10 64 位版本，SPSS 24 64 位版本，如果采用其余 Windows 版本或 SPSS 版本，可能操作界面和对话框会略有差异。

1.2.3　SPSS 的操作方式

1. 统计软件的常见操作方式

初学者对 SPSS 存在的一个广泛误解是 SPSS 只使用菜单对话框方式来操作。实际上，在经历了几十年的发展之后，现今任何一个成熟的统计软件都会提供从初学者到专家各个层面所需使用的操作方式。具体而言，统计软件常见的操作方式有如下几种。

(1) 命令行：即用户一条条地提交命令，软件系统直接对命令进行解释执行，用户再根据执行结果提交下一条命令。这是出现最早的一种操作方式，也是目前大型统计软件 Stata 的主要操作方式。

(2) 程序：由于命令行无法实现一些复杂功能，因此随后就出现了将多条命令组合起来，用户批量提交，系统按程序要求执行，批量输出结果的程序方式。程序方式不仅可以提高运行效率，还可以利用程序结构中的分支、循环等来实现更复杂的统计功能。目前，统计软件中的 SAS 和 R 就是以程序为主要操作方式的。

(3) 菜单对话框：由于程序方式需要用户首先学习编程语法规则，对初学者来说学习门槛较高,因此 SPSS 针对初学者的需求在全球首家推出了以菜单对话框为主的操作方式,在随后的几十年里也成为了 SPSS 的主要操作方式。这一方式随着 Windows 系统的普及而得到了极大的发展,已经成为最受各层次统计软件用户欢迎的方式。

需要指出的是,各种大型统计软件实际上都支持上述 3 类操作方式,只是有首选方式或最佳操作方式的差异而已。例如,上文提到的 Stata、SAS 和 R 都支持比较简单的菜单对话框方式,而 SPSS 也完全支持程序方式。

2. SPSS 对各种操作方式的支持和扩展

具体而言,作为全球知名的统计软件,SPSS 对上述几种操作方式都是支持的,还提供了一些扩展,其目的是提高软件的易用性。

(1) 菜单对话框方式:用户可以自定义对话框,以便将工作中一些常用的程序直接以对话框方式实现,其实质就是对软件进行了二次开发,让对话框来调用相应的程序进行计算。

(2) 命令行/程序方式:作为最易学、易用的统计软件,SPSS 对程序方式做了很大的改进。首先可以利用对话框中的"粘贴"按钮自动生成程序,其次可以通过宏、INSERT 命令等使得已有代码段得到充分利用;最后,SPSS 还提供了程序全自动执行的"生产设施"(Production Facility)方式,进一步简化了操作。对程序方式操作细节的详细介绍请参见第 6 章。

1.2.4　SPSS 对话框操作基本规范

SPSS 的对话框都遵循统一的操作规范,因此这里先介绍相应的规范,以有利于后续学习。

1. 对话框元素构成

这里以频率对话框为例,单击菜单"分析"→"描述统计"→"频率"命令,则显示对话框界面,如图 1.2(a)所示。

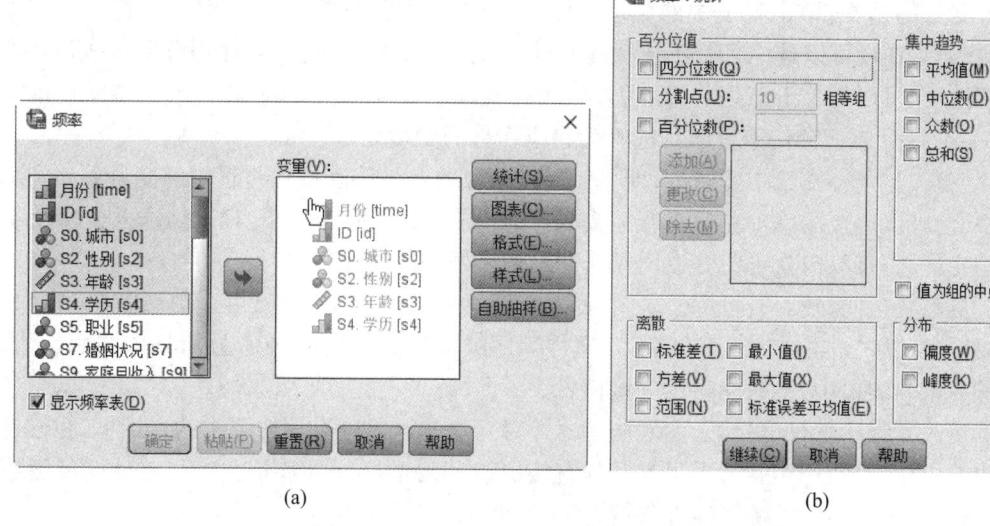

图 1.2　"频率"主对话框和子对话框

(1) "变量"列表框:这里共有两个,左边为候选变量(包含当前数据文件中的可分析变量或指定变量集)列表,右边为需分析变量列表。每个变量均按照"测量尺度+变量名标签+[变量名]"这种三段式结构来显示,例如图 1.2(a)中的变量 time,其测量尺度为有序,变量名标签为"月份",这里提到的这些变量属性的详细介绍请参见第 2 章。

(2) 变量移动按钮:即图中的 图标按钮,用于将变量在候选变量和分析变量列表中移动。在选中变量时,该移动按钮会变黑表示可用,同时箭头方向会指向可移动的方向。

(3) 标准按钮组:位于图中主对话框的下部,几乎在所有的 SPSS 对话框中均可见到,由"确定"、"粘贴"、"重置"、"取消"、"帮助"5 个按钮组成。其中"粘贴"指的是将当前的对话框设定转换为 SPSS 程序,详见第 6 章。

(4) 其他按钮及选项:根据具体功能,不同的对话框还会出现一些特殊的按钮,单击后一般会弹出子对话框,对相应的操作做进一步的设定。如图 1.2(a)中最右侧有几个按钮,分别对本次分析中的某些细节做进一步的设定,如"统计"按钮会弹出有关统计量设定的子对话框,如图 1.2(b)所示。

(5) 子对话框:由于统计功能的选项较多,许多对话框会将一类功能放在一起,做成一个子对话框,在一级对话框上用一个按钮来调用,如同图 1.2(b)所示的统计子对话框一样。子对话框中常见的元素有单选按钮、复选框、下拉列表框、文本框等,对于熟悉 Windows 操作的读者而言,这些元素的功能不言自明,这里只需要指出一点——在 SPSS 中各个对话框元素往往按照其功能被分成若干组,每个组都执行某一方面的操作,如图 1.2 中共出现了 4 个框组:百分位值、集中趋势、离散和分布,使得用户很清楚这些框组中元素的功能是什么,本对话框的具体功能解释请参见第 11 章,这里不再展开叙述。

2. 对话框基本操作规律

(1) 按钮颜色:当按钮为灰色时,表示当前对话框设定尚不满足适用条件,只有满足适用条件相应按钮才会变黑可用。

(2) 变量的选中:单击列表中的变量名即可选中某个变量,按下 Shift 键可以选中多个连续变量,而按下 Ctrl 键可以选中多个不连续的变量。如果变量列表较长,除使用滚动条拖动列表至相应位置外,也可以先单击该列表,然后直接用键盘输入希望查找的变量的变量名标签首字母(或汉字),变量列表就会快速跳跃到标签为相应字母的变量处。

(3) 变量的移动:在选中变量后,即可以单击相应的变量移动按钮将选中的变量移动到新的列表框中,也可以直接用鼠标左键进行拖放操作,如图 1.2 所示。另外,对于已选入分析变量列表框中的变量,直接双击就可使其退回候选变量列表框中。

(4) 更改变量的显示与排序方式:在候选变量列表框中右击鼠标,可以更改变量显示方式(变量名或者标签)、排序方式(字母顺序、文件顺序或者测量尺度),或者显示具体的变量信息。在其余的变量列表框中,则只能显示变量信息。

(5) 更改变量测量尺度:对于图表构建器等对变量测量尺度有严格要求的对话框,在候选变量列表中选中相应变量并右击,即可在此处直接更改其测量尺度,但需要注意,此处的尺度更改只是临时性的,当前对话框关闭后即失效。

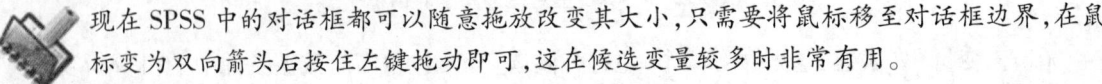
现在 SPSS 中的对话框都可以随意拖放改变其大小,只需要将鼠标移至对话框边界,在鼠标变为双向箭头后按住左键拖动即可,这在候选变量较多时非常有用。

1.3 SPSS 的窗口、菜单项和结果输出

1.3.1 SPSS 的 4 种窗口

SPSS 是多窗口软件,运行时使用的窗口最多有 4 种:数据窗口、输出窗口、语法窗口和脚本窗口,其中数据窗口和结果窗口是最常用的两个。

1. 数据窗口(SPSS Data Editor)

数据窗口也称为数据编辑器,如图 1.3(a)所示,此窗口类似于 Excel 窗口,SPSS 处理数据的主要工作全在此窗口进行。它又分为两个视图:数据视图用于显示具体的数据,一行代表一个观测个体(SPSS 中称为 Case),一列代表一个数据特征(SPSS 中称为 Variable);变量视图则专门显示有关变量的信息,如变量名称、类型、格式等,关于这些术语的详细解释可参阅第 2 章。

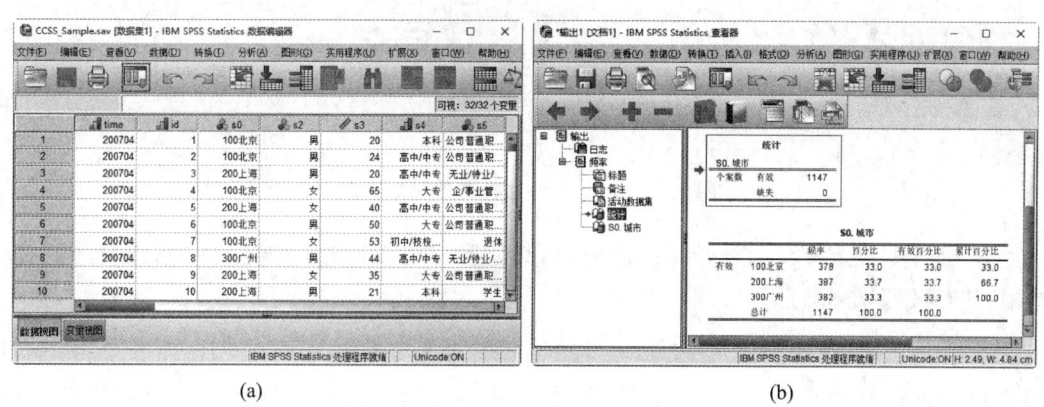

图 1.3　SPSS 的数据窗口和结果窗口

注意从 14 版起,SPSS 已经可以同时打开多个数据文件,每个数据文件独占一个数据窗口,系统会对这些数据窗口自动按照"数据集 0"、"数据集 1"这样的工作名称来加以区分,详见第 2 章。

SPSS 的老用户非常需要注意数据集工作名称这个新概念。以图 1.3 中的数据为例,"CCSS_Samples.sav"是硬盘上该数据文件的存储名,但当该文件被 SPSS 读入后,SPSS 用于识别该数据集的是后面中括号里的"数据集 1",这一点在使用 SPSS 程序进行数据分析时特别重要!

2. 结果窗口(SPSS Output Viewer)

结果窗口也称为结果查看器,如图 1.3(b)所示,此窗口用于输出分析结果。类似于 Windows 的资源管理器,鼠标在窗口中的操作也类似于资源管理器。整个窗口分两个区:左边为目录区,是 SPSS 分析结果的一个目录;右边是内容区,是与目录一一对应的内容。

3. 语法窗口(SPSS Syntax Editor)

语法窗口也称语法编辑器,如图 1.4(a)所示。SPSS 最大的优势在于其简单易用性,即菜

单一对话框式的操作。但同时 SPSS 还提供了语法方式，或程序方式进行分析。该方法既是对菜单功能的一个补充，也可以使烦琐的工作得到简化，尤其适用于高级分析人员。

4. 脚本窗口（SPSS Script Editor）

如图 1.4（b）所示，SPSS 脚本是用 Basic 或者 Python 编写的程序，应用脚本可以像 SPSS 宏一样构建和运行 SPSS 命令，而且可以在命令中利用当前数据文件的变量信息，对结果进行编辑，或者构建一些新的自定义对话框。目前，SPSS 系列产品正处于从 Basic 脚本逐步向 Python 脚本过渡的阶段，因此建议初学者不要考虑学习 Basic 脚本的有关知识。

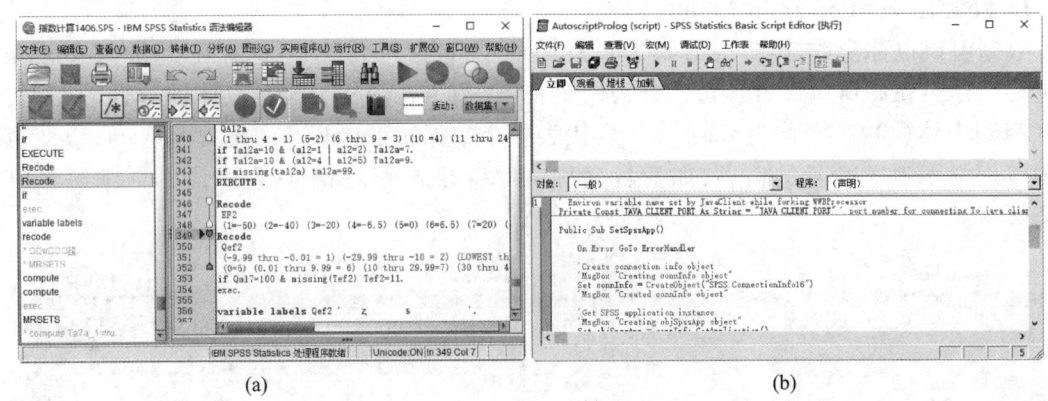

(a)　　　　　　　　　　　　　　(b)

图 1.4　SPSS 的语法窗口和脚本窗口

启动 SPSS 时就会默认打开数据编辑窗口，其他窗口可以通过"文件"→"新建/打开"命令，选择相应的窗口名称而打开。

　需要指出的是，在目前的 SPSS 版本中，上述 4 类窗口都可以同时打开多个，比如同时打开多个数据文件，或者多个结果文件。也就是说，实际工作中使用的窗口数可以远远多于 4 个。而此时 SPSS 系统对数据窗口、结果窗口都是使用工作名称来进行定位的。

1.3.2　SPSS 菜单项

SPSS 的每种窗口界面都有 10 个以上的菜单项，且随着窗口不同而有所差异，这里简单介绍数据窗口中几个关键菜单项的基本功能。

　由于 24 版默认会安装好 Python 扩展，并提供 R 扩展的安装，因此除标准菜单项外，在菜单中往往还会出现很多扩展菜单项，它们均为 Python 扩展或者 R 软件的调用，菜单图标基本上都是 。本书相应章节中将选择其中较有价值的加以介绍，但本节的介绍仍然是以 SPSS 的标准菜单项为准。

1. 数据与转换

这两个菜单项提供数据管理相关的功能，第 3~5 章将对其进行介绍。

2. 分析

提供了 90% 以上的统计分析功能，以及少数与分析功能紧密相关的统计绘图功能，如质控图、ROC 曲线、时间序列模型相关图形等。那么,另外 10% 的统计分析功能到哪里去了? 答案是需要用程序方式来实现,如岭回归、典型相关分析等。

3. 图形

提供了 90% 左右的统计绘图功能,另外 10% 的绘图功能由于和统计分析结合得较为紧密,因此在分析菜单中提供。第 10 章将对统计图的操作进行讲解。

4. 直销

该菜单提供了一组用于改善直销活动效果的工具,它可以标识那些用于定义不同消费者群体的人口统计学、购买和其他特征,针对特定目标群体最大限度地提高正面响应率。它具体包括 RFM 分析、聚类分析、邮政编码响应率等方法。由于该菜单项更多的是基于应用分析需求而不是统计方法分类来划分,因此本书将不涉及该菜单,而具体的统计方法则会在《SPSS 统计分析高级教程》(后面将简称《高级教程》)中全面介绍。

5. 实用程序

该菜单为用户提供了一些比较方便的数据文件管理功能和界面编辑功能,熟悉它的操作有时可以大大简化工作。由于这里提供的内容均比较专业,因此它们均将在本书的相应章节中加以介绍。

6. 扩展

这是 24 版之后独立出来的新菜单项,为用户提供下载并安装 SPSS 社区中各种扩展包的功能,详见 1.4 节。

1.3.3 SPSS 的 4 种结果输出

作为功能强大的统计分析工具,为了使得分析结果更好地满足用户的需求,SPSS 一共提供了 4 种格式的统计分析结果:透视表、文本格式、统计图表和模型。

1. 透视表

在 SPSS 中,绝大部分分析结果都以专用的透视表格(Pivot Table)形式展示,如图 1.5(a)所示。这些表可以是二维表,也可以是多维表,并且都可以直接粘贴到其他应用程序(如 Word、PowerPoint、Excel)中使用。SPSS 的制表功能非常强大,可以很好地满足用户各种情况下的需求,详见第 9 章。

2. 文本格式

对于一些不便于用表格和图形表达的结果,SPSS 提供了文本格式的结果,如图 1.5(b)所示。随着版本的增加,SPSS 中的文本输出已经越来越少了,目前只有极个别方法的分析结果还在使用文本输出。实际上,这里的文本输出并非简单的纯文本,而是与 Office 家族软件完全兼容的 RTF 格式,这些文字可以随意进行复制粘贴、格式设定等操作。

3. 统计图表

利用图形来展示数据,也是在数据分析中必不可少的,如图 1.6(a)所示。SPSS 提供了功能非常强大的统计绘图功能,详见第 10 章。

4. 模型

对于一些比较特殊的分析方法,在输出浏览器中显示为一种特殊类型的输出格式,被称为模型,如图 1.6(b)所示。但是在输出浏览器中直接显示的视图并不是模型唯一可用的视图,单个

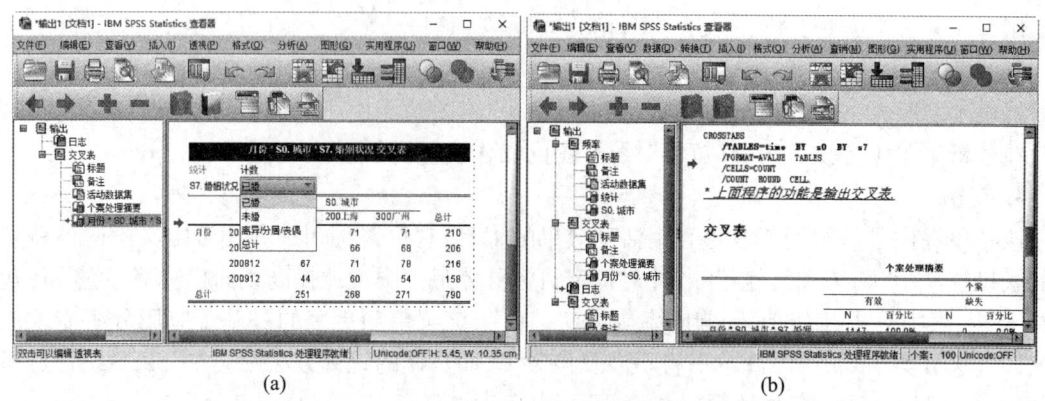

图 1.5 SPSS 结果输出的透视表与文本格式

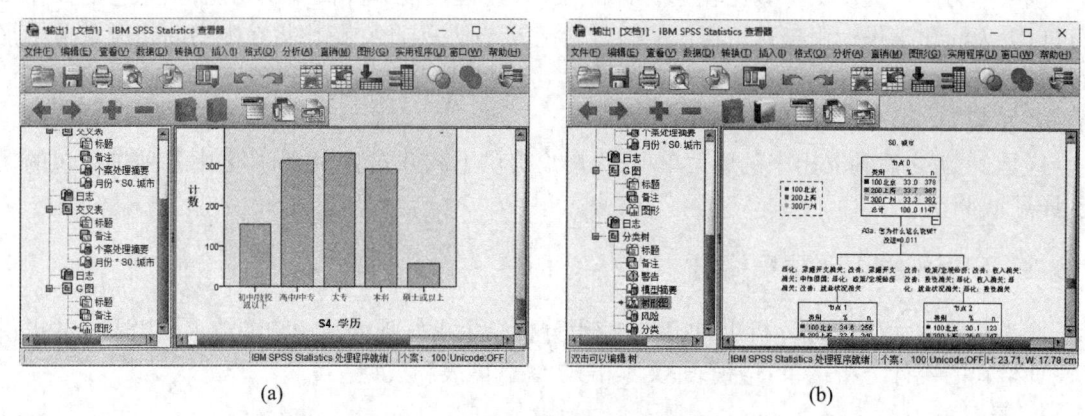

图 1.6 SPSS 结果输出的统计图表与模型

模型包含许多不同的视图。用户可以激活模型浏览器中的模型,并直接与模型进行交互,以显示各种模型视图,从而对模型进行深入分析。

模型目前被用于非参数检验、树模型、最邻近元素分析等特殊方法的结果输出。对于基础教程的读者而言,只会在非参数检验方法中接触到此类输出。

1.3.4 分析结果的保存和导出

1. 直接保存

SPSS 的分析结果可以保存为 SPSS 自身的格式,即".spv"格式,保存时只需要选择结果窗口中的"文件"→"保存"菜单项即可,并且可以设定密码。但是,此种方式只能将结果文件保存为这么一种特殊格式。如果希望保存为其他常用格式,则需要使用导出功能。

 虽然从 19 版起的结果文件都是.spv 格式,但各版本的结果文件并不向上兼容,即旧版本的 SPSS 有可能无法正常打开新版本生成的 spv 结果文件中的数据表。

2. 导出

导出功能可以将结果文件另存为另外几种常用的格式,包括 HTML 格式、Word 格式、Excel 格式和 Text 格式等。其具体操作是:在结果窗口选择"文件"→"导出"菜单项,或者在工具栏上直接单击按钮 ,则会出现如图 1.7 所示的对话框。

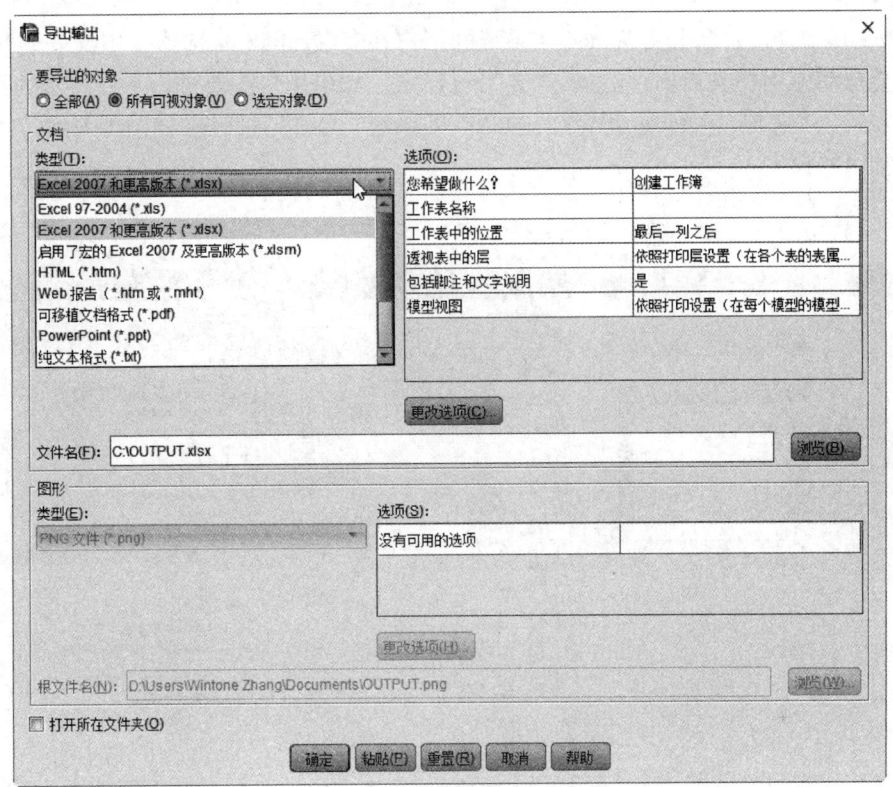

图 1.7　SPSS 结果的导出选项

(1)"要导出的对象"框组:用于选择希望导出的内容。需要指出的是,由于在结果输出中默认会隐藏运行记录等次要项目,而在导出操作中,默认设置会将这些不常用的内容全部加以输出,因此这里一般均需更改为"所有可视对象"以简化导出内容。

(2)"文档"框组:左侧的"类型"下拉列表框用于选择导出格式(Export Format),右侧的"选项"列表框则列出该格式的具体设定,如需更改,则单击下方的"更改选项"按钮进行修改,以对格式做进一步设定。

(3)"文件名"文本框:指定具体希望保存的文件路径及名称。

(4)"图形"框组:该下拉列表在指定只导出图形时有效,可用于进一步设定图形格式的细节,如.bmp、.jpg 等存储格式,以及 24 位、16 位颜色深度等。

3. 直接复制粘贴

结果窗口中的各种输出内容也可以直接通过"复制"、"粘贴"命令应用到其他软件中。在默认情况下,透视表会自动转换为 Word 或 Excel 中的表格,而统计图则会被转换为图片。

1.4 SPSS 的系统选项与扩展资源

1.4.1 系统选项

从 SPSS 19 版起,如果中文 Windows 系统的用户在安装 SPSS 时选择了中文安装包,则软件启动后就会自动使用中文界面,几乎不需要另行设定。如果用户需要进行一些特殊的设定,则只要选择"编辑"→"选项"菜单项,就会打开 SPSS 的系统"选项"对话框,如图 1.8 所示,这里介绍几个比较常用的设定。

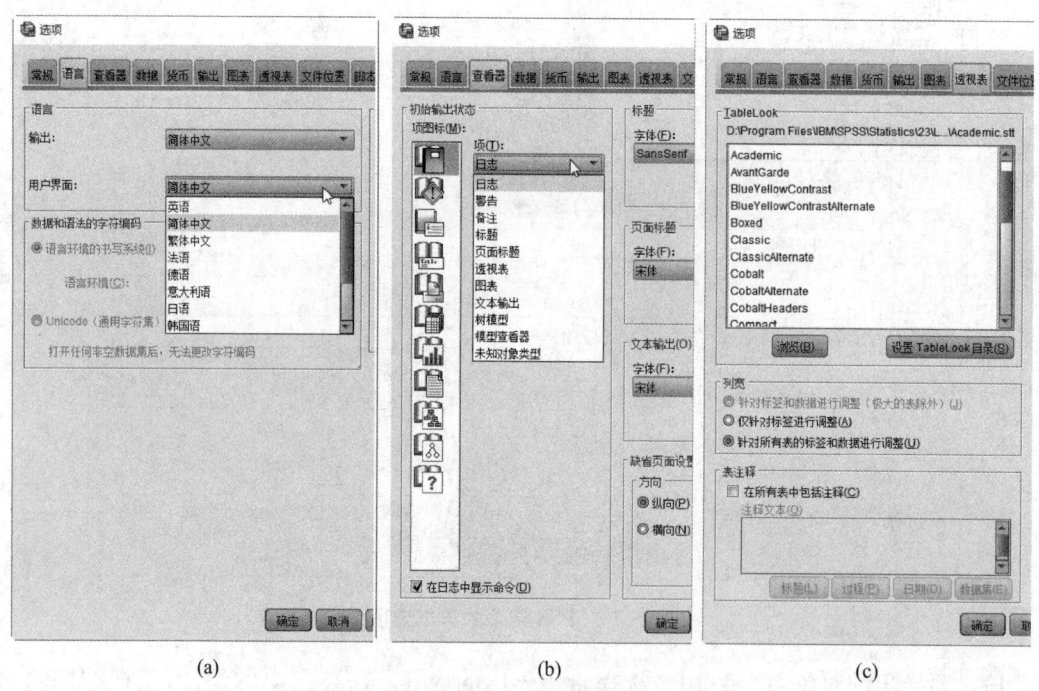

图 1.8　SPSS 的系统选项

(1) 外观设定:在"常规"选项卡的右下侧,默认为 SPSS 标准格式。

(2) 界面语言和结果输出语言:在"语言"选项卡左侧,注意这两种语言格式可以分别设定,例如用中文操作界面输出日文输出结果,当然前提是安装时同时安装了上述两种语言。

(3) 数据编码:在"语言"选项卡的左下侧,默认为系统编码,但对于一些特殊的项目,有可能需要切换到 Unicode 编码,在此切换并重新启动 SPSS 即可。

(4) 查看器字体设定:一般不需要更改,但如果遇到文本输出列对齐混乱的情况,则可以对相应的文本字体设定加以修改,例如修改为"MingLiu",则相应的新输出就会自动列对齐。

(5) 透视表默认格式:目前透视表的模板设定已不存在中文兼容问题,但统计表格要求没有竖线,默认模板是带有竖线的,因此建议在"透视表"选项卡左上侧的表格外观(TableLook)框组中,将表格模板更改为"Academic",本书随后的结果输出也都将使用该表格模板。此外,比较常用的模板还有"Report",即只有表头线的单线表格式。

1.4.2 网站资源

SPSS 的产品支持网站上提供了大量的附加资源,选择"帮助"→"SPSS 论坛"菜单项,就会进入 IBM SPSS Predictive Analytics Community 的论坛页面(也称社区),用户可以在这里交流 SPSS 使用过程中的问题、经验等。实际上,除了论坛,该社区内部还提供了相当多的资源供用户使用,这里列出几种比较常用的资源。

(1) Python/R 扩展:用于提供在 SPSS 中调用 Python 或者 R 的支持,Python 扩展包会在安装时默认一并安装,而 R 扩展会在 DVD 中直接提供。如果需要单独寻找其安装包,则可在此下载。

(2) 用户手册:包含所有模块的手册,且绝大部分手册均有中文版,用户选择希望阅读的手册 PDF 链接直接下载即可。除通过论坛访问外,该资源页面也可以通过选择"帮助"→"PDF 格式的文档"菜单项直接到达。

(3) 补丁包(Fixpacks):SPSS 一般会以 3~6 个月为周期提供升级补丁集成包,以修正所发现的软件错误。读者在相应页面直接下载即可,该页面的进入路径一般在社区首页顶部的"Downloads"链接处。

更多的下载内容请读者自行在上述页面中浏览,这里不再详述。

由于 SPSS 的官方支持页面经常会对结构进行大幅调整,因此这里无法给出具体的页面名称或者进入路径,读者可根据访问时最新的网站结构自行查找相应内容。

1.4.3 安装 Python/R 扩展

SPSS 社区的资源极为丰富,但需要用户在里面仔细查找,这对于只是需要一些常用扩展功能的用户稍显繁复。因此,SPSS 专门集中了一批比较常用的扩展,直接在菜单中提供其安装功能以便用户使用。

单击"扩展"→"扩展中心"菜单项,系统就会自动连接到 SPSS 社区,并在检索之后提供详细的 Python 扩展或者 R 扩展的列表,供用户选择下载并使用,如图 1.9 所示。这里以第 3 章中将会用到的数据匿名化模块为例演示该中心的用法。在左上角的"搜索"文本框中输入"匿名化",然后单击左下角的"应用"按钮,系统就会按照该关键词进行检索,并找到 SPSSINC_ANON 扩展,在右侧可以看到该扩展为 IBM 官方提供,且当前系统满足安装的先决条件,因此可以选中右侧的"获取扩展"复选框,然后单击"确定"按钮,此时系统就会自动下载并安装该扩展,成功后用户就可以在转换菜单中看到新增的"变量匿名化"菜单项了。

扩展中心提供了非常多的增强功能,对此感兴趣的用户可以仔细浏览其中的内容。除了安装现成的扩展包外,在扩展菜单中还可以自定义/编辑扩展,定制扩展对话框等,对此感兴趣的读者请自行尝试其功能,这里不再详述。

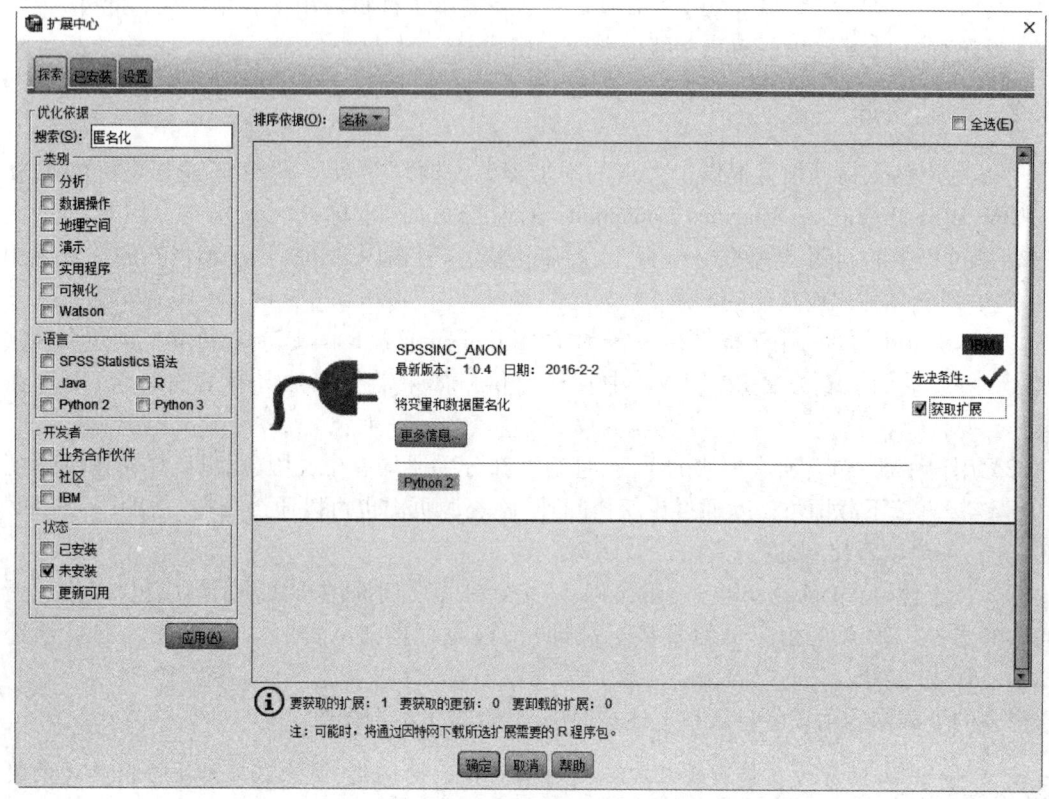

图 1.9 扩展中心

1.5 SPSS 的帮助系统

SPSS 提供了无处不在的"帮助"功能,可以随时随地为不同层次的用户提供帮助信息。选择"帮助"→"主题"菜单项,就可以进入系统帮助页面,而根据不同层级的用户需求,SPSS 也从低到高提供了完整的帮助体系。

1.5.1 学习向导

SPSS 为初学者提供了非常完整和系统的自学向导,它相当于一个手把手的教练,会浅显易懂地告诉用户各种基本的统计分析问题在 SPSS 中是如何实现的。SPSS 中的学习向导有如下几种。

1. 统计指导(Statistics Coach)

对于需要新手紧急完成的一些常用统计分析操作,SPSS 提供了统计辅导功能,它可以告诉用户为达到分析目的应选择什么统计方法,并一步步地指导用户如何进行统计分析,如图 1.10(a)所示。该模块实际上是一个编译好的交互式网页,使用起来非常方便。

2. 教程(Tutorial)

教程同样是为初学者提供的,是关于某个主题的详细指导,以图例化的方式告诉初学者如何

1.5 SPSS 的帮助系统

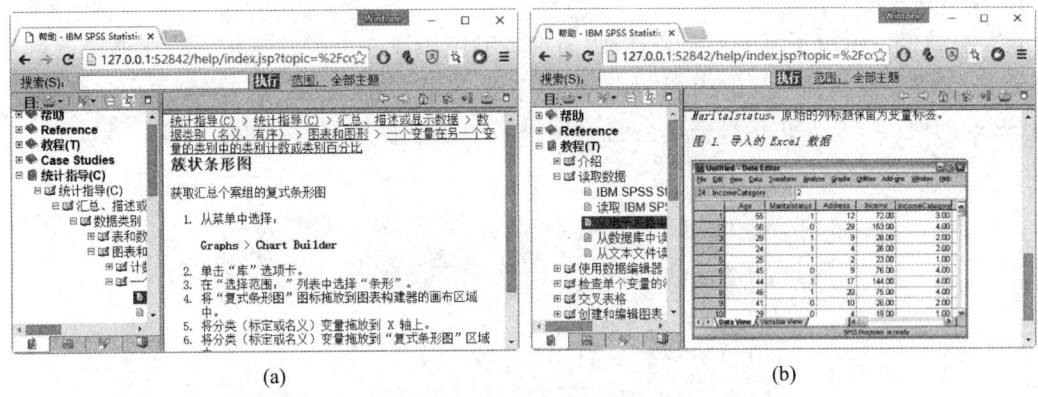

(a)   (b)

图 1.10   统计指导页面和教程页面

使用这款软件。初学者可以通过该教程掌握 SPSS 的几乎全部常用操作(数据的输入、分析和绘图)。其起始界面为一个目录列表,即所有教程内容的索引,用户可在其中选择需要阅读的主题,如果对 SPSS 完全不熟悉,则可以从头开始,里面提供了 SPSS 的基本操作教程,如图 1.10(b)所示。

3. 个案研究(Case Studies)

上述两个帮助功能或多或少都有一些入门和救急的味道,对于希望系统学习 SPSS 统计功能的用户而言,则可以使用个案研究这一详细的案例向导。它提供了 SPSS 各模块主要分析方法的基本操作和结果解释,其讲解方式也是示例化、图形化的,如图 1.11 所示。实际上这一模块的讲解要优于市面上出版的绝大多数 SPSS 教材,但遗憾的是这一模块只有英文版本,目前尚未汉化。

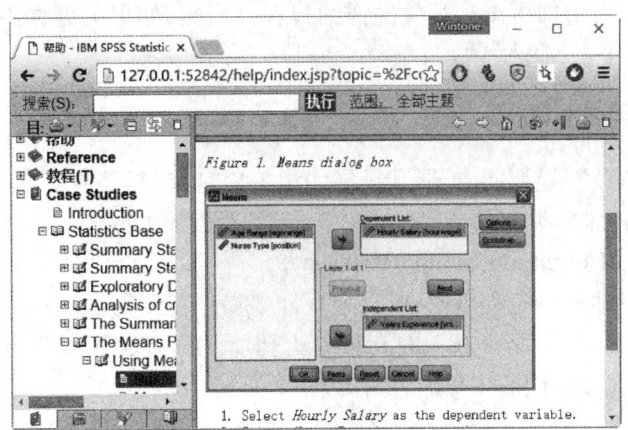

图 1.11   个案研究页面

1.5.2 软件操作帮助

软件操作帮助就是打开帮助页面后左侧目录树中被标为"帮助"的项目,它提供了完整的软件操作帮助内容。该网页在使用上没有太多特殊的地方,主要也是通过目录和索引两种方式查找所需的内容。

1. 目录树方式

目录树就像一本电子书的目录一样，将所有主题组织成一个树状结构。只要循着该目录的各级分支，最终总能找到所需的内容，如图 1.12 所示。用户可以在目录树中浏览用户手册，从而学习 SPSS 的使用。从左边选择一个主题，右边内容区即显示此部分的详细内容。

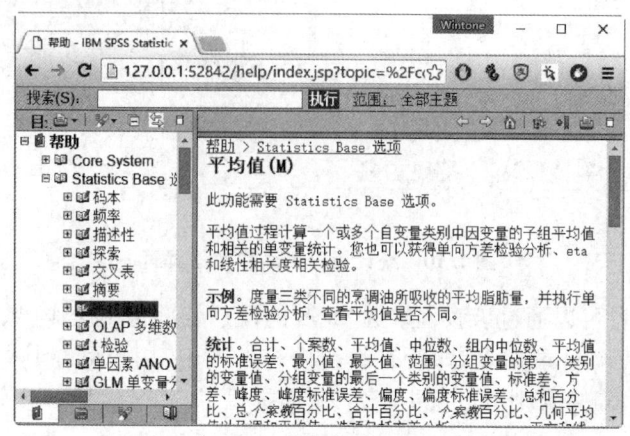

图 1.12　帮助页面

2. 索引方式

目录树的结构比较完整，但使用上要求用户首先要熟悉分类，而且要一层层找下去，如果知道希望查找的关键字，就可以先单击左下方的"索引"按钮将左侧切换为"索引"表，然后在搜索框中键入关键词，系统会在其左边的索引栏中寻找与输入关键词完全匹配的内容，双击并选择其中感兴趣的一个分项，右边即可出现相关的详细解释。当然，如果关键词不确定，也可以通过上方的"搜索"文本框直接查询相关内容。

1.5.3　针对高级用户的帮助功能

对于高级用户而言，编程帮助、扩展和扩展的相关信息，甚至系统二次开发的相关信息就变得必不可少了，SPSS 针对此类需求也提供了非常全面的帮助功能。

1. 命令语法参考（Command Syntax Reference）

当对 SPSS 的熟悉达到一定程度时，就会发现许多操作使用对话框来做非常麻烦，甚至无法用对话框来实现。实际上，至少有 10% 的高级分析功能是只有使用编程方式才能实现的，尤其是在使用编程方式来完成相同的工作时，操作效率要高得多。

由于目前国内几乎没有深入讲解 SPSS 编程的资料，因此可以直接参考 SPSS 附带的语法指南。在 SPSS 的安装文件中都附带有所有模块语法指南书的 PDF 格式文档，这是 SPSS 官方提供的最为权威的使用指导，学会如何使用它，比将市面上所有的 SPSS 书籍都买回来起的作用还要大。语法指南的调用非常简单，只要选择"帮助"→"命令语法参考"菜单项，就会自动打开相应的 PDF 文档。该文档自带一个目录树，通过它就可以查找到希望学习的 SPSS 过程名称，从而进行深入的学习。

2. SPSS 社区（SPSS Community）

SPSS 通过与 Python、R 等编程语言的对接，大大提升了其可扩展性。但是 R 等毕竟是完全不同的编程语言,有必要为用户提供相关的帮助文档;此外,进行 SPSS 的深度应用也需要许多复杂的知识。这些资源都可以在前述的 IBM SPSS Predictive Analytics Community 获得。其中提供了对 SPSS 进行二次开发所需的文档和资源,包括扩展命令的说明与教程、Python/R 扩展教程、相关的 DLL 库等资源。对 SPSS 二次开发有兴趣的用户尽可在此处进行深入研究。

1.6 数据分析方法论概述

所有的数据分析工作都需要在一定的方法论指导下才能正确进行。而随着社会的进步,科学技术的发展,统计学的应用已经渗透到了人们工作和生活的各个方面,不同的领域所需要的方法论体系也会有所差异。这些方法论体系大致可被分为如下 3 种情形:

(1) 严格设计支持下的统计方法论。
(2) 半试验研究支持下的统计方法论。
(3) 偏智能化、自动化分析的数据挖掘应用方法论。

IBM SPSS Statistics 作为全球出色的统计软件之一,在功能上可以非常好地支持上述 3 种方法论体系,并满足绝大多数情况下的统计分析需求,但读者需要自行判断在自己所从事的领域中,究竟哪一种方法论更适合,并有针对性地加以学习和钻研。

1.6.1 严格设计支持下的统计方法论

严格设计支持下的统计方法论也可称为经典统计方法论,它之所以经典,不仅是因为其发展较早,更因为研究者在整个研究体系中可能掌控一切。其具体特征如下:

(1) 这些研究都具有非常严密的研究设计,且往往严格遵循所谓的 7 大步骤:试验设计、数据收集、数据获取、数据准备、数据分析、结果报告和模型发布。这 7 大步骤中以试验设计步骤最为关键,直接影响整个研究的成败。

(2) 在此类研究项目中,试验设计过程中会充分考虑需要控制的影响因素,并采用各种精巧的设计方案来对非研究因素的作用加以控制,如配伍、完全随机抽样、随机分组等。

(3) 整个试验过程会在尽量理想的情况下进行,从而在试验/数据获取过程中也对无关因素的作用加以严格控制。例如,毒理学实验中可以对小白鼠的种系、周龄、生活环境、进食等做出非常严格的设定。

(4) 原始数据往往需要从头加以采集,数据质量完全取决于试验过程是否严格依从设计的要求,以及试验设计是否合理。当然,这也意味着每个原始数据的成本都非常高昂。

(5) 在分析方法上,最终所采用的统计模型应当是基于相应的试验设计所定制的分析模型。而由于在试验设计和试验实施过程中已经对非研究因素的影响做了充分的考虑和控制,因此在很多情况下,往往可以只利用非常简单的统计方法,如 t 检验、卡方检验等来得到最终的结论。

此类统计方法论的应用在实验室研究、临床试验等领域中最为常见,而所使用的分析方法以常用的单因素分析方法,或者针对一些复杂设计的一般线性模型(方差分析模型)最为常见。

1.6.2 半试验研究支持下的统计方法论

上面这种经典的统计分析对整个流程的控制和干预非常严格,但这在许多情况下是无法得到满足的,因此往往退而求其次,形成了所谓的半试验研究支持下的统计分析,具体特征如下。

(1) 研究设计具有明显的向实际情况妥协的特征,因此所谓的 7 大步骤可能不被严格遵循。例如,在数据本来就存在的情况下,数据收集过程就可能被省去。总体而言,这 7 大步骤中从数据准备开始的后 3 步重要性要比经典统计分析高。

(2) 研究设计可能无法做到理想化,例如抽样/分组的完全随机性,试验组/对照组干预措施的严格控制都可能无法严格满足。最典型的例子,药物研究中理想状况应当设立安慰剂对照组,但是如果是治疗恶性肿瘤的药物,则不可能让肿瘤病人去吃安慰剂。

(3) 整个数据采集过程难以做到理想化。举一个简单的例子,街头拦截(Central Location Test)是市场研究常用的样本采集方式,但如果细究起来,拦截地点、拦截时间、拦截的日期,甚至于当天的天气都可能会对样本的代表性以及数据结果产生影响,但这些最终只能凭借访问者的责任心和运气来尽量加以保证,仅凭设计本身是无法进行控制的。

(4) 部分数据可能先于研究设计而存在,整个研究中需要在这些数据的基础上去补充所需的其他部分信息。而另一方面,数据有可能不完全满足分析需求,但这种缺陷却无法得到补正。例如,利用全国各省的经济和人口数据进行各省的综合发展程度排序,可以考虑使用因子分析来进行,但因子分析原则上要求至少有 50 个案例,全国却只有 34 个省级行政区。

(5) 在分析方法上,由于试验设计难以做到完美,因此各种潜在影响因素的作用可能也并不明确,需要在各种可能的影响因素中进行筛选和探索。而相应可能用到的统计方法也比较繁杂,从简单的统计描述,到复杂的广义线性模型都可能用到,而影响因素的筛选则成为很多分析项目的重点任务之一。但无论如何,使用的方法仍然以经典统计分析方法为主。

此类统计方法论的应用范围目前是最广的,在社会学、经济学研究中十分常见。

1.6.3 偏智能化、自动化分析的数据挖掘应用方法论

此类分析方法论是随着近年来计算机技术的飞速发展而诞生的,一方面数据库技术使得许多行业出现了业务系统,有了自动积累的海量业务数据库,也相应诞生了大批新的分析需求,但其数据量却使得传统方法论很难有效满足这些要求。另一方面,人工智能和计算能力的发展也诞生了一批全新的分析方法,如 Bootstrap、Bayes 方法与 MCMC、神经网络、树模型与随机森林等,赋予了分析人员全新的能力。在这些因素的相互作用之下,数据挖掘方法论就应运而生了。

数据挖掘是近年来由人工智能、统计学和数据仓库技术交叉发展而来的一种新方法体系,它通过采用各种自动或半自动的分析技术,在海量数据中发现有意义的行为和规则,迅速找到大量资料间的关联与趋势。其最大的特点是自动化、智能化,即充分利用人工智能技术,自动化/半自动化地分析数据间的复杂联系,探寻一种独特的,通过其他方法可能难以发现的模式,快速发现有价值的信息。整个分析框架是动态、可更新的,并且在分析结果的验证上提供了许多新的思路。

和上面两种较为传统的分析方法论相比,数据挖掘方法论的特点如下。

(1) 完全以商业应用的需求为导向,或许可以认为传统方法论和数据挖掘方法论的最大区别在于:前者需要方法体系/逻辑正确,后者由于所处理问题的数据量大、时间要求严格,只需要结果正确,分析方法的理论正确性并不重要,而算法细节也可以是灰箱甚至黑箱。

数据挖掘所需要解决的问题往往具有很强的时间要求,例如消费者在网上购物时,页面上会出现"购买此商品的顾客也同时购买"之类的推荐栏目。其中的商品就是利用快速的数据挖掘算法筛选出来的。虽然这类分析的准确率能高一些自然最好,但是相比之下,网站更愿意选择 2 s 就能反馈给浏览者的弱关联算法,而不是采用 10 min 才能计算出更准确结果的强关联算法。

(2) 分析的流程出现了很大的变化,不再是线性的 7 大步骤,而转换成了周而复始的循环结构,且非常强调前期的商业理解,以及后期的模型发布/应用。在几种常见的数据挖掘方法论中,以 CRISP-DM 最具代表性。

(3) 由于数据往往来源于业务系统,如超市的 POS 机、银行的 ATM、电信公司的业务数据库,因此数据采集过程是全自动进行的,完全先于整个研究项目存在。但这也意味着这些数据根本就不是为数据分析准备的,从而难以做到理想化。例如,对 POS 机数据进行分析,如果知道购物者的年龄、性别、家庭收入状况等,将可以得到更有价值的分析结果,但即使关联了会员卡数据,这些背景资料也几乎不可能补全。

(4) 由于业务系统的数据是动态增加的,因此难以通过人工收集的方式补全数据,只能"看菜下饭",否则整个项目将永无止境。

(5) 在分析方法上,由于极端强调商业应用,因此分析方法的选择其实并不重要,往往采取多种方法并行、从中择优的分析思路。例如,对于一个客户流失预测项目,完全可以同时采用判别分析、Logistic 回归、神经网络、支持向量机(SVM)、Bayes 分析、树模型等多种方法并行分析,然后采用投票或者优选的方式得到最终的预测模型/结果。

在完全以满足商业需求为目标的背景之下,很多被认为是非常经典和基础的统计方法,如参数估计和常规的假设检验,在数据挖掘中反而很难用到。另一方面,上述海量数据库、动态增量、平行分析等特点的存在,意味着数据挖掘中非常强调自动化,即使在项目期间会有很多人脑的智力投入,但最终项目结束时提交的一定是自动化的业务流,即以电脑代替人脑。

能否满足商业需求,或者说模型是否能够在业务系统中得到真正的发布/应用,是判断整个数据挖掘项目是否成功的唯一标准,这一点和传统方法论有非常鲜明的区别。

思考与练习

1. 检查 SPSS 共有几个模块,其中包含了哪些功能,并思考平时的统计分析究竟要哪些模块才能够满足需求。

2. 浏览 SPSS 的扩展中心,熟悉其中提供的各种扩展,从中寻找符合自己工作需求的扩展并安装。

3. 浏览 SPSS 社区网站,熟悉其提供的各项内容,从中寻找符合自己工作需要的附加安装包和文档。

第 2 章 数据录入与数据获取

2.1 CCSS 项目背景介绍

为使内容更贴近实战,本书将尽量使用中国消费者信心调研项目的数据作为教学案例,通过该项目的实际操作对 SPSS 的各项功能进行讲解。本节将首先介绍该项目的背景,以利读者的后续阅读。

2.1.1 项目背景

消费者信心是指消费者根据国家或地区的经济发展形势,对就业、收入、物价、利率等问题加以综合判断后得出的一种看法和预期,消费者信心指数则是对消费者整体所表现出来的信心程度及其变动的一种测度。这一概念最早是由美国密歇根大学调查研究中心的乔治·卡通纳在 20 世纪 40 年代后期提出,随后在美国联邦储备系统(简称美联储)的委托之下开展了相应调研直至今日。70 余年的历史已经证明了这一指标体系在预测未来宏观经济走向方面具有不可替代的价值,目前已成为各市场经济国家非常重要的经济风向标之一。

联恒市场研究看到了这一指标体系潜在的市场价值,于 2007 年启动了中国消费者信心调研(China Consumer Sentiment Survey,CCSS)项目,这一项目由笔者与美国密歇根大学社会研究所消费者信心调查课题组负责人 Richard Curtin 博士共同设计开发完成,整个方法体系与密歇根大学的消费者信心调查基本相同,同时也根据中国的具体国情进行了补充和完善,使之更贴近中国的实际情况。

CCSS 项目的调查始于 2007 年 4 月,每月在东部与中西部 30 个具有代表性的中国城市中抽取 1 000 个左右的家庭,通过计算机辅助电话访问(CATI)进行访谈,该项目一直持续至今。为化繁为简,这里只截取北京、上海、广州 3 个城市在 2007 年 4 月、2007 年 12 月、2008 年 12 月和 2009 年 12 月共 1147 个样本用于随后的讲解,具体数据参见文件 CCSS_Sample.sav。

 本书所涉及的只是 CCSS 项目完整历史数据库的一小部分,且出于产品保密需要,在数据文件中删除了对指数计算至关重要的权重值,因此分析结果仅用于案例教学,所计算出的指数值会和真实指数值有一定偏差,不代表真实情况。

2.1.2 项目问卷

CCSS 项目的问卷是标准化的,每月固定执行。由于问卷内容较长,这里选择了其中部分题目作为教学案例,具体如下(注意:为了便于讲解,下列题目顺序和内容均进行过调整,并非访问时的原始状况)。

中国消费者信心指数研究问卷

S0. 受访者所在城市：
100 北京　200 上海　300 广州
S1. 请问您贵姓？____
S2. 记录被访者性别：
1 男性　2 女性
S3. 请问您的年龄是？____
S4. 请问您的学历是？
1 初中/技校或以下　2 高中/中专　3 大专　4 本科　5 硕士或以上
S5. 请问您的职业是？
1 企事业管理人员　2 工人/体力工作者(蓝领)　3 公司普通职员(白领)
4 国家公务员　5 个体经营者/私营业主　6 教师
7 学生　8 专业人士(医生、律师等)　9 无/待/失业、家庭主妇
10 退休　11 其他职业
S7. 请问您的婚姻状况是？
1 已婚　2 未婚　3 离异/分居/丧偶
S9. 请问您的家庭月收入(包括工资、奖金和各种外快收入)大约在什么范围？
1 999 元或以下　　　　2 1 000~1 499 元　　　3 1 500~1 999 元
4 2 000~2 999 元　　　5 3 000~3 999 元　　　6 4 000~4 999 元
7 5 000~5 999 元　　　8 6 000~7 999 元　　　9 8 000~9 999 元
10 10 000~14 999 元　11 15 000~19 999 元　12 20 000~29 999 元
13 30 000 以上　　　　98 无收入　　　　　　99 拒答
C0. 请问您的家庭目前有下列还贷支出吗？
C0_1 房贷　1 有　2 无　99 拒答
C0_2 车贷　1 有　2 无　99 拒答
C0_3 其他一般消费还贷　1 有　2 无　99 拒答
O1. 请问您家里有家用轿车吗？
1 有　2 没有
A3. 首先,请问与一年前相比,您的家庭现在的经济状况怎么样？是变好、基本不变还是变差？
1 明显好转　2 略有好转　3 基本不变　4 略有变差　5 明显变差　9 说不清/拒答
A3a. 为什么您这样说呢？(最多选两项)____
0 中性原因　　　　　　　90 不知道/拒答
10 改善:收入相关　　　　110 恶化:收入相关
20 改善:就业状况相关　　120 恶化:就业状况相关
30 改善:投资相关　　　　130 恶化:投资相关

40 改善:家庭开支相关　　140 恶化:家庭开支相关
50 改善:政策/宏观经济　　150 恶化:政策/宏观经济相关

A4. 那么与现在相比,您觉得一年以后您的家庭经济状况将会如何变化?
1 明显好转　2 略有好转　3 基本不变　4 略有变差　5 明显变差　9 说不清/拒答

A8. 那么与现在相比,您认为一年以后本地区的经济发展状况将会如何?
1 非常好　2 比较好　3 保持现状　4 比较差　5 非常差　9 说不清/拒答

A9. 您认为一年之后本地区的就业状况将会如何变化?
1 明显改善　2 略有改善　3 保持现状　4 略有变差　5 明显变差　9 说不清/拒答

A10. 那么与现在相比,您认为5年之后,本地区的经济将会出现怎样的变化?
1 明显繁荣　2 略有改善　3 保持现状　4 略有衰退　5 明显衰退　9 说不清/拒答

A16. 对于大宗耐用消费品的购买,如家用电器、家用计算机以及高档家具之类的,您认为当前是购买的好时机吗?
1 很好的时机　2 较好时机　3 很难说,看具体情况而定　4 较差时机　5 很差的时机　9 不知道/拒答

2.2 数据格式概述

2.2.1 统计软件中数据的录入格式

统计软件中数据的录入格式和大家平时记录数据用的格式不太相同,SPSS 所使用的数据格式也需要遵守相应的格式要求,其基本原则如下。

(1) 不同个案(Case)的数据不能在同一条记录中出现,即同一个案的数据应当独占一行。

(2) 每一个测量指标/影响因素只能占据一列的位置,即同一个指标的测量数值都应当录入到同一个变量中去。

但有时分析方法会对数据格式有特别的要求,此时可能会违反"一个个案占一行,一个变量占一列"的原则,这种情况在配对数据和重复测量数据中最多见。这是因为根据分析模型的要求,需要将同一个观察对象某个观察指标的不同次测量看成是不同的指标,因此被录入成了不同的变量,这是允许的。但对于统计的初学者而言,最好能够严格遵守以上规则。而且无论表现格式如何,最终的数据集都应当能够包含原始数据的所有信息。

对 CCSS 项目而言,数据框架的设定比较简单,因为每位受访者都只会被访问一次,从而在数据集中就会成为单独的一条记录,而相应的问卷中的每道题目就会构成一个或多个变量。但是随后就需要进一步考虑如何设定每个变量的具体属性,下面将详细讨论这一问题。

2.2.2 变量属性

对任何一个变量而言,变量名都是其最基本的属性。例如,CCSS 项目问卷中的 S1,就可以用一个名称为"name"的变量来加以记录。但为了进一步满足统计分析的需要,除变量名外,往往还需要对每一个变量进一步定义许多附加的变量属性,如变量类型(Type)、变量宽度

(Width)、小数位(Decimals)等,多个属性联合起来才能构成对这个变量的完整定义。在 SPSS 的数据窗口中,单击左下角的"变量视图"按钮,就可以切换到该窗口的变量视图,如图 2.1 所示。其中列出了在 SPSS 中每个变量都需要定义的属性,下面就对这些属性加以介绍。

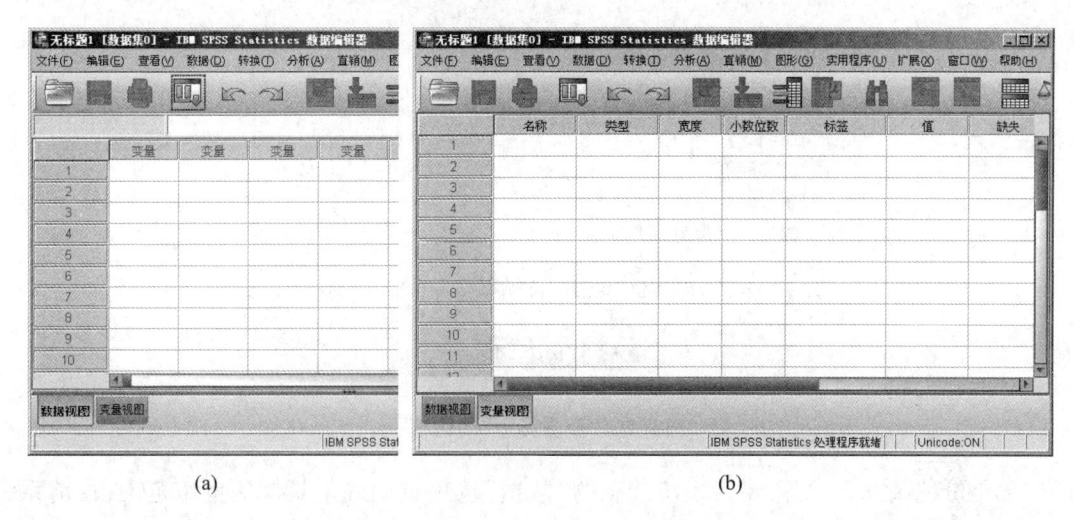

图 2.1 数据窗口的数据视图和变量视图

> SPSS 中的变量名比较灵活,目前的限制为长度不超过 64 个字符,不能以数字开头,中间不能有空格,一个数据文件中不能有相同的变量名等。但出于和其他软件兼容性的考虑,建议仍然尽量采用标准的由字母和数字构成的 8 位以内长度的变量名。

1. 变量的存储类型

存储类型指的是数据以何种方式进行存储。SPSS 中的变量有 3 种基本类型:数值型、字符型和日期型。但数值型又会进一步被细分,所以 SPSS 中的变量类型共有 9 种。在变量视图中选择"类型"单元格时,右侧会出现 按钮,单击 按钮会弹出"变量类型"对话框,如图 2.2 所示。左侧为具体的存储类型,右侧则用于进一步定义变量存储宽度、小数位数等。

(1) 数值型(Numeric)。数值型是 SPSS 最常用的变量类型,是由 0~9 的阿拉伯数字和其他特殊符号,如美元符号、逗号或圆点组成的。数值型可进行各类四则运算,使用起来最为方便。根据内容和显示方式的不同,数值型又可分为标准数值型(Numeric)、每 3 位用逗号分隔的逗号数值型(Comma)、每 3 位用圆点分隔的圆点数值型(Dot)、科学计数型(Scientific Notation)、显示时带美元符号的美元数值型(Dollar)、用户自定义型(Custom Currency)这 6 种不同的表示方法。实际上,上述方式只有标准数值型最为常用,其余几种方式的详情请有兴趣的读者直接查阅软件帮助,这里不再赘述。

(2) 字符型(String)。字符型数据以字符串方式存储,不能做四则运算,但可进行拆分、合并、检索等操作。字符型数据的默认显示宽度为 8 个字符位。字符型数据在 SPSS 的数据处理过程(如在计算生成新变量时)中需要用一对引号引起来,但在输入数据时不应输入引号,否则双引号将会被作为字符型数据的一部分。

(3) 日期型(Date)。日期型数据用来存储日期或时间。日期型数据的显示格式有很多,SPSS 在对话框右侧会用列表框给出各种显示格式以供用户选择。如果选择 mm/dd/yy 或类似

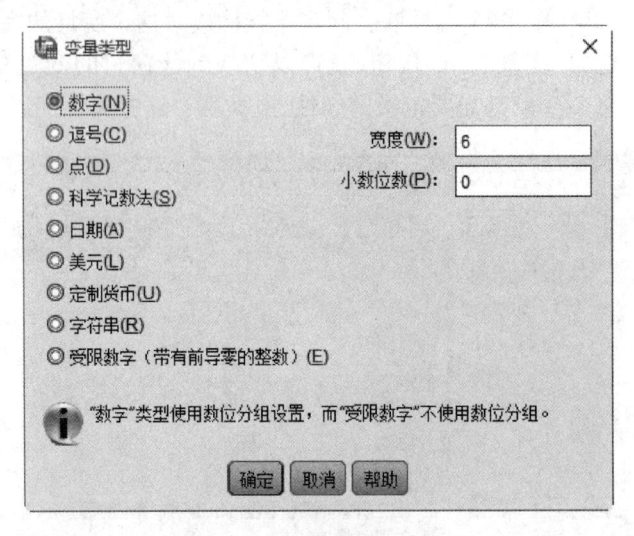

图 2.2 "变量类型"对话框

的两位数年份记录方式,则需要在系统选项的"数据"选项卡中确定具体的世纪范围,目前系统默认为 1941~2040 年区间。

事实上,SPSS 中的日期型变量存储的是该日期/时间与 1582 年 10 月 15 日前一天零点相差的秒数,如 1582 年 10 月 15 日存储的就是 60×60×24 = 86 400。大家将变量类型转换为数值型就可以看到。但是这里只能存储正数,即比 1582 年 10 月 15 日更早的时间在 SPSS 中是无效的。日期型数据在时间序列分析中比较有用,但在比较简单的分析问题中完全可以用普通数值型数据来代替。

> 目前,全球使用的公历(格里高利历,Gregorian Calendar)来源于凯撒大帝进行改革之后的罗马历(儒略历,Julian Calendar),但儒略历的时间一直和地球公转周期存在误差,每年都会多计算 11 分 4 秒,在使用十几个世纪之后,误差的累积已经达到令人难以接受的程度。为此,16 世纪时的教皇格利高利八世再次对历法做了微调,此即格里高利历。同时为了解决历史遗留的累积误差,教皇决定将 1582 年 10 月 5 日至 14 日抹掉,即在公历中,1582 年 10 月 4 日的明天就是 1582 年 10 月 15 日。

2. 变量的测量尺度

统计分析中仅有变量的存储类型是不够用的,很多时候并不能准确地说明变量特征,比如 CCSS 项目数据中的以下几个变量。

(1) 变量 S2"性别":用 1 代表男,用 2 代表女。在这里 1 和 2 只是一个符号,没有任何数字意义。2 并不比 1 大,1 也并不比 2 小。

(2) 变量 S4"学历":用 1 表示"初中",用 2 表示"高中",用 3 表示"本科"等,1 和 2 虽然也是符号,但却有高低之分,1 就比 2 的学历低。但是究竟低多少,是本科和高中的差距更大,还是高中和初中的差距更大,不知道,各级别之间的差距大小无法做衡量和比较。

(3) 变量 S3"年龄":20 和 21 正好相差 1,而且这个差距大小,和 39 与 40 之间的差距相等,都是 1,也都等于 50 和 55 之间差距的 1/5。

由上可知,上述 3 个变量的存储类型同样都是数值型,但数值的具体含义不同,所携带的信息量不同,适用的统计方法也就不同。如果只以存储类型来说明这个变量的属性,就不能反映上述区别。为此,就有必要给变量增加测量尺度这一属性。按照携带信息量的多少,该属性从低到高可被分为 4 个层次:名义尺度、有序尺度、定距尺度和定比尺度。

> 目前在 SPSS 中,测量尺度设定不正确主要会导致统计图、统计表和模型的分析结果出错,其余对话框暂时还没有用到该属性。但是建议读者养成良好的习惯,从设计变量起就正确设定其测量尺度。

1) 名义尺度

名义尺度(Nominal Measurement)是按照事物的某种属性对其进行分类或分组,其变量取值仅代表类别差异,不能比较各类之间的大小,如变量 S0"城市"就是一个名义尺度变量。这种变量只能计算频数和频率,如在所有个案中,北京有多少人、占总人数的百分率是多少等。对于 S2"性别"这种两分类变量,一般人们仍然将其归为名义尺度变量。但是两分类变量较为特殊,即使将其归为其他类型,一般也不会影响后续分析。

2) 有序尺度

有序尺度(Ordinal Measurement)是对事物之间等级或顺序差别的一种测度,可以比较优劣或排序。有序变量比名义变量的信息量多一些,不仅包含类别的信息,还包含次序的信息;但是由于有序变量只是测度类别之间的顺序,无法测出类别之间的准确差值,所以其计量结果只能排序,不能进行算术运算。CCSS 数据中的变量 S4"学历"就是一个典型的有序变量。

3) 定距尺度

定距尺度(Interval Measurement)是对事物类别或次序之间间距的测度。其数值不仅能进行排序,而且可准确指出类别之间的差距是多少;定距变量通常以自然或物理单位为计量尺度,生活中最典型的定距尺度变量就是温度。

4) 定比尺度

定比尺度(Scale Measurement)是能够测算两个测度值之间比值的一种计量尺度,它的测量结果同定距变量一样也表现为数值,如职工月收入、企业销售额等。定比变量与定距变量的差别在于有一个固定的绝对"零点",而定距变量则没有。比如温度,0℃ 只是一个普通的温度(水的冰点),并非没有温度,因此它只是定距变量,而重量则是真正的定比变量,0 kg 就意味着没有重量可言。上文中提到的变量 S3"年龄"就是一个典型的定比变量。

定比变量是测量尺度的最高水平,它除了具有其他 3 种测量尺度的全部特点外,还具有可计算两个测度值之间比值的特点,因此它可进行加、减、乘、除运算,而定距变量严格来说只可进行加减运算。

由于定距和定比尺度在绝大多数统计模型中没有区别,因此 SPSS 将其合并为一类,统称为"标度",另两类则分别用"有序"和"名义"来表示,具体在"测量"(Measure)属性框中加以定义。这 3 种尺度在许多统计书籍中会有更为通俗的称呼:无序分类变量、有序分类变量和连续性变量。从实用的角度出发,本书将同时采用这两种命名体系。

3. 变量名与变量值标签

变量名、变量类型和测量尺度可被看成是变量设定的基本属性,但充分利用其他属性可以让分析工作更为轻松。标签(Label)属性可以对变量含义进行详细说明;值(Values)属性则可以对变量取值的含义加以说明。图 2.3 给出的是性别的值标签,显然 1 表示男,2 表示女。标签属性和值属性都会在数据集和分析结果中出现,以提高数据和结果内容的可读性。

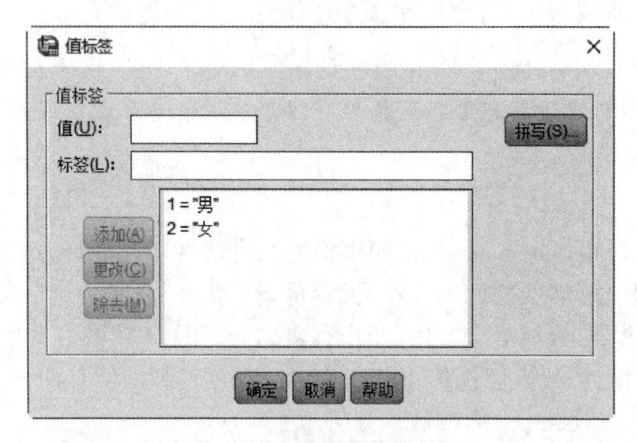

图 2.3 "值标签"对话框

4. 缺失值

该属性用于设定自定义缺失值,主要用于问卷数据。SPSS 中缺失值有用户自定义缺失值和系统缺失值两大类。对于数值型变量的数据,系统缺失值用圆点"."表示,而字符型变量默认就是空字符串。例如,在问卷调查中,有些数据项漏填了,则数据录入时只能跳过,相应的数据单元格就会被系统自动当作缺失值来处理。

另外一类缺失值是用户自定义缺失值,这往往出现在一些设计比较严格的大型调查中,在一些题项处会给出一个选项:不知道/拒答。相应的代码可能用 9 或者 99 来表示,如 CCSS 项目中的 S9"家庭月收入"中就是以 99 来表示拒答。显然,这里的 99 不是一个真实的答案,仅仅是缺失值代码,需要告知 SPSS 这个特定的标记数据,以在进行统计分析时区别对待。具体做法为单击相应变量缺失属性框右侧的 按钮,会弹出"缺失值"对话框,如图 2.4 所示。利用该对话框,用户可以自定义缺失值。

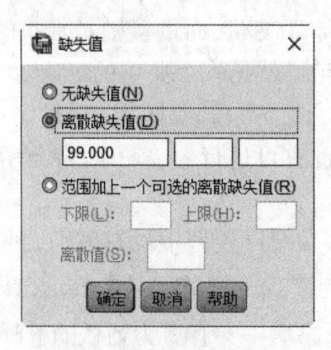

图 2.4 "缺失值"对话框

其余的变量属性相对容易理解,读者对照变量视图的内容即可理解,这里不再一一介绍。

读者可能会注意到变量视图最右侧有一个"角色"属性,该属性主要用于满足数据挖掘方法体系的要求,变量的角色可以是输入、目标、分区、拆分等,当用 Modeler 等数据挖掘专用软件打开该数据文件时,就可以直接读取变量的角色设定。但是该属性目前在 SPSS 中并无作用,因此本书不加以介绍。

2.3 在 SPSS 中直接建立数据集

2.3.1 操作界面说明

在打开 SPSS 后,默认情况下系统在内存中就已经生成了一个空数据文件,其数据窗口如图 2.1 所示。注意窗口左上角的文字是"无标题1[数据集0]",其含义是说该数据暂时未被存储为数据文件,所以没有文件名称(无标题);但是 SPSS 系统内部在使用该数据文件时,将会以"数据集0"这个名称来标识该文件,这就是所谓的工作名称。这是因为目前 SPSS 可以同时打开并使用多个数据文件,而利用工作名称就可以准确指定需要使用的数据文件。

如果觉得工作名称不够好,则可以单击"文件"→"重命名数据集"菜单项,对当前文件的工作名称进行更改。

在数据窗口的左下角,可以看到"数据视图"和"变量视图"标签,现在图中显示的是数据视图,单击右侧的"变量视图",则会切换入变量视图。前面提到的变量属性的设置都在变量视图中进行,而数据的录入工作则可以在数据视图中直接通过键盘完成。

下面介绍 CCSS 项目数据是如何在 SPSS 中建立数据集的。根据调查问卷中设计问题的类型的不同,定义变量的方式也不同,问题设定和录入方式如下。

2.3.2 开放题和单选题的设定与录入

1. 开放题的设定

首先,需要对每个受访者编制一个流水号以便管理。该变量一般可以起名为"ID",严格说来它的存储类型应该被设定为字符型。但由于它是数值流水号,只是方便检查和核对问卷,不参与后面的数据分析工作,因此完全可以用数值型变量来加以记录,即可以采用"数值型+有序/名义测量尺度"的组合作为流水号。

下面需要在变量视图中定义该变量,直接在第一行的"名称"属性列中输入变量名 ID,按回车键后就可以看到 SPSS 会立刻在其余变量属性列中自动填入默认值。在绝大多数情况下,SPSS 给出的默认数据类型(数值型)和数据精度(8.2)可以满足需要,如果不能满足需求,则要对不满足条件的属性加以修改,在本例中 ID 的属性基本可以采用默认形式,不做修改。

问卷中的 S1"姓名"显然也是开放题,这里可以考虑用一个长度为 10 或 12 的字符型变量来记录。请读者自行操作,这里不再详述(注意设定时需要修改变量类型和长度)。

2. 单选题的设定

单选题的设定与开放题类似,只需要一个字符型变量或者数值型变量即可记录信息。不同的是，单选题中可以定义变量值标签，通过这种方式既可以减少数据录入的工作量，还方便了后面的数据分析工作。具体而言，单选题的设定可以采用原始字符串、字符代码+值标签、数值代码+值标签3种方式。对应这3种录入方式，题目S2"性别"定义后的界面如图2.5所示。

	名称	类型	宽度	小数	标签	值
1	S2_1	字符串	8	0	性别	无
2	S2_2	字符串	8	0	性别	{1, 男}...
3	S2_3	数值(N)	8	2	性别	{1.00, 男}...

图 2.5　单选题的 3 种录入方式说明

这3种录入方式，原则上都是可以的。但是第3种录入方式"数值代码+值标签"方便了后面的分析工作，是本书建议的使用方式。

3. 半开放题的设定

半开放题指的是问卷数据中有含"其他，请指出"选项的单选题，此类题目在录入时可以使用两个变量对其进行定义，在第1个变量中，"其他，请指出"为选项之一；第2个变量将"其他，请指出"的具体内容看作一个独立的开放题，按照开放题的录入方式进行数据录入，将没有选择该选项的被访者作为缺失值处理。

为使得变量名之间具有一定的逻辑联系，可以将第2个变量的名称设置为由第1个变量名称后直接加"a"之类的方式。另外，在数据录入完毕后，应当在数据预处理阶段对第2个变量中的数据进行编码处理，以便于后续分析，相关功能请参见第3章和第4章的内容。

4. 数据的录入

变量定义完毕后，就可以向文件中录入数据了。切换回数据视图，数据编辑窗口如图2.6(a)所示。可见前几列的名称均为深色，显示的就是刚才定义的变量名，其余各列的名称则仍为灰色，表示"变量"尚未使用。同样，各行标号也为灰色，表明现在还未输入过数据，即该数据集内没有记录。

请选中1行1列单元格为当前单元格，输入第一个数据1，此时界面显示如图2.6(b)所示。请注意此时输入的数据在单元格内左对齐显示，表示该单元格处于编辑状态，同时上方的数据栏内会同步显示出输入的数值。按回车键，界面如图2.6(c)所示。和前面的图形相比，首先，当前单元格下移，变成了2行1列单元格，而1行1列单元格的内容则被替换成了1.00，出现两位小数是因为数值型(num)变量默认为8.2格式，有两位小数；其次，第1行的标号变黑，表明该行已输入了数据；再次，1行2列单元格(字符型变量)因为没有输入过数据，显示为空，1行3列单元格(数值型变量)因为没有输入过数据，显示为"."，这代表该数据为缺失值。

	ID	S1	S2
1			
2			

(a)

	1.00		
	ID	S1	S2
1	1		
2			

(b)

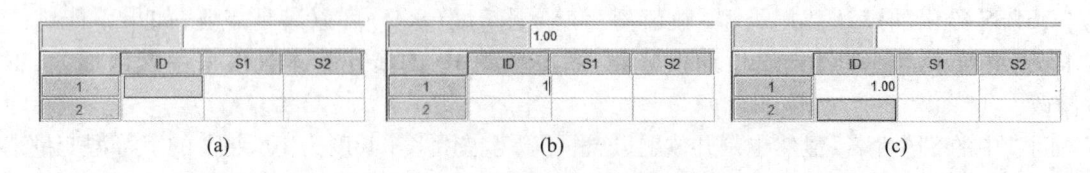

	ID	S1	S2
1	1.00		
2			

(c)

图 2.6　录入数据过程

如果要继续录入，则用类似的输入方式将数据录入完毕即可，但在数据录入过程中，要养成随时保存的好习惯,以免因异常情况造成工作丢失。

> 初学者往往会关心 SPSS 的数据容量问题,实际上,作为一个功能完善的统计软件,SPSS 理论上可以加载的变量数和案例数远远超过人们平时使用的计算机的硬盘和内存容量。笔者亲自处理过的数据文件变量数多达上千个,案例数多达百万个。而且对于这样的数据规模,SPSS 用现在的主流硬件配置完成常用的统计分析工作耗时也是非常少的。

2.3.3 多选题的设定与录入

多选题,又被称为多重响应(Multiple Response),是在社会调查和市场研究中极为常见的一种数据记录类型。封闭单选题对一个被访者只有一个值,而多选题,一个被访者可以选择一个选项,也可以选择两个或者多个选项,比如 CCSS 项目中的 C0 和 A3a 题目就是如此。因此多选题不能只用一个变量来记录(否则无法进行分析),而需要使用几个变量来进行记录。统计软件中对多选题的标准存储格式有两种:多重二分法(Multiple Dichotomy Method)和多重分类法(Multiple Category Method)。其他的存储格式均不能被 SPSS 直接使用,必须要转换成这两种格式之一才能进行统计分析。

1. 多重二分法

所谓多重二分法,是指在编码时对每个选项都定义一个变量,有几个选项就有几个变量,这些变量各自代表对其中一个选项的选择结果,一般均为二分类,其中一个类别代表受访者选中该选项。

以 CCSS 中的 C0 题目为例,对应所需选择的 3 种选项,这里需要设定 c0_1、c0_2、c0_3 这 3 个变量,且均以 1 表示选中,以 2 表示未选中,如图 2.7(a)所示,可见图中第 1 个案例每月都有房贷支出,但没有车贷和其他消费还贷支出。而第 2 个案例则没有任何还贷支出。

显然,在多重二分法中无论有多少个变量,其变量值标签的定义都应该一致,否则将会引起混乱。还有一点要说明的是,在 C0 题目中还增设了代码 99 代表拒答,这主要是根据访问的实际需求增设的,后续分析中可以将 99 和 2 合并成一类,即按未选中该选项来进行分析。

2. 多重分类法

多重二分法实际上是多选题的标准数据格式,但这种数据格式有时也会给数据录入带来麻烦,以 CCSS 项目中的 A3a 题目为例,每个受访者被限制只能最多选两项,但总选项多达 12 个。显然,如果使用多重二分法录入,则大部分数据都需要录入为"未选中",徒增许多数据录入工作。对于此类多选题,使用多重分类法进行记录更为便捷。

多重分类法也是利用多个变量来对一个多选题的答案进行定义,应该用多少变量根据被访者实际可能给出的最多答案数而定。而且,所有这些变量均为多分类,采用同一套值标签,每个变量代表被访者的一次选择结果。以 A3a 题目为例,由于限定最多回答两个选项,因此只需设定 a3a_1 和 a3a_2 两个变量即可,由图 2.7(b)中可见案例 1 选择了两个改善方向的选项,而案例 2 只选择了一个选项,随后的 a3a_2 则为缺失值。显然,这种"数据缺失"的现象在多重分类法中实际上是一种正常情况。

多重分类法适合于问题的选项较多的情况,尤其适合于"请在下列选项中选出您喜欢的几个选项"一类的问题。

c0_1	c0_2	c0_3		a3a_1	a3a_2
1 有	2 无	2 无		改善：就业状况相关	改善：家庭开支相关
2 无	2 无	2 无		改善：收入相关	
1 有	2 无	2 无		改善：投资相关	改善：投资相关
2 无	2 无	2 无		中性原因	中性原因
2 无	2 无	2 无		改善：就业状况相关	
1 有	2 无	2 无		中性原因	
2 无	2 无	2 无		中性原因	改善：就业状况相关
2 无	2 无	2 无		恶化：家庭开支相关	

(a)　　　　　　　　　　　　　(b)

图 2.7　多重二分法和多重分类法的数据格式

3. 两种多选题格式的比较与转换

多重二分法实际上是最标准的多选题记录格式，所有的统计软件均可直接使用，而且可直接进行统计建模，但是该格式要求对每个选项均建立对应的变量，当选项较多时效率很低。

相比之下，多重分类法的存储效率就要高很多。此外，在多重分类法中可以很明确地得知受访者的选项选择顺序，即第一个变量存储的就是第一提及选项、随后为第二提及选项，依此类推。而第一提及在市场研究、社会学等很多学科中是有特殊分析意义的，这种信息就无法通过多重二分法直接记录。

但是，多重分类法也有自己的缺陷，SPSS 之外的很多统计软件都不能直接使用该存储格式，并且在 SPSS 中，多重分类法的数据也只能进行多选题的统计描述，如果希望对多选题建模，就必须要将多重分类法转换为多重二分法的格式。这一转换可以使用"分析"→"表"→"转换多类别集"菜单项，调用相应的 Python 扩展来实现。但是转换之前需要先在软件中定义好相应的多选题变量集，如何设定多选题变量集可参见第 8 章，此处不再详述。

4. 半开放多选题的处理方式

对于含有"其他，请指出"答案的附加内容的多选题，基本处理思路和半开放单选题非常相似，即首先将"其他"当成一个答案选项，而用另一个字符型变量来存储其具体内容。在数据录入完毕后再根据频次高低对附加内容进行二次编码，以进行更为深入的分析。

2.4　读入外部数据

对于以其他格式存储的外部数据，SPSS 也可用各种方式直接读入，具体方式主要有 3 种：直接打开、利用文本向导读入文本数据，以及利用数据库 ODBC 接口进行读取。

2.4.1　读取电子表格数据文件

1. 可支持的文件类型

在 SPSS 中可以直接读入许多常用格式的数据文件，选择"文件"→"打开"→"数据"菜单项，或直接单击快捷工具栏上的快捷按钮，系统就会弹出"打开数据"对话框，在"文件类型"列表框中是可以直接打开的数据文件格式，SPSS 在这方面的兼容性非常好，和所有常见的数据格式都有直接读取的接口,如表 2.1 所示。在其中选择所需的文件类型,然后选中需要打开的文件名称,SPSS 就会按照要求打开相应的数据文件,并自动转换为 SPSS 格式。

表 2.1　SPSS 可以直接打开的数据类型

数据标识	数据类型
SPSS Statistics(*.sav)	SPSS 各版本的数据文件
SPSS/PC+(*.sys)	SPSS/PC+版本的数据文件
Systat(*.syd,*.sys)	Systat 数据文件
便携(*.por)	SPSS 便携格式的数据文件
Excel(*.xls,*.xlsx,*.xlsm)	Excel 各版本的数据文件
Lotus(*.w*)	Lotus 各版本的数据文件
SYLK(*.slk)	SYLK(符号链接)格式保存的数据文件
dBase(*.dbf)	dBase 系列数据文件(从 dBaseII~IV)
SAS(*.sas7bdat,*.sd7,…)	SAS 各版本的数据文件
Stata(*.Dat)	Stata 各版本的数据文件
文本格式(*.txt,*.dat)	纯文本格式的数据文件

2. 操作实例

下面以 SPSS 自带的文件 demo.xlsx 为例,来看 SPSS 如何直接读取这个文件。该文件位于 SPSS 安装路径下的"Samples\English"子目录中,只有一个名为"Sheet1"的表单,其第一行是变量名,共有 200 行数据。

在打开文件对话框中,选择正确的路径、文件类型 Excel、文件名称 demo.xlsx 后,单击"打开"按钮,就会进一步弹出对话框,如图 2.8 所示。该对话框用于具体设定希望打开的是哪张表单,需要读取的具体数据单元格范围(留空则为全部读入),以及第 1 行是否为变量名。在设定完毕,单击"确认"按钮之后,数据就会顺利地被读入 SPSS。

2.4.2　读取文本数据文件

纯文本格式虽然简单,是很多时候可以考虑兼容性最好的数据格式,但是这种类型的数据在读入时需要对数据格式做进一步的设定,因此 SPSS 提供了文本导入向导来完成该项工作。

以系统自带的文件"demo.txt"为例,来说明如何将文本数据导入 SPSS。该文件同样位于"Samples\English"目录中。选择"文件"→"读取文本数据"菜单项,在弹出的打开文件对话框中选中相应的文件名并单击"确定"按钮,系统会自动启动"文本导入向导"对话框,如图 2.9(a)所示。从对话框标题可以看到该向导共分为以下 6 步。

> 读者如果细心就会发现,这里弹出的实际上仍然是打开数据对话框,只是文件类型自动跳到了"文本"。显然读取文本数据的菜单项在功能上是和打开数据重复的。SPSS 中有很多地方都会出现这类重复的菜单项,其主要目的是为了用户在操作上更加方便。

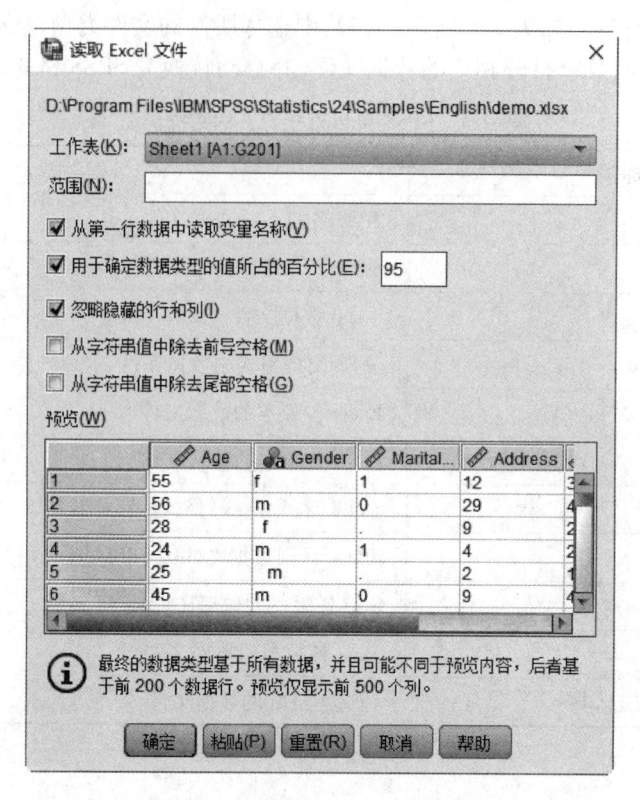

图 2.8 "读取 Excel 文件"对话框

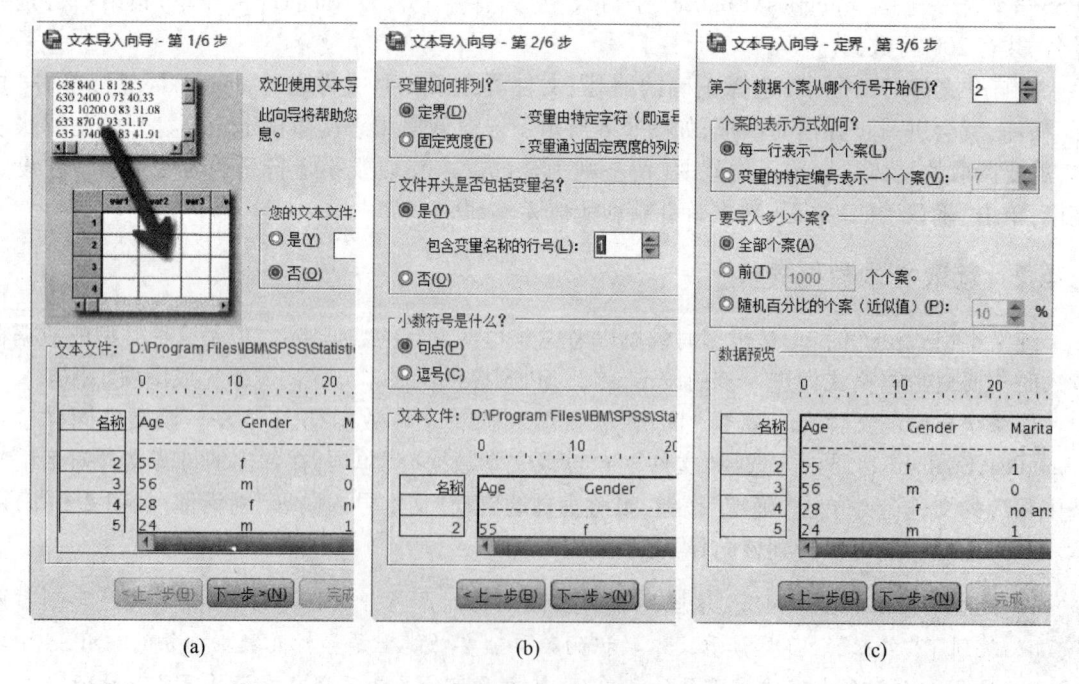

(a)　　　　　　　　　(b)　　　　　　　　　(c)

图 2.9 文本导入向导的第 1~3 步

（1）系统首先会询问有无预定义格式，如果有则在此处选择相应的文件，下方则为按预定义格式读入的数据文件的预览（以后的各个向导界面也会随时更新预览状况）。显然，在未给定预定义格式文件时，SPSS 基本上是不可能正确识别该文件的。因此按照默认的选择"否"并直接单击"下一步"按钮。

（2）第 2 步的界面如图 2.9(b)所示，此处用于设定变量排列方式和变量名行，这里文件中如果有变量名，则需要将"文件开头是否包括变量名"单选按钮改为"是"，然后单击"下一步"按钮。

（3）第 3 步的界面如图 2.9(c)所示，用于确定数据开始行、每个个案所占行数、希望导入的个案数量，一般前两者的默认设定就是最常见情况，第 3 个功能则可以用于对个案进行随机抽样。

（4）如图 2.10(a)所示，对变量分隔符以及文本限定符进行设定，这里根据相应选项的设定情况，会在下方动态显示出数据的预览情况。本数据采用的是制表符，但是可见系统自动识别并选择的是制表符和空格，下方的数据预览窗口则显示出对第 3 个变量"Marital Status"的读入结果不正确。因此需要手工取消对"空格"复选框的选择，并在下方数据预览窗口中确认数据读入情况无误后方可继续。右侧的文本限定符单选框组提供了无、单引号、双引号和其他 4 种选择。如果数据中的字符型变量使用了限定符进行分隔，则需在此处指定。

（5）如图 2.10(b)所示，对各变量做进一步的属性设定，包括更改变量名和更改数据格式，在数据预览窗口中选择某一列变量即可进行操作，如果这里不需要做更改，可以直接单击"下一步"按钮。

（6）如图 2.10(c)所示，确认是否希望重复利用本次操作的选择，可以考虑将这次的文件设定保存为预定义格式文件，或者将本次操作粘贴为 SPSS 语句。如果直接单击"完成"按钮，则向

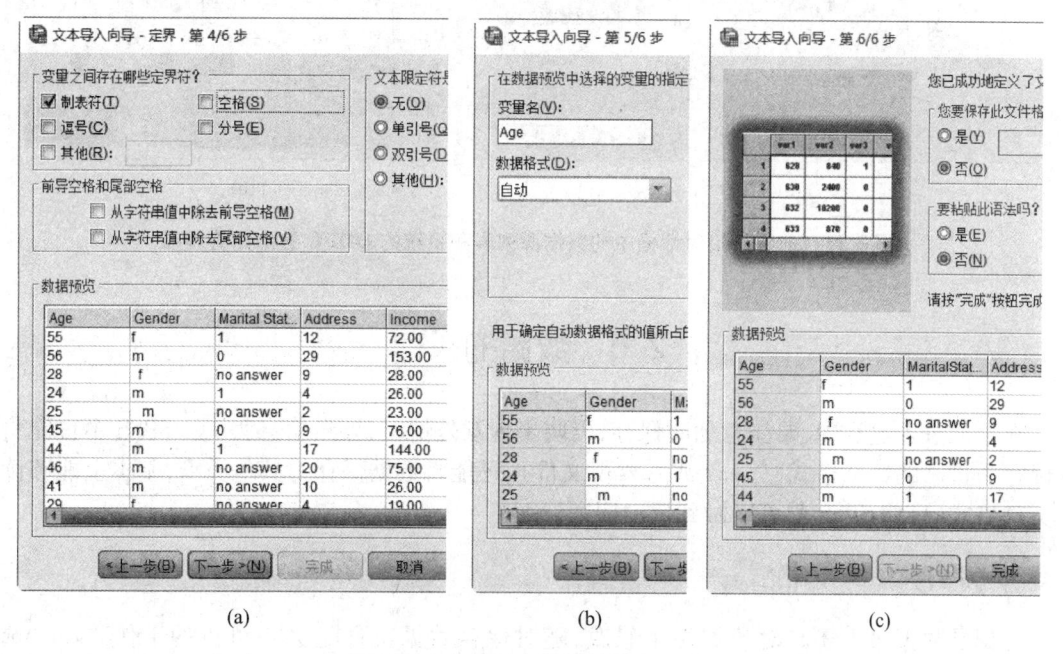

（a）　　　　　　　　　　　　（b）　　　　　　　　　　　　（c）

图 2.10　文本导入向导的第 4~6 步

2.4.3 用 ODBC 接口读取各种数据库文件

对于不能直接打开的数据格式，SPSS 可以利用通用的数据库 ODBC 接口进行读取。这里以 SPSS 系统自带的文件 demo.mdb 为例，来看一下如何使用数据库查询方法读取这个文件。

选择"文件"→"导入数据"→"数据库"→"新建查询"菜单项，系统会弹出数据库向导的第一个窗口，其中会列出本机上已安装的所有数据源，如图 2.11(a)所示。可见里面列出了需要的 MS Access Database 数据源。为了能读入 demo.mdb，需要先对该数据源进行配置。单击下面的"添加 ODBC 数据源"按钮，将 demo.mdb 配置给该数据源，然后回到向导界面并单击"下一步"按钮，系统就会正确读入 demo.mdb 的数据框架，如图 2.11(b)所示，后续的向导步骤都非常容易理解，这里不再详述。

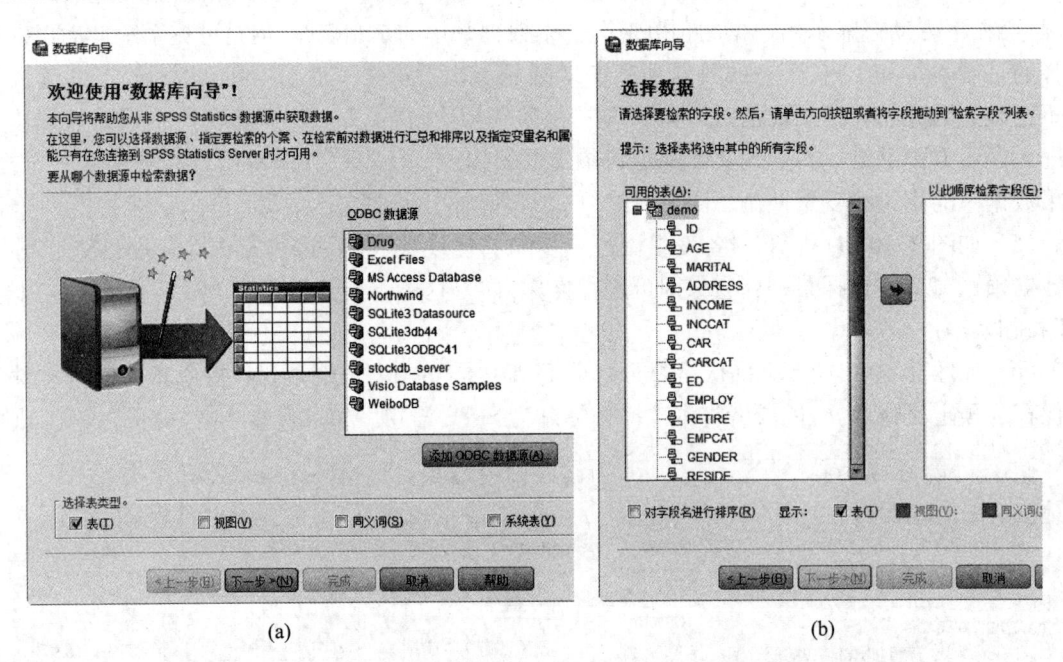

图 2.11 向导初始对话框中的数据源列表和系统的 ODBC 数据源管理器

2.5 数据的保存

在数据录入过程中，要注意随时保存，以防出现意外情况，导致信息丢失。SPSS 不仅能将数据保存为自己的数据格式(*.sav 或 *.zsav 文件)，还能将数据保存为其他类型，基本上能够读入的文件格式，目前 SPSS 都可以做到反向回写。

2.5.1 保存为 SAV 格式

无论是数据录入还是对数据做了修改，随时保存数据文件是必不可少的工作之一。选择"文件"→"保存"菜单项，如果数据文件曾经存储过，则系统会自动按原文件名更新存储；否则实际上弹出的是"将数据另存为"对话框,如图 2.12(a)所示。只需为数据文件指定类型、路径和文件名就可以了。

有时分析者会在分析过程中生成一些临时变量,如果不希望保存全部变量,则可以使用对话框中的"变量"按钮来筛选需要保存的变量,如图 2.12(b)所示。在每个变量的最左侧都有一个复选框,表明它们是否会被保存在文件中。对不需要的变量,单击相应复选框取消选择,则该变量就不会出现在新保存的数据文件中。

除 SAV 格式外,SPSS 还针对大数据集提供了一种 ZSAV 格式,该格式本质上是存储时对原 SAV 格式进行了 zip 压缩,打开时则先解压再读入。

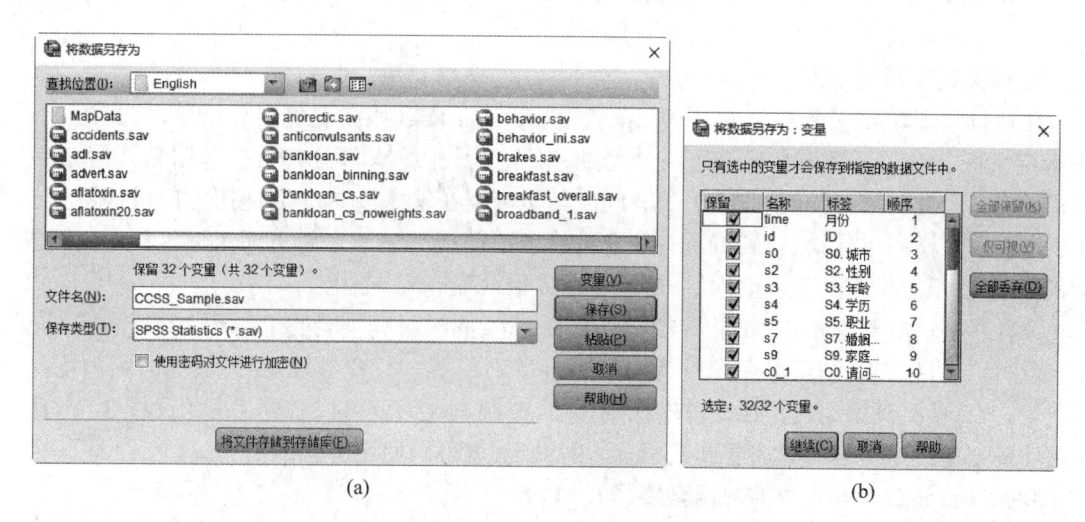

图 2.12 "将数据另存为"主对话框及子对话框

2.5.2 保存为其他数据格式

SPSS 的开放和友好之处不仅在于可以读取非 SPSS 类型的数据,它还允许将数据保存为很多种非 SPSS 格式的数据。在对话框中可以看到,最下方有一个"保存"列表框,单击后可以看到 SPSS 能够保存的各种数据类型,有 DBF、EXCEL、SAS 各版本的各种数据格式、纯文本格式等,用户只需要选择合适的类型,然后单击"确定"按钮即可。

不过,将数据保存为 SPSS 以外的其他类型时,有些变量设置可能会丢失,如标签和缺失值等。虽然 SPSS 已经尽量在保留这些信息,例如在保存为 SAS 等数据格式时会提示将标签等另存为一个 SAS 程序文件,但这样毕竟不太方便。因此除非确实需要和其他软件交换数据,否则在将数据保存为其他类型时,一定要慎重从事。

2.6 数据编辑窗口常用操作技巧

本章最后总结一下数据编辑器中有哪些常用操作技巧以方便日常工作。和其他统计软件相比,SPSS 数据界面最大的优势就是其便捷性。这些技巧是笔者在使用 SPSS 的过程中总结出来的，希望对大家能有所帮助。

2.6.1 数据录入技巧

1. 连续输入多个相同值

如果需要在数据窗口的许多连续单元格中输入相同数值，则可以首先在其中任意一个单元格内输入相应数值，如"1"，按回车键后用鼠标右键选中该单元格，在右键菜单中选择"复制"菜单项，然后用鼠标左键拖动选择所有希望填入该数值的单元格区域，再单击右键，在右键菜单中选择"粘贴"菜单项，则所有被选中的单元格都会被自动填充入该数值。

需要指出的是，该操作在数据视图和变量视图中均可进行，且对包括值标签、缺失值设定等所有单元格均有效，读者可以自行尝试一下。

2. 快速定义成批变量

在变量视图中定义新变量时，按回车键后当前单元格默认向右侧单元格移动，直到将所有10个定义框"跑遍"后才开始定义下一个变量，实际上其中绝大部分都可以采用默认值，如果需要同时定义大批变量，这样就非常浪费时间。其实可以在输入变量名后使用方向键而不是回车键让当前单元格向下移动，直到将所有新变量的名称都定义完毕之后再使用标签栏定义批量变量名标签，使用值栏定义变量值标签，这样可以成倍地提高工作速度。

另外一种快捷的方式是，如果需要定义很多变量，同时对变量名要求不严，SPSS自定义的变量名就可以满足需求，则可以在变量视图中直接跳到最后一行变量设定处。例如，需要定义50个变量，就直接跳到第50行，在此处输入变量名，按回车键后就可以看到1~49行将会自动填充好相应的变量设定。然后只需要调整不合适的设定，就可以使用了。

3. 将Excel或Word中的数据直接导入SPSS

对于Excel数据文件而言，如果在Excel已经打开原数据文件，并且数据量较少时，可以直接用复制粘贴的方法将数据引入SPSS。先在Excel中选中所有的数据（不包括变量名），然后选择复制命令；然后切换到SPSS，最好使行1列1单元格成为当前单元格，然后执行"粘贴"命令，数据就会全部转入SPSS，再手工定义相应的变量即可。

如果数据中含有文本，则直接粘贴时有可能字符串长度设定过短，从而丢失数据。解决的办法是先在SPSS中设定好相应的变量列表，包括数值型、字符型这些属性，然后再对应相应的列进行粘贴，此时字符型数据就不会丢失了。

对于Word文档中的数据表格，其基本操作方式和XLS文件基本相同，粘贴后原来的单元格会自动对应为SPSS中的一个单元格。

4. 快速改变变量/记录排列次序

在数据视图中选中列首的相应变量名，松开鼠标左键后再按下左键不放，就可将该列数据拖动到所希望的任何地方。选择时可以选中连续多个变量，如果按下Ctrl键选中不连续的多个变量，拖动时则会把它们同时加以移动。

该操作对数据行也同样有效，也可以在变量视图中进行，此时应当选中变量的相应行号，其余操作相同。

2.6.2 快速定位技巧

1. 记录的快速定位

记录的快速定位在大型数据集操作中非常有用,具体可以有两种情况。

(1)快速定位到第 N 条记录。此时可选择"编辑"→"转到个案"菜单项,或者直接使用工具栏上的按钮 ,在弹出的对话框中输入相应的记录号,单击"跳转"按钮后即可。

(2)定位到变量值等于某个取值的记录(如 ID = 34 980)。此时需要先让相应变量成为当前列,然后单击按钮 ,在弹出的"查找"对话框中输入相应数值,单击"查找下一个"按钮后系统就会查找到符合条件的第一条记录,再次单击该按钮则会继续找到第二条,依此类推。

2. 利用排序功能快速查找异常值、极端值

对于异常值、极端值的发现,标准的做法应当是做出频数表看看有无异常值,但这样过于麻烦,而且无法马上知道是哪一条记录出错。其实最简单的做法是在数据视图中选中列首的相应变量名,然后单击鼠标右键,根据需要选择右键菜单下方的升序排列或降序排列,相应的最小值(或缺失值)、最大值就会成为第 1 条记录。现在该变量有无异常值、极端值可谓是一目了然。

3. 利用变量值标签检查录入错误

前面曾经提到过对于单选题,最好采用"数值代码+值标签"的方式进行录入。这里再来详细解释一下这种用法:实际上除了开放题外,绝大多数字符型变量都只有有限的几种取值,因此可以将这些变量一律按照数值型变量来设置,录入时只需要输入编制的代码 1,2,3,…,然后将实际含义一一写入标签,这样可以大大加快速度。

下面来进行最重要的一步:在菜单上选择"视图"→"值标签"菜单项,或者直接单击工具栏上的按钮 ,在该按钮按下后,数据编辑器中所有设定了值标签的变量值均会被切换成相应的值标签。弹起该按钮,则仍然按照录入的数值来显示。这可不仅仅是好看的问题,单击数据单元格,此时相应的变量值标签会以下拉列表的形式供用户选择,以免出现录入错误,同时通过排序,就可以很快发现缺失值和无标签的数值,而后者往往就是错误的数值。

2.6.3 窗口操作与切换技巧

1. 冻结行或列

对于熟悉 Excel 操作的用户而言,对右侧的若干列,或者上方的若干行进行冻结是非常便捷的操作,SPSS 也可以实现类似的功能。仔细观察可以发现,数据编辑器电子表格的右侧、下方分界线中部都有类似 的标记,将鼠标指针移动到该分界线处,可以发现鼠标指针会变成 这种双向调整符号。此时按住鼠标左键,就可以上下/左右拖动分界线,至合适的位置松开鼠标左键,就会发现电子表格将被该界线分为两半。对右侧和下侧同时进行该操作,则最多可将数据编辑器分为 4 部分,如图 2.13 所示。这 4 部分均有独立的上下和左右滚动条,从而可以实现某些行/列滚动,其余行/列固定的效果。

对于不习惯鼠标拖放操作的用户,也可以选择"窗口"→"拆分"菜单项,则数据窗口就会被

图 2.13 拆分状态的数据窗口

直接拆分成 4 部分,然后再将分界线拖动至合适的位置即可。

如果希望取消冻结,则将分界线重新拖动至右侧/下侧即可,相应的分区就会消失。

2. 快速重复调用对话框

一般进行分析都是从菜单上依次选择相应项目,这样比较麻烦,该问题在需要重复进行相同的分析时尤为突出。实际上只要单击工具栏上的按钮,所弹出的下拉列表中就依次列出了最近几次使用的一些对话框,直接从中选择需要的功能,要比选择菜单方便得多。

该对话框可以列出多个最近使用过的对话框,并且对话框中的相应选项设定都会得到保留(在该数据集关闭前均有效),用户如果需要重复使用这些对话框,就不需要再去选择菜单了。

3. 从其他窗口中快速切换回数据窗口

数据编辑窗口是 SPSS 的核心窗口,经常需要从其他 SPSS 窗口中切换回去,如果从系统任务栏上选比较麻烦,实际上所有其他类型的 SPSS 窗口在工具栏上都有一个按钮,只要单击它,系统就会立刻切换回数据编辑窗口。如果有多个数据窗口同时存在,则返回最后一次使用过的那个窗口。

4. 指定结果窗口

当同时打开了两个以上结果窗口时,SPSS 默认使用上次结果输出的最后一个窗口来输出结果,但这样有时并非分析者的本意,此时可以切换到希望输出结果的窗口,然后选择"实用工具"→"指定窗口"菜单项,此时当前结果窗口就会被指定为结果输出窗口,而无论将来分析时它是否仍为当前窗口。

思考与练习

1. 针对 SPSS 自带文件 demo.xls,进行以下练习:

(1) 将该文件读入 SPSS,仅包含以下变量:年龄、婚姻状况、家庭住址、收入。

(2) 对变量 MARITAL(婚姻状况)设置值标签,1 代表已婚,0 代表未婚。

2. 在完成上述练习的基础上,请尝试自行在 SPSS 中按照 CCSS 项目的问卷建立相应的数据集结构。

第3章 变量级别的数据管理

通过第 2 章的学习,读者已经掌握了如何将 CCSS 项目的原始数据在 SPSS 中录入为数据文件。但原始数据一般不能直接用于统计分析,这不仅是因为需要对各种可能的数据错误进行修改或清理,还因为针对同一个研究目的,往往要从各种不同的角度对数据进行研究,采取多种统计方法进行分析,从而涉及大量的变量变换、变量计算、数据文件结构调整等工作,这些有关数据清理和转换的工作一般被统称为数据管理。

在数据管理中,最基本的需求就是进行变量变换,这可以是对原有变量进行数值变换,也可以是基于某些条件计算新变量。例如,在 CCSS 项目中就有如下的数据变换需求。

例 3.1　CCSS 项目中的受访者年龄在 18～65 岁,他们在分析中会被分为 18～34、35～54、55～65 这 3 组。根据分析需求,年龄变量 S3 需要重新赋值并存储为新变量 TS3,其取值 1、2、3 分别代表上述 3 种情况。

显然,数据分析中的类似需求极多。在 SPSS 中,此类变量转换的功能基本上都集中在转换菜单中加以实现,如图 3.1 所示。本章就将对转换菜单中的各种功能加以介绍。

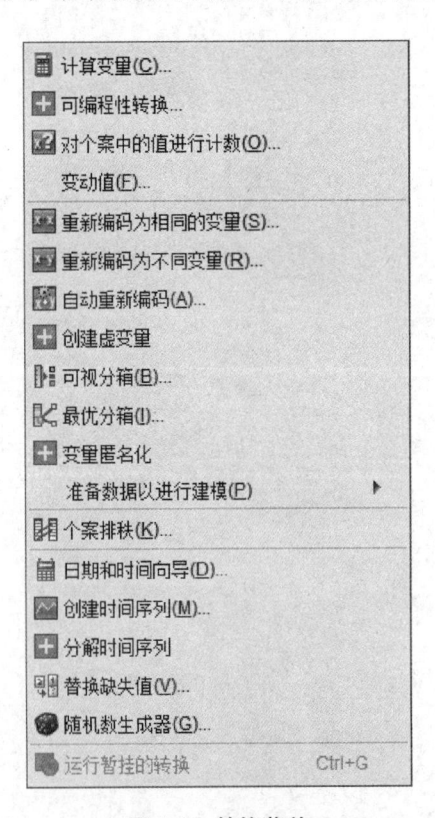

图 3.1　转换菜单

在一个完整的数据分析项目中,数据管理的有关工作量比例往往会占到70%甚至更高。一个出色的统计师,也往往善于高效且精确地基于统计描述的结果,将数据转换成所需的任何格式,从而为下一步的建模分析打下坚实的基础。

3.1 变量赋值

所谓变量赋值,就是指在原有数据的基础之上,根据用户的要求使用SPSS算术表达式及函数,对所有记录或满足SPSS条件表达式的某些记录进行四则运算,并将结果存入一个用户指定的变量中。该指定变量可以是一个新变量,也可以是一个已经存在的变量。变量赋值是极其常用的操作,其用量几乎可占数据管理操作的一半以上。

3.1.1 常用基本概念

在变量赋值中会涉及SPSS算术表达式、SPSS函数、SPSS条件表达式等基本概念,这里首先简单讨论一下这些概念。

1. SPSS算术表达式

在变量转换的过程中,应根据实际需要,指出按照什么方法进行变量转换。这里的方法一般以SPSS算术表达式的形式给出。SPSS算术表达式(Numeric Expression)是由常量、变量、算术运算符、圆括号等组成的式子,参与运算的数据类型和最终结果均为数值型,字符型和日期型变量/常量则需要通过函数转换后参与运算。

算术表达式中的运算符由加(+)、减(-)、乘(*)、除(/)、乘方(**)构成,运算顺序以及括号的使用均遵循四则运算法则。

2. SPSS函数

数据处理中仅有算术表达式显然不够,为此SPSS提供了多达百余种的系统函数。根据功能和处理对象的不同,可以将SPSS函数分成8类:算术函数、统计函数、分布函数、逻辑函数、字符串函数、日期时间函数、缺失值函数和其他函数。

函数具体的书写形式为:函数名(参数)。函数名是系统已经规定好的。圆括号中的参数可以是一个,也可以是多个;而参数的类型可以是常量(字符型常量应用一对引号引起来),也可以是变量名或算术表达式。此外,函数中如果有多个参数,各参数之间要用逗号","隔开。

SPSS函数一般也会与SPSS算术表达式混合出现,用于完成更加复杂的计算。各种函数的释义请参考本书附录。

3. 条件表达式与逻辑表达式

通过SPSS算术表达式和函数可以对所有记录进行计算,如果仅希望对部分记录进行计算,则应当利用SPSS的条件表达式加以指定。根据实际需要构造条件表达式之后,SPSS会将条件表达式的值计算为一个逻辑常量(真或非真),然后从所有记录中自动挑选出满足该条件的记录,再对它们进行计算处理。

在SPSS中,条件表达式中常用的关系运算符有以下几种:<、>、<=、>=、=、~=,其中最后一个符号意为"不等于",在SPSS中也可以使用英文缩写。例如,"~="也可写为"NE",但对一般读者而言,建议使用数学运算符来书写。

除条件表达式外,SPSS 中还会使用到逻辑表达式,其作用和赋值类型均类似于条件表达式,常见的是以下 3 个逻辑运算符:&、|、~,分别表示 AND、OR 和 NOT。

3.1.2 界面介绍

在 SPSS 中,变量赋值主要是通过"计算变量"过程来实现的,选择"转换"→"计算变量"菜单项,即可弹出如图 3.2(a)所示对话框。

(1)"目标变量"文本框:用于输入需要赋值的变量名,在输入变量名后,下方的"类型和标签"按钮就会变黑,默认为 8.2 格式的数值型变量,喜欢精确设定的读者可以在这里对变量进行详细定义,但大多数情况下都不需要更改。

(2) 候选变量列表:位于"目标变量"文本框下方,可以用鼠标和右侧的变量移动钮将选中变量移入右侧的"数字表达式"文本框中。

(3)"数字表达式"文本框:其实翻译成数值表达式更为妥当,用于给目标变量赋值。

(4) 软键盘:位于对话框中部,类似计算器的软键盘,可以用鼠标单击输入数字和符号。

(5) 函数列表:位于软键盘右侧和下侧,分为"函数组"列表框、"函数和特殊变量"列表框、函数解释文字文本框 3 部分,可以在这里找到并使用所需的 SPSS 函数,图 3.2(a)中所示的是选择了函数组、ABS 函数之后,函数解释文字框中出现 ABS( )相应解释的情形。

(6)"如果"按钮:用于对个案筛选条件进行设定,单击后弹出子对话框,如图 3.2(b)所示。默认情况下是包括所有个案,如果需要进行个案筛选,则选中"在个案满足条件时包括"单选按钮,然后在下方的表达式文本框中输入相应筛选条件即可。完成之后单击"继续"按钮,即可看到"如果"按钮右侧就会显示出相应的筛选条件表达式。

(a)

(b)

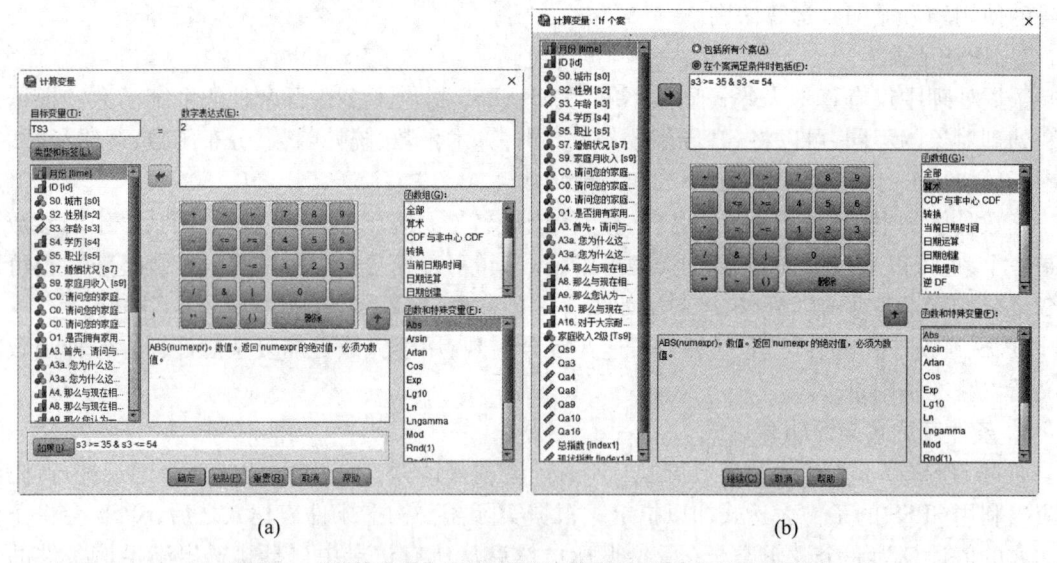

图 3.2 "计算变量"对话框及"计算变量:If 个案"子对话框

3.1.3 案例:年龄变量 S3 的分组

这里演示一下例 3.1 的操作,本例实际上属于变量重编码的情形,但也可以利用数值计算过程的条件筛选方式来实现。也就是说，如果希望对全部个案生成一个新变量，但不同人群采用不同的赋值，则可以通过在设定不同筛选条件的情况下多次调用"计算变量"过程来实现。

（1）进入"计算变量"对话框，设定目标变量名为 TS3，数字表达式为"1"，确认后即建立该新变量，取值为 1。

（2）重新进入"计算变量"对话框，更改数字表达式为"2"，单击"如果"按钮，设定筛选条件为"S3>=35 & S3<=54"，依次确认。此即图 3.2(b)中所示的情形。

（3）重新进入"计算变量"对话框，更改数字表达式为"3"，单击"如果"按钮，设定筛选条件为"S3>=55"，依次确认，操作完成。

3.2　已有变量值的分组合并

在数据分析中，将连续变量转换为等级变量，或者对分类变量不同的变量等级进行合并是常见的工作。这些虽然都可以利用"变量赋值"对话框来实现，但显然需要进行多次操作，比较麻烦，而变量重编码过程就可以很简洁地完成此类任务。

SPSS 中提供了功能类似的两种重编码过程，其中"重新编码为相同变量"是对原始变量的取值直接进行重编码，替换原数值；而"重新编码为不同变量"则是根据原始变量的取值生成一个新变量来记录重编码结果。两者除了输出目标不同之外，其余功能都很类似，因此本节将以功能更强的后者为主进行讲解。

3.2.1　对连续变量进行分组合并

在 SPSS 中可以将连续变量转换为离散（等级/有序）变量，重编码过程和下一节讲解的可视化分段过程都可以完成这一任务，但前者更为简单和常用。

仍以例 3.1 为例，来看看重编码的具体操作。选择"转换"→"重新编码为不同变量"菜单项，弹出的对话框如图 3.3 所示。将 S3 年龄选入"数字变量->输出变量"列表框，此时"输出变量"框组变黑，在"名称"文本框输入新变量名 TS3 并单击"变化量"按钮，可见原来的"S3->?"变成了 S3->TS3，即新旧变量名间已经建立了对应关系。注意在这里不能输入已有变量名称，即只能建立新变量，而不能替换原有变量的取值。

现在单击"旧值和新值"按钮，系统弹出变量值定义对话框，如图 3.4 所示。对话框左侧为原有变量的取值情形，右侧为新变量的赋值设定。两边设定完毕后单击"添加"按钮，相应的规则就会被加入规则列表。但需要注意所有的范围都包含端点值，虽然此时前面设定的变换会优于后面的变换，但为了避免误解，本例将不包括端点数值的情形均设定为小数数值（已知 S3 均为整数），请读者仔细体会这一技巧。

> ⚠ 此处设定的转换规则为 4 条，很多初学者会觉得 3 条就够了，比如说第 3、4 条规则完全可以用一条"ELSE->3"来替代。但需要指出的是，数据整理工作中一定要考虑数据出错等例外情形，如果变量 S3 中存在缺失值、错误的异常数值等情形，只采用 3 条转换规则就会将错就错无法发现，而上述设定就可以将异常情况保留在新变量中，从而使其在后续分析中得以发现（当然也可以设定为一律转换为缺失值）。一言以蔽之，数值处理程序不能随意简化，而应当充分考虑各种极端情形下的需求。

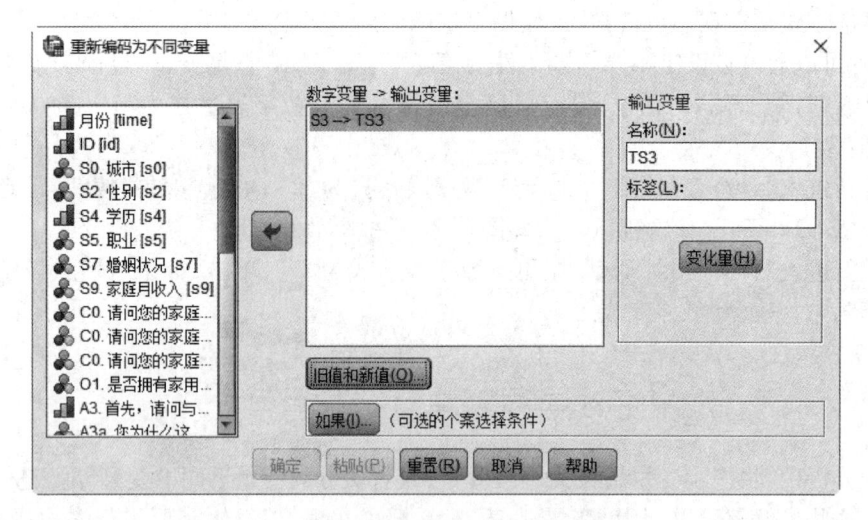

图 3.3 "重新编码为不同变量"对话框

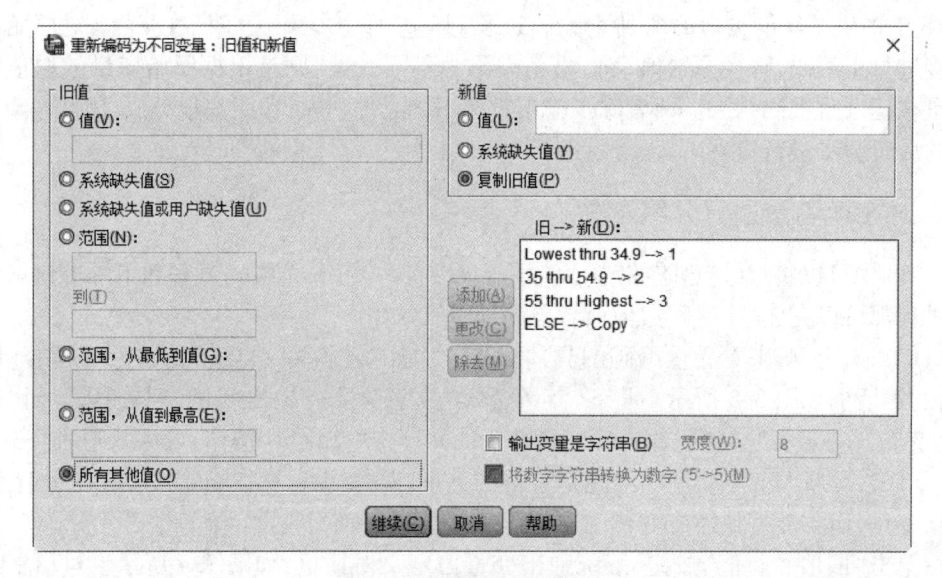

图 3.4 变量值定义对话框

上述重编码过程既可以将连续变量转化成数值型或者字符型离散变量,也可将数值型字符变量转化成数值变量,只需选中图 3.4 中的"将数字字符串转换为数字"复选框即可。

3.2.2 分类变量类别的合并

重编码过程也可用于合并某个分类变量的几个变量等级为一个变量等级,如果分类变量的记录格式为数值型,则操作与例 3.1 基本无区别。但如果其存储格式为字符型,则需要注意默认的转换格式为数值型,如果仍希望转换为字符型,则需要选中"输出变量是字符串"复选框。

3.3 连续变量的离散化

重编码过程提供了精确分组的功能,但是如果希望进行的分组比较有规律,比如说等距分组,或者等样本量分组,使用重编码过程进行操作就非常麻烦,而且可视化程度不高,此时可以考虑使用可视化过程进行分段。SPSS 中提供了两种可视化分段过程,分别为需要用户自行判断设定的可视离散化过程,以及基本全自动的最优离散化过程。

3.3.1 可视离散化

可视离散化指的是在可视界面下对连续变量进行分段,该过程可以使用百分位数、标准差范围或者等间距方式将连续变量划分为若干组段,并采用图形化操作的方式,非常直观、好用。

1. 界面介绍

选择"转换"→"可视分箱"菜单项之后,首先弹出的对话框要求用户选择希望进行离散化的变量,选择完毕后单击"继续"按钮,则系统会对相应的变量进行数值扫描,并进入主对话框,如图 3.5(a)所示。

(a)

(b)

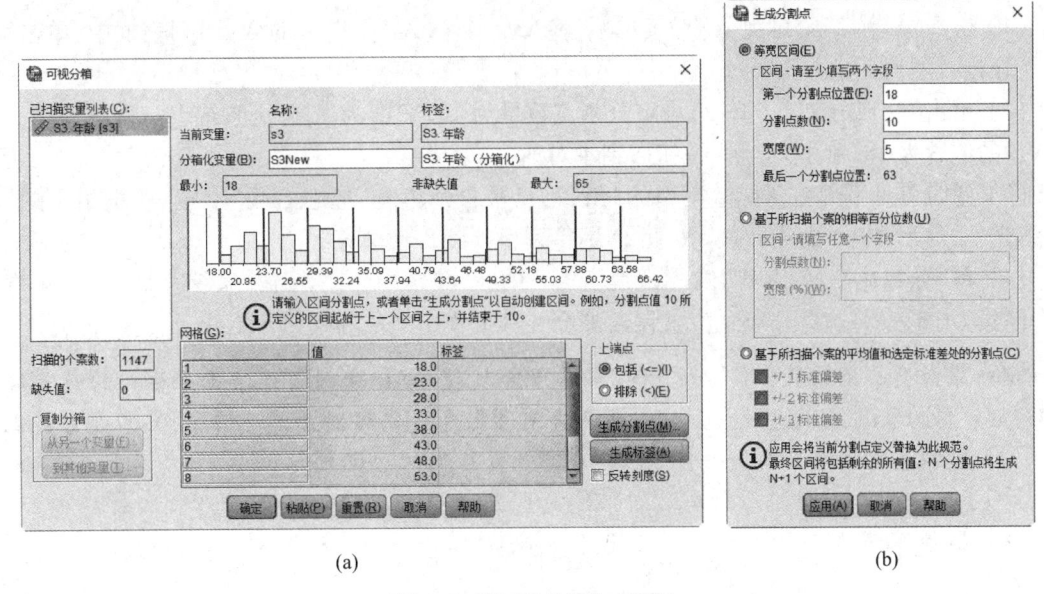

图 3.5 "可视分箱"对话框

(1) 已扫描变量列表:此处列出所有前一个对话框中所选择的变量,更改此处的变量选择,则对话框的其余内容均会按照所选中的变量状况进行更新。

(2) 左下侧"复制分箱"框组:当选择了多个变量,且其中部分变量已设定完离散化选项时可用,可以将设定好的属性复制"到其他变量",也可以"从另一个变量"(即已设定好的变量)读取相应的设定。

(3) 上部变量属性区域:列出新旧变量的名称、标签以及变量的最小值/最大值,注意其中新变量名称是必填的,否则离散化后不会生成任何新变量。

(4) 中部直方图:扫描完原变量取值情况后在此处绘制该变量的直方图,如果已设定完分割点,也会一并显示。

(5) 下部数值标签网格:在本网格处显示所设定的分割点数值位置和相应的标签。

(6) 右下侧"上端点"框组:用于设定端点是否被包括在上侧区间内。

(7) "生成分割点"按钮:单击后弹出的子对话如图 3.5(b)所示,其中可以选择使用等间距、等比例(等样本量)或者按照指定的标准差范围 3 种方式进行分段,其中第 3 种方式显然可以用来在数据分析或质量控制中筛选异常值。

(8) "生成标签"按钮:在分割点数值设定完毕后,单击该按钮可以自动生成相应的值标签。

(9) "反转刻度"复选框:默认情况下,新的离散化变量的值是从 1 到 n 的升序整数。反转刻度会使得这些值成为从 n 到 1 的降序整数。

2. 分析实例

例 3.2 将 S3 年龄变量分为 10 组,要求等间距。

本例实际上是要求对连续变量进行统计描述中的直方图分组,由于已知年龄范围为 18~65 岁,全距为 48,因此在分为 10 组的情况下,组距为 5 即可覆盖全部取值范围。当然组数、组距和第一组段下限三者是相互联系的,在对话框中一般只需要定义其中两者即可自动确定第 3 个因素的取值。

(1) 选择"转换"→"可视分箱"菜单项,将 S3 年龄选入"要离散的变量"列表框中,单击"继续"按钮进入主对话框。

(2) 单击"生成分割点"按钮,设定分割点数量为 10,宽度为 5,可见系统会自动填充第 1 个分割点的位置为 18,单击"应用"按钮回到主对话框。

(3) 此时可见下部数值标签网格的"值"列已被自动填充,选中右侧"上端点"框组中的"排除"复选框,然后单击"生成标签"按钮,使标签列也得到自动填充。

(4) 将"分箱化变量:名称"文本框设定为 S3New,单击"确定"按钮,系统会提示"分箱指定项将创建 1 个变量"。单击"确定"按钮后即会在数据集中生成新变量 S3New。

> 如果注意一下结果窗口中的 LOG 输出就会发现,可视分箱过程实际上运行的是重编码所对应的 Record 过程,也就是说,两者实际上在代码级别上是一回事,只不过可视化分段过程在对话框界面上进行了进一步的开发而已。

3.3.2 最优离散化

连续变量进行离散化的目的往往是使建模分析时的结果能够更加符合专业知识,也更加容易解释。但离散化必然会损失一些信息,因此如何尽量使得离散化的同时建模效果也能够达到优化就成为分析者期望的目标。最优离散化就是针对这一目的提出的,它可以根据某些作为"关键指示变量"的分类变量,将原有的一个或多个连续性变量按照该分类变量类间差异最大化的优化原则离散化为分类变量。实际上,如果从模型的角度来理解该过程会更为清晰:当模型中的因变量为分类变量时,该因变量就是所谓的"关键指示变量",而最优离散化寻找的连续自变量的离散化方式,其目的就是使得用离散后变量建模的效果达到最优化。

由于该过程涉及统计建模,这里不再进行详细讨论,只对其作简单介绍。

3.3 连续变量的离散化

1. 界面介绍

选择"转换"→"最优分箱"菜单项,就会弹出相应的对话框如图3.6(a)所示。

(1)"变量"选项卡:将需要离散化的一个或多个连续性变量选入右上方的"要分箱的变量"列表框,右下方则用于选入作为关键指示变量(一般即为模型中的因变量)的分类变量,注意这里只能选入一个分类变量。

(2)"输出"选项卡:如图3.6(b)所示,设定在离散化结束后输出哪些统计结果,需要解释的是第3项"分箱化变量的模型熵",对于每个离散化输入变量,此选项会要求输出相对于关键指示变量的预测准确性的改善情况,并将其作为离散化效果的测量指标。

(3)"保存"选项卡:如图3.6(c)所示,可在这里选择保存离散结果为新变量用于后续分析。同时,也可以将相应的 recode 语句(还是 recode 命令!)存为程序文件以便重复利用。

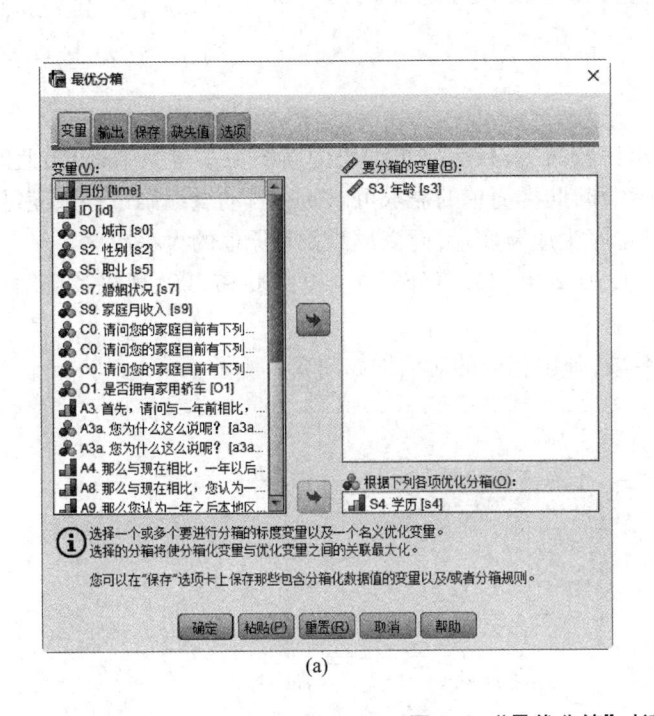

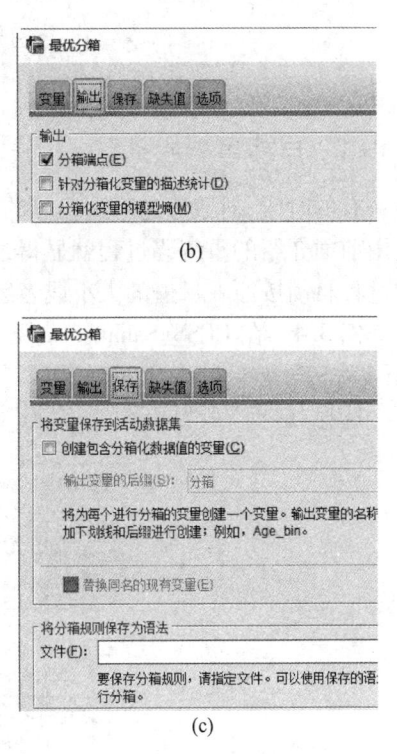

图 3.6 "最优分箱"对话框

(4)"缺失值"选项卡:定义当数据中存在缺失值时系统的处理方式,一般不用更改。

(5)"选项"选项卡:设定当要处理的是大数据集、关键指示变量存在罕见类别(稀疏块)等情况时的处理选项,以及块的端点设定等细节,一般不用更改。

2. 分析实例

例 3.3 利用 S3 年龄对 S4 学历进行预测建模,请基于此分析目的对 S3 进行最优离散化。

本例相应的设定如图3.6中所示,单击"确定"按钮后相应的结果输出如图3.7所示。该表格实际上就是离散化后的分类变量和 S4 学历变量的交叉表,可见系统确认按 40 岁将年龄分为两组,从右侧的交叉数据可以看出 40 岁以下组学历偏高,而 40 岁以上组则学历偏低。

块	端点 下限	端点 上限	水平 S4.学历 的个案数 初中/技校或以下	高中/中专	大专	本科	硕士或以上	总计
1	a	40	56	149	236	234	48	723
2	40	a	98	164	95	58	9	424
总计			154	313	331	292	57	1147

每个块的计算方法为: 下限 <= S3.年龄 < 上限。
a. 无限制

图 3.7 年龄的最优分箱结果

在后面学习了相关分析、单因素方差分析等方法之后,对本例感兴趣的读者可以对上述问题做深入分析,这里不再详述。

3.4 自动重编码、编秩与数值计数

3.4.1 自动重编码

有的时候,对数值进行重编码的需求比较简单,只需要重编码为新的流水号数值即可,此时使用前面介绍的重编码过程就显得过于烦琐,此类简单的需求可以使用自动重编码过程来满足,该过程自动按原变量值的大小或者字母排序生成新变量,而变量值就是原值的大小次序。

例 3.4 在 CCSS_Sample.sav 数据中,S0 城市的数值分别为 100、200 和 300,现将其自动重编码为 S0New。

选择"转换"→"自动重新编码"菜单项,弹出相应的对话框如图 3.8 所示。

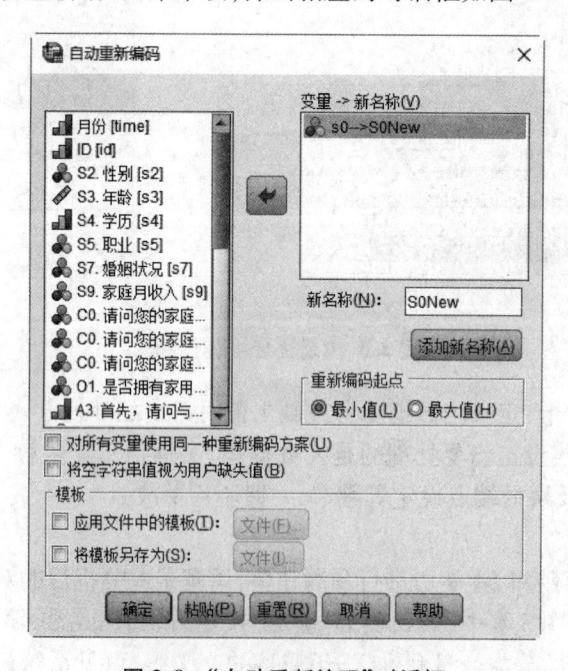

图 3.8 "自动重新编码"对话框

由于该对话框非常简单,这里就不再详细介绍,直接给出相应的结果如下。
S0 into S0New(S0.城市)
Old Value   New Value   Value Label

100   1   100 北京
200   2   200 上海
300   3   300 广州

该结果输出列出了原变量数值和新变量数值的对应关系,可见原先的 100、200、300 现在分别为重新编码为 1、2、3,并被存储在新变量 S0New 中了。

3.4.2 数据编秩

上面介绍的自动重编码实际上就是一个非常简单的编秩过程,而个案排秩过程则是功能更为强大的一个编秩专用过程,操作时不仅可以分组编秩,还可以对编秩方式等细节进行设定。

例 3.5 请根据 S2 性别分组计算数 S3 年龄的秩次。

选择"转换"→"个案排秩"菜单项,弹出对话框如图 3.9(a)所示。

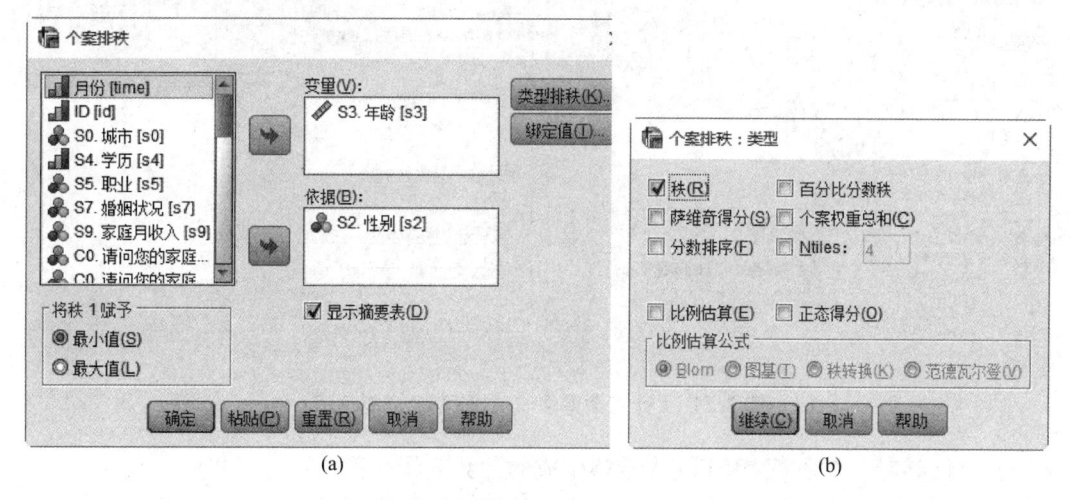

(a)   (b)

图 3.9 "个案排秩"对话框

(1)"变量"列表框:希望进行编秩的变量。
(2)"依据"列表框:此处的英文是"By",指的是分组编秩时的分组变量。
(3)"将秩 1 赋予"单选框组:用于选择将秩次 1 赋给最小值还是最大值;
(4)"类型"子对话框:如图 3.9(b)所示,用于定义秩次类型,默认为最常用的 Rank(秩分数),另有其他几种选择,因为均很少被用到,这里不再详述,有兴趣的读者请参见用户手册。
(5)"绑定值"子对话框:用于定义对相同值观测量的处理方式,这在编秩中被称为结(Tie),处理方式可以是取平均秩次、最小秩次、最大秩次或当作一个记录处理,默认值为取平均秩次。

在这里,将变量 S3 选入"变量"列表框,分组变量 S2 选入 By 框,其他设置使用默认值,然后单击"确认"按钮即可,此时系统会建立一个新变量 RS3(即原变量名前加 R 表示 Rank 之意),其取值为按照 S2 分组的 S3 秩次,同时在结果窗口中会给出汇总报告如图 3.10 所示。

图 3.10 编秩的汇总报告

那么,计算秩次有什么用呢? 在许多时候参数检验的条件不被满足,需要使用非参数方法,而稍微复杂些的非参数方法就无法直接用对话框来完成了,需要先计算秩次再进行分析。这方面的内容详见非参数检验一章,这里不再详述。

3.4.3 指定数值的查找与计数

对个案内的值进行计数(Count)过程用于标示某个变量的取值中是否出现某些指定数值,可以是单个数值,也可以指定区间。并且可以给出条件,从而不必对整个数据集进行操作。

选择"转换"→"对个案中的值进行计数"菜单项,弹出对话框如图 3.11(a)所示。

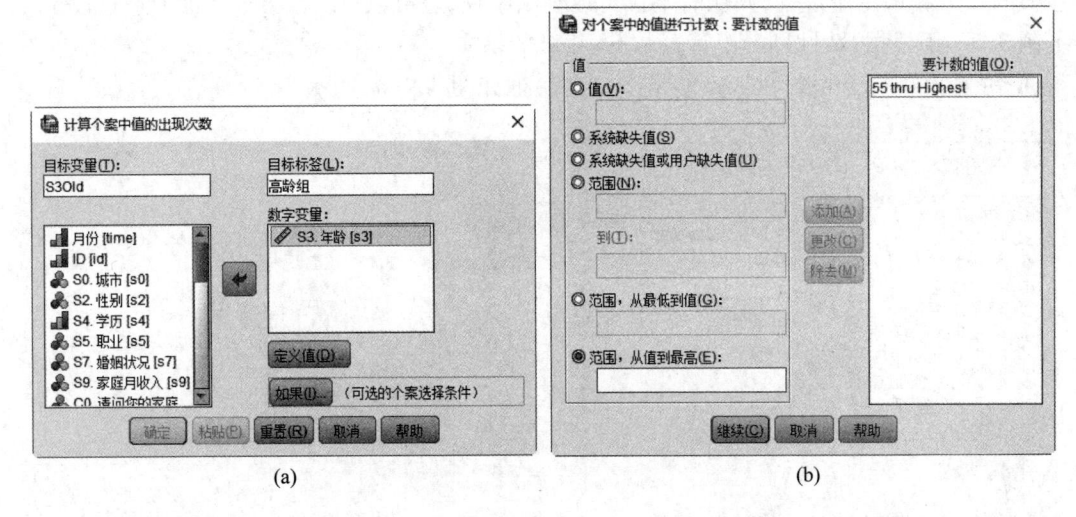

图 3.11 "计算个案中值的出现次数"对话框

(1)"目标变量"文本框:用于输入希望生成的计数变量名称。
(2)"数字变量"列表框:用于选入希望进行计数的数值型变量。
(3)"要计数的值"子对话框:如图 3.11(b)所示,用于定义希望进行查找/计数的变量值范围,此处对话框设定非常类似于重编码处的子对话框,因此不再重复解释。

例 3.6 生成新变量 S3Old,用于标识出 S3≥55 的个案。

相应的操作如图 3.11 中所示,单击"确定"按钮后即会在数据集中生成新变量 S3Old,该变量对于 S3≥55 的个案取值为 1,否则为 0。

3.5 转换菜单中的其他功能

转换菜单中提供了较多的变量转换功能,除了后面章节中还会专门介绍的自动准备数据、变量匿名化等过程外,这里简单介绍一下其余几个过程的功能及用途。

1. 可编程性转换

为 Python 扩展，使得用户可以将 Python 函数应用于活动数据集中的个案，并将结果保存在 SPSS 数据的一个或多个变量中。

2. 创建虚变量

为 Python 扩展，使得用户可以将一个分类变量转换为一组哑变量用于后续分析，该功能主要是在统计建模时比较有用，在本丛书的《高级教程》中会用到该功能。

3. 数值平移（Shift Values）

在时间序列模型，以及一些特殊方法中，个案需要按照时间顺序排列，而在分析中可能需要将相应的变量值前移或者后移，这就是所谓的数值平移。中文版中相应的菜单项则被翻译成了"变动值"。实际上，该对话框的操作等价于在程序级别调用 lag() 函数。

4. 随机数字生成器

该过程用于设定伪随机函数的随机种子，但它对真随机函数没有任何影响。默认情况下，伪随机种子随着时间在不停改变，这样所计算出的随机数值无法重复，这在临床试验等情况中是不符合要求的。此时，可用随机数字生成器事先人为指定一个种子，以后所有的伪随机函数在计算时都会以该种子开始计算，即结果可重现。本书第 5 章的程序示例中即使用了该生成器，只是以程序代码方式实现而已，感兴趣的读者可以参阅相关内容。

5. 时间序列模型专用过程

时间序列模型专用过程包括最下方的日期和时间向导、创建时间序列、分解时间序列、替换缺失值等过程，由于其均专用于时间序列模型，对它们的讲解请参见本丛书《高级教程》的时间序列模型一章，本基础教程将不对其进行介绍。

思考与练习

1. 请自行完成本章中涉及的对 CCSS 案例数据的数据管理操作。

2. 针对 SPSS 自带数据 Employee data.sav 进行以下练习：

（1）根据变量 bdate 生成一个新变量"年龄"（提示：可以使用函数：XDATE.YEAR()）。

（2）根据 jobcat 分组计算 salary 的秩次。

（3）根据雇员的性别变量对 salary 的平均值进行汇总。

（4）生成新变量 grade，当 salary<20 000 时取值为 d，20 000≤salary<50 000 为 c，50 000≤salary<100 000 为 b，salary≥100 000 为 a。

第4章 文件级别的数据管理

第3章主要介绍了如何对变量进行转换,这些功能虽然可以满足数据管理中的许多基本需求,但还远远不够,例如在 CCSS 项目中的如下需求。

(1) CCSS 数据每月采集,清理完毕后需要合并入总历史数据库。

(2) 需要将数据进行逐月对比,这涉及按照不同的月份进行数据文件的拆分或者个案选择。

凡此种种,均涉及了文件级别的数据管理操作,如变量排序、文件合并、拆分等。在 SPSS 中,这些功能基本都被集中在"数据"菜单中,如图 4.1 所示。本章就来进一步学习一些常用的文件级别数据管理功能。

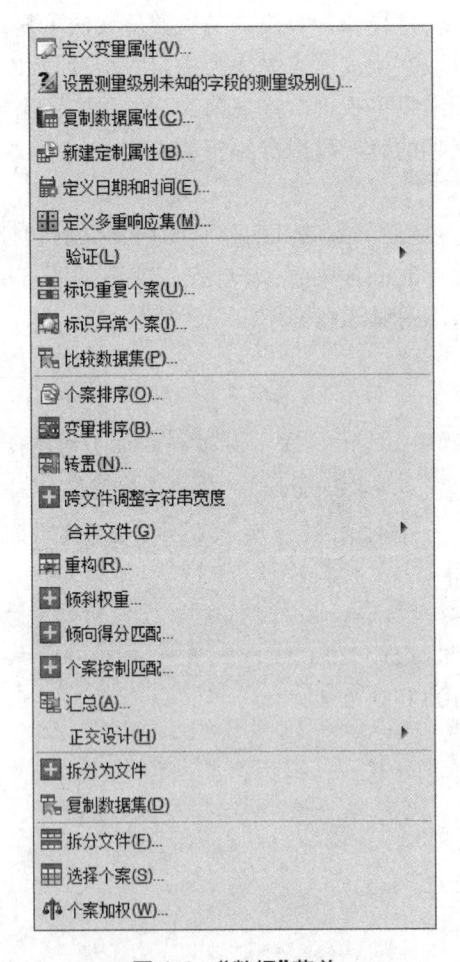

图 4.1 "数据"菜单

4.1 几个常用过程

4.1.1 个案排序

数据编辑窗口中的记录次序默认是由录入时的先后顺序决定的。实际工作中,有时希望更改其存储顺序,如在 CCSS 数据中,会将数据设定为首先按照月份升序,同月份数据按 ID 号升序的规则来排列,从而便于随时检索和浏览。

SPSS 中的个案排序就是将数据编辑窗口中的数据,按照用户指定的某一个或多个变量的变量值的升序或降序重新排列,这里用户所指定的变量称为排序变量。当对所有记录进行排序时,可按照排序变量取值的大小次序对记录数据重新整理后显示。

对于单变量排序,SPSS 提供了一种简易操作方法,就是在数据视图的变量名处单击右键,弹出的右键菜单其最后两项就是"升序排列"和"降序排列"。但是,对于多变量排序,则需要使用这里的"个案排序"对话框来进行。由于该对话框并不复杂,因此这里不再详细讲解,仅给出图形如图 4.2 所示。该图显示的是将 CCSS 数据首先按照月份升序,然后按照 ID 号升序的方式进行排列的操作,注意在每个变量名后面都会跟有升序或者降序的说明。如果要改变升降序,则选中相应变量,然后直接在排列顺序单选框组中修改选择即可。在 20 版本之后,还可以在对话框中直接要求将排序后的文件存储为一个外部数据文件。

需要注意的是,排序以后原来记录数据的排列次序将被打乱且不可恢复。因此,如果需要考虑恢复原先的排序顺序,则应注意事先保存原数据的备份。

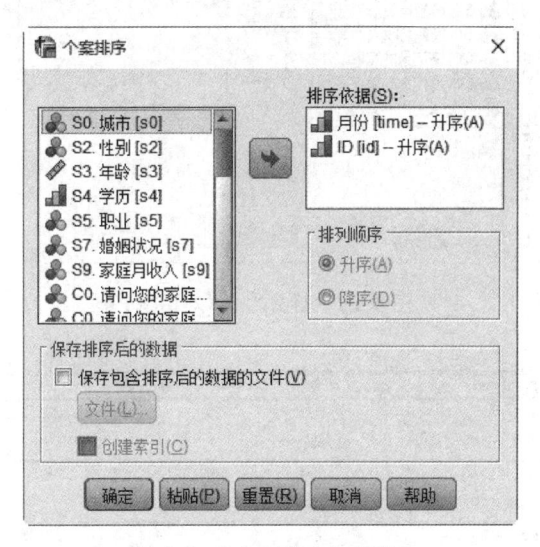

图 4.2 "个案排序"对话框

4.1.2 拆分文件

由于 CCSS 项目数据是逐月采集的,在对历史数据进行分析的过程中,经常会遇到希望将某种分析结果进行逐月对比的情形。对于此类需求可以有两种解决方式:将数据按月份进行拆分,然后同时完成各月数据的分析;或者将数据按月份进行筛选,然后依次加以分析。显然前者效率要更高一些,这里就来看看对数据的拆分是如何实现的。

"拆分文件"(Split File)对话框界面如图4.3所示,这里介绍一下各个元素的用途。

(1) 右上部单选框组:用于设定如何拆分文件,默认为不拆分文件;第2项为按所选变量拆分文件,各组的分析结果会尽量放在一起输出(甚至于放在同一张表格里)以便于相互比较;第3种方式则为按所选变量拆分文件后,各组分析结果单独放置。

(2) 中部"分组依据"列表框:用于选入进行数据拆分的变量,可以选入多个。

(3) 右下部单选框组:设定文件的排序操作。默认为要求拆分时将数据按所用的拆分变量排序。但如果数据集很大,而所用的拆分变量已经排过序了,可使用该单选框组以节省运行时间,但该功能较少用到。

如果按照图4.3的设定对数据集进行拆分,则可以看到SPSS软件右下角的状态栏右侧会出现"拆分依据time"的提示,表明按照变量time所做的拆分正在生效,此时如果进行S3年龄的统计描述,则看到的结果如图4.4所示。显然数据已经按照不同月份进行了同一个分析,且结果被输出到了同一张表格中便于比较。

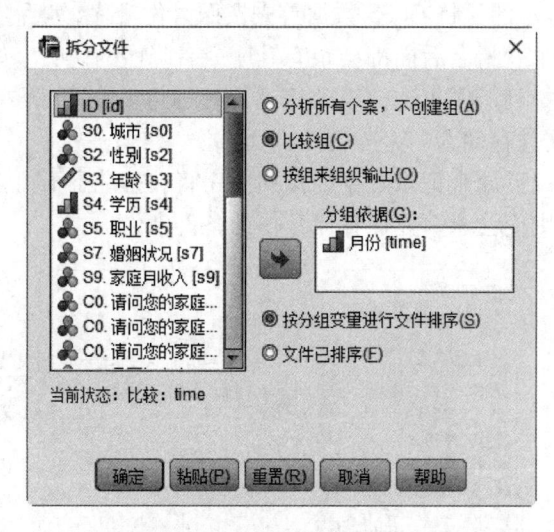

图4.3 "拆分文件"对话框

月份		个案数	最小值	最大值	平均值	标准差
200704	S3.年龄	300	20	65	38.65	12.876
	有效个案数(成列)	300				
200712	S3.年龄	304	20	64	38.54	13.028
	有效个案数(成列)	304				
200812	S3.年龄	304	20	64	37.73	13.381
	有效个案数(成列)	304				
200912	S3.年龄	239	18	59	28.96	8.599
	有效个案数(成列)	239				

图4.4 年龄的分层描述

需要指出的是,分割文件的设定一旦完成,就将在以后的分析中一直有效,而且会被存储在数据集中,直到再次进行设定为止。

4.1.3 选择个案

很多时候不需要分析全部的数据,而是按要求分析其中的一部分,比如只分析2009年12月的数据,或者只对男性受访者的数据进行分析,这时就可以使用"选择个案"对话框来操作。

"选择个案"对话框界面如图4.5(a)所示,其主要部分由"选择"框组和"输出"框组构成,首先来看其右上侧的"选择"单选框组,它用于确定个案的筛选方式。除默认的不做筛选(使用全部个案)外,还可以只分析满足条件的记录、从原数据中按某种条件抽样、基于时间或记录序号来选择记录,或者使用筛选指示变量来选择记录。

(1) 如果条件满足:此时将只分析满足所指定条件的记录,单击下方的"如果"按钮会弹出IF子对话框,用于定义筛选条件,该对话框几乎和变量赋值过程的"IF"子对话框完全相同,因此不再重复解释。

(2) 随机个案样本:从原数据中按某种条件抽样,使用下方的"样本"按钮进行具体设定,可以按百分比抽取记录,或者精确设定从前若干个记录中抽取多少条记录。

(3) 基于时间或个案范围:基于时间或记录序号来选择记录,使用下方的"范围"按钮设定记录序号范围。

(4) 使用过滤变量:此时需要在下面选入一个筛选指示变量,该变量取值为非0的记录将被选中,进入以后的分析。

对话框下方的输出框组则用于选择对没有选中的记录的处理方式,可以选择以下可选项之一来处理未选定个案:

(1) 过滤掉未选定的个案:未选定的个案不包括在分析中,但保留在数据集中,使用该选项则会在数据文件中生成名为filter_$的变量,对选定个案该变量的值为1,对未选定个案该变量的值为0。而相应的未被选中的个案ID号处也会以反斜杠加以标记,如图4.5(b)所示。

(2) 将选定个案复制到新数据集:选定的个案复制到新数据集,原始数据集将不会受到影响。未选中个案不包括在新数据集中,而在初始数据集中保持其初始状态。

(3) 删除未选定的个案:直接从数据集删除未选定个案。此时如果保存对数据文件的更改,则会永久删除个案。因此该选项一般不要轻易使用。

当对数据集做出筛选后,可以看到状态栏右侧会出现"过滤开启"的提示,表明所做的筛选正在生效。和拆分文件操作相类似,筛选功能将在以后的分析中一直有效,而且会被存储在数据集中,直到再次改变选择条件为止。

4.1.4 加权个案

加权个案会给不同个案赋以不同的权重,以改变个案在统计分析中的重要性。一般而言,有如下两种情形需要进行该操作。

(1) 以频数格式录入的数据:在默认情况下,数据集中每一行就是一条原始记录,这在多数情况下没有什么问题,但有时却非常麻烦。例如,图4.6(a)所示的数据,如果每一行就是一条原

(a)　　　　　　　　　　　　　　　　　　　(b)

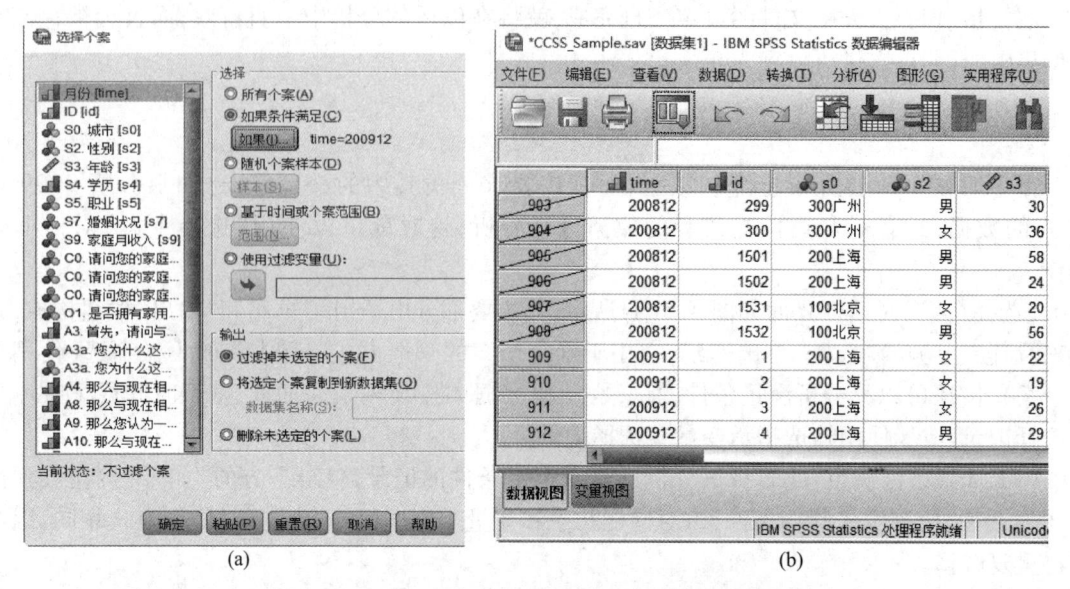

图 4.5　"选择个案"对话框及选择生效后的数据界面

始记录,则需要输入 121 行。因此,此时一般使用频数格式录入数据,即相同取值的个案只录入一次,另加一个频数变量用于记录该数值共出现了多少次。这样就需要在分析时用加权个案对话框将数据指定为频数格式。

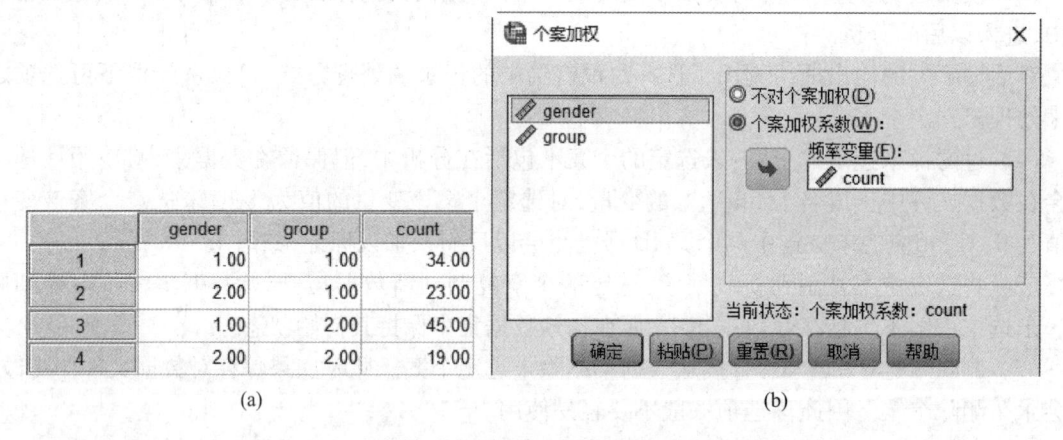

(a)　　　　　　　　　　　　　　　　　　　(b)

图 4.6　频数格式数据及其对应的加权个案主对话框

(2) 案例数据抽样权重的调整:统计抽样理想情况下是等概率随机抽样,但许多时候是将整个总体拆分成若干层,然后对每层采取不同的抽样方法,这就造成了事实上的不等概率抽样,需要在数据采集完毕进行统计分析之前,对每条案例数据进行抽样权重的计算和调整。抽样权重可以理解成一系列因素影响的乘积,每一个因素对应某种抽样概率、覆盖率、应答率等方面的差异所导致偏倚的调整。CCSS 项目数据就是如此,每月的原始数据采集完毕后,根据人口分布特征、应答率等因素进行权重计算都是重要的工作内容。但出于数据保密的需要,本书所附 CCSS 案例数据中删除了相应的权重变量,这里特意说明一下。

对以上两种情形而言,具体的对话框操作是相同的,如图 4.6(b) 所示。在对话框界面上有两个单选按钮,分别是不加权个案和按某变量加权个案,如果选择后者,则需要选中一个加权变量。进行加权以后,SPSS 界面右下角会出现"权重开启"的字样,表明数据在按照某个变量的取值进行加权。

一旦应用了一个权重变量,该权重变量将始终保持有效,且可以被存储到数据集中,直到选择另一个权重变量或关闭加权,否则将一直按加权对数据进行处理。

目前在 SPSS 中权重变量可以为小数,但是有的过程会将小数权重简单地四舍五入为最接近的整数,某些过程甚至会完全忽略权重变量,具体情况请读者注意相应过程的文档说明。

4.1.5 分类汇总

所谓分类汇总就是按指定的分类变量对个案进行分组,并按分组对变量计算指定的描述统计量,结果可以存入新数据文件,也可以添加入当前文件。对数据文件进行分类汇总是实际工作中经常遇到的需求。例如,在 CCSS 中分月份计算消费者信心指数均值。

1. 界面介绍

在 SPSS 中,为了方便用户,分类汇总的整个操作过程都是在一个统一的对话框界面中进行设定,如图 4.7(a) 所示。

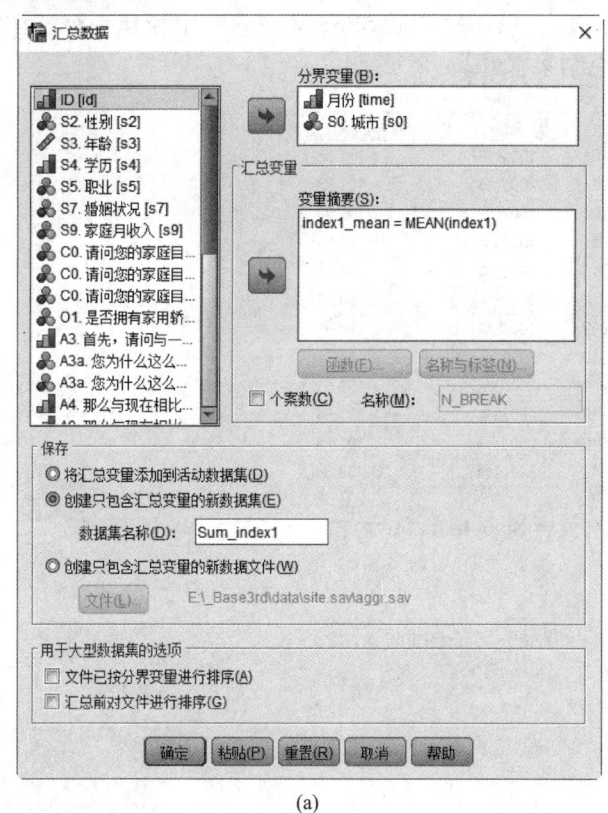

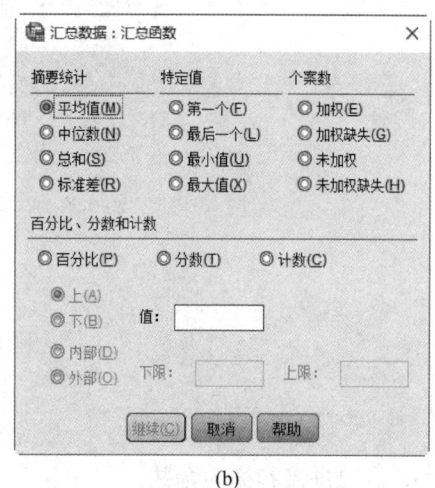

(a)　　　　　　　　　　　　　　　(b)

图 4.7　分类汇总过程的对话框

(1)"分界变量"列表框:用于选择分组变量,可以有多个。
(2)"变量摘要"列表框:用于选择被汇总的变量,可以有多个,包括对同一个变量的多种不同汇总方式。
(3)"汇总函数"子对话框:如图4.7(b)所示,用于定义汇总函数,此处共提供了4组函数,分别为摘要统计、特定值、个案数、百分比、分数和计数。以最常用的第1组为例,可选的函数有平均值、中位数、总和、标准差4种。SPSS默认对各类分别计算汇总变量的均值。
(4)"名称与标签"子对话框:用于定义新产生的汇总变量的名称和标签。
(5)"个案数"复选框:用于定义一个新变量以存储同组的个案数,右侧的"名称"文本框则用于定义相应的变量名;
(6)"保存"框组:设定汇总结果的具体输出方式,可以是将汇总后结果直接加入当前数据文件,也可以定义一个新工作文件以存储汇总的结果,或者直接存储为外部数据文件。

2. 分析实例

例 4.1 分 time 月份和 S0 城市对 CCSS 案例数据中的变量 index1 进行均数汇总,并将结果输出到新工作文件 Sum_index1 中。

本例的分组变量不止一个,此时第1个指定的分类变量为主分类变量,其他的依次为第2、第3分类变量,且汇总数据文件的记录数等于各分类变量类别数的乘积。因此本例的汇总数据文件中会有 4×3=12 条记录。

按照图4.7(a)所示的方式进行对话框设定,操作完毕后SPSS会在内存中新建一个工作文件 Sum_index1,其中存储的就是相应的汇总结果,如图4.8所示。

	time	s0	index1_mean
1	200704	100北京	101.38
2	200704	200上海	101.23
3	200704	300广州	99.08
4	200712	100北京	97.30
5	200712	200上海	88.74
6	200712	300广州	90.32
7	200812	100北京	90.54
8	200812	200上海	87.87
9	200812	300广州	91.61
10	200912	100北京	101.54
11	200912	200上海	103.73
12	200912	300广州	99.63

图 4.8 新工作文件 Sum_index1 的内容

4.2 多个数据文件的合并

4.2.1 一些基本概念

1. 纵向拼接和横向合并

进行统计分析的第一步工作就是将待分析的数据录入到 SPSS 中。在数据量较大时,经常需要分别由不同的录入员进行录入,这样就会出现一份大数据分别存储在几个不同的数据文件中的现象。除此以外,如果数据有多个来源,则可能会使变量分散存储在几个文件中,需要按照某种规则加以合并后才能进行分析。因此,将这若干个小的数据文件合并成一个大的数据文件是进行数据分析的前提。SPSS 数据文件的合并方式有两种:纵向拼接和横向合并,它们就分别对应了上述的两种情况:

(1) 纵向拼接:指的是几个数据集中的数据纵向相连,组成一个新的数据集,新数据集中的记录数是原来几个数据集中记录数的总和。其实质就是将两个数据文件的变量列,按照各个变量名的含义一一对应进行连接。实际上,CCSS 项目每个月都要进行此类拼接操作。

(2) 横向合并:指的是按照记录的次序,或者某个关键变量的数值,将不同数据集中的不同变量拼接为一个数据集,新数据集中的变量数是所有原数据集中不重名变量的总和。横向合并的实质就是将两个数据文件的记录,按照某种对应关系一一进行左右对接。

2. 案例文件解释

这里使用 3 个简单的案例文件来演示相关的合并操作,具体格式如图 4.9 所示:文件 a. sav 包括了 ID 号为偶数的 5 位受访者的性别、年龄和身高,而 b. sav 则包括 ID 为奇数的 4 位受访者的性别、年龄、身高和体重,c. sav 则提供了 4 位受访者的体重。注意在 3 个文件中,相同的变量可能采用了不同的变量名称,因此拼接时需要考虑正确的变量对应关系。

> 在进行文件合并时,需要拼接的字符串变量其长度必须相同,如果合并前有此类变量长度调整需求,可以使用数据菜单中提供的 Python 扩展"跨文件调整字符串宽度"来完成。

id	sex	age	height
2	1	16	158
4	1	34	164
6	2	56	170
8	1	68	172
10	2	25	178

(a)

id	sex	age	h	w
1	2	19	165	53
3	1	30	175	70
5	2	28	162	48
7	1	44	169	68

(b)

id	weight
2	46
6	92
8	51
12	70

(c)

图 4.9 数据文件 a. sav,b. sav 和 c. sav 内容示意

4.2.2 数据文件的纵向拼接

例 4.2 将数据 b. sav 中的记录添加到 a. sav 中,注意在 b. sav 中的变量 h 对应了 a. sav 中的 height。

在数据窗口中分别打开数据文件 a. sav 和 b. sav,在 a 为当前数据文件的情况下,选择"数据"→"合并文件"→"添加个案"菜单项,并在如图 4.10(a) 所示的第一个对话框中选择待合并的文件 b. sav,则弹出主对话框如图 4.10(b) 所示。

(1) "非成对变量"列表框:该列表框中的变量名后面都跟有 * 或 + 号,* 表示该变量名是当前活动数据集中的变量,+ 表示该变量名是外部待合并数据文件中的变量。在默认情况下,如果一个变量名没有在两个文件中同时出现,则 SPSS 认为这些变量不是待合并的两个文件所共有的,无法被自动对应匹配,因此它们不自动成为合并后新数据文件中的变量。

(2) "新的活动数据集中的变量"列表框:在该框中,两个待合并的数据文件中共有的变量

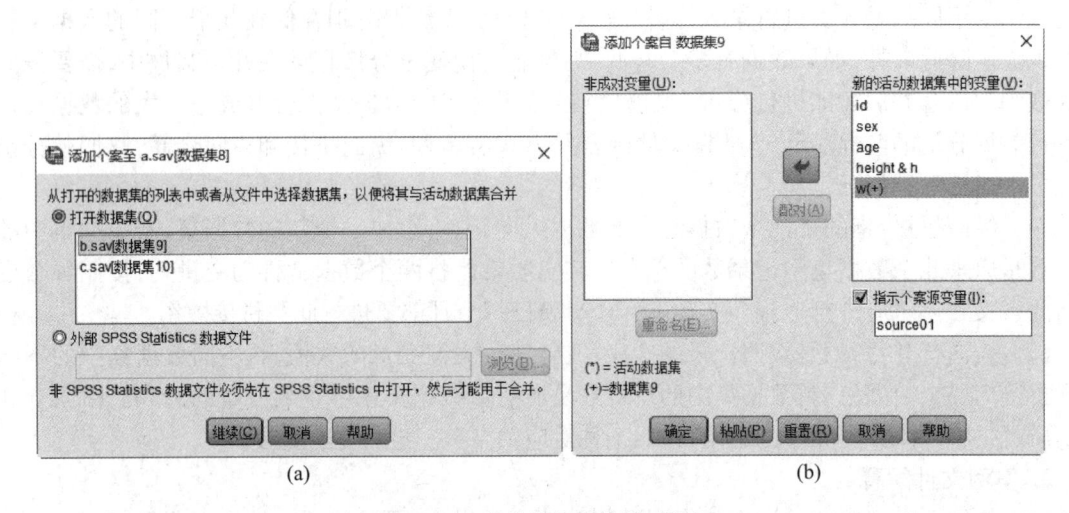

图 4.10 文件纵向拼接的对话框

名会被自动对应匹配,并出现在本变量框中。SPSS 默认它们具有相同的数据含义,自动成为合并后新数据文件中的变量。如果需要修改默认设置,可以将它们剔除到非成对变量框中。

(3) 强行配对:本例中显然 h 和 height 应当是同一个变量,因此可以将其同时选中,然后单击中部的"配对"按钮强行匹配,此时新变量默认会按照当前文件中相应变量的名称来设定。

(4) "重命名"按钮:如果希望新数据集中的变量名与先前不同,则可以选中相应变量后先单击"重命名"按钮改名后再选入。

(5) "指示个案源变量"复选框:如果希望在合并后的数据文件中看出哪些记录来自合并前的哪个 SPSS 数据文件,可以选中该复选框,此时合并后的数据文件中将自动出现名为"source01"的变量,取值为 0 或 1。0 表示该记录来自第 1 个数据文件,1 表示该记录来自第 2 个数据文件。

	id	sex	age	height	w	source01
1	2	1	16	158	.	0
2	4	1	34	164	.	0
3	6	2	56	170	.	0
4	8	1	68	172	.	0
5	10	2	25	178	.	0
6	1	2	19	165	53	1
7	3	1	30	175	70	1
8	5	2	28	162	48	1
9	7	1	44	169	68	1

图 4.11 数据文件纵向拼接完成后的数据文件示意

按上面的设定操作完毕后,生成的新数据集将有 9 条个案,如图 4.11 所示。

> 当有多个数据文件需要拼接时,可以使用程序方式一次完成,相关的知识请参见第 6 章。在对话框操作方式下只能两两依次进行合并。

4.2.3 数据文件的横向合并

数据文件的横向合并由于较为复杂,因此应遵循 3 个条件。

(1) 如果不是按照记录号对应的规则进行合并,则两个数据文件必须至少有一个变量名和长度均相同的关键变量,该变量是数据文件横向对应拼接的依据,如学号、贵宾卡号等,关键变量可以是多个,且关键变量的取值在不同个案间最好具有唯一性。

(2) 如果是使用关键变量进行合并,且希望尽可能多地保留数据信息,则两个数据文件都必须事先按关键变量进行升序排列,否则系统将报错。

(3) 为方便 SPSS 数据文件的合并,在不同数据文件中,数据含义不同的列,变量名尽量不要取相同的名称。

例 4.3 将数据 c.sav 中的变量添加到 a.sav 中,并尽量保留数据。

在数据窗口中分别打开数据文件 a.sav 和 c.sav,然后选择"数据"→"合并文件"→"添加变量"菜单项,并在弹出的第 1 个对话框中选择文件 c.sav,则弹出主对话框如图 4.12 所示。

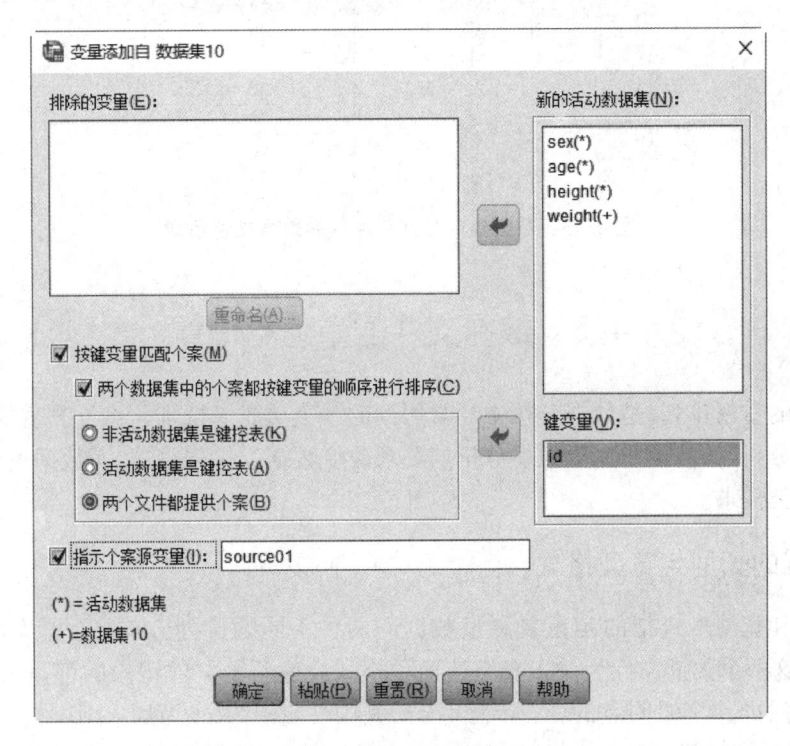

图 4.12 文件横向合并的对话框

(1)"新的活动数据集"列表框:该列表框中的变量名后面都跟有 * 或+号,* 表示该变量名是当前活动数据集中的变量,+ 表示该变量名是外部待合并数据文件中的变量。在默认情况下,如果变量名没有在两个数据集中同时出现,则 SPSS 会自动将其列入新数据文件的变量列表中。

(2)"排除的变量"列表框:与当前数据集变量同名的外部数据集变量,为免于重复而列与此。

(3)"按键变量匹配个案"框组:如果两个待合并的数据文件中的记录数据是按照记录号横向一一对应的,则可直接确认完成合并工作。否则必然是按照关键变量进行匹配,此时需要先选中"按键变量匹配个案"复选框。但随后的操作有些复杂。如果两个文件并未均按照关键变量排序,则只能使用前两个选项。第 1 个选项"非活动数据集是键控表"指在合并时尽量保留当前文件的所有数据,但丢弃只在外部数据文件中才有(关键变量取值)的个案;第 2 个选项"活动数据集是键控表"则正好相反,尽量保留外部数据中的信息;显然第 3 个选项"两个文件都提供个案"对信息的保留最为完整,但使用它要求两个文件均按照关键变量排序,并选中上方的"两个数据集中的个案都按键变量的顺序进行排序"复选框加以确认才可以。

(4)"键变量"列表框:用于选入合并时的关键变量,本例中为变量 ID。将其选中,并选入"键变量"列表框中。

其余对话框元素前文已经出现过,不再重复解释。操作成功后可以见到数据集的格式如图 4.13 所示。

	id	sex	age	height	weight	source01
1	2	1	16	158	46	1
2	4	1	34	164	.	0
3	6	2	56	170	92	1
4	8	1	68	172	51	1
5	10	2	25	178	.	0
6	12	.	.	.	70	1

图 4.13 数据横向合并完成后的数据文件示意

4.3 数据文件的重组与转置

数据文件的重新排列,是数据分析中经常用到的一个功能。特别是重复测量数据,在使用不同的模型进行分析时,就可能需要根据分析的要求改变数据的排列格式,而数据重构向导就可以直观地满足此类需求。

4.3.1 数据的长型与宽型格式

长型格式和宽型格式指的是重复测量数据的两种不同的排列方式,这里以 Anxiety.sav 和 Anxiety 2.sav 这两个数据文件为例来介绍这两种格式。这两个文件记录的都是 12 名精神病患者在接受治疗后的 4 个时间点的精神状态评分,其中变量 subject 为病人 ID 号,score 为测量评分,trail 为测量时的时间点编号,anxiety 和 tension 则分别记录了病人在治疗前有无焦虑和紧张,注意这两种症状在精神病学中是有明显区别的,不能混为一谈。

Anxiety.sav 文件是长型格式,每次测量单独一条记录,用变量 subject 和 trail 来区分是哪位病人的第几次测量,而 anxiety 和 tension 则作为携带变量在相同病人的记录中重复出现,这样 12 个病人共形成了 48 条记录;Anxiety 2.sav 是宽型格式,每位病人只有一条记录,4 次测量分别用 trail1~trail4 这 4 个变量来分别记录,原先用于区分测量次数的变量 trail 则不再需要。从图 4.14(a) 和图 4.14(b) 的数据格式比较中可以更清楚地理解这两种格式的特点。

	subject	anxiety	tension	score	trail
1	1	1	1	18	1
2	1	1	1	14	2
3	1	1	1	12	3
4	1	1	1	6	4
5	2	1	1	19	1
6	2	1	1	12	2
7	2	1	1	8	3
8	2	1	1	4	4
9	3	1	1	14	1
10	3	1	1	10	2

(a)

	subject	anxiety	tension	trail1	trail2	trail3	trail4
1	1	1	1	18	14	12	6
2	2	1	1	19	12	8	4
3	3	1	1	14	10	6	2
4	4	1	2	16	12	10	4
5	5	1	2	12	8	6	2
6	6	1	2	18	10	5	1
7	7	2	1	16	10	8	4
8	8	2	1	18	8	4	1
9	9	2	2	16	12	6	2
10	10	2	2	19	16	10	8

(b)

图 4.14 数据集 Anxiety.sav 和 Anxiety 2.sav 的内容

事实上,在学习了第 2 章后,大家应当能够明白长型格式才是符合统计分析要求的标准记录格式,但是由于重复测量数据可能使用专门的重复测量模型来分析,此时就需要将数据变换为宽型格式,该模型的详情请参见本丛书的《高级教程》相关章节。

4.3.2 长型格式转换为宽型格式

下面就来看看如何使用数据重组向导实现数据结构的重建。

例 4.4 将 Anxiety.sav 转换为宽型格式。

选择"数据"→"重构"菜单项,重构向导的第一个界面如图 4.15(a)所示,可见该向导共提供了 3 种数据重排功能,分别是宽型格式转换为长型格式、长型格式转换为宽型格式,以及行列转置。根据要求,本例需要使用的是第 2 种功能,选择"将选定个案重构为变量"单选按钮,单击"下一步"后显示向导的第 2 个界面,如图 4.15(b)所示。在本界面中,用户需要指定被重复测量个体的 ID 标识变量和用于反映测量次别的 index 变量,此处分别为 subject 和 trail,将它们分别选入相应变量列表框后单击"下一步"按钮,向导会进入第 3 个界面,此时"完成"按钮已经可用,也就是说,后续界面的选项都有默认值填充,可以直接运行相应的过程了。如果希望更改,则会对是否需要排序、重组后数据文件的结构、是否需要标识变量等进行设定,最后单击"完成"按钮,即可以得到相应的转换后的数据集,将该结果与数据 Anxiety2.sav 进行比较,可以看出除变量名和标签不同外,两个文件的内容实际上是一致的。此外,系统在结果窗口中也会提供汇总输出,这常被用来检查是否操作有误。

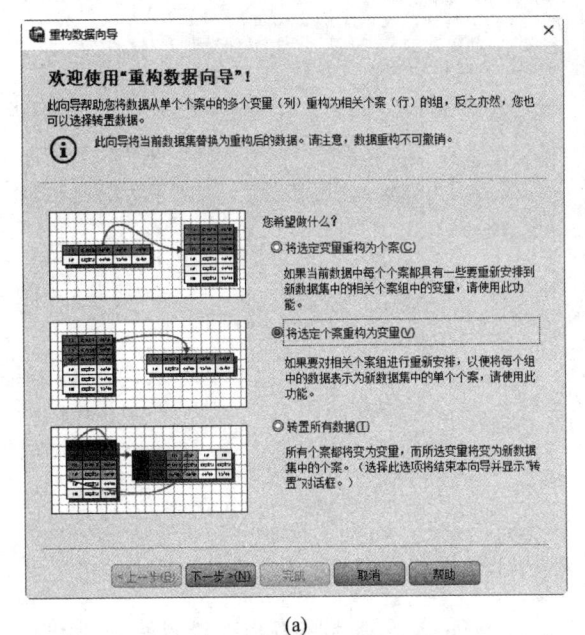

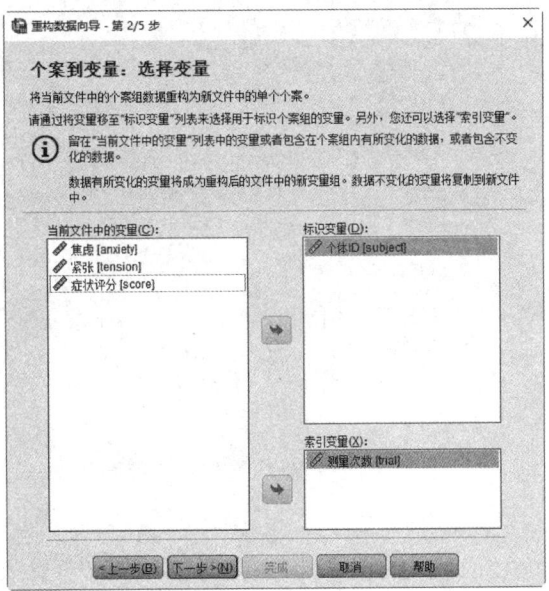

(a) (b)

图 4.15 数据重组向导(长转宽)的第 1、2 个界面

这里有一个非常有趣的问题：本例中没有说明哪个变量需要转换，但最后程序只将trail转换为了宽型格式，Anxiety和Tension则直接携带了过来，未加转换。这是因为程序会自动扫描需要转换的变量，如果该变量在相同个体内取值均衡定，则会被自动携带过来而不加转换，本例中的Anxiety和Tension正属于这种情况。显然，SPSS的这种设计大大方便了用户的使用。

4.3.3　宽型格式转换为长型格式

下面来看看如何将宽型格式的数据转换为长型格式，有了前面的基础，这一部分内容应当很容易理解。假设此处的任务是将Anxiety2.sav转换为如Anxiety.sav的长型格式，则在图4.15(a)所示的界面上选择第一项，单击"下一步"按钮后弹出界面如图4.16(a)所示，该界面询问共有几组重复测量变量需要转换，此处只有一个，单击"下一步"按钮后进入最重要的变量选择界面，如图4.16(b)所示。"个案组标识"框组用于设定重复测量个体的ID标识变量，此处设定为变量Subject；中部的"要转置的变量"框组则用于设定被转换的变量组，首先将变量组名称从默认的"trans1"改为"症状评分"，随后在下方列表框中将trail1~trail4选入，这表示trail1~trail4中记录的数值均转换入被重复测量的变量"症状评分"。如果有多组变量需要转换，则依次设定即可；最下方的"固定变量"列表框则用于选入数值恒定的固定变量，此处为Anxiety和Tension。

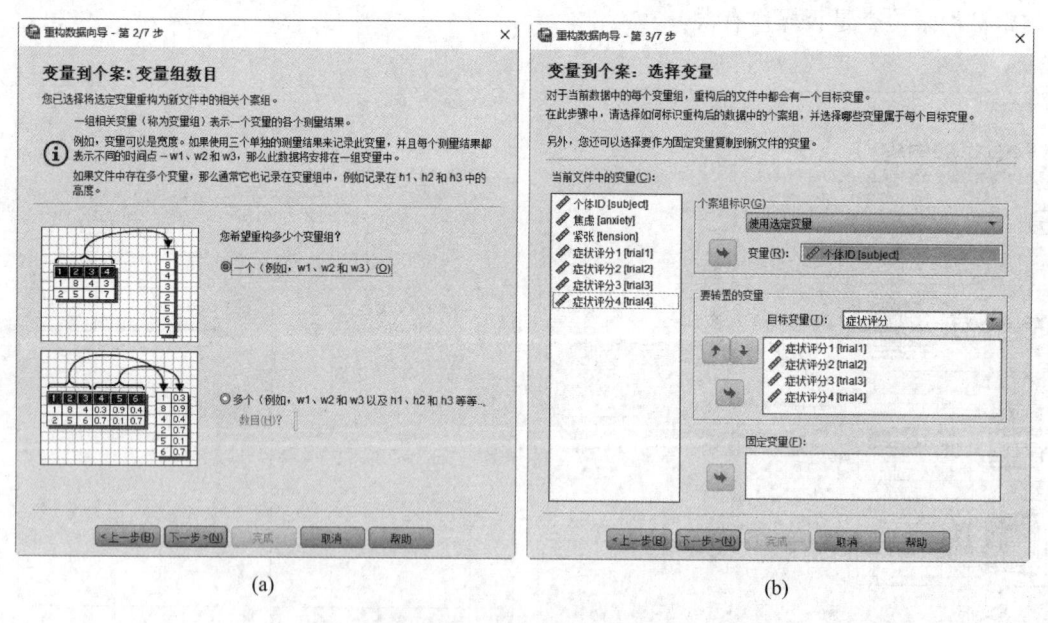

(a)　　　　　　　　　　　　　　(b)

图4.16　数据重组向导(宽转长)的第2、3个界面

在正确设定了变量选择界面之后，下面的工作就非常简单了，随后的几个向导界面分别用于设定重复测量指示变量、选择缺失值、未选中变量的处理方式，以及是直接执行还是生成相应的程序。在本向导全部运行完毕后，数据就会被转换成长型格式，可以发现转换后的数据基本上和Anxiety.sav是相同的，同时结果窗口中也会给出相应操作的汇总表格用于查错。

4.3.4 数据转置

下面来学习数据转置(Transpose)，这实际上也是数据重构向导的第 3 个功能，是对数据进行行列互换，即将记录转为变量，将变量转为记录后，重新显示在数据编辑窗口中，如图 4.17 所示。

	varname	v1	v2
1	A	1.00	2.00
2	B	3.00	4.00

(a)

	CASE_LBL	A	B
1	v1	1.00	3.00
2	v2	2.00	4.00

(b)

图 4.17　数据转置前后的数据文件示意

转置过程的对话框也非常简单，如图 4.18 所示，左侧为候选变量列表框；右上方为"变量"列表框，用于选入需要转置的变量，一般应选入除名称变量外的所有其他变量，如果有变量未选入，则转置时会被自动丢弃；右下方为"名称变量"列表框，用于指定原数据文件中记录转置后变量名的字符变量，但不是必需的，此时系统会将新变量自动按 var001，var002，…的顺序命名。

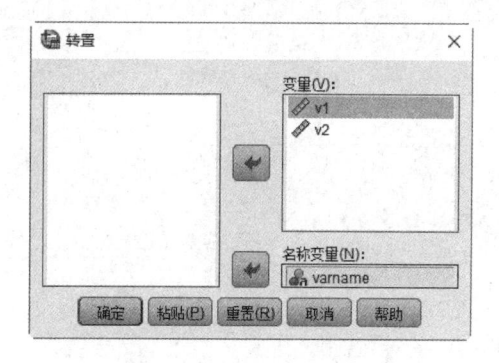

图 4.18　"转置"对话框

对统计分析的初学者而言，可能无法想象这个功能有什么用处。实际上，数据转置主要是用于编程进行矩阵运算时的矩阵转置操作的，对于只需要调用现成的分析程序、不需要自行编写算法的用户而言，转置功能的确没有多少实际用途。

4.4　数据菜单中的其他功能

数据菜单中提供了很丰富的数据管理功能，这里简单介绍一下本章未涉及的其余几个过程的功能及用途。

1. 和统计模型密切相关的功能

正交设计过程实际上是联合分析模块的一部分，用于生成联合分析所需的设计，它的讲解请参见本丛书《高级教程》中的联合分析一章；定义日期和时间过程，以及 Python 扩展"根据数据定义日期"均用于时间序列数据的分析，也将在《高级教程》的时间序列章节中讲解。

2. 和大型研究项目数据管理相关的功能

包括和数据字典有关的几个过程,和数据核查有关的验证模块、比较数据集,以及和数据准备有关的标识异常个案、数据自动准备、匿名化等过程,这些功能都将在第 5 章中详细介绍。

3. 和研究设计相关的功能

包括倾斜权重、得分匹配、个案匹配等 Python 扩展,主要用于在大数据库中按照要求进行抽样配对,以便实现更精确的配对/配伍研究设计。

思考与练习

请自行完成本章中涉及的数据管理操作。

第5章 大型研究项目的数据管理

前面几章的知识用于一般项目的数据管理已完全足够，但是对于较大型的研究项目，往往还会遇到如下一些特殊的问题。

（1）项目问卷有数百页，涉及非常多的变量，且不是一次采集完毕，数据分批入库时必须要保证标准统一。

（2）项目跨区域，在全国范围内有多个协作中心，牵涉的人员和单位众多，必须要在各方面都有一套严格定义的流程和规范，否则极易出错。

（3）项目持续数年，核心人员存在流动性（研究生毕业，人员离职等），必须要保证数据信息和标准在人员变换时不至于发生丢失。

凡此种种，都是在大型项目中必须满足的数据管理需求，而 SPSS 则针对此类需求提供了一整套工具，本章就来对这些更为专业的数据管理工具进行讲解。

5.1 数 据 字 典

5.1.1 数据字典简介

在大型数据分析项目中，数据管理员往往会事先定义好一个非常详细的数据格式，包括变量格式、变量标签、值标签、缺失值定义等，这被称为数据字典，它是使用者定义具体数据文件格式的标准模板。在 SPSS 中，数据字典其实就是一个数据文件，它可以是一个只有结构没有数据的空文件，也可以是有预实验数据存储在内的一个实际数据文件，但无论怎样，对其都只限于使用其数据结构定义。

SPSS 提供了 4 个与数据字典相关的对话框界面，专门用于定义数据字典、将预定义的数据字典引入当前数据文件、设置未知测量级别、建立变量自定义属性，对于大型或者连续性的数据分析项目而言，这些都是非常有用的功能，可以大大减轻数据处理人员的工作负担。这里可以具体总结一下如何应用这些向导界面来完成数据管理任务。

（1）如果有事先定义的数据字典格式，则可以先生成一个没有记录的空数据文件，将全部的数据字典设定好，将来在数据录入完毕后使用复制文件属性向导套用一下字典即可。

（2）如果没有事先定义的数据字典格式，则可以在录入工作进行了一段时间以后先使用变量属性定义向导完成数据字典的设定工作，然后随着录入工作的进行经常扫描数据的情况，以及时更新字典，最后在录入工作完毕后使用复制文件属性向导应用字典的最终版本。

当然，如果数据管理任务不太复杂，也可以直接在数据字典中录入数据，或者直接在变量视图中修改属性，或者直接在 SPSS 中录入/导入数据，然后利用设置未知测量级别向导来快速设定数据字典。但是在真正的大型数据管理项目中，单独建立和维护数据字典是非常关键的一环，建议有志于大型数据管理与分析工作的读者尽早建立这一良好的维护习惯。

> 如果只是希望浏览而不是修改数据集的数据字典,则可以选择"实用程序"→"变量"菜单项来依次阅读单个变量的属性设定,或者选择"文件"→"显示数据文件信息"→"工作文件"菜单项,该过程将把当前文件的数据字典以完整表格的形式在结果窗口中进行输出。

5.1.2 定义变量属性

定义变量属性(Define Variable Properties)指对数据集中已存在的变量进一步定义其属性。具体说来,可以列出所选变量的所有取值;分辨没有值标签的值,并且提供自动给出值标签的功能;可以将另一个变量的属性复制到所选的变量,也可以将所选变量的属性复制到其他变量。乍看起来,该向导的绝大多数功能都可以在变量视图中实现,似乎有些多余,但对于复杂的数据管理项目而言,其可视化能力可以大大提高工作效率;其次,对初学者而言,使用该向导进行变量的设置也是很好的选择。

这里仍以 CCSS 案例数据为例对该向导加以说明。选择"数据"→"定义变量属性"菜单项,则首先会弹出预定义对话框,要求选择希望进行设定的变量,可以选择多个,单击"继续"按钮后 SPSS 将会对选入的变量进行扫描,随后进入向导的主界面,如图 5.1 所示。

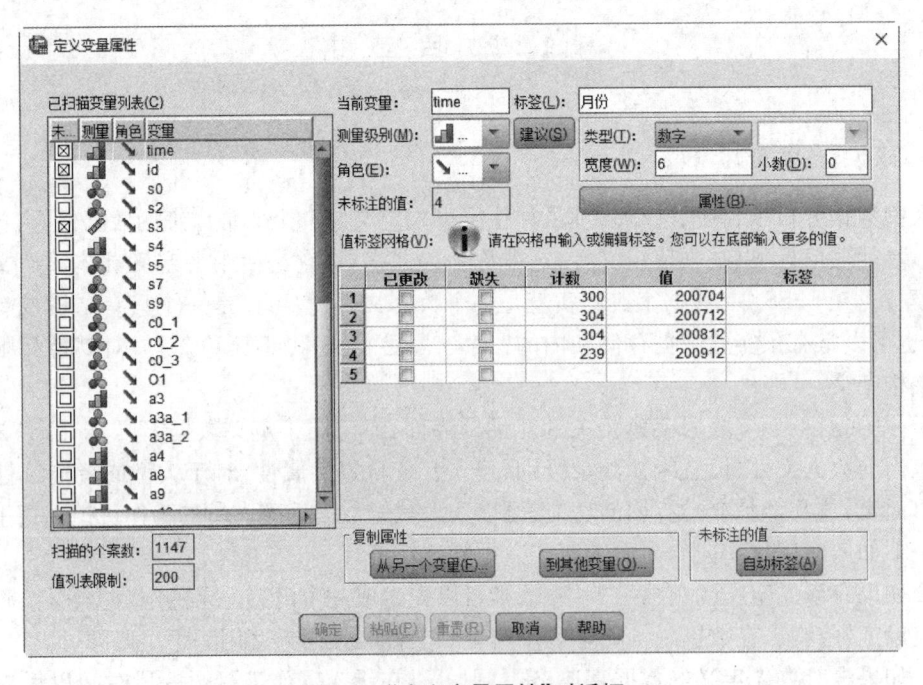

图 5.1 "定义变量属性"对话框

(1)"已扫描变量列表"列表框:列出所有被选择/扫描的变量,具体又分为 4 列显示,分别表示该变量有无值标签定义、测量尺度、角色和变量名。选中相应的变量名称,则右侧会显示出相应的设定,并供用户加以更改。

(2)右上侧变量属性组:用于设定测量尺度、存储格式、变量名标签等,如果单击"建议"按钮,则系统会根据扫描到的数据给出建议的测量尺度;注意其中的"属性"按钮用于新建自定义属性,详见 5.1.4 节。

(3) 中部值标签网格:用于列出该变量所有取值的频数、当前值标签和缺失值设定等,这里可以直接双击后更改标签和缺失值设定(将当前数值设定为自定义缺失值)。

(4) 下部"复制属性"框组:用于将另一个被扫描变量的属性复制到所选的变量,也可以将所选变量的属性复制到其他被扫描变量,该框组实际上已经在可视化离散过程中学习过了。

(5) "自动标签"按钮:用于自动生成值标签,实际上就是将相应的变量值赋给空白值标签。

在图 5.1 中可以看到,在一个界面中就可以完成对变量的所有属性定义,而且可以一次性定义多个变量,并且由系统帮助扫描出全部取值范围,这显然要比在变量视图中进行操作容易得多,可以大大方便数据字典的定义工作。

5.1.3 复制数据属性

复制数据属性(Copy Data Properties)过程用于将定义好的数据字典直接应用到当前文件中,在操作时可以将一个外部的数据文件相关属性全部应用到当前数据文件中,也可以只选择某些变量,或者某些属性进行复制,这无疑大大提高了连续性项目对原有资源的利用程度。对于一些特殊的文件属性,如多选题变量集、普通变量集、权重变量设定等,使用该向导进行复制更是会减少许多重复工作。

选择"数据"→"复制数据属性"菜单项,则首先会弹出复制数据属性向导的第一个界面,如图 5.2(a)所示。

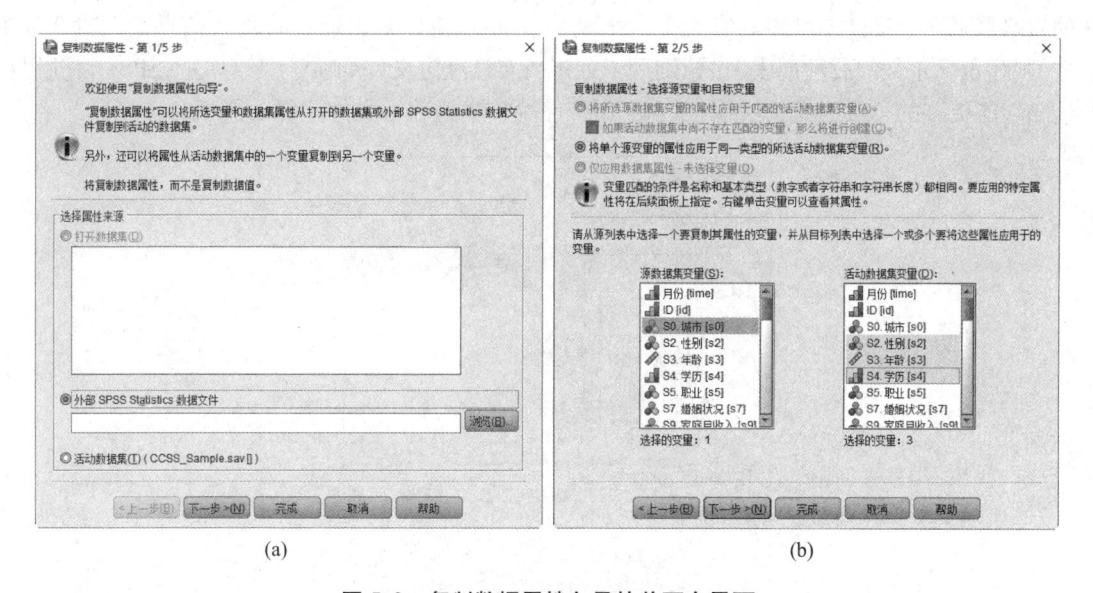

图 5.2 复制数据属性向导的前两个界面

(1) 第 1 个对话框:在该对话框中可以选择希望复制的数据属性来源,可以是已打开的另一数据文件,也可以是未打开的另一个数据文件,甚或当前文件本身。这里选择后者,然后单击"下一步"按钮。

(2) 第 2 个对话框:用于设定希望复制的属性种类,如图 5.2(b)所示,有 3 种选择,分别为选择同名同类型同长度变量的属性进行复制、选择一个变量的属性进行复制和仅复制文件属性,如多选题集定义、权重设定等。可见这里选择的是第 2 项,具体设定是将变量 S0 的属性定义复制到 S2~S4 这 3 个变量上去,单击"下一步"按钮。

(3)第 3 个对话框:要求详细指定希望复制的变量属性,共有 7 种之多,并且可以选择是替换原有属性,还是和原属性进行合并。

在第 3 个对话框出现时,使用者其实就可以单击完成结束向导了,第 4、5 个界面分别用于选择希望复制的文件属性,以及是否生成相应的 SPSS 程序。运行完毕后,大家就会看到 S2~S4 的变量属性全部更改成了与 S0 相同的设定。

5.1.4 新建自定义属性和设置新变量的测量级别

在默认情况下,SPSS 为每个变量都会设定名称、类型等共 11 个属性。这在绝大多数情况下都是足够的,但是在一些大型数据管理项目中,可能用户需要自行设定一些特殊的变量属性。例如,可以创建识别调查问题类型的变量属性(单选、多选、开放)或储存计算变量使用的公式等。和标准变量属性一样,这些定制变量属性也将随数据文件一同保存。

在 SPSS 中建立自定义属性需要先将数据窗口切换到变量视图,然后选择"数据"→"新建定制属性"菜单项,弹出的对话框如图 5.3 所示。在下方"属性名称"文本框中输入希望建立的属性名称,然后在"属性值"文本框中输入希望默认设定的属性值,并将希望给予默认属性值设定的变量选入右上方的变量框中,图中选入的是 index1,单击"确定"按钮以后就会看到变量视图最右侧就会新增一列"基准值",其中 index1 对应的一行已经填充了数值 100,用户可以单击单元格右侧的省略号来增删该列的可能取值列表,对于空单元格也可以双击后直接输入信息。在对话框中下方的"显示已定义的属性列表"按钮则用于列出所有已经定义好的属性。事实上,SPSS 目前提供的这一功能更多的类似于变量注解,以和实用程序菜单中的数据文件注释功能相对应。

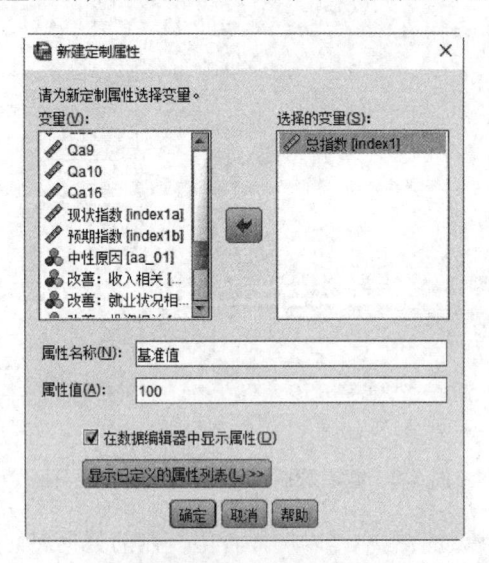

图 5.3 "新建定制属性"对话框

对于批量创建的新变量,或者从外部直接读取的数据文件,有可能变量的测量尺度都是未知的,此时可选择"数据"→"设置测量级别未知的字段的测量级别"菜单项,使用相应的对话框对所有未知测量尺度的变量做批量设定。该对话框的功能从界面上一看可知,这里不再详述。

5.2 数据核查

在数据采集完毕正式入库之前,对数据进行查错或验证是必须要做的工作。对于 CCSS 项目而言,虽然每月的数据均由计算机辅助电话访问系统(CATI)收集而来,但由于数据采集完毕后还需要进行开放题的重编码、废卷清理等工作,为保证数据质量,在数据入库前重新按照问卷设定要求进行查错仍然是必须要做的,本节学习如何利用 SPSS 来完成相应的工作。

> 在常用的数据核查功能中,SPSS 目前只有录入时动态数值有效性检查功能没有提供,这是因为相应的功能被放在了 Data Collection Family 产品线中,对该功能有需求的读者可以考虑使用 Epidata 软件来实现。

5.2.1 数据核查概述

1. 数据核查的基本内容

一般而言,数据核查中可能会出现下列需求。

(1) 配额检查:对于有配额限制的项目,检查所规定的配额要求是否被满足。

(2) 封闭题数值核查:具体选项有限,数值中不应当出现选项外取值,如变量 A3~A16 只能取值为 1、2、3、4、5、9。

(3) 开放题数值核查:相应的连续变量应在有效范围内取值,如变量 S3 年龄的取值应当在 18~65 之间。

(4) 多选题数值核查:例如,采用多重分类法记录数据时,同一个选项代码不应当在不同列中重复出现,否则就意味着同一个选项出现了重复选择。

(5) 逻辑查错:出于质量控制的要求,问卷中对题目取值进行了逻辑控制。例如,A3、A4、A8 不应当同时选择 9,否则应当按废卷处理。

CCSS 项目中需要进行上述所有种类的数据核查,配额检查由于比较简单,这里不再详细叙述。

2. 数据核查的技术路线

无论采取哪种软件或者技术方式来实现,数据核查工作的技术路线都是基本相同的,可大致分解为如下几个步骤。

(1) 任务分解:将各种查错工作归类为若干个基本独立的种类,实际上上文就在完成这项工作。

(2) 技术实现:对每个分解出的类别给出适当的错误识别规则定义,并采用适当的技术手段来实现。

(3) 结果反馈:采用适当的技术手段作为查错结果的输出接口,从而使得查错的结果能够清楚,并且格式统一地反馈给用户。

实际上,对于学习过软件工程的读者而言,上述基本思路和软件编制思路是完全一致的,有兴趣的读者可以按此直接编制一套查错软件。

5.2.2 数据验证模块

SPSS 中的数据验证模块专门用于实现数据核查功能,用户通过自行定义数据验证规则,运行这些规则并对数据进行检查,以确定个案取值是否有效。验证规则主要分以下两种。

(1) 单变量规则:单变量规则包含一组应用于单个变量的数值检查规则,如范围外值的检查。对于单变量规则,有效值可以表示为一个范围,也可以表示为一个有效值列表。

(2) 交叉变量规则:交叉变量规则是用户定义的设计多个变量间逻辑关系的规则,由标记无效值的逻辑表达式定义,可以应用于单个变量,也可以应用于变量组合。

在验证规则设置完毕后,用户可以将其保存在数据文件的数据字典中。这样指定一次规则后就可以反复使用。

CCSS 项目问卷中对各题项的取值与逻辑关系都有着严格的规定,为简化叙述,这里只给出下列几种情形加以演示。

(1) 性别 S2:只有 1、2 两种取值编码。
(2) 年龄 S3:取值应当在 18~65 岁之间。
(3) 关键题目取值逻辑:A3、A4、A8 不应当同时选择 9,否则应按废卷处理。

上述 3 种情形正好就分别对应了取值范围、取值列表和交叉规则这 3 种情形,下面就来看一下如何在数据验证模块中定义这些验证规则。为便于演示,请读者打开预先设定好存在问题的数据文件 CCSS_bad.sav,然后再继续下面的操作。

1. 定义验证规则

选择"数据"→"验证"→"定义规则"菜单项,打开"定义验证规则"对话框,如图 5.4 所示。可见"单变量规则"和"交叉变量规则"分别作为一个选项卡出现,首先在"单变量规则"选项卡中对 S3 和 S2 的规则进行定义,具体操作如下。

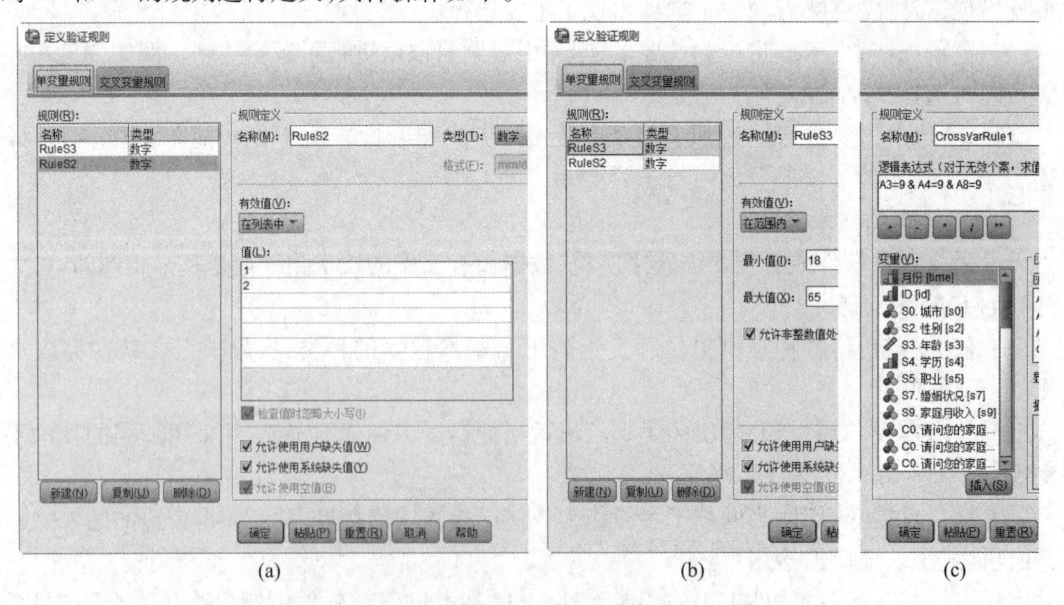

图 5.4 "定义验证规则"对话框

（1）S2：规则定义名称设定为 RuleS2，类型为默认的"数字"，有效值核查方式更改为"在列表中"，然后在下方的值列表中依次添加 1、2 作为有效值。

（2）S3：规则定义名称设定为 RuleS3，类型为默认的"数字"，有效值核查方式为默认的"在范围内"，最小值和最大值分别设定为 18 和 65。

（3）设定交叉规则：切换到"交叉变量规则"选项卡，交叉规则名称仍采用默认的 CrossVarRule1。在下方的逻辑表达式中输入使得个案无效的条件表达式"A3=9 & A4=9 & A8=9"。

上述操作界面中出现的软键盘、变量列表、函数列表等和第 3 章中的"计算变量"对话框完全相同，这里不再重复解释。在上述操作完毕后，只要单击"确定"按钮，就可以生成相应的规则，并且这些规则可以被直接保存在数据集中，便于重复使用。

> 实际上，在验证规则定义完毕后，用户应当首先将其保存在数据字典文件中，以便将来需要时重复使用。

2. 进行数据验证

在规则定义完毕后，下一步工作是使用这些规则来进行数据验证。选择"数据"→"验证"→"验证数据"菜单项，则会打开"验证数据"对话框，如图 5.5 所示。

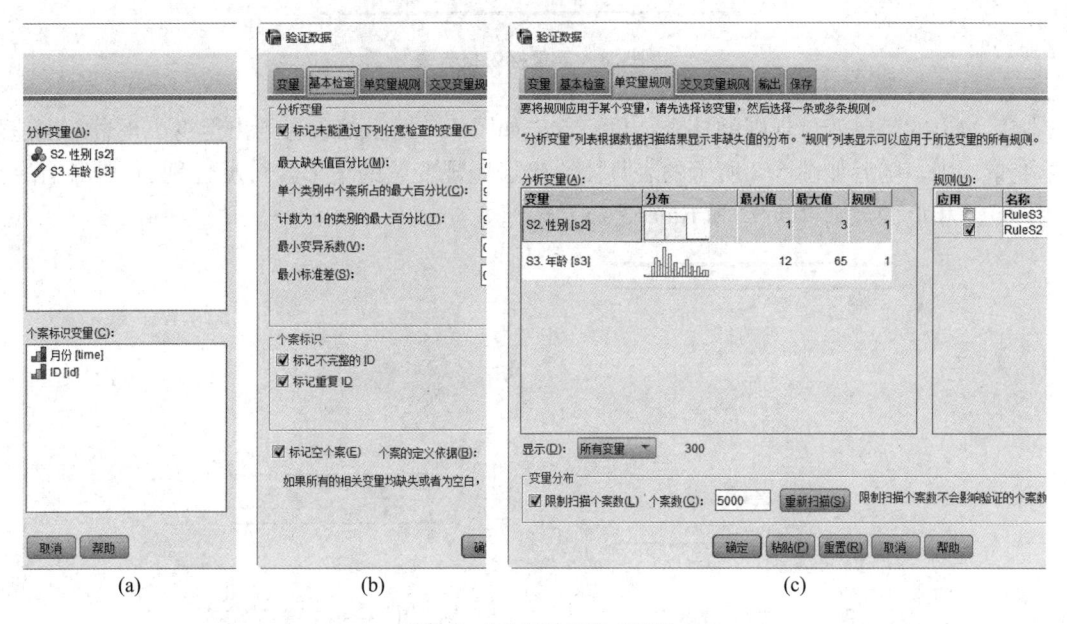

图 5.5 "验证数据"对话框

（1）"变量"选项卡：如图 5.5（a）所示，用于选入分析变量（需要应用单变量规则的变量）和表示个案的 ID 变量，为节省核查时间，建议分析变量中只选入确实需要核查的变量，如本例中就只选入所涉及的两个变量。在本例中，需要月份和 ID 联合使用才能唯一标识个案，因此在标识变量中需要将两者均选入，否则在结果中会报告个案标识符重复的错误。

（2）"基本检查"选项卡：如图 5.5（b）所示，数据核查时会对所有入选变量/个案进行分析，并报告明显表现异常的变量/个案，本选项卡用于对变量/个案的核查、报告标准进行设定，一般使用默认值即可，无须更改。

(3)“单变量规则”选项卡:如图5.5(c)所示,本选项卡用于将前面定义的单变量规则应用到具体变量上,左侧会列出所有分析变量,右侧使用复选框列表将定义好的规则和变量相对应。本例应当在S2变量处选择RuleS2,在S3变量处选择RuleS3。此外,如果发现规则还不完善,还可以单击右下方的“定义规则”按钮(图5.5(c)中被截断未出现)新增或者修改单变量规则。

(4)“交叉变量规则”选项卡:以复选框列表的形式列出所有的交叉规则,使用时将希望应用的规则选中即可。同样,如果发现规则还不完善,则可以单击右下方的“定义规则”按钮新增或者修改交叉变量规则。

(5)“输出”选项卡:设定数据核查在结果窗口中的错误报告输出形式。

(6)“保存”选项卡:可以将数据核查的情况以标记变量的形式保存在数据集中,以便直接对原始案例进行修改,这些标记变量所反映的问题包括空变量、ID变量异常、验证违规总数等。

设定完毕后单击“确定”按钮,SPSS就会按照要求对数据进行核查,并在结果窗口中提交相应的报告,首先给出的是如图5.6所示的内容,其中列出了存在个案标识变量重复问题的案例,本例中第21、137条案例均被表示为2007年4月ID=1的案例,显然是标识重复了。

			标识	
重复的标识组	重复项数	具有重复标识的个案	月份	ID
1	2	21, 137	200704	1

图 5.6　重复标识报告表

随后给出的是单变量规则的核查结果。首先如图5.7所示的表会给出至少出现过一次违规的单变量规则。随后如图5.8所示的表具体给出了违规变量的情形。可见性别、年龄各有一个案例违反了相应的规则RuleS2和RuleS3。

规则	描述
RuleS3	类型: 数字 域: 全距 标记用户缺失值: 否 标记系统缺失值: 否 最小值: 18 最大值: 65 标记范围内的未标注值: 否 标记范围内的非整数值: 否 $VD.SRule[1]: 规则
RuleS2	类型: 数字 域: 列表 标记用户缺失值: 否 标记系统缺失值: 否 列表: 1, 2 $VD.SRule[2]: 规则

显示了至少违反一次的规则。

图 5.7　规则描述表

	规则	违例数
S2. 性别	RuleS2	1
	总计	1
S3. 年龄	RuleS3	1
	总计	1

图 5.8　违规变量摘要表

最后输出的是交叉变量规则的核查结果。同样,首先输出规则描述,然后列出违规案例,见图5.9。注意图5.10所示实际上是对所有违规案例的一个汇总,可见在2007年4月,ID=16的案例同时违反了性别的核查规则和交叉规则,而ID=4的案例则违反了年龄的核查规则。读者可据此自行检索数据文件中这些案例的取值情况,这里不再详述。

规则	违例数	规则表达式
CrossVarRule1	1	A3=9 & A4=9 & A8=9

图 5.9　交叉变量规则描述表

个案	验证规则违例		标识	
	单变量[a]	交叉变量	月份	ID
1	RuleS2 (1)	CrossVarRule1	200704	16
2	RuleS3 (1)		200704	4

a. 在每条规则后面，提供了违反该规则的变量数。

图 5.10　交叉变量规则违规案例报告表

3. 加载预定义规则

为方便用户使用，SPSS 默认在"Predefined Validation Rules.sav"文件中设定了一些常用的单变量规则，如非负整数、月份、星期等，用户只需要单击"数据"→"验证"→"装入预定义规则"菜单项即可将其载入加以使用。当然，对于自己常用的规则，用户也完全可以将其保存在该文件中形成自己的规则库，以方便使用。

> 实际上，用户也可以将自定义的规则存储为任何一个 SPSS 数据文件，然后在随后的工作中将其加载，但这种操作只能在程序级别实现，"装入预定义规则"对话框目前只能指定加载默认路径下"Predefined Validation Rules.sav"文件中的规则。

5.2.3　标识重复个案

在数据管理中，同一份案例数据可能会被不同的数据录入员重复录入，虽然数据核查模块可以帮助用户发现案例标识变量重复的情况，但比较复杂，而在 SPSS 中还可以使用更为简单的标识重复个案过程来迅速地发现重复记录。

仍以 CCSS_bad.sav 为例，选择"数据"→"标识重复个案"菜单项，弹出"标识重复个案"对话框，如图 5.11 所示。

（1）"定义匹配个案的依据"列表框：用于确认重复个案的变量列表。如果有个案的所有这些变量值均相同，则将其视为重复个案。

（2）"匹配组内的排序依据"列表框：对于发现的重复个案，按照指定的变量值排序。

（3）"主个案指示符"复选框：对于重复个案，可以指定其中一个为主个案，其余为多余的"重复"个案。可以将第一个或者最后一个个案设定为主个案，主个案标识变量取值为 1，该变量对重复个案组中其余的非主要重复个案则取值为 0。

（4）"每个组中的匹配个案的连续计数"复选框：在每一匹配组中为个案创建序列值为 1 到 n 的变量。该序列基于每一组中当前个案的顺序，可以是原文件顺序，也可以是由任何指定的排序变量决定的顺序。

> 在后续分析中可以利用上述生成的指示变量作为过滤变量进行个案选择，从而在报告和分析中排除重复个案，同时又无须从数据文件中删除这些个案。

在操作完毕后，结果窗口中会给出分析结果，如图 5.12 所示。可见 300 例样本中发现有一个案例其指定变量和其他案例重复。同时，在数据窗口中案例也会进行排序，凡是出现了重复记录的案例组均会被按要求前置，以便使用者进一步核查。

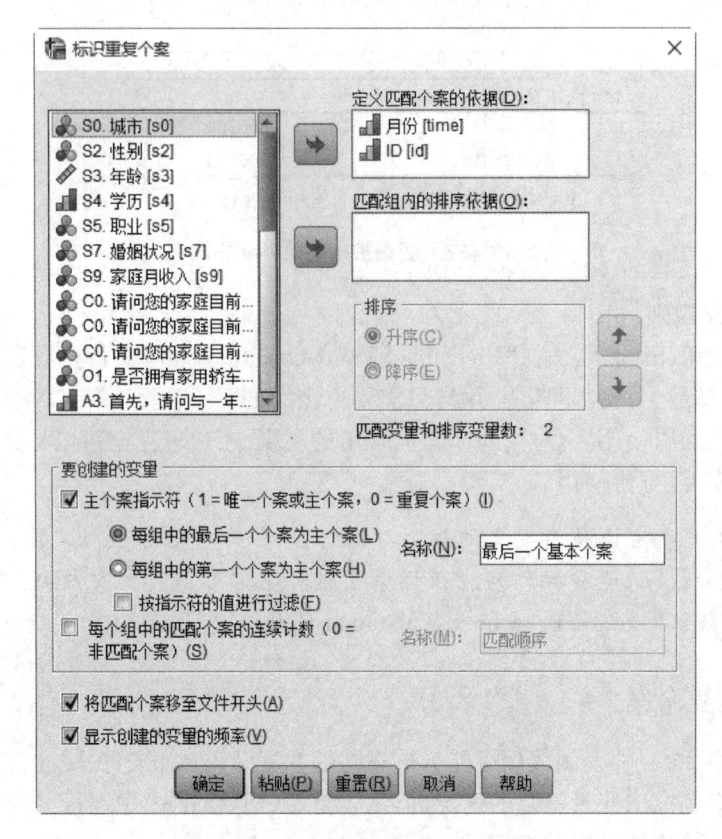

图 5.11 "标识重复个案"对话框

图 5.12 重复案例报告表

5.2.4 双录核查

在临床试验数据管理等非常严格的数据管理项目中,双份录入是很常见的需求,即设定一个完整的数据字典,然后对同一份问卷由不同的数据录入员分别录入一个数据集,最后再将两个数据集进行数据对比,以发现不同之处,从而尽可能地减少录入错误,此即双录核查。

SPSS 目前提供了比较数据集过程,可以轻松地完成两个双录数据库的对比工作。以数据集 CCSS_bad.sav 和 CCSS_Sample.sav 的比较为例,可以先打开 CCSS_bad.sav,然后选择"数据"→"比较数据集"菜单项,并在首先弹出的对话框中选择希望比较的另一个文件为 CCSS_Sample.sav,则会弹出"比较数据集"对话框,如图 5.13(a)所示。

(1) "比较"选项卡:用于数据集比较中相应变量的角色,哪些变量用于比较,哪些变量用于个案标记。

5.2 数据核查

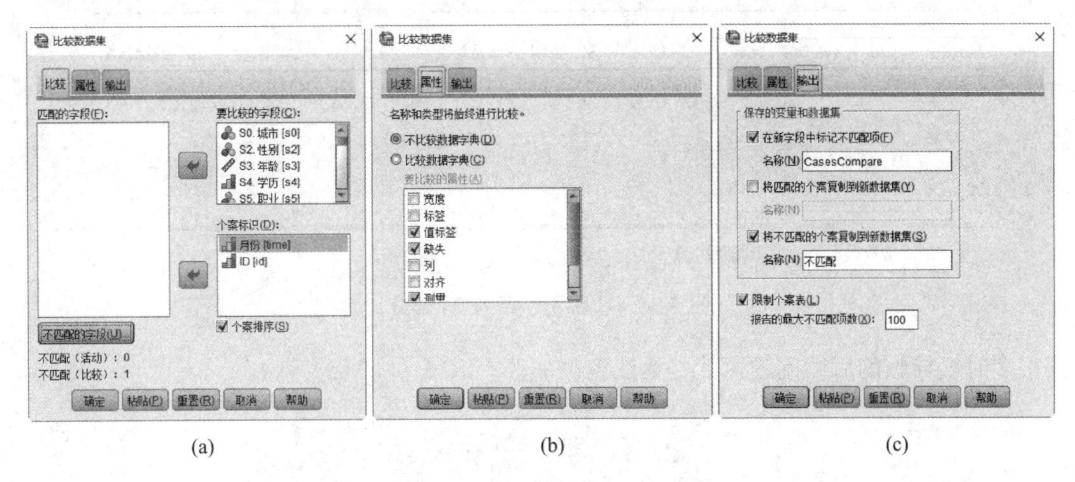

(a)   (b)   (c)

图 5.13 "比较数据集"对话框

（2）"属性"选项卡：如图 5.13(b) 所示，对于比较严格的双录数据比较，可以在本选项卡中进一步要求严格比较数据字典的设定。

（3）"输出"选项卡：如图 5.13(c) 所示，用于设定不匹配记录在数据集中的呈现方式，默认为用一个新字段标识不匹配项，也可以要求将这些案例输出到一个新的内存数据集供核查。

按照图 5.13 的设定，考虑以月份和 ID 作为个案标识，比较全部其余字段，并且将所有不匹配的案例输出到名为"不匹配"的新工作文件，则单击"确定"按钮后，SPSS 就会新建一个含有 3 条 bad 中不匹配记录的新工作文件，同时原 bad 工作文件中会新增变量 casecompare，其取值为 1 代表不匹配，0 代表匹配，-1 则代表被排除出匹配操作之外。

下面通过结果输出来进一步理解匹配中的操作，首先输出的表格会说明当前的活动数据集为 CCSS_bad.sav，此即主匹配文件，随后如图 5.14 所示的表则给出了匹配结果摘要。可见当前数据集中有一个案例未进入匹配，由上一节的介绍可知，该数据集中在 2007 年 4 月有两条记录 ID 均为 1，此时匹配过程就无法准确定位个体标识符，因此自动删除其中一条。最终进入匹配操作（即在两个文件中均存在，且有唯一个体标识）的案例共 299 例。

结果	统计	数据集 活动	比较
个案	计数	300	1147
比较个案数	计数	299	299
	百分比	99.7%	26.1%
未比较个案数	计数	1	848
	百分比	.3%	73.9%

图 5.14 数据匹配结果摘要

随后会进一步给出从案例角度和变量角度汇总的不匹配报表，可见有 3 条案例不匹配，涉及的变量有城市、性别等多个。但更详细的输出是最后给出的个案不匹配列表，如图 5.15 所示。这里为显示方便，删除了 S7 之后的变量输出，可见存在数值不匹配的分别是 2007 年 4 月 ID 为 1、4、16 的 3 条个案，且具体的变量不匹配情况也都在这里列出了。

如果仔细阅读图 5.15 的结果，可以发现 ID 为 1 的个案实际上并非录入错误，而是完全不同的两个个案。事实上本例正是如此，匹配中被自动删除的那条才是真正的 ID 为 1 的个案。也就是说，数据录入中 ID 必须绝对正确，如果 ID 录入错误，则会对后续的数据管理带来很大的困扰，

个案ID		行							
time	id	活动	比较	S0.城市	S2.性别	S3.年龄	S4.学历	S5.职业	S7.婚姻状况
200704	1	1	1	(1) 200 (2) 100	(1) 2 (2) 1	(1) 30 (2) 20		(1) 4.00 (2) 3.00	(1) 1 (2) 2
200704	4	5	4			(1) 12 (2) 65			
200704	16	17	16		(1) 3 (2) 1				

(1) 是活动数据集,(2) 是比较数据集

图 5.15 个案不匹配列表(部分)

而且很多时候导致的后续问题可能是无法解决的。

5.3 数据准备

在数据清理完毕,已经入库之后,往往还需要根据统计分析的需要进行各种预处理,如处理异常值、处理缺失值、按建模需求转换数据格式等。在 SPSS 中针对数据准备需求也提供了好几个功能模块,本节就来加以介绍。

> 在功能分类上,缺失值分析(MVA)模块也和数据准备有关,它可以帮助用户确定数值的缺失模式,并应用多重插补(Multiple Imputation)或者 EM 算法等方法进行缺失值填充,但 MVA 涉及的统计知识较复杂,对其感兴趣的读者可参见本丛书《高级教程》。

5.3.1 标识异常个案

异常个案往往是统计分析中非常令人头痛的问题,这些个案的出现有可能是因为录入错误所致,这种情况比较好处理,找到并更正即可;更麻烦的情形是数据无误,但变量值的确异常,此类个案往往就会成为分析者,特别是统计初学者的一大难题,因为最常用,最正统的分析模型可能会因其存在而无法使用,必须换用更合适的分析方法。但无论怎样,异常个案的提前识别显然会大大方便相应的数据管理和统计分析工作。有鉴于此,SPSS 提供了标识异常个案过程,该过程采用较为复杂的统计算法,可以在探索性数据分析步骤中,快速检测到需要进行数据审核的异常个案,从而协助用户提前对其进行处理。

1. 算法原理

由于标识异常个案过程中使用了较为复杂的算法,这里只是简单地介绍其原理,希望深入了解其内容的读者请在学习完相应统计模型后再参阅本过程的算法文档。整个计算过程可被分为如下 3 步。

(1) 聚类:采用两步聚类方法(本方法详情请参见本丛书《高级教程》),将所有个案按照其相似性自动分为若干类(被称为对等组)。所建立的聚类模型,以及相应的计算统计量均被存储起来供后续分析使用。

(2) 评分:使用该聚类模型,对每一个案例进行其相对于所属类别的异常度评估,并计算出相应的异常索引(Anomaly Indices,由各变量值的偏差度指标综合而来,具体算法与对数似然值有关)。计算完毕后所有案例将按该指标降序排列,索引值最高的一部分(具体比例在对话框选

项中设定)将被识别为异常案例。

(3) 报告:对所识别出的每一个异常案例,其相应变量将会按照其数值所对应的偏差度指标(Corresponding Variable Deviation Indices)排序,该指标最大的变量、数值以及对应的标准值(Norm Values,也称范数)将会被作为该案例被识别为异常案例的原因列出。

2. 界面介绍

(1) "变量"选项卡:选入希望进行异常个案分析的变量,下方可以选入一个 ID 变量,该变量用于识别个案,不会进入具体的分析计算。

(2) "输出"选项卡:默认会输出异常个案及其异常原因的列表。此选项具体包括 3 个表:异常个案指标列表、对等组列表以及异常原因列表。此外,在摘要框中还可选择更为详细的输出,包括对等组标准值、异常指标、按分析变量列出出现的原因,以及已处理的个案数。在了解了算法原理之后,上述输出的具体含义就可以理解了。

(3) "保存"选项卡:可以要求将模型变量保存到活动数据集,这些变量包括异常指标、对等组、异常原因。此外还可以要求以 XML 格式保存模型。

(4) "缺失值"选项卡:用于控制对用户缺失值和系统缺失值的处理。可以是从分析中排除缺失值,或者在分析中包括缺失值。

(5) "选项"选项卡:此处可以设定异常个案的标识条件,即在异常列表中包括多少个个案。可以按照百分比、固定数量,或者直接给出异常索引的界值来设定。此外还可以设定聚类分析中的类别数(对等组数量,建议一般不要更改),以及识别为异常案例的最大原因数量。

3. 分析案例

例 5.1 根据 index1、index1a、index1b 这 3 个变量的取值在 CCSS 数据中标识异常个案。

选择"数据"→"标识异常个案"菜单项,将对话框设定为如图 5.16 所示。

此处为了减少输出,在选项中指定只标识出 5 个异常个案,确认后输出如图 5.17 所示。

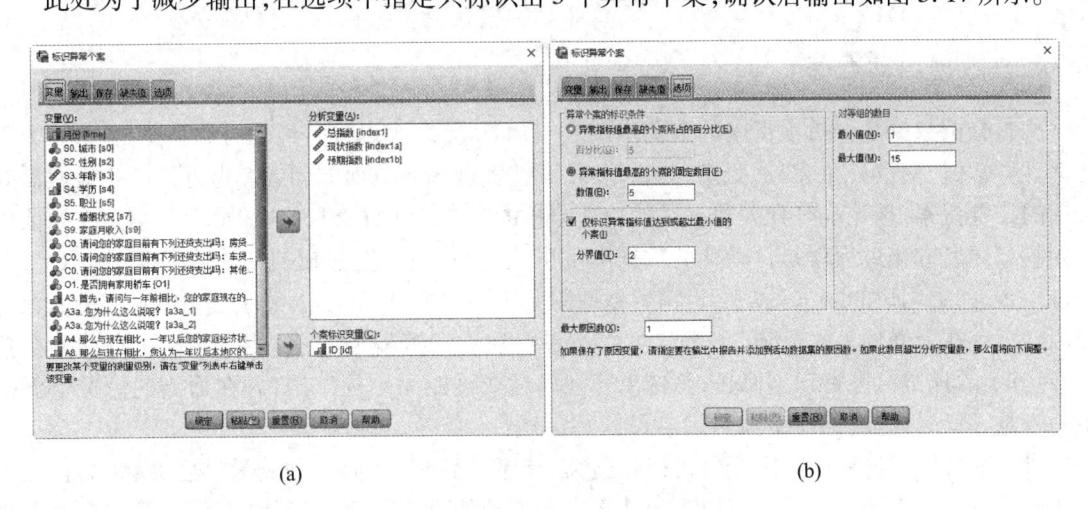

(a)　　　　　　　　　　　　　　(b)

图 5.16 "标识异常个案"对话框界面

图 5.17 给出了异常索引值最大的 5 个案例名单,注意个案是按照异常索引值降序排序的,其中索引值最大的是 156 号个案,索引值达到了 6.71。

图 5.18 给出的是与聚类分析相关的异常个案报告,可见这 5 个异常案例在聚类分析中被分

入不同的对等组,也就是说它们各自是在不同类别中被识别为异常值。

个案	id	异常指标
156	156	6.710
140	140	6.470
258	258	5.832
230	230	5.619
43	42	4.712

图 5.17　异常个案索引列表

个案	id	对等 ID	对等大小	对等大小百分比
156	156	4	40	13.3%
140	140	2	37	12.3%
258	258	1	79	26.3%
230	230	1	79	26.3%
43	42	2	37	12.3%

图 5.18　异常个案对等 ID 列表

图 5.19 给出的是这些案例被标识为异常个案的原因,以索引值最高的 156 号个案为例,系统是根据 index1b 的取值将其标识了出来,index1b 在其对等组中的范数(其实就是本组均数)为 117.74,但 156 号的变量值则为 145.29,其影响度衡量指标达到了 0.497。

原因:1

个案	id	原因变量	变量影响	变量值	变量范数
156	156	index1b	.497	145.29	117.7418
140	140	index1	.416	46.86	88.4506
258	258	index1b	.533	12.11	72.0297
230	230	index1	.427	31.24	75.9316
43	42	index1a	.507	.00	70.1908

图 5.19　异常个案原因列表

> 需要指出的是,标识异常个案中使用的算法对初学者而言过于复杂,且分析结果也不一定符合需求,因此不要对此方法过于信赖,只是将其作为一个强有力的辅助工具来加以使用即可。

5.3.2　数据自动准备

准备分析数据是分析项目中的重要步骤之一,而从传统来说也是最耗时的步骤之一,因为需要考虑异常值、变量分布、变量变换、关联趋势、方差齐性等各方面的问题。做好这一步显然需要长期的经验积累,且并不符合大数据时代快速分析的需求。为此,SPSS 也做了许多努力,如前面学到的最优离散化过程就是自动化的数据准备工具之一,而这里介绍的自动数据准备(ADP)则更进一步,如果用户的需求只是尽量精确地建立一个预测模型,而不太关注模型中自变量究竟是和因变量存在怎样的关联趋势,那么就可以在最终建立预测模型之前,使用该模块自动分析数据,对其中的异常值进行识别修正,筛选出存在问题或可能无用的字段,并在适当的情况下派生新的变量,以尽可能改善模型预测效果。

自动准备数据过程中的因变量可以是连续、有序、无序等任何一种测量尺度,系统会自动选择相应的算法加以分析。用户可以采用几乎完全自动的方式使用该模块,也可以通过交互方式使用算法,这种方式可以在做出更改前对其进行预览,并按照需要进行接受或拒绝。

由于自动准备数据过程的自动化程度较高,且涉及最优尺度变换等较复杂的统计知识,因此这里将不对其原理作深入介绍,只用一个实例进行演示,以使读者对其有一个初步了解。

1. 界面介绍

在"转换"→"准备数据以进行建模"菜单项下共有 3 个菜单项,"自动"菜单项进行的是全自动的数据准备,相当于交互式的简化版;"交互式"菜单项则在准备过程中提供了和用户交互的能力;"逆转换得分"菜单项则可以根据提供的信息将转换出的分值逆转换回原变量。图 5.20 给出的是"交互式数据准备"对话框界面。

(1)"目标"选项卡:根据分析需求和计算机的配置,确定分析时是速度优先还是模型精确度优先。

(2)"字段"选项卡:对模型中的自变量和因变量进行设定,可以选择一个变量作为待预测的目标变量,而自变量(输入变量)则可以选择多个。注意,这里所有的变量测量尺度都必须事先准确设定,否则模型会出错。

(3)"设置"选项卡:对数据准备过程中的一些细节进行设定,如低质量字段排除标准、变量标准化方法等。

(4)"分析"选项卡:在模型完成预分析后提供详细的结果供用户解读。

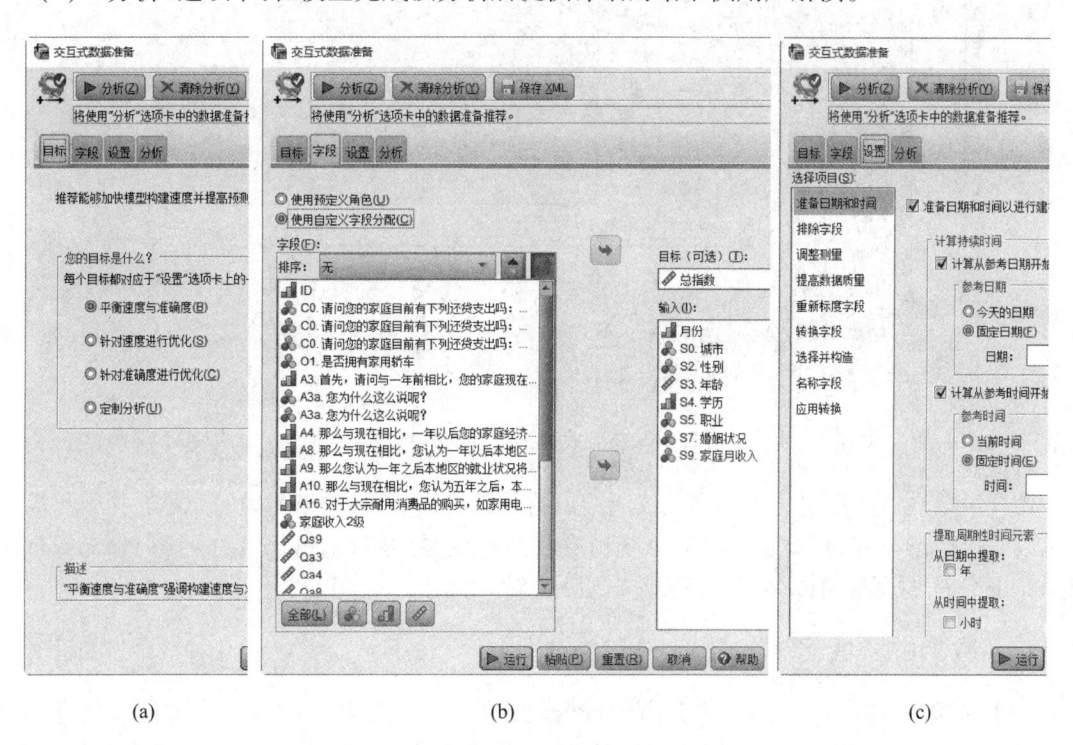

(a) (b) (c)

图 5.20 "交互式数据准备"对话框

2. 分析案例

例 5.2 考虑使用所有背景资料变量对总信心指数进行预测建模,使用自动数据准备模块对原始数据进行预处理。

按照图 5.20 的设定操作对话框,然后单击左上方的"分析"按钮,系统会自动进行相应的数据分析,并在"分析"文本框中给出结果报告,如图 5.21 所示。这里给出的实际上是模型输出,下方的两个"查看"下拉列表框可以更改两侧窗口中的阅读内容,目前在图 5.21 中看到的是转换后变量用于预测建模中的重要性,可见 s5、s3、s9 的转换后得分用于建模的重要性高于其他变量(注意每次的转换方式会有一定随机性,读者操作得到的结果可能会和这里略有差异),因此其余次要变量可以考虑在建模时省略。

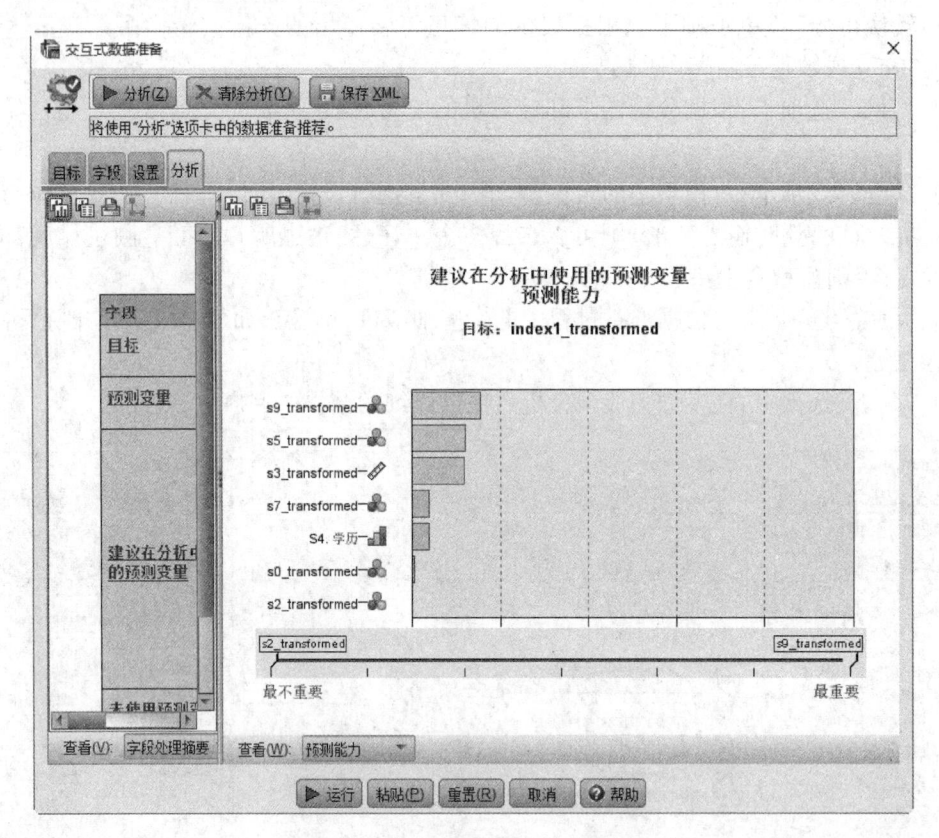

图 5.21 交互式数据准备的分析报告

用户可以在该模型输出中详细阅读所给出的分析报告,如果对当前做的变量转换效果满意,则可以直接单击下方的"运行"按钮,系统就会将所有变量的转换后得分以类似 s3_transformed、s5_transformed 的变量名称存储为新变量,供后续分析使用。

5.3.3 数据的匿名化

对于大型研究项目而言,往往会出于数据质量的考虑而收集一些受访者的私人信息,如姓名、家庭住址、电话号码等,这些信息显然需要认真保护以防泄露。一种考虑是外发数据时彻底删除这些字段,如同 CCSS_Sample 文件所做的一样,另一种考虑则是数据匿名化,即外发的数据中敏感字段内容全部使用重编码后的伪码代替,数据管理员手中有原始数据或伪码对照表,其余人员均只能看到无法破解内容的伪码。

SPSS 为数据的匿名化提供了一个 Python 扩展,如果默认未安装,需要首先在扩展中心中安装该扩展,参见第 1 章的介绍。

选择"转换"→"变量匿名化"菜单项,就可以打开相应的对话框,如图 5.22 所示。

(1)"要匿名化的变量"列表框:用于选择要替换原始数值的变量。

5.3 数据准备

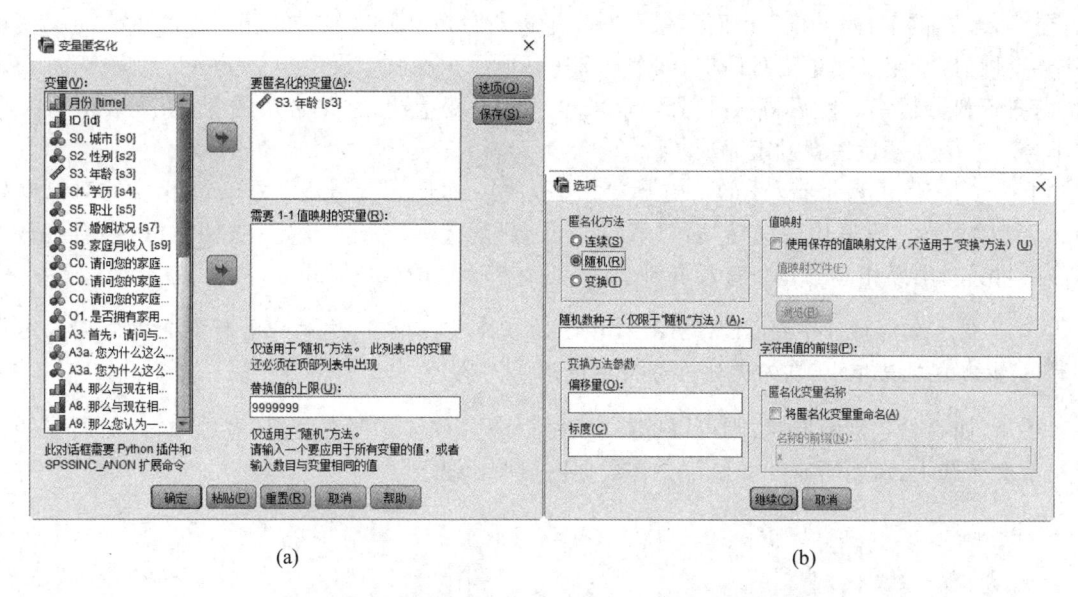

(a)   (b)

图 5.22 "变量匿名化"主对话框和"选项"子对话框

（2）"需要 1-1 值映射的变量"列表框：如果是使用数值随机交换的方法来替换值，而又希望数据管理员能够准确地根据变换后变量确定原始值，就要将需要匿名化的变量同时选入本框中。

（3）"替换值的上限"列表框：替换时随机选择的非负整数值或字符串值的上限，注意如果该上限值过小，则可能无法实现 1-1 映射。

（4）"选项"子对话框：选择匿名化方法，可以是连续编码、随机交换，或者变量变换。变换时也可以要求对变量名称做匿名化，或者直接使用现有的数值映射文件。

（5）"保存"子对话框：可以要求将变量名称或者变量值的映射表存为新文件，从而可以根据该映射表反变换回原始信息。

这里以年龄为例介绍匿名化的操作。按照图 5.22 的设定方式，单击"确认"按钮以后，数据文件中 S3 的变量值就会被随机替换成类似"5204974"这样的伪码。拿到该数据的人除非拿到一对一的映射表，否则是无法转换回原始数据的。

5.3.4 使用变量集

大型研究项目的数据集中可能包括了成百上千个变量，这些变量有的是原始数据，有的是中间变量，有的是最终分析用变量。显然，使用对话框方式操作很麻烦，此时可以使用限定变量集来简化操作。

所谓变量集，顾名思义就是变量的集合，或者说变量分组。事实上，SPSS 在打开一个数据文件时就默认设定好了两个变量集。

（1）ALLVARIABLES：包括所有的变量。

（2）NEWVARIABLES：包括数据集打开后所有新建立的变量。

显然，只要根据需求设定好新的变量集并加以应用，就可以满足简化候选变量的目的了。例如,在 CCSS 案例中,如果只考虑对背景资料变量进行分析,则可以选择"实用程序"→"定义变量集"菜单项,打开定义变量集对话框,如图 5.23(a)所示。在其中设定一个新的变量集,名称设定为"背景资料分析集",然后将从月份到 S9 的全部所需变量选入"集合中的变量"列表框,并"添加集合",这个新变量集就设定完成了。

下一步是让相应的选择生效。选择"实用程序"→"使用变量集"菜单项,相应的对话框如图 5.23(b)所示。在其中只选择"背景资料分析集"复选框,单击"确定"按钮后,就会看到数据界面中将只会出现相应的几个背景资料变量,其余变量则均会被屏蔽。

> 注意这里的操作中将 NEWVARIABLES 的选择也去掉了,这意味着所有新建变量均不会出现在对话框中,从而无法在分析中使用。

最后,如果希望恢复原状,则可以选择"实用程序"→"显示所有变量"菜单项,此时所有的变量集都会被选中,从而所有的变量都会在数据窗口中出现。

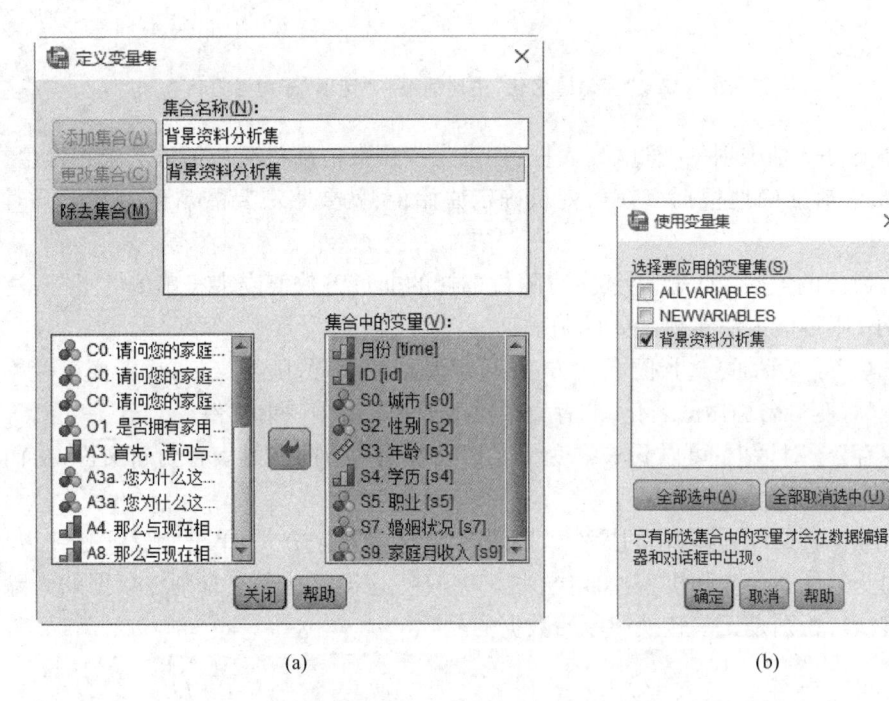

图 5.23 "定义变量集"对话框和"使用变量集"对话框

思考与练习

1. 请自行完成本章中涉及的数据管理操作。
2. 尝试为 CCSS 项目案例建立相应的数据字典文件,并思考数据字典文件在此类大型项目中的使用价值究竟有多大。

第 6 章　SPSS 编程

前 5 章的知识用于应付 CCSS 项目的日常数据管理工作已经绰绰有余，但是由于 CCSS 项目是每月定期执行，如果采用对话框方式来操作，那么每个月都要做完全相同的工作，这显然是效率极低的操作方式。本章将向读者介绍 SPSS 中的编程操作，协助读者打通成为 SPSS 高手之路。

6.1　CCSS 项目的数据处理需求

CCSS 项目数据在清理完毕之后，就可以准备入库，并进入数据分析阶段了。由于 CCSS 系统引进了美国密歇根大学的消费者信心指数项目体系，因此每月所需的分析处理工作内容非常明确，为了后续处理更为便捷，需要直接计算出题目得分、信心值等一系列分析变量，然后一起入库。这里首先来看一下数值计算部分的工作有哪些典型需求。

1. 计算题目得分

CCSS 项目问卷中的大多数主干题目均为五级得分，类似于非常好（VF）、比较好（F）、一般、比较差（U）、非常差（VU），以及代表受访者无法给出评价结果的不知道/拒答。此类题目都需要转换为相应的题目得分，以反映消费者的乐观/悲观程度。具体方式为，针对每一道题目，计算每个选项被选中的百分比（包括"不知道/拒答"），随后使用以下公式计算其相对得分：

$$题目得分 = 100\% + 1.0 * VF\% + 0.5 * F\% - 0.5 * U\% - 1.0 * VU\%$$

因此，这一数值反映的是答案偏向乐观的人群和偏向悲观人群的比例之差，当人群中这两者的比例基本平衡时，得分接近于 100（100%）；如果乐观人群比例偏高，则得分大于 100；反之，则小于 100。

2. 计算信心指数

消费者信心指数的计算是基于下面 5 道问题的回答进行。

A3：首先，请问与一年前相比，您的家庭现在的经济状况怎么样呢？
A4：那么与现在相比，一年以后您的家庭经济状况将会如何变化？
A8：那么与现在相比，您认为一年以后本地区的经济发展状况将会如何？
A10：那么与现在相比，您认为 5 年之后，本地区的经济将会出现怎样的变化？
A16：对于大宗耐用消费品的购买，如家用电器、家用电脑，以及高档家具之类的，您认为当前是购买的好时机吗？

首先，计算出上述 5 题的题目得分，然后将其直接相加，再除以"基线"调查时的这一数值，即为当期的信心指数值。因此，所计算出的指数代表的是当期数值相对于"基线"调查数值的变动比例。如果乐观人群的比例高于"基线"，则指数大于 100，反之，则小于 100。目前作为基线水平的是 2007 年 4 月的数值。

实际上，上述指数算法和美国密歇根大学消费者信心指数的计算方法完全相同。

3. 其他数值题目的转换

除上述信心指数相关题目的计算外,问卷中还有其他类型的数值封闭题,如家庭收入 S9,对此类题目也需要进行重编码以进行均数汇总等操作,因操作比较简单,这里不再详细解释。

那么,如何满足这些每月出现的分析需求呢?首先,由于 CCSS 项目以月度为周期,所有相应的计算分析操作每月都要进行一次,因此将其以程序方式固定下来调用是必然的选择。其次,由于大量的数值题目均采用相似的选项列表以及题目得分计算方式,因此完全可以利用宏代码的方式简化程序结构,使整个程序变得易于维护。

6.2 SPSS 编程入门

6.2.1 基本语法规则

通俗地讲,SPSS 程序是由若干条 SPSS 语句构成的,这些 SPSS 语句基本上以易于识别的英语单词作为命令关键词,同时遵循一定的基本规则。

1. 主命令格式

每条 SPSS 命令必须从新行开始,但可以在该行的任何列开始,并持续任意多行。为保证兼容性,单行长度最好不要超过 254 个字符。每个命令应该以句点为命令终止符。如果没有句点作为命令终止符,也可以将空行解释为命令终止符。下面是一个典型的 SPSS 命令:

$$COMPUTE\ NEWVAR = OLDVAR * 2$$

这一程序命令执行的就是第 3 章介绍的计算新变量,其组成如下。

(1) 命令动词:最前面的"COMPUTE"为命令动词,不分大小写,在 SPSS 中所有的命令动词均由相应功能的英文单词或者词组构成,且在不重名的情况下,可进一步缩写为前 4 个字母,但是本例中的 COMPUTE 不能被缩写为"COMP",因为还有一条命令为 COMPARE DATASETS,这就是缩写后重名的情况,此时两个命令动词都必须完整输入。

(2) 分隔符:命令动词后的空格用于分割命令动词和表达式。空格是最常见的分隔符,但在特殊情况下,斜杠和逗号也有可能作为分隔符。

(3) 命令表达式:在空格后紧跟的就是具体的命令表达式,根据所执行命令的不同,该表达式可以是变量列表,也可以是数学表达式,本例中就是一个数学表达式。

(4) 终止符:整个命令的最后会以一个句号作为终止,当没有句号时,一个空行也代表命令终止。因此一个 SPSS 语句完全可以占多行,系统只有在读取了句号结束符时才会认为该语句已经结束。

根据上述规则,下面的命令是合法的语句。

Vari LABE　var1
'label of var1'
/ var2 'label of var2' .

当然,请读者还是尽量养成良好的编程习惯为好。

2. 子命令格式

对于较为复杂的 SPSS 命令,一个主命令之下还需要有各种选项细节加以设定,此时就会使用子命令。

子命令(Subcommand)是对命令的进一步说明和设置,必须要依附于某个命令动词存在,大多数统计分析命令都需要进行子命令的定义。当然,很多非关键的子命令都会有其默认设定,因此书写时只需要进行少数几个关键子命令的设定即可。

下面就是一个典型的带子命令的 SPSS 命令行:
FREQUENCIES VARIABLES = var1 var2
　　/STATISTICS = MEAN
　　/ORDER = ANALYSIS.

该命令要求对变量 var1、var2 做频数分析,同时输出均数,对其中出现的子命令说明如下。

(1) 子命令名:所有的子命令动词均由相应功能的英文单词或者词组构成,且也都可以缩写为前 4 个字母。

(2) 分隔符:在同一命令中有多个子命令时,需要用"/"分隔。但是对于第一个子命令,"/"是可以省略的,本例中就是如此。

(3) 子命令顺序:在有的命令语句中,子命令的先后顺序是有规定的,颠倒可能就会报错。不过读者无须记忆严格规定,可利用对话框的"粘贴"按钮来自动生成合法的命令程序。

3. 关键字与保留字

关键字(Keywords)用于识别命令、子命令、函数以及其他指令。除上述指明特定的命令/子命令/函数名称的关键字外,还包括一些保留字,它们均不能用作自定义变量名,否则会造成错误,比较常见的一些保留字如下。

(1) 逻辑运算符:AND、OR、NOT。
(2) 关系运算符:EQ、GE、GT、LE、LT、NE。
(3) 变量关系指定符:ALL、BY、TO、WITH。
(4) 数值定义符:LOWEST、LO、HIGHEST、HI、THRU、MISSING、SYSMIS。

在上述保留字中,对较为有用的 ALL 和 TO 解释如下。

ALL:用于指代全部变量,例如下列语句会对数据集中的全部变量进行频数分析。
FREQUENCIES VARIABLES = all.

TO:当变量在数据文件中的物理位置为前后连续时,可以用 TO 来代替依次书写相应的变量名,如下面两个语句的执行效果是等价的(如果这些变量确实在数据中前后连续出现)。
FREQUENCIES VARIABLES = v1 v2 v2a v3 v5.
FREQUENCIES VARIABLES = v1 to v5.

> 实际上,TO 关键字只是定位变量列表在数据文件里的起点和终点,至于中间这些变量叫什么名字则完全无所谓,这一点 SPSS 程序和很多编程语言并不相同。

4. 临时变量与系统变量

当在程序中需要定义一些临时变量,但又不准备将其写入数据集时,可以将这些变量命名为以"#"开头,系统就会自动识别其为临时变量(Scratch Variable),在程序运行期间存储于内存,而程序运行结束后自动丢弃,不再写入数据文件。

系统变量则是由 SPSS 预定义好的一些特殊变量,它们均以"$"符号开头,在数据转换命令中可以直接调用,就如同一个普通的变量一样,但用户不能更改其数值。

(1) $CASENUM:返回个案的顺序号,除非程序的编写非常特殊,在绝大多数情况下该顺序号就等于个案的相应行号。

(2) $SYSMIS:返回系统缺失值。

(3) $JDATE:返回当前日期距离 1582 年 10 月 15 日前一天零点的天数。

(4) $DATE:返回以"dd-mm-yy"方式记录的字符串格式日期。

(5) $DATE11:返回以"dd-mm-yyyy"方式记录的字符串格式日期。

(6) $TIME:返回当前时间离 1582 年 10 月 15 日前一天零点的秒数。

(7) $LENGTH:返回当前页面长度。

(8) $WIDTH:返回当前页面宽度。

5. 几个特殊命令

SPSS 命令的数量和种类都很多,这里没有必要一一加以详细介绍,只是结合实际使用中的需求给出如下两个特殊命令的解释。

(1) EXECUTE 命令:SPSS 命令可以被大致分成数据转换命令(Transformation Commands)和统计分析过程命令(Procedure Commands)两大类。对于后者,提交后就会直接运行;但是对于数据转换命令,由于可能涉及数据结构和数据内容的变化,因此提交后只是进入缓存,不会立即执行,而是等到 EXECUTE 语句提交后才会一并解释执行。因此,经常可以在数据整理程序段的末尾看到该语句。

(2) COMMENT 命令:为了增加程序的可读性,几乎所有的程序设计语言都有注释命令,本命令也可以简化为"*"开头。需要指出的是,该命令仍然以"."结束,否则系统会误以为随后的新命令仍然是注释的一部分,导致程序出错。

6.2.2 SPSS 程序的创建方式

在 SPSS 中创建程序的最基本方法就是在语法编辑器中直接编写程序,但这样显然事倍功半,为提升用户的工作效率,在 SPSS 中真正常用的是如下 3 种方式:对话框粘贴程序、输出 LOG 粘贴程序和日志文件编辑程序。

1. 对话框粘贴程序

"粘贴"按钮在几乎所有 SPSS 对话框中均存在,它是专门为编程准备的。当选择菜单和对话框进行操作时,只要在设置完毕后单击"粘贴"按钮,与对话框设定相对应的命令语句就会被粘贴到语法编辑窗口中去,这是 SPSS 编程中最常见,也最轻松的一种方式。

2. 输出 LOG 粘贴程序

有时用户在分析工作基本结束后,会希望将刚才的操作存为程序,以供下次类似情况时使用,这时可以利用输出 LOG 来生成相应程序:新版本的 SPSS 默认会将所有操作所对应的程序命令以 LOG 文本的形式输出到结果窗口中去,用户只需要找到相应操作所对应的那些程序段,然后将其依顺序粘贴到语法窗口中,并加以编辑和保存即可。

如果在输出窗口中没有看到 LOG 文本,则选择"编辑"→"选项"菜单项,在"查看器"选项卡左下方选中"在日志中显示命令"复选框即可。

3. 日志文件编辑程序

在 SPSS 中，几乎所有的操作都会以程序代码的形式保存在系统日志文件中，这样就为重复利用已有分析操作提供了便利条件。首先选择"编辑"→"选项"菜单项，在"文件位置"选项卡中部的日志文件栏找到日志文件的位置，默认情况下为用户文档路径下的文本文件"statistics.jnl"。然后利用任何一种文字编辑软件打开该文件，即可看到从该文件建立起至今所有执行过的命令代码。选择相应时间段的命令代码，将其编辑为所需要的命令程序并另存为程序文件即可。

*6.2.3 结构化语句简介

每一种完善的结构化语言其程序都由顺序、分支、循环3种结构构成，SPSS 程序也不例外。本节就来讲解分支和循环语句的语法，以使读者对 SPSS 编程有个全面了解。

1. 分支(条件)语句

(1) IF 语句。SPSS 中最简单的分支语句是 IF 语句，格式为

IF 逻辑表达式 目标表达式

逻辑表达式用于给出逻辑判断条件，而目标表达式则是当逻辑条件被满足时需要进行的操作。最常见的情况是给一个变量赋值，比如下面的语句：

IF (AGE > 20 AND SEX = 1) GROUP = 2.
EXECUTE.

其含义就是当 AGE>20 并且 SEX = 1 时，变量 GROUP 被赋值为 2。注意最后的 EXECUTE 语句不能省略，否则程序被存在缓冲区里，没有真正执行。

(2) DO IF & END IF 语句。IF 语句适合于比较简单的情况，只能进行一种后续操作，如果需要多重分支，或者进行多种后续操作，则可以使用这里要介绍的 DO IF/END IF 语句，其格式为

DO IF 逻辑表达式
程序段
ELSE
程序段
END IF

DO IF/END IF 语句的作用主要是生成多重分支的判断结构，如下面的例子：

DO IF (age <20).
　COMPUTE ageclass = 1.
　COMPUTE younger = 1.
ELSE IF (age < 30).
　COMPUTE ageclass = 2.
ELSE IF (age < 50).
　COMPUTE ageclass = 3.
ELSE.
　COMPUTE ageclass = 4.

END IF.
EXECUTE.

当然,对于比较简单的情况,以上工作也可使用 RECODE 语句完成,但在 DO IF/END IF 语句中可以进行复杂的条件判断,功能要更强些。

2. 循环语句

在 SPSS 中提供了好几个循环语句,有 DO REPEAT/END REPEAT、LOOP/END LOOP 等,这里只介绍后者,LOOP/END LOOP 语句的语法格式为

LOOP 控制变量名=起始值 TO 终止值 [BY 步长]
程序段
END LOOP

该语句主要用于建立数据集和数据变换操作,比如下面的语句:

SET MXLOOPS=10.　　　　设置最大允许循环次数为10
LOOP.　　　　　　　　　开始无限循环,直到达到最大次数
　COMPUTE X=X+1.　　　将变量 X 累加 1
END LOOP.　　　　　　　结束循环
EXECUTE.　　　　　　　 开始执行以上程序

该程序会将数据文件中的 X 都重复加 10 次 1,即加 10。但如果文件中没有变量 X,则执行后 X 为缺失值。再看下面的程序:

LOOP #LOP=1 TO 5.　　 开始循环,要求循环 5 次
　COMPUTE X=X+1.　　 将变量 X 累加 1
END LOOP.　　　　　　 结束循环
EXECUTE.　　　　　　 开始执行以上程序

该程序会将变量 X 重复加 5 次 1,其中变量 LOP 前带有#号,表明为临时变量,不写入数据集,否则将会在数据集中建立一个新变量 LOP,其大小等于循环结束后 LOP 的取值 6。

6.2.4　简单程序示例

这里给出一个数据集生成程序,里面运用到了许多前面学习过的知识,同时还用到了建立数据文件所需的一些语句,希望大家通过这个示例能对 SPSS 程序有一个更深入的了解。

SET SEED 1.　　　　　　　　　　　将伪随机种子设为 1
INPUT PROGRAM.　　　　　　　　　开始数据录入程序段
　LOOP #LOP=1 TO 50.　　　　　　一共循环 50 次,变量 LOP 不写入文件
　　COMPUTE A=RV.NORMAL(0,1).　 新变量 A 服从标准正态分布
　　END CASE.　　　　　　　　　　结束一条记录的定义
　END LOOP.　　　　　　　　　　　结束循环
　END FILE.　　　　　　　　　　　结束数据文件
END INPUT PROGRAM.　　　　　　　结束数据录入程序
EXECUTE.　　　　　　　　　　　　 开始执行以上程序
DO IF (A>=0).

```
    COMPUTE B = A.                  如果 A≥0,则新变量 B = A
ELSE.
    COMPUTE B = A * 2.              否则,B = A * 2
END IF.
EXECUTE.                            开始执行以上程序
LIST.                               在结果窗口中输出数据列表
```

在程序运行完毕后,就会生成一个有 50 条记录的新数据集,其中变量 A 服从均数为 0,标准差为 1 的标准正态分布,而变量 B 的取值在变量 A 大于或等于 0 时和 A 相等,否则等于 A 的 2 倍。同时,在结果窗口中会将所有记录打印输出。由于采用的是固定种子的伪随机数,以上程序重复运行时得到的结果都是相同的。

> 如果是简单的数据录入,则使用下面的程序框架即可,这里给出的程序示例演示的是比较复杂的分支、循环等操作。
>
> DATA LIST FREE /变量名称及格式列表.
> BEGIN DATA
> 数据块列表
> END DATA.

6.3 语法编辑窗口操作入门

6.3.1 语法编辑窗口界面

语法编辑器,或称为语法编辑窗口,是 SPSS 中专为创建、编辑和运行命令语法而设计的窗口环境。在现有版本的 SPSS 中,语法编辑器有以下特色。

(1) 自动完成。随着输入,可以从上下文敏感列表中选择命令、子命令、关键字和关键字值。用户可以选择自动提示列表或按需要显示列表。

(2) 颜色编码。命令语法(命令、子命令、关键字和关键字值)的识别元素是不同的颜色编码,这样便于定位未识别项。另外,一些常见语法错误,如未匹配的引号,也都给出颜色编码以供快速识别。

(3) 分界点。可以在指定点停止执行命令语法,从而可以在查看数据或输出后再继续。

(4) 书签。可以设置书签,以允许快速导航大型命令语法文件。

(5) 逐步执行。可以一次一条命令地逐步执行命令语法,使用单击前进到下一个命令。

图 6.1 是一个典型的语法编辑器窗口,可见其被分为 4 个区域:编辑器窗格、装订线、导航窗格和错误窗格,下面就对其一一进行介绍。

1. 编辑器窗格

位于窗口右侧,是语法编辑器窗口的主要部分,用于输入和编辑程序命令。实际上,对于熟悉现代编程环境的读者而言,该窗格的功能不需要做任何解释。但考虑到初学者的需求,这里还是简要列出该窗格的特点如下。

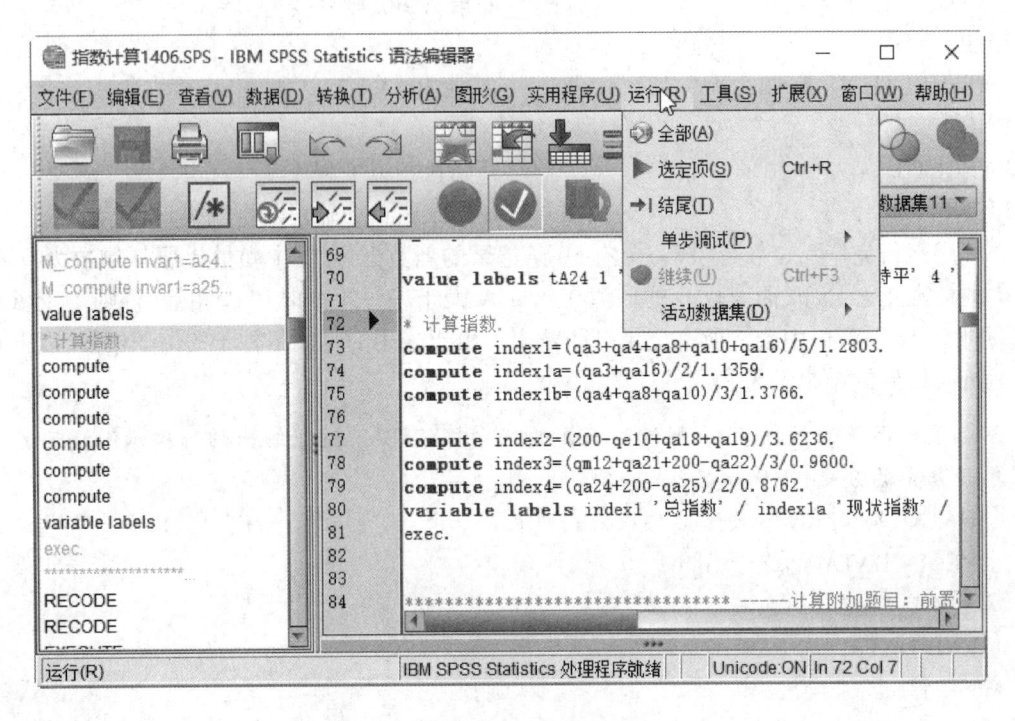

图 6.1 "语法编辑器"窗口

（1）自动填充：对于系统可以自动识别的命令关键词，在输入过程中会自动弹出下拉列表框用于选择，直接按回车键即自动填充完整的关键词进入窗格。

（2）彩色标注：窗格中的程序会自动按照所识别的内容被标为蓝色、黑色、灰色、红色，以及加粗等格式，易于用户识别，特别指出其中红色代表已确认的错误代码，需要加以修改。

2. 装订线

装订线实际上位于编辑器窗格内部左侧，用于显示行号、分界点、书签、命令跨度和进度指示等信息。

（1）行号：可以通过选择"视图"→"显示行号"菜单项以显示或隐藏行号。

（2）分界点：在指定点停止执行，表示为一个与设置分界点的命令相邻的红圈。

（3）书签：在命令语法文件中标记特定行，表示为包含分配到书签的数字（1~9）的正方形。悬停在书签图标上将显示分配到书签的书签编号以及名称（如果有）。

（4）命令跨度：是提供命令开始和结束的可视指示符的图标。可以通过选择"视图"→"显示命令跨度"菜单项以显示或隐藏命令跨度。

（5）进度指示：语法运行的进度在装订线中使用向下箭头表示，从第一个命令运行扩展到最后一个命令运行。这在运行包含分界点的命令语法和逐步执行命令语法时最有用。

3. 导航窗格

导航窗格位于窗口最左侧，列出所有已识别命令的列表，且自动按照缩进格式以它们在窗口中出现的顺序显示。

（1）操作：单击导航窗格中的命令会使编辑器窗格中的光标置于相应命令开始位置，也可以使用向上和向下箭头键移动通过命令列表或单击命令以导航到该命令。双击将选择命令。

（2）颜色标识：检查无误的命令标识为黑色，发现语法错误的命令名称默认情况下显示为红色加粗文本，未识别文本的每行第一个单词显示为灰色。

（3）显示方式：可以通过选择"视图"→"显示导航窗格"菜单项以显示或隐藏导航窗格。

4. 错误窗格

错误窗格显示最近运行中的运行时间错误，如果尚未运行过程序，或运行中未发现错误，则该窗格被隐藏，可以通过从菜单中选择"视图"→"显示错误窗格"菜单项以显示或隐藏错误窗格。该窗格中包括每个错误的信息，例如错误发生的行号。可以使用向上和向下箭头移动通过错误列表，单击列表中的一个条目会将光标置于生成该错误的行上。

SPSS 24 版的智能化程度又有了进一步的提升，一些比较简单的错误，如行末忘记写英文句号之类的问题，程序都可以自动识别出来并正常运行了。

6.3.2 程序的运行与调试

无论以何种方式生成程序，最终都是在语法窗口中加以运行，这里以 6.2.4 节中列出的程序为例来介绍程序的调试，首先对程序做一点修改，将第 9 行的"EXECUTE."改为"EXECUTE1."，人为造成一个错误。然后选择"运行"→"全部"菜单项，程序会立即执行，但由于代码有误，此时在结果窗口会报错如下：

错误号 1.　　命令名：EXECUTE1

无法将行中的第一个单词识别为 SPSS Statistics 命令。

此命令的执行停止。

根据上述信息将程序修改回正确内容，重新运行，即可得到正确的结果输出。

除第一项运行全部程序代码外，在菜单运行中还可以选择只运行所选择的程序语句、运行当前光标所在行的语句、从当前语句起一直运行到程序结束，以及逐句以用于调试等，读者可以自行尝试，这里不再详述。

6.4　宏程序与 INSERT 命令

通过前面几节的学习，读者已经掌握了在 SPSS 中编写和运行命令程序的基本知识，例如前述 CCSS 的数据分析需求，对 A3 计算题目得分的程序段如下：

RECODE　A3

　（1＝200）（2＝150）（3＝100）（4＝50）（5＝0）（ELSE＝100）INTO QA3.

EXEC.

该程序段等价于选择"转换"→"重新编码为不同变量"菜单项中的操作，QA3 就是相应的题目得分变量，但是问卷中所有的主干题目均需要进行类似计算，显然重复编写类似的代码显得比较累赘，本节将在此原始程序的基础上更进一步，讲解代码段的重复利用方法。

6.4.1 宏程序

宏技术对于很多人而言可能已经很熟悉，在 Word 软件中就有宏功能。但 SPSS 中的宏可能大家还不太了解，实际上 SPSS 很早就嵌入了宏功能，用于实现已有程序的重复利用，从而提高工作效率，满足大量类似分析任务的需求。

1. 宏的基本格式定义

首先来看一个非常简单的宏示例：
DEFINE !M_SAMPLE( ) 'ABC' .
　　* 任何有效的 SPSS 程序段 .
!ENDDEFINE.

IF VARX = 1 VARY = !M_SAMPLE.
EXECUTE.

这个宏的名称是 M_SAMPLE，其作用是将字符串"ABC"赋值给宏名称本身，在随后的 IF 语句中，直接使用了宏名称来代替对字符串"ABC"的使用。从上述程序段中可以看出宏的基本格式定义如下：

（1）一个宏应当以 DEFINE 命令开头，其后指定宏程序的名称，宏名称需要以"!"开头，以保证不会和程序中其他变量重名。

（2）宏名称后的括号用于定义宏参数，这些参数在宏被调用时会一同被读入。即使没有宏参数，也应保留此括号。

（3）宏的主体部分可以是 SPSS 命令，也可以是一些专门定义的宏语句，如条件语句、循环语句等。

（4）一个宏必须以 !ENDDEFINE 语句结束。

（5）一个宏可以使用其宏名进行调用，在不会引起歧义的情况下可以省略"!"号，但建议读者尽量保留该符号以增强程序的可读性。如果宏定义中含有参数，则在调用时需要对每个参数进行赋值，或每个参数均有默认值可以对应，否则将会报错。

2. 宏参数

类似于上文中 A3 计算题目得分的需求，在 CCSS 中使用的是如下宏代码：
DEFINE M_COMP(　INVAR1 = !CHAREND('/')　).
RECODE
　　!INVAR1
(1 = 200)(2 = 150)(3 = 100)(4 = 50)(5 = 0)(ELSE = 100) INTO !CONCAT('T', !INVAR1).
EXEC.
!ENDDEFINE.

M_COMP INVAR1 = A3 .

在宏 M_COMP 的定义中涉及了宏变量 INVAR1，因此在随后的宏调用中，就需要同时对宏变量 INVAR1 赋值。

当有多个宏变量需要定义时,只需要依次书写,并用"/"分隔即可。例如,下列 CCSS 出表程序段中的代码:

DEFINE M_Tb02(invar1 = !charend('/')/ strcat1 = !charend('/')
/strcat2 = !charend('/')   ).
* 宏代码段主体程序.
!ENDDEFINE.

M_tb02 invar1 =   a3a
   /   strcat1 = subtotal, 10, 20, 30, subtotal, 110, 120, 130, hsubtotal, othernm
   /   strcat2 = hsubtotal, 10, 20, 30, 110, 120, 130,   hsubtotal, othernm   .

多个宏变量时的定义格式有好几种,这里只列出最简单的一种,大家只需要确保定义格式和调用格式相一致,就不会出现错误。

3. CCSS 项目的指数计算代码

当需要运行大量类似的分析时,宏程序的优势是非常明显的。以 CCSS 项目为例,在定义了上述宏之后,最终用于计算指数的代码段如下:

************** -----定型指数计算----- ************.
M_COMP INVAR1 = A3 .
M_COMP INVAR1 = A4 .
M_COMP INVAR1 = A8 .
M_COMP INVAR1 = A10 .
M_COMP INVAR1 = A16 .

COMP INDEX1 = (QA3+QA4+QA8+QA10+QA16)/5/1. 2803.
VARIABLE LABELS INDEX1 ' 总指数 ''.
EXEC.
   ************** -----定型指数计算结束----- ************.

其中,1. 2803 就是基线时期这 5 道题目的题目得分的平均数,显然在引入了宏之后,代码变得更为简洁易读了。

6.4.2 INSERT 命令

当编写程序时,如果发现需要编写的程序语句正好是另一个程序文件的内容;或者需要编写的程序语句其实是几个程序文件的总和,除了可以通过 COPY、PASTE 的方法来利用原有资源,生成一个新的文件外,还有一种更简单的办法,那就是使用 INSERT 命令。以 CCSS 项目的制表程序为例,由于相同框架的表格需要针对不同地区的数据重复编制,因此笔者将出表的程序段单独存储为"CCSS 出表核心程序.SPS",然后在主程序中以如下方式调用:

 * ************************** 全国 .
USE ALL.
EXEC.

```
INSERT FILE='CCSS 出表核心程序.SPS'.
* *************************华北.
COMPUTE FILTER_$=(TS0_1=1).
FILTER BY FILTER_$.
EXEC.
INSERT FILE='CCSS 出表核心程序.SPS'.
```

采用这种方式,虽然出表核心程序实际上有 500 余行,由于需要重复调用 8 次,如果将其全部写入主程序,则主程序将有 4 000 余行。但现在采用 INSERT 方式来调用,使得主程序只有数十行,且结构非常简单明了,大大减少了程序编写、调试和查错的工作量。

6.5 OMS 与程序自动化

6.5.1 OMS

随着统计分析知识的逐渐普及,用户对统计分析报表的要求越来越高,SPSS 默认输出的格式已经不一定能够满足需求,而输出重定向可以将分析结果指定输出到相应的文件格式中,使得制作特定格式的输出报表成为可能。

OMS 即 Output Management System 的缩写,译为输出管理系统,它为用户提供了提取和控制结果分析窗口中输出内容的功能。OMS 在 12 版开始提供,目前已经非常成熟,不仅可以将输出结果存储为 SPSS 数据格式(SAV)、XML 格式、HTML 格式、TXT 格式、PDF 格式等,还可以指定输出内容可以是分析结果中的表格、文本、图形中的一部分,如只输出回归分析中回归系数的检验结果,或者全部分析中的直方图等。而相应的 OMS 设定已经实现了对话框操作,这更是大大方便了 OMS 的使用。

1. 操作界面

单击"实用程序"→"OMS 控制面板"菜单项,即可打开 OMS 面板对话框,如图 6.2 所示。

整个对话框上方会列出所有已经设定完毕的输出控制条目,右侧的按钮可以对这些输出控制进行启动、终止或者删除。下方则给出了所有可被控制的输出项,可见几乎所有的输出种类均可被重定向输出。在每一类里面又会具体到命令标识,以及该命令的所有输出中的某一个具体表格,以做到精确控制。右侧的"输出目标"框组则用于指定希望输出的文件名称和格式(具体文件格式在右中部的"选项"按钮内设定)。

具体操作时,用户先在下部选择好希望重新向输出的元素,然后在右侧设定好输出格式和文件名称,单击中部的添加按钮即可将该条目加入请求列表中。此时,如果单击"确定"按钮,就可以启动相应的条目。

除 OMS 控制面板外,程序菜单栏内还有一个栏目为"OMS 标识",所弹出的对话框用于显示各类输出元素所对应的 OMS 标识符,如图 6.3 所示。由于该对话框其实质就是一个 OMS 字典,主要用于编程参考,因此这里不再详细解释。

6.5 OMS 与程序自动化

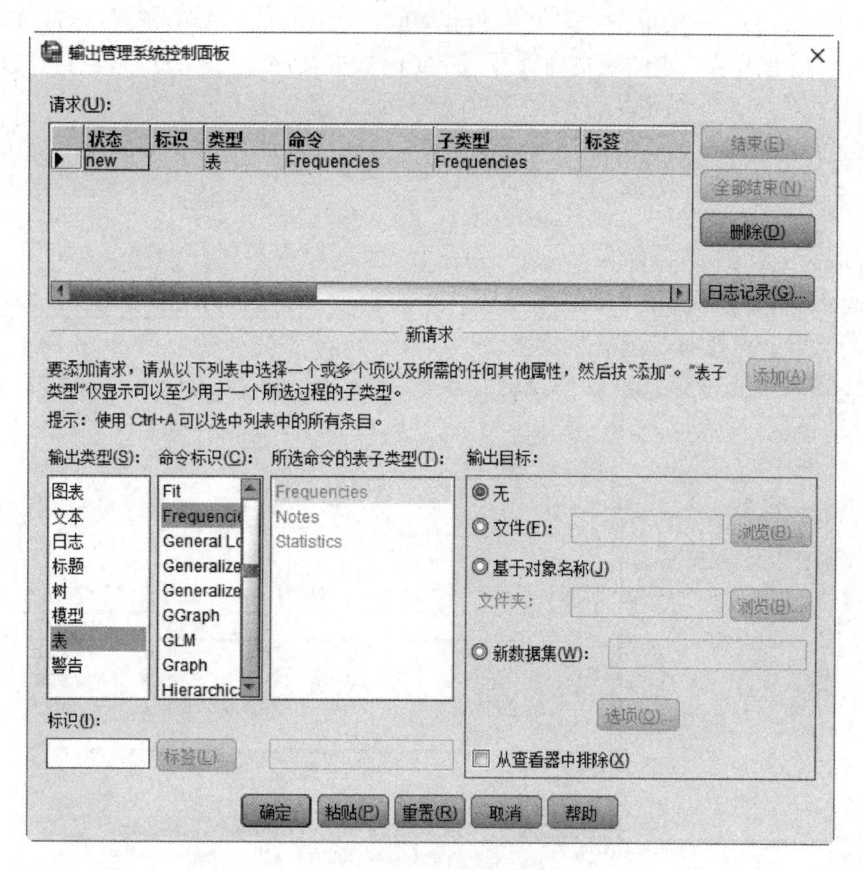

图 6.2　OMS 控制面板

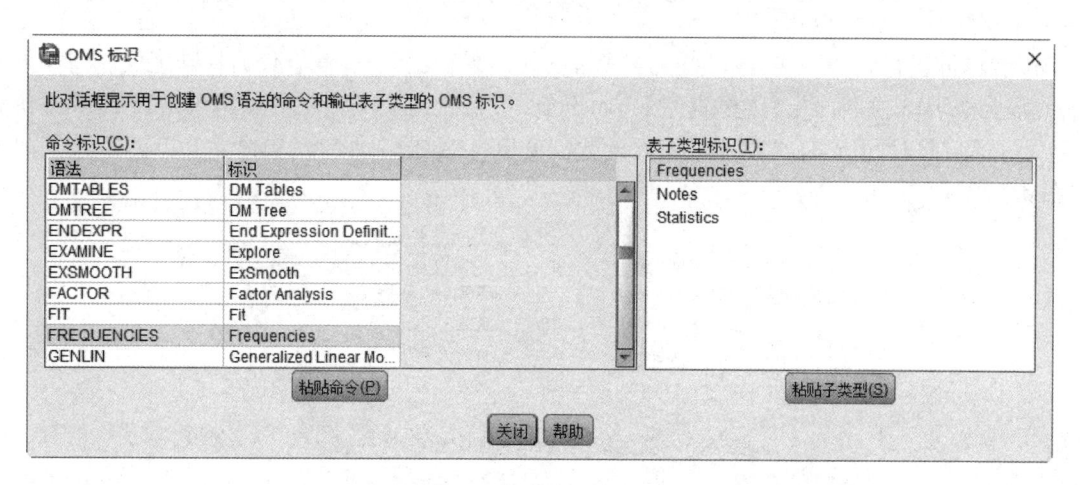

图 6.3　"OMS 标识"对话框

2. 分析实例

这里假设希望对 Frequencies 过程中的所有频数表重定向输出至数据文件 freq.sav,则首先按照图 6.2 中的设定选择好输出类型为:表→Frequencies → Frequencies,然后在右侧将输出组件设定为新数据集：freq.sav，依次单击"添加"按钮和"确定"按钮，此时 OMS 就会开启相应的输出条目重定向，并将所有符合要求的表格内容写入指定的数据文件。当然，此时被写入的目标数据文件 freq 一直在内存中处于锁定状态，无法在前台显示，也无法使用。

现在来运行一次频数分析，如对 CCSS 文件中的 S0 城市计算频数，结果窗口中的相应输出结果如图 6.4 所示。

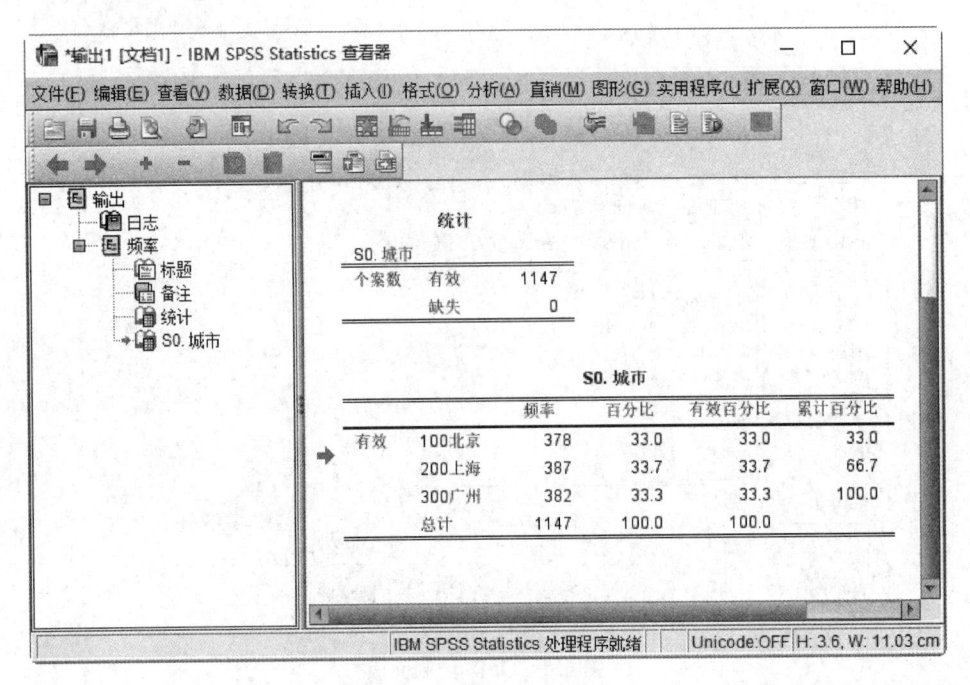

图 6.4　结果窗口中的输出

读者尽可运行其他一些分析过程，会发现一切结果输出如常，没有任何特殊之处。但如果此时重新进入 OMS 控制面板，选择刚才 Frequencies 表格所对应的请求并依次单击"结束"按钮和"确认"按钮，此时 SPSS 就会跳出一个新的数据窗口，该数据文件自动被命名为 freq.sav，其内容如图 6.5 所示。

	Command_	Subtype_	Label_	Var1	Var2	频率	百分比
1	Frequencies	Frequencies	S0. 城市	有效	100北京	378	33.0
2	Frequencies	Frequencies	S0. 城市	有效	200上海	387	33.7
3	Frequencies	Frequencies	S0. 城市	有效	300广州	382	33.3
4	Frequencies	Frequencies	S0. 城市	有效	合计	1147	100.0

图 6.5　新生成的 freq.sav 数据文件内容

可见除了命令索引、亚类索引、变量名称等必要的数据源标识变量外，数据文件右侧的各变量实际上就正好和相应的频数表格中的内容一一对应。也就是说，上述数据文件的内容其实质就是频数表输出的精确重定向，现在就可以利用该数据完成随后希望进行的工作了，这就是 OMS 的实质。

3. 程序实现

OMS 属于高级功能,实际上以程序方式实现会更为多见,因此这里简单介绍一下 OMS 的程序实现,以上面的分析为例,利用"粘贴"按钮,可以看到对应的 OMS 程序如下:

```
* OMS.
DATASET DECLARE   freq.sav.
OMS
  /SELECT TABLES
  /IF COMMANDS=['Frequencies'] SUBTYPES=['Frequencies']
  /DESTINATION FORMAT=SAV NUMBERED=TableNumber_
    OUTFILE='freq.sav'.
```

上面就是一个非常简单的 OMS 程序,用于在特定的情况下打开 OMS。如果用文字对内容加以解释,指的就是监视所有的表格输出,当运行的过程命令为 'Frequencies',且所生成的结果表格为 'Frequencies' 时,将相应的表格内容输出到数据文件 freq.sav 中。

在将以上程序运行完毕后,OMS 就会一直保持打开状态,直到新的 OMS 命令对其加以更改,或者 SPSS 关闭为止。在此期间,OMS 会将所有符合要求的表格内容写入指定的数据文件,而相应的目标数据文件也一直处于锁定状态,无法使用。如果希望将其关闭,则可以使用以下的命令:

OMSEND.

这时 OMS 就会关闭,将所有数据写入目标文件,并释放。

6.5.2 程序自动化

作为国际流行的统计分析软件,SPSS 不仅可以完成简单的分析操作,也可以针对海量数据完成大规模的统计运算。但是,针对海量数据进行的分析一般都较为耗时,如何能实现程序运行的批处理、自动化就变得十分重要。这里就来介绍如何在 SPSS 中进行程序的自动化运行。

1. 界面说明

生产设施(Production Facility)模块原先是一个单独的软件,现在已经被整合到 SPSS 中,选择"实用程序"→"生产设施"菜单项,系统就会启动相应界面,如图 6.6 所示。

在生产设施的主界面中,主要是用于定义相应工作需要调用的程序段、具体的执行方式、结果输出方式等参数。

(1)"语法文件"框组:用于指定工作中需要调用执行的程序名称,可以调用多个程序文件,系统将会对其依次执行。

(2)"语法格式"与"错误处理"下拉列表框:默认为交互式执行,并且出错后继续执行,一般在使用时可以修改为自动批处理,并且出错后立即终止。

(3)"输出"框组:指定希望输出的文件名称和文件类型,输出格式除了默认的 spv 格式以外,还支持导出功能可以实现 Doc、Excel、PDF 等多种格式。

2. 操作实例

这里仍然以 6.2.4 节的程序为例讲解生产设施的操作方法。首先将上述程序存为"e:\简单

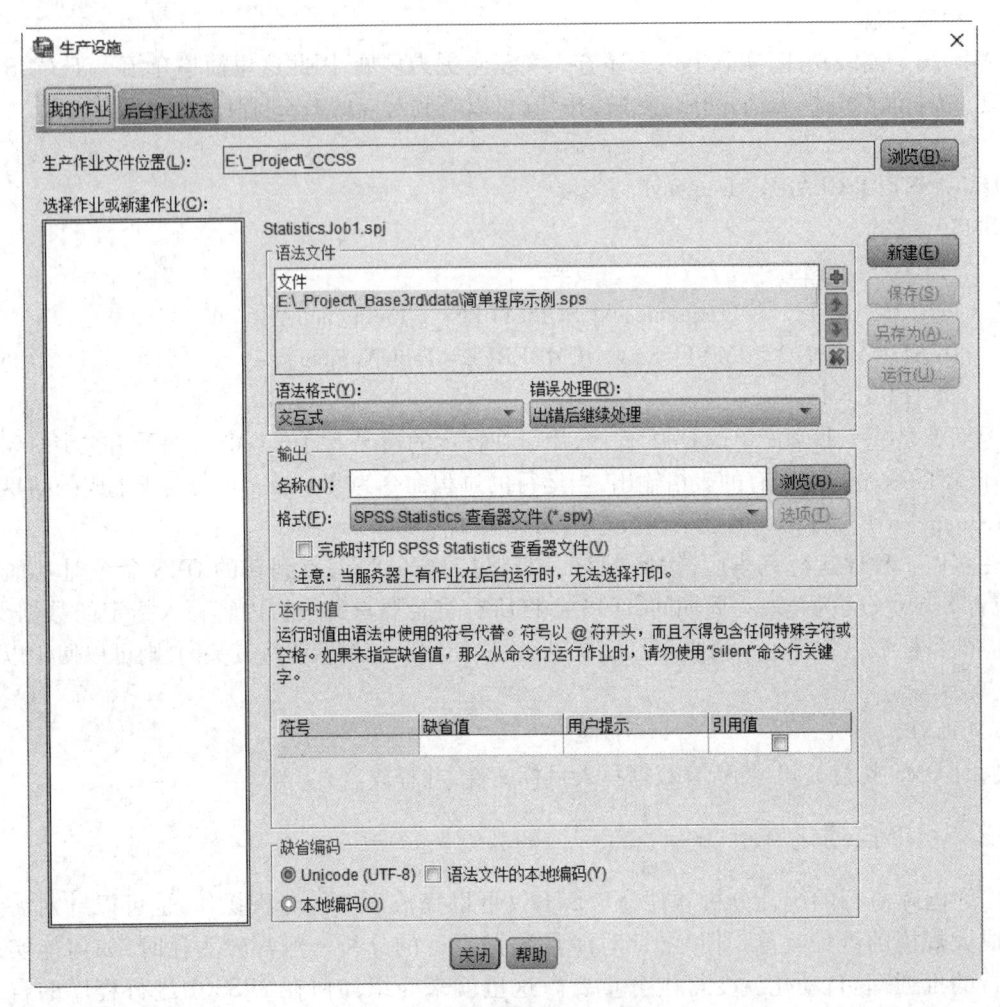

图 6.6 "生产设施"操作界面

程序示例.sps",然后在"生产设施"界面上单击右侧的"新建"按钮,进行一个新的工作文件的设定。此时就可以将程序文件和结果文件设定为图中所示意的情形,在全部设定完毕后单击右侧的"运行"按钮,就会有对话框弹出,提示正在运行相应的工作。此时系统就可以进入无人值守方式令其自动运行,用户可以离开,也可以在机器上进行其他工作。待工作项目中指定的程序运行完毕后,系统就会弹出对话框,提示"Job1 已完成",此时可以发现所指定的结果文件"e:\out.spv"已经生成,打开后就是相应的数据列表输出结果。

思考与练习

1. 自行尝试编写一个非常简单的数据集生成程序(提示:可以利用 6.2.4 节最后提供的程序模板)。

2. 自行练习本章中涉及的各种操作,特别是宏程序和 OMS 程序部分。

第二部分

统计描述与统计图表

第7章 连续变量的统计描述与参数估计

通过前面章节的学习,已经可以完成 CCSS 项目的编码、录入、查错、合并存档等工作,最终获得了可供分析的干净数据集。那么,究竟该如何利用这些数据来回答研究者所感兴趣的问题呢?兵法有云:知己知彼,百战不殆。分析的第一步应当是首先对样本数据进行统计描述,并在此基础上对其所在总体进行推估,即参数估计。本章将介绍连续变量的统计描述与参数估计,而第 8 章将介绍无序分类、有序分类变量和多选题的统计描述与参数估计。

7.1 连续变量的统计描述指标体系

当数据量较少,如只有 5 个人的身高,或者 7 个人的性别数据时,研究者可以通过直接观察原始数据来了解几乎所有的信息。但是,实际工作中所接触到的数据量往往要远大于人脑可以直接处理、记忆的容量,此时最直接的方法是将原始数据按照其大小分组汇总,计算各组段频数大小,最终汇总成相应的分组频数表(或直方图),以反应数据的大致趋势。

图 7.1 是对 CCSS 案例数据的年龄 S3 绘制的直方图,从中可以发现如果要使用统计指标对年龄加以描述,则至少需要表现以下几个方面的数据特征:集中趋势(Central Tendency)、离散趋势(Dispersion Tendency)、分布特征(Distribution Tendency),以及其他趋势,下面就分别介绍其所用的统计指标。

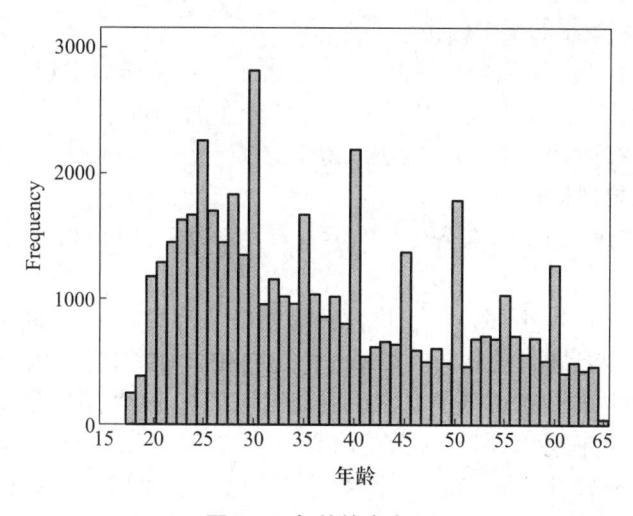

图 7.1 年龄的直方图

7.1.1 集中趋势的描述指标

该人群的平均年龄是多少?这可能是人们希望了解的最基本的汇总信息,在统计学中用于描述集中趋势,或者说数据分布的中心位置的统计量就被称为位置统计量(Location Statistic)。针对不同的数据分布状况,统计学家提供了多种统计量来代表原始数据的中心趋势,如平均值、中位数和众数等。

1. 算术均数

算术均数(Arithmetic Mean)是最常用的描述数据分布的集中趋势的统计指标,因此也往往将其直接简称为均数。总体均数(Population Mean)用希腊字母 μ 表示,样本均数常用 $\bar{X}$ 表示。对一组数据 $X_1,\cdots,X_n$ 而言,均数的算法为各数据直接相加,再除以例数 n,即:

$$\bar{X} = \sum X / n$$

均数是最常用的集中趋势描述指标,但它不适用于对严重偏态分布的变量进行描述,只有单峰和基本对称的分布资料,使用均数作为集中趋势描述的统计量才是合理的。

> 均数误用的最常见实例就是平均工资,假设某单位有6个人,5名员工,1名经理。员工的月收入分别是:360元、380元、400元、420元、440元,经理的月收入为40 000元,这样他们的月收入均数为7 000元。显然此时用均数并不能准确地反映其收入的一般水平,中位数才是更妥当的指标。

2. 中位数

中位数(Median)是将全体数据按大小顺序排列,在整个数列中处于中间位置的那个值。它把全部数值分成两部分,比它小和比它大的数值个数正好相等,具体而言:

(1)当 n 为奇数时,$M = X_{(n+1)/2}$;当 n 为偶数时,$M = (X_{n/2} + X_{n/2+1})/2$。

(2)由于中位数是位置平均数,因此不受极端值的影响,在具有个别极大或极小值的分布数列中,中位数比算术平均数更具有代表性。例如,上面员工收入的例子,其中位数就是410元,显然要比均数更能够代表数据的集中趋势。

(3)中位数适用于任意分布类型的资料,不过由于它只考虑居中位置,对信息的利用不充分,当样本量较小时数值会不太稳定。因此对于对称分布的资料,分析者会优先考虑使用均数,仅仅是对均数不能使用的情况才用中位数加以描述。

3. 其他集中趋势描述指标

除上述最常用的两种指标外,在SPSS中还可以计算一些更复杂和专业的统计描述指标,这里简介如下。

(1)截尾均数(Trimmed Mean):由于均数较易受极端值的影响,因此可以考虑按照一定比例去掉最两端的数据,然后再计算均数。如果截尾均数和原均数相差不大,则说明数据不存在极端值,或者两侧极端值的影响正好抵消。常用的截尾均数有5%截尾均数,即两端各去掉5%的数据。SPSS的"探索"过程可以计算5%截尾均数。

(2)几何均数(Geometric Mean):几何均数用 G 表示,适用于原始数据分布不对称,但经对数转换后呈对称分布的资料。例如,医学中的血清滴度资料就常用几何均数描述其分布的集中趋势。其计算公式是:$G = \sqrt[n]{X_1 X_2 \cdots X_n}$,或者 $G = \lg^{-1}(\sum \lg X / n)$。可以发现,几何均数实际上就是对数转换后的数据 $\lg X$ 的算术均数的反对数。在SPSS中,几何均数可以在"报告"子菜单的"个案摘要"过程中输出。

(3)众数(Mode):众数指的是样本数据中出现频次最大的那个数字,众数容易理解,也不受极端值影响,但不易确定,且没有太明确的统计特性,一般很少使用该指标。在 SPSS 中,众数可以在"报告"子菜单和"表"子菜单的全部制表过程中计算输出。

(4) 调和均数(Harmonic Mean):调和均数用符号 H 表示,现在已经很少使用,它实际上是观察值 X 倒数之均数的倒数,常用于完成的工作量相等而所用时间不同的情况,主要用来求平均速度。实际上,中学物理中学习过的并联电路的总电阻就是各分电路电阻的调和均数,各原始数据的大小相差越悬殊,该均数的"调和"作用就越明显。在 SPSS 中,调和均数可以在"报告"子菜单的"个案摘要"过程中输出。

7.1.2 离散趋势的描述指标

显然,仅仅反映数据的集中趋势还远远不够,图 7.1 还反映出年龄的波动范围在 18～65 岁之间,这被称为数据的离散趋势。描述该趋势的统计量就被称为尺度统计量(Scale Statistic),常用的尺度统计量有如下几种。

1. 全距

全距(Range)又称为极差,是一组数据中最大值与最小值之差,是最简单的变异指标,但显然过于简单了,因此全距一般只用于预备性检查。

2. 方差和标准差

对于每个数据而言,其离散程度的大小就是和均数的差值,简称离均差,而总体方差就是将离均差平方和除以观察例数 n:

$$\sigma^2 = \sum (X-\mu)^2/n$$

对于样本数据而言,方差(Variance)的计算公式有所不同:

$$s^2 = \sum (X-\bar{X})^2/(n-1)$$

其中的 $n-1$ 被称为自由度(Degree of Freedom),用符号 ν 表示。

但是,方差在使用上有一点小小的不便,就是量纲为原始指标量纲的平方,这不合常理,为此又将方差开平方,这就是所谓的标准差(Standard Deviation),总体和样本的标准差分别用 σ 和 s 来表示:

总体标准差 $\sigma = \sqrt{\sum (X-\mu)^2/n}$,样本标准差 $s = \sqrt{\sum (X-\bar{X})^2/(n-1)}$

由于标准差和方差的计算涉及每一个变量值,所以它们反映的信息在离散指标中是最全的,是最理想、最可靠的变异描述指标。但也正是由于标准差和方差的计算涉及每一个变量值,所以它们也会受到极端值的影响,当数据中有较明显的极端值时不宜使用。实际上,方差和标准差的适用范围应当是服从正态分布的数据。

3. 百分位数、四分位数与四分位间距

百分位数(Percentile)是一种位置指标,用 P_x 表示。一个百分位数 P_x 将一组观察值分为两部分,理论上有 $x\%$ 的观察值比它小,有 $(100-x)\%$ 的观察值比它大。前面学习的中位数实际上就是一个特定的百分位数,即 $P50$。

除中位数外,常用的百分位数还有四分位数,即 $P25$、$P50$ 和 $P75$ 分位数的总称。这 3 个分位数正好能够将全部数据按大小等分为 4 部分,且 $P25$ 和 $P75$ 这两个分位数间包括了中间 50% 的观察值,因此四分位间距既排除了两侧极端值的影响,又能够反映较多数据的离散程度,是当方差、标准差不适用时较好的离散程度描述指标。

> 严格来讲,百分位数并不应当被仅限于描述离散程度,显然,它也可以对数据的集中趋势等其他特征进行描述,而多个百分位数联合起来,实际上就可以完整地反映整个数据的分布规律。

4. 变异系数(Coefficient of Variation)

当需要比较两组数据的离散程度大小时,直接使用标准差来进行比较可能并不合适。这可以被分为两种情况。

(1) 测量尺度相差太大:例如希望比较蚂蚁和大象的体重变异,直接比较其标准差显然不合理。

(2) 数据量纲不同:例如希望比较身高和体重的变异,两者的量纲分别是米(m)和千克(kg),那么究竟是 1 m 大,还是 2 kg 大?根本就没法比较。

在以上情形中,应当考虑消除测量尺度和量纲的影响,而变异系数就可以做到这一点,它是标准差与其平均数的比:

$$CV = s/\bar{X}$$

CV 显然没有量纲,同时又按照其均数大小进行了标准化,这样就可以进行客观比较。

7.1.3 分布特征及其他趋势的描述指标

除以上两大基本趋势外,随着对数据特征了解的逐渐深入,研究者常常会提出假设,认为该数据所在的总体应当服从某种分布。那么,针对每一种分布类型,都可以由一系列指标来描述数据偏离分布的程度。例如,对正态分布而言,偏度系数、峰度系数就可以用来反映当前数据偏离正态分布的程度。当然,相对而言,这些分布指标使用得较少。

由于所假定的分布不同,所使用的分布特征描述指标也会有所差异,这里只简单介绍和正态分布有关的偏度系数和峰度系数的概念。

1. 偏度

偏度(Skewness)是用来描述变量取值分布形态的统计量,指分布不对称的方向和程度。样本的偏度系数记为 g_1:

$$g_1 = \frac{1}{n}\sum_{i=1}^{n}(X_i - \bar{X})^3/s^3$$

这是根据矩法(详见 7.2.2 小节)测定分布偏度的计算公式。测定分布偏度的其他方法还有分位数法和 Pearson 规则等,这里不做介绍,读者可以参考有关专业书籍。偏度是与正态分布相比较而言的统计量。$g_1 > 0$ 分布为正偏或右偏,即长尾在右,峰尖偏左;$g_1 < 0$ 分布为负偏或左偏,即长尾在左,峰尖偏右;$g_1 = 0$ 分布为对称。

> 需要特别提醒的是,偏态的方向指的应当是长尾方向,而不是高峰位置。国内的不少统计书籍对左/右偏态的理解有误,正好弄颠倒。

2. 峰度(Kurtosis)

峰度是用来描述变量取值分布形态陡缓程度的统计量,是指分布图形的尖峭程度或峰凸程

度。样本的峰度系数记为 g_2:

$$g_2 = \frac{1}{n}\sum_{i=1}^{n}(X_i - \overline{X})^4/s^4 - 3$$

这也是根据矩法测定分布峰度的计算公式,测定分布峰度的方法还有分位数法(略)。峰度也是与正态分布相比较而言的统计量,当 $g_2>0$ 时峰的形状比较尖,比正态分布峰要陡峭;当 $g_2<0$ 时形状比正态分布要平坦;当 $g_2=0$ 时则分布为正态峰。

3. 其他趋势的描述指标

统计描述中还可能需要描述一些上面未提到的数据趋势,如数据是呈单峰还是双峰分布,数据是否存在极端值等,常用的有针对异常值数据进行描述的极端值(Outlier)列表等。

7.1.4 SPSS 中的相应功能

SPSS 的许多模块均可完成统计描述任务,除各种用于统计推断的过程会附带进行相关的统计描述外,还专门提供了几个用于连续变量统计描述的过程,它们均集中在描述统计(Descriptive Statistics)子菜单中。

1. 频率(Frequencies)过程

频率过程的特色是产生原始数据的频数表,并能计算各种百分位数。从图 7.2 可见,它所提供的统计描述功能非常全面,且对话框布置很有规律,基本上按照数据的集中趋势、离散趋势、百分位数和分布指标 4 块将各描述指标进行了归类。有了上面的理论基础,读者使用它应当不存在任何困难。

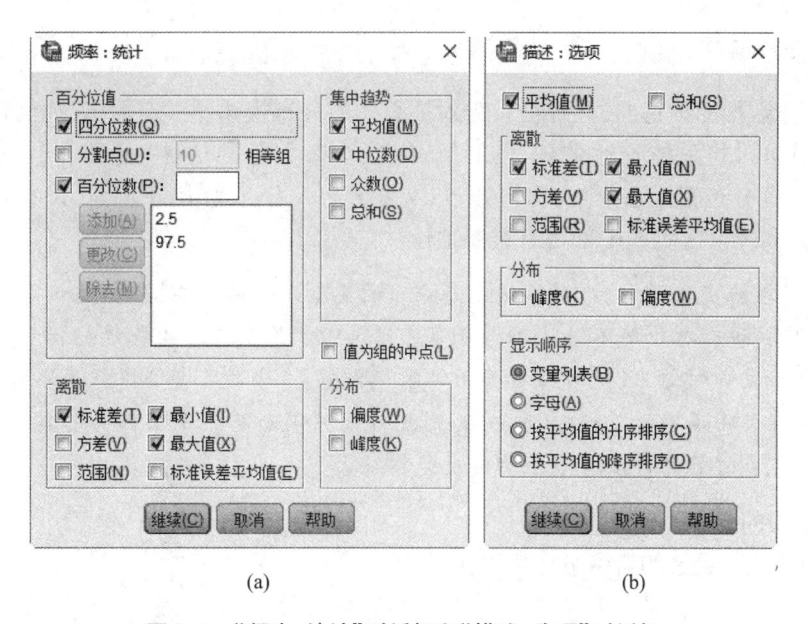

(a)　　　　　　　　　　　　(b)

图 7.2 "频率:统计"对话框和"描述:选项"对话框

除统计指标外,频率过程还可以为数据直接绘制相应的统计图,如用于连续变量的直方图、用于分类变量的饼图和条图等。

2. 描述(Descriptive)过程

该过程用于进行一般性的统计描述,相对于频率过程而言,它不能绘制统计图,所能计算的统计量也较少,但由于输出格式非常紧凑,使用频率却很高。实际上从统计选项可以看出,该过程适用于对服从正态分布的连续变量进行描述。

3. 探索(Explore)过程

顾名思义,该过程用于对连续资料分布状况不清时的探索性分析,它可以计算许多描述统计量,除常见的均数、百分位数之外,还可以给出截尾均数、极端值列表等,并绘制出各种统计图,是功能最强大的一个描述过程。

4. 比率(Ratio)过程

该过程的功能比较特殊,用于对两个连续变量计算相对比指标,除中位数、均值、加权均值等常见指标外,还可以计算出一系列专业指标,如离差系数(COD)、以中位数为中心的变异系数、以均值为中心的变异系数、价格相关微分(PRD)、平均绝对偏差(AAD)等。但由于这些指标在实际工作中应用较少,因此本书将不对它做过多介绍,对此感兴趣的读者可参见笔者前作《SPSS11 统计分析教程》(基础篇)。

7.2 连续变量的参数估计指标体系

通过统计描述,研究者已经对样本数据的情况有了详细的了解。但研究的真正目的是考察样本所代表的总体情况如何,下面就来学习如何进行连续变量的参数估计。

7.2.1 正态分布

在进行总体数据的描述时,往往会首先对该总体的分布规律作一定假定,如假定年龄服从正态分布,这样就可以将总体描述的任务归结为对几个参数值的估计(此即参数估计名称的由来)。常见的连续分布有正态分布、均匀分布、卡方分布、t 分布和 F 分布等,其中以正态分布最为重要和常用,在理论与实践中都占有重要地位。

> 实际上,在现实生活中,绝对服从正态分布的变量几乎不存在,包括统计书上最常用来举例的身高,现在也已经不服从正态分布。只是由于许多常用的统计指标和统计方法都对此具有一定的耐受力(统计上称其为结果稳健的),因此只要偏离程度不影响分析结论,就仍然在使用原有的"正统"方法,否则就必须另谋新路。本书因为非常突出实战性,因此这一点在随后的许多章节中都会反复提及。

1. 正态分布的定义

若连续型随机变量 x 的概率分布密度函数为

$$f(x) = \frac{1}{\sigma\sqrt{2\pi}} e^{-\frac{(x-\mu)^2}{2\sigma^2}}$$

其中,μ 为平均数,σ^2 为方差,则称随机变量 x 服从正态分布(Normal Distribution),记为 $x \sim N(\mu, \sigma^2)$。不同的 μ、不同的 σ,对应于不同的正态分布。

正态分布曲线是一条对称曲线,关于均数($x = \mu$)对称,因此均数被称为正态分布的位置参数,而该曲线的高矮形状则与标准差有关。标准差越大,个体差异越大,正态曲线也越矮阔;反之,标准差越小,个体差异越小,正态曲线也越尖峭。因此,标准差被称为正态分布的尺度参数。除此以外,正态曲线下的面积也有一定的分布规律,例如约95%的个体的取值与平均数的距离在1.96个标准差($\mu \pm 1.96\sigma$)之内,据此可以做出一些相应的总体推断。

2. 标准正态分布

均数为0、标准差为1的正态分布被称为标准正态分布(Standard Normal Distribution,SND),对于其他的正态分布,则可以通过使用以下变换将其转换为SND:

$$u = \frac{X - \mu}{\sigma}$$

该变换被称为标准正态变换。在国外,标准正态分布被称为 u 分布或者 z 分布,因此变换也被称为 u 变换或者 z 变换。

标准化变换和标准正态分布的意义非常重大,因为统计分析中经常需要求曲线下面积,有了上面的变换方法,则只需要知道标准正态曲线下面积的分布规律,就可以解决所有正态分布的曲线下面积计算问题了。

7.2.2 参数的点估计

参数的点估计就是选定一个适当的样本统计量值作为参数的估计值,如将样本均数作为总体均数的点估计值。对于具体统计量的选择,有无偏性、一致性和有效性3个原则。

(1) 无偏性:虽然估计量的值不全等于参数,但应当在真实值附近摆动。
(2) 一致性:样本量越大,估计值离真实值的差异应当越小。
(3) 有效性:如果有两个统计量都符合上述要求,则应当选取误差小的一个作为估计值。例如,前述均数和中位数,实际上两者在反映正态分布的集中趋势时,在无偏性和一致性上是一样好的,但中位数误差更大,所以应当尽量使用样本均数来反映正态分布集中趋势。

参数点估计可用的方法有矩法和极大似然法两种,这里分别介绍一下,Bootstrap方法由于不属于经典统计学的方法体系,因此将在后面单独介绍。

1. 矩法

矩法的名称比较专业,实际上含义非常简单,它指的是在许多情况下,样本统计量本身往往就是相应总体参数的最佳估计值,此时就可以直接取样本统计量作为总体参数的点估计值。例如,样本均数、方差、标准差都是相应总体均数、方差、标准差的矩估计量。对于常用的正态分布而言,矩法几乎可以满足全部参数的点估计需求,所以平常书中所说的点估计实际上就是用的矩法。

2. 极大似然法

极大似然法是另一种更好的参数估计方法,其优点在于估计量常能满足一致性、有效性等要求,且具有不变性,不变性是指当原始数据进行某种函数变换后,相应估计量的同一函数变换值仍是新样本的极大似然估计量。

该方法的原理是在已知总体分布,但未知其参数值时,在待估参数的可能取值范围内进行搜索,使似然函数值(在参数所确定的总体中获得现有样本的概率)最大的那个数值即为极大似然估计值。

因极大似然法已超过本书读者需要了解的范畴,这里将不再深入讨论,读者只需要知道还有这样一个点估计方法即可。

3. 稳健(Robust)估计值

矩法和极大似然法虽然能够很好地满足点估计的需要,但也有明显缺陷,就是估计值受异常值的影响十分显著,或因数据分布的偏离而使估计值产生较大变化。稳健估计方法就是针对这种情况的解决方案之一,即当观测数据不符合假定模型,与假定模型有偏离时,分析结论仍然保持稳定并正确的统计方法。而稳健估计指的就是该统计量受数据异常值的影响较小,而且对大部分的分布而言都很好(当然,这种特征意味着它不会对每个分布都是最佳的)。

稳健估计有 M 估计、R 估计等不同方法,前者是稳健估计常用的方法。M 估计最早是由尤伯提出,其实是"极大似然型估计"的简称,即该方法的核心仍然是极大似然法,但是在估计时它首先构造一个 ψ 函数,该函数能够减小异常值的影响,而且对所考虑的分布集合中的每个分布都是好的估计量。随后再对 ψ 函数的集中趋势进行参数的极大似然估计,因此相应的估计值受异常值的影响要小得多。

7.2.3 参数的区间估计

显然,仅仅有参数的点估计是不够的,比如打靶,打了 2 枪,平均 9 环;打了 100 枪,平均也是 9 环,显然人们更相信后者的确是个好枪手,而对前者的水平却会有所怀疑。这就涉及了参数的估计值究竟有多大误差的问题。

1. 标准误(Standardized Error)

虽然原始数据可能服从各种各样的分布,但是根据中心极限定理,当样本量 n 足够大时(如 $n>50$),其抽样均数都会近似服从正态分布,而此正态分布所对应的标准差就可用来表示抽样误差的大小,此即标准误。

> 标准误是最常见的用来描述参数估计值可能离真实值究竟有多远的统计量,注意其英文原文和标准差的区别,标准差的 Deviation 说明该指标表示的是"偏差",而标准误的 Error 说明该指标表示的是"误差",即参数估计时可能的错误大小,标准误越大,则说明相应参数的点估计值越不可信。因此有学者建议将其直接翻译成"标准误差"以免误解。

2. 区间估计的计算

结合样本统计量和标准误可以确定一个具有较大的可信度(如 95% 或 99%)包含总体参数的区间,该区间称为总体参数的 $1-\alpha$ 可信区间或置信区间(Confidence Interval,CI)。

下面来看一下可信区间是如何求得的,以最常用的 95% 双侧可信区间为例,其公式为:

$$\bar{X}-1.96\sigma/\sqrt{n} < \mu < \bar{X}+1.96\sigma/\sqrt{n}$$

上述公式看起来很完美,但有一个大问题,就是 σ 也是未知总体参数,计算中必须要使用样本标准差 s 来代替,这样一来,公式就必须加以修正,统计学家发现此时样本均数 $\bar{X}$ 按照前述标准化公式变换后服从的是 t 分布而不是 u 分布,相应的可信区间公式修改为:

$$\bar{X}-t_{\alpha,\nu}s/\sqrt{n} < \mu < \bar{X}+t_{\alpha,\nu}s/\sqrt{n}$$

这就是最常用的可信区间计算公式,显然在使用中 t 分布的界值需要根据自由度 ν 来确定,非常麻烦,而用 SPSS 来进行分析,这些工作软件都会直接完成,使用者只需理解如何阅读结果即可。

> 必须指出,可信度的概念往往会引起误解,它仅仅是大量重复抽样时的一个渐近概念。认为"95%的可信区间包括真实参数值的概率为 0.95"是个错误的理解。这里得到的区间是固定的,而总体参数值也是固定的。因此只有两种可能:包含或者不包含,这当中没有任何概率可言。95%的可信度只是说如果能够大量重复试验,则平均下来所计算的每 100 个可信区间中,会有大约 95 个覆盖真实值。

7.2.4 SPSS 中的相应功能

SPSS 的许多过程均可完成连续变量参数估计的任务,如 7.2.3 节介绍的几个过程均可计算标准误。但针对性较强的是描述统计子菜单项中的以下几个过程。

1. 描述(Descriptive)过程

该过程较为特殊的一个功能是将原变量变换为标准正态分布下的得分,只需要选中主对话框左下角的"将标准化得分另存为变量"复选框即可。

2. 探索(Explore)过程

该过程不仅会计算标准误,还可以直接给出均数 95%可信区间,而对于均数的点估计,还可直接提供稳健估计值,显然要更为专业。

3. P-P 图和 Q-Q 图

这两个过程用图形方式来直接观察样本数据分布是否服从所假设的理论分布,详见第 10 章的介绍。

7.3 案例:信心指数的统计描述

在系统学习了连续变量的统计描述指标体系后,下面用 CCSS 的实际数据来说明各种描述指标在 SPSS 中的实现方法。

7.3.1 使用频率过程进行分析

例 7.1 对 CCSS 数据中的消费者信心总指数 index1、现状指数 index1a 和预期指数 index1b 进行统计描述,并计算出 95%个体参考值范围。

本例要求计算出 95%个体参考值范围,这可以用百分位数法和正态分布法两种方法加以计算。由于目前尚不了解 index1 是否服从正态分布,且样本量较大,因此可以考虑使用频率过程计算出 P2.5 和 P97.5 的数值,这就是百分位数法得出的 95%个体参考值范围的上下界。

1. 界面说明

选择"分析"→"描述统计"→"频率"菜单项,就会调出频率对话框界面如图 7.3(a)所示,该对话框上面的内容非常容易理解,扼要介绍各部分的功能如下。

(1) 主对话框:"变量"列表框用于选入需要进行描述的变量,如果选入多个,系统会对其依次进行分析。左下角的"显示频率表"复选框用于输出频数表,默认选中。

(2)"统计"按钮:相应的子对话框定义需要计算的描述统计量,如图 7.2(a)所示。包括集中趋势、离散趋势、分布特征和百分位数 4 组,比较特殊的是右侧的"值为组的中点"复选框,当输入的数据是分组频数数据,并且具体数值是组中值时,需要选中该复选框,这样 SPSS 在计算各种百分位数时会将数据按频数表对待,而不会认为同一组内的数据取值都是组中值的大小。

(3)"图表"按钮:相应的子对话框用于设定所做的统计图,如图 7.3(b)所示,可以绘制分类数据描述用的条图和饼图,也可绘制连续变量描述用的直方图,相关的图形知识请读者参见第 10 章,这里不作介绍。

(4)"格式"按钮:用于定义输出频数表的格式,主要涉及排序方式,一般不用更改,使用默认设置即可。

(5)"样式"按钮:用于对输出结果中的透视表进行格式自定义。例如,可以将所有均值高于 100 的单元格设定为蓝色,同时将数值小于 0.05 的假设检验 P 值单元格设为粗体和红色。由于该功能相对而言在国内的实用性不高,因此本书不对其作详细介绍。

(6)"自助抽样"按钮:使用 Bootstrap 这种计算统计学方法进行任意总体参数的估计,详见本章 7.4 节的介绍。

(a)

(b)

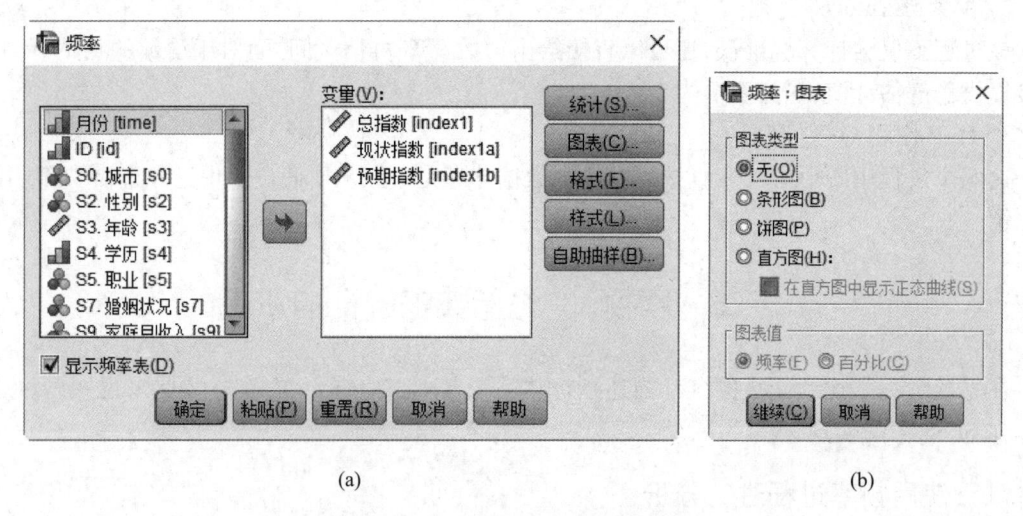

图 7.3 频率主对话框和图表子对话框

2. 操作说明与结果解释

根据题目要求,本例操作如下:

(1)将 index1、index1a 和 index1b 选入"变量"列表框,取消左下方"显示频率表"复选框(因为本例不需要)。

(2)进入"统计量"子对话框,选中所需的常用统计量,并且在百分位数中设定输出 P2.5 和 P97.5,最终对话框界面如图 7.2(a)所示。

本例的输出结果如图 7.4 所示,可见总信心指数的均数和中位数非常接近,而根据百分位数法计算出的 95%个体参考值范围为 46.86~132.78。读者如果有兴趣,可以利用均数和标准差计算出正态分布下的 95%个体参考值范围是 54.74~137.05,显然和百分位数法的结果差异并不太大,这些信息都在暗示 index1 的分布可能是大致对称的。而用同样的方式,可以发现现状指数的分布可能略呈偏态分布。

		总指数	现状指数	预期指数
个案数	有效	1147	1147	1147
	缺失	0	0	0
平均值		95.8935	99.2227	94.0598
中位数		93.7280	88.0359	96.8570
标准差		20.99710	28.43333	23.11645
最小值		.00	.00	.00
最大值		156.21	176.07	145.29
百分位数	2.5	46.8640	44.0180	48.4285
	25	85.9174	88.0359	84.7499
	50	93.7280	88.0359	96.8570
	75	109.3494	110.0449	108.9641
	97.5	132.7814	154.0629	133.1784

图 7.4 统计量

7.3.2 使用描述过程进行分析

下面使用描述过程来对上述 3 个变量进行分析,来看看题目的要求是否完全能得到满足,并且两个过程的输出形式有何不同。

1. 界面说明

选择"分析"→"描述统计"→"描述"菜单项,就会调出其对话框界面,如图 7.5 所示。

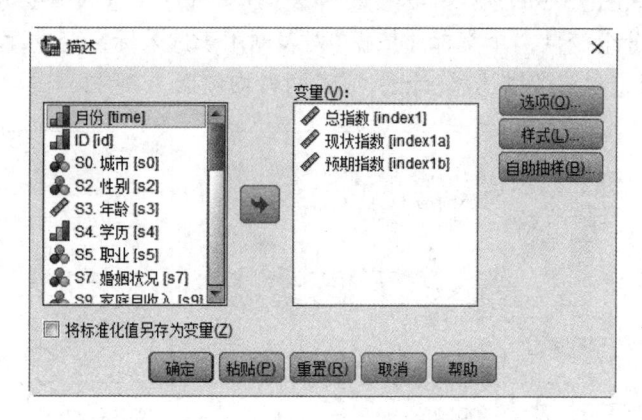

图 7.5 描述过程的主对话框

（1）主对话框:"变量"列表框用于选入需要进行描述的变量,如果选入多个,系统会在同一张表格内输出描述结果。选中下方的"将标准化值另存为变量"复选框会在数据集中生成一个新变量,该变量自动命名为"Z+原变量名",大小即为原变量的标准正态变换结果。

（2）"选项"按钮:相应子对话框用于设定描述统计量,如图 7.2(b)所示。显然其功能要比频率过程中的相应子对话框少了许多,实际上这些统计量均只适用于正态分布资料。

（3）其余按钮:"样式"按钮、"自助抽样"按钮和频率过程中的功能完全相同,此处略。

2. 操作说明与结果解释

该过程的操作非常简单,只需要将希望描述的变量选入即可,由于描述过程无法输出百分位数,因此个体参考值范围无法计算,最终本例的分析结果如图 7.6 所示。

	个案数	最小值	最大值	平均值	标准差
总指数	1147	.00	156.21	95.8935	20.99710
现状指数	1147	.00	176.07	99.2227	28.43333
预期指数	1147	.00	145.29	94.0598	23.11645
有效个案数(成列)	1147				

图 7.6 描述统计

这里的大部分内容都在上面见过,因此就不再多解释了。但是很显然,在同时描述多个变量时,描述过程会以一种紧凑的表格形式将正态分布资料常用的统计量一并输出,显然非常简洁。

7.3.3 使用探索过程进行分析

例 7.2 分月份 time 对总指数 index1 进行统计描述,以详细了解其分布情况。

本例中要求分月份对 index1 进行描述,如果采用频率过程或者描述过程,则需要首先对数据文件进行拆分,然后才能得到相应的分析结果。而探索过程就可以直接得到这种分组的分析结果,使用上更方便。

1. 界面说明

(1) 主对话框:如图 7.7(a)所示,"因变量列表"列表框用于选入需要分析的变量,"因子列表"列表框用于选入分组变量,"个案标注依据"列表框用于选入标签变量,而下方的"输出"框组用于选择结果中是否包含统计描述、统计图,或者两者均包括。

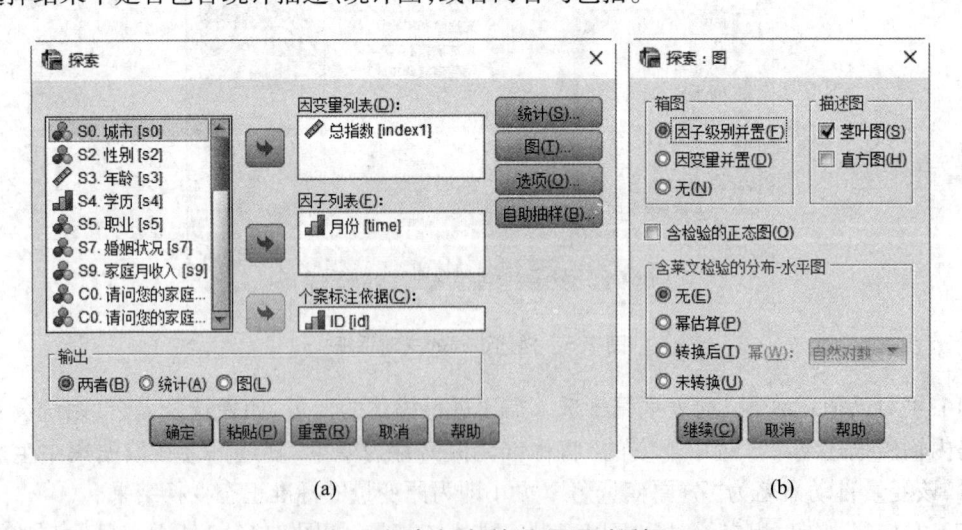

图 7.7 探索主对话框和图子对话框

(2) "统计"按钮:用于选择所需要的描述统计量。默认选中的"描述"复选框可以输出一系列常用指标,详见分析实例;"M-估计量"复选框会给出集中趋势的最大稳健估计值;"离群值"

复选框会输出 5 个最大值与 5 个最小值备查；而"百分位数"复选框则会输出第 5%、10%、25%、50%、75%、90%、95%分位数备查。

(3)"图"按钮：相应的对话框用于选择所需要的统计图，如图 7.7(b)所示。"箱图"框组可要求绘制分组箱图或者单一箱图；"描述图"框组可以要求绘制茎叶图和直方图；中部"含检验的正态图"复选框则可以要求绘制正态分布的 Q-Q 图，并进行变量是否符合正态分布的 K-S 检验；而最下方的"含莱文检验的分布-水平图"框组则用于当存在分组变量时，可自动判断各组间的离散程度是否相同，并为此寻求一个比较合适的变量变换方法。具体会输出分布——水平图，给出回归直线斜率，并进行稳健的 Levene 方差齐性检验。茎叶图、直方图和 Q-Q 图等的介绍请参见绘图一章，对方差齐性和变量变换的介绍则请参见 t 检验一章。

(4)"选项"按钮：主要用于控制存在缺失值时的处理方式，一般不用更改。

2. 基本输出结果

按照前面所述的变量选择方式，SPSS 会首先给出分析结果如图 7.8 所示，因本例的结果输出较长，为便于解释，这里仅给出 2007 年 4 月数据的分析结果。可见主要给出的是以下信息。

				统计	标准误差
总指数	200704	平均值		98.3363	1.09239
		平均值的 95% 置信区间	下限	96.1866	
			上限	100.4861	
		5% 剪除后平均值		98.9930	
		中位数		101.5387	
		方差		357.994	
		标准差		18.92074	
		最小值		31.24	
		最大值		140.59	
		全距		109.35	
		四分位距		23.43	
		偏度		-.535	.141
		峰度		.768	.281

图 7.8 变量的统计描述表格

(1) 集中趋势指标：可见 2007 年 4 月的总指数均值为 98.3，而 5% 截尾均数为 99.0，中位数为 101.5，三者相差不明显，说明数据基本对称分布。

(2) 离散趋势指标：总指数方差为 358.0，其平方根即标准差为 18.9，样本中总指数最低值为 31.2，最高值为 140.6，两者之差即为全距(范围)109.35，中间一半样本的全距即为四分位距 23.43。

(3) 参数估计：总指数均数的标准误为 1.09，总体均数 95% 可信区间为 96.2~100.5。

(4) 分布特征指标：表格最下方还会给出表示数据偏离正态分布程度的偏度系数和峰度系数，及其各自的标准误，这里不再详述。

在统计描述表格之后，探索过程还会给出总指数分月份的茎叶图和箱图，从图形分布上可以看出,分月份的总指数的确基本呈对称分布。对这两种图形的介绍请读者参见第 10 章,这里不再详述。

3. M-统计量

如果选择了"统计量"子对话框中的 M-统计量,则会给出结果如图 7.9 所示。表格中一共会输出 Huber、Andrew、Hampel 和 Tukey 共 4 种 M-统计量,其中 Huber 法适用于数据接近正态分布的情况,另 3 种则适用于数据中有过多异常值时。同样以 2007 年 4 月为例,可以发现上述 4 种统计量的估计值和原始均数相类似,同样说明数据分布应当是接近对称的。

	月份	休伯 M 估计量[a]	图基双权[b]	汉佩尔 M 估计量[c]	安德鲁波[d]
总指数	200704	99.6194	100.3020	99.5448	100.3332
	200712	95.7921	96.5184	95.7521	96.5143
	200812	91.0241	91.2941	91.0482	91.2996
	200912	100.3076	100.0637	100.6882	100.0618

a. 加权常量为 1.339。
b. 加权常量为 4.685。
c. 加权常量为 1.700、3.400 和 8.500。
d. 加权常量为 1.340*pi。

图 7.9　M-统计量

4. 极端值列表

当选择"统计量"子对话框中的"界外值"复选框后,即可输出极端值列表如图 7.10 所示。这里同样只给出了 2007 年 4 月的情况,表格中会输出 5 个最大值与 5 个最小值,以及这些数值所对应的记录号,从两侧极值的大小可见,在最大、最小两个方向上并没有特别明显的异常值,该结果同样支持前面得出的数据分布基本对称的结论。

	月份			个案号	ID	值
总指数	200704	最高	1	105	105	140.59
			2	158	158	140.59
			3	184	184	140.59
			4	194	194	140.59
			5	288	288	140.59
		最低	1	258	258	31.24
			2	230	230	31.24
			3	248	248	46.86
			4	140	140	46.86
			5	72	72	46.86

图 7.10　极值

5. 百分位数

如果选择"百分位数"复选框,则会输出百分位数表如图 7.11 所示。其中,会给出第 5%、10%、25%、50%、75%、90%、95% 分位数,并分别采用了两种算法,当数据量较大,且基本无重复值时,两法的结果相同;反之,则加权平均法会对数据进行内插,此时其结果应当比 Tukey 法更为准确一些。

			百分位数						
	月份		5	10	25	50	75	90	95
加权平均（定义1）	总指数	200704	62.4854	78.1067	85.9174	101.5387	109.3494	117.1600	124.9707
		200712	54.6747	62.4854	85.9174	93.7280	109.3494	117.1600	124.9707
		200812	54.6747	62.4854	78.1067	93.7280	101.5387	117.1600	117.1600
		200912	78.1067	78.1067	85.9174	101.5387	109.3494	132.7814	140.5920
图基枢纽	总指数	200704			85.9174	101.5387	109.3494		
		200712			85.9174	93.7280	109.3494		
		200812			78.1067	93.7280	101.5387		
		200912			85.9174	101.5387	109.3494		

图 7.11　百分位数

7.4　Bootstrap 方法

7.4.1　模型介绍

前面对经典统计学的参数估计方法进行了介绍，可以看出，这些方法无一例外的需要先对变量分布进行假定，然后才能够进行相应的计算；另一方面，经典统计学对均数的参数估计，特别是区间估计发展的比较完善，但对于其他一些分布参数，例如中位数、四分位数、标准差、变异系数等做区间估计就比较困难，这无疑是方法体系上的一大缺憾。

在 20 世纪 80 年代以来，随着计算机技术的飞速发展，借助于日益强大的机器计算能力，计算统计学这一新的统计学分支得到了飞速发展，而 Bootstrap 方法就是发展较早且较为实用的一种计算统计学方法，可以很好地解决上面经典统计学所无法解决的难题。

1. 基本原理

Bootstrap 方法由 Efron 于 1979 年提出，是基于大量计算的一种模拟抽样统计推断方法，它的使用主要出于两种目的：① 判断原参数估计值是否准确；② 计算出更准确的可信区间，判断得出的统计学结论是否正确。

Bootstrap 方法的基本思想为：在总样本量为 n 的原始数据中做有放回的抽样，样本含量仍为 n，每个观察单位每次被抽到的概率相等，为 $1/n$，所得样本称为 Bootstrap 样本。于是可得到任何一个参数 θ 的一个估计值 $\theta^{(b)}$，重复抽取这样的样本若干次，记为 B。例如，$B=1\,000$，就得到该参数的 1 000 个估计值，则参数 θ 的标准误的 Bootstrap 估计为：

$$s\hat{e}_B = \left\{ \sum_{b=1}^{B} [\hat{\theta}^*(b) - \hat{\theta}^*(.)]^2 / (B-1) \right\}^{1/2}$$

其中，$\hat{\theta}^*(.) = \sum_{b=1}^{B} \hat{\theta}^*(b)/B$，根据其性质可以估计得 θ 的一些性质，如 $\hat{\theta}^{(b)}$ 的分布是否为正态，$\theta^{(b)}$ 的均数及标准差（误），θ 的可信区间等。

2. 参数法和非参数法

Bootstrap 方法有参数法和非参数法两种，前者需要假定 $\hat{\theta}^{(b)}$ 的分布状况，而后者则无任何限制。以可信区间的估计方法为例，其基本原理为当 $\hat{\theta}^{(b)}$ 的分布近似正态时，可以其均数 $\hat{\theta}^{(-)}$ 做点估计,用正态原理估计 Bootstrap 可信区间;而当 $\hat{\theta}^{(b)}$ 的频数分布为偏态时,以其中位数做点估计,用上、下 2.5%分位数估计 95%可信区间。和经典统计学中的情况类似,一般情况下参数法的效率高于非参数法。但是,因为参数法需要实现假定分布类型,导致当数据违反假定时分析结果可能不准确。另外,如果数据存在明确的层次结构,则采用分层抽样而不是完全随机抽样也可以有效地提高分析效率。SPSS 默认为非参数 Bootstrap 方法,并采用完全随机抽样,但也可以根据需求改为分层抽样方法。

3. 抽样次数的确定

应用 Bootstrap 方法时需要首先确定抽样次数 B 应取多大。显然,B 取值越大,则计算结果越准确,但需要花费的计算时间也越长。从经验值上讲,一般取 50～200 即可保证参数估计值的相对误差不大于 5%,但如果采用百分位数法来计算可信区间,则显然此时可用于计算区间的数据量太少,最好能增加到 1 000 例上下。高于 1 000 例多数情况下带来的精度改善非常有限,且过于耗时。因此在多数情况下抽样次数定为 1 000 次最为常见。

7.4.2 案例:对总指数进行 Bootstrap 估计

例 7.3 对 CCSS 中总指数的均数、标准差进行 Bootstrap 方法的参数点估计和区间估计。

按照经典统计学的思路,对任何参数进行点估计都比较容易,但是求出标准差的可信区间就比较难了(但不是不能做)。而 Bootstrap 方法就可以轻松地解决这一问题。

1. 界面说明

SPSS 目前在许多过程的对话框中均纳入了 Bootstrap 模块,在其中以一个子对话框的方式出现,如图 7.12 所示。

(1)"执行自助抽样"复选框:要求进行 Bootstrap 抽样,下方的"样本数"文本框则用于指定抽样次数,默认为 1 000 次,该设定适用于大多数情形,一般不需要修改。

(2)"设置梅森旋转算法种子"复选框:作为一种计算统计学方法,默认情况下 Bootstrap 每次的抽样计算结果都是随机出现的,很难重现。使用该选项就可以在下方的文本框中自行指定随机种子,从而在设定相同随机种子的情况下得到完全相同的分析结果。

(3)"置信区间"框组:默认是采用百分位数法计算出 95%可信区间,如果希望得到更为精确的结果,则可以使用偏差修正加速(BCa)算法来调整区间,它更加准确,但代价是需要更长的计算时间。

(4)"抽样"框组:SPSS 默认为不分层的完全随机抽样,如果确认数据存在层次结构,则可以通过指定分层变量来实现分层抽样,以得到更为准确的分析结果,例如 CCSS 数据就可以指定为按照月份、城市来分层抽样以改善分析结果。

2. 结果解释

这里以描述过程为例来解释 Bootstrap 方法的输出,如果是对 index1 进行描述,则在笔者的笔记本电脑上,整个计算过程用时小于 5 s,得到分析结果如图 7.13 所示。表中的统计列大家应当非常熟悉,就是普通的描述分析结果,但从其右侧的偏差列起就全部是和 Bootstrap 相关的输出。以"均值"行为例,偏差列指出 Bootstrap 方法计算出的点估计值要比直接计算出的均数低 0.017,显然该误差几乎可以忽略;Bootstrap 方法计算出的 95%CI 为 94.7～97.1,读者可以用均数和标准误算出(也可以用探索过程直接得到结果)传统方法的可信区间为 94.7～97.1,显然两

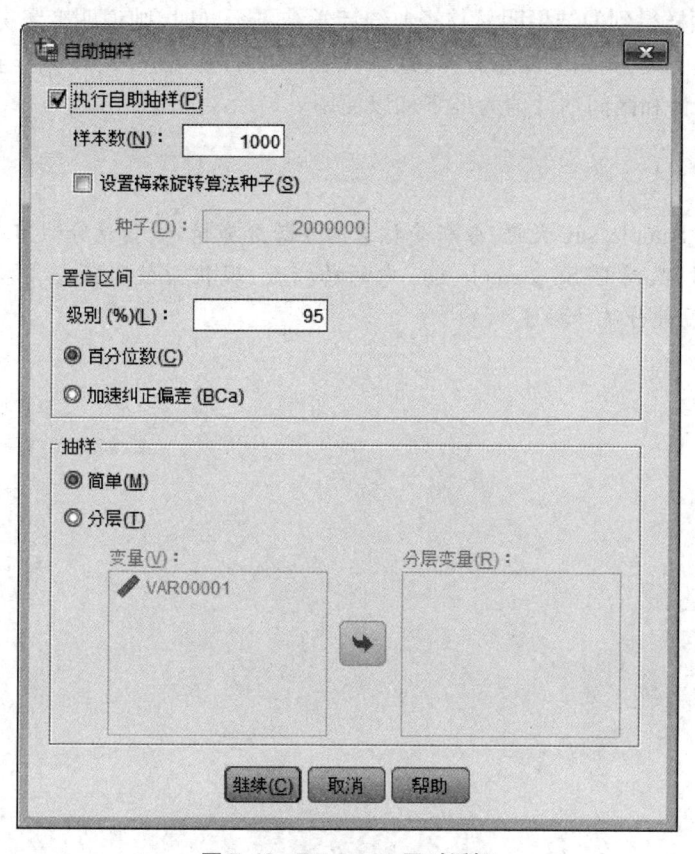

图 7.12 Bootstrap 子对话框

者非常接近,这说明 index1 整体而言并未明显呈偏态分布。

					自助抽样[a]	
					95% 置信区间	
		统计	偏差	标准误差	下限	上限
总指数	个案数	1147	0	0	1147	1147
	最小值	.00				
	最大值	156.21				
	平均值	95.8935	-.0171	.6190	94.6952	97.1054
	标准差	20.99710	-.01413	.55398	19.88702	22.07934
有效个案数（成列）	个案数	1147	0	0	1147	1147

a. 除非另行说明，否则自助抽样结果基于 1000 个自助抽样样本

图 7.13 描述统计量

均值下方给出的是"标准差"的统计结果,显然此处 Bootstrap 方法就显示出了其独特的能力,由结果可知,index1 总体标准差的 95%CI 为 19.9~22.1,而经典的标准差点估计值 21.0 也基本接近 Bootstrap 点估计值,说明其估计也是准确的。

由于 Bootstrap 抽样的随机性,读者自行分析得到的结果不会和笔者完全一致,但结论应当基本相同。

当 Bootstrap 抽样得到的结果明显与经典统计学结果不同时,则说明变量分布很可能违反了经典统计学的前提假设,例如呈偏态分布,或者存在明显的极端值,此时基本上应当以 Bootstrap 方法计算出的点估计和区间估计值为准来加以使用。

思考与练习

1. 根据 CCSS_Sample.sav 数据,分析受访者的年龄分布情况,尝试分城市/合并描述。
2. 使用描述过程,对 CCSS_Sample.sav 中的总指数、现状指数和预期指数进行标准正态变换,对变换后的变量进行统计描述。

第8章 分类变量的统计描述与参数估计

在第7章中,已经学习了如何对CCSS案例中的连续变量进行统计描述和参数估计,本章将继续学习如何对分类变量完成这些工作,并介绍如何对多选题变量集进行描述。

8.1 指标体系概述

8.1.1 单个分类变量的统计描述

相对于连续变量而言,分类变量的统计描述指标体系非常简单,主要是对各个类别取值给出其频数和比例,再进一步计算一些所需的相对数衍生指标。

1. 频数分布

对于无序分类变量,分析中首先应当了解的是各类别的样本数有多少,以及各类别占总样本量的百分比各为多少。这些信息往往会被整理在同一张频数表中加以呈现。

对于有序分类变量,除给出各类别的频数和百分比外,研究者往往还对累计频数和累计百分比感兴趣,即低于/高于某类别取值的案例所占的次数和百分比。当然,出于一些特殊的分析目的,累计频数和累计百分比也可能被用于无序分类变量,如希望知道各少数民族占总人数的比例情况等。但需要注意的是,统计软件一般都只按类别编码从小到大进行频数和百分比的累计,如果编码不符合要求,则研究者只能手工统计,或者先对数据作重编码再进行分析。

2. 集中趋势

除原始频数外,研究者如果希望知道哪一个类别的频数最多,还可以使用众数(Mode)来描述它的集中趋势。显然,众数只反映频数最多的类别的情况,而浪费了所有其他信息,因此只有集中趋势显著时,众数才较有价值。而当变量的类别数不多时,原始频数表的观察并不复杂,此时众数的使用价值并不高。

可能这里有的读者会觉得奇怪,为什么本章只提到对分类数据描述其集中趋势,而忽略掉了离散趋势呢?这是因为对于分类数据而言,其数据的离散程度实际上是和集中趋势有关联的,它们受同一个参数的控制,因此不需要分别描述。

3. 相对数指标

除以上比较简单的频数、比例外,研究者还经常为分类数据计算一些原始频数的相对指标用于统计描述,这些指标被称为相对数,这里简单介绍一下常用的3种相对数。

(1) 比(Ratio):指的是两个有关指标之比A/B,用于反映这两个指标在数量/频数上的大小关系。事实上,比也可以被拓展到连续变量的范畴内,如本月销售额/销售人员数。

(2) 构成比(Proportion):用于描述某个事物内部各构成部分所占的比重,其取值在0%~100%之间。事实上,前面提到的百分比就是一个标准的构成比,而累计百分比则是构成比概念的直接延伸。

（3）率（Rate）：率是一个具有时间概念，或者说具有速度、强度含义的指标，用于说明某个时期内某个事件发生的频率或强度，其计算公式为

$$某事件的发生率 = \frac{观察期内发生某事件的对象数}{该时期开始时的观察对象数}$$

准确地讲，率应当是一个时间点上的强度测量，但这在实际工作中很难做到，因此一般都按一个时段来进行测量。从而它的分子往往是一个时期的累计数。

以上相对数在使用时应当注意适用条件，如样本量较大时相对数才会比较稳定，基数不同的相对数不能直接相加求和等。

8.1.2 多个分类变量的联合描述

在工作中，往往需要对两个甚至多个分类变量的频数分布进行联合观察，此时就涉及了多个分类变量的联合描述。以两个变量为例，假设有 n 个个体根据两个属性 A 和 B 进行分类。属性 A 有 r 类：$A_1, A_2, \cdots, A_r$，属性 B 有 c 类：$B_1, B_2, \cdots, B_c$。n 个个体中既属于 A_i 类又属于 B_j 的有 n_{ij} 个。那么就构成如下一个二维的 $r×c$ 列联表。

在表 8.1 中，除合计栏外的每一个单元格均反映了 A、B 两变量某种类别交叉下的频数情况，合计栏则分别反映了 A、B 两变量各自的类别频数情况，且表格中的数据有如下换算关系：

$$n_{i\cdot} = \sum_j n_{ij}, \quad n_{\cdot j} = \sum_i n_{ij}, \quad n = \sum_i n_{i\cdot} = \sum_j n_{\cdot j}$$

除给出原始频数外，各单元格内还可能给出行百分比、列百分比和总百分比等，分别用于反映该单元格频数占所在行、列、总样本的构成比情况。

表 8.1　二维的 $r×c$ 列联表示意

	B_1	B_2	…	B_c	合计
A_1	n_{11}	n_{12}	…	n_{1c}	$n_{1\cdot}$
A_2	n_{21}	n_{22}	…	n_{2c}	$n_{2\cdot}$
⋮	⋮	⋮	⋮	⋮	⋮
A_r	n_{r1}	n_{r2}	…	n_{rc}	$n_{r\cdot}$
合计	$n_{\cdot 1}$	$n_{\cdot 2}$	…	$n_{\cdot c}$	n

8.1.3 多选题的统计描述

多选题是调查问卷中极为常见的调查题目类型，在第 2 章中已对其录入方式进行了讲解，由于它所收集的数据也属于分类数据，因此本章将继续讲解对于这类多选题如何进行描述分析。

以标准的多重二分法为例，多选题会使用多个变量加以记录，显然可以对每一个单独的题项/变量来进行统计描述。但这样做并不全面，因为这些变量实际上回答的是一个大问题，将选项割裂开来可能会导致不正确的分析结果，而且无法计算一些汇总指标。在多选题分析中比较

特别的描述指标有以下 4 个。

(1) 应答人数(Count):是指选择各选项的人数,或者说原始频数。

(2) 应答人数百分比(Percent of Cases):选择该项的人占总人数的比例,应答人数百分比可以反映该选项在人群中的受欢迎程度。

(3) 应答人次(Responses):是指选择各选项的人次,对于单个选项,应答人次和应答人数是相同的,但是对整个问题而言,应答人次可能远远大于应答人数,因为如果一个受访者选择了两个选项,则将会被计为 1 个人数,2 个人次。

(4) 应答次数百分比(Percent of Responses):在做出的所有选择中,选择该项的人次占总人次数的比例。应答次数百分比可以用于比较不同选项的受欢迎程度。

8.1.4 分类变量的参数估计

对于分类变量而言,由于只能取若干个离散的值,因此参数估计所关心的就是各类别在总体中的比例是多少,或者当从中进行一次抽样时,抽得相应类别的概率是多少。在各种分类变量的分布中,二项分布最为常见,本书将以其为准加以介绍。

1. 二项分布的定义

如果一个随机变量 X,它的可能取值是 $0,1,\cdots,n$,且相应的取值概率为:

$$P(X=k) = \binom{n}{k} \pi^k (1-\pi)^{n-k}$$

由于 $\binom{n}{k} \pi^k (1-\pi)^{n-k}$ 是二项式 $[\pi+(1-\pi)]^n$ 展开式中的各项,故称此随机变量 X 服从以 n、π 为参数的二项分布,记为 $X \sim B(n,\pi)$。对于该变量而言,有均数 $\mu_X = n\pi$,方差 $\sigma_X^2 = n\pi(1-\pi)$,标准差 $\sigma_X = \sqrt{n\pi(1-\pi)}$。显然,对于样本量 n 确定的情形,均数和标准差间存在着明确的换算关系,它们都只受 π 的影响,这也是为什么在前面不对离散趋势加以描述的理论依据。

2. 二项分布的参数估计

在实际问题中,对于一个二项分布的总体而言,其试验次数 n 是可以人为确定和控制的,因此只需要对参数 π 加以估计,就可以明确整个分布的情况。由中心极限定理可知,当 n 较大、π 不接近 0 也不接近 1 时(一般认为这个界限是 $n>40$,且 np 和 nq 均大于 5),二项分布 $B(n,\pi)$ 近似正态分布,这样就可以利用正态分布中的相应成果来进行参数估计,相应的 $100(1-\alpha)\%$ 可信区间为 $P \pm 1.96\sqrt{P(1-P)/n}$。

当不满足正态近似的条件时,则可以直接利用二项分布的概率分布规律计算相应的可信区间,此处略。

8.1.5 SPSS 中的相应功能

作为比较基本的功能,SPSS 的许多分析过程均可完成分类变量统计描述的任务,但常用的有位于"描述统计"子菜单中的"频率"过程和"交叉表"过程,以及另外两个用于多选题描述的制表过程/菜单项。

1. 频率过程

在第 7 章中已经学习过本过程了,显然针对单个分类变量输出频数表是其基本功能,从中可以得到"频数"、"百分比"和"累计百分比"统计量。除了原始频数表外,该过程还可给出描述集中趋势的众数,以及分类变量的条图和饼图等。

2. 交叉表过程

其强项在于两个/多个分类变量的联合描述,可以产生二维至 n 维列联表,并计算相应的行/列/合计百分比、行/列汇总指标等。

3. 多重响应(Multiple Response)子菜单项

该子菜单项属于 Base 模块,专门用于对多选题变量集进行设定和统计描述,包括多选题的频数表和交叉表均可制作,可以满足基本的多选题分析需求。

4. 表格模块

表格模块提供了非常强大的制表功能,自然也可以使用多选题进行统计描述,并且还可以直接进行分类变量的参数估计,如给出相应类别频数或者百分比任意置信度的可信区间上下限等,详见第 9 章的介绍。

8.2 案例:对学历等背景变量进行描述

这里以 CCSS 案例的背景变量为例,来演示分类变量的统计描述在 SPSS 中的具体实现方法。

8.2.1 使用频率过程进行描述

如果希望了解 CCSS 项目中受访者的学历分布情况,则可以使用频率过程输出相应的频数表,操作非常简单,将变量 S4 学历选入"变量"列表,单击"确定"按钮后,相应的结果如图 8.1 所示。表格中依次为频数、百分比、有效百分比和累计百分比的数值。这里的有效百分比指的是去除掉缺失样本后,各类别在有效样本中所占的比例,本例因为学历没有缺失值,因此数值等同于其左侧的百分比。

		频率	百分比	有效百分比	累计百分比
有效	初中/技校或以下	154	13.4	13.4	13.4
	高中/中专	313	27.3	27.3	40.7
	大专	331	28.9	28.9	69.6
	本科	292	25.5	25.5	95.0
	硕士或以上	57	5.0	5.0	100.0
	总计	1147	100.0	100.0	

图 8.1 S4. 学历

读者可自行对性别、职业、婚姻状况等背景变量进行分析,这里不再详述。

8.2.2 使用交叉表过程进行描述

如果研究者希望知道性别和学历的交叉频数分布,以及各种百分比的情况,就需要用到交叉表过程来完成该任务了。

1. 界面说明

选择"分析"→"描述统计"→"交叉表"菜单项,就会调出"交叉表"对话框,界面如图 8.2(a)所示,扼要介绍各部分的功能如下。

（1）主对话框:中部依次排列的"行"列表框、"列"列表框分别用于选择交叉表中的行、列变量。而下方的"层"框组则用于选入层变量(详见第9章中关于表格结构的介绍),注意此处最多可进行多达10层的嵌套,同时行、列、层变量也是可以同时选择多个分类变量。左下角可以指定绘制复式条图来呈现数据,而当交叉表太大时,也可以禁止表格输出。

（2）"精确"按钮:相应的子对话框用于设定对行*列表是否进行确切概率计算,以及具体的计算方法。本部分内容的介绍详见第15章。

（3）"统计"按钮:提供了一整套用于计算行/列变量关联性的统计指标和检验方法,详见卡方检验和相关分析两章中的介绍。

（4）"单元格"按钮:子对话框如图8.2(b)所示,用于定义列联表单元格中需要显示的指标,这些指标被分为计数、百分比和残差3类,实际上以前两类较常用。此外,在现在的版本中还提供了列与列之间进行两两比较的 Z 检验结果输出,详见第15章。

（5）其他按钮:"格式"按钮主要用于设定单元格的排序方式,使用价值不大。另外两个按钮则在第7章中已经介绍过了。

(a)

(b)

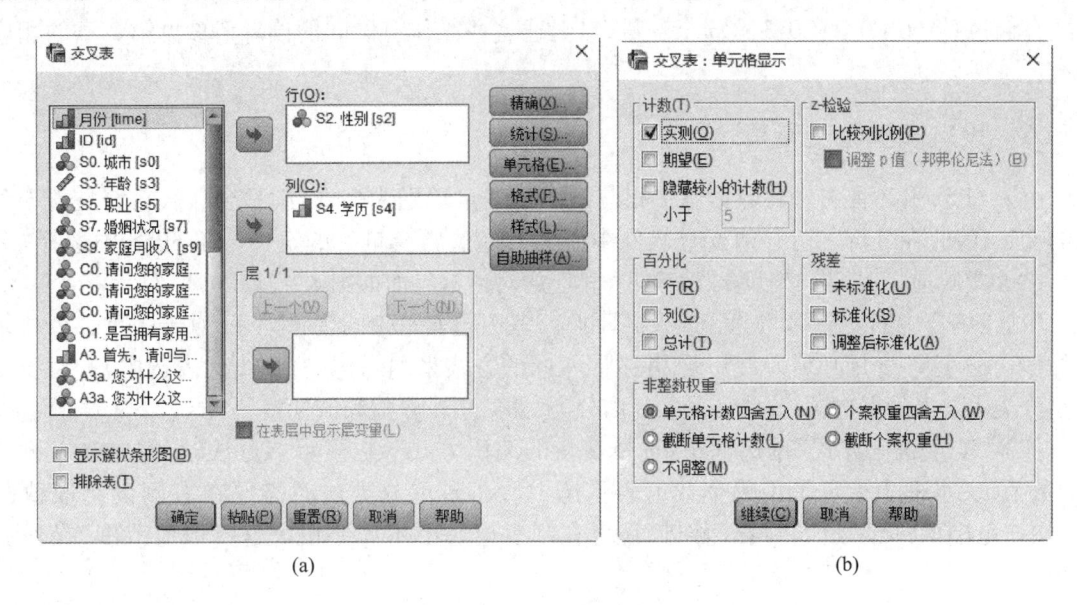

图8.2 "交叉表"对话框

2. 操作说明与结果解释

根据分析目的,只需要分别将"性别"和"学历"选入"行"、"列"列表框中,然后在"单元格"子对话框中选择列百分比输出,即可得到所需的结果如图8.3所示。表中(标签有删减)很清楚地给出了性别和学历的交叉分布情况,可以看出随着学历的上升,男性所占的比例从初中/技校或以下的48%,逐渐上升至硕士或以上的63%。当然,由于这只是样本数据的描述情况,这究竟是因为抽样误差所致,还是总体中也的确存在此趋势,还需要通过假设检验来加以确认。

			S4. 学历					总计
			初中/技校或以下	高中/中专	大专	本科	硕士或以上	
S2. 性别	男	计数	74	167	191	169	36	637
		S4 %	48.1%	53.4%	57.7%	57.9%	63.2%	55.5%
	女	计数	80	146	140	123	21	510
		S4 %	51.9%	46.6%	42.3%	42.1%	36.8%	44.5%
总计		计数	154	313	331	292	57	1147
		S4 %	100.0%	100.0%	100.0%	100.0%	100.0%	100.0%

图 8.3　S2. 性别 * S4. 学历交叉制表

8.3　案例：对多选题 C0 还贷状况进行描述

这里以 CCSS 案例中的 C0 还贷状况为例，来看一下如何使用 SPSS 的多重响应(Multiple Response)子菜单项对其进行描述。首先需要明确，该多选题在数据集中是按照多重二分法的记录格式存储为 C0_1、C0_2、C0_3 这 3 个变量，对上述这些操作有疑问的读者请参见第 2 章的相应内容。

8.3.1　设定多选题变量集

由于 SPSS 并不能自动将数据集中相应的多个变量识别为多选题，只会默认它们是若干分散的变量，因此在分析之前必须要在软件中先进行多选题变量集的定义。在 SPSS 中选择"分析"→"多重响应"→"定义变量集"菜单项，相应的对话框界面如图 8.4 所示。

(1) "集合中的变量"列表框：选入需要加入多选题变量集的变量列表，对于多重二分法录入的多选题，这些变量必须为二分类，并按照相同的方式来编码(如都用 1 代表选中)。对于多重多分类法录入的多选题，这些变量须为多分类，并共用一套值和值标签。

(2) "变量编码方式"单选框组：选择变量的编码方式。在多重二分法时，需要在右侧的"计数值"文本框中指定是用哪个数值表示选中。在多重分类法时需要在右侧设定取值范围，在该范围内的记录值将纳入分析，注意在制表模块中不需要设定这一取值范围，操作更简单。

(3) "名称"文本框：输入多选题变量集的名称，在此定义的变量集名为 C0，下方的"标签"文本框可以为相应的多选题变量集定义一个名称标签。

所有设定均完成后单击右侧的"添加"按钮，相应的多选题变量集设定就会被加入最右侧的"多重响应集"列表框，且名称前会增加 $ 符号，表示该名称定义的是多选题变量集。

> SPSS 中的多重响应(Multiple Response)子菜单和制表模块都可以用来设定和分析多选题变量集，且两套系统完全独立。其区别主要是多重响应子菜单的功能较弱，其定义的多选题变量集不能被保存在 SPSS 数据文件中；制表模块功能较强，所定义的变量集信息则可被加以保存。由于这两套系统定义变量集的操作基本相同，因此本章以较简单的前者为准进行介绍，制表模块的分析操作请参见第 9 章。

8.3 案例:对多选题 C0 还贷状况进行描述　　　　　　　　　　　　　　　　　　　　131

图 8.4 "定义多重响应集"对话框

8.3.2　多选题的频数列表

多重响应子菜单中的频率过程可以针对多选题变量集完成整体的频数分析。

1. 界面说明

选择"分析"→"多重响应"→"频率"菜单项,相应的对话框如图 8.5 所示。该对话框内容非常简单,没有多余的选项,只有下方的"缺失值"框组用于选择对缺失值的处理方式,两个复选框实际上分别对应了多重二分法和多重分类法两种多选题编码方式,请读者注意正确选择,不能交错使用。

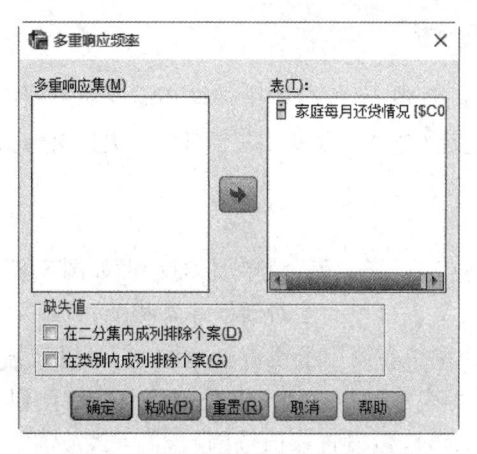

图 8.5 "多重响应频率"对话框

2. 操作说明与结果解释

本例的操作非常简单,将变量集 C0 选入即可,相应的结果输出如图 8.6 所示。

	个案					
	有效		缺失		总计	
	个案数	百分比	个案数	百分比	个案数	百分比
$C0[a]	163	14.2%	984	85.8%	1147	100.0%

a. 使用了值 1 对二分组进行制表。

图 8.6 个案摘要

图 8.6 提供了数据的基本信息,在全部 1 147 人次中,有 163 人选择了至少一个贷款种类。随后的分析将基于这 163 人的情况进行。

图 8.7 提供的信息(标签有删减)解释如下。

(1) 在 199 个有效回答中,各贷款种类一共被选择了 199 次,其中"房贷"118 次,"车贷"33 次,"其他消费还贷"48 次。

(2) 响应百分比指的是每个选项被选中的次数占总选择次数的比例,即应答人次百分比。比如这 118 人次选择了房贷,占总选择次数的比例为 118/199 = 59.3%。

(3) 个案百分比指选择某选项的人数占总人数的比例,即应答人数百分比。仍然以房贷为例,这 118 个人占总应答人数的比例为 118/163 = 72.4%,而最下方的比例 122.1% 则说明这 163 人平均而言每人选择了 1.22 个贷款种类。

		响应		个案百分比
		个案数	百分比	
家庭每月还贷情况[a]	C0. 房贷	118	59.3%	72.4%
	C0. 车贷	33	16.6%	20.2%
	C0. 其他一般消费还贷	48	24.1%	29.4%
总计		199	100.0%	122.1%

a. 使用了值 1 对二分组进行制表。

图 8.7 $ C0 频率

8.3.3 多选题的列联表分析

上面直接给出了多选题的频数表,但分析中往往还需要对不同的人群分别描述,即将多选题变量集和其他分类变量进行交叉描述。例如,在本例中希望分婚姻状况考察贷款状况,这可以使用多选题的交叉表过程来分析。

1. 界面说明

选择"分析"→"多重响应"→"交叉表"菜单项,对话框如图 8.8(a)所示。

(1) 主对话框:和普通交叉表过程的主对话框非常相似,只是左下方单独列出多响应集供选择。需要指出的是,多响应变量集在使用上没有任何限制,可以被任意选入行/列/层列表框中,只是不合适的选择可能会使得表格过于复杂。此外,对于选入行/列/层的分类变量,还需要使用最下方的"定义范围"按钮,为该变量设置取值范围。

(2) "选项"按钮:相应的子对话框如图 8.8(b)所示,最上方的"单元格百分比"框组用于定

8.3 案例:对多选题C0还贷状况进行描述

义输出行百分比、列百分比和总百分比指标;下方的"在响应集之间匹配变量"复选框用于当行/列变量均为多重分类法记录的多选题变量集时,可以要求结果表格按两个变量集取值——对应的方式来生成,但实际应用价值不大;下方的"百分比基于"框组则可以定义交叉表中的比例计算是基于应答人数,还是应答人次;最下方则用于控制缺失值的处理方式,这在前面已经学习过了。

(a)

(b)

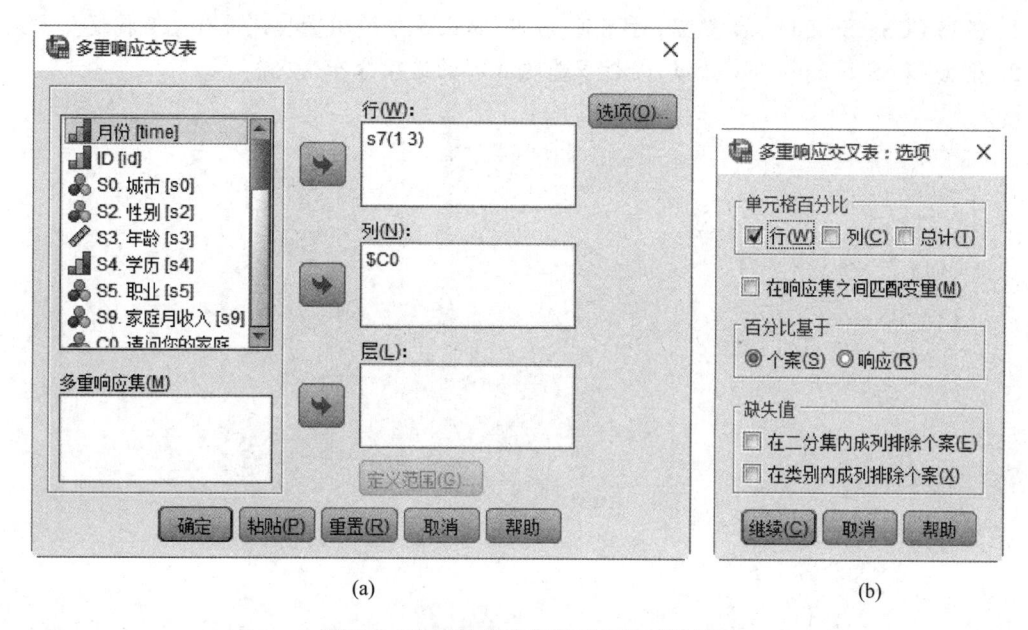

图 8.8 多重响应交叉表过程的对话框

2. 操作说明与结果分析

根据分析要求,只需要分别将 S7 和 C0 选入行/列列表框,并在选项中要求输出行百分比即可,分析结果如图 8.9 所示。

			家庭每月还贷情况[a]			总计
			C0. 房贷	C0. 车贷	C0. 其他一般消费还贷	
S7. 婚姻状况	已婚	计数	91	23	30	120
		占 s7 的百分比	75.8%	19.2%	25.0%	
	未婚	计数	27	10	17	42
		占 s7 的百分比	64.3%	23.8%	40.5%	
	离异/分居/丧偶	计数	0	0	1	1
		占 s7 的百分比	.0%	.0%	100.0%	
总计		计数	118	33	48	163

百分比和总计基于响应者。

a. 使用了值 1 对二分组进行制表。

图 8.9 s7* $ C0 交叉制表

该交叉表中分婚姻状况给出了家庭的还贷情况,为便于输出,图 8.9 的列标签做了一定的删减,可以发现已婚人群的房贷比例高于未婚受访者,而未婚人群的车贷和其他消费还贷比例则均高于已婚人群,贷款的范围的确要更广一些。但对这一结论有两点需要指出,首先,上述比例是基于163位有贷款的受访者计算,而不是基于全部的 1 147 人计算,因此结论可能有一定的偏差;其次,上述趋势仍然只是样本情况,未经过假设检验的验证,因此仅仅是一种可能存在的趋势,尚不能下最终结论。

思考与练习

1. 根据 CCSS_Sample.sav 数据,对性别、城市、职业等分类变量尝试进行交叉描述。
2. 根据 CCSS_Sample.sav 数据,分析多选题 A3a 的选项分布情况。

第9章 数据的报表呈现

通过前面几章的学习,已经能够对任意类型的数据进行统计描述,以得到所感兴趣的统计指标了。但是,作为一个商业项目,必须要考虑如何将这些指标以清晰、严谨、美观、易读的方式提供给客户,而将原始分析结果按照客户的要求编排成格式化的统计表格往往会耗费大量时间。那么,如何能直接得到符合最终报告需求的复杂统计表格呢?本章就来学习如何用表格(Tables)模块直接生成更为专业和复杂的统计报表。

9.1 统计表入门

9.1.1 统计表的基本框架

SPSS 中输出的统计表均以透视表的格式提供,需要注意的是,透视表并非是一个简单的二维表,而是一种拥有数据透视、数据旋转、格式变换等多种强大功能的交互式表格。在对透视表的操作中,行、列、层是非常重要,又经常用到的 3 个概念。它们实际上都是表格的一个维度,所谓行(Row)指的是形成表格横行的元素,而列(Column)指的是形成表格纵列的元素。行、列元素相交就会形成一个最简单的二维表,行、列元素不同取值的组合就确定了一个单元格(Cell)。

与行、列的概念相比,层(Layer)的概念稍微复杂一些,它指的是表格中的第 3 个维度,不妨把此时的表格想象成一个立方体,行、列、层就对应了该立方体的长、宽和高。由于屏幕上能够直接展示的只能是二维表,因此在三维表中,使用者能够直接观察到的只能是三维表中的一层,而其余各层被隐藏在所观察到的层背后,无法同时看到。

需要注意的是,表格中的元素和所说的变量并不相同,它既可能是一个分类变量的不同取值,也可能是一个变量组,还可能是一个统计量组。也就是说,表格中的一个维度可以是多个变量联合构成。以 CCSS 数据中的 S0 城市为例,其频数表如图 9.1(a) 所示。在结果窗口中双击激活该表格,则会进入表格编辑模式,此时可以看到出现表格托盘,如图 9.1(b) 所示,该托盘显示的就是当前表格的框架结构,每一个表格都有行、列、层三维,请注意形如 ■ 的图标,它代表的就是一个表格元素。现在可见在行、列上都有元素出现,分别对应着变量 S0 和统计量(具体内容为表格中见到的频数、百分比等)。而在层上无表格元素出现,说明该表格为一个简单的二维表。现在将表格结构和前面的表格输出相对应,应当更容易理解这些概念。

> 如果进入编辑模式后没有看到托盘出现,则选择"透视"→"透视托盘"菜单项要求显示。

表格托盘除了显示表格结构外,还可以直接进行表格透视方向的旋转,如图 9.2 所示。用鼠标左键选中列元素"统计量"的图标,再将其拖动到层元素位置上,则表格会立刻发生相应的变

(a)

(b)

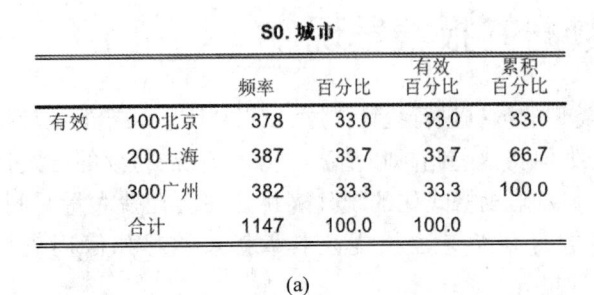

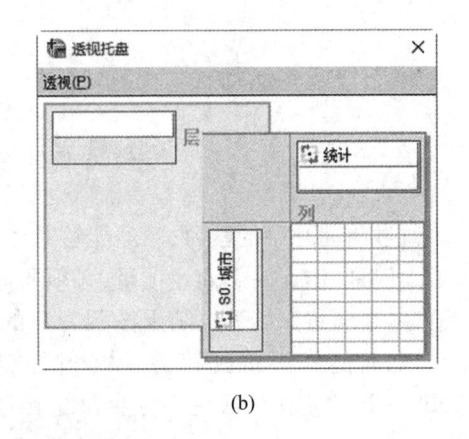

图 9.1　频数表与其相应的表格托盘

化,原先的分列取消,在表格最上方则出现"统计量"下拉列表框,这实际上就对应了层元素的设置。默认显示的是统计量组的第一项"频率"所对应的结果。使用者也可以单击下拉列表框右侧的下拉按钮,选择所需要的统计量层。

(a)

(b)

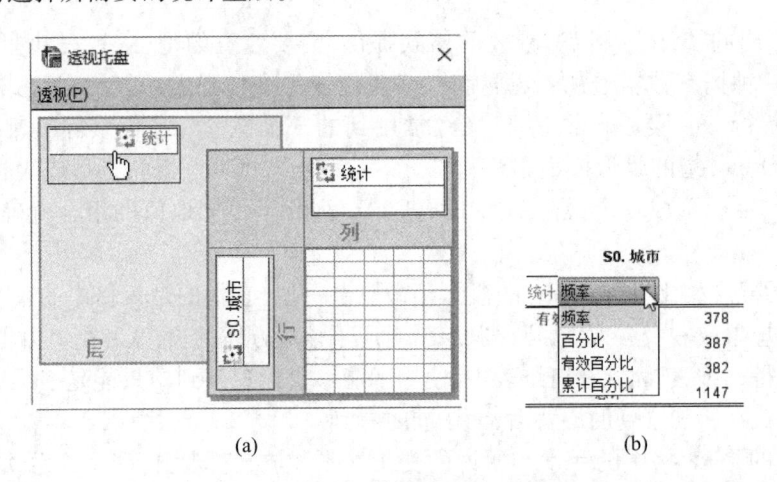

图 9.2　使用托盘将列元素转换为层元素

9.1.2　表头、数据区与汇总项

在了解了表格基本框架后,就可以将基本框架和具体的表格内容对应起来。任何一个二维表格的第 1 行、列就对应了托盘中行、列元素的具体取值,就是前述的表格框架,因此第 1 行、列也被称为表头。由于在 SPSS 的表格中实际上行、列没有本质区别,因此这里的表头和一般所称只包括第 1 行的表头概念不同,需要注意区别。

除表头之外,剩余表格部分均是由行、列元素相交而成,用于给出相应的数值,这些部分被统称为数据区。区分表头和数据区非常重要,因为它们的格式设置、操控方式等均完全不同。

数据区也可以作进一步的细分,例如在图 9.1(a)的频数表中,除了各类别以外,行元素中还出现了合计项。在 SPSS 的表格中可以出现行合计、列合计、层合计项,对于叠加表、嵌套表等表格类型,还可以有亚组合计等更细的汇总方式出现。

9.1.3 单元格的数据类型

某种程度上,在报表制作中能对变量所采用的呈现方式完全取决于该变量的测量尺度。在报表中变量的测量尺度被简单而明确地分为两大类:分类变量和连续变量。

1. 分类变量

分类变量包括了名义和有序尺度两大类,虽然在"制表"对话框中会将这两类变量用不同图标标识出来,但实际上它们在报表制作中几无差异。对于分类变量,原始类别频数和构成百分比是最常用的描述指标。但其中的百分比和具体的计算方向相结合,又形成了许多更细化的指标,如行百分比、列百分比、层百分比、总表格百分比。在存在缺失值的情况下,又可按照合计数中是否包括缺失值而出现有效例数、行有效例数百分比、列有效例数百分比、层有效例数百分比、表格有效例数百分比等新的组合。

> 在制表时,多选题变量集是作为一类特殊的"分类变量"来处理的,对其描述也提供了一组较为特殊的百分比、频数指标等。

2. 连续变量

连续变量包括间距尺度和比率尺度两大类,同样在报表制作中不加以区分。相对而言,连续变量在报表中可供使用的统计指标要比分类变量丰富得多,包括了大家在前面学习过的各种集中趋势、离散趋势指标。为此分述如下:

(1) 集中趋势指标:均数、中位数、众数、最大值、最小值。
(2) 离散趋势指标:全距、标准误、标准差、方差。
(3) 百分位数:第 5、25、75、95、99 百分位数及任意指定的百分位数。
(4) 百分比:按相应合计方向当前变量的行、列、层、表格合计百分比。
(5) 其他:例数、有效例数、总和等。

3. 汇总项

汇总项的情况类似于普通单元格,其数据类型仍然只有以上两种。但是除默认使用被汇总单元格的统计指标外,还可以自定义不同的汇总项统计指标,例如各分项列出频数,而汇总项则使用某一个指标的均数,在后面的分析实例中就会见到这种输出。

9.1.4 几种基本表格类型

在熟悉了表格的基本结构和常用术语后,下面来了解一下几种常见的表格类型。需要指出的是,虽然下面的例子中几乎都是类别频数的描述,但这些表格中也完全可以给出其他连续变量的描述指标。

1. 叠加表(Stacking)

叠加表指的是在同一张表格中对两个变量进行描述,或者说表格中有一个维度的元素是由两个以上的变量构成。叠加表其实可以被简单地理解为对每个变量分别绘制两个简单报表,然后将它们拼接到一起,如图 9.3 所示的叠加表就是在一张表格中同时给出了城市和性别的频数。连续变量也可被放在叠加表中,例如前面学习过的描述过程,如果同时计算多个变量,则实际上其结果就是一个叠加表。

虽然"叠加"在字面含义上是纵向拼接的意思,但也存在横向拼接的叠加表,在学习了表格基本框架后,这并不难理解。

	S0. 城市		S2. 性别	
100北京	200上海	300广州	男	女
计数	计数	计数	计数	计数
378	387	382	637	510

图 9.3　横向叠加表示意

2. 交叉表（Crosstabulation）

交叉表是观察两个分类变量间联系时最常用的表格技术,它的两个维度都是由分类变量的各类别(及汇总)构成,图 9.4 显示了性别和城市的关联,显然广州的男性比例要高一些。

		S0. 城市			合计
		100北京	200上海	300广州	
S2. 性别	男	188	221	228	637
	女	190	166	154	510
合计		378	387	382	1147

图 9.4　交叉表示意

3. 嵌套表（Nesting）

类似于交叉表,嵌套表也可以用于显示两个分类变量间的联系,但这两个变量被放置在同一个表格维度中,即该维度是由两个变量的各种类别组合构成,见图 9.5。该表格仍然是显示城市和性别不同组合下的频数,但此时这两个变量都被放置在行上。显然,一般而言嵌套表并不如交叉表直观。但是当每个单元格内需要呈现的统计指标非常多时,嵌套表则更为美观和紧凑。

				计数
S0. 城市	100北京	S2. 性别	男	188
			女	190
	200上海	S2. 性别	男	221
			女	166
	300广州	S2. 性别	男	228
			女	154

图 9.5　嵌套表示意

4. 多层表（Layers）

如果指定了层元素,则表格就由二维扩展到了三维,即多层表。事实上,多层表和嵌套表也非常类似,只是现在只能每次观察到其中一层的数据而已。在数据仓库技术中,多层表也被称为数据立方体（Cube）,在前面学习表格的基本框架时大家已经见到了人工生成的多层表,因此这里不再给出具体的实例。

5. 复合表格

以上给出的只是最简单的几种表格类型,在实际的工作中,这些表格类型还有可能互相组合,以更好地达到相应的分析目的。比如叠加-交叉表(一个维度是分类变量,另一个维度则是两个分类变量的叠加)、嵌套-交叉表(一个维度是分类变量,另一个维度则是两个分类变量的嵌套)等。

9.1.5 SPSS 中的报表功能

作为功能非常完善的统计软件,SPSS 提供了非常强大的统计报表功能,除 Base 已具有非常完善的统计报表功能外,还提供了专门的 Tables 模块用于生成更为专业的统计报表。

1. Base 模块

SPSS 的 Base 模块已经为用户提供了非常完善的统计报表功能,除涉及统计描述的多个过程可以生成各种描述统计量的基本报表外,还在分析主菜单的"报告"和"多重响应"子菜单中提供了专用的统计报表功能。

(1) 报告子菜单:提供了从最基本的变量值标签代码本、对原始数据进行列表,到将原始数据汇总为数据立方体进行数据透视、对数据计算一些常用的描述统计量并制作精细定义的输出表格等多种统计报表功能,可以满足用户的各种苛刻要求。相比之下,该子菜单中各过程的操作都较为简单,用户可自行学习掌握,因此本书不再详述。如果读者希望进一步了解这些过程的功能细节,可以参见《SPSS 11 统计分析教程》(基础篇)中的相关章节,或参考 SPSS 的用户手册。

(2) "多重响应"子菜单:专门为多选题数据的描述而设计,提供了设置多选题变量集、生成多选题频数表和交叉表的全部功能。其相应的功能和操作已在前面相应章节中学习过了。

2. Tables 模块

Tables 模块是一个功能非常强大的专业制表模块,可以针对各种要求产生复杂的多层/嵌套表格。和 Base 模块中的相应功能相比,它不仅功能更为强大和灵活,而且还提供了完全交互式的操作界面,使用上更为方便、快捷,该模块也是本章随后介绍的重点。

9.1.6 SPSS 中统计表的基本绘制步骤

如果只是绘制一两个比较简单的报表,则在操作上并无太多要点需要注意,只需找到能够满足相应需求的过程,然后将表格设置正确即可完成。但是,大多数实际任务要比这复杂得多,有可能有数十张甚至上百张特定格式的表格需要绘制,而表格的复杂程度又超出常见的范围。此时使用 SPSS 制表时一般不会一次到位,而是一个由简入繁、循序渐进的过程。初学者往往希望通过对话框的设置一次将全部所需选项设定完毕,但这恰恰会导致事倍功半。为此,有必要给出常用的制表步骤如下。

(1) 确定所需绘制表格的基本结构,如行、列元素都由什么构成,是否在表格中会出现多个元素的嵌套,有多少种汇总,是否出现了嵌套汇总等。

(2) 使用对话框绘制表格的基本结构。这里不要拘泥于单元格的格式设置或者统计量是否选择完全这些细节,也不要去考虑标题、脚注等次要问题,而是要将注意力集中在是否已经得到了所需表格结构上。如果结构还不相同,则继续修改直至完成。

(3) 对细节进行完善,包括每个具体统计量的输出格式、汇总项的输出位置等,使得至少其中一部分单元格的输出格式已符合要求。

(4) 添加其余变量、统计量到表格中来,使表格中的内容满足相应问题的需求。

(5) 对表格中的文本进行修饰,包括标题、统计量标签、变量名和变量值标签等。

(6) 最后一次审核所绘制的表格,考虑有无需要改进之处。

(7) 生成相应的表格,并将其格式存为模板,供后续任务使用。

本章随后的分析实例就会按照上述结构安排,以利于读者养成良好的制表习惯。

9.2 简单案例:题目 A3 的标准统计报表制作

9.2.1 案例介绍

例 9.1 CCSS 项目每月都会生成固定格式的统计表格,图 9.6 为对题目 A3 的固定表格格式,行标题首先为 A3 各选项的占比,随后为题目感受值的均数,列标题则为受访月份。要求用 SPSS 的制表模块实现该表格。

	2009.9	2009.10	2009.11	2009.12
明显改善	12.3	10.3	11.7	12.2
略有改善	20.1	22.7	34.2	31.1
基本不变	46.3	53.1	41.3	50.6
略有恶化	8.8	7.6	6.9	3.7
明显恶化	11.9	4.4	3.4	0.2
不知道/无回答	0.5	1.8	2.5	2.2
感受值	106.0	113.5	121.9	125.7

图 9.6 CCSS 报告中的 A3 结果表格

该表格结构并不复杂,首先它是一个二维表,其列元素就是访问月份变量 time,而行元素则由两部分构成:首先是 A3 选项的构成比,其次是 A3 的题目得分均数,后者可以用数据集中已经生成的中间变量 QA3 来计算,下面就来看一下在 SPSS 中的具体操作。

9.2.2 绘制表格基本框架

1. 界面说明

选择"分析"→"表"→"定制表"菜单项,就会进入该报表生成器的操作界面,如图 9.7 所示。和 SPSS 中的其他过程不同,自定义表格过程是多层选项卡界面。其中,最常用的就是现在大家看到的表格选项卡,用于对表格框架进行定义。

(1) "变量"列表框:位于左上角,会列出所有可用的变量,如果有多选题设定,则会显示在列表最后。用户可采用拖放操作将相应变量/多选题变量集拖入右侧的画布区域。

(2) 制表画布(Canvas):在界面中部占据绝大部分空间,类似于画家绘画时的空白画布,用户在制表时就是在这张空白画布上进行拖放操作,以最终得到合适的表格。该画布有两种显示界面:正常视图和紧凑视图,分别在画布上方用"普通"和"压缩"按钮加以控制。对于多层表,右上方还提供了"层"钮,单击后可出现层列表框,用于选入层变量。

(3) "类别"列表框:"变量"列表框选中分类变量时,该列表框会自动列出所有的类别取值/标签。例如图中为选中变量 A3 时,下方自动列出了该变量的各类取值标签,主要用于数据检查。

(4) "定义"按钮组:用于对制表变量的统计指标、汇总方式等进行设定。

(5)"摘要统计"框组:用于控制不同类统计量的排列方向和变量标签显示方向。

(6)"类别位置"下拉列表框:用于设定类别标签的显示和排列方向。

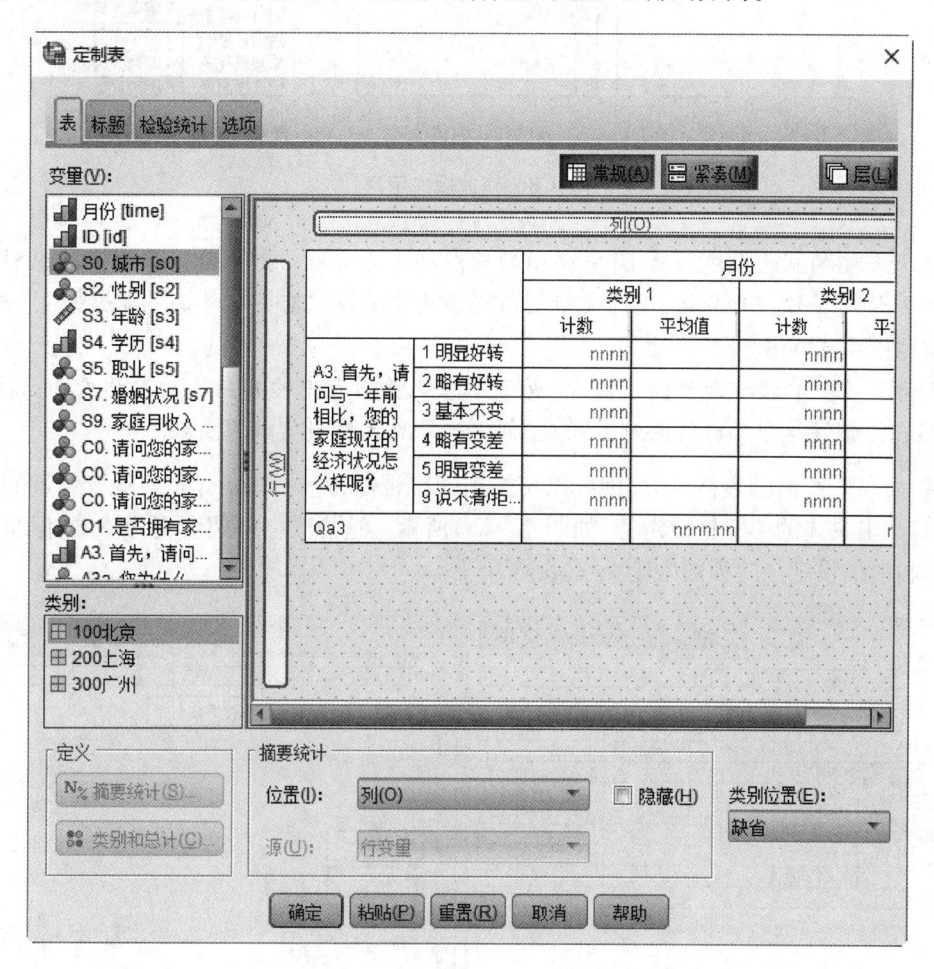

图 9.7 报表生成器的主对话框

上述各框组的详细功能,以及其余几个选项卡的功能将在下文介绍,下面首先来看一下例 9.1 的具体操作。

2. 具体拖放操作

首先以被放置在表格行元素上的变量 A3 为例来说明基本的拖放操作要点:鼠标左键选中变量列表中 A3 的图标,将其拖动入画布区内,如图 9.8(a)所示。当鼠标接近画布的行区域时,相应的行区域边框变红,同时鼠标图标还原为手形,表明该变量已找到泊留位置,如图 9.8(b)所示。此时松开左键,则变量 A3 会被放置在行框中,而相应的变量名标签、变量值标签会立刻在画布上显示出来,如图 9.8(c)所示。

对行变量 QA3 以及列变量 time 的操作方式与 A3 基本相同,不再详述。但是在拖放 QA3 时,由于此时行上已有变量 A3 存在,放置位置的不同可以得到完全不同的 5 种结果:上叠加、下叠加、左嵌套、右嵌套和替代。读者参照前面介绍的基本表格类型就会理解。显然本例中应当为下叠加,即拖放完毕后,表格框架应当基本如图 9.9(a)所示。

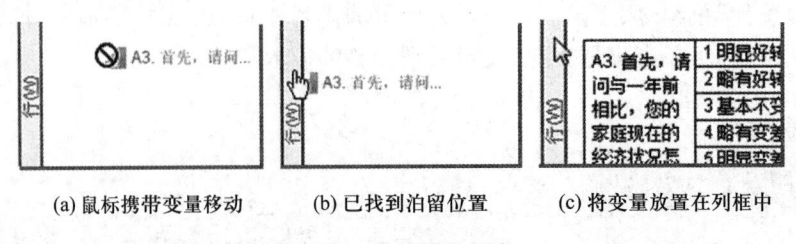

(a) 鼠标携带变量移动　　(b) 已找到泊留位置　　(c) 将变量放置在列框中

图 9.8　拖放操作示意

> 本章介绍的制表模块和第 10 章介绍的绘图功能均需借助变量的测量尺度来识别究竟应当对该变量作何种分析,因此使用之前必须要正确设定有关变量的测量尺度。如果设定不当会得到完全错误的结果。
>
> 除事先在数据集中正确设定之外,也可以在变量列表中的相应变量名称处单击右键,然后在右键菜单中临时修改测量尺度,但这一修改只对当前过程生效。

最后,如果所绘制的表格太大,则可以切换到紧凑视图,此时画布上将只显示变量的设定位置,而不再给出具体的单元格设定等,如图 9.9(b)所示。这样表格框架会更为清晰,但是对标签等的显示和精细设定在此视图中则无法完成。

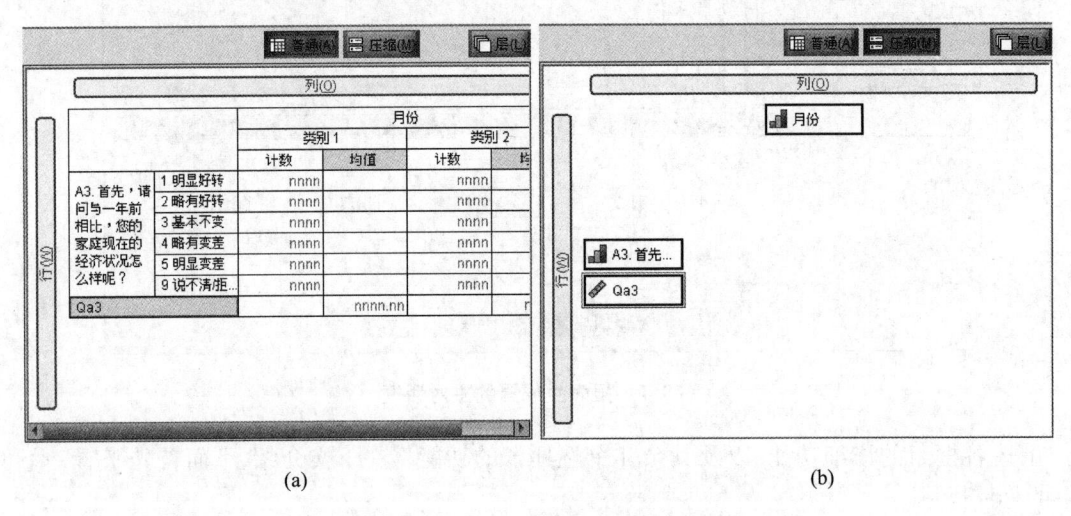

(a)　　　　　　　　　　　　　　(b)

图 9.9　表格框架的普通视图和紧凑视图

9.2.3　设置摘要统计量及格式

在图 9.9(a)所示的表格画布普通视图中,可以看到对 A3 的每个类别默认输出的是频数,而对 QA3 的均数默认输出的则是两位小数,这些都和题目的要求不符。因此需要继续对各变量的统计量加以设定,这些操作都在摘要统计量子对话框中完成,具体如下。

1. 对分类变量的摘要统计量设定

单击画布上变量 A3 的图标,此时"摘要统计"按钮变黑可用,单击该按钮后弹出子对话框如图 9.10 所示。可见左上角的"统计"列表框中会以可折叠列表的方式给出该分类变量可以计算的各种统计量,总共有近百种之多。但默认情况下右上侧的"显示"列表框中只有频数(计数),按照本例的需求,将其移除,然后选入列 N%,注意此处需要修改该统计量的显示格式为不带%符号的 nnnn.n,即设定为 1 位小数,操作完毕后单击下方的"应用于所选项"按钮即可使设定生效。

从对话框界面中可以看出,默认情况下汇总项的统计量是和单元格相同的,但如果希望采用不同的设定,则选中"有关总计和小计的定制摘要统计"复选框,即可激活下部的列表框,用于对汇总项的统计量进行单独设定。

> 实际上,调用相应统计量对话框的最快捷方式是直接双击画布上 A3 变量及其统计量所在的区域,就会直接弹出相应的子对话框,本书为了条理更清晰,因此仍然是以按钮路径为准进行介绍。

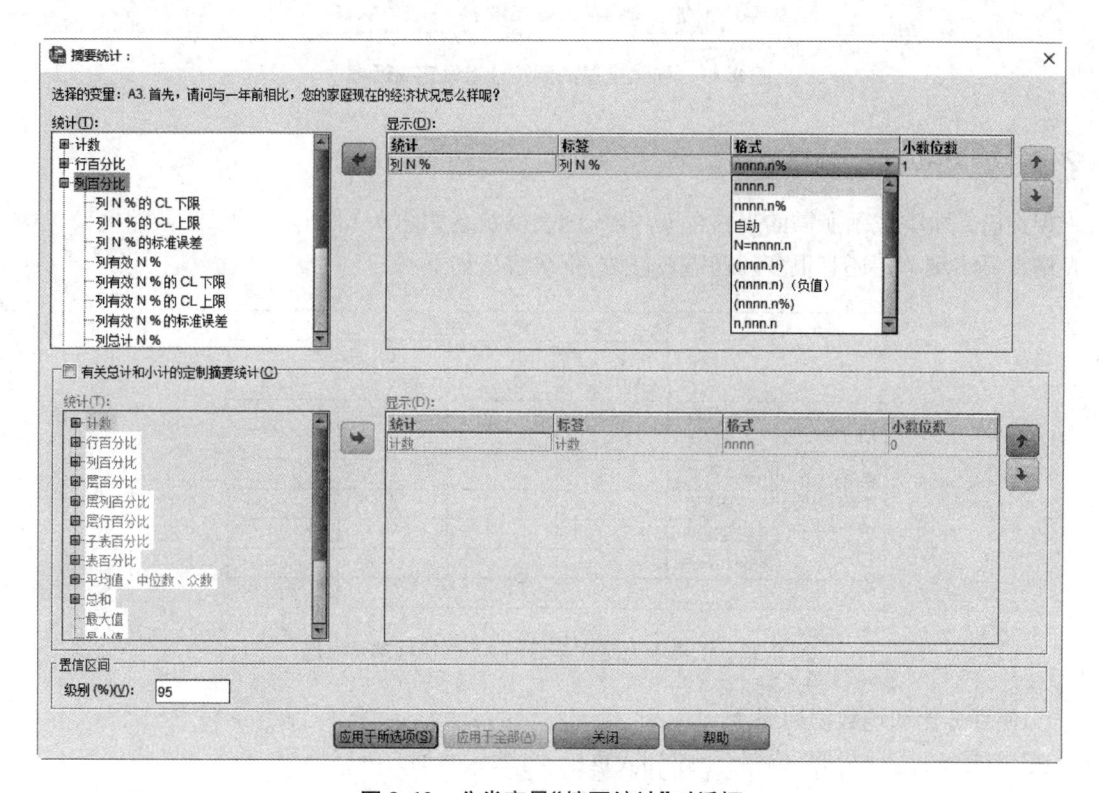

图 9.10 分类变量"摘要统计"对话框

2. 对连续变量的摘要统计量设定

单击画布上变量 QA3 的图标,再单击"摘要统计"按钮,此时弹出的就是针对连续变量的摘要统计量设定子对话框如图 9.11 所示。此处也提供了上百种可计算的统计量,本例中默认显示的均值就是需要的指标,但是相应格式和小数位数均需要修改。注意,格式和小数位数可以使用下拉列表和计数器修改,操作更为简单。

"定义"框组中的"分类和总计"子对话框在本例中没有使用,因此暂不介绍,会在随后的复杂案例中加以学习。

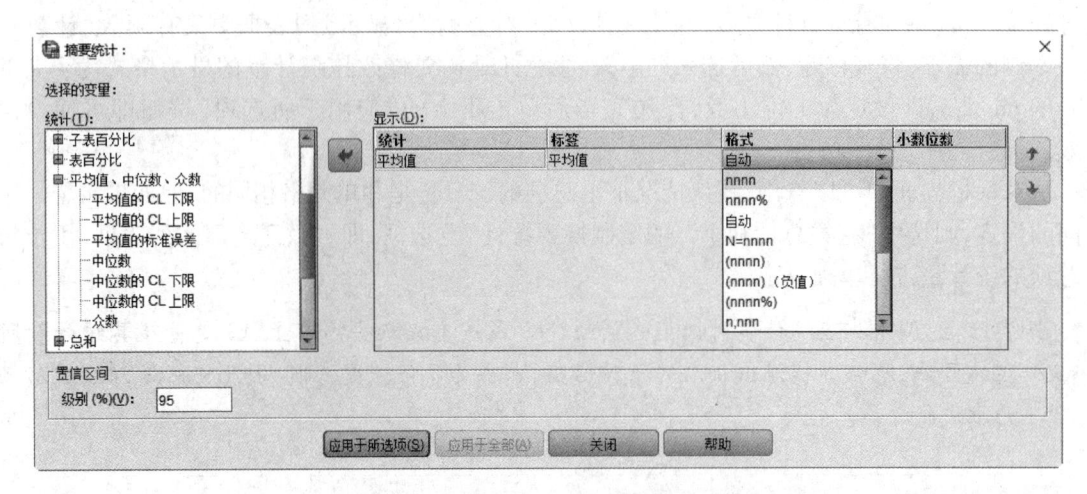

图 9.11 连续变量摘要统计量设定对话框

9.2.4 调整各种显示细节

现在已基本完成了所需的表格框架,相应的表格状态如图 9.12 所示。显然,虽然框架正确,但表格在显示细节上还有很多问题需要修改,依次解决如下:

		月份			
		类别 1		类别 2	
		列 N %	平均值	列 N %	平均值
A3.首先,请问与一年前相比,您的家庭现在的经济状况怎么样呢?	1 明显好转	nnnn.n		nnnn.n	
	2 略有好转	nnnn.n		nnnn.n	
	3 基本不变	nnnn.n		nnnn.n	
	4 略有变差	nnnn.n		nnnn.n	
	5 明显变差	nnnn.n		nnnn.n	
	9 说不清/拒	nnnn.n		nnnn.n	
Qa3			nnnn.nn		nnnn.nn

图 9.12 汇总项设定完毕后的 A3 表格框架示意图

1. 使百分比和均数同列显示

在"摘要统计"框组的"位置"下拉列表框中,将默认的列改为行即可。

2. 隐藏/修改统计量标签

"列 N%"这样的统计量标签显然在本例中是不需要输出的,可以考虑去掉。同样在上述"摘要统计量"框组的"位置"下拉列表框右侧,有一个"隐藏"复选框,选中它可以将所有统计量标签全部隐藏掉。但在本例中,QA3 需要被标示为"感受值",对此可以有以下两种解决方法。

(1) 将 QA3 的均数统计量标签改为"感受值",然后再将 A3 的百分比标签改为空白。这些操作均需在相应变量的"摘要统计量"子对话框中完成。

(2) 仍然隐藏所有的统计量标签,然后将变量 QA3 的变量名标签改为"感受值"并加以显示。此种操作也可达到同样效果,但由于会涉及数据集的标签修改,且明显会导致变量含义的混淆,因此不推荐。

3. 隐藏变量名标签

目前变量名/变量名标签仍然被显示在表格中,只需分别在画布上 A3、QA3、time 的变量名处单击右键,弹出右键菜单如图 9.13 所示。去掉对其最下方的"显示变量标签"复选框的选取,即可使变量名标签被隐藏起来。

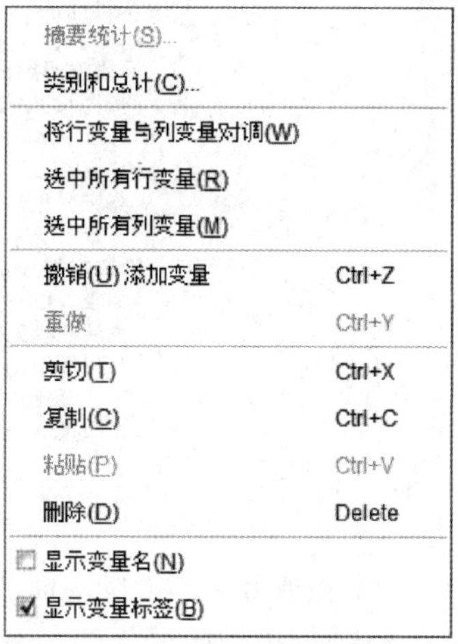

在进行了上述各项设置后,从图 9.14 所示的表格框架就可看出所需的表格已经基本完成,因最终的输出和框架示意几乎完全相同,因此这里不再重复列出。在这里大家也可以看到自定义制表模块的一大特色是不需要反复生成结果表格来检查制表过程,只需要考察画布上的表格框架,就可以很好地控制最终表格的质量。

和最终表格相比,这里生成的表格其变量值标签还略有不同,这可在数据集中修改好相应标签属性,然后重新生成表格,也可以直接在表格中进行编辑,修改相应变量的值标签以达到同样效果,详见 9.4 节。

图 9.13 变量名的右键菜单

图 9.14 最终设定完成后的 A3 表格框架

9.3 复杂案例:题目 A3a 的标准统计报表制作

9.3.1 案例介绍

例 9.2 图 9.15 为 CCSS 项目报告中题目 A3a 的固定表格格式,列标题仍然为受访月,行标题则分别为多选题 A3a 的乐观与悲观答案的响应百分比,在其上方则分别对乐观与悲观应答比例进行了小计,注意小计的汇总指标为应答人数百分比。请用 SPSS 的制表模块实现该表格。

该表格的制作难点主要在于以下几处。

(1) A3a 是一道多选题,因此首先需要将相应的变量 A3a_1、A3a_2 设定为多选题变量集才能进行制表。

(2) 并非所有的选项都需要在表格中出现,中性原因、拒答/不知道这两个选项需要被隐藏掉。

	2009.9	2009.10	2009.11	2009.12
导致家庭经济状况改善的原因	25.6	20.4	30.7	25.0
与收入相关的原因	17.3	15.8	24.6	22.8
与就业状况相关的原因	2.2	1.8	1.9	0.6
与投资相关的原因	1.9	0.5	1.2	0.0
与家庭开支相关的原因	4.2	2.3	2.2	1.9
与政策/宏观经济相关的原因	1.6	0.8	1.7	2.3
导致家庭经济状况恶化的原因	38.4	20.9	24.2	12.3
与收入相关的原因	11.7	7.0	5.6	6.2
与就业状况相关的原因	4.8	3.1	6.6	2.2
与投资相关的原因	1.5	0.5	0.2	0.0
与家庭开支相关的原因	24.1	12.0	14.4	4.1
与政策/宏观经济相关的原因	2.2	1.5	0.3	1.4

图 9.15　CCSS 报告中的 A3a 结果表格

（3）乐观选项、悲观选项分别需要进行小计，而不是全部选项进行合计，且小计位置在上方而不是常见的下方。

（4）小计项采用的是应答人数百分比，而选项采用的是应答人次百分比，指标不同，需要分别设定。

在随后的软件操作中，就来依次解决上述问题。

9.3.2　多选题、表格基本框架及汇总项的设定

1. 设定多选题变量集

首先检查数据集中变量 A3a_1、A3a_2 的测量尺度正确（如果错误的设定为"⬚度量(S)"，后面的操作将会出错），然后按照第 8 章中的讲解将其设定为变量集 TA3a，这里不再重复叙述。但是需要注意，这里调用的是制表模块对应的变量集设定功能，对应的菜单为"数据"→"定义多重响应集"或者"分析"→"表"→"多重响应集"，两者完全等价。

2. 绘制表格基本框架

有了上一节的基础，这里只需要简单地列出所需操作。

（1）将变量 time 拖放至列框内。

（2）将变量集 TA3a 拖放至行框内。

（3）右键菜单设定 time 和 TA3a 的变量名标签为隐藏。

（4）摘要统计量框组中，将位置下拉列表更改为行，选中右侧的隐藏复选框以隐藏统计量标签输出。

3. 设定摘要统计量

在画布上选中变量集 TA3a 后，单击左下方"摘要统计"按钮，在子对话框中操作如下。

（1）变量统计量，右侧显示列表中删除"计数"，选入"列响应%"，并将其格式改为"nnnn.n"，1 位小数。

（2）选中左侧的"有关总计和小计的定制摘要统计"复选框，清除下方显示列表中的已有选择，选入"列 N%"，同样将其格式改为"nnnn.n"，1 位小数。

（3）单击"应用于所选项"按钮退出子对话框。

9.3.3 设定分类变量小结和汇总项

下面重点进行多选题选项小结的设定,这需要在"定义"框组的"类别和总计"子对话框中实现。

1. 类别和总计子对话框界面说明

(1)"值"框组:直观地显示该分类变量各类的显示方式、顺序、汇总等。列出了各类的取值和值标签,其排列顺序就对应了表格输出中的顺序。

(2)"小计及计算的类别"框组:用于在类别中插入子汇总项,并可插入多个。

(3)"类别排序"框组:用于设定各类别的排序方式,可按照数值、标签、频数进行升、降序的排列。但是,如果有类别被剔除,或者加入了子汇总项,则排序功能不可用。

(4)"排除"列表框:如果不希望在列表中出现某些类,则将相应的取值选入该框即可。

(5)"显示"框组:用于设定某些项是否显示,包括合计项、空类、未提供值标签的类别。

(6)"总计和小计的显示位置"框组:用于设定汇总和子汇总项的标签是在左/上部显示还是右/下部显示。在许多项目中,客户习惯于汇总项位于左/上部,显然这一功能将非常有用。

2. 具体操作

本例中所需的操作如下。

(1)将"中性原因"、"不知道/拒答"两个选项移入排除框。

(2)在右下角"总计和小计的显示位置"框组中,选择"位于它们所应用于的类别上方"单选按钮。

(3)在"值"框组中选中 10(改善:收入相关),然后单击下方的"添加小计"按钮,在弹出的"定义小计"子对话框中将小计名称改为"导致家庭经济状况改善的原因"。

(4)按照和上述方式类似的操作,在 110(恶化:收入相关)上方插入名称为"导致家庭经济状况恶化的原因"的小计。

> 本例操作中在汇总子对话框中使用的是"添加小计"按钮来实现项目的汇总,实际上也可以使用"添加类别"按钮实现完全相同的结果。添加类别方式可以对已有的类别、汇总项按照四则运算方式组合成新的类别,并在结果中加以呈现,功能上要比添加小计更加灵活,不仅可以实现减法、除法、乘方等运算,而且生成的新类别不需要和原有类别相邻,而添加小计方式得到的汇总项就必须要和原有类别相邻。

设定完毕后子对话框应当如图 9.16 所示,单击"应用"按钮退出后,画布上的表格框架应当如图 9.17(a)所示。最后单击"确认"按钮,就可以得到所需要的数据表,如图 9.17(b)所示。当然,该数据表在列宽、小计黑体显示等方面还有问题,这些修改的具体操作将在 9.3.4 节加以讲述。

9.3.4 "定制表"对话框的其他选项卡

前面主要介绍了"定制表"对话框的"表"选项卡,该对话框还有另外 3 个选项卡,分别用于完成制表工作中的一些任务,使得最终得到的表格更为完美。

1."标题"选项卡

"标题"选项卡用于设定标题、脚注(对话框中翻译为文字说明)、角注等,并且将日期、时间、

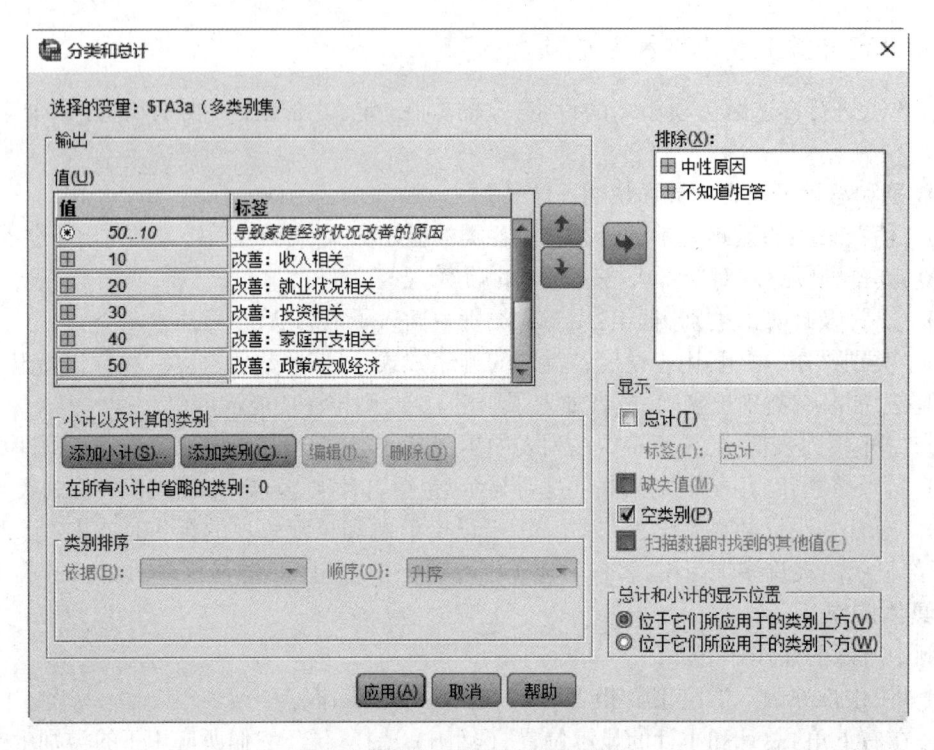

图 9.16 "类别和总计"子对话框

图 9.17 设定完毕后的 A3a 结果表格框架及最终输出的数据表(部分)

表格框架表达式这 3 个可用的系统变量做成按钮放在最上方,用户直接单击相应按钮,即可将相应的宏代码写入相应框中,使用非常便捷。

2. "检验统计"选项卡

"检验统计"选项卡为所制作的表格提供了检验相应变量间关联的能力。具体的检验有以下 3 种。

(1) 行列变量的独立性检验:考察被配置在表各行、列上的分类变量是否独立,具体采用的是卡方检验。如果表格为叠加表,则分别进行叠加维度上每个变量和另一个维度上分类变量间的卡方检验。如果为嵌套表,则按照嵌套外层分类变量的各种取值,依次进行被嵌套在内部的分类变量和另一个维度上分类变量间的卡方检验。

（2）各列均数的比较:当表格的列维度上有分类变量,而行维度上有连续变量时,则按列上分类变量的取值进行该连续变量各组均数的两两比较,具体为 t 检验。如果表格为叠加表,则分别进行叠加维度上每个变量类别间的两两比较。如果为嵌套表,则按照嵌套外层分类变量的各种取值,依次进行被嵌套在内部的分类变量各类别间的两两比较。

（3）各列比例的比较:当表格的行、列维度上都有分类变量时,则按照行维度的不同取值分别进行各列间构成比是否均衡的检验,具体方法为率比较中的近似 Z 检验。对叠加表和嵌套表的处理方式同前。

因以上提到的各种检验方法读者尚未学习,因此这里不再列举相应的分析实例,详细的功能介绍请参见后续相应章节。

3. "选项"选项卡

用于对表格输出中的一些选项进行设定,如图 9.18 所示。

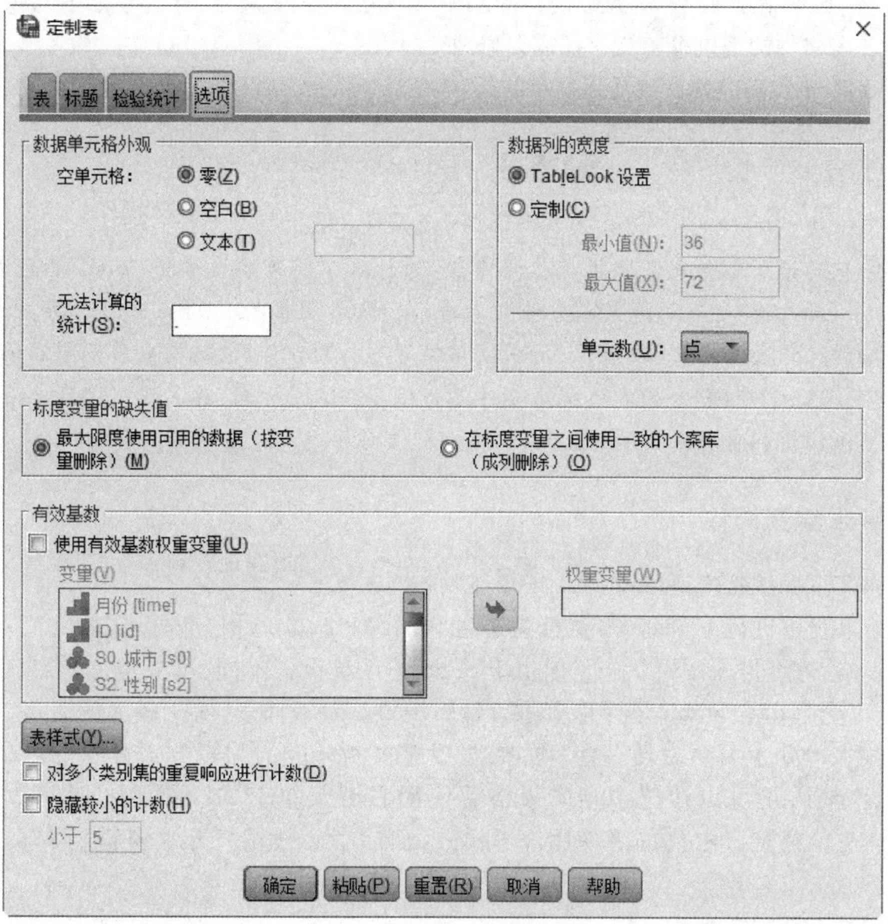

图 9.18 "选项"选项卡

（1）"数据单元格外观"框组：用于进行空单元格和缺失统计量显示方式的设定。

（2）"数据列的宽度"框组：为该模块特有的功能，用于自定义数据列的宽度，如果数据较为特殊，或制表的要求较为特殊，则可以在此自定义列宽。

（3）"标度变量的缺失值"框组：用于设定当连续变量存在缺失值时对数据的利用方式，功能和统计描述过程中的相应框组完全相同，这里不再重复。

（4）"有效基数"框组：用于数据为加权样本时，使用正确的权重变量进行表格输出。

（5）其他："表样式"钮提供的功能和前面章节中出现过的"样式"钮完全相同。默认情况下，不会对多选题变量集中重复出现的数据重复计数，如果确有需求，则可以选择"计算多个类别集中的重复响应"复选框。"隐藏较小计数"复选框则可以屏蔽频数较少单元格的输出，使得表格更为精简。

9.4 表格的编辑

前面已经基本完成了 A3 和 A3a 表格的制作，但和最终格式相比，还存在如下问题：
(1) A3 表格中的类别标签文字还需要修改。
(2) A3、A3a 表格中均存在加粗显示的行。
(3) A3a 表格中有过多的横线需要删除。
(4) A3a 表格中小结标签因为默认列宽不足被折行显示。

上述问题都可以通过对表格加以手工编辑来解决，下面来看一下具体操作。

> 可能有的读者会对表格编辑有其他建议：为什么不将表格复制到 Word 里面进行编辑，Word 表格编辑起来不是更容易吗？是的，在 Word 里面操作的确更加容易，但并非结果表格最终都会放置在 Word 里面使用，粘贴到不同的软件里，就需要用不同的编辑方式来操作，因此学习 SPSS 的表格编辑操作更为稳妥。另一方面，许多编辑操作可以存储为表格模板以达到自动化出表的效果，这在实际工作中是非常有用的。

9.4.1 基本编辑操作

1. 两种不同的编辑窗口

在对结果表格进行编辑前，需要首先进入它的编辑模式。相应的操作非常简单，只需双击选中的表格，就会进入编辑状态。但由于 SPSS 的系统设置不同，可能是在新窗口中进入编辑模式，也可能是在结果浏览器中嵌套进入编辑模式。一般而言，对于较大的表格，单个窗口的编辑模式在操作上要更方便一些。如果希望能控制相应的编辑方式，除了可以在系统选项中加以设定外，还可以在选中相应表格后使用右键菜单上的"编辑内容"→"在查看器中"，或者"在单独窗口中"，前者使用嵌套模式，而后者会使用打开新窗口的方式进入表格编辑状态。

2. 工具栏与透视托盘

在进入编辑状态后，默认情况下窗口中会同时出现浮动的编辑工具栏和透视托盘，方便用户进行编辑操作。透视托盘在第一节已经介绍过，用于控制和修改表格框架。工具栏则可以对选定单元格进行文字格式、对齐方式等的设定,其左侧的 按钮可以切换透视托盘是否出现,右侧的 按钮则可以根据表格数据生成统计图形,包括线图、饼图等,如图 9.19 所示。

> 工具栏自身是否出现是在菜单"查看"→"工具栏"处切换。

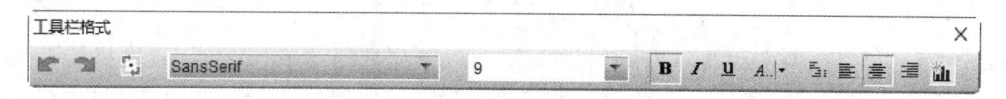

图 9.19　透视表的工具栏

3. 表格元素的选择方式

在表格编辑中,单元格是基本的操作单位,包括表格标题和脚注均被看成特殊的单元格来处理。虽然根据所使用的表格模板设定不同,有的单元格间的分界线并未被绘制出来,但它们在编辑操作中并不会被合并在一起,仍然是相互独立的编辑单位。

在对表格中的具体内容进行编辑操作时,应当首先将具体的元素选中,使系统得知后续操作是针对什么进行的。最常见的情形就是对单元格的选择,只需单击即可。不仅可以选中某个单元格,还可以选中其中的 1 行或 1 列,但首先要选中最上侧或左侧的标题单元格,然后选择"编辑"→"选择"菜单项,选项有:表格、表格主体、数据单元格、数据和标签单元格等。在选中的相应的单元格后,用户就可以对它们同时进行删除、复制、更改格式等操作,显然会方便得多。

4. 单元格内容的编辑

在题目 A3 生成的表格中,变量值标签还需要进行进一步修改。单击可以选中单元格,双击则进入单元格内数据的编辑状态,此时单元格内如果是数值的话,不仅会显示相应数据的全精度确切值,还可以直接加以修改。图 9.20 演示了对变量的均数单元格进行编辑的全过程,显然在编辑中用户可以随意修改其中的内容,甚至于将数字改为无关的纯文本。

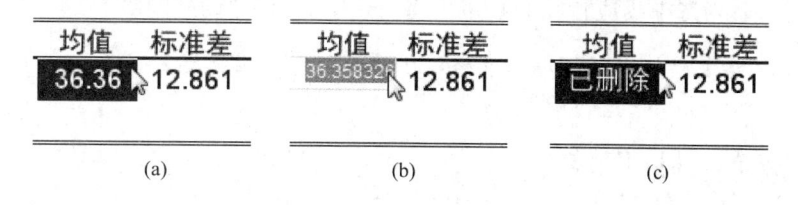

图 9.20　单元格编辑示意

5. 单元格位置的移动

单元格在表格中的位置并非固定不变,而且可以进行移动。但是,为了保证表格内容不至于混乱,移动需要以行、列为基本单位进行,图 9.21 演示了如何进行行间的位置交换,首先选中行标题单元格,然后按下左键移动鼠标,可以看到鼠标携带着交换符号在移动。在到达合适位置后松开左键,则该列会插入到示意的位置,最终操作结果见图 9.21(c)。

6. 列宽的更改

在题目 A3a 的表格中,小计标签因为默认列宽不足被折行显示。其实表格中的列宽也并非

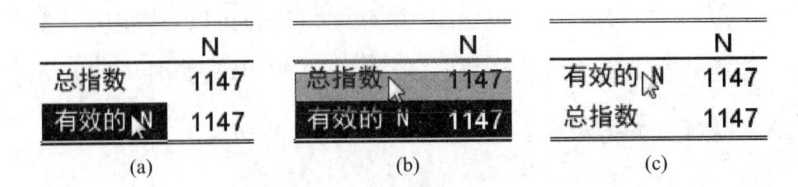

图 9.21 行交换操作示意图

完全固定,而是可以自由拖动的。为了方便操作,可以首先选择菜单"查看"→"网格线",这样可以将单元格的分界线用虚线精确地表示出来。然后就可以用鼠标直接对列宽进行拖放操作了,具体的操作方式和在 Word 表格中一样,如图 9.22 所示。

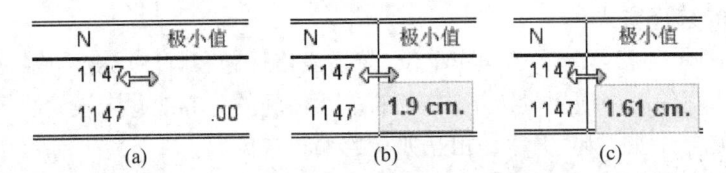

图 9.22 拖动列宽操作示意

除内容、位置和宽度外,单元格的其他属性也可以加以更改。

9.4.2 主要编辑菜单功能介绍

在用惯了 Windows 软件后,许多菜单功能都会无师自通,因此这里主要是对编辑中常用菜单项的功能进行解释,除非常复杂的操作外,不再进行具体的讲解。

1. "编辑"菜单

"编辑"菜单提供了复制、粘贴、删除、选择等常用的编辑操作,比较特殊的功能有以下几个。

(1) 分组/取消分组:用于给标题单元格加上、去掉亚组的标签,选中标题单元格这两个菜单项才会变黑,用户可以将相应的组标签改为自己想要的名字。

(2) 隐藏类别:当选中相应行/列时,可以将所选中的行/列彻底隐藏。

> 实际上,编辑菜单的内容可以在表格处于编辑状态时用鼠标右键直接以右键菜单的形式调出。

2. "查看"菜单和"插入"菜单

"查看"菜单用于切换表格中各元素的显示/隐藏,几个菜单项分别控制了编辑工具栏、表格维度标签、类别标签、脚注和单元格网格线的显示。"插入"菜单用于插入新的标题、说明、脚注等。

3. "透视"菜单

"透视"菜单的功能是改变结果表格的显示方式。

(1) 类别重新排序:可以对行、列标签重新排序,首先在表头区域选中希望移动/插入的位置,然后在该菜单中选择希望移动/插入的类别即可。当然,熟悉操作的读者完全可以用上文提到的拖放操作来达到相同的效果。

(2) 行列转置:用于实现表格的行列转置操作,该菜单项在表格太宽时非常有用。

(3) 透视托盘:透视托盘的显示切换开关。
4. "格式"菜单
"格式"菜单的功能是对表格各方面的格式设定进行精细的调整,比较重要的功能如下。
(1) 单元格属性:对选中单元格的字体、阴影、颜色等属性加以更改。
(2) 表格属性:对表格进行各个选项的精细设置,如字符格式、边框样式等。
(3) 表格外观:可以在这里直接更换表格模板,但所做选择只对当前表格生效。
(4) 自动调整:表格的行、列宽会自动按内容的多少调整为最小。
除以上功能外,其余各菜单项的含义均非常明确,这里不再详述。

9.4.3 表格属性的详细设置

在各种编辑功能中,相对比较复杂,但是又非常常用的是选项卡格式的"表格属性"对话框,因此下面将对其功能进行专门介绍。

1. "常规"选项卡

"常规"框组用于显示或隐藏空的行/列;"行维标签"框组用于控制行维度标签的显示格式,可以位于左上角或嵌套;"列宽"度框组:用于控制最大、最小行/列标签宽度。图 9.23 所示的右侧"样本"框组会即时显示相应更改的效果。

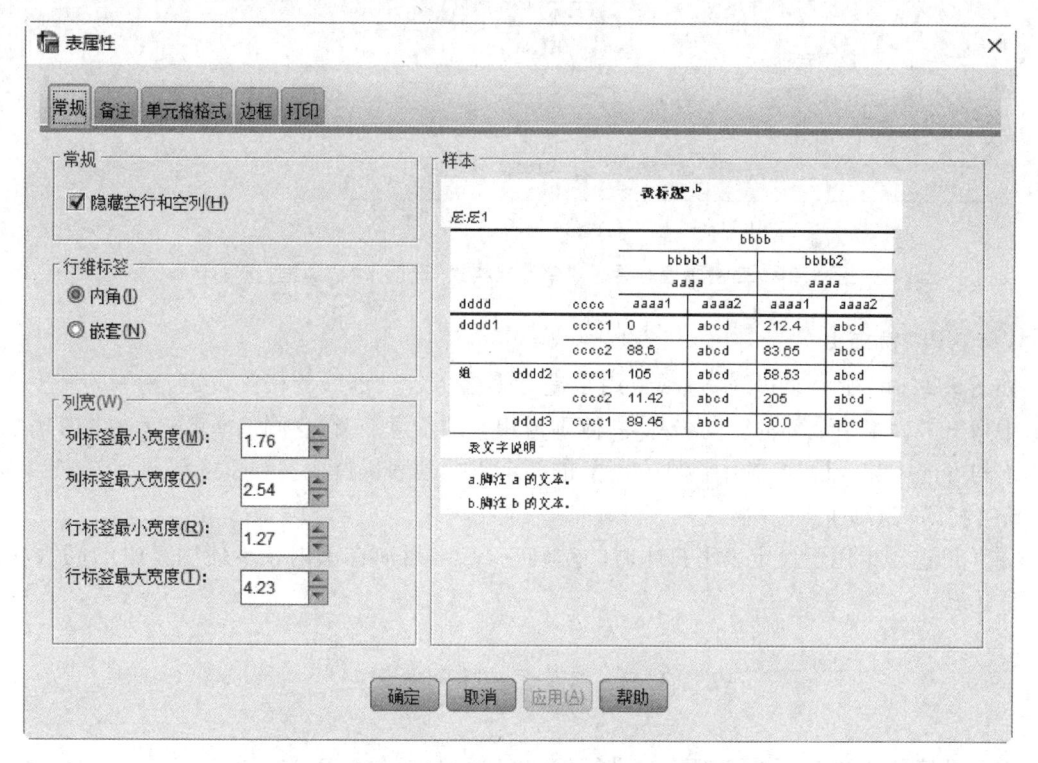

图 9.23 表格属性对话框的"常规"选项卡

2. "备注"选项卡

设定表格中备注的显示格式,并为表格加上注释文本等。可以将脚注序号设定为字母顺序或者数值顺序,具体位置可以是右上角或右下角。右侧会有示意图即时显示相应更改的效果。

3. "单元格格式"选项卡

如图 9.24(a)所示,"单元格格式"选项卡可以设定表格中单元格的基本显示格式。左半侧从上到下依次用于设定单元格的字体、对齐方式、阴影及颜色、边距。右侧则用于选择具体的单元格区域,并显示出相应的格式设定。注意 SPSS 表格将单元各分成了若干组,每组单元格只能使用相同的格式设定。在使用该选项卡时,首先应当在右侧的"区域"下拉列表框中选中相应的单元格区域,然后才能进行相应的设定。

(a)

(b)

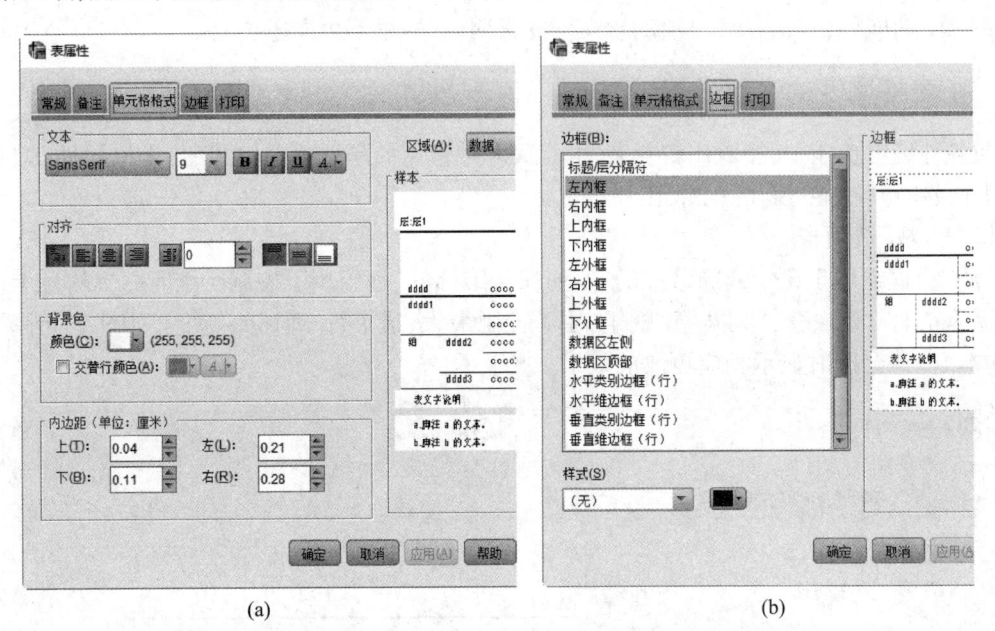

图 9.24 表格属性对话框:"单元格格式"选项卡和"边框"选项卡

4. "边框"选项卡

如图 9.24(b)所示,"边框"选项卡用于进行表格中各种框线的格式设定,左侧的"边框"列表框中列出了表格中全部框线的名称,右侧则为相应的示意图,在左侧选择名称和在右侧示意图中单击均可选中相应框线,选中后在左下角的两个下拉列表选择线型和颜色。

5. "打印"选项卡

"打印"选项卡用于设定表格打印时的精确选项,因目前在国内较少使用其中的高级功能,不再详述。

9.5 表格模板技术

上面已经详细讲解了如何对表格进行编辑,但是,所有的编辑操作都只是针对当前表格进行,对于一个新绘制的表格,SPSS 仍然会使用默认设定的表格格式进行输出。读者可以设想这样的一种场景:该项目中共需要绘制 1 000 个表格,具体格式都相同,但是和 SPSS 默认的格式不同。如果进行这样一张表格的格式编辑需要 5 分钟,那么,1 000 张表格就需要 5 000 分钟,合计

80多个小时！显然,如果能够有一种方法将所需设定保存下来,并且使得SPSS输出的全部表格均自动使用该设定绘制,将会大大的减轻相应的工作量。

使用表格模板技术就可以达到上述目的,所谓表格模板指的是存储了表格框线、单元格字体、颜色等设定的一种特殊格式的文件,SPSS可以读取其中的设定值,并将其应用于当前表格。

1. 为当前表格应用、存储不同的表格模板

除默认表格格式外,在SPSS中还预制了一大批其他样式的表格模板,如果希望为当前表格更换一个新的模板,则选择"格式"→"表外观"菜单项,打开的对话框如图9.25所示,左侧列出的就是所有可用的表格模板,右侧则为相应格式的示意图。用户只需要在左侧列表中选中合适的模板名称,然后确认即可。此时就可以看到当前表格已经被更改为相应模板的设定格式。

"表外观"对话框还可以用于将当前表格的格式设定存储为一个新的模板,供其余表格使用。注意图9.25下方的一排三个按钮,"保存外观"按钮用于将格式的更改存储到当前使用的模板文件中,"另存为"钮则要求将当前格式存储为一个新的模板文件。"编辑外观"按钮则用于继续对现有表格的格式设定进行更改,单击后会打开"表格属性"对话框供用户修改表格格式。

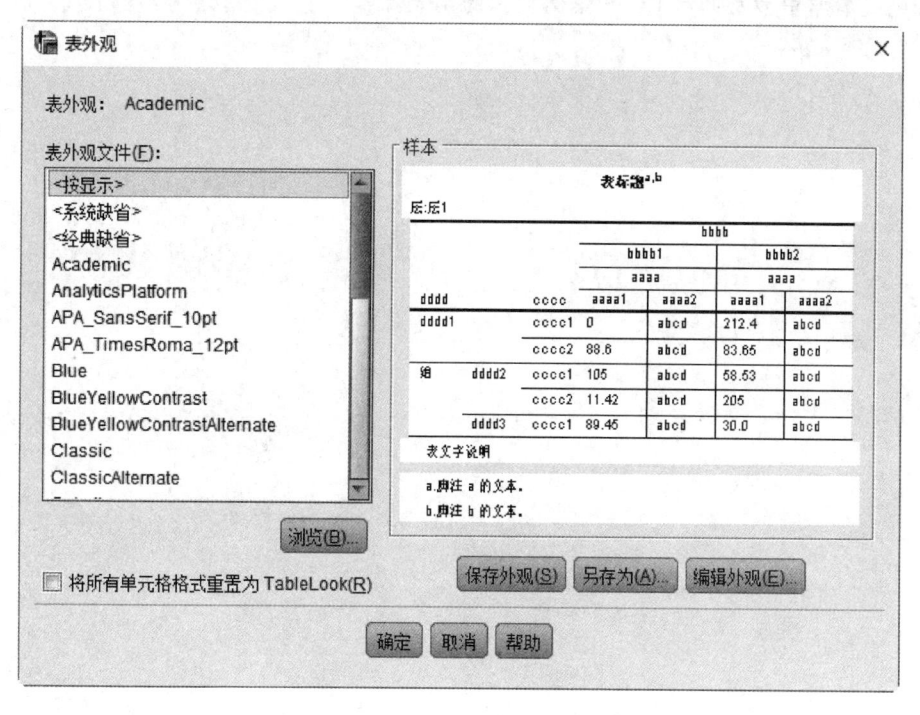

图9.25 "表外观"对话框

2. 将表格模板设定为系统默认值

通过上面的操作,已经可以将需要的格式设定保存为表格模板,然后再将其应用到别的表格上去,这虽然大大节省了工作时间,但是当需要操作的表格数量较多时,仍然非常麻烦,此时可以将相应的模板设定为系统默认表格格式,从而在制表程序执行时就完成相应的表格格式设定工作。具体的操作在"系统"选项卡中进行,在SPSS中选择"编辑"→"选项"菜单项,在打开的对话框中选择"透视表"选项卡,在该选项卡中首先使用"浏览"按钮找到希望使用的表格模板文件,然后将该模板名称设定为"默认表格外观"即可,确定后 SPSS 输出的所有表格将均使用该模板的格式设置。

在各种 SPSS 预设的模板中,以 Academic 模板和 Report 模板最为有用,如图 9.26 所示,Academic 模板实际上就是统计学中最常用的三线表,完全符合统计学中的统计表格要求。而 Report 模板更进一步,只保留了分隔表头和表格正文的横线,是调研报告中常用的单线表格式。笔者在此建议大家尽量使用这两种模板,以养成良好的表格格式习惯。

	N	极小值
总指数	1147	.00
有效的 N	1147	

(a)

	N	极小值
总指数	1147	.00
有效的 N	1147	

(b)

	N	极小值
总指数	1147	.00
有效的 N	1147	

(c)

图 9.26　透视表的默认模板、Academic 模板和 Report 模板格式

思考与练习

自行完成本章中涉及的对 CCSS 案例数据的制表操作。

第10章 数据的图形展示

统计报表的优势在于可以对各种数据细节进行精确呈现,缺点则是不够直观,读者很难立刻抓住主要的数据特征。统计图的特点则正好和报表相反,图形可以直观地反映数据的主要特征,但对数据细节的呈现效果一般。只有将图表结合应用,才能使得对数据的呈现最为全面和清晰。本章介绍数据的图形展示技术。

> 由于统计图对数值的呈现稍显粗略,因此当所展示的数据大小较接近时最好考虑采用统计表。如果一定要用图形来呈现,则可在图中标出具体数值备查。

本章的研究背景是希望初步了解不同地域、月份、人口背景特征的消费者的信心指数存在着怎样的差异。

10.1 统计图概述

统计图可简洁、直观地对主要的数据信息进行呈现。针对这一特点,制作统计图有两个基本要求:一是正确,二是简洁,以反映事物内在的规律和关联。

10.1.1 统计图的基本框架

一幅完整的统计图大致可以被分解为标题区、图例区、绘图区等多个部分,如图 10.1 所示。

1. 标题区和注解区

这两个区域分别位于图形的最上方和最下方,位于图形最上方用于列出图形名称的就是标题区,如图 10.1 中写着"Count of…"的部分。标题中一般应注明图的编号,标题内容则简明扼要,用于说明资料的内容、地点、时间等。图中最下方的空白区域即为注解区,主要用于添加对图形内容的简单说明,一般文字不宜过多。

值得指出的是,由于中文文献的出版习惯不同,统计图一般要求在图形的正下方给出标题,本书也是如此。在这种情况下,如果再添加注解,就会使图形显得不太对称,因此往往会将注解改为在正文中的一段文字叙述。因此读者在实际绘图时,往往不会使用到标题区和注解区的功能,而是自己另行添加。本书的实例也基本上不会用到这两个区域。

2. 坐标轴

包括坐标轴、图形本身(绘图区)在内的区域一般被统称为数据区,是统计图的主要部分,这里分开以叙述。坐标轴用于表示相应变量的取值情况,由于二维统计图最为常用,相应的两个坐标轴往往被直接称为横轴和纵轴。实际上,坐标轴应当按照所表示的数据类型被分为连续轴和分类轴两大类,如图 10.1 中的横轴就是分类轴,其数轴刻度间无大小之分,仅代表不同的类别。其纵轴则为连续轴,刻度严格而准确地表示了数量上的差异。连续轴和分类轴的编辑功能相差极大,但与其是位于横轴还是纵轴位置则完全无关。

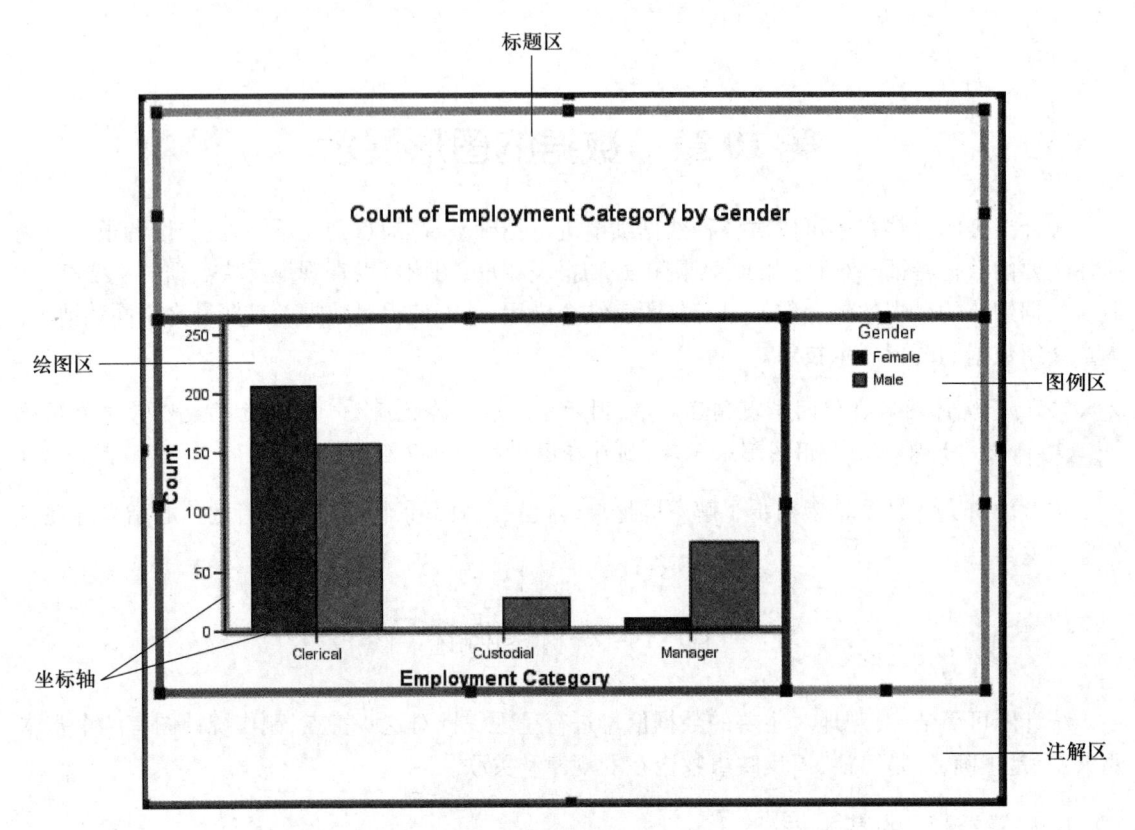

图 10.1 统计图结构示意图

坐标轴一般都应注有标目,用于说明其表示的具体含义。对于连续轴而言,往往还需要注明单位,如年份、克、%等。连续轴的刻度设定一般情况下为算术等距,但必要时也可是几何等距,以满足特殊的分析需求,如图 10.2 所示。纵横尺度一般从 0 开始(对数线图、点图例外),以免对统计图所表示的指标关系发生曲解。

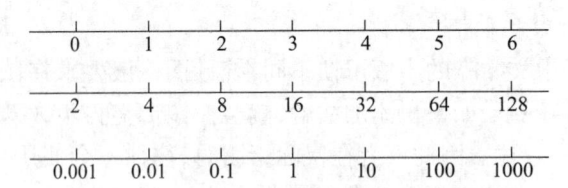

图 10.2 算术尺度、几何尺度和对数尺度的连续轴

3. 绘图区

绘图区指的是被坐标轴包围,直接使用图形元素来对数据进行呈现的区域,在 SPSS 中也被称为内框区,以和表示整个图形范围的外框区相对应。绘图区中主要有表示变量数值情况的直条、区块、点、线等图形元素,使用者在阅读图形时需要首先注意相应的各坐标轴的具体含义,以明确各图形元素的坐标究竟表示的是数量大小,还是类别的不同。如图 10.1 中不同的直条(横轴为分类轴)表示的是就业类别和性别的各种组合,而直条的高低(纵轴为连续轴)则表示这些

组合下的具体样本量。

除基本的图形元素外,绘图区中还可能出现各种文字注解、辅助坐标线等用于方便图形阅读的元素。

4. 图例区

图例区位于整个图形的右侧,当图形中需要使用不同的颜色、线形等将图形元素分组,用于表示不同类别时,就需要在图例中对此加以说明。以图 10.1 为例,可见右侧的图例用不同的颜色区分了代表不同性别的直条。图例可以被放置在图形的四周,当然,出于美观和使用习惯上的考虑,最常见的位置是右上方。

以上介绍的是一幅完整的统计图可能被划分出的几个区域。实际上,这几个区域并非在所有的统计图中都会出现。例如,标题区和注解区就往往不会用到,而如果不存在图形元素分组的问题,图例区也就不会出现。一般而言,由坐标轴和绘图区所组成的数据区是一幅统计图的核心部分,其余部分则是根据需要而有选择地加以使用。

10.1.2 统计图的种类

统计图的分类方法有许多种,但和统计学体系最为贴近的分类方法是首先按照其所呈现变量的数量将其大致分为单变量图、双变量图、多变量图等,随后再根据相应变量的测量尺度进行更细的区分。本节就按此进行讲述,毕竟大家是在学习一种统计软件而不是绘图软件。虽然读者会发现这种分类方法会将许多图形分成更细的小类,但是这样更有利于正确使用。

> 在 SPSS 中创建图形时,变量的测量尺度很重要,如果对变量的测量尺度定义有误,则可能无法生成相应的图形。目前,SPSS 将绘图用变量主要分为如下 3 类:无序、有序和连续变量,但同时又将多选题变量集作为一类特殊的无序变量进行处理。

1. 单变量图:连续变量

单变量图指的是通过图形元素的位置高低、范围大小等对某一个变量的数值/类别分布情况进行呈现,常用于描述、考察变量的分布类型。绘制这类图形时只需一个变量。

直方图是描述一个连续变量分布特征最常用的图形工具,如图 10.3(a)所示,它通过直条在各个取值区段的分布范围和长度来直观显示连续变量的数量分布规律,图形中的横轴代表不同的取值区段,纵轴则表示相应区段的频数。对于样本量较小的情形,直方图会损失一部分信息,此时可以使用茎叶图来进行更精确的描述。

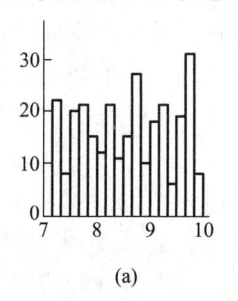

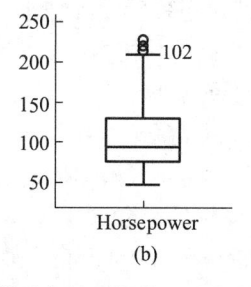

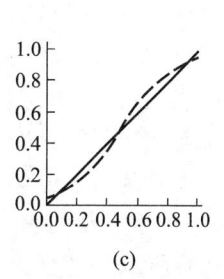

图 10.3 用于描述连续变量的几种常用单变量图示意

除直方图外,箱图也常用于连续变量的描述,如图 10.3(b)所示,它主要使用百分位数指标体系,包括中位数、四分位数等对该变量的分布规律进行呈现,还可进行对称性、极值判定。

对于更为深入的统计分析,研究者往往还希望考察该连续变量是否服从某种理论分布,例如考察其是否服从正态分布。除进行假设检验外,P-P 图和 Q-Q 图就可以达到这一目的,如图 10.3(c)所示。实际上,这种图形在前面几章中已经有所接触。

2. 单变量图:分类变量

对于分类变量的描述可以分为两种情况:展示分类变量各类别的频数,或者表示各部分占总体的构成比例。对于前者而言,最常用的工具是简单条图,如图 10.4(a)所示,它使用等宽直条的长度来表示相互独立的各类别的频数高低。换言之,横轴表示不同的类别,而纵轴则和直方图一样,也用于表示频数的多少。

在表示各部分的构成情况时,饼图是最常用的工具,如图 10.4(b)所示,它使用饼块的大小来表示各类别的百分比构成情况。此外,条图也可衍生出专门用于表示构成比情况的百分条图。

对于一些特殊的问题,研究者可能希望在一幅图中同时表示该变量各类别的原始频数和百分构成,Pareto 图就可以满足这一要求,如图 10.4(c)所示,它在图形中使用直条代表频数高低,同时又使用折线来表示累计百分比的变化情况。

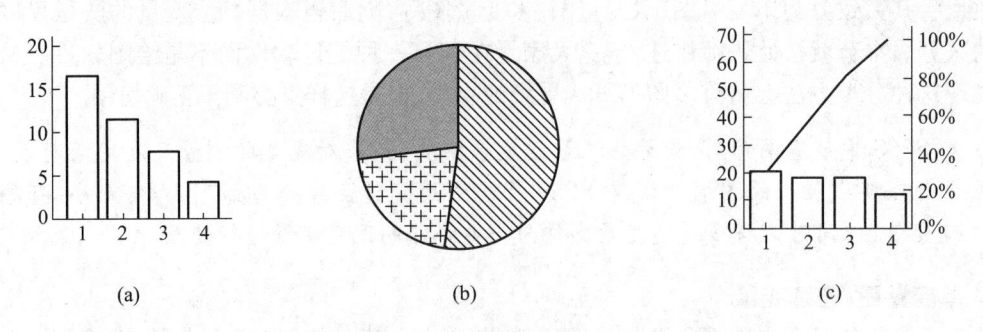

图 10.4 用于描述分类变量的几种常用单变量图示意

3. 双变量图:连续因变量

顾名思义,绘制这类图形时需要两个变量,而图形也主要是用于呈现这两个变量在数量上的联系方式,或者说当一个变量改变时,另一个变量会如何变化。该图形常用于对不同亚群(Subgroup)的研究对象进行比较。

为方便起见,这里首先考虑因变量为连续变量的情形。此时因变量一般会使用纵轴刻度的高度加以呈现,而所具体关心的指标可能是其均数,或者标准差等。当另一个主动变化的变量(自变量)为无序分类变量时,所用的图形工具实际上还是简单条图,只是此时每一个直条的高度代表的是相应类别该因变量统计指标的高低。

当自变量为有序分类变量,特别是代表年代或时间时,统计学中习惯上会用线图来对其关联进行呈现,用于直观的表现随着有序变量的变化,相应的因变量指标是如何上升或下降的,如图 10.5(a)所示。显然,这一信息用条图来呈现也可以,但这主要是一个使用习惯的问题。最后,如果自变量也是连续变量,则所用的工具就是读者所熟悉的散点图,如图 10.5(b)所示。它使用散点的疏密程度和变化趋势来对两连续变量间的数量联系进行呈现。

4. 双变量图：分类因变量

当因变量为分类、自变量为连续时,目前尚没有很好的图形工具可利用,常见的处理方式是将自/因变量交换后使用条图来进行呈现。当自变量也是分类变量时,实际上所使用的图形工具是比较单一的,基本上以条图为主。但是,按照其具体的呈现方式,又可分为复式条图、分段条图和马赛克图 3 种,复式条图重点呈现两个分类变量各个类别组合情况下的频数情况,如图 10.5(c)所示。分段条图则主要突出一个分类变量各类别的频数,并在此基础上表现两个类别的组合频数情况。马赛克图也是以一个分类变量为主,它所呈现的是在该变量的不同类别下,另一个变量各类别的百分比变化情况。10.5 节会对这些图形作详细的讲解。

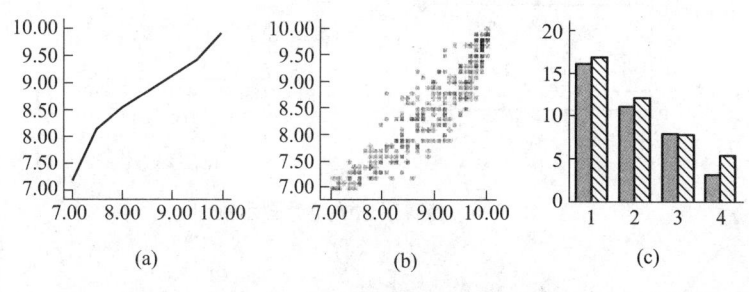

图 10.5　几种常见的多变量图示意

以上所介绍的仅仅是最为常见的双变量统计图。实际上,在掌握了单变量图的特性后,完全可以将其加以充分利用,在自变量为分类变量时,分类别绘制相应的单变量图进行数值特征的呈现,以达到对数据更为充分和深入的展示。最常见的情况有分组箱图、复式饼图、直方图组等,对此感兴趣的读者可参见相应图形的详细介绍,这里不再详述。

5. 多变量图

当一幅图形中需要呈现出 3 个甚至 3 个以上变量的数量关联时,所构成的图形就被称为多变量图。一般而言,由于一个坐标轴只用于呈现一个变量的数值特征,因此最常见的二维平面统计图表示两个变量的特征比较合适。如果要表现 3 个变量的关联,最好的办法是采用三维坐标的立体统计图。但是,由于实际上还是在纸平面或者显示器平面上对三维图进行呈现,立体图在使用上并不方便。因此,当其中有变量为分类变量时,统计学家采用的办法往往是采用图例这一方式对二维图进行扩充,使二维图能够表现出更多的信息。例如,在散点图中用点的形状或者颜色区分不同的类别,这实际上就在一幅带图例的散点图中同时呈现了两个连续变量和一个分类变量的数量关联信息。类似的图形还有多线图等。当然,如果所有变量均为连续变量,则图例并不能解决问题,仍然需要使用高维的散点图才能对其关系加以呈现。为了方便观察这种高维散点图,SPSS 对此也提供了一系列的功能,如散点图矩阵、立体散点图的动态旋转等,详见10.7 节。

> 读者在具体应用多变量图时要注意"度"的问题,切勿将统计图做得太复杂,因为这样会丢弃统计图"直观明了"的优点。

6. 其他特殊用途的统计图

如图 10.6 所示,除以上可按照统计原则加以归类的图形外,针对一些特殊的应用领域和分析目的，SPSS 还提供了一系列的专用统计图，它们或者用于满足某一个行业的特殊需求，或者用于完成某种专门的统计分析问题。前者如用于将统计数据与地域分布相结合的统计地图、工业质量控制的控制图、用于股票分析的高低图，后者的例子有用于描述样本指标可信区间或分布范围的误差条图、用于诊断性试验效果分析的 ROC 曲线、用于时间序列数据预分析的序列图等。对于这些工具将会有选择地在相应章节加以介绍。

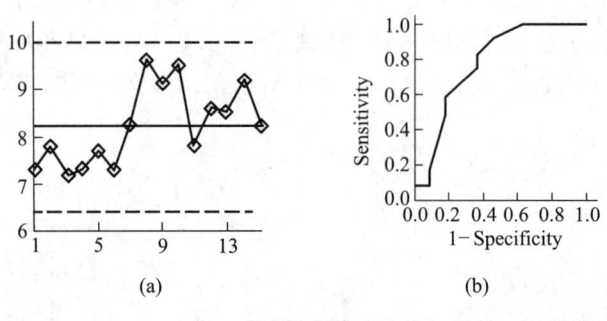

图 10.6　特殊用途的统计图示例

10.1.3　SPSS 的统计绘图功能

1. SPSS 统计绘图系统的 3 种版本

SPSS 的统计绘图系统一直处于不断的演进之中，在目前的 24 版本中，用户可能会碰到 3 种图形版本。

(1) 主统计图系统：是最主要的 SPSS 统计绘图系统，本章随后的讲解也将以该系统为主。

(2) 可视化图形板系统：来自 IBM SPSS Modeler 的绘图系统，通过调用绘图菜单上的图形画板模板选择器生成的就是此类图形，其编辑操作和主统计图系统完全不同。

(3) R 统计图：通过调用 R 插件，直接在 SPSS 结果窗口中绘制的 R 图形。这种图形基本上不能在 SPSS 中作任何进一步的编辑操作。

2. 统计图的 3 种对话框操作方式

SPSS 在绘制统计图时大致有 3 种对话框操作方式。

(1) 图表构建器：为"图形"菜单项的第一项，是类似于第 9 章画布式的全交互对话框，其界面全部采用非常舒服的拖放方式操作，并且每一个对话框元素的可操作性都大大强于普通对话框，以前需要两至三层对话框才能完成的工作，现在只要在一层对话框中就可以完成。不仅如此，由于几乎全部统计图的操作都被统一在这一界面之中，因此用户的学习和操作效率也会大大提高。本书就将以该构建器为主进行讲解。

(2) 图形画板模板选择器：为"图形"菜单项的第二项，是一个类似于绘图向导的可视化界面，会根据用户所选择的变量数量和测量尺度，自动给出可供绘制的图形供用户选择。但是通过该界面绘制的是来自 IBM SPSS Modeler 的可视化图形板系统。

(3) 标准的 SPSS 对话框：针对每一种图形均提供不同的对话框操作界面。在"图形"菜单中会提供"旧对话框"，其中提供的对话框按照图形种类进行区分，以方便 SPSS 老用户的使用，同时在"分析"菜单中也会提供大量此类对话框供用户使用。

10.2 直方图和茎叶图

直方图(Histogram),用于表示连续变量的频数分布,实际应用中常用于考察变量的分布是否服从某种分布类型,如正态分布。图形中以各矩形(直条)的面积表示各组段的频数(或频率),各矩形的面积总和为总频数(或等于1)。若各组段组距不等,则以各组段组距除该组段频数之商为矩形的高度,以该组段的组距为矩形的宽度,以保证矩形的面积等于该组的频数。

10.2.1 案例:绘制消费者信心值的直方图

例10.1 对总样本的消费者信心值绘制直方图,以考察是否服从正态分布。

本例明确了所需绘制的图形种类,因此操作上并无歧义,选择简单直方图即可。但是由于目的是考察变量 Index1 是否服从正态分布,因此最好能在绘图时加绘正态曲线以便于比较。

1. 界面说明

选择"图形"→"图表构建器"菜单项,就会进入图表构建器主操作界面,如图 10.7(a)所示。该界面实际上也是一个多层选项卡界面,只是选项卡被压缩到了绘图画布区下方而已。

(1) 变量列表框:位于左上角,会列出所有绘图中可用的变量,如果有多选题变量集,则会显示在列表最后。用户可使用拖放操作将相应变量/多选题变量集拖入右侧的画布区域。

(2) 类别列表框:位于变量列表框正下方,变量框中选中分类变量时会自动列出所有的类别取值/标签,图中因选中的是总指数 index1,所以没有任何显示。

(3) 绘图画布(Canvas):在界面中部占据绝大部分空间,类似于画家绘画时的空白画布,用户在制表时就是在这张空白画布上进行拖放操作,以最终得到所需的图形。注意在画布上有一些用虚线标出的放置区,变量只能被拖放入这些区域中。目前,图中显示的是两个数轴放置区。根据绘制图形的种类不同,还会有分组放置区(如复式条图或堆积条图)、面板放置区和点标签放置区等出现。

(4) "图库"选项卡:用于列出图库中的候选图形。图库中将图形按照基本特征分成了若干组(范围),用户可在左侧先选择图形范围,然后在右侧列出的图标中选择所需的图形。

(5) "元素属性"对话框:如图 10.7(b)所示,在画布中选入变量后会自动弹出,也可使用界面右侧的"元素属性"按钮切换其显/隐。该对话框用于对图形元素的种类、统计量设定、元素显示格式等进行详细设定,根据最上方编辑属性列表中所选中的图形元素不同,其下方所显示的选项也会有很大差异。

(6) "选项"按钮:用于对缺失值、图形模板等进行设定,一般较少使用。

> 图中列出的"元素属性"对话框显示的是对直条属性的设定界面,该界面的选项在以直条为基本图形元素的图形,如直方图、箱图、条图中都基本相似,因此请读者仔细观察界面中的内容,下文将不再对其加以重复讲解。

2. 具体操作

本例操作非常简单,具体如下。

(1) 选择"图形"→"图表构建器"菜单项。

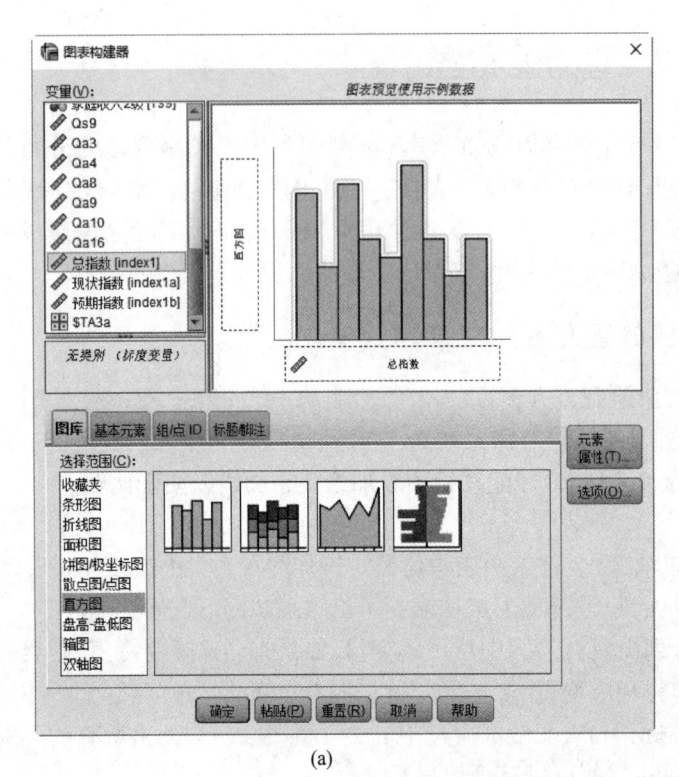

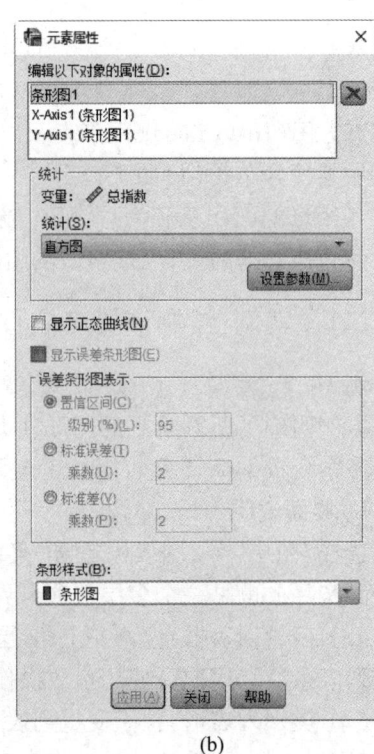

图 10.7 "图表构建器"对话框与元素属性对话框

(2) 在图库中选择直方图组,将右侧的简单直方图图标拖入画布中。

(3) 在变量列表中找到 index1,将其拖入画布的横轴框中。

(4) 在"元素属性"对话框中选中"显示正态曲线"复选框,注意随后一定要单击下方的"应用"按钮,否则相应的操作不会生效。

最终生成的图形如图 10.8 所示,可见 index1 的分布还是非常接近正态曲线的,只是左侧稍有拖尾,也就是有几个偏低的极端值存在。图形右侧还会给出样本平均值、标准差和样本量,以便使用者全面了解样本情况。

> 本章基本上都是按照先绘制出默认图形,然后再进行图形编辑的顺序加以讲解,如果希望在绘制图形时就能够控制连续轴选项、直条分段方式等非图形特征选项,则可以在"元素属性"对话框上部的列表中先选中相应的数轴、直条栏目,然后在其中部和下部进行相应的参数设定,此处不再详述。

10.2.2 图形的基本编辑操作

上面输出的图形无论是从统计学的要求,还是从美观程度上讲都存在着问题,好在 SPSS 赋予了使用者相当大的自主权,使用户可以对图形进行全方位的编辑。

1. 图形编辑窗口

在结果窗口双击要进行编辑的统计图,就会打开一个独立的图形编辑窗口,实际上图 10.8

显示的就是这样一个图形编辑窗口。在该窗口中的所有图形元素都可以被单独选中或者成组选中,如果该元素只能被成组选中,则说明是因为统计特性的原因不允许将该元素进行单独编辑。例如,直方图中的直条组、数轴的刻度标签等都是不允许单独选中的。

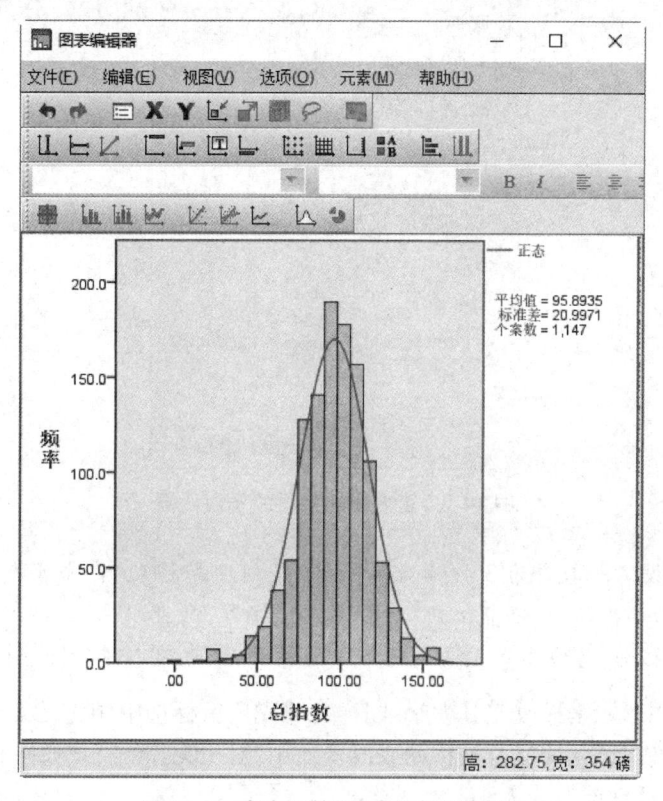

图 10.8　直方图的"图表编辑器"窗口

和图形编辑窗口往往配套出现的还有一个"属性"子对话框,如图 10.9 所示。这是一个多选项卡界面。对应着图形编辑窗口中被选中的元素种类,该子对话框中出现的选项卡种类也会出现变化。大多数编辑操作都要在此对话框中实现。如果该对话框被关闭,则可选择"编辑"→"属性"菜单项使其重新出现。

2. 图形编辑的基本操作要点

图形编辑的基本操作要点如下。

(1) 如何选择图形元素:统计图中的各种图形元素,如散点、直条、数轴等,都会按照其统计特征进行编组,在选择这些元素时,基本规律是第一次左键单击会选中图中的所有同类/组元素;在原位置上两次单击,则会变为只选中该图形元素本身(在使用图例时,两次单击会选中同组元素,3 次单击才会选中元素本身)。如果希望选择不同的多个图形元素,则按住 Ctrl 键分别选择即可。对于所选中的一个或者一组图形元素,用户可同时对其进行相同的格式编辑操作,如颜色、填充样式,甚至于单独标出具体的数值、ID 号等。

(2) 如何进行文本编辑:首先用鼠标单击选中文本,此时可更改其格式和字体;对于可编辑内容的文本元素,再次单击则进入编辑状态,可对其自由进行内容编辑。

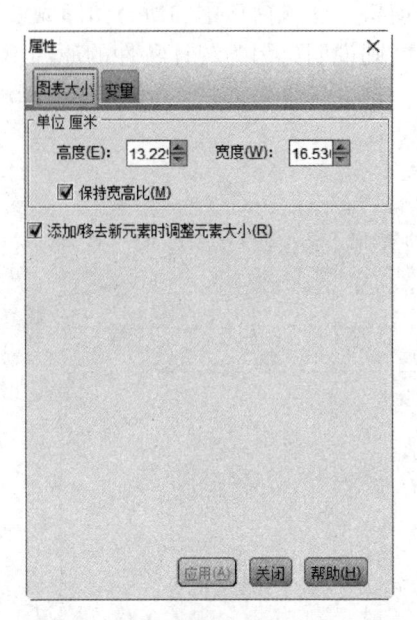

图 10.9 直方图的"属性"子对话框

> 文本的编辑设定一般分为 3 种情况：对于数轴刻度等移动/更改可能导致图形误读的文本元素，既不能移动，也不能编辑；对于图例文字等，则可以编辑，但不能在图例内部进行相对位置的移动；其他文本元素则既可以随意移动，也可以进行内容编辑。

（3）如何移动图形元素或改变其大小：同样需要先用鼠标选中相应元素，然后视选中框四周是否出现控制柄来确定该元素能否被移动或改变大小，对于无控制柄的选中框，相应元素是无法移动的，否则就可以移动或改变大小。

> 图形元素的位置设定也大致分为 3 种情况：数轴刻度等重要图形元素的位置完全固定，以保证基本的图形特征；图形中的坐标参考线等的位置为半固定，不能使用鼠标随意拖动，而只能在选项卡中输入坐标进行精确定位，以保证位置的准确；而对于一般性的文字注解、标签等，用户就可以将其在图形中随意拖动。

3. 更改图形长宽比例

默认图形是按照 4∶5 的高宽比绘制的，如果希望更改为更常见的 3∶4 等比例，则在"属性"子对话框的"图表大小"选项卡中取消"保持宽高比"复选框，然后在上方的高度、宽度框中自由输入希望设定的图形大小，再单击"应用"按钮即可。

4. 图例元素的位置移动和改变大小

除高宽比不合适外，默认绘制的直方图由于右侧完全被统计量图例占据，导致图形看起来更窄，完全可以将该图例拖动到更合适的位置上去：用鼠标将整个图例元素选中，则会出现如图 10.10 所示的带 8 个控制柄的方框，将光标移动到框线上，则光标会变为十字架形，此时按下鼠标左键即可随意移动所选中元素的位置。如果将光标移动到控制柄上，则光标变为双向箭头形，此时按下左键可以更改元素的大小。在移动位置或改变大小时相应区域内的文本不会改变大小和格式设置,只会随着区域的形状"流动"。而其中的图形元素则会自动调整大小和形状,如改变直条的长度、宽度等,以达到最佳的显示效果。

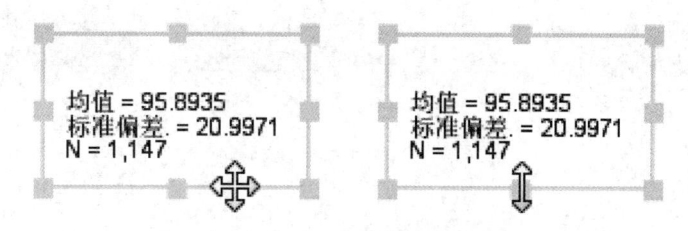

图 10.10　图形元素的移动和改变大小

至于图例中的文字大小、种类、颜色等属性,均可在窗口上方的格式工具栏中更改,这里不再详述。

5. 更改背景色、直条颜色、边框等图形元素属性

如果希望更改如颜色、线性等图形元素属性,则首先需要在图形中选中相应的图形元素。当选中不同的图形元素时,"属性"对话框会同步发生改变,及时给出可用于该元素编辑的各种选项卡,如图 10.11 所示。可见其共同特征是可以进行颜色的更改,此外还各自有一些特征性的编辑选项,如图形区块可以更改填充样式、边框样式,线条可以更改线型和粗细,而文本则可以更改字体、大小和对齐方向等。用户可以在对话框上自行选择所需的格式,最上方的预览栏则可以直接显示出相应的效果。请读者自行操作,去掉背景色,并且将直条颜色更改为更醒目的红色,这里不再详述。

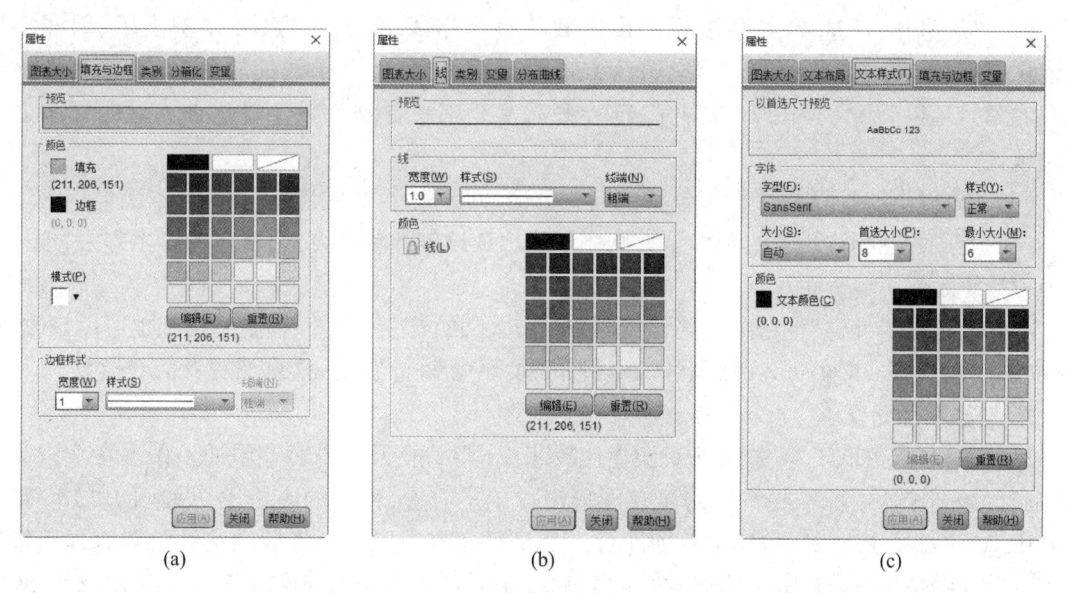

(a)　　　　　　(b)　　　　　　(c)

图 10.11　"填充与边框"、"线"和"文本样式"选项卡

6. 更改连续轴选项

由于直方图中两个数轴都是连续轴,因此其可用的选项卡也完全相同。这里以纵轴为例,当选中纵轴的任意部分时(刻度、轴线、标题文字均可),"属性"对话框中都会出现连续轴适用的选

项卡,如图 10.12 所示。

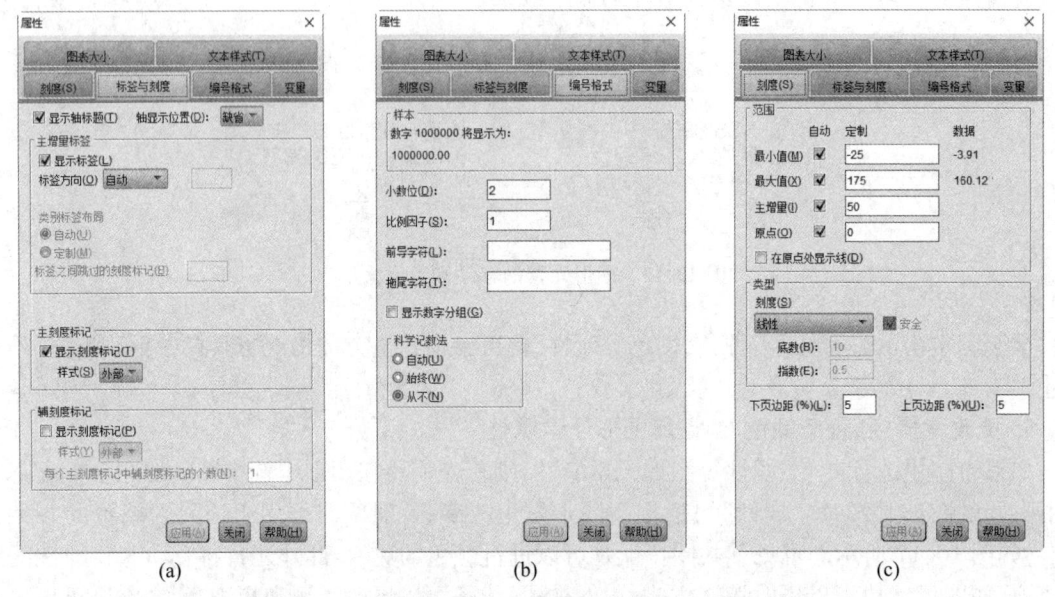

图 10.12 "标签与刻度"、"编号格式"和"刻度"选项卡

(1)"标签与刻度"选项卡:可在其中显/隐轴标题、主刻度、次要刻度的显示,并控制标签显示方向。

(2)"编号格式"选项卡:主要用于设定数值显示格式,包括小数位、比例因子、前导字符和拖尾字符,本例可以将小数位数均设为 0 以简化输出;比例因子数值较大时,数轴刻度将会按照原始数值除以比例因子加以显示;前导和后置符则主要是为数字显示加入说明文字以方便阅读。

(3)"刻度"选项卡:用于设定数轴的起止数值,间距大小和原点所在位置,本例可以缩小显得过大的上方和左侧边距。选项卡下方则用于更改连续轴的刻度方式,默认为算术等距,也可更改为对数等距或指数等距尺度。

除以上选项卡外,其他选项卡因比较简单,这里不再详述。此外,数轴的标签也可以修改,只需要在标签上双击,即可进入编辑状态,本例中可以将横轴标签改为"总消费者信心指数"。

7. 增删图形元素

显然,信心指数低于 50 的受访者明显比较悲观,那么能否在图形上添加一条参考线以突出哪些组段达到了这一标准呢? 只需要在图形窗口单击右键,弹出的右键菜单如图 10.13 所示。在其中选择"添加 X 轴参考线"菜单项即可。只是操作完毕后该参考线默认被放置在连续轴正中间,即 75 的位置,因此需要再次选中该参考线,在"参考线"选项卡中将其位置由 75 改为 50。

如果要删除某些图形元素,则首先选中该元素,然后单击右键,如果该元素可被删除,则菜单上会出现"删除"菜单项。

因编辑的需求不同,各种图形元素的右键弹出菜单也各不相同。但其功能和图形需求上是完全对应的,因此这里不再详述,感兴趣的读者可以自行尝试。

10.2 直方图和茎叶图

图 10.13 右键菜单

在以上编辑操作完毕后,最终的直方图如图 10.14 所示。通过这个实例,读者应当能充分体会到 SPSS 统计图编辑操作的便捷和强大。以后的各种图形将重点讲解其用途,对于编辑的具体操作则不再详细讲解。

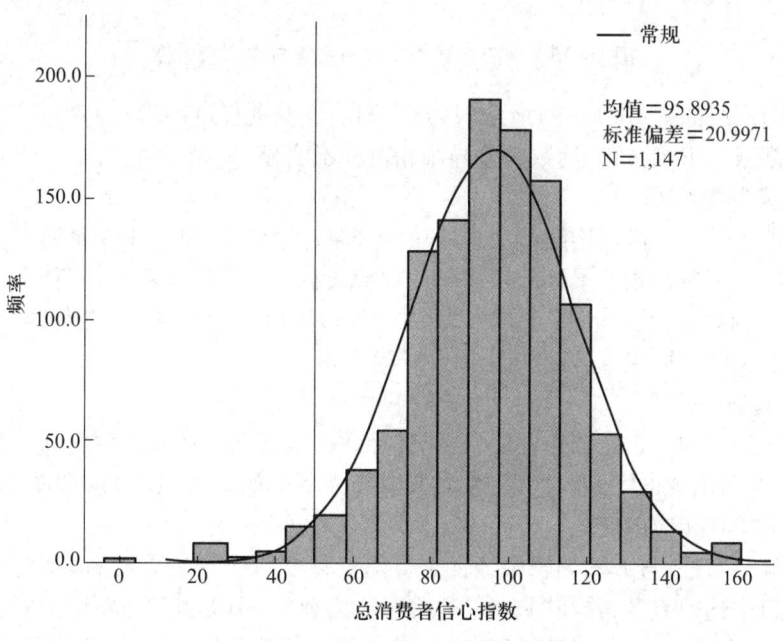

均值=95.8935
标准偏差=20.9971
N=1,147

图 10.14 编辑完毕的直方图

10.2.3 直方图图形框架的修改

这里将进一步介绍一些涉及图形框架变化的操作,这些操作有的可以直接通过图形编辑来实现,有的则需要重新绘图。

1. 直方图组的绘制

如果希望比较北京、上海、广州三地受访者的信心分布有无差异,除分别绘制3张直方图外,还可以用图组的方式来实现,如图10.15所示。除了和上面完全相同的对话框操作外,绘图时新增的操作如下。

(1) 切换至"组/点 ID"选项卡:选中"行面板变量"复选框。
(2) 将 S0 城市选入画布上新增的面板框中。
(3) 单击"选项"按钮,在"选项"对话框中确认未选择下方的"面板回绕"复选框。

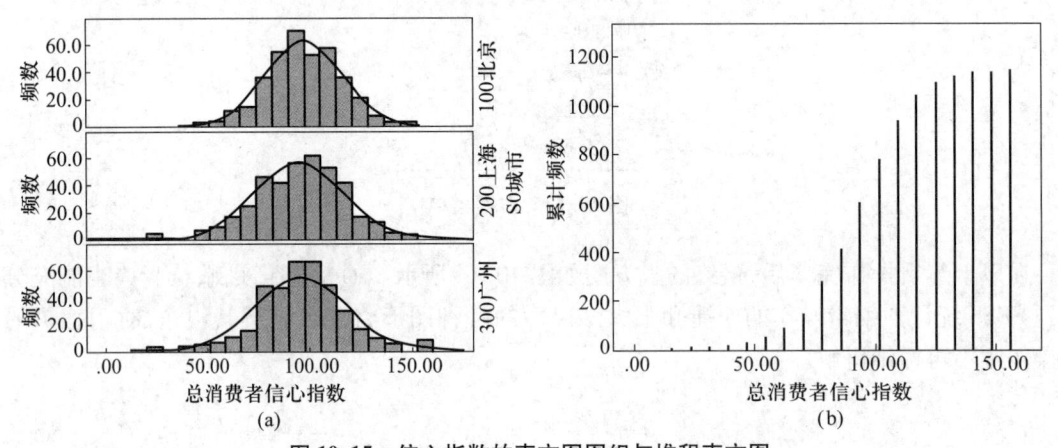

图 10.15 信心指数的直方图图组与堆积直方图

最终绘制的图组如图10.15(a)所示(注意该图形已经进行过编辑),其中可以看出三地的信心指数基本上都服从正态分布,均数的差异则相对并不明显。

2. 堆积直方图的绘制

堆积直方图主要用于描述连续型变量的累计分布,其基本绘制原理和普通直方图是一样的,只是从小到大将各直条的频数累计起来而已。和普通直方图的操作相比,其新增操作如下。

元素"属性"对话框:将"统计"下拉列表中的选择从默认的直方图修改为"累计计数"选项。

绘制完成的相应的堆积直方图如图10.15(b)所示。

3. 直方图选项的修改

直方图默认绘制的是正态分布曲线,如果怀疑数据实际上服从其他种类的分布,则可以在选中分布曲线后,在新出现的"分布曲线"选项卡中选择相应的分布及参数,如图10.16(a)所示。确认后图形就会出现相应的变化。

除更改期望分布外,直方图编辑中经常需要调整直方图中直条数目的多少。为此首先应当在图形编辑窗口中选中直条,并在"属性"对话框新出现的"分箱化"选项卡中对直条(组段)的起始位置(Anchor First Bin)和直条数(Bin Sizes)等进行设定,如图10.16(b)所示。

最后,在"变量"选项卡中,可以对图形框架进行最为详细的修改设定,包括各数轴上出现的元素、统计量等,如图10.16(c)所示。但由于直方图在此处可做的选择不多,因此这里只做功能提示,详细的功能讲解将在后续图形的编辑功能中展开。

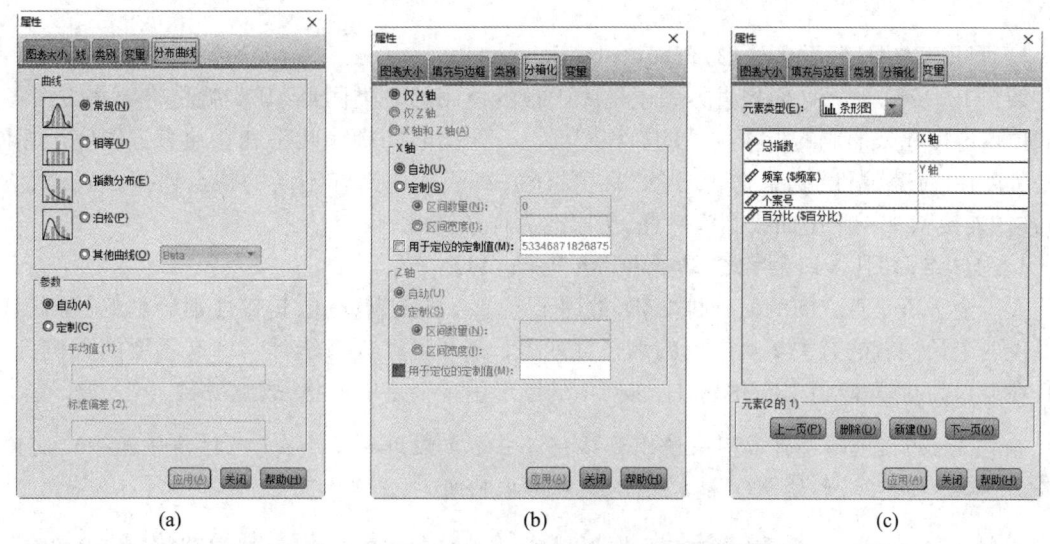

图 10.16 "分布曲线"、"分箱化"和"变量"选项卡

10.2.4 直方图的衍生图形

在图形生成器图表库的直方图组中,除了基本的直方图,还提供了以下几种衍生图形,这里简单介绍如下。

1. 分段直方图(Stacked Histogram)

如图 10.17(a)所示,在普通直方图的基础上会增加一个分段变量,图形中的直条将会按分段变量的不同取值被分为若干段,直条全长仍然代表某个变量的组段总频数,各分段的长短则代表该组段各组成部分的频数。分段条图绘制时并无特殊,只是画布上多了一个分段变量框,将相应的分段变量拖入该框即可。

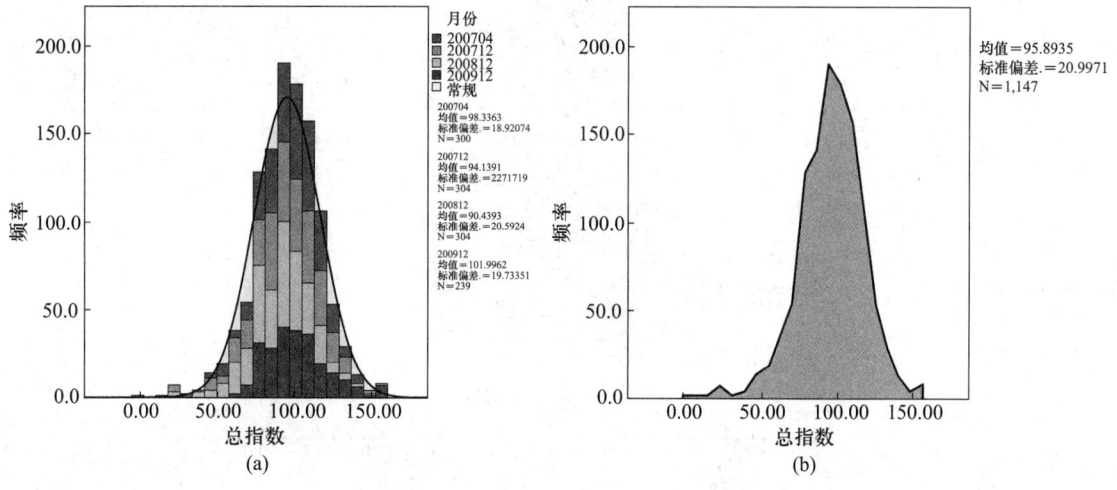

图 10.17 分段直方图与面积直方图示例

因分段直方图较少使用,这里不做展开讲解,关于分段变量的详细介绍请参见分段条图部分。

2. 面积直方图(频数多边形,Frequency Polygon)

如图 10.17(b)所示,面积直方图也是属于很少使用的一类图形,其实就是将原直方图各直条的顶点连接起来形成的特殊用途的面积图而已。绘图时的操作几乎和普通直方图完全相同,只是可以在"元素属性"对话框下方的"插值"下拉列表框中选择不同的顶点连接方式,默认为"直连左连接",如果希望曲线圆滑一些,可以改为样条光滑。

3. 总体锥形图(人口金字塔,Population Pyramid)

人口金字塔是直方图的另一种变体,常用于汇总人口数据,一般是按性别分割的,左右对称地提供两个紧挨着的有关年龄数据的水平直方图。该图形在人口统计学中有重要的分析价值。因其在人口为年轻型的国家/地区中,所产生的图形呈现金字塔形状,故此得名。

> 实际上,该图形也可以用来绘制营销分析中非常常用的漏斗图(也称销售漏斗),因操作和人口金字塔的绘制非常类似,这里不再单独阐述。

在 SPSS 中绘制人口金字塔需要指定两个变量:一个是用于拆分金字塔的分类变量,将其拖入画布中的拆分变量框即可;另一个是用于绘制水平直方图的变量,将其拖入"分布变量"区放置框即可。

值得指出的是,虽然用于绘制水平直方图的分布变量理论上讲应当是连续变量,但人口金字塔在绘制时往往会使用汇总后的频数数据。SPSS 对两种数据都可进行正确的绘制,但如果是后者,则一定要先正确设定相应的频数变量,然后再创建该图表。

图 10.18 为基于 CCSS 样本数据绘制出的人口金字塔,读者也可以自行寻找全国人口年龄分布的频数数据来绘制全国人口某特定年代的人口金字塔。

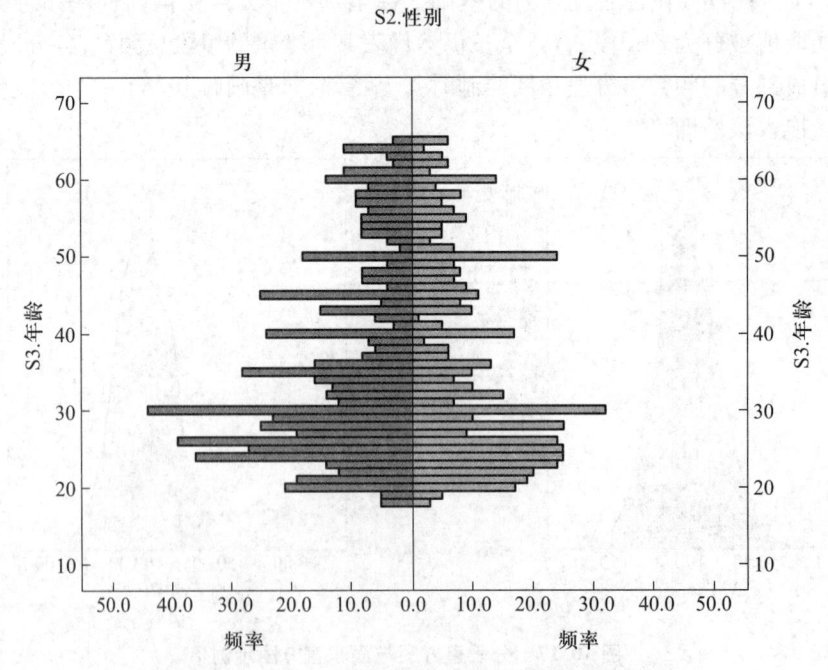

图 10.18 基于 CCSS 数据绘制的人口金字塔示意图

10.2.5 茎叶图

在对统计图形种类的介绍中曾经提到过,由于绘制直方图时需要先对数据进行分组汇总,因此对样本量较小的情形,直方图会损失一部分信息,此时可以使用茎叶图来进行更精确的描述。和直方图相比,茎叶图在反映数据整体分布趋势的同时还能够精确地反映出具体的数值大小,因此在小样本时优势非常明显。

茎叶图(Stem-and-leaf Graph)的形状与功能和直方图非常相似,但它是一种文本化的图形,因此在 SPSS 中没有被放置在"图形"菜单项中,而是在"分析"→"描述统计"→"探索"过程中实现。以变量 index1 为例,使用探索过程可绘制出茎叶图,如图 10.19 所示。可见,茎叶图实际上可以近似地被看成是将传统的直方图横向放置的结果,其整个图形完全由文本输出构成,内容主要分为 3 列。

(1) 第 1 列为频率,表示所在行的观察值频数。
(2) 第 2 列为主干,表示实际观察值除以图下方的主干宽度(Stem Width)后的整数部分。
(3) 第 3 列是叶,表示实际观察值除以主干宽度后的小数部分。

图 10.19 的下方还会给出注解,例如本例中茎宽为 10,每片叶子代表 2 个实际案例。

在解读茎叶图时,应该将以上几个部分结合起来考虑。例如,本例茎叶图的第 2 行,由于茎宽为 10,茎数值为 5,且叶子部分第一个数字为"4",则该叶片表示数据集中有两条记录的变量 index1 取值为 54(注意该数值为近似取整),而本行共代表了 19 例样本。

```
总指数 茎叶图
频率        主干 & 叶
    29.00 Extremes    (=<47)
    19.00      5 .  444444444
      .00      5 .
    38.00      6 .  2222222222222222222
      .00      6 .
    54.00      7 .  000000000000000000000000000
   128.00      7 .  8888888888888888888888888888888888888888888888888888888888888888
      .00      8 .
   141.00      8 .  5555555555555555555555555555555555555555555555555555555555555555555555
   190.00      9 .  33333333333333333333333333333333333333333333333333333333333333333333333333333333333333333333333
      .00      9 .
   178.00     10 .  111111111111111111111111111111111111111111111111111111111111111111111111111111111111111
   157.00     10 .  9999999999999999999999999999999999999999999999999999999999999999999999999999
      .00     11 .
   106.00     11 .  7777777777777777777777777777777777777777777777777777
    53.00     12 .  44444444444444444444444444
      .00     12 .
    29.00     13 .  2222222222222
      .00     13 .
    13.00     14 .  000000
    12.00 极值       (>=148)
主干宽度:      10.00
每个叶:        2 个案
```

图 10.19 变量 index1 的茎叶图

注意茎叶图的第 1 行和最后一行,例如第一行给出频数为 29,但具体的茎大小并未给出,仅用"Extremes"来表示,叶也仅标出"<=47",表示 SPSS 将样本中≤47 的案例一律看成是极端值,共有 29 例。这里对极端值和更远的离群值的界值计算方式与箱图中完全相同,请读者参见随后的介绍,这里不再详述。

10.3 箱　　图

箱图(Box Plot)也称箱线图,和直方图一样都用于描述连续变量的分布情况,但两者的功能并不重叠,直方图侧重于对一个连续变量的分布情况进行详细考察,而箱图更注重基于百分位数指标勾勒出统计上的主要信息。由于箱图便于对多个连续变量同时考察,或者对一个变量分组进行考察,因此在使用上要比直方图更为灵活,用途也更加广泛。

10.3.1　案例:用箱图分月份考察消费者信心的分布

例 10.2　利用箱图分月份对样本的消费者信心指数进行描述,以考察指数随时间的基本变化趋势。

由于箱图可以将不同月份的多个箱体绘制在同一张图中,因此比较起来非常方便。本例操作步骤如下。

(1) 选择"图形"→"图表构建器"菜单项。

(2) 在图库中选择"箱图"组,右侧出现的图标组的第 1 个即是简单箱图,将该图标拖入画布。

(3) 在变量列表中找到 index1,将其拖入画布的纵轴框中。

(4) 将月份 time 拖入横轴框中。

(5) 单击"确定"按钮。

通过上面的操作,index1 的取值范围控制了连续轴的尺度范围,并最终生成图中的箱体,而 time 由于被设定为有序测量尺度,其不同取值将被用于形成分类轴中的类别。最终绘制出的箱图如图 10.20 所示。显然,整个样本按访问月份的不同被分成了 4 组,从而在图中一共绘制了 4 个箱形。

(1) 每个箱形都由最中间的粗线、一个方框、外延出来的两条细线和最外端可能有的单独散点组成。

(2) 箱体中间的粗线表示当前变量的中位数(M,Median,注意不是算术平均数),方框的两端分别表示上、下四分位数(Q1 和 Q3,即 25%和 75%百分位数),两者之间的距离为四分位数间距(Inter Quartile Range,IQR)。显然,方框内包括了中间 50%样本的数值分布范围。

(3) 方框外的上、下两个细线分别表示除去异常值外的最大、最小值。

在箱图中,凡是与四分位数值(图中即为方框上下界)的距离超过 1.5 倍四分位间距的都会被定义为异常值,其中离方框上/下界的距离超过四分位数间距 1.5 倍的为离群值,在图中以"O"表示;超过 3 倍的则为极值,用"＊"表示。散点旁边默认标出相应案例号备查。图 10.20 中可见 397 号案例被标识为极端值,而 258 号等多个案例均被标识为离群值。

在箱图基本结构介绍完毕后,现在从整体上来对图形进行观察,可以得到如下信息。

(1) 从中位数看,2007、2008 年末的平均消费者信心较低,而 2007 年初和 2009 年末的信心都较高。

(2) 从箱体宽度比较,4 个月份的信心指数离散程度相差不明显,未发现有(相应总体)方差不齐的迹象。

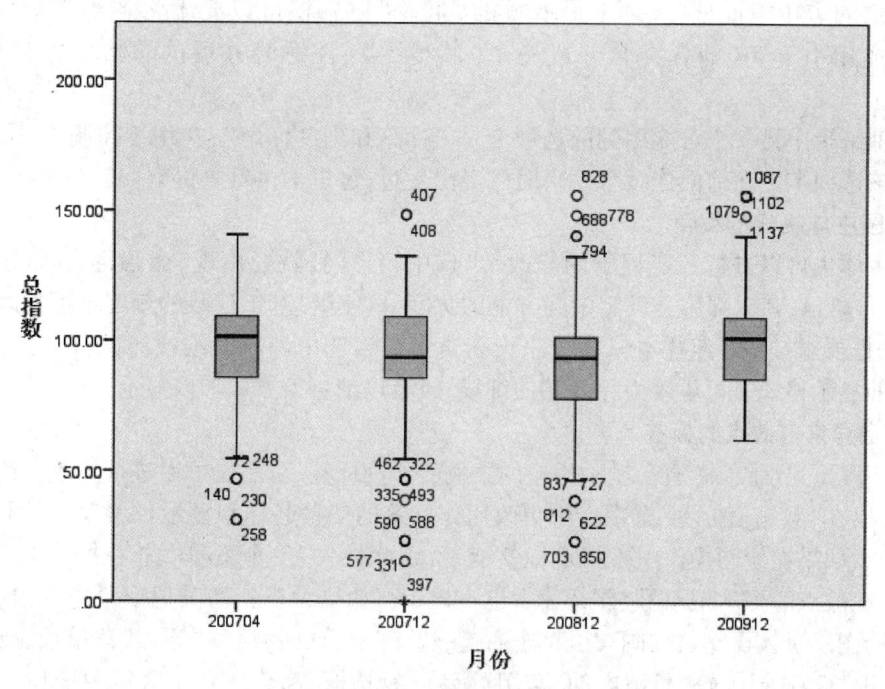

图 10.20 箱图的分析结果

（3）从离群值和极端值分布情况比较，可以发现样本中有一些离散程度较大的数值，但情况并不十分严重，进一步分析时特别关注一下其影响即可。

显然，和直方图相比，箱图更为简明清晰的突出了数据分布的主要趋势，且长于组间比较，因此箱图往往会作为数据预分析时的有力工具加以使用。

> 需要指出的是，由于箱图主要是对以百分位数为基础的信息进行呈现，因此当百分位数不稳定时，箱图并不适用。由此可知，当样本量太少，或者相同数值过多时，不宜使用箱图进行呈现，此时茎叶图或者条图是更好的选择。

10.3.2 箱图的编辑

由于箱图是由方框、线段和散点构成，因此前述对区块、线条等的编辑操作，如填充样式、颜色、线型等的修饰操作在箱图中也完全相同，唯一新增的是当在图中选中异常值散点后就可以使用标记选项卡更改散点的样式、颜色等，这里对一般的图形编辑操作不再讲解，而是重点对一些新出现的编辑功能和箱图中的特色功能加以介绍。

1. 分类轴选项的修改

分类变量所包含的信息量要少于连续变量，与此相对应，分类轴中可供修改的选项也明显的要少于连续轴。最主要的是"类别"选项卡，如图 10.21(a)所示，它可以设定各类别在数轴中的排列顺序，以及该类别是否在图中显示。在列表中选中变量名称后，其右侧的 ▲ 和 ▼ 两个按钮就用于更改变量在分类轴上的排列次序，而 ✖ 和 ↻ 则用于将变量移出或重新移入显示列表中。此外,选项卡最上方的"汇总"复选框可以要求将各小类加以合并,默认是将构成比小于5%的各类合并成一个"其他"类(注意合并后的总构成比是可以大于5%的)。

分类轴编辑中另一个可能用到的选项卡是"标签和刻度标记",它用于控制主、次刻度的显示方式。该选项卡上在前面连续轴编辑时已经出现过,这里不再重复讲解。

2. 箱图主体格式的编辑

箱图主体也可以进行一定程度的修改,当选中箱形时,就会出现"条形图选项"选项卡,如图 10.21(b)所示,其上部用于设定中间方框的宽度,可使用"基于计数的刻度箱图和误差条形图宽度"复选框要求按照各组样本量多少来设定宽度。当选中外侧的细线时,则可用下方的选项设定细线的显示格式。可更改为无两端的细线,或者以细直条方式加以显示。

3. 设定异常值散点的标签

默认情况下,异常值旁边会显示相应的案例号作为标签,对此也可以进行更改。选中图中的标签,就可以在"数据值标签"选项卡中更改用作标签的变量名称和显示位置等,如图 10.21(c)所示。注意,如果在绘图操作中不指定标签变量,则此处只有"个案号"这一个标签变量可供选择,即要么在散点旁显示记录号,要么什么也不显示。如果希望新增其他变量进入候选列表,则需要重新绘图。具体操作是在画布区单击右键,选择"点 ID 区域"→"添加"菜单项,或者在下方的"组/点 ID"选项卡中选中最下方的"点 ID 标签"复选框,都会在画布区域中增加一个点标签变量框,将相应的标签变量拖入该框即可。

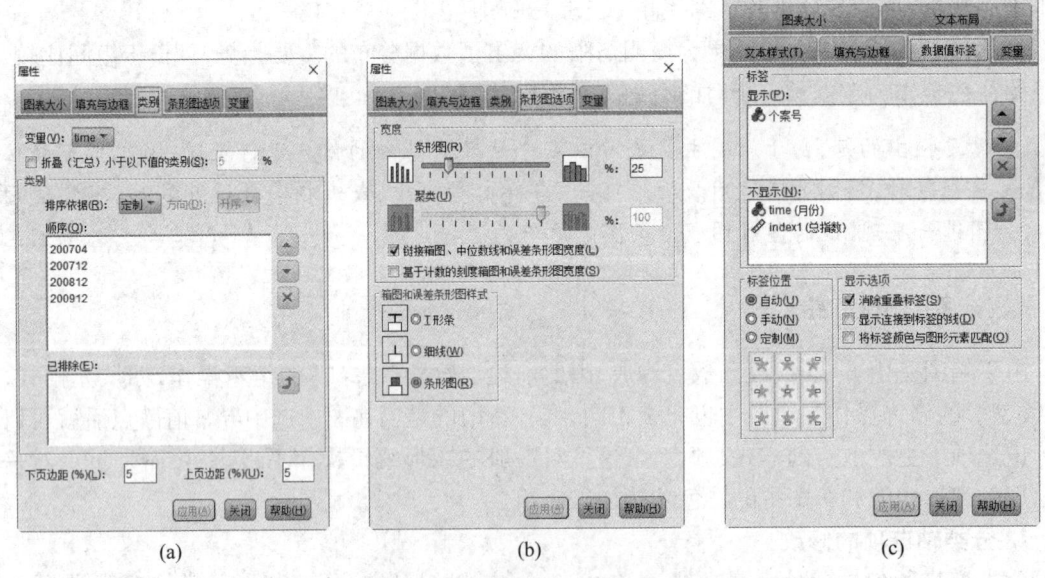

(a)　　　　　　　　(b)　　　　　　　　(c)

图 10.21　"类别"、"条形图选项"和"数据值标签"选项卡

此外,如果在图中的散点太多,默认将其标签号都显示出来就会将统计图变成一张抹布。这时,SPSS 提供的功能可以让其只显示某些标签,选择"元素"→"数据标签模式"菜单项,或者直接在工具栏上单击按钮,则系统进入数据标签模式,光标也会变成形状,此时只需要在相应

的散点上单击,它所对应的标签就会在显示/隐藏间进行切换。而如果因散点过于重叠而同时选中了多个散点,则系统会首先弹出选择对话框,要求指明是对哪些散点进行操作,只需要选出希望更改的散点即可。当更改完毕,只需要再次选择"元素"→"数据标签模式"菜单项,系统就会切换回正常状态。

10.4 饼　　图

饼图(Pie Chart)用于表示各类别某种特征的构成比情况,它以扇形面积的大小表示事物内部各组成部分所占的百分构成比。一般以时钟12点处为起点,各组成部分按习惯顺序或数值大小依次顺时针排列,"其他"类别放在最后。当同时绘制多个饼图并进行比较时,图例应一致,以便进行比较。

10.4.1　案例:分城市、月份考察样本性别比例

例10.3　现希望分城市、月份考察 CCSS 数据的性别比例是否存在一定的变化趋势。

由于性别为两分类变量,因此本例既可以用饼图来表现性别构成比,也可以简单地用男性或者女性一方的比例来用条图直接呈现。这里还是采用饼图来实现。由于需要分城市、月份进行考察,因此可以考虑将这两个变量分别设定为行面板和列面板变量,且从使用习惯上讲,月份这一有序分类变量应当被设置为列面板变量更为妥当。

本例的具体操作如下。

(1) 选择"图形"→"图表构建器"菜单项。
(2) 在图库中选择饼图组,将右侧出现的饼图图标拖入画布。
(3) 切换至"组/点 ID"选项卡,选中"行面板变量"和"列面板变量"复选框。
(4) 将性别 S2 拖入"分区依据"列表框。
(5) 将月份 time 拖入列面板变量框,城市 S0 拖入行面板变量框。
(6) 在元素属性对话框中,在"统计量"下拉列表框中将合计改为计数,单击"应用"按钮;
(7) 单击"确定"按钮。

最终完成的饼图如图10.22所示,可见:

(1) 在绝大多数的月份＊城市组合中,男性受访者的比例都要高于女性。
(2) 北京、上海、广州三地相比,广州的男性受访者比例明显更高。
(3) 随着时间的推移,男性受访者在三地似乎都有一定的上升趋势,广州这一趋势似乎要更为明显一些。

通过观察上述图形可以发现,性别比例在不同时间、城市间的样本是存在波动的,且随时间的推移似乎存在男性比例上升的趋势。显然,如果男性和女性的平均消费者信心水平有差异,则性别比例的变化可能会影响到最终计算出的信心指数值。好在 CCSS 项目在实际计算各项指标之前都会对样本进行人口特征资料的加权调整,因此并不会受到影响。

10.4.2　饼图的编辑

因其对数据特征的表现形式比较特殊,饼图没有横、纵轴,所以也不存在对数轴的设定问题。

图 10.22　绘制的饼图

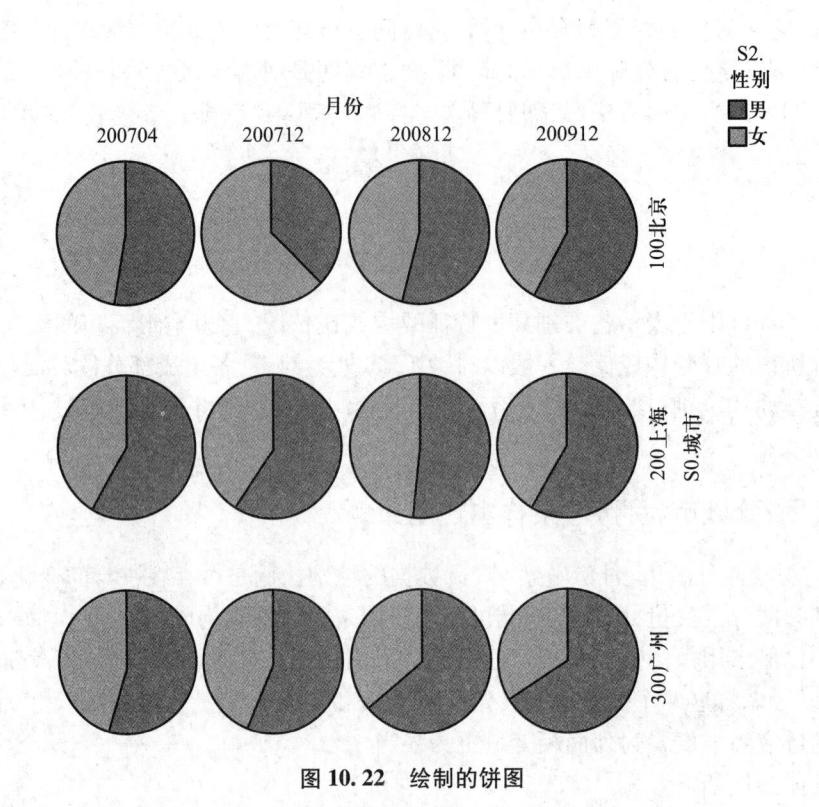

但本例的饼图有一些前面各节中未出现过的编辑功能,如图 10.23 所示。

1. 行、列面板的编辑

面板格式的编辑不单属于饼图,但这里一并讲解。当选中图形区域主体时,就会弹出"嵌板"选项卡,如图 10.23(a)所示。可见,在其中可以要求图形水平或者垂直翻转显示,或者允许面板变量换行显示,即所谓的回绕。

2. 饼图主体的编辑

选中饼图主体后"属性"对话框中会出现"深度与角度"选项卡,如图 10.23(b)所示,可用于饼块的格式设置,如阴影效果、三维效果等。选项卡中部还可以定义第一个饼块起始于时钟的哪个方向,以及整个饼图是顺时针还是逆时针方向排列。这些功能都非常简明,这里不再详述。

3. 设定饼块标签

默认绘制的饼图不显示数据标签,如希望显示,则首先选中希望显示标签的饼块或饼块组,然后选择"元素"→"显示数据标签"菜单项,或者直接单击快捷工具栏上的按钮 ,则相应的饼块就会出现数值标签,用于给出相应的统计指标,如比例或频数等。

如果希望改变标签显示内容,则单击选中标签,可在相应的"数据值标签"选项卡中设定标签的位置、内容等,也可以使用数据标签模式挑选个别标签加以显示,这些操作都和上面箱图中的操作完全相同,这里不再重复。

(a)   (b)

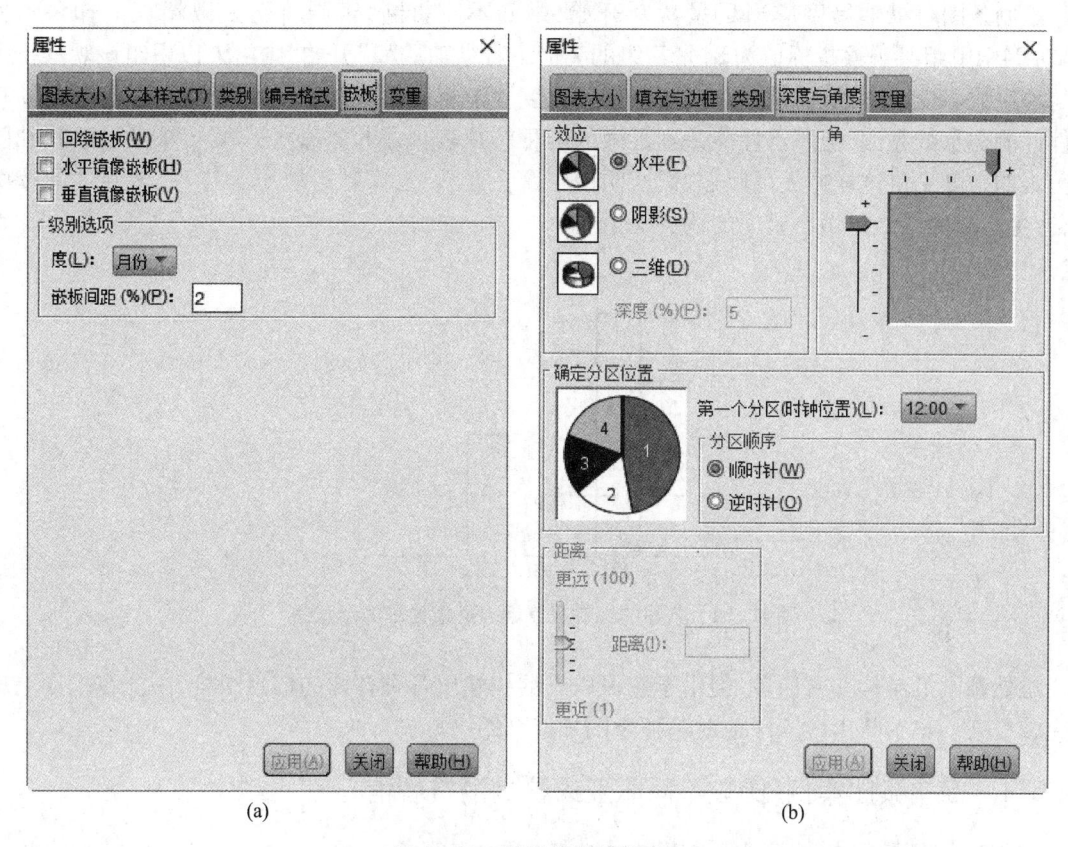

图 10.23   饼图编辑的选项卡

4. 饼块的突出显示与合并

有时候为了特别关注其中的某一部分,希望对其突出显示,则首先用鼠标选中相应饼块(注意要连续单击两次才能做到),然后选择"元素"→"分解分区"菜单项,或直接在工具栏上选择 ,则相应的饼块就会被突出显示,再次选择后饼块就会回复原位。

实际应用中,往往不需要将所有部分都单独显示,对于那些所占比例很小(比如小于5%)的部分,常常不再逐一图示,而是合并为"其他"一类,使图形显得更简洁清晰。这一功能实际上在箱图中已经遇到过了,就是"类别"选项卡最上方的折叠复选框,只是这里针对的是饼图而不是分类轴。除合并显示以外,该选项卡也可以用于调整各饼块的排列顺序、隐藏某些类等,操作和前面相同。

10.5   条图与误差图

条图(Bar Chart)用等宽直条的长短来表示数值大小,该数值可以是连续变量的某汇总指标,也可以是分类变量的频数或构成比。各(组)直条间的间距应相等,其宽度一般与直条的宽度相等或为直条宽度的一半。为了便于比较,一般将被比较的指标按大小顺序排序或者按某种自然顺序排列。

绘制条图时纵轴尺度应当尽量从 0 开始,中间不宜折断,否则将给人以错误的印象。如图 10.24 中甲组某观察指标值为 8,是乙组的 2 倍。若纵轴从"2"开始,则给人以甲组该观察指标值是乙组的 3 倍的错觉,需进一步对照坐标轴尺度才能得出正确结论。而这恰恰是现在许多 IT 硬件评测文章的做法,把原本性能差异甚微的两种芯片表现成相差很大。虽然从吸引眼球和图形美观的角度来讲这样做无可厚非,但在明白了这一点后,大家就可以更为冷静、客观地阅读图形,避免一时冲动之下做出错误的购买决策。

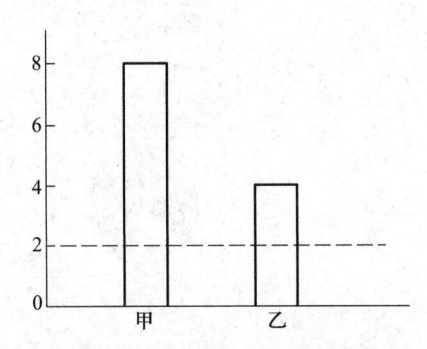

图 10.24　条图的纵轴尺度起点必须为零的示意图

虽然条图的结构非常简单,但由于它可以灵活构建出各种各样的信息组合,因此在操作上反而比较复杂。本节将由浅入深地对各种条图加以介绍。

10.5.1　简单条图案例:比较不同职业人群的消费者信心值

例 10.4　用条图考察不同职业人群的消费者信心均数有无差异。

根据题目要求,直条类别需要用职业 S5 来定义,但直条的长度则需要用 index1 的均数来定义。同时为了使图形的展示更为清晰,可以在绘图完成后再对直条进行排序。具体操作如下。

(1) 选择"图形"→"图表构建器"菜单项。

(2) 在图库中选择"条"图组,将右侧出现的简单条图图标拖入画布。

(3) 将职业 S5 拖入横轴框中。

(4) 将 index1 拖入纵轴框中。

(5) 单击"确定"按钮绘制出图形,然后双击图形进入编辑状态,选中类别分类轴,在"属性"对话框的"类别"选项卡中,"排序依据"下拉列表框中改为"统计","方向"下拉列表框中改为"降序",单击"应用"按钮。

可能有的读者会想到:为什么不在绘图时就在"元素属性"对话框中将排序方式改为"统计",而一定要绘图完毕再行编辑呢?试试看,结果会发现绘图界面上的排序方式中根本就没有"统计"这个选项。

大家不用对此感到惊讶,SPSS 在这个问题上的逻辑是这样的:在图形绘制完成之前,相关的统计量均未进行计算,因此不可能用其排序。当绘图完毕,相关的统计量已经被存储在图形中,因此可以在编辑状态下进行调用。不仅在条图中,大家在随后学习的带误差线的条图等多种图形中都会遇到这种情况。

最终所绘图形如图 10.25 所示,可见由于对未来充满希望,平均而言学生的信心值最高,紧随其后的是经济地位相对不错的私营业主,而公务员信心值排在第三,其排名甚至还高于医生、律师,以及企业管理者。而工人/体力工作者、退休人员以及失业人员的信心值则分列最后 3 位,显然上述统计结果是非常符合逻辑的。

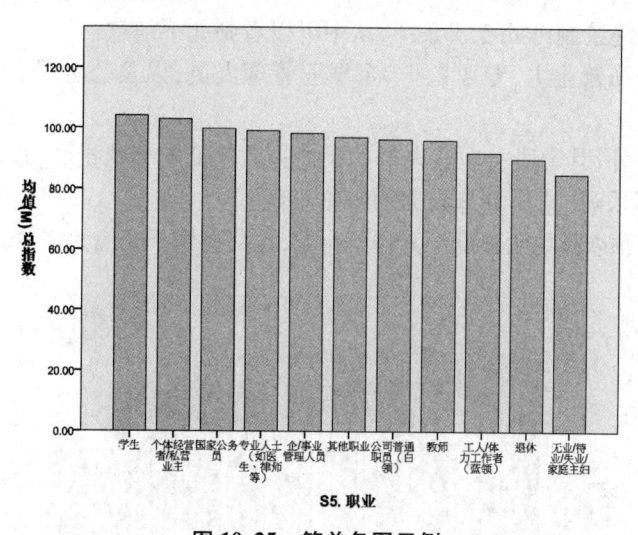

图 10.25 简单条图示例

10.5.2 复式条图案例:分职业进一步比较不同人群的现状和预期指数

例 10.5 在上面的分析基础上,进一步用条图展示不同职业人群的现状指数和预期指数均数的差异情况。

根据题目要求,对于每一个职业类别,需要同时展示总信心、现状指数、预期指数 3 个均数。显然一个直条就不够用了,需要用到复式条图。复式条图(Clustered Bar Chart)是指两条或两条以上小直条组成条组的条图,各条组之间有间隙,组内小条之间无间隙。在本例中,直条类别仍然需要用职业 S5 来定义,但直条组则需要同时使用 3 个变量的均数来定义,相应的操作是第一次遇到,具体如下。

(1)选择"图形"→"图表构建器"菜单项。

(2)在图库中选择条图组,将右侧出现的复式条图图标拖入画布。

(3)将职业 S5 拖入横轴框中。

(4)按住 Shift 键,在左侧变量列表框中同时选中 index1、index1a 和 index1b 这 3 个变量。将其拖入纵轴框中。此时,SPSS 会弹出创建摘要组确认框,单击"确定"按钮。

(5)绘制出图形,然后双击图形进入编辑状态,选中类别分类轴,在"属性"对话框的"类别"选项卡中,用手工方式将顺序框中的类别排序方式更改为和上面简单条图中相同的顺序,然后单击"应用"按钮。

(6)将均值连续轴刻度范围修改为 0~110,小数位数更改为 0。拖放调整图例位置和绘图区大小至合适比例。

本例中由于构建了多个汇总变量的摘要组,因此不能按照上例的方式用"分类"选项卡进行排序。

如果不是像本例中这样构建摘要组,则绘图操作时需要再指定一个分类变量作为条图组的分组因素。

图 10.26 即为最终绘制出的复式条图,从中可以看到如下信息:

(1) 收入较高的私营业主、专业人士、企事业管理人员,以及公务员、教师的现状指数明显较高。

(2) 除失业人群外,其余所有职业人群的预期指数均低于现状指数,显示出受访者集体对未来的宏观经济走势不乐观(请注意该数据的采集年份)。

(3) 教师群体的预期指数明显低于其现状指数,也明显低于其他大多数职业群体的预期指数。

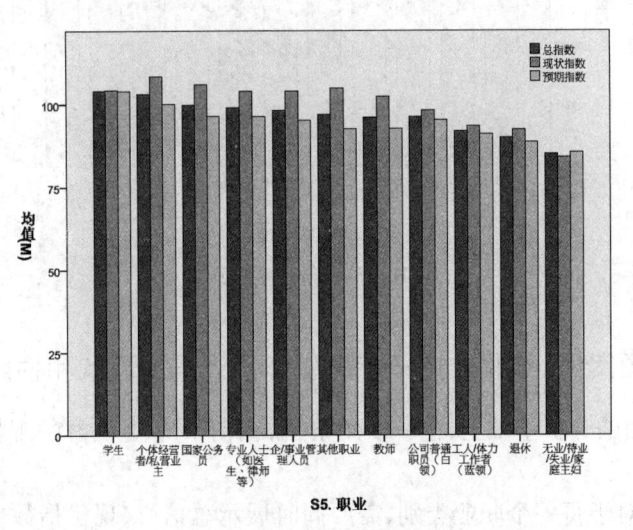

图 10.26 复式条图示例

10.5.3 分段条图与百分条图案例:比较不同月份的 A3a 选项比例分布

1. 分段条图与百分条图的定义

分段条图(Stacked Bar Chart)和复式条图一样,也需要多考察一个分组因素,但分段条图是以直条全长代表某个变量的总量,而用其中分段长度表示不同亚群的对总量的贡献(构成比或数量大小)。

与分段条图密切相关的是百分条图(Percent Bar Chart),也称马赛克图,是用直条内部各部分面积的大小表示事物内部各组成部分所占的百分构成比。在 SPSS 中,百分条图既可以直接绘制,也可以在图形编辑时由分段条图加以转换。

2. 百分条图的绘制

例 10.6 多选题 A3a 记录的是受访者做出当前家庭经济状况判断的依据,现希望考察不同月份各选项回答比例的变化有无某种内在趋势,以提供对信心指数变化趋势的辅助解读信息。

根据题目要求,需要对 A3a 各选项的提及率进行逐月对比,显然如果用各选项的应答人次百分比来绘图,整个直条的长度应当正好都是100%,而不同的选项将会将直条切分成若干段,定义每段长度的指标就应当是各选项的应答人次百分比。这里由于图形特征的限制,只能在图中显示应答人次百分比,而不是人数百分比,好在这并不影响对图形结果的阅读。此外,为了使变化趋势更为明显,将在图形中略去对中性回答、拒答等选项的比例输出,最终的具体操作如下。

（1）选择"图形"→"图表构建器"菜单项。

（2）在图库中选择"条"图组,将右侧出现的分段条图图标拖入画布。

（3）将月份 time 拖入横轴框中。

（4）将多选题变量集 $TA3a 拖入"堆积"框中。

（5）在"元素属性"对话框中,在上方的编辑属性列表选中"条形图 1",在下方的"统计量"下拉列表框中改为"百分比( )",然后单击下方的设置参数按钮,在对话框中将百分比分母设为"每个 X 轴类别的总计"。单击"继续"按钮,再单击"应用"按钮使修改生效。

（6）仍然是"元素属性"对话框,在"编辑属性"列表框中选择"Group Color"选项,在下方的顺序列表框中移除选项"中性原因"和"不知道/拒答",单击"应用"按钮使修改生效。

最终生成的百分条图如图 10.27(a)所示,从中可以非常清楚地看到以下趋势。

（1）2009 年末报告说收入有改善的受访者比例明显上升,这显然反映的是经济刺激计划的效果。

（2）2008 年末,次贷危机全面恶化的时间段,报告说收入变差的比例大幅增加。

（3）报告说投资收益有改善的受访者比例一直在持续减少,正好对应了 2007 年以来一溃千里的股市。

（4）报告说家庭开支恶化的比例在 2007 年末达到高峰,随后逐渐降低,这正好对应了当时一路飞涨的物价。

显然,上述图形提供了非常丰富而直观的数据解读信息,这对随后进一步分析和理解信心指数的变化趋势非常有帮助。

3. 分段条图的绘制

如果上例中希望考察的是各选项的回答频数,则只要将直条的统计量仍然保留为默认的"计数"即可,所绘制出的分段条图如图 10.27(b)所示。此时各直条的总长度就不再相等,而是

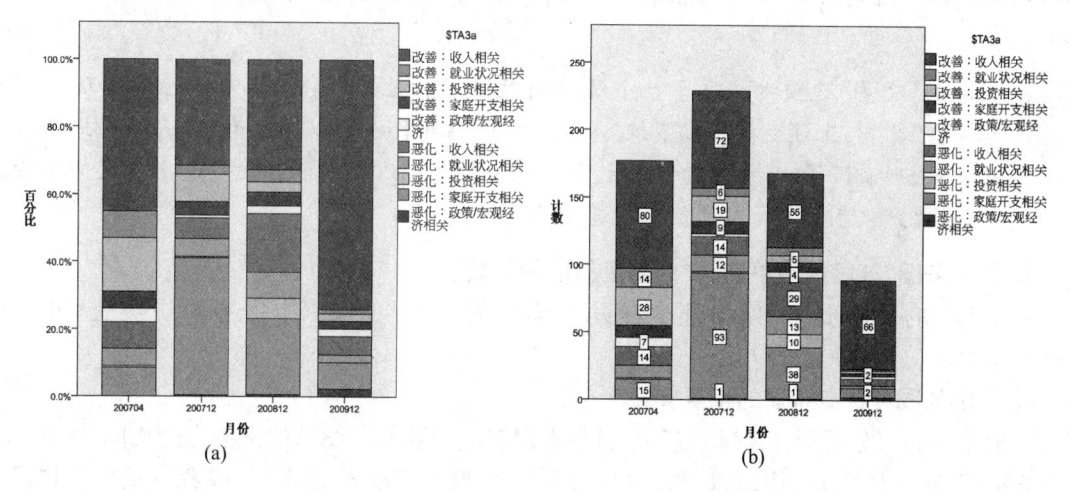

图 10.27　多选题 A3a 的百分条图与分段条图

反映了当月相应所有选项的应答总频次。注意,在图中进行了编辑,标出了数值标签,标签上给出的就是应答频次数。

10.5.4 条图的编辑

条图中的绘图元素基本上都是前面接触过的,因此许多功能无须重复讲述。这里只讨论一些条图的特色编辑功能,如转换为其他图形,交换主次分类变量等。

1. 分类轴标签的编辑

上面绘制的简单条图中,分类轴为职业,有的职业类别标签文字很长,可能会影响图形效果。实际上,SPSS 统计图的分类轴标签是可以进行文字修改的,只需要通过几次单击,就可进入相应标签的编辑状态,将其修改为所需的文字,比如将"…(白领)"直接简化为"白领",编辑完毕后按回车键,就可以看到文字修改后的效果。

> 初学者对于究竟图形中的哪些文字可以编辑哪些不能编辑往往感到无所适从,实际上其基本逻辑是:如果文字修改可能引起图形的误读,则不允许编辑;否则,就可以进行文字内容的编辑修改。

2. 条图与其他统计图形的相互转换

由于饼图、条图、线图、面积图的基本结构都可以用于反映一个分类变量的数据分布情况,区别仅在于用于表达统计量的图形元素不同,因此这些图形是可以相互转换的。以上面绘制的简单条图为例,只需要选中图形元素主体,随后在"属性"对话框中找到"变量"选项卡,在上方的"元素类型"下拉列表框中选择所需的饼图、线图,或者面积图种类即可。注意,有些转换需要同时对数轴变量等进行设定,否则提供的图形信息不足,无法进行转换。

3. 复式条图和分段条图的相互转换

复式条图和分段条图相比,只是次分类变量的显示方式不同而已,因此完全可以实现相互转换。以例 10.5 中绘制的复式条图为例,同样在"变量"选项卡中,可以看到该图的主分类变量为"职业 S5",用于定义 X 轴;而次分类变量为变量组名称"变量",用于定义 X 轴聚类,且采用颜色标识。这里只要将其功能改为"堆积",应用后就会看到图形已经转换为分段条图了。

> 实际上"变量"选项卡相当于整个统计图框架的总控制台。读者可能已经发现,在"变量"选项卡中,上述变量功能不仅可以更改为"堆积",也可以更改为 Y 轴或 Z 轴,甚至于行嵌板、列嵌板等,而相应的图形元素标识方式也可以在颜色、模式、大小等之间自由转换,只要是黑色而不是灰色显示的选项均可转换。

4. 复式条图/分段条图中主、次分类变量的相互转换

有了上面的基础,这里的操作不言自明,只需要在"变量"选项卡中将主、次分类变量的功能对换一下即可。

5. 分段条图和百分条图的相互转换

分段条图和百分条图在编辑状态下也可相互转换,但这两种图形的框架完全相同,因此无法在"变量"选项卡中加以操作,而是选择"选项"→"缩放至 100%"菜单项,或者直接单击快捷工

具栏上的按钮 ⅢⅢ,图形就会在分段条图和百分条图之间相互切换显示了。

10.5.5 带误差线的条图与误差图

1. 绘制带误差线的条图

在许多分析问题中,研究者希望用条图来表示各类某指标均数的高低,并同时给出其区间估计的范围。具体而言,所希望标识出的范围可能有以下 3 种情况。

(1) 指定可信度的均数可信区间:最常见的情形为 95% 可信区间。

(2) 均值±指定倍数的标准差:最常见的情形为 2 倍标准差,此时计算出的区间实际上是正态分布下的 95% 个体参考值范围。

(3) 均值±指定倍数的标准误:最常见情形为 2 倍标准误,此时计算出的区间基本等价于正态分布下的 95% 可信区间。

上述这种带误差线的条图在 SPSS 中也可以绘制,具体操作是在绘图时,在"元素属性"选项卡的编辑属性列表框中选中图形元素"条形图 1",并在其下方选中显示误差条形图复选框。此处可以将误差线范围指定为确定比例的可信区间(默认为 95%,可修改),或者 2 倍的标准差/标准误,此处倍数也可修改。图 10.28 给出的就是误差线范围分别表示均数可信区间和个体参考值范围的条图。注意,由于 index1 基本服从正态分布,因此采用 95% 可信区间和采用 2 倍标准误绘制的图形基本相同,此处就只给出了前者的示意图。

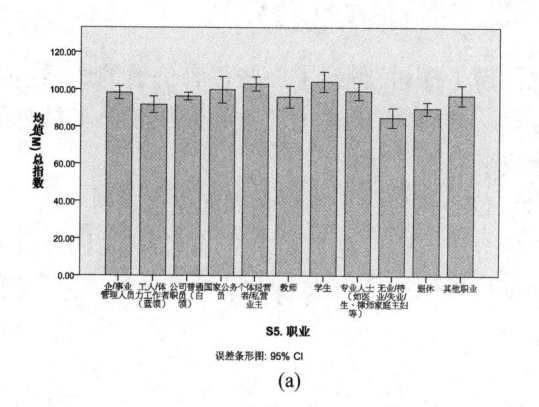

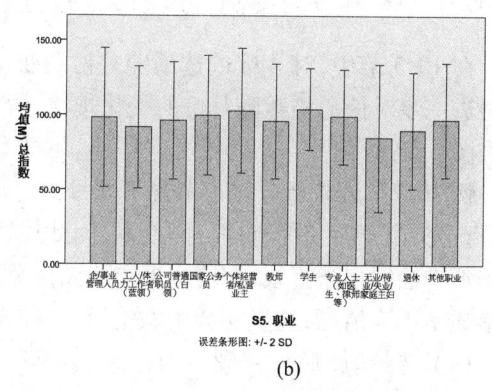

图 10.28 误差线范围分别表示均数 95% 可信区间和个体值 95% 参考值范围的条图

> 上述带误差线的条图可以在编辑状态中通过隐藏误差线转换为普通条图,当然也可以再重新转换回来。但是普通条图则无法通过编辑方式在图形中增加误差线。原因很简单,图形中并未储存相应统计信息! 这和前面普通条图在绘制时不能直接按统计量排序的逻辑是完全一致的。

2. 误差图

误差图目前也被归入条图组中,用于显示数据的可信区间、标准差或均值标准误差的范围,从而估计其离散度。

SPSS 中的误差图也可以绘制为单式或复式,其绘图操作界面和条图没有明显差异,除了最下方会隐去直条样式的设定以外,两者几乎完全相同。实际上,带误差线的条图就可以被看成是普通条图和误差图的组合。换言之,只要在编辑状态中将带误差线条图中的直条隐去,相应图形就变成了误差图。因此一般倾向于绘制带误差线的条图,然后在需要时将其编辑成误差图,这样会在后续编辑时更为灵活。

10.6 线图、面积图、点图与垂线图

线图用线段的升降表示一事物随另一事物(如时间)的变化趋势,一般而言,它所反映的指标类型和条图完全相同,可以是频数、构成比等分类变量描述指标,也可以是均数、标准差等连续变量的汇总指标。区别在于线图更倾向于反映连续变量的汇总指标,同时线图的另一个数轴应当代表一个有序分类变量的取值情况(最常见的例子就是年代),从而通过连线的走向变化来考察相应指标的变化趋势。因此,线图的两个坐标轴和条图一样,一般是一个分类轴,一个连续轴,只是分类轴代表的是一个有序变量而已。

> 从绘图原理上讲,线图实际上是先将有序分类变量各类别上相应指标的散点绘制出来,然后将各散点连接而成(一般使用直线)。因此,虽然线图往往是由一条或多条折线构成,但图形的骨架实际上是由多个隐藏起来的散点构成的。明白了这一点,会对理解线图的编辑功能大有帮助。

10.6.1 多重线图案例:分城市比较信心指数随时间的变化趋势

在 10.5 节中,对 A3a 的选项随月份的变化规律做了探讨,得到了一些很有价值的线索。本节将进一步对信心指数随月份的变化规律进行考察。显然,完成这一任务的最佳图形工具是简单线图。不过,这里可以考虑更进一步:将样本分城市来加以观察。

例 10.7 现希望分城市考察不同月份总消费者信心指数的均值变化有无内在趋势。

首先,由于月份为有序分类变量,因此线图最为合适;其次,题目要求分城市观察,因此需要在图形中绘制多条折线,即使用多重线图以分别呈现不同城市的数据变化规律。另外,为了使得图形显示更为清晰,这里还会稍做编辑,具体操作如下。

(1) 选择"图形"→"图表构建器"菜单项。
(2) 在图库中选择线图组,将右侧出现的多重线图图标拖入画布。
(3) 将月份 time 拖入横轴框中。
(4) 将总指数 index1 拖入纵轴框中。
(5) 将城市 S0 拖入分组(设置颜色)框中,然后双击该框,在弹出的分组区域子对话框中将分组依据由"颜色"改为"图案"。
(6) 单击"确定"按钮绘制出图形,然后双击图形进入编辑状态,将均值连续轴刻度范围修改为 85~105,小数位数更改为 0。拖放调整图例位置和绘图区大小至合适比例。

最终所绘制的线图如图 10.29 所示,从中可以观察到如下数据特征。

(1) 在 2008 年底之前,3 个城市的信心指数都是持续下跌的,随后在经济刺激计划的作用下开始上升,且在 2009 年底超过初值。
(2) 北京、上海、广州三地的信心指数变化规律不一,广州相对而言变化较平缓,而上海则涨

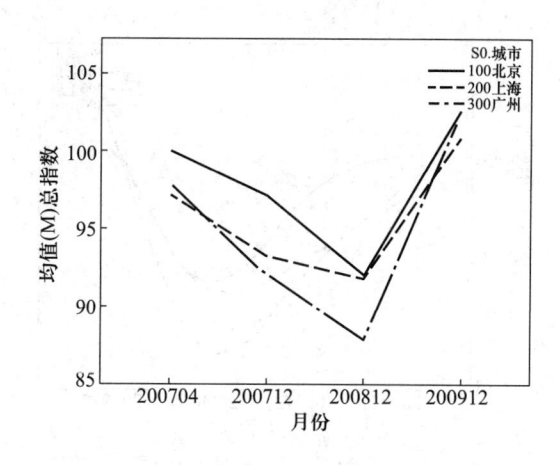

图 10.29 绘制出的多重线图

跌幅度最大。

（3）从平均水平而言，北京消费者的信心指数最高，其次为广州，上海消费者的信心指数最低。

（4）在 2008 年之前，三地消费者的信心指数存在较大差异，但 2009 年末的指数差异则大为缩小。

上述数据特征和 A3a 题目的分析结果相结合，就可以对信心指数随月份的变化规律及原因有一个全面的了解。

10.6.2 线图的编辑

如前所述，线图的图形框架实际上是由一些隐藏的散点所构成，因此线图的编辑功能也会围绕着这一图形框架展开。

1. 更改数据点的显示方式

简单线图和多重线图默认不会显示各数据散点，但有的时候希望将其加以显示，此时可以使用"元素"→"添加标记"菜单项，或直接单击工具栏上的按钮，图形中所有的散点就会被显示出来。随后还可以使用针对散点的各种编辑功能进行修改，使之更为突出。

2. 更改数据点间的连接方式

默认情况下，各散点间是采用直线方式连接，从而整个线图呈折线形式。如果希望更改连接方式，则选中线图主体后，可以在"内插线"选项卡中更改各数据点之间的连接方式，具体连接方式有 4 种：直线(Straight)、步长(Step)、跳跃(Jump)和样条光滑(Spline)。本例中可以将连接方式改为样条光滑，以使得指数的变化趋势显得更为连贯，如图 10.30 所示，相应的"内插线"选项卡如图 10.31(a)所示。

3. 突出显示某一段连线

对于选中的线图主体，还可使用"线选项"选项卡进行一些修饰，如图 10.31(b)所示。上部的"显示类别范围条"复选框是要求将同分类下的散点垂直连接起来，即加绘垂线图；下方的"投影"框组则用于突出显示线的某一段。可以在下方的起始类别下拉列表框中选择一个具体的分

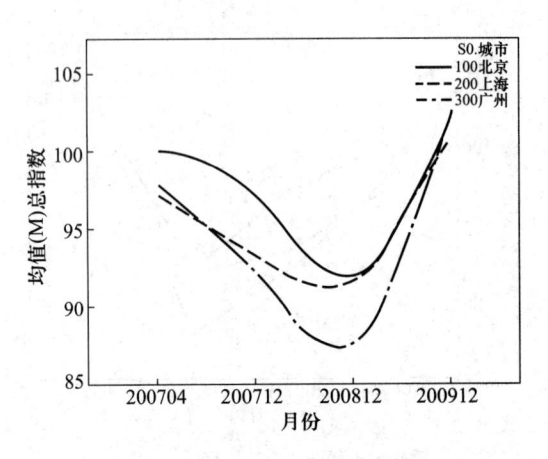

图 10.30 修饰后的多重线图

类,该分类会将线图一分为二,其中一部分正常显示,而另一部分则会突出显示。具体突出哪一部分将由最下方的方向下拉列表中的选项确定。为了在图形中更突出这一界值,还可以使用加入横轴参照线的方法在相应位置添加一条参考线。

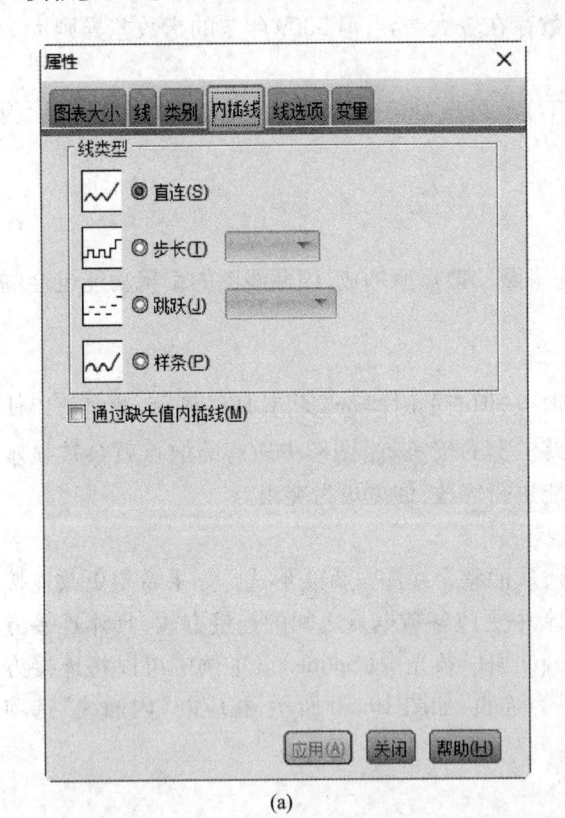

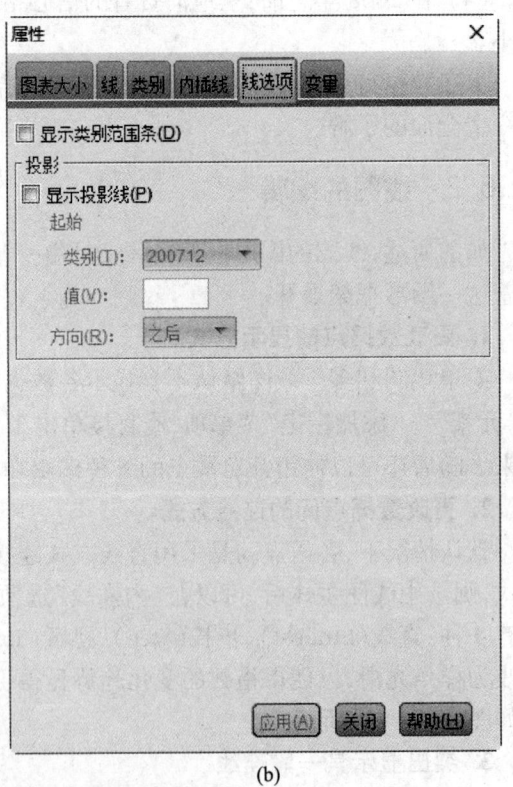

(a)　　　　　　　　　　(b)

图 10.31 "内插线"选项卡和"线选项"选项卡

4. 半对数线图

半对数线图(Semi-Logarithmic Line Graph)用于比较两种或两种以上事物的发展速度而不是绝对数量,当事物数量间差别较大时,普通线图往往难以客观地表达或相互比较发展速度,这时可以绘制半对数线图。由于 0 和负数均不能取对数,所以半对数线图的纵轴尺度起点为 0.01,0.1,1,10,…。

在 SPSS 中绘制半对数线图非常容易,只需要在制图时在"元素属性"对话框中将相应数轴的刻度类型更改为对数即可。对于绘制好的图形,也可以将其编辑为半对数尺度:选中相应的连续轴,在"刻度"选项卡中将连续轴刻度更改为对数刻度即可。

10.6.3 面积图、点图与垂线图

1. 面积图(Area Chart)

面积图在绘图对话框中也被归在线图组中,是指用面积区块的大小来对不同类别情况下某指标的大小加以呈现的图形。实际上,面积图和条图、线图反映的是同类信息,之间没有本质性的区别。对于简单图形而言,只需要将条图中直条的顶点相连,就构成了线图,而将线图的折线下方全部涂黑,就变成了相应的面积图。

多重面积图和另外两种图形间的对应关系要略为复杂一些,分段条图和分段面积图可直接相互对应,它们可直接反映主分类变量各类别的情况,而多重线图实际上是和复式条图相对应的,可以确切表示各分类组合下的情况。

上述 3 种图形可以在编辑状态下相互转换,具体的变换操作在条图的编辑中已经介绍过,这里不再重复。而面积图的绘制、编辑等也与另两种图形非常类似,这里不再详述。

2. 点图(Dot Chart)

点图在绘图对话框中被分组在散点图组中,但这只是从图形元素上进行的分组,从统计特征上讲它和线图或条图的关系更近:如果在线图中将图形框架中隐藏的散点显示出来,同时将连线隐去,则图形就变换成了点图。

点图的适用范围与线图较为接近,也是用于反映某指标随另一个指标的发展变化趋势,也最常用于反映数据本身或数据的变化速度随着时间变化的趋势,当数据点比较多时,点图比较有用。

3. 垂线图(Drop-Line Chart)

垂线图同样被分组在散点图组中,它在上面多重线图的编辑中已经提到过了,也需要多个变量或者多个分类的信息,但是它不是绘制出多条折线,而是将属于同一类别的各散点连接起来,从而垂线的长短就可以反映出随着时间的变化数值的差异大小变动情况。因此,与多重线图相比,垂线图更加强调几个变量值随另一变量变化情况的差别所在。

10.7 散 点 图

散点图是常用的表现两个或多个连续变量间数量关联的统计图,它用点的密集程度和趋势表示两个变量之间的相关关系与变化趋势。在进行相关/回归分析之前,绘制合适的散点图考察两个或多个变量间的相关关系及变化趋势是必需的。

在 SPSS 中有 4 种散点图,即用于描述两变量间关系的简单散点图、多个变量之间两两关系的散点图矩阵、多个自变量与一个因变量或多个因变量与一个自变量之间关系的重叠散点图,以及表述 3 个变量之间综合关系的三维散点图。

10.7.1 简单散点图案例:年龄 S3 与消费者信心指数间的关系

例 10.8 利用简单散点图考察年龄 S3 与总消费者信心指数间的数量关联趋势。

由于在本例中实际上是考察 index1 如何随着年龄的变化而变化,也就是说,在这两个变量中,S3 相当于影响因素(自变量),而 index1 则是被影响的指标(因变量),这种情况下习惯上将因变量 index1 置于纵轴,具体操作如下。

(1) 选择"图形"→"图表构建器"菜单项。
(2) 在图库中选择"散点"图组,将右侧出现的简单散点图图标拖入画布。
(3) 将年龄 S3 拖入横轴框中,将总指数 index1 拖入纵轴框中。
(4) 单击"确定"按钮。

所绘制的散点图如图 10.32 所示,从中可以观察到如下数据特征。

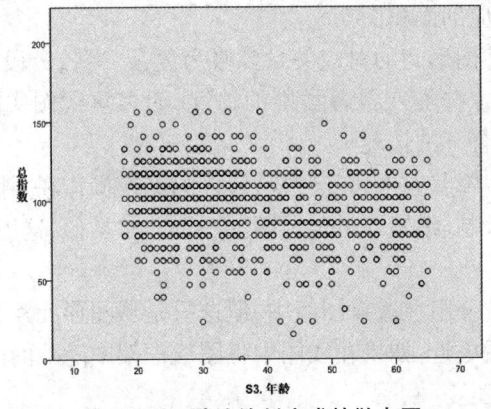

图 10.32 默认绘制生成的散点图

(1) 随着年龄的上升,消费者信心指数的平均水平有缓慢的下降趋势,且两者间关联基本上呈线性趋势。
(2) 消费者信心指数在不同年龄段上的离散程度相差不明显。
(3) 消费者信心指数存在若干偏小的数值,其中在 30~40 岁间的一位消费者其信心指数居然为 0。

如果进一步进行两变量间的回归或相关分析,上述信息将对分析工作起到重要的方向指导作用。

10.7.2 散点图的编辑

散点图中的图形元素以散点为主,因此前面讲述过的各种散点编辑功能,如更改散点样式、大小、只显示某些散点的标签等均可加以应用。除此以外,散点图中还有一些独特的编辑功能,如更改散点密度的显示方式,加入回归趋势线等,这里结合 10.7.1 小节的实例来加以讲解。

1. 用套索模式选择离群散点

在图 10.32 所示的散点图中可以看到下方有一些偏离稍远的点,可以将其显示方式编辑得更为醒目一些。但由于数量太多,如果采取按住 Ctrl 键依次选中的方式显然太麻烦,这里可以采用套索模式来实现。选择"编辑"→"套索选择标记"菜单项,或者直接单击工具栏上的按钮,可以看到鼠标变成套索形状,此时在散点图中按下鼠标左键,将希望选中的散点圈入一个闭合曲线环中,松开左键后就会看到这些散点已被同时选中,下面就可以对这些散点同时进行各种编辑操作了。

2. 改变过密散点图的显示方式

CCSS 案例数据的样本量虽然上千,但由于年龄只能取整数,信心值也并非无限任意取值,导致所绘制的散点图中有大量散点是重叠显示的,各部分的疏密无法分清,这严重影响对散点图趋势的观察。

事实上,在大样本数据,或者变量取值范围有限的情况下,散点重叠的情形非常常见,对此问题可以采用散点合并的显示技巧加以解决。在编辑状态下选择"选项"→"分箱元素"菜单项,或者在快捷工具栏上直接单击按钮,就可以将散点转换为合并显示。同时在"属性"对话框中会增加一个"分箱化"选项卡,用于设定具体的合并选项,如图 10.33(a)所示。默认的显示方式为标记大小,即以散点块的大小代表该区域散点数量的多少,本例可切换为色彩强度,即以颜色的深浅代表该区域散点数量的多少。在下方的几个框组分别用于设定合并方式的显示位置、合并区域的计算方式,以及合并区域的大小,一般不需要更改。

通过将本例的散点图转换为合并显示,就可以清楚地看出在 20~30 岁范围内,信心值在 100 上下的散点密度是比较高的,而整个散点图也遵循了中部较密、两边较稀疏的基本规律,并未发现明显违背常规的情形。

3. 添加回归趋势线和可信区间

作为回归问题预分析中的重要工具,如果能够在散点图中直接添加各种回归线,就能够提供更为丰富的信息,利用 SPSS 的散点图可以轻松地完成这一任务。在选中散点图主体后,选择"元素"→"总计拟合线"菜单项,或者直接单击工具栏上的按钮"",就可以在图形中添加一条总样本的回归趋势线。

但是,上述操作默认情况下添加的是线性趋势线,如果希望加以更改,则在选中趋势线后使用"拟合线"选项卡来操作,如图 10.33(b)所示。除给出因变量的均数(水平线)外,回归线的拟合方式还有以下 4 种。

(1) 线性:就是根据最小二乘法确定的线性回归方程直线。这也是系统默认的方式。

(2) 二次:根据最小二乘法,用二次回归曲线对散点图中的数据点作最佳拟合。

(3) 三次:根据最小二乘法,用三次回归曲线对散点图中的数据点进行最佳拟合。

(4) Loess:即局部加权回归光滑曲线(Locally Weighted Regression Smoother),该方法根据数据局部的点拟合一条曲线。也就是说,对于任何一点,该点的曲线仅依赖于这点以及指定范围内的邻近点的观察值来确定,因此可以将曲线拟合得非常光滑,与实际点吻合得很好。下方的百分比文本框用于指定拟合曲线时,考虑利用样本中多少比例的散点。拟合的点越多,则曲线越接近于直线;拟合的点越少,则充分利用了临近点的信息,所得曲线越圆滑,与散点越吻合。多数情况下默认设定就可满足要求,不需更改。

在"拟合线"选项卡的下方还有一个"置信区间"框组,用于绘制相应回归曲线的均数或个体预测值的 95%(或其他指定的可信度)可信区间。当要求绘制区间时,回归线本身将会消失。对此有一个很简单的解决办法,即多绘制几条相同的回归线,将其中某几条变换为希望显示的区间,而剩余的就用来显示原有的回归线。

对本例而言,可以绘制出回归直线所对应的95%个体参考值范围,并同时加绘出Loess样条曲线,可以看出样条曲线和回归直线趋势非常近似,也就是说,年龄和总指数之间的数量关联如果的确存在,那应当基本上是服从线性趋势的。

除添加回归趋势线外,散点图还可以像线图中一样添加散点间的连接线,并进行相应的编辑操作,如突出显示某一段等,对此请读者自行操作,这里不再详述。

4. 添加钉线

钉线即 Spikes,其原意是钉子,或细而长的线,这里指的是在散点图上添加辅助线。钉线可以是从数据点到某一点,到轴线或平面的线,向下到 X 轴的线常称为垂线。

散点图的"钉状图"选项卡用于添加钉线,如图 10.33(c)所示,钉线可以是从数据点到原点(Origin),到两个轴线,或者到数据中心(Centroid)的线。一般而言,钉线主要用于一些特殊用途的散点图,如市场研究中多维偏好分析的结果图形,因此这里不再详述。

最终编辑完毕的散点图如图 10.34 所示。

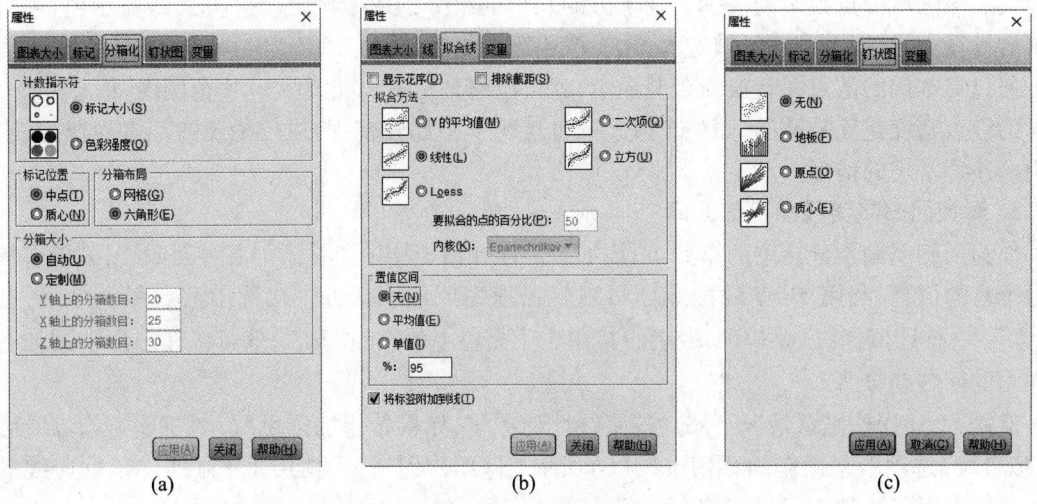

图 10.33 "分箱化"选项卡、"拟合线"选项卡和"钉状图"选项卡

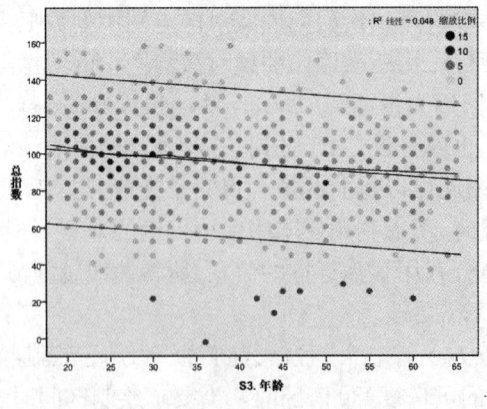

图 10.34 编辑完毕后的简单散点图

10.7.3 分组散点图案例：分性别考察年龄对信心指数值的影响

有时出于研究需要，需将多组两个变量的散点图绘制在同一个图中，这样可以更好地比较它们之间的相关关系。此时可以考虑绘制分组散点图，也称重叠散点图。在绘制分组散点图时要注意的是用于绘制统计图的变量取值大小应比较接近，否则有的变量组的相关关系表现很清楚，而有的变量组的相关关系则缩小成一堆，难以分辨。

例 10.9 进一步分性别考察年龄 S3 与总指 index1 的关系，以判断不同性别间年龄对信心指数的影响趋势是否不同。

由于本例重点在于比较不同性别间的散点图趋势是否不同，因此分组散点图是较好的选择，而且绘图重点应当是散点分布与显示回归线并重，因此操作如下。

（1）选择"图形"→"图表构建器"菜单项。
（2）在图库中选择散点图组，将右侧出现的分组散点图图标拖入画布。
（3）将年龄 S3 拖入横轴框中，将总指数 index1 拖入纵轴框中。
（4）将性别拖入分组框中。
（5）单击"确定"按钮绘制出图形，随后双击进入编辑状态，对坐标轴尺度、图例位置等进行适当的调整。
（6）将散点图更改为按标记大小区分的合并方式。
（7）选择"元素"→"子组拟合线"菜单项，或直接选择工具栏 ，在图形中添加分组回归线，并在"拟合线"选项卡中将回归线种类更改为 Loess。

最终绘制完毕的分组散点图如图 10.35 所示，从中可以看出，在不同的性别人群中，无论是散点分布范围还是回归曲线的趋势都不存在明显的区别，也就是说不同性别间年龄对信心指数的影响趋势是基本相同的。

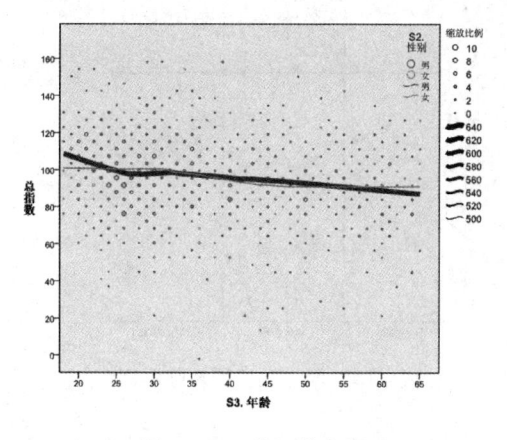

图 10.35 分组散点图

在分组散点图的横轴和纵轴中也可以直接选入变量组，此时所绘制的散点图按照横、纵变量的排列组合加以确定。例如，在横轴中选入变量组 X、Y，在纵轴中选入变量组 A、B，则所绘制的分组散点图中会包含以下几对散点组合：X*A、X*B、Y*A 和 Y*B。

10.7.4　散点图矩阵案例：年龄 S3 与现状指数、预期指数的关系

当欲同时考察多个变量间的相关关系时，若一一绘制它们间的简单散点图，则十分麻烦。此时可利用散点图矩阵来同时绘制各自变量间的散点图，这样可以快速发现多个变量间的主要相关性。这一点在进行多元线性回归分析时显得尤为重要。

例 10.10　在前面分析的基础上，进一步考察年龄 S3 对现状指数、预期指数的影响。

本例实际上也可以采用分组散点图来考察，但可能会遇到散点范围严重重叠的问题，因此改用矩阵观察，操作步骤如下。

（1）选择"图形"→"图表构建器"菜单项。
（2）在图库中选择散点图组，将右侧出现的散点图矩阵图标拖入画布中。
（3）按住 Ctrl 键选中年龄 S3、现状指数 index1a、预期指数 index1b，将其一起拖入画布上的矩阵框中。
（4）单击"确定"按钮绘制出图形，随后双击进入编辑状态，对坐标轴尺度、图例位置等进行适当的调整。
（5）将散点图更改为按颜色区分的合并方式。
（6）选择"元素"→"总计拟合线"菜单项，在图形中添加回归线，并在"拟合线"选项卡中将回归线种类更改为 Loess。

最终绘制出的矩阵如图 10.36 所示，整个图形类似一个 3×3 矩阵，不同的是此处矩阵的元素是一个一个的散点图。3 个变量两两交叉，就形成了 9 个格子。每个变量所在的横行的图形，其纵轴都是该变量所在的那一列的图形，其横轴也为该变量，对角线处则为空白。

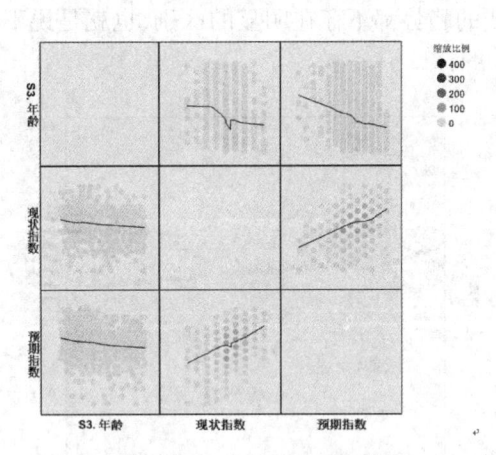

图 10.36　散点图矩阵示例

散点图矩阵的对角线处实际上会显示该变量的直方图，只是在默认情况下是隐藏的，如果希望显示，则选择"选项"→"显示沿对角线绘制的图表"菜单项即可。

从散点图矩阵中可见，年龄与现状指数和预期指数均呈负相关关系，年龄越大，指数值越低，但似乎年龄与现状指数之间存在一定的曲线关联，可能在后续分析中要加以注意。

10.7.5 三维散点图

在散点图矩阵中虽然可以同时观察多个变量间的联系,但它是两两进行平面散点图观察的,有可能漏掉一些重要的信息。三维散点图就是在由 3 个变量确定的三维空间中研究变量之间的关系,由于同时考虑了 3 个变量,常常可以发现二维图形中所发现不了的信息。

1. 三维散点图的绘制

仍以上面的问题为例,如果希望直接做出 S3、Index1a、Index1b 的三维散点图,则只要在对话框中将它们依次定义为 X、Y、Z 轴即可,所绘制出的三维散点图如图 10.37(a)所示。该图形将 3 个变量间的关系在同一个坐标空间中立体地表现了出来,使用它可以更加清晰和直观地对因/自变量间的关系进行观察,发现在二维空间中可能无法看到的信息,如曲线关系、异常值等。但是,由于实际上只能在二维平面上观察三维散点图,所以在观察时必须要结合旋转功能,这将在下面加以讲述。

2. 三维散点图的旋转观察

对三维散点图的旋转观察需要进入编辑状态,然后选择"编辑"→"三维旋转"菜单项,或直接单击工具栏上的按钮 ,就会看到出现一个 3D 旋转托盘,如图 10.37(b)所示,用它进行旋转,可马上看到旋转的效果。具体操作时既可以在对话框中更改纵横坐标,也可以按下鼠标左键对三维图形做各个方向的直接拖动,即按住左键,然后将鼠标向需要的方向移动,图形就会向相应方向转动,直至松开鼠标左键为止。

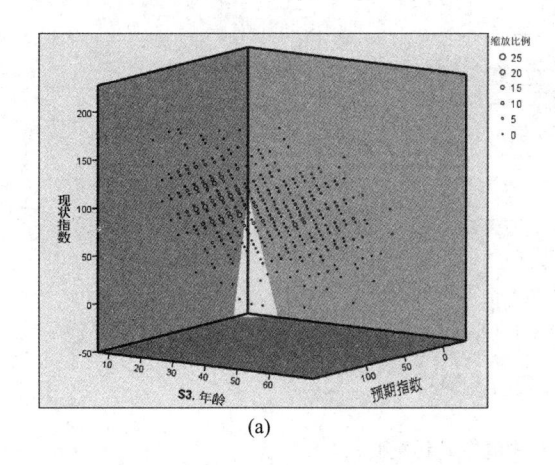

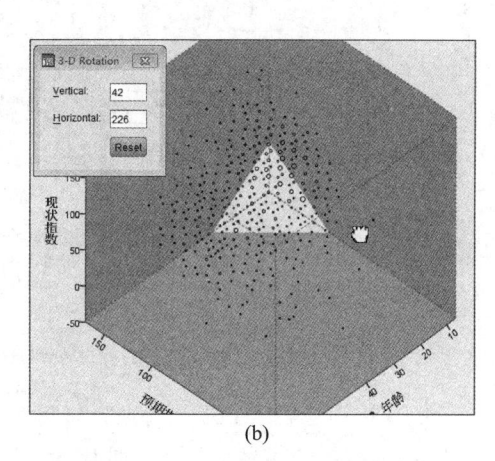

图 10.37 三维散点图及其自由旋转操作示例

3. 三维散点图的缩放

默认情况下,三维散点图主体只占据了图形的一部分区间,这是由于默认对散点图的观察距离较远所致。如果希望散点图占据主要显示区间,则可以选中散点图主体,然后在"三维旋转"选项卡中将距离改得更近一些即可,默认为 80,一般改为 30 即可使图形占据大部分显示面积。

4. 三维散点图与其他散点图的相互转换

由于散点图都是以散点形式来表现各连续变量间的数量关联,因此它们之间是可以相互转换的。具体而言,仍然是首先在属性对话框中找到"变量"选项卡,然后将其中所列的各图形元素功能赋值修改为所需的种类即可。

在理论上,三维散点图和散点图矩阵、分组散点图都是可以相互转换的,它们也都可以转换为简单散点图。对此感兴趣的读者请自行尝试操作,这里不再展开论述。

10.8　P-P 图和 Q-Q 图

大多数假设检验方法都假定研究数据总体服从某种特定分布,如正态分布、二项分布等,除使用专门的检验方法加以考察外,更常用的方法是用图形来直接观察。直方图和茎叶图都是评估数据分布的常用图形,但它们不能直观给出数据分布与理论值相差多少,P-P 图和 Q-Q 图则可以给出上述信息,是非常有用的观察工具。P-P 图的主对话框如图 10.38 所示。

> P-P 图和 Q-Q 图最常应用于判断变量是否服从正态分布,但实际上它们还可以用于考察其他分布,常见的有 Beta 分布、指数分布、伽马分布、半对数分布、拉普拉斯分布、logistic 分布、对数正态分布、帕累托分布、t 分布、weibull 分布、标准正态分布等共 13 种分布。

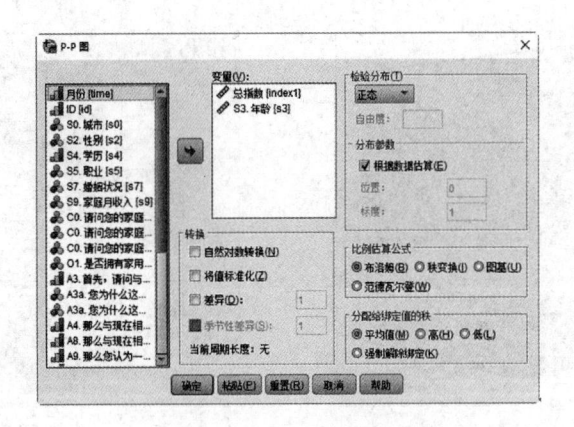

图 10.38　P-P 图的主对话框

10.8.1　P-P 图

P-P 图通过比较变量的实际累计概率与其假定理论分布累计概率的符合程度,以判断资料是否服从所考察的分布类型。如果变量服从理论分布,则实际累计概率与理论累计概率应该基本一致。

1. 界面说明

由于涉及数据分布的描述,P-P 图目前被放在"分析"→"描述统计"菜单项中,其对话框

(见图 10.38),内容看似庞杂,实则非常简单:

(1)"变量"列表框:用于选入希望考察的变量,可一次性选入多个变量同时绘制多个 P-P 图。

(2)"检验分布"下拉列表框:用于指定希望考察的理论分布,默认为正态分布,下方可以进一步指定相应分布的自由度、位置参数、形状参数等。

(3)"转换"框组:提供了自然对数变换、将值标准化、差异以及季节性差异这 4 种数据变换方法,以考查变换后的数据分布情况。

(4)"比例估算公式"框组:实际上应当翻译成"概率估计公式",即用于估计样本累计概率分布的具体算法,一般不需要更改。

(5)"分配给绑定值的秩"框组:指定样本中出现重复数值时的处理方式,默认的均值就非常合适,不需更改。

2. 结果解释

这里以 CCSS 项目中的总指数为例来说明如何阅读 P-P 图,具体图形如图 10.39 所示,所输出的两个图分别为 P-P 图和去趋势(De-trend)P-P 图,图 10.39(a)所示的两个坐标轴分别表示理论累计概率和实际累计概率,如果数据服从正态分布,则图中数据点应和理论直线(对角线)基本重合。可见,index1 的实际分布和理论分布基本接近。为了更仔细地观察,可以继续观察图 10.39(b)所示的去趋势 P-P 图,该图反映的是按正态分布计算的理论值和实际值之差的分布情况,即分布的残差图。如果数据服从正态分布,则数据点应较均匀地分布在 Y=0 这条直线上下。图中可见残差虽然有一定的上下波动,但绝对差异均小于 0.05,这在绝大多数研究中都是可以忽略的分布概率差异。由此可以看出,变量 index1 的原始数据与正态分布的理论数据相差很小,可以认为其基本服从正态分布。

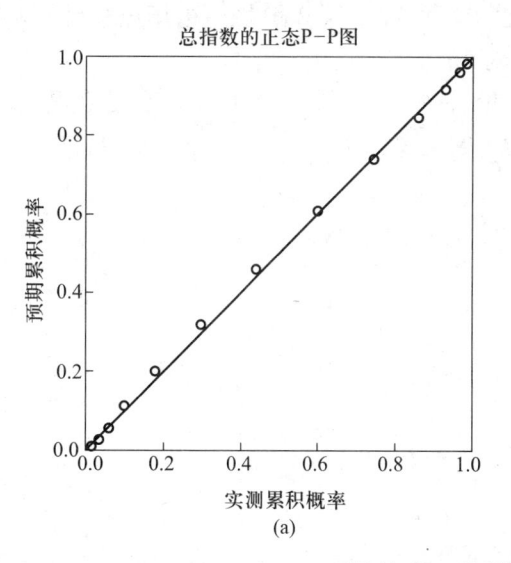

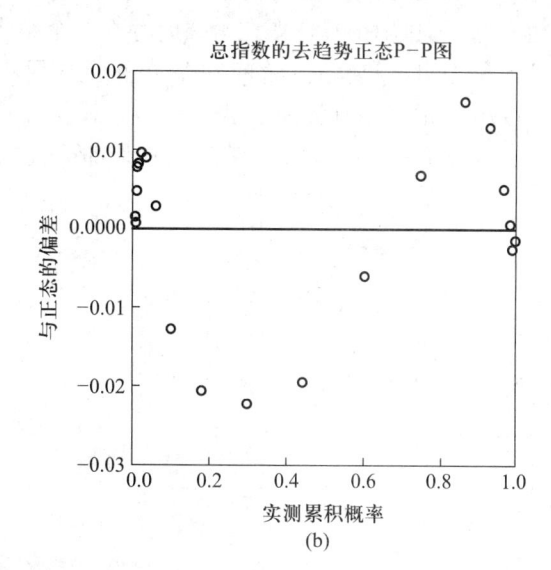

图 10.39 总指数的 P-P 图分析结果

下面来看一个不服从正态分布的例子,变量为年龄 S3,如图 10.40 所示,从其 P-P 图和去势 P-P 图可见,年龄的实际分布和理论分布有明显的差异,其残差绝对值最高也超过了 0.1,因此可以判断年龄并不服从正态分布。

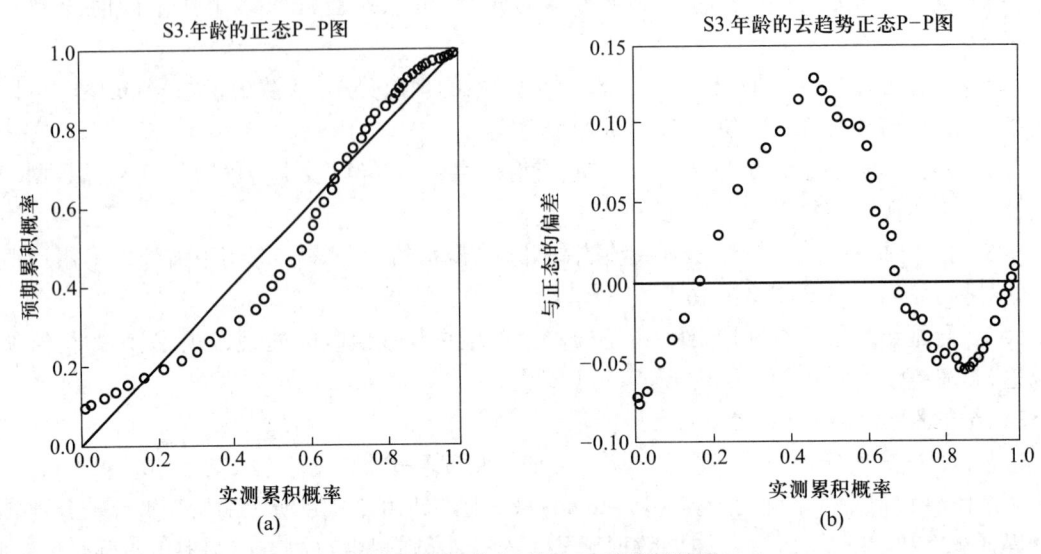

图 10.40　年龄 S3 的 P-P 图分析结果

10.8.2　Q-Q 图

Q-Q 图的基本原理与 P-P 图非常类似,也是比较变量的实际分布与其所假定的理论分布是否一致。但 P-P 图比较的是两者的累计概率分布,而 Q-Q 图则是根据变量的实际百分位数与理论百分位数进行绘制的,或者说得更通俗一点,相比之下 Q-Q 图的适用条件更宽松,结果也更稳健一些。但是对 Q-Q 图在考察时存在一个很大的问题,即不像 P-P 图可以用经验界值来判断样本是否明显和理论分布存在差异,因此应用相对较少。

Q-Q 图的对话框界面(见图 10.41)、操作方式和结果阅读方式和 P-P 图几乎完全相同,读者参照前文 P-P 图的相关内容进行操作即可,这里不再重复说明。

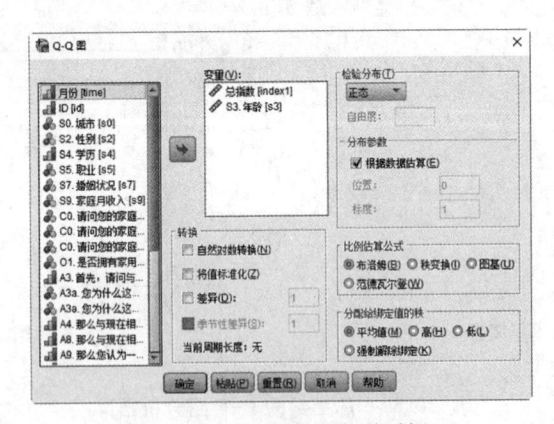

图 10.41　Q-Q 图的主对话框

10.9 控制图与 Pareto 图

10.9.1 控制图

1. 图形简介

任何自然过程都有随机变异,产品的生产线也不例外,在生产过程中,产品质量一方面会出现随机波动,但另一方面也可能是由可辨识的、作用明显的原因,如误操作、设备故障等所引起,后一种情况显然通过采取适当措施可以被及时发现并排除。而控制图就是用于分析和判断生产工序是否处于稳定状态的一种统计图。

控制图的作用原理非常简单,当生产过程仅受随机因素的影响,产品的质量特征的平均值和变异都基本保持稳定时,称之为处于受控状态。此时产品的质量特征服从某种确定概率分布的随机变量,因此可以每隔一定时间在生产线进行抽样,若其数值符合原分布规律,就认为生产过程正常,否则就认为生产中出现某种系统性变化,或者说过程失控。此时就需要考虑采取包括停产检查在内的各种措施,以期查明原因并将其排除,以恢复正常生产,不使失控状态延续而发展下去。

2. 控制图的种类

控制图的类型可以分得非常细,多达十几种,但如果按照数据特征,则首先可分为计量控制图和计数控制图两大类。此外,再根据是对个体还是均数的变动情况进行监测,以及具体是用全距、百分位数还是标准差作为控制范围来做进一步的细分。

从图10.42(a)所示的预定义对话框就可以看出,SPSS 提供了比较全面的控制图种类,其具体用法如下。

(1) X 条形图、R 图和 s 图:均数、全距和标准差控制图,本选项包括两种组合控制图,即均数-全距组合控制图和均数-标准差组合控制图。前者将在图中显示每个亚组测量值的均值和全距。当亚组内例数比较少(比如少于10个),不宜计算标准差时,选用这种图;当例数较多时,由于采用标准差效率更高,也更稳定,因此推荐使用后者。

(2) 个体,移动全距:均数的计算要求每个亚组中案例数大于1,当各亚组均只有一个案例时,就只能采用这里的个体值移动全距图,在图中显示个体测量值。图中个体值的顺序与数据的顺序一样。移动全距图显示每个所选间隔段里数值全距,也就是说,如果间隔段是3,移动范围图显示目前记录、其前一个记录和前两个记录之间的数值全距,它可用于反映数据波动情况的改变。

(3) p 图、np 图:不合格品率、不合格品数控制图。p 图显示每个亚组里不一致的记录所占的比例,用于控制对象为不合格品率或合格率等计数值质量指标的场合。但是由于计算不合格品率需要进行除法,比较麻烦,所以样本大小相同的情况下,用 np 图比较方便,后者显示的是每个亚组内不一致记录的数量。

(4) c 图、u 图:缺陷数、单位缺陷数控制图。u 图显示指定单位范围里所出现的缺陷数目。当样品的大小保持不变时可用 c 控制图,而当样品的大小变化时,则应换算为平均每单位的缺陷数后再使用 u 控制图。

3. 界面说明

"控制图"选项被放置在"分析"→"质量控制"菜单项中,选择后首先打开预定义对话框,如图 10.42(a)所示,用于选择具体的图形种类,随后会进一步弹出各种控制图的具体操作界面,如图 10.42(b)所示,这里以个体值控制图为例加以说明。

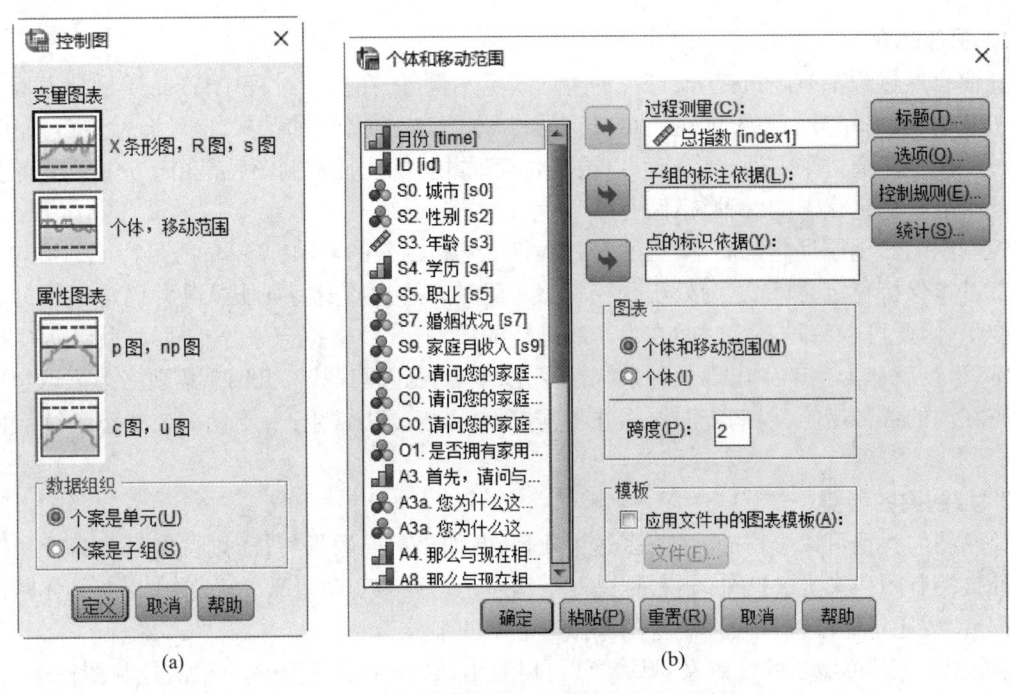

图 10.42　控制图的预定义对话框和主对话框

(1)"过程测量"框:选入用于质量控制的变量。

(2)"图表"框组:选择只绘制个体值控制图,还是同时绘制移动全距控制图,下方的"跨度"文本框用于输入计算移动全距时的指定范围。

(3)"选项"子对话框:选择控制限和均数线间包括的标准差数,默认为 3 倍标准差。

(4)"控制规则"子对话框:指定一个或多个规则。如果某个点违反规则,则它在图表中具有与受控点不同的形状和颜色。该功能允许用户快速识别不受控的点。

(5)"统计量"子对话框:在其中可人为规定控制限,并可选择控制图中使用的一些统计指标。

4. 分析实例

使用控制图来考察 2007 年 4 月的 CCSS 数据采集是否正常,如果数据是随机采集的,则按照样本 ID 号顺序采集的数据应当上下随机波动,即使出现异常值,也不应当有聚集性,反之,则可能存在数据造假或错误可能。为简化叙述,这里只考察总指数 index1 这一个变量,操作如下。

(1) 选择 2007 年 4 月的所有案例进入研究。

(2) 选择"分析"→"质量控制"→"控制图"菜单项。

(3) 在打开的控制图预定义对话框中选择"个体,移动全距"选项。

(4) 将 index1 选入"过程测量"文本框,图表组设定为"个体"。

(5) 在"控制规则"子对话框中选中"在+3sigma 以上"和"在-3sigma 以下"复选框。

(6) 单击"确定"按钮。

按照上述选择,本例绘制出的控制图如图 10.43 所示,可见有两个案例的 index1 数值偏低,且超过了过控制线下界,但由于按照上下 3 倍的标准差范围,2007 年 4 月的 300 例样本应当大致出现 3 个异常值,因此两个异常值是可以接受的。此外从曲线的走势来看,整个样本的 index1 数值是在均数上下随机波动的,并未出现上升或下降的趋势,这说明 CCSS 项目一切运转正常,数据的质量是可以得到保证的。

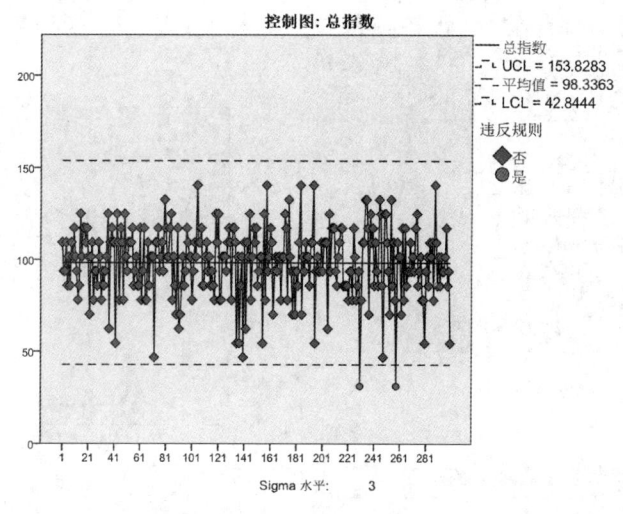

图 10.43 个体值控制图示例

10.9.2 Pareto 图

1. 图形简介

Pareto 图(Pareto Chart,帕累托图)又称为排列图,来自于 Pareto 定律,该定律认为绝大多数的问题或缺陷产生于相对有限的起因,实际上也就是常说的 80/20 定律,即 20% 的原因造成 80% 的问题。

Pareto 图属于双纵轴图,本质上是条图和线图的组合,管理者或研究者常常会面对许多选择类别,需要用较快的视觉方式评估每类的相对重要性。而 Pareto 图以条图方式将各因素按降序排列,其条形的长短表示各组绝对数的大小;在条图上方加绘直条累计百分比的曲线(称为 Pareto 曲线),线段的上升表示累计百分比的增加情况,可直观找出主要、次要因素。

Pareto 图的典型应用是显示由于各种原因引起的缺陷数量或不一致的频数分布,按照 Pareto 图的一般阅读习惯,影响质量的主要因素通常分为 3 类:A 类为累计百分数在 70%~80% 范围内的因素,是主要影响因素;B 类是除 A 类之外累计百分数在 80%~90% 范围内的因素,是次要因素;C 类为除 A、B 两类之外百分比在 90%~100% 范围的因素。按此原则,使用者就可以根据条图顶端生成的曲线快速确定项目实施失败的主要原因。

2. 分析实例

Pareto 图选项也被放置在"分析"→"质量控制"菜单项中,有简单和堆积两大类,分别对应了简单条图和分段条图。其主操作界面均非常简单,直接将希望分析的变量选入类别轴框中即可。然后在上方设定直条高度所指示的指标,默认为类别频数,如图 10.44(a)所示。

这里以职业 S5 为例解读一下 Pareto 图的输出,如图 10.44(b)所示。可以看出受访者职业以白领最多,其次为管理人员、退休和私营业主。在所分的一共 11 个类别中,前 5 类大约占 80%,并没有出现很高的聚集性,这说明项目的样本分布还是比较分散的。

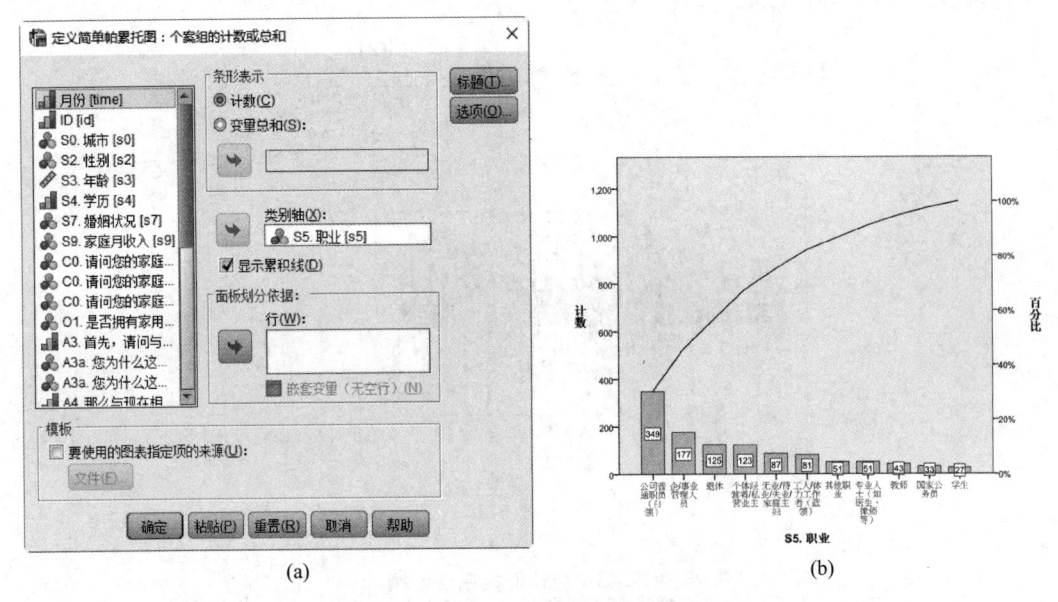

图 10.44 帕累托图对话框界面及示例

10.10 其他统计图

10.10.1 ROC 曲线

ROC 曲线,也称为"接收者操作特征曲线"。它是一种得到广泛应用的数据统计方法,最早于 1950 年应用于雷达信号检测的分析,用于区别"噪声"与"信号",后来应用于心理学研究。1960 年 Lee Lusted 首先认识到 ROC 分析法在医学判别疾病方面可能会有作用,从而开拓了其新的应用领域。

随着医学的发展,新的检测检验方法层出不穷。ROC 曲线及 ROC 曲线下面积可作为某一诊断方法准确性评价的指标。通过对同一疾病的多种诊断试验进行分析比较,可帮助临床医生筛选出最佳诊断方案。

1. ROC 曲线基础知识

对于一组经金标准诊断的病人和正常人,进行某项新的诊断试验,其结果可以汇总如表 10.1 所示。

表 10.1　诊断试验结果汇总表

试验	病人	正常人	合计
阳性	a	b	a+b
阴性	c	d	c+d
合计	a+c	b+d	a+b+c+d

$$真阳性率(灵敏度)=\frac{a}{a+c}\times 100\% \quad 真阴性率(特异度)=\frac{d}{b+d}\times 100\%$$

$$假阳性率(误诊率)=\frac{b}{b+d}\times 100\% \quad 假阴性率(漏诊率)=\frac{c}{a+c}\times 100\%$$

若检测结果为定量资料(或等级资料),以不同的检测值作为判断阳性、阴性结果的阈值时可分别计算出相对应的特异度和灵敏度,以 1-特异度为横轴、灵敏度为纵轴,将坐标为(1-特异度,灵敏度)的数据点于平面直角坐标系上绘制出来,所得曲线即为 ROC 曲线。

由 ROC 曲线的原理可知,一个优良的诊断实验其 ROC 曲线应该是从左下角垂直上升至顶线,然后水平方向向右延伸到右上角。如果 ROC 曲线沿着对角线方向分布,表示分类是机遇造成的,正确分类和错分的概率各为 50%,此时该诊断方法完全无效。

如果两条曲线不交叉,那么可以根据它们的表现形态比较两个试验的优劣:更外面的、离对角线更远的曲线,其灵敏度和特异度均高于里面的、离对角线更近的曲线。

2. 分析实例

例 10.11　某医师对经金标准诊断的 55 名病人、45 名正常人分别进行两种诊断试验检查,结果分别为 test1、test2。试对其绘制 ROC 曲线,数据见 roc. sav。

选择"分析"→"ROC 曲线"菜单项,打开如图 10.45(a)所示的对话框,由于界面非常简单,这里不做详细解释,直接列出操作步骤如下。

(1) 将 test1 和 test2 选入"检验变量"列表框中。

(2) 将 diag 选入"状态变量"文本框,下方指定 diag=1 表示研究对象为病人。

(3) 在下方的"显示"框组中,设置输出对角线,输出标准误差和置信区间。

相应的 ROC 曲线如图 10.45(b)所示,可见 test1 的效果远远好于 test2。SPSS 还进一步输出了两条 ROC 曲线下面积的标准误及各自的可信区间。由图 10.46 可见,检测一(test1)的 ROC 曲线下面积为 0.947,标准误为 0.024,其 95%可信区间为(0.900~0.994);检测二(test2)的 ROC 曲线下面积为 0.679,标准误为 0.053,其 95%可信区间为(0.574~0.784)。ROC 曲线下面积取值范围为 0.5~1.0。一般地,ROC 曲线下面积在 0.5~0.7 之间表示诊断价值较低,在 0.7~0.9 之间表示诊断价值中等,0.9 以上表示诊断价值较高。表格中还会输出近似 P 值(Asymptotic Sig.),其无效假设是检测方法总体 ROC 曲线下面积是否为 0.5,即检测结果和随机掷硬币无差异。

SPSS 未提供两条或多条 ROC 曲线下面积的比较,可以近似地根据它们的 95%可信区间是否交叉来判断各总体 ROC 曲线下面积是否相等。这里说近似是因为假设检验计算统计量是根据无效假设(各总体 ROC 曲线下面积相等)出发的,此时各样本 ROC 曲线下面积的标准误也相

(a)   (b)

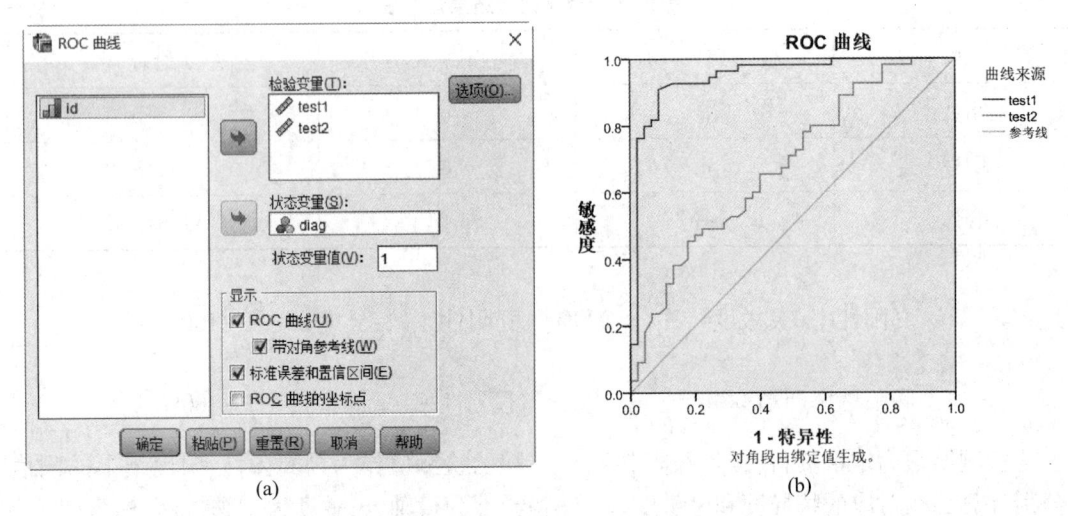

图 10.45　"ROC 曲线"的对话框和图形

检验结果变量	面积	标准误[a]	渐进 Sig.[b]	渐近 95% 置信区间 下限	上限
test1	.947	.024	.000	.900	.994
test2	.679	.053	.002	.574	.784

检验结果变量:test1, test2 在正的和负的实际状态组之间至少有一个结。统计量可能会出现偏差。
a. 在非参数假设下
b. 零假设：实面积 = 0.5

图 10.46　ROC 曲线下的面积

等,而图 10.46 中输出的 95%可信区间是根据各自的标准误进行计算的,而不是两条 ROC 曲线下面积的合并标准误计算的 95%可信区间,因此只能说是近似判断。

> 有的读者在绘制 ROC 曲线时可能会得到面积小于 0.5 的 ROC 曲线,这一般发生在该检测方法的检测结果值越小,该研究对象是病人的可能性越大的情况下。SPSS 默认检测结果值越大,研究对象是病人的可能性越大,因此得出的结果正好相反。对于这种类型的资料,可以通过绘制 ROC 曲线时使用"选项"子对话框中的"检验方向"框组予以纠正。

10.10.2　高-低图

1. 图形简介

股票、商品、货币及其他市场数据每周、每日甚至每时的波动都相当大。为了图示长期变动趋势,同时又能知道短期变化,必须采用相应的专用图形工具来分析。高-低图就是为此而设计的。

SPSS 在图表构建器中有专门的一组高-低图组,其中提供了以下几种图形。

(1) 高-低-收盘图:表示单位时间内某现象的最高数值、最低数值和最后数值。这种图形适用于股票、期货和外汇金融等,它可以说明每天的最高价格、最低价格和收盘时的价格。

(2) 简单全距图:也称单式全距图,表明单位时间内某现象的最高数值和最低数值。单式全距图与单式高低收盘图的区别是省去了最后数值。

（3）分组全距图：也称复式全距图，它表示在单位时间内两个或两个以上现象的最高数值和最低数值。

（4）差异面积图：是说明两个现象在同一时间内相互变化对比关系的线性统计图。

2. 分析实例

下面以上证指数（SH999999）2010年上半年的实际走势数据来说明高-低图的做法，数据见文件 SH999999.txt，具体操作如下。

（1）在 SPSS 中用文本数据向导读入数据文件，注意日期变量应当设置为日期型。

（2）选择"图形"→"图表构建器"菜单项。

（3）在图库中选择"高-低"图组，将右侧出现的高-低-收盘图图标拖入画布。

（4）将最高、最低、收盘3个变量依次拖入高变量、低变量、关闭变量3个框中，将日期变量拖入横轴框中。

（5）单击"确定"按钮。

相应的简单高-低图如图10.47所示，每个直条代表一天的交易数据，直条的上、下范围分别代表当天的指数最高值、最低值，圆圈则代表当天的收盘指数值。显然，上证指数在2010年上半年呈现的是先下跌，然后横盘反弹，最后一路大跌的走势。

从图10.47中可以发现序列有若干间断点，这实际上代表了股市停盘的日期，比如春节以及五一假期。在股票软件中，这些停盘日期都是自动略去的，而此处指定日期为日期型格式，因此 SPSS 不会将其省略。本例中如果将日期指定为字符型变量，则这些时间点也不会出现。

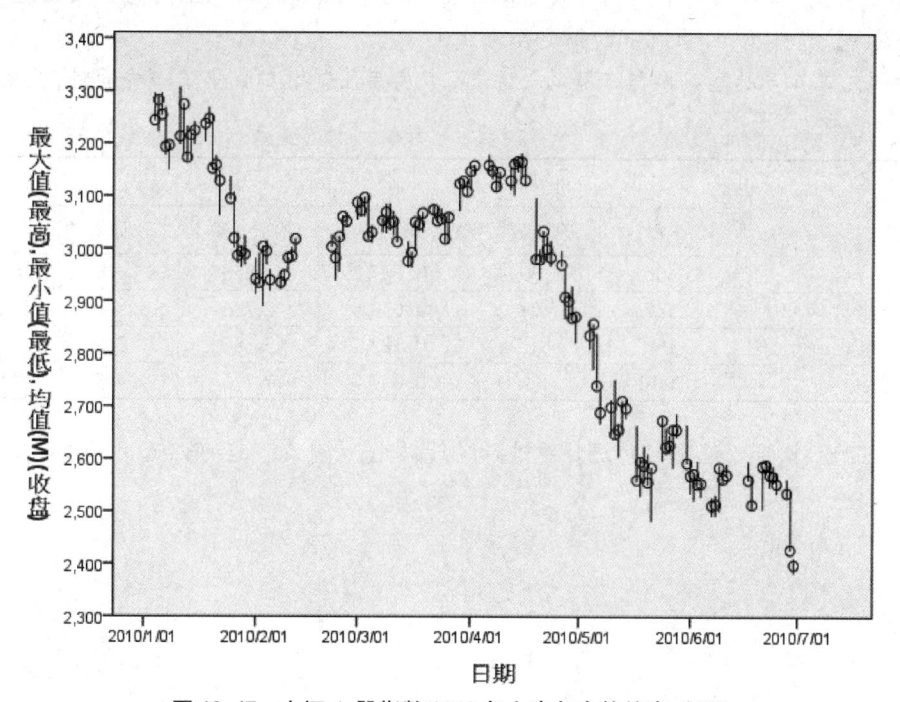

图 10.47　上证 A 股指数 2010 年上半年走势的高-低图

10.10.3 时间序列分析中使用的图形

SPSS 提供了强大的时间序列分析功能,其图形工具也比较全面,除最简单的线图等以外,还有以下几种专用图形。

(1)序列图:实际上就是一种特殊的线图,但比一般的线图有着更多适合时间序列特点的功能,用于对时间序列的直观描述。与普通线图一样,它也把时间坐标轴变量当成分类变量处理,所以在数据时间序列存在间断的情况下要小心应用。

(2)自相关图:做单个序列,任意滞后(包括负的滞后,也就是超前)的自相关和偏相关图。

(3)互相关图:交叉相关图,做两个或两个以上的时间序列,任意滞后的交叉相关图。

(4)频谱图:在频谱分析时给出一个或多个序列的周期图和谱密度图。

由于上述这些图形的使用和解读均与时间序列分析密切相关,对于选择模型参数及进行模型残差分析有着重要意义,因此它们和时间序列模型一起被统一放置在"分析"→"时间序列预测"子菜单中。这些专用工具也将和时间序列模型一起在《高级教程》一书中加以介绍,对此感兴趣的朋友请参见《高级教程》的相应章节。

思考与练习

1. 简述本章所介绍的各个统计图的特点及适合的资料类型。
2. 自行练习本章所介绍的对 CCSS 案例的各种图形绘制以及编辑操作。
3. 自行练习复式条图、线图、面积图间的转换功能,并从图形的本质考虑为什么这些图形可以互相自由转换。
4. SPSS 输出 ROC 曲线下面积时输出的近似 P 值(Asymptotic Sig.),为什么该检验的无效假设是检测方法总体 ROC 曲线下面积是否为 0.5?
5. 为研究工人矽肺患病率与工龄的关系,某市疾病控制中心收集了一些资料,见题表。

题 表

工龄	甲矿			乙矿		
	检查人数	矽肺人数	患病率	检验人数	矽肺人数	患病率
5 年内	5 406	39	0.007 2	1 856	11	0.005 9
5~10 年(含 5 年)	2 537	77	0.030 4	2 734	84	0.030 7
10 年以上(含 10 年)	2 169	265	0.122 2	3 185	347	0.108 9
合计	10 112	381	0.037 7	7 775	442	0.056 8

对于以上资料,可以选用何种统计图进行统计描述,为什么?还可以选用其他类型的统计图吗?为什么?

第三部分

常用假设检验方法

第11章　分布类型的检验

统计推断中的参数估计可以帮助分析者在对样本进行统计描述的基础上,进一步外推得知样本所在总体的一些特征,比如总体均数、总体标准差的情况。但是,仍然有一些针对研究总体的分析需求尚无法得到满足。例如,对CCSS案例而言:

(1) 信心指数的平均水平在不同月份是否有变化。
(2) 性别、年龄、职业等因素是否对信心指数的平均水平有影响。

要回答这些研究假设,就必须要使用统计分析中的一个重要工具——假设检验,而且还需要事先考察相应检验方法的适用条件,如数据的抽样是否随机,相应指标的分布是否服从正态分布、二项分布等。因此,本章将首先介绍假设检验的相关思想、理论基础、分析步骤等,然后介绍几个比较重要的分布类型检验——正态分布检验、二项分布检验,以及游程检验在SPSS中的实现方法,并借此使大家更加熟悉假设检验基本思想的具体应用。

11.1　假设检验的基本思想

11.1.1　问题的提出

这里用一个假设的场景来引出下面的讨论:为纪念葡式蛋挞诞生××周年(当然只是个借口),你决定参加港澳游,并顺便去澳门的赌场试试运气。具体的博彩方式为最简单的掷单颗骰子,猜到点数为胜。那么,如果这时你参加下注,会下多少注,结果又会怎样?

作为一个理性的人,相信大家在下注之前都相信,对于每个人来讲,在掷骰子时6个点都是同等机会出现的,关键就是在于谁的运气好。所以一般都是随机选择一个点数进行投注。其实,在做出下注决策时,就已经做了相应的假设:这个骰子是均匀的,因此每个点出现的概率相等,如果反复下注,大概平均每6次会赢一次。当然,这只是平均的情形,如果每次都这样,也就不会有人去玩这种游戏了。每次博彩时猜中的比例可能会多一些,也可能会少一些。但是如果把多次参与的猜中率进行平均,则仍然应当在1/6左右。

现在假设一共下了600次注,由于假设这颗骰子是均匀的,因此平均应当赢大约100次。但是最终竟然一共只猜中了一次。这里有两种解释:① 今天运气实在太差;② 骰子有鬼,掷骰子的人可以人为控制结局,使得每种点数出现的概率不均匀,从而利用这种能力使自己得到了更多的收益。虽然第一种解释是可能的,但是理论上的100次胜利和实际的仅仅1次胜利实在相差太远,这种解释很难让人坦然接受。因此,大多数人都会立刻选择第二种解释,认为骰子均匀的假设实际上不成立,这一切根本就是一个骗局。

事实上,不经意间,这里就已经展示出了一个标准的假设检验流程,如果将上述过程用标准的统计学流程复述一遍,则会表述为下列内容:

(1) 建立假设,H_0:骰子均匀,$\pi=1/6$;H_1:骰子不均匀;

(2) 确定检验水准,一类错误 $\alpha = 0.05$;

(3) 下赌场,在假设 H_0 成立的前提下亲力亲为,进行样本量为 600 次的掷骰子试验,得到 1/600 的样本率;

(4) 基于样本数据计算 P 值,发现如果 H_0 成立,得到现有样本率(以及更极端情况)的可能性微乎其微,远远小于可以容忍的一类错误 $\alpha = 0.05$;

(5) 得出推断结论,基于 H_0 出现了小概率事件,因此认为 H_0 假设不成立。

显然,这种描述方式会使得赌博听上去令人索然无味,但却是继续学习假设检验所必需的。下面就来深入介绍假设检验的基本思想。

11.1.2 小概率事件与小概率反证法

1. 小概率事件

在讨论假设检验的基本思想之前,首先需要明确小概率事件这一概念。衡量一个事件发生与否可能性的标准用概率大小来表示,通常概率大的事件更容易发生,概率小的事件不容易发生。习惯上将发生概率很小,如 $P \leq 0.05$ 的事件称为小概率事件,表示在一次实验或观察中该事件发生的可能性很小,因此如果只进行一次试验,可以视为不会发生,这被称为小概率原理。

这里需要澄清一个事实:注意上面的表述是"一次试验中小概率事件不应当发生",这并不表示小概率事件不可能发生。也就是说,这里有一个前提:只进行一次试验,结果应当不太可能是小概率事件。但如果进行多次(可能无穷多)试验,那么小概率事件就肯定会发生。

2. 小概率反证法

假设检验的基本思想是统计学的"小概率反证法"原理。也就是说,由于可以认为小概率事件在一次试验中不应当发生,因此可以首先假定需要考察的假设是成立的,然后基于此进行推导,来计算在该假设所代表的总体中进行抽样研究,得到当前样本(及更极端样本)的概率是多少。如果结果显示这是一个小概率事件,则意味着如果假设是成立的,则在一次抽样研究中竟然就发生了小概率事件!这显然违反了小概率原理,因此可以按照反证法的思路推翻所给出的假设,认为它们实际上不成立,此即小概率反证法。

11.1.3 假设检验的标准步骤

根据大量的实践经验,假设检验的步骤一般可以被归纳为如下步骤。

(1) 建立假设:根据问题的需要提出原假设 H_0,以及其对立面备择假设 H_1。前面的例子中的无效假设为"骰子均匀",而备择假设为"骰子不均匀"。假设检验的核心目的,就是在这两个都有可能成立的假设中进行统计决策,确定谁是其中更有可能成立的一个。

(2) 确立检验水准:即设立小概率事件的界值,它被称为 α 水准,一般这一步非常简单,习惯上会使用 0.05 作为该界值。

(3) 进行试验:即得到用于统计分析的样本,以该试验的结果作为假设检验的根据,本例中即下注 600 次。

(4) 选定检验方法,计算检验统计量:本例的问题比较简单,直接可以利用二项分布计算出相应的 P 值,因此这一步基本上是被省略了。

(5) 确定 P 值,做出推断结论:这里的 P 值对应的是当原假设 H_0 成立时,进行试验得到现有样本这种情况,以及比现有样本情况更极端的情形的累计概率。在本例中,这就意味着下注600次只赢一次,和甚至于一次也没有赢这两种情形的概率之和。由于这一获胜比例太低,属于小概率事件,因此基于小概率反证法,推翻原假设 H_0,接受其对立面 H_1,认为骰子不均匀;反之,若获胜比例大约在1/6上下,则在 H_0 成立的情况下这只是一个很普通的非小概率事件,找不到任何理由来推翻原假设,因此最终的结论只能是不能拒绝无效假设,这等于什么也没说!当然,从实用的角度出发,在检验所得到的概率值非常大时,研究者往往会将结果引申为接受 H_0,但注意这仅仅是一个引申,和统计学实际无关。

11.1.4 假设检验的两类错误

显然,假设检验给出的是基于概率的统计结论,存在着一定的犯错概率,那么这一概率是多大呢?为了回答这个问题,这里需要介绍假设检验中的两类错误。

假设检验的依据是"小概率事件在一次试验中不会发生"这一原理,然而小概率事件并非不可能发生的事件(只是它不是经常发生的),分析者并不能完全排斥它发生的可能性,因而假设检验的结果就有可能出现错误,可以按照错误发生的不同情境将其分为两类,见表11.1。

表 11.1 推断结论和两类错误

实际情况	检验结果	
	拒绝 H_0	不拒绝 H_0
H_0 真	I 类错误(α)	结论正确($1-\alpha$)
H_0 不真	结论正确($1-\beta$)	II 类错误(β)

(1) 第一类错误:无效假设 H_0 实际上是正确的,但由于抽样误差的原因,或者说恰好发生了小概率事件的原因,使得它被错误的拒绝,从而犯了"弃真"的错误,统计学上称它为"第一类错误"。犯第一类错误的概率是被人为指定的,就等于检验水准 α,这相当于分析者为了进行统计决策而愿意承担的错误代价。

(2) 第二类错误:无效假设 H_0 实际上不正确,但由于抽样误差的原因,检验中得到的 P 值大于检验水准,使得人们未能拒绝 H_0,犯了"存伪"的错误,统计学中称它为"第二类错误",用字母 β 表示。和第一类错误不同,犯第二类错误的概率大小在进行假设检验时一般并不知道,但可以根据相关信息进行估计。

11.1.5 假设检验中的其他问题

还有一个需要说明的问题就是检验的方向问题,这里涉及两个概念:单侧检验(One-sided Test)以及双侧检验(Two-sided Test)。如果备择假设是以单向形式表述的,则对零假设的检验称为单侧检验。如果研究者需要考察假设是否发生了变化,但是并不是非常清楚地了解发生变化的方向,就要用双侧检验,这也是绝大多数时的情形。

单双侧检验首先应根据专业知识来确定,同时也应考虑所要解决问题的目的。如果研究的背景比较明确,从专业知识判断一种方法的结果不可能低于或高于另一种方法的结果,则可以考虑使用单侧检验。但是在尚不能从专业知识给出结论方向的判断时,则最好使用双侧检验,一般认为双侧检验要更加保守和稳妥一些。

> 为避免输出内容太多造成混乱，SPSS 的绝大多数分析结果均只提供双侧检验的 P 值。如果需要得到单侧检验的结果，只需要明确在双侧检验的假设为左右对称时，单侧检验的 P 值只有同等情况下双侧检验 P 值的一半，即将该 P 值除以 2，就可以得到相应的单侧检验 P 值了。

除分为单双侧检验两类外，正如最初建立假设时所提到的，假设检验还可以被分为参数检验以及非参数检验。通常，参数检验是在已经知道了相关数据分布形式基础上，只是不了解相应参数取值时采用的检验形式。而如果对相关数据的分布形式也并不了解，就必须先确定数据的分布形式，这样才可以进一步对分布做出更为具体的说明以及解释。本章随后的主要内容就是介绍几种常用分布的假设检验，并借此使读者进一步熟悉假设检验的基本思想。

11.2　正态分布检验

正态分布是统计分析中最为重要的分布，也是应用很多假设检验方法的前提条件。因此，在许多时候，研究者希望能够确认数据服从该分布。正态分布的考察除了使用偏度系数和峰度系数等统计量考察、通过绘制直方图、P-P 图等图形工具来考察之外，也可以进行分布的假设检验，其中最常用的检验方法就是单样本 K-S 检验。

11.2.1　K-S 检验的原理

Kolmogorov-Smirnov(K-S)单样本检验(Kolmogorov-Smirnov One-Sample Test)是一种分布拟合优度的检验，其方法是将一个变量的累计分布函数与特定分布进行比较，用 A_i 表示理论(假设)分布每个类别的累计相对频数，用 O_i 表示样本频数的相应值。K-S 检验以 A_i 和 O_i 的绝对差异为基础，其检验统计量为：

$$K = \max |A_i - O_i|$$

显然，如果无效假设成立，则每次抽样研究中所得到的 K 值应当不会偏离 O 太远，K 值越大，说明基于无效假设得到当前样本的可能性就越小，就越有可能判断 H_0 为错误。当基于无效假设成立的前提得到当前样本这样大的 K 值，以及比当前样本更大 K 值的概率小于或等于检验水准时，研究者就可以根据小概率反证法原理，认为一次抽样中不应当出现这样的结果，从而拒绝 H_0，接受 H_1，认为样本实际上并不服从所假设的理论分布。

以上给出的是 K-S 检验的基本思路。为了方便计算出各种情况下 K 值所对应的概率大小，统计软件还往往会将 K 值进一步转化为 Z 值(注意此处的 Z 值不是标准正态得分)：

$$Z = \sqrt{N} K$$

公式中的 N 为样本量。随后再利用 Smirnov 于 1948 年提出的相应公式来计算出相应的 P 值。因公式较繁，这里不予列出。但这种变换只是为了便于求出 P 值，并不会改变 K-S 检验的本质。

通常，分析者可以直接应用 K-S 检验来对样本数据进行正态分布检验。但是，值得推荐的第一步是对样本数据进行图形描述，图形可以直观地给分析者一个大致的印象：该数据可能服从什么样的分布类型。

11.2.2 案例:考察信心指数分布是否服从正态分布

例 11.1 采用假设检验方法对消费者信心指数进行分布特征检验,以便为随后的深入分析做准备。

这里的分析目的是对指数的分布情况做大致估计,以便后续的分析方法能更有针对性。考虑到不同月份的指数分布可能会存在差异,这里只选取 2007 年 4 月的数据进行分析。要检验的假设如下。

H_0:2007 年 4 月的指数样本来自于一个正态分布的总体,理论分布与实际数据间的差异完全是抽样误差造成。

H_1:样本并非来自一个正态总体,理论分布与实际数据间的差异除了由抽样误差造成外,确实也反映了这种偏差。

$\alpha = 0.05$

下面就通过利用小概率反证法原理,来推断出上述假设中哪一种成立的可能性更大。

1. 界面说明

选择"分析"→"非参数检验"→"单样本"菜单项,就会调出单样本非参数检验过程的对话框界面,如图 11.1(a)所示,扼要介绍各部分的功能如下。

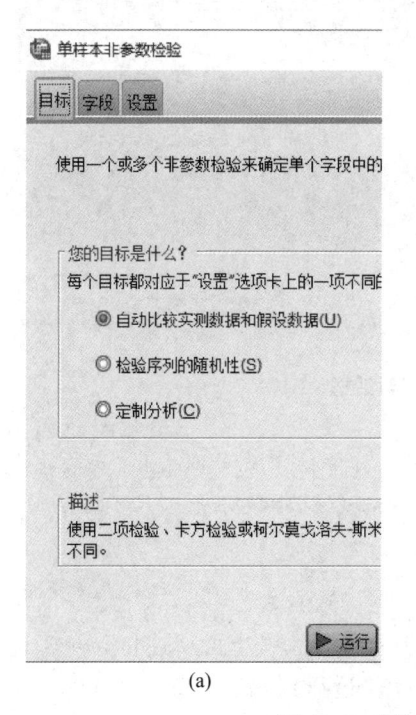

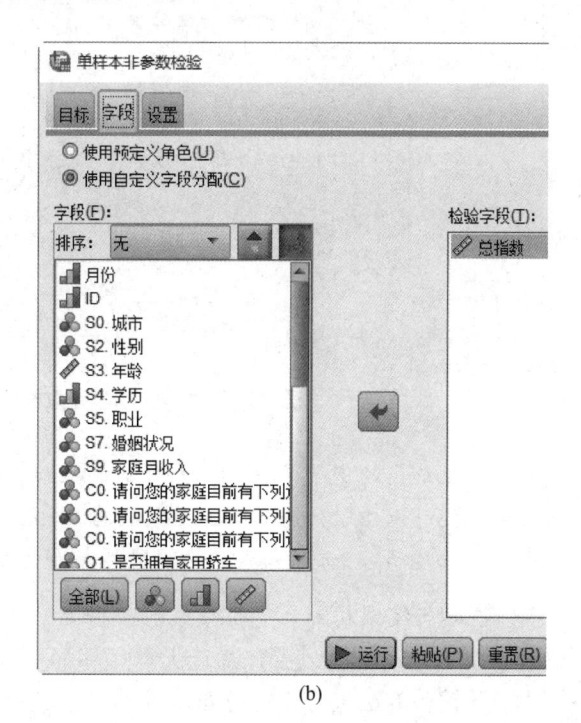

图 11.1 "单样本非参数检验"对话框(一)

(1)"目标"选项卡:如图 11.1(a)所示,目标被分为"自动比较实测数据和假设数据"、"检验序列的随机性"和"定制分析"3 种。此处更改选择实际上会使得对话框指向不同的分析方法,本例是默认的第一种,因此不需要修改。

214 第 11 章 分布类型的检验

（2）"字段"选项卡：如图 11.1(b) 所示，指定需要分析的变量，如果按照预定义角色分配，则软件会默认将全部可供分析的变量纳入。虽然把所有变量都扫荡一遍的想法的确非常诱人，但出于时间考虑，建议本例只选入需要的 index1。

（3）"设置"选项卡：如图 11.2(a) 所示，这里默认会按照所选变量的测量尺度自动选择检验方法，比如对二分类变量自动进行二项分布检验、多分类变量自动进行卡方检验、连续性变量自动进行正态分布检验等。但由于很多用户都没有事先正确设定变量测量尺度的习惯，因此最佳操作方式还是更改为自定义检验。本例随后选择进行分布的 K-S 检验，并且在相应的选项中选择进行正态分布检验即可，如图 11.2(b) 所示。另外，该选项卡还有检验选项和用户缺失值两个子界面，可以对 α 水准等做进一步的设定。

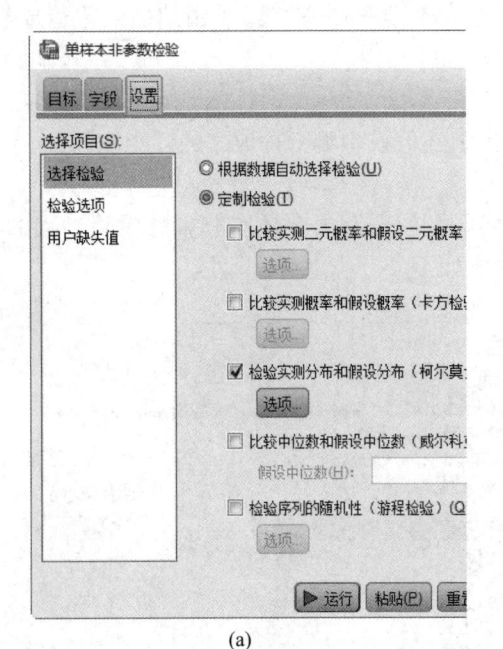

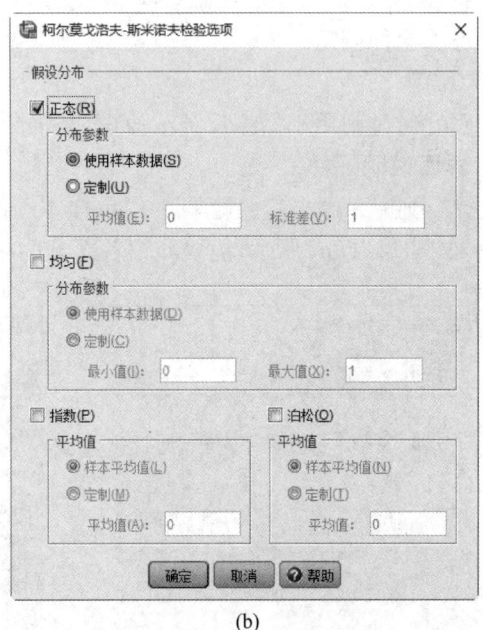

(a)　　　　　　　　　　　　(b)

图 11.2 "单样本非参数检验"对话框（二）

> 虽然这里给出的例子是关于正态分布的检验，但从对话框中就可以看出，实际上 K-S 检验至少还可以检验数据是否服从均匀分布、泊松分布以及指数分布。只不过从分布的使用广泛程度而言，正态分布的检验显然是最为常用的。

2. 操作说明与结果解释

按照本例的分析目的，只需在筛选出 2007 年 4 月的案例之后，按上面所述将 index1 选入，然后选择用 K-S 检验方法进行正态分布检验即可，最后单击"运行"按钮，系统会给出一个非常简洁的图形结果，如图 11.3 所示。

初次接触这种结果类型的读者可能会被弄得一头雾水，实际上，这是第 1 章中已介绍过的 SPSS 结果输出的种类之一：模型。上述输出只是整个模型的一个简报，双击模型则可进入编辑状态得到更为详尽的结果描述，如图 11.4 所示。可以看到，模型输出被分为左侧的主视图和右侧的辅助视图两部分，前者给出分析结果的汇总信息，而后者则给出更详细的信息。

11.2 正态分布检验

原假设	测试	Sig.	决策者
1	总指数 的分布为正态分布，平均值为 98.34，标准差为 18.92。	单样本 Kolmogorov-Smirnov 检验	.000	拒绝原假设。

显示渐进显著性。显著性水平是 .05。

图 11.3　K-S 检验方法的模型输出

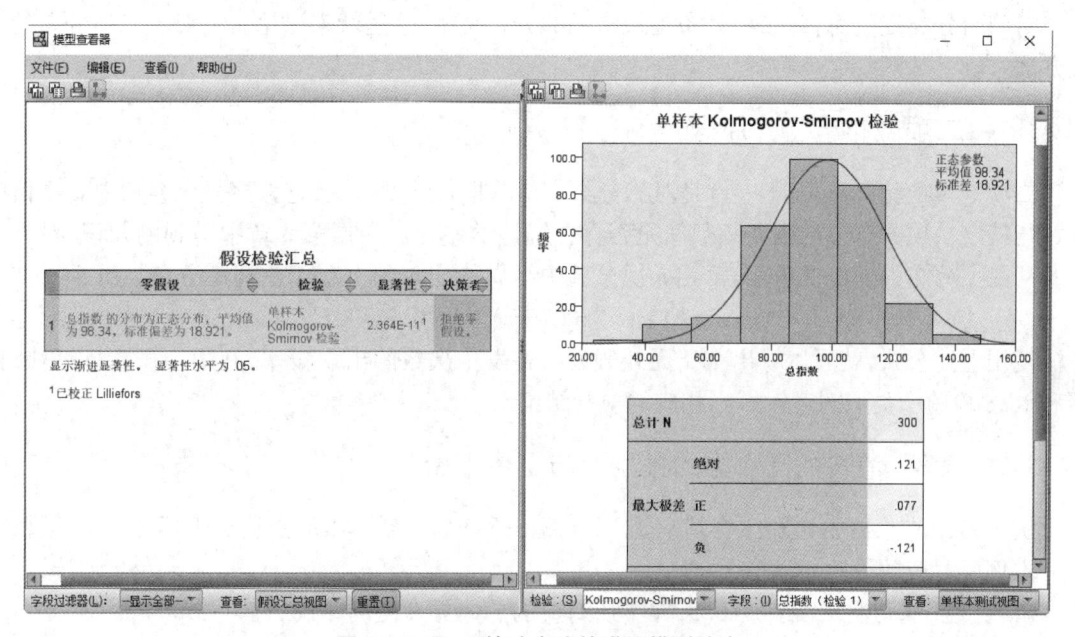

图 11.4　K-S 检验方法的详细模型输出

可以注意到这里给出的 P 值被称为"渐进显著性"，指的是按照正态近似方法计算的近似 P 值，这种近似在样本量较大时误差可以忽略，而计算量要小很多。如果希望得到精确的 P 值，则可以使用旧对话框加以计算，详情参见卡方检验一章的介绍。

在辅助视图中，可以看到 2007 年 4 月信心指数的均数为 98.34，标准差为 18.92，而在 300 例样本中，实际分布与假设分布之间的正向最大频数差为 0.077，负向最大频数差为 -0.121，因此用于计算统计量的绝对值最大频数差为 0.121，相应的 P 值远小于 0.05。因此分析结论为：如果无效假设是成立的，则从这样一个正态分布的总体中按照现有样本量进行抽样，得到实际数据和理论分布之间的差值 K 等于甚至大于现有样本的 K 值 0.121 的情形显然是小概率事件，因此拒绝无效假设，可以在统计意义上认为信心指数不服从正态分布。

而作为对检验结果的汇总，左侧的主视图会给出最为精简的结论，具体内容上文已经都介绍过了，这里不再重复。

这里有一个对初学者的问题：既然此处拒绝了信心指数的正态分布假设，那么后面分析时还可以使用诸如 t 检验等对变量分布有要求的方法吗？事实上，K-S 检验从实用性来说远不如图形工具，因为在样本量少的时候不够敏感，而样本量大的时候又总是过于激动。本例就属于敏感过头的情况,实际上读者们只需要绘制 P-P 图,就可以发现该数据实际上基本是符合正态分布趋势的,后续数据分析遵循正态数据的分析思路应当不会有任何问题。

11.3 二项分布检验

对于两分类变量而言,二项分布是最常见的分布类型,这里就来讨论一下对于二项分布的检验方法。

11.3.1 二项分布检验的原理

二项分布检验(Binomial test)是对二分类变量的拟合优度检验,它考察每个类别中观察值的频数与特定二项分布下的预期频数间是否存在统计学差异。根据第 8 章中学到的知识,对于一个服从二项分布的随机变量而言,在 n 次试验中结局 A 出现的次数 X 的概率分布为:

$$P(X=k) = \binom{n}{k}\pi^k(1-\pi)^{n-k} \quad k=0,1,\cdots,n$$

使用上述公式,就可以算出基于无效假设时各发生次数的出现概率,利用小概率反证法,按照和 K-S 检验中类似的逻辑做出相应的检验结论。

11.3.2 案例:考察抽样数据的性别分布是否平衡

例 11.2 在人群中性别比例基本是 1∶1,请考察 CCSS 样本中的数据是否仍然符合此规律。本例所对应的检验假设如下:

H_0:男性(或女性)比例 $\pi=0.5$,样本所对应的总体男女比例一致。

H_1:$\pi\neq0.5$,男女性比例不一致。

$\alpha=0.05$

注意,此处仍然只使用 2007 年 4 月的样本数据进行分析,案例筛选完毕后的分析操作如下:
(1) 选择"分析"→"非参数检验"→"单样本"菜单项;
(2) "目标"选项卡:自动比较实测数据和假设数据;
(3) "字段"选项卡:使用自定义字段分配,将"S2 性别"选入检验字段;
(4) "设置"选项卡:选择自定义检验中的第一项"二项检验",相应选项中假设检验比例默认就是所需的 0.5,因此不需要更改,如图 11.5 所示;
(5) 单击"运行"按钮。

最终的模型输出如图 11.6 所示,右侧辅助视图中同时给出了 165 例的男性样本频数,以及标化统计量 1.674 的数值,最终基于样本和无效假设推导出的 P 值为 0.094。因此,当无效假设成立时,100 次中平均有 9 次可以得到偏离理论值 150 例和现有样本一样远甚或更远(包括大于或等于 165 例,或者小于或等于 135 例两种情况)的样本,按照默认的 0.05 水准,这并非小概率事件,因此不能拒绝无效假设,尚不能认为 2007 年 4 月时 CCSS 抽样数据的性别分布有差异。

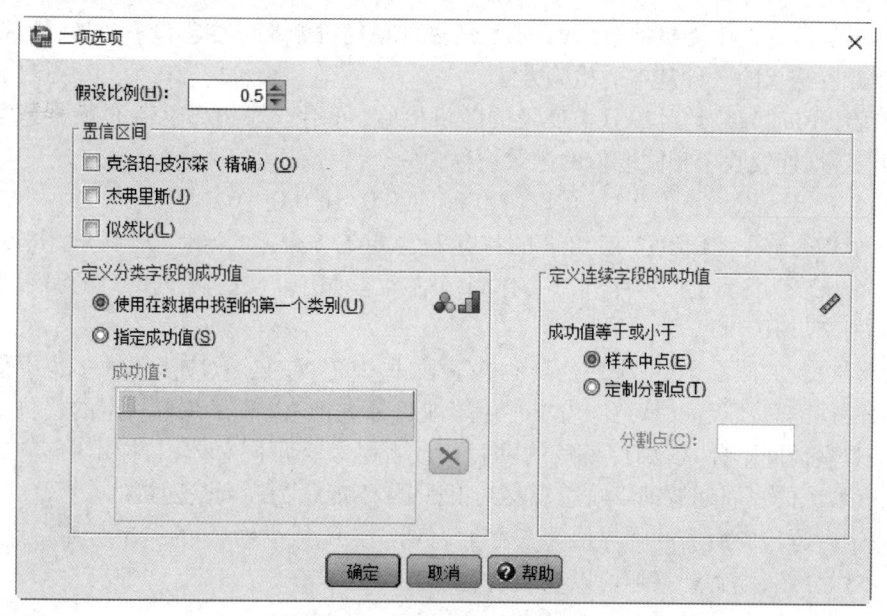

图 11.5 "二项选项"对话框

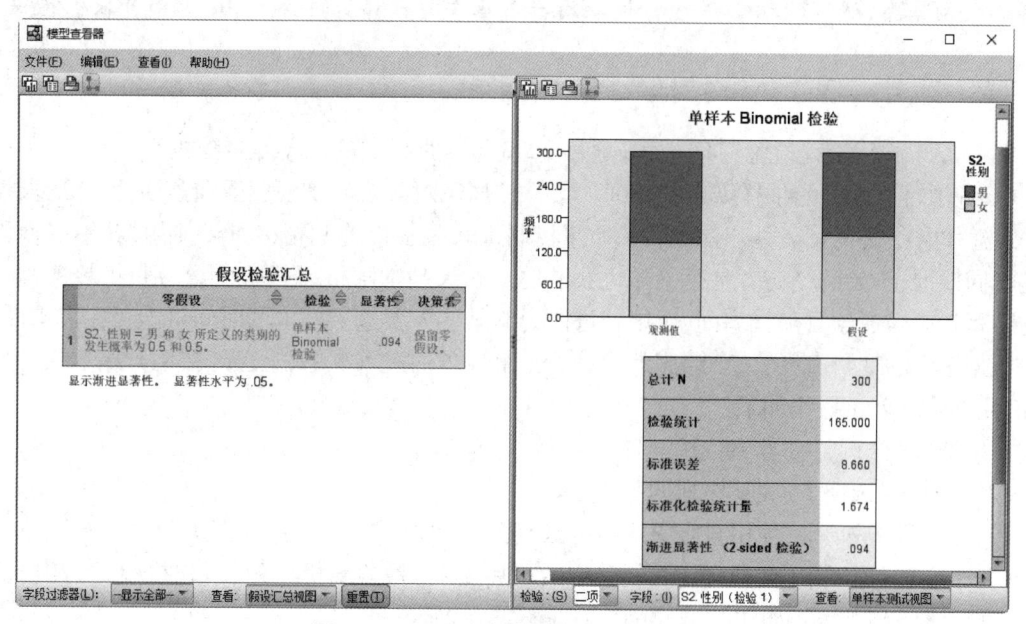

图 11.6 二项分布检验的详细模型输出

11.4 游程检验

11.4.1 游程检验的原理

许多时候,研究者关心的不仅仅是分布的位置或者形状,也希望考察样本的随机性如何。因为如果样本不是从总体中随机抽取出的,那么所做的任何推断都将变得没有价值,而游程检验就是满足此类分析需求的一种基本的检验方法。

游程检验(Runs test)是对二分类变量的随机检验,可用于判断观察值的顺序是否为随机。对于两分类变量,连续数个相同取值的记录被称为一个游程,比如下面这个序列:

$$00110111000100100010$$

它有6个0的游程,其长度为1、2、3的各有2个,并有5个1的游程,其中3个长度为1,1个长度为2,1个长度为3。上面的序列总共有11个游程。如用U表示序列的总的游程数,那么对于上面的序列来讲,$U=11$。

根据游程检验的假设,如果序列是真随机序列,那么游程的总数应当不太多也不太少,比较适中。如果游程的总数极少,就意味着样本由于缺乏独立性,内部存在着一定的趋势或结构,这可能是由于观察值间不独立(如传染病的发病),或者是来自不同总体;若样本中存在大量的游程,则可能有系统的短周期波动影响着观察结果,同样不能认为序列是随机的。

为了决定游程检验所需的临界值u_α,就需要知道在H_0成立时U的概率分布。这一点比较复杂,这里不做介绍,读者感兴趣可以参考相应的文献。

SPSS中提供的游程检验就是基于游程个数的方法,对于连续变量,首先要将变量值转化为两分类,然后进行检验。另外,还有一种基于游程长度的检验,在SPSS中没有提供。

11.4.2 案例:考察CCSS抽样数据是否随机

例11.3 利用游程检验考察CCSS项目2007年4月样本的采集是否随机。

CCSS项目反映的是抽样城市的普通城市常住居民对宏观经济的感受和预期,因此要求抽样样本对总体有很好的代表性。该项目在质量控制上有很多措施和指标可供使用,其中一种指标就是不同性别、年龄的受访者是否是随机获取的。如果基本随机,则理论上性别、年龄等背景变量的游程就应当属于真随机序列,否则就可能说明某些人群进入样本的时间可能存在聚集性。

数据集中的变量ID的大小顺序就代表了每个样本的进入顺序,且已经按照升序方式排列完毕,因此具体的分析操作如下:

(1) 选择"分析"→"非参数检验"→"单样本"菜单项;
(2) "目标"选项卡:检验序列的随机性;
(3) "字段"选项卡:使用自定义字段分配,将S2性别、S3年龄选入检验字段;
(4) "设置"选项卡:选择自定义检验中的最后一项"检验随机序列(游程检验)",相应的检验选项已经是所需设定,如图11.7所示,因此不需要更改;
(5) 单击"运行"按钮。

最终的分析结果如图11.8和图11.9所示,首先来看性别,模型输出中说明H_0假设的理想情况下样本中应当有150个游程,但样本中共有146个游程,和H_0的理想状况差了4,相应的标化后统计量为−0.409,但这个数值其实没人关心,人们真正关心的是后面的P值0.683,说明在H_0成立的总体中,平均100次抽样中有高达68次可以得到游程数大于或等于154,或者小于或等于146的情况,显然属于大概率事件,因此不能拒绝H_0,尚无法认为性别序列是非随机的。

11.4 游程检验

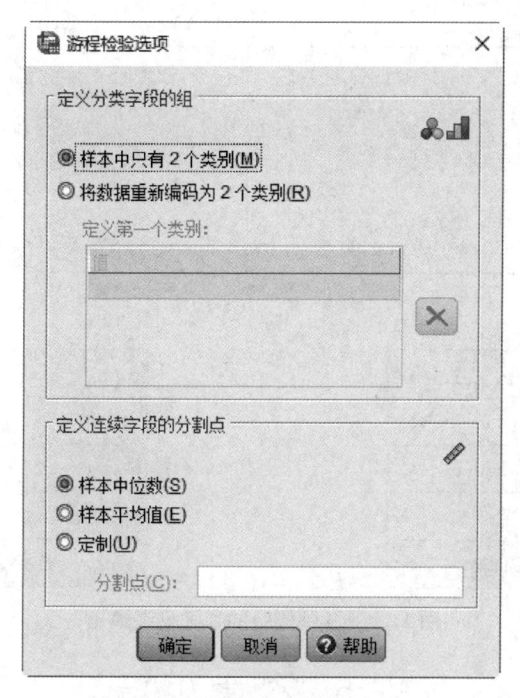

图 11.7 "游程检验选项"对话框

	原假设	测试	Sig.	决策者
1	由 S2. 性别 = (男) 和 (女) 定义的值的序列是随机序列。	单样本运行检验	.683	保留原假设。
2	由 S3. 年龄 <= 35.00 和 >35.00 定义的值的序列是随机序列。	单样本运行检验	.808	保留原假设。

显示渐进显著性。显著性水平是 .05。

图 11.8 游程检验的模型输出

再来看年龄的游程检验结果,这里需要指出此处的 147 个游程是按照年龄中位数 35 岁作为分割点计算出来的,而按此分割点,游程检验的 P 值为 0.808,同样不能拒绝年龄序列随机的假设。对于连续性变量,分割点不同,则游程数量以及游程分析的结果就会不同,这一点在阅读结果的时候至关重要。

> 这里有一个问题:CCSS 项目中的核心指标是总信心值,那为什么不直接用信心值来做游程检验考察随机性呢? 显然,信心值有可能会受到地域、时间等的影响(请想象一下东部沿海城市和内陆城市可能的信心值差异,以及当年 9·11 事件导致的美国消费者信心指数的剧烈波动),由于 CATI 在访问时是每天按照座机局号集中拨打,因此受访者自然会在地域上和时间上存在聚集性,因此用信心值来直接考察抽样的随机性其实是毫无意义的。

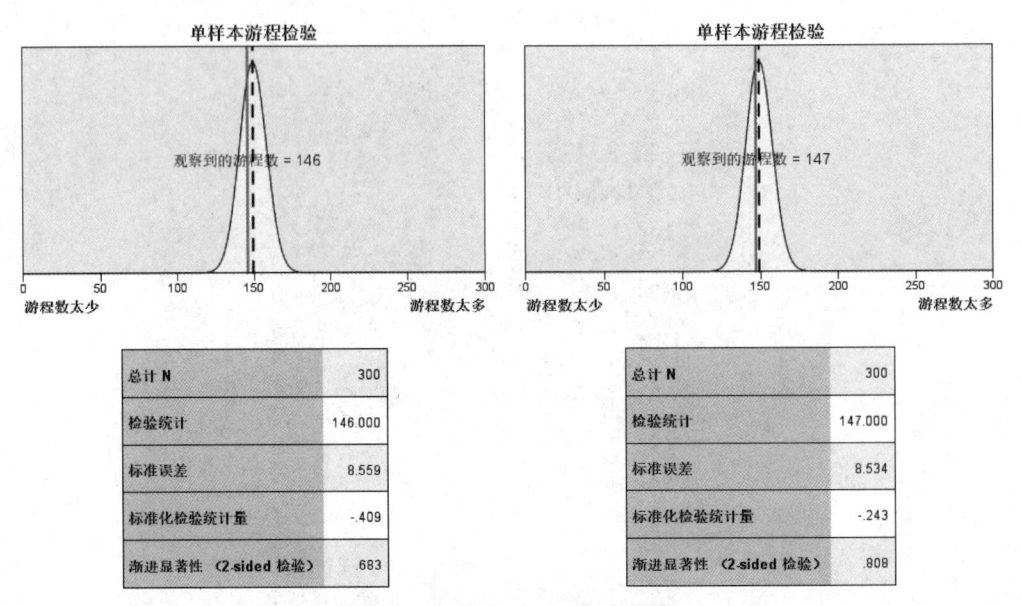

图 11.9　游程检验的详细模型输出

11.5　本章小结

通过本章的学习,希望读者可以掌握下面涉及的知识和内容:

(1) 假设检验的理论基础是"小概率反证法"原理,无论多复杂的检验方法,其分析的逻辑基础都是该原理。

(2) 假设检验分析的基本步骤。

(3) 假设检验涉及的几个概念:原假设,备则假设;第一类错误,第二类错误;显著性水平;单尾检验,双尾检验。

(4) 参数检验以及非参数检验的概念。

(5) 几种常用的非参数检验:正态分布检验、二项分布检验、游程检验,熟悉使用 SPSS 进行分析的过程,懂得如何理解所获得的结果。

思考与练习

1. 假设检验的基本分析思路与基本理论基础是什么?
2. 如何衡量第一类错误与第二类错误?它们之间的关系是什么?
3. 分析者可以接受原假设吗?为什么?
4. 遇到一个新的数据分析问题时,应该首先考虑哪些因素?
5. 正态分布检验的理论基础是什么?请找一个合适的例子加以练习。
6. 二项分布检验的理论基础是什么?请找一个合适的例子加以练习。
7. 什么是游程?如何进行游程检验?请找一个合适的例子加以练习。

第 12 章 连续变量的统计推断(一)——t 检验

根据第 10 章中的图形分析结果,已经发现信心指数有可能在不同背景的受访者间存在差异。但是图形化分析只能给出线索,不能确认差异是否存在,这时就必须要利用假设检验方法来协助做出统计决策。

那么,应该采用什么样的统计方法来辅助决策呢?

首先,研究者真正关心的指标是总信心指数,为连续性变量,而如果该变量又服从正态分布,那么其集中趋势就可以用均数来加以表述。而多数情况下研究人员往往也只关心集中趋势(即平均水平)的比较,因此问题往往会被直接简化为均数的比较。而对于简单的均数比较问题,t 检验是最常用的方法。

其次,需要进一步明确是做怎样的均数间比较,如果是将样本所代表的总体均数和一个假定的均数做对比,此即单样本 t 检验;如果是考察两个样本背后的总体其均数是否相同,则应该使用两独立样本 t 检验;而如果研究设计比较特殊,数据实际上为成对出现的配对数据,那么就必须使用配对 t 检验,否则将严重浪费数据信息,并导致错误的结论。

由上述解释可知,当研究者关心的是离散趋势之间的比较,甚至是特殊分布特征的比较时,t 检验显然是无能为力的。此时需要采用其他假设检验方法来辅助决策,幸好此类需求相对并不常见。

12.1 t 检验概述

12.1.1 t 检验的基本原理

在针对连续变量的统计推断方法中,t 检验是最基本的检验方法,也是统计学中跨里程碑的一个杰作。它最初是由 W. S. Gosset 在 1908 年以笔名"Student"发表的一篇关于 t 分布的论文中提出,并从此开创了小样本计量资料进行的统计推断的先河,迎来了统计学的新纪元。

1. 均数比较的一个实例

例 12.1 CCSS 项目中,以项目启动时的 2007 年 4 月的数据作为指数基线,基线期指数值为 100。CCSS_Sample.sav 中提供了北京、上海、广州 3 个一线城市的调查数据,研究者在统计描述时注意到广州的信心值均数偏低,希望用假设检验来进一步确认当时广州的消费者信心指数值是否和总基准值 100 存在差异。

在本研究中,研究者对数据样本所在总体的均数有一个事先的假设(指数值等于 100),而研究目的就是推断该样本所在总体的均数是否确实等于这一已知总体均数。根据 11 章中学过的假设检验知识,可以给出两种可能的假设如下。

$H_0: \mu = \mu_0$,样本均数与假定总体均数的差异完全是抽样误差造成的;

$H_1:\mu \neq \mu_0$，样本均数与假定总体均数的差异除了由抽样误差造成外，确实也反映了实际总体均数与假定总体均数间的差异。

那么，究竟哪一种假设才是正确的？根据假设检验的步骤，可以首先假定 H_0 成立。那么该样本就真的是从均数为 100 的总体中随机抽样而来。但是，如果考察该样本的实际数据，则其具体的统计描述指标如图 12.1 所示（注意，需要先用"选择个案"过程对 time、S0 两个变量做数值筛选）。

	个案数	最小值	最大值	平均值	标准差
总指数	100	31.24	140.59	97.1647	20.80832
有效个案数（成列）	100				

图 12.1 描述统计量

显然，2007 年 4 月广州的样本均数略低于 100，两者间存在着差异。如果用公式来表示，就是 $\bar{X}-\mu=-2.83$。那么，这种差异究竟是大还是小？仅看这一个数字很难做出判断。因为这还和数据的离散程度有关，如果消费者的信心值差异较大，本身信心指数的离散程度就比较大，那么这一差值可能并不起眼；反之，则这一差值可能相对比较明显。为此需要找到某种方式对这一差值进行标准化。

2. U 检验

显然，标准化的基本思路应当是将该差值除以某种表示离散程度的指标，但究竟该怎样做呢？在第 7 章中曾经讨论过样本均数的抽样分布规律，这里再来复习一下：假设有一个已知服从正态分布的总体 $N(\mu,\sigma^2)$，现从中进行抽样研究，每次抽样的样本量固定为 n，这样对每一个样本均可以计算出其均数 $\bar{X}$。由于这种抽样可以进行无限多次，这些样本均数就会构成一个分布。统计学家发现，该分布正好就是正态分布 $N(\mu,\sigma^2/n)$。也就是说，样本均数所在分布的中心位置和原数据分布中心位置相同，而其标准差（记为 $\sigma_{\bar{X}}$）则为 $\sigma_{\bar{X}}=\sigma/\sqrt{n}$。为了区分样本所在总体的标准差，通常称样本均数的标准差为样本均数的标准误（简称均数标准误，有的书上也称之为标准误差）；而且，即使是从偏态总体随机抽样，当 n 足够大时（如 $n>50$），$\bar{X}$ 也近似正态分布。这一规律就是数理统计中的中心极限定理（Central Limit Theorem）。显然，由于样本均数 $\bar{X}$ 的分布规律为正态分布 $n(\mu,\sigma^2/N)$，只需要进行如下的标准化变换：

$$U=\frac{\bar{X}-\mu}{\sigma/\sqrt{n}}$$

则 U 服从标准正态分布 $N(0,1)$。换言之，若资料服从正态分布 $N(\mu,\sigma^2)$，样本含量为 n 的样本均数 $\bar{X}$ 出现在 $(\mu-1.96\sigma/\sqrt{n},\mu+1.96\sigma/\sqrt{n})$ 之中的概率为 0.95，这样就完成了对差值的标准化工作，可以具体计算出相应 H_0 总体中抽得当前样本（即更极端情况）的概率大小，从而做出统计推断结论了。该方法就是所谓的 U 检验。

3. 从 U 检验到 t 检验

U 检验的用处不是很大，因为 $\sigma_{\bar{X}}$ 在计算中需要使用总体标准差，而实际工作中它和总体均数一样也常常未知，能够使用的仅仅是样本标准差 s。W. S. Gosset 的贡献正在于此。他发现，如果用样本标准差来代替总体标准差进行计算，即 $s_{\bar{X}}=s/\sqrt{n}$，则由于样本原因标准差 s 会随样本而变。相应的标化统计量的变异程度要大于U,它的密度曲线看上去有些像标准正态分布,但是高峰矮一些,而且尾巴长一些。这种分布称为t分布,如图12.2所示。相应的标化后统计量也就被称为t统计量。显然,t统计量的分布规律和样本量有关,更准确地说是和自由度有关。自由度(Degree of Freedom,一般用ν,或者英文缩写df来表示)这个概念还出现在其他分布之中,它基本上是信息量大小的一个度量,描述了样本数据能自由取值的个数,在t分布中由于有给定的样本均数这一限定,所以自由度为$\nu=n-1$。从图12.2中可以看出,当自由度增加时,它的分布就逐渐接近标准正态分布。因此在大样本时,可以用标准正态分布来近似t分布。

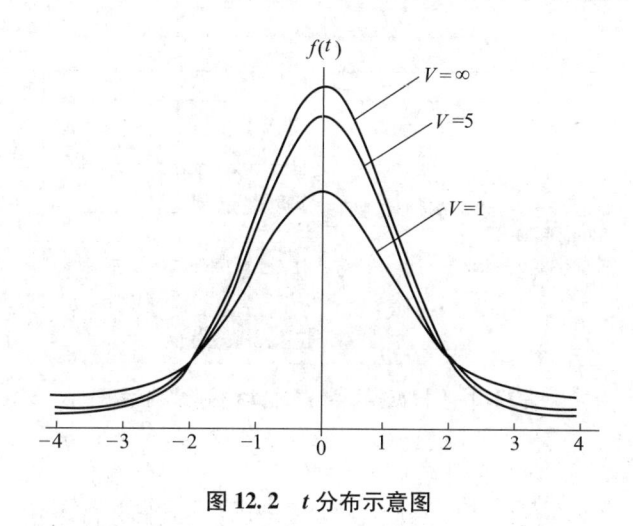

图12.2 t分布示意图

t检验即是应用t分布的特征,将t作为检验统计量来进行的检验,由于W. S. Gosset已经对不同自由度时t分布下面积的概率分布规律进行了很好的总结,所以就可以利用t统计量来回答上述关于均数的假设检验问题了。具体的统计量计算公式为:

$$t=\frac{\overline{X}-\mu_0}{s_{\overline{X}}}=\frac{\overline{X}-\mu_0}{s/\sqrt{n}}, \text{自由度 } df=n-1$$

12.1.2 SPSS中的相应功能

t检验在SPSS中有很多过程都可以实现,比如几个制表过程就可以同时给出t检验的分析结果。但专用的t检验功能都被集中在"比较平均值"子菜单中,其中最常用的是以下3个菜单项:

(1) 单样本t检验:进行样本均数与已知总体均数的比较。
(2) 独立样本t检验:进行两样本均数差别的比较,即通常所说的两组资料的t检验。
(3) 配对样本t检验:进行配对资料的均数比较,即配对t检验。

此外,还有两个比较特殊的菜单项。

(1) 平均值:实际上更倾向于对样本进行分组描述,它可以对需要比较的各组分别计算描述指标,进行检验前的预分析。当然,如果需要,也可直接比较。
(2) 摘要独立样本t检验过程:为Python扩展,提供了当只知道各组的均数、标准差、样本量而没有原始数据时直接进行 t 检验的功能,本质上等价于套用公式手算,如图 12.3 所示。由于该过程非常简明,因此这里不予单独介绍。

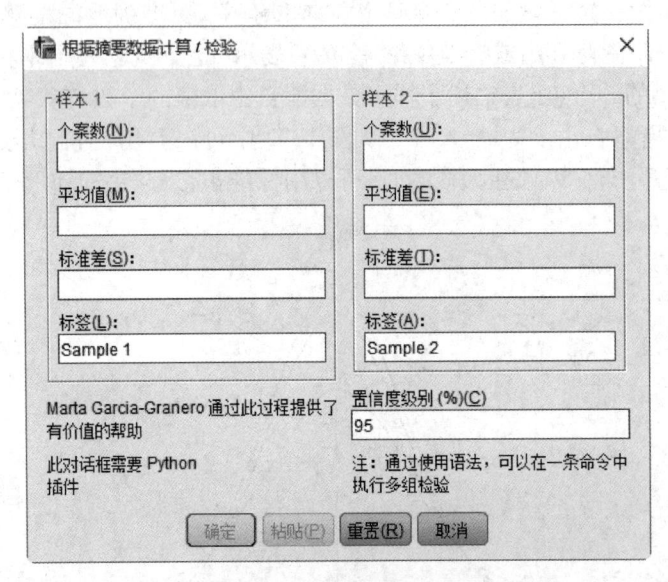

图 12.3 "根据摘要数据计算 t 检验"对话框

12.2 样本均数与总体均数的比较

12.2.1 案例:基期广州信心指数均值与基准值的比较

单个样本均数检验是关于一个总体均数的假设检验,此时只有一个随机抽取的样本,研究目的是推断相应这个样本的总体均数是否等于(或大于/小于)某个已知总体均数。以例 12.1 为例,首先应当建立相应的假设。

$H_0: \mu = \mu_0$,2007 年 4 月广州的总信心指数均值为 100。

$H_1: \mu \neq \mu_0$,2007 年 4 月广州的总指数均值不是 100。

$\alpha = 0.05$。

数据见文件 CCSS_Sample.sav,其中变量 index1 为 2007 年 4 月的总指数。这是一个典型的单样本总体均数检验问题。

1. 界面说明

选择"分析"→"比较平均值"→"单样本 t 检验"菜单项,即可弹出"单样本 t 检验"对话框,如图 12.4(a)所示。该对话框非常简单,界面简介如下:

(1) 主对话框:"检验变量"列表框用于选入需要分析的变量,下方的"检验值"文本框则用于输入已知的总体均数,默认值为 0。

(2) "单样本 t 检验:选项"子对话框:如图 12.4(b)所示,"置信区间百分比"文本框用于设定需要计算的均数差值可信区间范围,默认为 95%。如果是和总体均数为 0 相比,则此处计算的就是样本所在总体均数的可信区间。而"缺失值"单选框组则对缺失值的处理方法加以定义,一般不用更改。

(3)"自助抽样"子对话框:要求对相应的单样本 t 检验进行指定的 Bootstrap 抽样估计。该方法已在第 7 章中进行了介绍,这里不再重复。

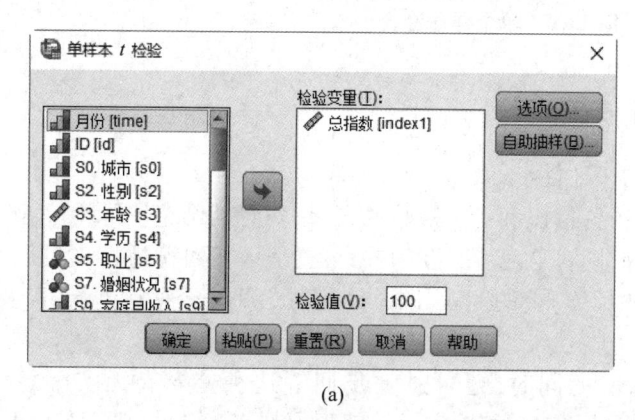

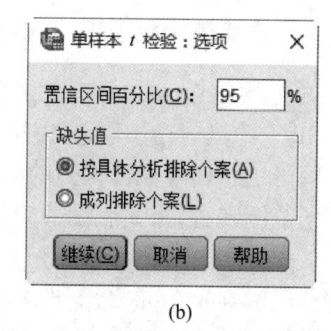

图 12.4 "单样本 t 检验"对话框

2. 操作说明与结果解释

本案例在 SPSS 中的具体操作如下。
(1)选择"数据"→"选择个案"菜单项。
(2)选择框组:如果条件满足。
(3)单击"如果"按钮,设置 time = 200704 & s0 = 300;继续。
(4)单击"确定"按钮。
(5)选择"分析"→"比较均值"→"单样本 t 检验"菜单项。
(6)"检验变量"列表框:总指数[index1]。
(7)"检验值"文本框:输入 100。
(8)单击"确定"按钮。

本例的输出如图 12.5 所示。

	个案数	平均值	标准差	标准误差平均值
总指数	100	97.1647	20.80832	2.08083

图 12.5 单个样本统计量

首先给出的图 12.5 是对当前样本进行的统计描述,可见 2007 年 4 月广州样本的信心指数均值为 97.2,要低于基线水平 100。注意最右侧给出的均值的标准误,是对样本均数抽样误差大小的描述指标。

图 12.6 即为单样本 t 检验的分析结果,表格第 1 行注明了用于比较的假设总体均数为 100,下面从左到右依次为 t 值(t)、自由度(df)、P 值(双侧)、平均值差值、差值(差分)的 95% 置信区间。由上面的检验结果 $t=-1.363$,$P=0.176$ 可知,由于 P 值大于检验水准 0.05,因此不能拒绝 H_0,尚不能认为样本所在总体的均数与假设的总体均数不同。

	检验值 = 100				
					差值95% 置信区间
	t	自由度	显著性（双尾）	平均值差值	下限	上限
总指数	-1.363	99	.176	-2.83527	-6.9641	1.2935

图 12.6　单个样本检验

12.2.2　单样本 t 检验中的其他问题

1. 总体均数置信区间与 t 检验的一致性

图 12.6 中同时给出了总体均数的置信区间和 t 检验的结果,两者的结论实际上完全一致,置信区间可用于回答假设检验的问题,同时这两者又互为补充:置信区间回答"量"的问题,即总体均数的范围在哪里,而假设检验是回答"质"的问题,即总体均数之间是否存在差异,以及在统计上确认这种差异的把握有多大。

置信区间在回答有无统计学意义的同时,还可进一步回答这种差异有无实际意义,如例 12.1 中,如果 2007 年 4 月份的总指数与 100 相差在一定范围内都是正常的,则即使差异具有统计学意义,如果差值的可信区间并未超过范围,这个差值也可认为在实际工作中可以接受。

2. 单样本 t 检验的适用条件

由中心极限定理可知,即使原数据不服从正态分布,只要样本量足够大,其样本均数的抽样分布仍然是正态的。因此,当样本量较大时,研究者很少去考虑单样本 t 检验的适用条件,此时真正会限制该方法使用的是均数是否能够代表相应数据的集中趋势。也就是说,只要数据分布不是强烈的偏态,一般而言单样本 t 检验都是适用的。

当样本例数 n 较小时,一般要求样本取自正态总体,这可通过第 11 章所介绍过的正态性检验(K-S 检验)来考察。该方法适用于大样本,也可以用更直观的作图方法来判断。但是一般而言,单样本 t 检验是一个非常稳健的统计方法,只要没有明显的极端值,其分析结果都是稳定的。

12.3　成组设计两样本均数的比较

在实际问题中,除了一个总体的检验问题外,还常碰到两个总体均数的比较问题,此时可以考虑使用成组设计的 t 检验来进行分析。

12.3.1　方法原理

两样本 t 检验和单样本 t 检验的基本原理实际上非常相似,设两组样本量分别为 n_1 和 n_2,且均来自两个正态分布的总体:$X_1 \sim N(\mu_1, \sigma_1^2)$,$X_2 \sim N(\mu_2, \sigma_2^2)$,则建立的假设为:

$H_0: \mu_1 = \mu_2$,两样本均数的差异完全由抽样误差造成,两总体均数相同。

$H_1: \mu_1 \neq \mu_2$,两样本均数的差异除由抽样误差造成外,也确实反映了两总体均数存在的差异。

1. 两样本 t 检验的基本思想

显然,无效假设等价于认为 $\mu_1 - \mu_2 = 0$,而当前样本信息和这一假设情况的差异为:

$$(\bar{X}_1 - \bar{X}_2) - 0 = \bar{X}_1 - \bar{X}_2$$

和单样本 t 检验时的情形相同,上述数值虽然可以代表与 H_0 假设情形的差异大小,但其大小还和数据离散程度有关,同样需要找到某种方式对这一差值进行标准化。统计学家发现,如果两个总体的方差完全相同,即 $\sigma_1^2 = \sigma_2^2$,即这两个总体实际上是同一个正态分布总体时,从该总体中分别进行样本量为 n_1 和 n_2 的随机抽样,则样本均数差值 $\overline{X}_1 - \overline{X}_2$ 也服从正态分布,其均数为 0,标准差(标准误)则为:

$$\sigma_{\overline{X}_1 - \overline{X}_2} = \sqrt{\sigma^2(1/n_1 + 1/n_2)}$$

但是,和单样本 t 检验时的情况相似,$\sigma_{\overline{X}_1 - \overline{X}_2}$ 在计算中也需要使用总体标准差 σ,但在实际工作中它常常未知,能够使用的仅仅是两个样本的标准差 s_1 和 s_2 而已。此时相应的合并标准误计算公式为:

$$s_c^2 = \frac{s_1^2(n_1-1) + s_2^2(n_2-1)}{n_1 + n_2 - 2}$$

将该总体方差估计值代入公式,即可解出相应的样本均数差值标准误的估计值 $s_{\overline{X}_1 - \overline{X}_2}$。那么,使用该估计值进行标准化后的差值会服从怎样的分布呢?统计学家发现,如果这两个样本所在总体的标准差相同,则标准化后的差值应当服从自由度为 $(n_1-1) + (n_2-1)$ 的 t 分布,即

$$t = \frac{\overline{X}_1 - \overline{X}_2}{s_{X_1 - X_2}} = \frac{\overline{X}_1 - \overline{X}_2}{\sqrt{s_c^2(1/n_1 + 1/n_2)}}, \quad \nu = (n_1-1) + (n_2-1) = n_1 + n_2 - 2$$

在上面自由度计算中减去的两个限制条件其实就对应了两个样本均数。由以上推导可知,进行两样本均数比较的 t 检验要求两样本来自的总体方差相等,即方差齐性。这可通过方差齐性检验来进行统计推断,接下来将对此做专门讲解。

2. 校正的 t' 检验

当两样本所在总体的方差不同,即方差不齐时,根据上式计算出的"t"值并不服从相应的 t 分布,此时需要对结果进行一定的校正,按相应的 t 值和自由度,即可计算出相对应的 P 值来,这就是所谓的当方差不齐时两样本比较用的 t' 检验。

> t' 检验的校正原理大致类似于按照两个样本的样本量对方差做加权平均,然后再基于此计算出校正的 t 值和自由度。不同的校正方法得到的结果不同,但不会相差太大。

12.3.2 案例:考察婚姻状况对信心指数的影响

例 12.2 图形化分析中研究者已经发现不同婚姻状况的信心指数均值可能存在差异,现希望进一步用假设检验对此差异进行确认。

变量 $S7$ 婚姻为 3 分类,但是离异/分居/丧偶这一类别的样本只有 14 例,做统计描述信息不足,这里没有进一步深入分析的价值,因此只考虑对已婚和未婚的人群进行比较,这就成了典型的两样本 t 检验问题,建立假设如下:

$H_0: \mu_1 = \mu_2$,已婚者和未婚者在总指数均值上无差别。

$H_1: \mu_1 \neq \mu_2$,已婚者和未婚者在总指数均值上有差别。

$\alpha = 0.05$。

1. 界面说明

选择"分析"→"比较平均值"→"独立样本 t 检验"菜单项,即可弹出"独立样本 t 检验"对话框,如图 12.7(a)所示。

(1) "检验变量"列表框:用于选入需要分析的变量。

(2) "分组变量"列表框:用于选入分组变量。注意选入后还要定义需比较的组别。

(3) "定义组"按钮:如图 12.7(b)所示,用于定义需要相互比较的两组的分组变量值。可以直接使用指定值来指定分组变量的两个取值,相应的两组将进行比较。也可以使用分割点按照分组变量的某个取值将样本分为两组来进行比较(如小于 30 岁的和大于或等于 30 岁的进行比较)。

(4) "选项"按钮和"自助抽样"按钮:相应功能和"单样本 t 检验"对话框中完全相同,此处不再重复。

2. 操作说明与结果解释

本例的具体操作如下。

(1) 选择"分析"→"比较均值"→"独立样本 t 检验"菜单项。

(2) "检验变量"列表框:选入总指数[index1]。

(3) "分组变量"列表框:选入 s7。

(4) "定义组"子对话框:在组 1 文本框输入 1;组 2 文本框输入 2,单击"继续"按钮,如图 12.7(b)所示。

(5) 单击"确定"按钮。

(a)

(b)

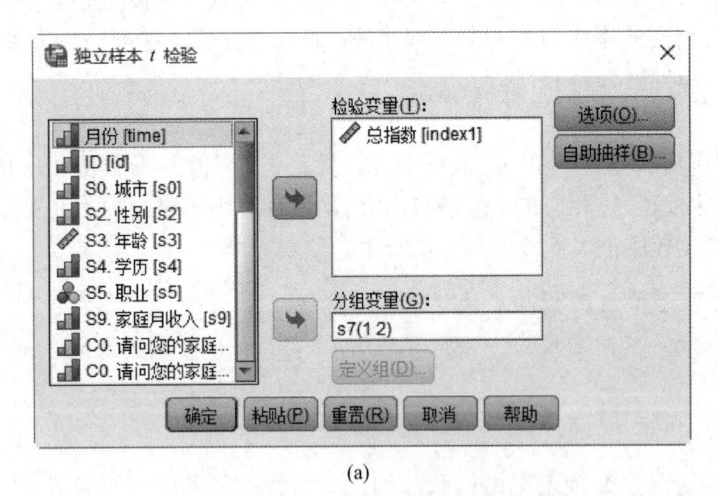

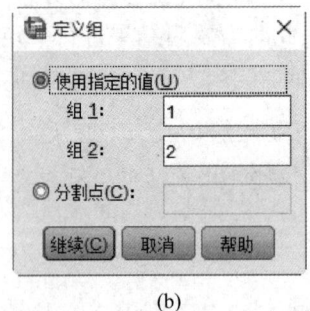

图 12.7 "独立样本 t 检验"对话框

本例的分析结果如图 12.8 所示,首先给出的是两组需检验变量的基本情况描述,不再详述。

随后会给出最重要的方差齐性检验和 t 检验分析结果,由于内容较多,为便于讲解,下面将其拆分为两部分分别加以说明,如图 12.9 和图 12.10 所示。

表格的第一部分为 Levene's 方差齐性检验,用于判断两总体方差是否齐,其假设为:

$H_0: \sigma_1^2 = \sigma_2^2$,两总体方差相同。

$H_1: \sigma_1^2 \neq \sigma_2^2$,两总体方差不同。

	S7.婚姻状况	个案数	平均值	标准差	标准误差平均值
总指数	已婚	790	95.0331	21.28249	.75720
	未婚	343	98.2824	19.95982	1.07773

图 12.8　组统计量

		莱文方差等同性检验	
		F	显著性
总指数	假定等方差	.685	.408

图 12.9　方差齐性检验

		平均值等同性 t 检验					差值 95% 置信区间	
		t	自由度	显著性（双尾）	平均值差值	标准误差差值	下限	上限
总指数	假定等方差	-2.405	1131	.016	-3.24925	1.35089	-5.89979	-.59871
	不假定等方差	-2.467	690.088	.014	-3.24925	1.31714	-5.83533	-.66318

图 12.10　独立样本 t 检验

这里的检验结果为 $F=0.685, P=0.408$，因此不拒绝 H_0，还不能认为在本例中两样本所在总体的方差不齐。由于这里 P 值较大，因此从实用的角度出发，可以认为两总体方差齐。

表格的第二部分会分别给出两组所在总体方差齐和方差不齐时的 t 检验结果，当假设两总体方差齐时，就直接进行标准的两样本 t 检验；否则，就根据两样本的方差情况对自由度进行校正，得到的是校正 t 检验的结果。具体应当看这两种结果中的哪一种需要根据方差齐性检验的结果加以判断。本例中由于前面的方差齐性检验结果为方差齐，因此就应选用方差相等时的 t 检验结果，即图 12.10 中第 1 行列出的 $t=-2.405, df=1131, P=0.016$，小于 0.05。从而最终的统计结论为按 $\alpha=0.05$ 水准，拒绝 H_0，接受 H_1，可以认为未婚人群和已婚人群在总指数均值上存在统计学差异，基于统计描述结果，可以认为未婚人群的信心值更高。

表格的最后面还附有两组均数差值的可信区间等其他指标，此处不再详细解释。

本例比较独特的是将人数较少的第三类直接剔除出了分析，这样做需要注意分析结果将不再覆盖被剔除掉的人群。如果确实希望将"离异/分居/丧偶"人群纳入分析且得到对该组人群有分析意义的结论，则可以考虑积累更多月份的数据，然后建立多因素模型，在多因素模型的框架下对 3 个婚姻类别间的差异进行估计和检验。

12.3.3　两样本 t 检验的适用条件

在应用 t 检验进行两样本均数比较时，要求数据满足以下 3 个条件。
（1）独立性，各观察值之间相互独立，取值不能相互影响。
（2）正态性，各个样本均来自于正态分布的总体。
（3）方差齐性，各个样本所在总体的方差相等。

在上述 3 个条件中,违反独立性对结果的影响最大,但检验数据独立性的方法比较复杂,一般都是根据资料的性质来加以判断。例如,遗传性疾病、传染病的数据可能就存在非独立的问题。如果从专业背景上可以肯定数据不存在这些问题,则一般独立性总是能够满足的。

正态性和方差齐性的情况不能直接从数据背景或资料性质得到判断,需要单独进行分析,详见 12.4 节。

12.4　正态性、方差齐性的考察与应对策略

对正态性和方差齐性加以考察是进行 t 检验和单因素方差分析时常见的需求,本节就来专门总结一下其在 SPSS 中的具体考察方法,以及违反适用条件时可考虑的应对策略。

12.4.1　正态性的考察方法

t 检验对于资料的非正态性有一定的耐受能力,Box 和 Anderson 等人针对方差分析的研究表明,当正态性得不到满足时,如果资料只是少许偏离正态,则结果仍然稳健。当然,如果数据分布偏离正态很远,可知此时均数不能很好地代表数据的集中趋势,这种情况下检验显然无实际意义。对正态性的考察大致有下面几种思路。

1. 图形化考察

图形化考察即采用绘制统计图的方式进行观察。在这方面直方图、箱图、茎叶图等都很常用,而且它们也可以同时用来考察各组的方差齐性问题,P-P 图和 Q-Q 图则是更为专业的正态性考察图形工具。图形可以直观而全面地给出样本数据的分布特征,应该被作为首选方法。但是要注意,考察正态性时应当分组分别考察,而不是合并进行观察。

2. 偏态系数和峰态系数检验

统计描述中的"探索"过程可以给出峰度系数和偏度系数的估计值与标准误,据此可以直接进行这两个指标的假设检验,从而判断数据的正态性。

3. 专用的正态性假设检验方法

SPSS 中有几个过程均可完成数据正态性的假设检验,但使用的方法略有不同。

（1）统计描述中的"探索"过程。在该过程的"图"子对话框中选中"含检验的正态图"复选框,则系统会在绘制 Q-Q 图的同时,一并提供数据正态性的假设检验结果。具体为 K-S 检验和 S-W 检验两种方法。前者即为第 11 章介绍过的正态分布检验方法,适用于样本量较大的情形（SPSS 建议样本量大于 5000 时使用）,而 Shapiro-Wilk 则更适用于小样本或者非整数加权样本的情况。

（2）非参数检验中的"单样本"过程,此即第 11 章中介绍过的内容,这里不再重复。

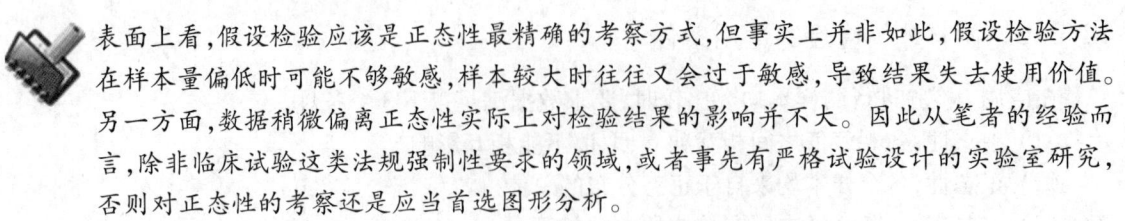

表面上看,假设检验应该是正态性最精确的考察方式,但事实上并非如此,假设检验方法在样本量偏低时可能不够敏感,样本较大时往往又会过于敏感,导致结果失去使用价值。另一方面,数据稍微偏离正态性实际上对检验结果的影响并不大。因此从笔者的经验而言,除非临床试验这类法规强制性要求的领域,或者事先有严格试验设计的实验室研究,否则对正态性的考察还是应当首选图形分析。

12.4.2 方差齐性的考察方法

和数据违反正态性相比,方差不齐对结论的影响较大,所以主要依靠假设检验来进行考察,其中两样本 t 检验还会自动进行方差齐性检验。事实上,方差齐性检验方法有好几种,常见的有(这些方法也适用于多组的方差齐性检验)。

(1) Bartlett 法:其基本思想是比较各组方差的加权算术均数与几何均数,若二者差异过大,可以认为各组间的方差不齐。当各组样本含量均大于 5 时,其检验统计量近似服从自由度为 k-1 的卡方分布。

(2) Hartley 法:统计量 $H = \max(s_i^2)/\min(s_i^2)$,当各组样本含量相同时可以使用此法。

(3) Cochran 法:统计量 $C = \max(s_i^2) / \sum_{i=1}^{k} s_i^2$,该方法同样用于各组样本量相同时。

以上 3 种方法都需要所检验的样本来自于正态总体,因此使用上并不方便,SPSS 中默认采用的是 Levene's 法,这种方法对正态性假设是稳健的,其基本思想是将各组变量值中心化后,利用 F 检验来检验各组间的差别。有兴趣的读者可以参考 Levene(1960)的著作。

> 需要注意的是,SPSS 使用的 Levene's 统计量和国内多数教科书介绍的并不相同,因此其统计量数值大小也并不相同,但检验得到的 P 值是完全等价的。

除了在两样本 t 检验结果中自动给出外,SPSS 的"探索"过程还可以做更详细的 Levene's 方差齐性检验,只需要在"图"子对话框中的"含莱文检验的分布-水平图"框组中选择"未转换"单选按钮即可。这里提供的分析结果更为详细,且可直接进行多组的检验。

12.4.3 数据不符合适用条件时的应对策略

数据不符合检验方法的适用条件自然令人不快,但分析者切不可为了省事而强行使用相应的检验方法,而可以从下面几个方向来考虑适当的应对策略。

1. 样本量均衡

统计学家发现,在用于比较的各组在样本含量上基本相等时,就能在一定程度上弥补正态性或方差齐性得不到满足时对检验效能所产生的影响。例如,在各组样本含量相差不大时,只要最大/最小方差之比小于 3,则分析结果都是稳定的。因此,在试验设计时就应当充分考虑均衡性问题。

2. 变量变换

通过对原始数据进行数学变换,有可能使其变换后分布满足或者近似满足正态性/方差齐性的要求。常用的变量变换有以下几种。

(1) 对数转换(Logarithmic Transformation):将原始数据的自然对数值作为分析数据,其最常用形式为 $y = \lg X$,也可选用 $y = \lg(X+k)$ 或 $y = \lg(k-X)$,当原始数据有 0 时,可用 $\lg(X+k)$ 进行数据转换,其中 k 为一小值。对数转换可用于服从对数正态分布的资料、部分正偏态资料、等比资料,特别是各组的 S 与 $\bar{X}$ 的比值相差不大(各组 CV 相近)的资料。

(2) 平方根转换(Square Root Transformation):可用于服从 Poisson 分布的资料、轻度偏态资料、样本方差与均数呈正相关的资料以及观察变量为率,取值在 0%~20% 或 80%~100% 的资料。

（3）平方根反正弦转换（Arcsine Transformation）：将原始资料的平方根反正弦变换值 $y = \sin^{-1}\sqrt{X}$ 作为分析数据。平方根反正弦函数转换可用于原始数据为率,且取值广泛的资料。

（4）平方变换（Square Transformation）：即将原始资料的平方作为分析数据。常用于方差与均数呈反比时或资料呈左偏时。

（5）倒数变换（Reciprocal Transformation）：将原始资料的倒数作为分析数据。用于方差与均数的平方呈正比时,并且往往要求资料中没有接近或小于 0 的数据。

（6）Box-Cox 变换：有时候并不能很容易地找到一种合适的变换方式,Box 和 Cox 于 1964 年提出一类变换,即：

$$f(y) = \begin{cases} y^\lambda & \lambda \neq 0 \\ \ln(y) & \lambda = 0 \end{cases}$$

研究者需要根据原始资料来尝试不同的 λ 的值。实际上,λ 分别为 $-1,0,0.5,2$ 时,Box-Cox 变换分别等价于倒数变换、对数变换、平方根变换和平方变换。

此外,当观察指标为率,且取值在 30%~70%之间时,一般不考虑变量变换。

3. 校正检验

对于不是特别严重的方差不齐问题,无论是 t 检验和单因素方差分析方法都提供了校正检验方法,可以给出考虑了方差差异之后的更稳健的分析结果。但需要指出的是,当组间方差差异较大时,校正的结果也是不可信的。

4. 非参数方法

这几乎可以被看作数据不符合方法适用条件时的最后一招,和 t 检验、方差分析等参数方法相比,非参数方法在数据分布特征、方差大小方面没有什么限制,因此可以很好地应对此时的分析需求,其中以秩和检验最为常用,详见第 14 章。

12.5 配对设计样本均数的比较

在很多科学研究中,常采用配对设计来提高研究效率,常见的配对设计有 4 种情况：① 同一受试对象处理前后的数据；② 同一受试对象两个部位的数据；③ 同一样品用两种方法（仪器等）检验的结果；④ 配对的两个受试对象分别接受两种处理后的数据。情况①的目的是推断其处理有无作用；情况②、③、④的目的则是推断两种处理（方法等）的结果有无差别。

在配对设计得到的样本数据中,每对数据之间都有一定的相关,如果忽略这种关系就会浪费大量的统计信息,因此在分析中应当采用和配对设计相对应的分析方法。当配对设计所测量到的数据为连续性变量时,配对 t 检验就是最常用的分析方法。

12.5.1 方法原理

配对 t 检验的基本原理是为每对数据求差值：如果两种处理实际上没有差异,则差值的总体均数应当为 0,从该总体中抽出的样本其均数也应当在 0 附近波动；反之,如果两种处理有差异,差值的总体均数就应当远离 0,其样本均数也应当远离 0。这样,通过检验该差值总体均数是否为 0,就可以得知两种处理有无差异。

配对 t 检验相应的假设为：

12.5 配对设计样本均数的比较

$H_0: \mu_d = 0$，两种处理没有差别。

$H_1: \mu_d \neq 0$，两种处理存在差别。

其统计量的计算公式为：

$$t = \frac{\bar{d}-0}{s_{\bar{X}}} = \frac{\bar{d}}{s/\sqrt{n}}, \quad df = n-1 \; (n \text{ 为对子数})$$

有了前面的基础，可以看出配对样本 t 检验过程的功能实际上和单样本 t 检验过程重复（等价于已知总体均数为 0 的情况），但配对样本 t 检验过程使用的数据输入格式和前者不同，因此他仍然有存在的价值。

> 由于配对 t 检验的本质就是单样本的 t 检验，因此其适用条件的考察也和单样本 t 检验近似（注意，应当考察差值而不是原始数据），这里不再重复。

12.5.2 案例：同一受访者前后信心值的比较

例 12.3 为保证数据质量，接受过 CCSS 访问的受访家庭半年内不会再进行访问，但半年之后会进行抽样回访。在 2007 年 12 月，项目组对 2007 年 4 月的成功访问家庭进行了回访，共采集了 88 例有效样本，现希望比较这些样本的信心值是否发生变化，数据见 CCSS_pair.sav。

在数据集中，按照配对 t 检验对数据格式的要求，每条记录（一行）代表一位受访者，而数据会成对出现，比如在本例中 index1 代表 2007 年 4 月的总信心值，而 index1n 则代表 2007 年 12 月重复访问时的总信心值。显然本例为配对设计，建立假设为（注意下文会同时对总指数、现状指数和预期指数进行检验，但这里只列出对总指数的假设）：

$H_0: \mu_d = 0$，两个时间点的总信心值无差异，差值总体均数为 0。

$H_1: \mu_d \neq 0$，两个时间点的总信心值存在差异，差值总体均数不为 0。

$\alpha = 0.05$。

1. 界面说明

配对 t 检验所使用的对话框非常简单，如图 12.11 所示，简述如下：

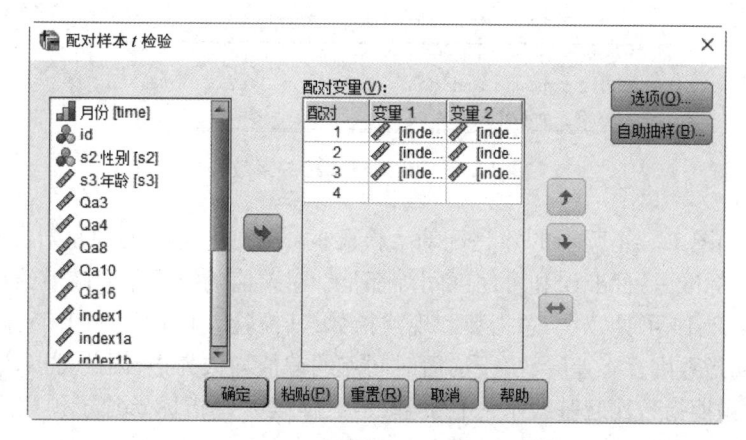

图 12.11 "配对样本 t 检验"主对话框

(1)"配对变量"列表框:用于选入希望进行比较的一对或几对变量——注意这里的量词是对而不是个。选入变量需要成对选入,如果只选入一个,则"确定"按钮为灰色,不可用。

(2)"选项"子对话框、"自助抽样"子对话框:功能和前面完全相同,此处不再重复。

2. 操作说明与结果解释

本例在 SPSS 中的具体分析操作如下。

(1) 选择"分析"→"比较平均值"→"配对样本 t 检验"菜单项。

(2) 将变量"index1"和"index1n"成对选入"配对变量"列表框。

(3) 将变量"index1a"和"index1an"成对选入"配对变量"列表框。

(4) 将变量"index1b"和"index1bn"成对选入"配对变量"列表框。

(5) 单击"确定"按钮。

本例的分析结果如图 12.12 所示。

		平均值	个案数	标准差	标准误差平均值
配对 1	index1	98.7872	88	16.15275	1.72189
	index1n	96.0357	88	20.10295	2.14298
配对 2	index1a	94.5386	88	22.42476	2.39049
	index1an	98.5402	88	26.69120	2.84529
配对 3	index1b	101.1220	88	19.60309	2.08970
	index1bn	94.6557	88	22.14602	2.36077

图 12.12 成对样本统计量

首先给出的是配对变量的分组统计描述,因此处有 3 对,故出现了 3 个配对组。

随后给出的图 12.13 是成对变量间的相关性分析,给出的是两变量的积矩相关系数及其检验结果。这里实质上是对研究设计是否正确进行了考察,如果设计合理,各对间确实存在数值上的联系,则此处相关系数应当有统计学意义;反之,则说明"配对"实际上并不能提供更多的数据信息,研究设计是失败的。对相关系数的介绍请参见第 16 章,这里不再详述。

		个案数	相关性	显著性
配对 1	index1 & index1n	88	.264	.013
配对 2	index1a & index1an	88	.182	.089
配对 3	index1b & index1bn	88	.305	.004

图 12.13 成对样本相关系数

最后输出的如图 12.14 所示的才是配对 t 检验的结果,首先给出的是对差值的统计描述。注意上面的均值、标准差、标准误和可信区间等都是针对差值的统计量。随后给出的是对差值的检验结果。由图 12.14 可见,对于总指数和现状指数,其检验 P 值均大于 0.05,尚不能认为有统计学意义,但预期指数则存在差异,由于前后时间点的差值均数为正,因此可以认为在 2007 年年底这些受访者的预期指数比起基线水平有下降,但具体是哪些指标导致了预期指数下降还需要进一步分析,这一问题将在第 14 章中做进一步的讨论。

		配对差值						
					差值 95% 置信区间			
		平均值	标准差	标准误差平均值	下限	上限	t	自由度	显著性（双尾）
配对 1	index1 - index1n	2.75149	22.21977	2.36864	-1.95643	7.45940	1.162	87	.249
配对 2	index1a - index1an	-4.00163	31.57745	3.36617	-10.69225	2.68899	-1.189	87	.238
配对 3	index1b - index1bn	6.46630	24.69302	2.63229	1.23435	11.69826	2.457	87	.016

图 12.14　成对样本检验

12.6　本章小结

（1）本章介绍的是假设检验中非常基础和重要的 t 检验。t 检验仍然采用的是小概率反证法原理，在整个推断过程中，由于利用了 t 分布求得 t 值，并据此而得到相应的概率值，因此检验方法被称为 t 检验。而根据具体的设计方案和希望解决的问题不同，又可以被分为单样本 t 检验、两样本 t 检验和配对 t 检验等。但它们的基本原理都是相同的。

（2）作为参数方法，t 检验也有适用条件，但它相对而言比较稳健，对适用条件的违反有一定的耐受性。但如果适用条件被严重违反，则可以采用变量变换、校正的 t 检验，或者换用非参数方法等策略来加以处理。

（3）配对设计得到的样本中，每对数据之间都有一定的相关，如果忽略这种关系就会浪费大量的统计信息，需要采用和配对设计相对应的分析方法。当配对设计所测量到的数据为连续性变量时，配对 t 检验就是最常用的分析方法。

思考与练习

1. 从一批木头里抽取 5 根，测得直径为 12.3　12.8　12.4　12.1　12.7（单位：cm），能否认为这批木头的平均直径是 12.3 cm？

2. 用某药治疗 10 名高血压病人，对每一病人治疗前、后的舒张压（mmHg）进行了测量，结果见题表 1，问该药有无降压作用？另外从研究设计的角度来看，该设计存在怎样的问题？

题表 1

病例编号	1	2	3	4	5	6	7	8	9	10
治疗前	120	127	141	107	110	114	115	138	127	122
治疗后	123	108	120	107	100	98	102	152	104	107

3. 比较两批电子器材的电阻，随机抽取的样本测量电阻如题表 2 所示，试比较两批电子器材的电阻是否相同？（提示：需考虑方差齐性问题）

题表 2

A 批	0.140	0.138	0.143	0.142	0.144	0.148	0.137
B 批	0.135	0.140	0.142	0.136	0.138	0.140	0.141

4. 配对 t 检验的实质就是对差值进行单样本 t 检验，按此思路对例 12.3 进行重新分析，比较其结果和配对 t 检验的结果有什么异同。

第13章 连续变量的统计推断(二)
——单因素方差分析

第12章介绍的 t 检验可以解决单样本、两样本时的均数比较问题,但真实的世界不可能总是如此简单,例如背景资料中的城市、学历、职业等均为多分类,重点关心的时间点显然也是多分类,此时如果进行各组信心值均数的比较,又该如何处理?显然,多组均数的比较已经超越了 t 检验的能力范畴,而需要采用本章介绍的方差分析方法进行考察。

本章主要介绍单因素方差分析的基本原理及其在 SPSS 中的实现方式,并在此基础上,给出方差分析的一些引申内容,包括多重比较、精细比较和趋势分析等。

13.1 方差分析概述

13.1.1 为什么要进行方差分析

以 CCSS 数据为例,其中共出现了 4 个时间点,如果要进行不同月份信心值均数的比较,就构成了 4 组均数比较的结构,而 t 检验最多只能完成两组均数的比较。

那么,能否使用两两 t 检验(例如在本例中分别进行 6 次 t 检验)来解决此问题?这样做在统计上是不妥的。因为统计学的结论都是概率性的,存在犯错误的可能。比如说,要用 6 次 t 检验来考察 4 个时点的信心指数均值是否相同,对于某一次比较,其犯一类错误的概率是 α,那么连续 6 次比较,其犯一类错误的概率不是 α^6,而是 $1-(1-\alpha)^6$。也就是说,如果检验水准取 0.05,那么在连续 6 次 t 检验中,犯一类错误的概率将上升为 0.2649。显然,犯一类错误的概率明显上升了,就好像考试及格线原本是 60 分,现在被降到了 20 分,导致考试的权威性大打折扣一样。因此,多个均数比较时不宜采用 t 检验作两两比较,而必须要考虑新的分析方法。

感谢 R. A. Fisher 爵士,他在 Rothamsted 试验站"下放"期间,为后人奠定了方差分析(Analysis of Variance,简写为 ANOVA)的理论基础:将总变异分解为由研究因素所造成的部分和由抽样误差所造成的部分,通过比较来自于不同部分的变异,借助 F 分布做出统计推断。后人又将线性模型的思想引入方差分析,更是为这一方法提供了近乎无穷的发展空间。

13.1.2 方差分析的基本思想

方差分析是基于变异分解的思想进行的,在单因素方差分析中,整个样本的变异可以被看成由如下两部分构成:

$$总变异 = 随机变异 + 处理因素导致的变异$$

其中,随机变异永远存在,处理因素导致的变异是否存在就是要研究的目标,即只要能证明它不等于 0,就等同于证明了处理因素的确存在影响。

那么,这一等式中的各项能否量化?在方差分析中,代表变异大小,并用来进行变异分解的指标就是离均差平方和,代表总的变异程度,记为 SS_T。可以发现,在实际样本数据中,该总变异可以被分解为两项,第一项是各组内部的变异(组内变异),该变异只反映随机变异的大小,其大小可以用各组的离均差平方和之和,或称组内平方和(Sum of Squares within Groups)来表示,记为 SS_W;第二项为各组均数的差异(组间变异),它反映了随机变异的影响与可能存在的处理因素的影响之和,其大小可以用组间平方和(Sum of Squares Between Groups)来表示,记为 SS_B,即:

$$总变异 = 组内变异 + 组间变异$$

并且该等式和上面的等式存在着如下的对应关系:

$$总变异 = 随机变异 + 处理因素导致的变异$$
$$\downarrow \quad\quad \downarrow \quad\quad\quad\quad \downarrow$$
$$总变异 = 组内变异 + 组间变异$$

这样,就可以考虑采用一定的方法来比较组内变异和组间变异的大小(具体是用均方 MS 来比较),如果后者远远大于前者,则说明处理因素的影响的确存在;如果两者相差无几,则说明该影响不存在,以上就是方差分析法的基本思想。

方差分析的检验统计量可以简单地理解为利用随机误差作为尺度来衡量各组间的变异,即:

$$F = 组间变异测量指标 / 组内变异测量指标$$

可以想象,在 H_0 成立时,处理所造成的各组间均数的差异应为 0(理论上应为 0,但由于抽样误差不可能恰好为 0),即:

$$\mu_1 = \mu_2 = \cdots = \mu_k$$

于是,组间变异将主要由随机误差构成,即组间变异的值应当接近组内变异。因此,检验统计量 F 值应当不会太大,且接近于 1。否则,F 值将会偏离 1,并且各组间的不一致程度越强,F 值越大。

方差分析的零假设和备择假设分别为:

$H_0: \mu_1 = \mu_2 = \cdots = \mu_k$;

$H_1: k$ 个总体均数不同或者不全相同。

沿用上面的变量标记方式,有检验统计量为:

$$F_{k-1, N-k} = \frac{MS_B}{MS_W} = \frac{SS_B/(k-1)}{SS_W/(N-k)}$$

在上式中,检验统计量 F 的分子和分母上的平方和都除以了一个数字:分子上除以了 $k-1$,而分母上除以了 $N-k$,这两个数字分别称为组间自由度和组内自由度,记作 ν_B 和 ν_W,两者之和为 $N-1$,称为总自由度,记作 ν_T。分子上组间平方和除以自由度后得到的数值称为组间均方(Mean Square Between Groups, MS_B),分母上组内平方和除以自由度后得到的数值称为组内均方(Mean Square Within Groups, MS_W)。分子、分母上的除法其出发点与为什么多用标准差而非离均差平方和来描述资料离散程度的道理相同,即变异程度不应当受样本量的影响。显然,样本量越大 SS 就会越大,故需要扣除样本量的影响,这样得到的比值才真正有可比性。

在零假设成立时,F 值应该服从自由度为 $k-1, N-k$ 的中心 F 分布(Central F Distribution)。而若检验统计量落在相应检验水准所确定的拒绝域内(即 F 值大于或等于相应自由度下的检验界值),意味着在一次抽样研究中在假设总体内得到了小概率事件,则有理由拒绝 H_0,其风险为相应 F 值所对应的 P 值。图 13.1 所示为自由度为 1,5 的 F 分布。

图 13.1　自由度为 1,5 的 F 分布

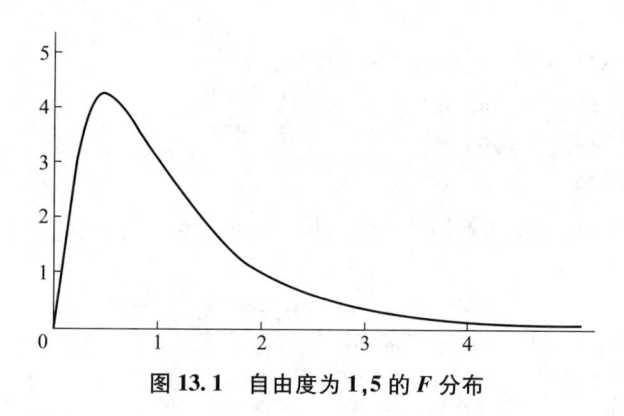

方差分析中常常将所计算出来的一些指标列成一张表格,称为方差分析表(Analysis of Variance Table),如图 13.2 所示。

变异来源	离差平方和	自由度	均方	F	P
组间变异	SS_B	$k-1$	MS_B	MS_B/MS_W	$P=\{F_{k-1,k(n-1)} \geq F\}$
组内变异	SS_W	$k(n_i-1)$	MS_W		
总变异	SS_T	$N-1$	MS_T		

图 13.2　方差分析表

实际上,SPSS 的输出结果中就会包含一张与此几乎完全相同的表格。

如果假设检验拒绝了 H_0,可以做出多个样本来自的不是同一总体的结论。但是到底这些样本来自于几个不同的总体?方差分析本身并不能回答这个问题,而需要进一步进行不同水平间的多重比较(Multiple-Comparison),见 13.3 节。

13.1.3　单因素方差分析的适用条件

一般而言,要应用方差分析,数据应当满足以下几个条件,或者说以下的假设应当成立:
(1) 观察对象是来自于所研究因素的各个水平之下的独立随机抽样(Independence)。
(2) 每个水平下的因变量应当服从正态分布(Normality)。
(3) 各水平下的总体具有相同的方差(Homoscedasticity)。

显然,上述 3 个条件本质上与 t 检验的适用条件相同,概括起来就是独立性、正态性和方差齐性,考察方法和违反条件时的应对策略也完全相同。

13.2　案例:北京消费者不同时点信心指数的比较

例 13.1　CCSS 案例中提供了 2007 年 4 月,以及 2007、2008、2009 年 12 月 4 个时间点的消费者信心监测数据,现希望分析这 4 个时间点的消费者信心指数平均水平是否存在差异。考虑到信心指数在不同地域间可能存在差异,这里只使用北京消费者的数据进行分析。

1. 预分析

进行方差分析之前,需要考察其适用条件。例如,利用均值过程进行分组描述(事先筛选出

北京的案例):
(1) 选择"分析"→"比较平均值"→"平均值"菜单项。
(2) "因变量列表"列表框:index1。
(3) "自变量列表"列表框:time。
(4) 单击"确定"按钮。

从图 13.3 中可见 4 组的标准差相差不大,即方差可能是齐性的。

总指数

月份	平均值	个案数	标准差
200704	100.0547	100	17.22341
200712	97.1307	101	19.39865
200812	91.9668	102	19.50445
200912	102.5801	75	16.95421
总计	97.5920	378	18.74116

图 13.3 报告

除对统计量进行观察外,还可以使用箱图、直方图等工具考察数据的正态性、方差齐性等,这些分析请读者自行进行。如果希望进行方差齐性检验,则可以在方差分析过程中一并输出。

2. 界面说明

选择"分析"→"比较平均值"→"单因素 ANOVA 检验"菜单项,就可以弹出"单因素 ANOVA 检验"对话框,如图 13.4(a)所示。

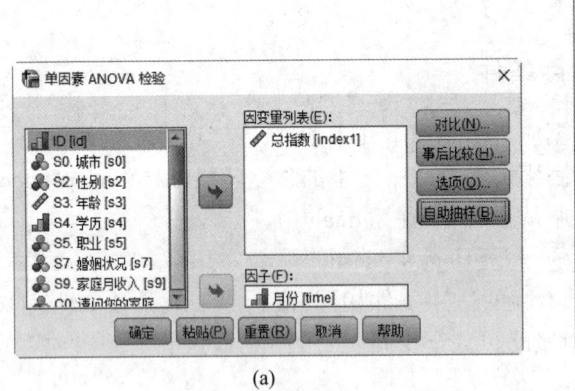

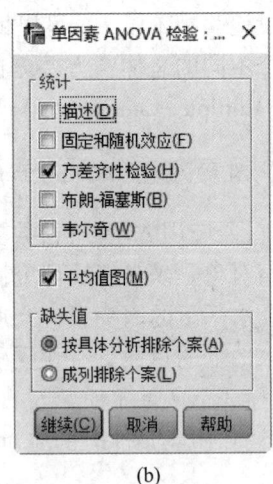

图 13.4 "单因素 ANOVA 检验"对话框

(1) "因变量列表"列表框:选入需要分析的变量,如果选入多个结果变量(因变量),则系统会依次对其进行单因素方差分析。
(2) "因子"文本框:选入需要比较的分组因素,只能选入一个。
(3) "对比"按钮:该按钮有两个用途,分别是对均数的变动趋势进行趋势检验,以及定义根据研究目的需要进行的某些精确两两比较。该对话框太专业,也较少用,本章将在 13.4 节中加以介绍。

(4)"事后比较"按钮:用于选择进行各组间两两比较的方法,详见13.3节的介绍。

(5)"选项"按钮:统计量框组提供一些所需的统计量输出,如图13.4(b)所示。"描述"复选框用于指定输出描述性统计量;"固定和随机效应"复选框用于对固定效应模型输出标准差、标准误和95%可信区间;对于随机效应模型输出其标准误、95%可信区间及方差成分;"方差齐性检验"复选框用于指定进行方差齐性检验;"布朗-福塞斯"复选框和"韦尔奇"复选框针对组间方差不齐的情形提供了Brown-Forsythe法和Welch法这两种校正的方差分析检验方法,其作用类似于校正t检验;"平均值图"复选框指定输出各组均数的线图,以直观了解它们的差异,同时可辅助对均数间趋势做出判断,缺失值框组则定义分析中对缺失值的处理方法,内容与前面介绍的很多过程相同。

(6)"自助抽样"按钮:要求对相应输出的统计分析进行指定的Bootstrap抽样估计。该方法的详情已经在第7章中进行了介绍,因此这里不再重复。

3. 操作步骤与结果解释

下面开始进行方差分析,操作如下。

(1)选择"分析"→"比较平均值"→"单因素ANOVA检验"菜单项。

(2)"因变量列表"列表框:总指数[index1]。

(3)"因子"列表框:月份[time]。

(4)单击"选项"按钮,在弹出的对话框中选中"方差齐性检验"和"平均值图"复选框,单击"继续"按钮,再单击"确定"按钮。

首先给出的是方差齐性检验结果,Levene法检验统计量为0.534,在当前自由度下对应的P值为0.659,因此可认为样本所来自的总体满足方差齐性的要求,如图13.5所示。

总指数

莱文统计	自由度1	自由度2	显著性
.534	3	374	.659

图13.5 方差齐性检验

如图13.6所示即为单因素方差分析的方差分析表,第1列为变异的来源,分别是组间变异,组内变异和总变异。第2~4列分别为离均差平方和、自由度、均方,检验统计量F为5.630,$P=0.001$。由此可认为4个时点的消费者信心指数总体均值存在差异。

总指数

	平方和	自由度	均方	F	显著性
组间	5721.643	3	1907.214	5.630	.001
组内	126692.442	374	338.750		
总计	132414.084	377			

图13.6 ANOVA

均值图给出的是各组间样本均数的折线图,如图13.7所示。它可以更直观地展现各组样本的大小关系及其与相应的分组变量间的关系。可以很清楚地看出,在2008年年底之前,信心指数的平均水平是持续下跌的,随后在经济刺激计划的作用下开始上升,且在 2009 年年底超过初值。分析师随后所需要做的工作就是结合当时的宏观经济信息、政策背景等情况,尽力展开自己的综合分析能力,对该结果进行尽量合理和完美的诠释。

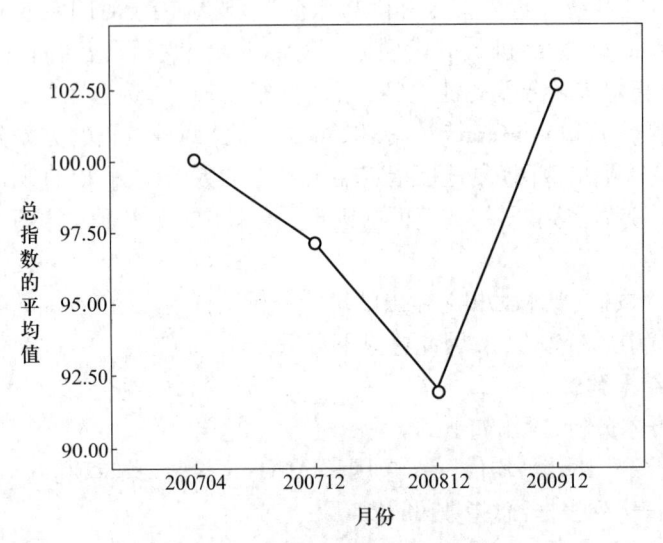

图 13.7　各组间样本均数的折线图

13.3　均数间的多重比较

上面已经得到了拒绝 H_0 的结论,但显然分析任务还没有最终完成:在解决实际问题时,往往仍需要回答多个均数间究竟是哪些存在差异。虽然结论提示各时点的信心指数不同,但研究者并不知道到底是 4 个时点之间均有差别,还是某一月份与其他月份有差别。尽管各组的均数描述可以给出大致的变化趋势,可是没有相应的假设检验结果来加以确认,这时就需要通过多重比较(Multiple Comparison)来进行考察。

> 从上文的叙述可以得知,如果方差分析的检验结果没有拒绝 H_0,则除非在研究设计中事先有计划,否则就不存在随后的两两比较问题,这一点请各位读者一定要加以注意。

13.3.1　直接校正检验水准

显然,两两比较时的关键问题就是如何控制好一类错误的大小。对于两两比较中所遇到的一类错误,有以下几个概念需要了解。

(1) CER:比较误差,即每做一次比较犯一类错误的概率。

(2) EERC:在完全无效假设下的试验误差率,即在 H_0 成立时做完全部比较所犯一类错误的概率。

(3) MEER:最大试验误差率,即在任何完全或部分无效假设下,做完全部比较所犯一类错误的最大概率值。

如前所述,当无效假设实际上成立,各组均数无差别时,k 个组完全两两比较的次数为 $c=k(k-1)/2$,做完所有这些比较犯第一类错误的概率为 $1-(1-\alpha_{ij})^c$,此即 EERC,而方差分析的实质也就是控制 EERC 为所设定的水准。因此,进行一类错误控制时最直接的想法就是将总的 α 水准控制到 0.05,从而由上述公式反推得出每一个检验所使用的 $\alpha_{ij}=1-(1-\alpha)^{1/c}$,这种校正方式被称为 Sidak 校正。

但是,Sidak 校正显然针对的是无效假设完全成立的情况进行校正,多数实际问题中,都是有些组的均数相同,而有些组的均数不同,因此控制 MEER 更为合适。Bonferroni 不等式被广泛地用于此目的,它通过控制 CER,使得 MEER 被控制在所设定的水准以内,其公式为:

$$CER = \alpha/c$$

只要 CER,即每次比较时使用的一类错误水准 α_{ij} 小于 α/c,就可以保证 MEER 不会大于 α。

Bonferroni 提出,如果在 α 水准上进行 c 次假设检验,当无效假设为真时,检验结果为至少有一次拒绝无效假设的累计 I 类错误概率 α' 不超过 $c\times\alpha$,即有不等式 $\alpha'<c\times\alpha$。因此可以重新选择 I 类错误概率水准 α,以便使累计 I 类错误概率 $\alpha'=0.05$,此即所谓 Bonferroni 不等式。

实际上,可以简单地理解成 Sidak 校正认为各次比较的一类错误与总的一类错误概率间的关系为累乘,而 Bonferroni 校正则认为它们之间的关系是累加的。从而分别按照累乘和累加的方式对总的概率进行了分解。

Bonferroni 校正等直接校正方法虽然可以解决两两比较的问题,但首先它是将各次比较分别进行,使用上比较麻烦;其次,它保证的是 MEER 不会大于 α,这显然意味着多数比较的检验水准实际上是小于 α 的,从而结论仍然比较保守。

13.3.2 专用的两两比较方法

除了相对粗糙的直接校正法外,针对不同的分析需求,统计学上还发展出了一系列专用的两两比较方法。一般而言,可以把多重比较分为两种类型:计划好的和非计划的。所谓计划好的多重比较(Planned Comparisons)指在收集数据之前便决定了要通过多重比较来考察多个组与某个特定组间的差别或者某几个特定组间彼此的差别;而非计划的多重比较(Unplanned Comparisons,Post-Hoc Comparisons)只有在方差分析得到有统计学意义的 F 值后才有必要进行,是一种探索性的分析。

单击"单因素方差分析"主对话框中的"事后比较"按钮,会弹出子对话框,如图 13.8 所示。可以看到,该对话框中竟然一共有 18 种两两比较方法。这并不是说两两比较的方法如百花齐放般衬托了统计学的欣欣向荣,相反却说明目前为止仍然没有什么令人完全信服的方法或者没有什么统一的解决之道。

对于非计划的多重比较,针对比较目的和适用条件的不同,各种多重比较方法也有其不同的侧重点,以下简要介绍常用的几种多重比较的方法。

(1) LSD 法:即最小显著差法(Least-Significance-Difference Method),是最简单的比较方法之一。它其实只是 t 检验的一个简单变形,并未对检验水准做出任何校正,只是在标准误的计算上充分利用了样本信息,为所有组的均数统一估计出了一个更为稳健的标准误,因此它一般用于

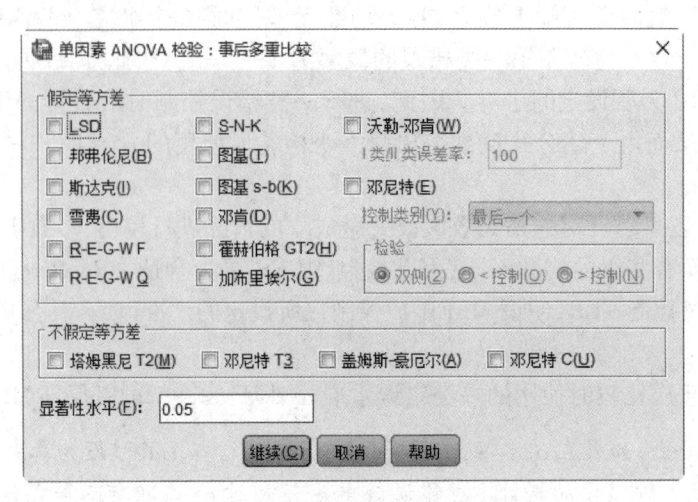

图 13.8 "事后多重比较"子对话框

计划好的多重比较。由于单次比较的检验水准仍为 α,因此可以认为 LSD 法是最灵敏的,或者说假阳性是最高的。

(2) Sidak 法:它实际上就是 Sidak 校正在 LSD 法上的应用,即通过 Sidak 校正降低每次两两比较的一类错误率,以达到最终整个比较的一类错误率为 α 的目的。但是,由于在统计分析中习惯上是将每次比较的水准都定为 0.05,为符合阅读习惯,统计软件往往采用倒乘的方式,即固定检验水准,将检验的 P 值进行反向放大。例如,当需要进行 C 次比较时,对于相同的比较,Sidak 法的 P 值和 LSD 法 P 值间的关系为 $P_{Sidak} = 1-(1-P_{LSD})C$。显然,Sidak 法要比 LSD 法保守得多。

(3) Bonferroni 法:和 Sidak 法类似,它的每一次比较实际上是 Bonferroni 校正在 LSD 法上的应用,对于相同的比较,Bonferroni 法的 P 值和 LSD 法 P 值间的关系为 $P_{Bonferroni} = P_{LSD} * C$。一般而言,Bonferroni 要比 Sidak 法更为保守一些。

(4) Scheffe 法:与一般的多重比较不同,Scheffe 法的实质是对多组均数间的线性组合是否为 0 进行假设检验,多用于进行比较的两组间样本含量不等时。

(5) Dunnett 法:常用于多个试验组与一个对照组间的比较。因此,在指定 Dunnett 法时,还应当指定对照组。

以上几种方法的排列顺序大致是从最灵敏到最保守,除了它们几个以外,还有另外一大类目的在于寻找同质亚组的检验方法,常见的有以下几种。

(1) S-N-K 法:经常在有关统计学教材上出现的方法,全称为 Student-Newman-Keuls 法。它实质上是根据预先指定的准则将各组均数分为多个子集,利用 Studentized Range 分布来进行假设检验,并根据所要检验的均数个数调整总的一类错误概率不超过 α。

(2) Tukey 法:即 Tukey's Honestly Significant Difference 法,应用这种方法要求各组样本含量相同。它也是利用 Studentized Range 分布来进行各组均数间的比较,与 S-N-K 法不同的是,它控制所有比较中最大的一类错误的概率,即 MEER 不超过 α。

(3) Duncan 法:其思路与 S-N-K 法相类似,只不过检验统计量服从的是 Duncan's Multiple

Range 分布。

剩下的一些方法并不常用，本书不予介绍。此外，在各组方差不齐时，SPSS 也给出了 4 种方法。但从方法的接受程度和结果的稳健性讲，尽量不要在方差不齐时进行方差分析甚至两两比较，而求助于变量变换或者非参数检验往往更可靠。

上述对话框的"显著性水平"文本框中还可以定义多重比较的检验水准，一般而言，默认的 0.05 足以满足要求。

13.3.3 两两比较方法的选择策略

两两比较方法如此之多，该如何加以选择？很多统计学家对方差分析后两两比较的策略均提出了自己的看法，国内也有多篇文献对不同方法进行比较。以下是笔者参考多本参考书后的心得，仅供参考。

（1）如两个均数间的比较是独立的，或者虽有多个样本均数，但事先已计划好要作某几对均数的比较，则不管方差分析的结果如何，均应进行比较。一般采用 LSD 法或 Bonferroni 法进行一类错误校正。

（2）如果事先未计划进行多重比较，在方差分析得到有统计学意义的 F 值之后，可以利用多重比较进行探索性数据分析。此时方法的选择要根据研究的目的和样本的性质。比如说，需要进行多个试验组和一个对照组的比较时，可以采用 Dunnett 法；需要进行任意两组之间的比较而各组样本含量又相同时，可以选用 Tukey 法；若样本含量彼此不同，可以采用 Scheffe 法。而若是事先未计划进行多重比较，且方差分析未检出差别，此时不应当进行多重比较。

（3）绘制均值图，或者进行详细的统计描述有利无弊。

（4）事先未计划的多重比较，各组间的差别只是一种提示，要确认这种差别最好重新设计实验。

有的时候，研究者在试验设计之初就有比较特定几组均数的考虑（Planed Comparison，或者称为 Prior Comparison），这种比较往往不像 Post Hoc 那样需要对几乎所有的组合进行比较，所以在相应的统计分析时不需要对检验水准或统计量进行太多修正。这主要是通过"对比"子对话框中的功能来实现。下一节"精细比较"中将会对此加以详细介绍。

> 需要提醒的是，如果组数较少，如 3 组、4 组，比较方法的选择可能结果差异不大，但如果组数很多，则一定要慎重选择两两比较方法。

13.3.4 多重比较结果出现矛盾时的解释

多重比较经常会得到模糊的结论，例如样本 1 与样本 2 差异无统计学意义，样本 2 与样本 3 差异无统计学意义，但样本 1 与样本 3 差异却有统计学意义。对于这种情形，只能说两两比较还不能判明样本 2 来自何总体，而以下两种解释都是错误的：① "样本 2 所代表的总体介于总体 1 和总体 3 之间。"这种结论实际上已经默认了 3 个样本分别来自 3 个不同的总体；② "既然样本 1 与样本 2 差异无统计学意义，样本 2 与样本 3 差异无统计学意义，所以样本 1 与样本 3 差异也没有统计学意义。"须知抽样误差不能递推，否则将导出荒唐的结论。

> 一个经典案例可以恰如其分地说明上述推理逻辑的荒唐性：头上一根头发都没有的人毫无疑问是秃子，头上有一根头发的人和一根头发都没有的人之间看不出什么差别（差别无统计学意义），所以也是秃子。依此类推，最后会得到一个满头黑发的人也是一个秃子的荒谬结论！

有时，方差分析拒绝 H_0，但方差分析后的两两比较却找不到有差异的任何两个样本。等到下一节中引入对比的概念后，方差分析中的这一个特殊现象可以很容易地被解释。这是因为方差分析的差别有统计学意义有时候仅仅是保证诸多对比中的某一个或某几个不为 0，但这些对比却不一定是所关心的。此时下结论应当极为谨慎，最好的方法是增加样本含量重新进行试验。

13.3.5　案例：不同时点信心指数的两两比较

这里继续对例 13.1 进行分析，考察在 0.05 的显著性水平下，究竟这 4 个时点的总指数均值之间存在怎样的差异。这是一个非计划的多重比较（Post Hoc），由于各组样本含量不同，因此在多重比较的对话框中选择"雪费"，即 Scheffe 法，相应的分析结果如图 13.9 所示。

总指数
雪费

(I) 月份	(J) 月份	平均值差值 (I-J)	标准误差	显著性	95% 置信区间 下限	95% 置信区间 上限
200704	200712	2.92397	2.59643	.737	-4.3675	10.2154
	200812	8.08787*	2.59009	.022	.8142	15.3615
	200912	-2.52545	2.81143	.848	-10.4207	5.3698
200712	200704	-2.92397	2.59643	.737	-10.2154	4.3675
	200812	5.16390	2.58361	.264	-2.0915	12.4193
	200912	-5.44942	2.80546	.289	-13.3279	2.4290
200812	200704	-8.08787*	2.59009	.022	-15.3615	-.8142
	200712	-5.16390	2.58361	.264	-12.4193	2.0915
	200912	-10.61332*	2.79960	.003	-18.4753	-2.7513
200912	200704	2.52545	2.81143	.848	-5.3698	10.4207
	200712	5.44942	2.80546	.289	-2.4290	13.3279
	200812	10.61332*	2.79960	.003	2.7513	18.4753

*. 平均值差值的显著性水平为 0.05。

图 13.9　多重比较

由于这些多重比较方法都需要有一个对照组，分析结果中就将所有组依次作为对照组，让其余各组和它进行比较。表格中依次给出的是两组间均数差值、差值的标准误、P 值以及差值的可信区间。其中如果均数差别有统计学意义，则自动在后面加上"＊"作为标记。

显然，上述两两比较的输出虽然详细，但阅读起来很费事，因此 Scheffe 方法也提供了类似于 S-N-K 等方法的输出格式，如图 13.10 所示。

S-N-K 这一类方法的目的是寻找同质子集（Homogeneous Subsets），简单地说，各组首先在表格的纵向上均数按大小排序，然后即根据多重比较的结果将所有的组分为若干子集，子集之间的各组间有差别（P 值小于 0.05），子集之内的各组间无差别。Scheffe 方法的输出结果如果采取这种输出方式，则可以很清楚地看出，4 个月份之间的总指数大致可以被分为两组，但这两组之

13.3 均数间的多重比较

雪费[a,b]

月份	个案数	Alpha 的子集 = 0.05	
		1	2
200812	102	91.9668	
200712	101	97.1307	97.1307
200704	100		100.0547
200912	75		102.5801
显著性		.302	.255

将显示齐性子集中各个组的平均值。
a. 使用调和平均值样本大小 = 92.941。
b. 组大小不相等。使用了组大小的调和平均值。无法保证 I 类误差级别。

图 13.10　总指数的两两比较结果

间存在重叠。此时需要结合各组的均数差异,并利用表格最后一行的输出进行解读,这里会给出子集内部各组比较的 P 值。本例可见二组的组内 P 值都不是特别大,并且 2007 年 12 月的样本组均数距离 2008 年 12 月的差异要更大一些,因此出于实际应用的考虑,可以认为 2008 年 12 月的信心指数平均值确实是最低的。也就是说,信心指数在 3 年的时间里走出了一个 U 型,而在 2009 年 12 月已经恢复到基线水平,唯一的问题在于 2007 年 12 月时的信心水平是否已经低于基线。

> 由于背后的算法原理不同,因此同一个方法的上述两种表格输出其检验结果并不完全等价,简单地说,需要精确的比较结果时,应当使用两两多重比较表格中的输出,而同质子集表格主要是给出哪些组间存在差异的简化输出结果。

13.3.6　制表模块的两两比较输出

1. 界面说明

第 9 章中曾经介绍过,制表模块的"检验统计"选项卡中也可以进行列均数的两两比较,如图 13.11 所示。这里进一步对其功能加以介绍。

(1)"检验"框组:用于确定是进行各列间的均值比较还是比例比较。其中对列均值的比较,还可以要求只使用相应列的样本进行方差估算,此时进行的就是真正的这两列间的 t 检验。

(2)"确定显著性差异"框组:用于设定如何给出分析结果,默认为提供单独的结果表格,但也可以要求在原有的主表中合并输出,此时可以要求使用 APA 格式的下标进行标注。

(3)"显著性水平"框组:用于设定两两比较中使用的 α 水准。这里最多可以设置两套 α 水准,表格中会分别用不同的下标系统进行比较结果的标识。

(4)"调整 P 值以进行多重比较"复选框:用于对两两比较中放大的一类错误进行校正,除默认的 Bonferroni 校正方法以外,这里还提供了 Benjamini-Hochberg 方法,简言之,该方法较 Bonferroni 校正更为保守。

2. 操作步骤与结果解释

如果使用制表模块完成例 13.1 的两两比较任务,则首先设定好表格框架,然后选择相应的比较功能即可,有了上一节的基础,这里只需要简单地列出所需操作。

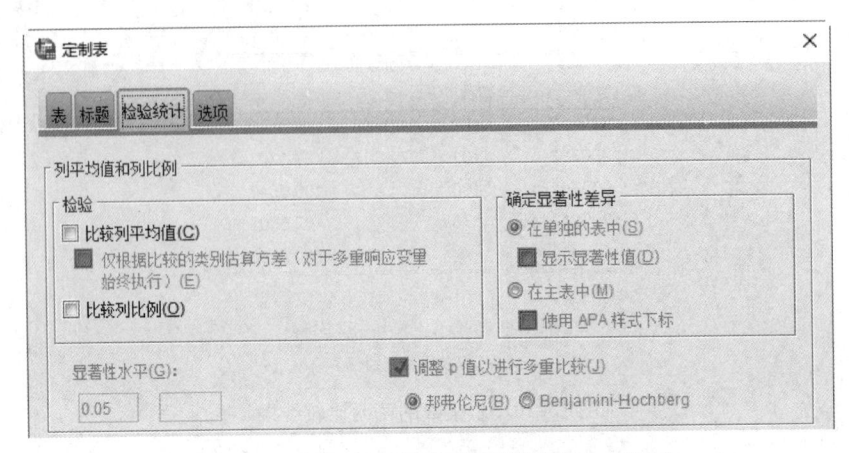

图 13.11 制表过程的"检验统计"选项卡(部分)

(1) 将变量 time 拖放至列框内。
(2) 将变量 index1 拖放至行框内。
(3) 切换至"检验统计"选项卡。
(4) 选中"比较列平均值"复选框,选中"确定显著性差异"框组中的"显示显著性值"复选框。
(5) 单击"确定"按钮。

按照上述操作,SPSS 会在主表之后继续输出各列平均值两两比较的结果表格,如图 13.12 所示。在该表格中,所有列会依次被标示为字母 $A\sim Z$,如果任意两列有统计学差异,则会在均数较小的类别处表示出和它有差异的列标识。例如,表格中 2007 年 4 月的单元格处标示出的字母为"C",意为当前列和 C 列所对应的 2008 年 12 月均值有差异,相应的(校正后)P 值为 0.012。因此该表格提供的结果为 2008 年 12 月和 2007 年 4 月、2009 年 12 月存在差异,其余两两无差异。读者可以将这一结果和单因素 ANOVA 检验过程中的 Bonferroni 两两比较的输出结果相比较,会发现两者的检验 P 值和两两比较结果均完全相同。

	月份			
	200704	200712	200812	200912
	(A)	(B)	(C)	(D)
总指数	C(.012)			C(.001)

结果基于假定方差齐性的双侧检验。对于每个显著对,较小类别的键出现在平均值较大的类别之中。
大写字母(A、B、C)的显著性水平:.05

a. 通过使用 Bonferroni 校正法,检验将针对每个最内部子表的一行中的所有成对比较进行调整。

图 13.12 列平均值的两两比较结果

3. APA 样式的合并表格输出

除单独给出两两比较结果表格外,也可以将比较结果直接在主表中合并输出,但此时使用较多的是 APA 样式的下标。如果按照 APA 样式输出,则结果如图 13.13 所示。可见,所有列会按照两两是否有差异被分为若干同质子集,并在其均数右下角标注其子集编号。和 SNK 法的阅读方式类似,如果两列被归入相同的子集,则彼此无差异。由图 13.13 可见,2008 年 12 月被归入 b 组,而 2007 年 12 月被归入 a、b 两组,因此这两个时点无差异。读者可尝试自行阅读相应的分析结果,会发现结论和上面完全相同。

	月份			
	200704	200712	200812	200912
	平均值	平均值	平均值	平均值
总指数	100.05$_a$	97.13$_{a,b}$	91.97$_b$	102.58$_a$

注意:在列平均值的双侧等同性检验中,同一个行和子表中不共享同一下标的值在 p<.05 时存在显著差异。此检验未包括不具有下标的单元格。此检验假定方差齐性。[1]
1. 通过使用 Bonferroni 校正法,检验将针对每个最内部子表的一行中的所有成对比较进行调整。

图 13.13　列平均值的两两比较结果(APA 样式)

APA 格式指的是美国心理学会(American Psychological Association)出版的《美国心理协会刊物准则》,是一个被广泛接受的研究论文撰写格式,目前已更新至第 6 版。APA 格式特别针对社会科学领域的研究,规范了学术文献的引用和参考文献的撰写方法,以及表格、图表、注脚和附录的编排方式。中国的外语类期刊(语言学刊物为主)及自然科学类的学术刊物喜欢使用 APA 格式。

另一种相当有名的论文格式为 MLA 格式,主要被应用在人文学科,如文学、比较文学、文学批评和文化研究等。

13.4　各组均数的精细比较

*13.4.1　方法原理

例 13.1 中的多重比较实际上都可以归结为对均数线性组合 $L = a_1\mu_1 + a_2\mu_2 + a_3\mu_3 + a_4\mu_4$ 进行假设检验,其中 $a_1 \sim a_4$ 是研究者指定的常数。例如,若 4 个系数分别为 1,-1,0,0,则上式等价于 $L = \mu_1 - \mu_2$。此时对 $L = 0$ 进行假设检验其实就等价于第一组和第二组均数是否相等的两两比较。同样,要比较第一组和第三组是否相等,只需要对 4 个系数分别为 1,0,-1,0 时的线性组合是否为 0 进行检验就可以了。

不失一般,如果现有的样本分为 k 个组,则表达式

$$L = a_1\mu_1 + a_2\mu_2 + \cdots + a_k\mu_k$$

称为 k 个均数的对比(Contrast),其中 $a_1, a_2, \cdots, a_k$ 为任意指定的常数。两个对比

$$L = a_1\mu_1 + a_2\mu_2 + \cdots + a_k\mu_k$$
$$L' = a'_1\mu_1 + a'_2\mu_2 + \cdots + a'_k\mu_k$$

如果满足 $a_1 a'_1 + a_2 a'_2 + \cdots + a_k a'_k = 0$,则被称为正交的(Orthogonal),对于样本均数,其线性组合

$$\hat{L} = a_1 \bar{y}_{1.} + a_2 \bar{y}_{2.} + \cdots + a_k \bar{y}_{k.}$$

是总体均数相应的线性组合的无偏估计(Unbiased Estimator)。

在引入正交和对比的概念后，便可以不再束缚于简单的两两比较，而是可以通过指定 a_i 的值完成更多、更复杂的比较。根据方差分解的有关原理，组间变异可以分解为由 $k-1$ 个正交对比所能解释的部分，即总变异就可以分解为由 $k-1$ 个由正交对比所能解释的变异和一个组内变异，即

$$SS_T = SS_{L_1} + SS_{L_2} + \cdots + SS_{L_{k-1}} + SS_W$$

比如说，对于 4 组样本，对比 $\frac{\mu_1+\mu_2}{2} = \frac{\mu_3+\mu_4}{2}$，此时 $a_1 = a_2 = \frac{1}{2}, a_3 = a_4 = -\frac{1}{2}$；如果对比 $\frac{\mu_1+\mu_3}{2} = \frac{\mu_2+\mu_4}{2}$，此时，$a_1' = a_3' = \frac{1}{2}, a_2' = a_4' = -\frac{1}{2}$，且有

$$a_1 a_1' + a_2 a_2' + a_3 a_3' + a_4 a_4' = \frac{1}{2} \times \frac{1}{2} + \frac{1}{2} \times \left(-\frac{1}{2}\right) + \left(-\frac{1}{2}\right) \times \frac{1}{2} + \left(-\frac{1}{2}\right) \times \left(-\frac{1}{2}\right) = 0$$

因此，对比 $L_1 = \frac{1}{2}\mu_1 + \frac{1}{2}\mu_2 - \frac{1}{2}\mu_3 - \frac{1}{2}\mu_4$ 和 $L_2 = \frac{1}{2}\mu_1 - \frac{1}{2}\mu_2 + \frac{1}{2}\mu_3 - \frac{1}{2}\mu_4$ 间是正交的。此时便可以对诸如 $H_0 : \frac{\mu_1+\mu_2}{2} = \frac{\mu_3+\mu_4}{2}$，或者 $H_0 : \frac{\mu_1+\mu_3}{2} = \frac{\mu_2+\mu_4}{2}$ 之类的假设进行检验，甚至连 $H_0 : \mu_1 = \frac{\mu_2+\mu_3+\mu_4}{3}$ 这样的假设检验也可以。

13.4.2 案例：一个时点与另两个时点均数的比较

例 13.2 2007 年 12 月时的信心水平和其他各时点的差异在两两比较中处于不确定的状态，由于 2007 年 4 月和 2009 年 12 月的均值比较接近，因此可以考虑将二者合并看成基线，然后将其平均水平和 2007 年 12 月时进行检验，如图 13.14 所示。

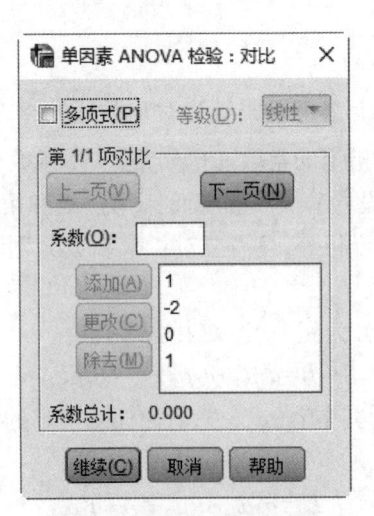

图 13.14 "对比"子对话框

根据分析需求，这里实际上是检验下列等式是否成立

$$a_1\mu_1 + a_2\mu_2 + a_3\mu_3 + a_4\mu_4 = 0, 其中 a_1 = 1, a_2 = -2, a_3 = 0, a_4 = 1$$

1. 界面说明

(1)"多项式"复选框:定义是否在方差分析中进行趋势检验,即随着组别的变化,各组均数是否呈现某种变化趋势。

(2)"等级"下拉列表框:和多项式复选框配合使用,用于定义需检验的趋势曲线的最高次方项,可选择从线性趋势一直到5次方曲线。如果选择了高次方曲线,系统会给出所有相应各低次方曲线的拟合优度检验结果(比如选择3次方曲线时,系统会给出线性、二次方、三次方3个结果)以供选择。

(3)"系数"文本框:用于精确定义某些组间均数的比较。这里按照分组变量升序给每组一个系数值,注意最终所有系数值相加应为0。也可以同时进行多组比较系数的设定,只需要用"上一页"和"下一页"按钮翻页即可。

(4)"系数总计"信息栏:动态提供输入系数的总和,以免用户因疏忽而导致系数总和不为0。

> 所有系数值相加不为0时仍可得到检验结果,但SPSS不推荐这样做。因为此时该检验的适用条件已被违反,其结果的准确性可疑,分析结论仅供参考。在SPSS的帮助中对此有明确的说明。

2. 结果解释

按照图13.14中的设定方式,可以得到分析结果如图13.15所示。

		月份		
对比	200704	200712	200812	200912
1	1	-2	0	1

图 13.15　对比系数

首先输出的如图13.15所示的是对比系数的列表,该列表可用于查错。

图13.16所示分别针对相比较的两组间方差齐和不齐的情形给出了比较的结果。其中,对比列中指明所比较的对子,对比值给出了所要检验的对比的实际值(就是相比较的均数之差),随后给出的是均数之差的标准误、检验统计量 t 值,自由度和双侧 P 值。本例中按照方差齐性时的比较结果,相应检验的 $P=0.071$,因此仍然不能认为2007年12月的均数值和合并均值有差异。

		对比	对比值	标准误差	t	自由度	显著性(双尾)
总指数	假定等方差	1	8.3734	4.61736	1.813	374	.071
	不假定等方差	1	8.3734	4.65858	1.797	187.761	.074

图 13.16　对比检验

> 这里的对比方法实质上等价于LSD法,本质上并未对一类错误做任何控制,因此只适用于有事先计划的比较。

13.5 组间均数的趋势检验

13.5.1 方法原理

理论上而言,方差分析所对应的分组变量应该是一个无序分类的变量。但实际上,往往分组变量的取值也有次序关系,比如例 13.1 就是多个时间点上的某个指标的比较,实际上在分析中这一类型的资料并不少见。

对于这类资料,既然是多组间计量资料的比较,当然是优先考虑单因素方差分析。但是单纯的方差分析并未利用到分组变量中蕴涵的次序信息,这显然是一种信息的浪费。

在线性模型的方法被引入方差分析之前,对于有序分组信息的问题有一些折中的解决方法,如 Spearman 相关、Kendall τ 等。但自变量各取值间间隔相等时,现在除了对此进行方差分析之外,还可以利用线性模型的有关原理对数据作进一步的分析,以考察因变量与处理之间是否存在着某种依存关系,统计学上称为趋势检验(Trend Analysis)。这种趋势并非仅仅指线性的,也可能为一种多项式关系。

一般而言,对于趋势检验,首先考虑的是因变量和分组变量之间的线性关系,即检验模型 $Y=b_0+b_1X$ 是否成立。然而,从例 13.1 中也可以看到,因变量与分组变量间并不一定呈现线性的趋势,有可能呈二项式关系甚至更复杂的多项式关系,即 $Y=b_0+b_1X+b_2X^2$,或者是 $Y=b_0+b_1X+b_2X^2+b_3X^3$。对于这类模型,如果要选择相对比较合适的模型,利用失拟合检验(Lack of Fit Test)可以达到这样的目的。然而可以想象,一次项、二次项、三次甚至更高次项之间肯定存在着相关性,这对最后的结果解释是不利的。因此,一般通过建立正交多项式(Orthogonal Polynomials)模型的方法来进行趋势检验。关于正交多项式模型本章中不作过多阐述,感兴趣的读者可以参考有关著作。但需要指出的是,趋势检验的目的并非拟合线性或者非线性模型,而是希望知道当因素的水平改变时,均数以什么样的形式(线性、二次性或者其他)在随之改变。

对于趋势分析,可以利用正交多项式的方法得到 $k-1$ 个正交的 Contrast,分别对应于一次多项式(线性)、二次多项式、三次多项式、…、$k-1$ 次多项式,然后再将总变异分解为由这 $k-1$ 个 Contrast 所能解释的部分和一个剩余变异(Lack of Fit Test 中常称为纯误差,Pure Error),再利用方差分析得到相应的结论。

13.5.2 案例:对信心指数的变化做趋势检验

这里以例 13.1 为例简单演示趋势检验的操作和结果阅读,由于在均数图中前 3 个时点的均数持续下降,因此可以进一步考察一下该变化是否确实符合线性,在"选择个案"过程中将前 3 个时点的北京消费者数据筛选出来之后,进一步操作如下。

(1) 选择"分析"→"比较均值"→"单因素 ANOVA 检验"菜单项。
(2) "因变量"列表框:选入总指数[index1]。
(3) "因子"列表框:选入月份[time]。
(4) 单击"对比"按钮。
(5) 选中"多项式"复选框。

(6)"等级"下拉列表框:选择"线性"选项。

(7)单击"继续"按钮。

(8)单击"确定"按钮。

如图 13.17 所示的表中对均数变化趋势是否服从线性进行了检验,分别给出了加权、偏差两行输出,可以发现,检验中实际上是将总的组间变异(SS)分解成了这两部分,对其含义分别解释如下。

(1)加权:指组间变异中剔除掉更低级别趋势的作用后,能够被当前级别的趋势解释的部分,其对应的 H_0 为组间均数变化不存在该趋势。显然本例中检验的 $P=0.003$,因此拒绝 H_0,前 3 个月份之间的总指数均数变化趋势存在线性成分。

(2)偏差:指的是组间变异中扣除了上述趋势导致的变异后,剩余的变异是否和随机变异无差异。或者说,当前模型和含有最高次项的模型相比是否有区别,用于辅助判断当前模型是否还需要继续增加高次项。此处的检验结果 $P=0.363$,无统计学意义,说明即使增加高次项,可能拟合效果也不会有明显改善。但需要注意的是,趋势类型的判定并不是完全靠 P 值来决定的,许多时候还要依靠图形、专业知识以及经验来做出结论。

总指数			平方和	自由度	均方	F	显著性
组间	(组合)		3393.670	2	1696.835	4.829	.009
	线性项	加权	3101.950	1	3101.950	8.827	.003
		偏差	291.720	1	291.720	.830	.363
组内			105421.489	300	351.405		
总计			108815.159	302			

图 13.17 趋势检验的方差分析表

13.6 本章小结

(1)单因素方差分析所针对的是多组均数间的比较。它的基本思想是变异分解,即将总变异分解为组间变异和组内变异,再利用 F 分布做出有关的统计推断。

(2)单因素方差分析要求资料满足正态性、独立性和方差齐性的要求。

(3)方差分析拒绝 H_0 只能说明各组之间存在差异,但并不足以说明各组之间的关系。利用多重比较可以初步判断各组间的关系。

(4)多重比较可以分为事前计划好的比较和事后比较。具体有多种不同方法,这些方法的核心问题都是如何控制总的一类错误的大小。

(5)在分组变量包含次序信息时,如果方差分析做出了各组间差异有统计学意义的结论,并且均数图提示各组均数的某种趋势时,可以利用趋势分析探讨观察值与分组变量取值间的数量依存关系。

思考与练习

1. 一家汽车厂设计出 3 种新型号的手刹,现欲比较它们与传统手刹的寿命。分别在传统手刹,型号Ⅰ、Ⅱ和型号Ⅲ中随机选取了5只样品,在相同的试验条件下,测量其使用寿命(单位:月),结果如下。

传统手刹: 21.2　13.4　17.0　15.2　12.0
型号Ⅰ: 　 21.4　12.0　15.0　18.9　24.5
型号Ⅱ: 　 15.2　19.1　14.2　16.5　20.3
型号Ⅲ: 　 38.7　35.8　39.0　32.2　29.6

(1) 各种型号间寿命有无差别?
(2) 厂家的研究人员在研究设计阶段,便关注型号Ⅲ与传统手刹寿命的比较结果。此时应当考虑什么样的分析方法? 如何利用 SPSS 实现?
(3) 如果方差分析拒绝了 H_0,会考虑多重比较吗? 利用 SPSS 尝试一些多重比较,并解释结果。

2. 研究者要比较4种新型避孕药对雌激素分泌水平的影响。试验对象为相同品系的雌性大鼠,将20只大鼠随机分入4组中,给予相应的药物,两周后通过测量大鼠的子宫重量来衡量其雌激素水平。试验数据如下。

药物1: 89.8　93.8　　88.4　110.2　95.6
药物2: 84.4　116.0　84.0　　68.0　88.5
药物3: 65.6　79.4　　65.6　　70.2　82.0
药物4: 88.4　90.2　　73.2　　87.7　85.6

(1) 该数据是否满足方差分析的要求?
(2) 4种药物对雌激素水平的影响是否相同?
(3) 是否会考虑一些多重比较? 利用 SPSS 尝试一些多重比较,并解释结果。

第14章 有序分类变量的统计推断
——非参数检验

通过第12、13章的分析,已经可以确认总信心指数的一些变化规律,比如在不同的时点上信心指数确实有变化。但是,总信心指数实际上由5个分项指标构成,究竟是哪个/哪些分项指标存在差异呢?显然下一步就应当针对这些指标的题目得分进行分析。但是,题目得分是人为规定的0、50、100、150、200这5种取值,这些分值的设定是否合理?显然,将其直接作为连续性变量来分析有可能并不妥当。

推而广之,前面学习的 t 检验,方差分析等都是典型的参数统计方法,首先需要假设统计总体的分布形态已知,然后再服从独立性、正态性、方差齐性等适用条件之后才有用武之地。显然,这些前提条件会限制其应用范围,例如下列这些情形。

(1) 不知道所研究样本来自总体的具体分布,或已知总体分布与检验所要求的条件不符。

(2) 数据的测量尺度是名义和顺序尺度,不能计算均数、方差等。

(3) 数据为连续尺度,但由于仪器有效测量范围等原因,两端的数值无法精确测量,使得均数、方差根本无法计算。

(4) 数据不满足正态性、方差齐性等适用条件。

在上述这些参数检验方法不能胜任的场合,就需要考虑新的分析思路了,比如进行变量变换,或者对统计量进行校正等。而改用非参数统计方法进行分析,则是诸多可能的选项中最为简单易行,也是最为常用的一种。

14.1 非参数检验概述

14.1.1 非参数检验的特点

非参数统计方法主要用于那些总体分布不能用有限个实参数来刻画,或者不考虑被研究的对象为何种分布以及分布是否已知的情形,它对总体分布几乎没有什么假定,只是有时对分布的形状做一些诸如连续、对称等的简单假设。顾名思义,这种检验方法的着眼点不是总体的有关参数的比较,其推断方法和总体分布无关(Distribution Free),它们进行的并非是参数间的比较,而是分布位置、分布形状之间的比较,研究目标总体与理论总体分布是否相同,或者各样本所在总体的分布位置是否相同等,不受总体分布的限定、适用范围广,故而称为非参数检验。但这个名称很容易让人引起误解,它指的是推断过程和结论均与原总体参数无关,并非说在推断中什么分布参数都不利用,事实上,最常用的秩和检验就是基于秩次的分布特征推导出来的,即可能会利用到秩分布的参数。所以有学者提出将名称改为分布自由检验可能更为妥当。

非参数检验依然遵循于假设检验的基本思想和基本准则,在缺乏总体分布信息的支撑下,利用统计思想、数学方法和技巧构造相应的统计量进行检验。和参数方法相比,非参数检验方法的优势如下。

（1）稳健性。因为对总体分布的约束条件大大放宽,不至于因为对统计中的假设过分理想化而无法切合实际情况,从而对个别偏离较大的数据不至于太敏感。

（2）对数据的测量尺度无约束,对数据的要求也不严格,即什么数据类型都可以做。

（3）适用于小样本、无分布样本、数据污染样本、混杂样本等。

凡事有利必有弊,非参数统计方法对总体的要求和假设较少,那为什么不一直使用它呢？原因在于以下两点。

（1）检验效能较低。这是非参数检验最大的缺点,以其中效能最高的秩和检验为例,其检验效能大约在所对应的参数 t 检验方法的 90%~95%,而中位数检验等其他非参数方法的效能则更低。因此当可以使用参数检验方法时,一般仍然首选使用参数法。

（2）缺少多变量建模方法。常用的非参数检验方法基本都是单因素分析方法,多变量建模领域仍然是参数方法的天下。实际上,非参数的多变量分析模型近年来发展很快,也显示出了参数检验方法绝对无法比拟的优势,如适用范围广、稳健性好等,但这些方法都要求使用者有非常深厚的数理统计功底,并且大都要编程完成,目前还很难推广。

> 非参数方法的稳健性好,但检验效能偏低,这实际上需要根据分析需求加以权衡。如果对结果的准确性要求比较高,则当样本量不太小,且数据可能会违背参数检验条件时,最好直接采用相应的非参数检验方法。比如在新药临床试验的统计分析中,如果两样本 t 检验时方差不齐,现在公认的做法是不考虑进行变量变换,或者校正 t 检验,而直接换用两样本的秩和检验。

14.1.2 非参数检验预备知识

（1）心中有数:当手中有了数据,首先要对它进行充分、直观的了解,而直方图、茎叶图、箱图、Q-Q 图等可以帮助对数据的分布形状进行探索,避免因对数据特性缺乏了解而盲目使用不合适的方法,做出错误的结论。注意,在统计分析中数据的预处理很重要！

（2）顺序统计量:非参数统计方法并不假定总体分布,因此往往把观察值的顺序及其性质作为研究对象,只利用大小间的次序关系,而不利用具体的数值信息。正是由于这一特点,非参数方法中的秩和检验实际上就成为了有序分类资料的标准分析方法。对于样本数据 $X_1,\cdots,X_n$,如果将其按升幂排列,则可以得到

$$X_{(1)} \leqslant X_{(2)} \leqslant \cdots \leqslant X_{(i)} \leqslant \cdots \leqslant X_{(n)}$$

以上次序就是顺序统计量,其中 $X_{(i)}$ 为第 i 个顺序统计量,对它的性质的研究构成非参数统计的理论基础之一。

（3）秩(Rank)及秩统计量:对于样本 $X_1,\cdots,X_n$,按由小到大排成一列,若 X_i 在这一列中占据第 R_i 位,称 X_i 的秩为 R_i, $R_i = \sum_{j=1}^{n} I(X_j \leqslant X_i)$,即小于或等于 X_i 的样本点个数,称 $R=(R_1,\cdots,R_n)$ 是原样本的秩统计量。实际上类似小学考试成绩的排名,这种名次就是一个最简单的秩,只不过倒了过来,最大的被排在了第一位。而这里所讲的秩应当对应着倒数的名次,如倒数第一、倒数第二等。

（4）结（Ties）和结统计量：在许多情况下，数据中会有相同的值出现，此时如果排秩就会出现同秩的现象，就像考试排名中的并列第五、并列第七等，这种情况被称为数据中的结。结中数值的秩默认为它们按大小顺序排列后所处位置的平均值。结统计量用 τ_i 表示，为第 i 个结中的观察值数量。例如，数据 2,2,5,7,7,7,10，该数据序列一共有两个结：$\tau_1=2$, $\tau_2=3$；相应数据的秩分别为 1.5, 1.5, 3, 5, 5, 5, 7。

对于结的修正与否将影响到检验的结果，但这一点大家不用担心，因为统计软件会自动完成这些工作。

14.2　两个配对样本的非参数检验

14.2.1　方法原理

事实上，配对样本的非参数检验方法其基本逻辑和参数检验并无区别，也是首先求出配对数据的差值，然后考察差值总体的中心位置是否为 0。只是由于不再涉及分布类型，因此不能使用均数这一与总体分布有关的参数加以检验。一般而言，相应的假设都被归结为考察总体中位数是否为 0。

H_0：差值的总体中位数 $M_d=0$；H_1：差值的总体中位数 $M_d\neq 0$。

但是，仅有假设是不够的，还需要能够找到一个合适的统计量。为了构建统计量，统计学家们想出了各种各样的独特思路，下面就来依次介绍。

1. Sign 符号检验

符号检验可以说是最早被提出来的非参数统计方法，其原理是：如果两个配对样本实际上无区别，则样本数据相减所得的差值应当大致有一半为正，一半为负，数量基本平衡。用数学符号来表示，就是将差值为正的个数记为 S^+，差值为负的个数记为 S^-，按照中位数的意义，若 H_0：$M=M_0$ 成立，那么 S^+、S^- 应大体相等，S^+、S^- 都服从二项分布 $B(n,0.5)$。当 S^+、S^- 过大或过小，或者 $\min(S^+, S^-)$ 过小时，就有理由拒绝 H_0。

显然，符号检验只利用了这些数据对的差值正负信息，但并没有利用这些差值的大小信息，因此检验效能较低。一般而言，这种方法更适用于对无法用数字计量的情况进行比较，比如资料本身就是两分类，对于连续性的资料则最好不要使用。

> 需要指出的是，SPSS 在利用二项分布进行符号检验时一律都会给出确切概率值，因此符号检验的结果给出的也是确切概率，虽然可能和手工查表的结果会有所差异，但是更为准确。

2. Wilcoxon 符号秩检验

由于符号检验方法的效能较低，Wilcoxon（威尔科克森）符号秩检验又按此思路作了改进，既考虑了差值的符号，又考虑到差值的顺序。不同的符号代表了在中心位置的哪一边，而差的绝对值顺序则代表了距离中心的远近，二者结合会更有效。

Wilcoxon 符号秩检验的假设和符号检验相同，也是考察均数差值所在总体的中间位置是否为 0，这一般被归结为考察总体中位数是否为 0。进行检验时，对差值的绝对值 $|d_i|$ 由低到高进行排秩，相同的数值将被赋予平均秩，若 X、Y 具有相同的分布，那么 $P(d_i>0)=P(d_i<0)$。把 $\{d_i\}$

看成单样本,令 W^+ 表示 $|d_i|>0$ 的秩和,W^- 表示 $|d_i|<0$ 的秩和。检验统计量取 $W=\min(W^+,W^-)$,在文献中也记为统计量 T;当 H_0(差值的总体中位数 $M_d=0$)成立时,任一配对的差值出现正号与负号的机会均等,因此其秩和 W^+ 与 W^- 的理论数也应相等,可以证明:当 H_0 真时,秩统计量 T 为对称分布,对称轴为 $T=n(n+1)/4$。H_0 非真时,统计量 T 呈偏态分布,并且在大多数情况下 T 远离 $n(n+1)/4$。因此在 H_0 成立的情况下 T 远离 $n(n+1)/4$ 为小概率事件,可认为在一次抽样中是不会发生的,故当出现这种情况时推断拒绝 H_0。

在大样本的情形下,W 的抽样分布近似正态概率分布,$Z=\dfrac{W-\mu_w}{\sigma_w}$,$\mu_w=\dfrac{n(n+1)}{4}$,$\sigma_w=\sqrt{\dfrac{n(n+1)(2n+1)}{24}}$,$n$ 为配对值的总数,因此在 SPSS 的输出中也会看到标化统计量及其对应的近似检验 P 值。

3. 其他检验方法

在 SPSS 中共给出了 4 种可用来进行配对样本间非参数检验的方法。除了以上两种方法以外,还提供了以下两种。

(1) McNemar:实际上就是常用的配对卡方检验,因此只适用于两分类资料,它考察的重点是两组间分类的差异,对相同的分类则忽略不计。该检验特别适合于自身对照设计,用于分析处理前后的变化情况,详见卡方检验一章。

(2) Marginal Homogeneity:是 McNemar 法向多分类情形下的扩展,适用于资料为有序分类的情况。

14.2.2 案例:同一受访者前后单项指标的比较

例 14.1 在例 12.3 中已经发现受访者的预期指数在 2007 年 12 月有下降,那么在构成预期指数的 3 个指标中,究竟是哪些指标出现了下降呢?

本例显然为配对设计,预期指数由 A4、A8、A10 这 3 项指标构成,因此需要分别对这 3 项指标的分值做配对比较。但是,题目分值实际上只有 0、50、100、150、200 这 5 种取值方式,且为人为赋值,直接作为连续性变量来处理并不一定恰当,当样本量充足时,考虑使用配对秩和检验方法应当更为合适。

1. 界面说明

选择"分析"→"非参数检验"→"相关样本"菜单项,就会调出相应的对话框界面,如图 14.1(a)所示。

(1) "目标"选项卡:被分为自动比较实测数据和假设数据(总体)、定制分析两种情况,最下方的描述框会给出相应分析方法的简单说明。实际上,后面对选项卡的更改会使得此处的设定自动进行调整,因此一般不需要专门设定。

(2) "字段"选项卡:指定需要分析的变量,将需要进行比较的一对变量选入即可。需要说明的是,这里选入的变量数量应当和随后指定的分析方法相一致,如果是两样本比较方法,则此处只能选入一对变量,否则系统将拒绝执行,本例就是如此。

(3) "设置"选项卡:如图 14.1(b)所示,列出了可供使用的各种两相关样本、K 相关样本比较方法,在变量的测量尺度设定正确的情况下,可以使用"根据数据自动选择检验"单选按钮,此时系统会按照所选变量的测量尺度自动选择检验方法,否则就需要用户进行检验方法的自定义。其中的检验选项和用户缺失值选项和第 11 章中介绍的界面基本相同,这里不再重复介绍。

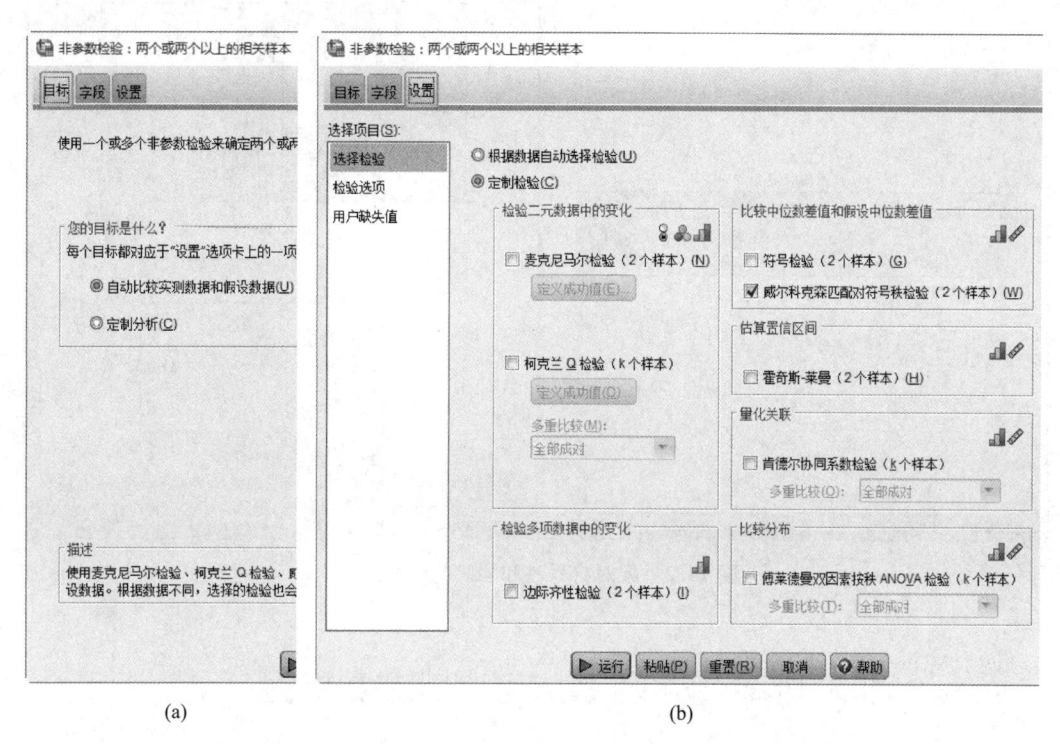

(a)　　(b)

图 14.1 "非参数检验:两个或两个以上的相关样本"对话框

2. 操作说明与结果解释

本例的操作非常简单,由于每次只能选入一对变量,而预期指数由 A4、A8、A10 这 3 项指标构成,因此只能分别分析,首先将 QA4 和 QA4n 选入"字段"选项卡的"检验字段"列表框,其余选项设定为和图 14.1(b)相同,即选择"威尔科克森匹配对符号秩和检验",单击"运行"按钮后,就可以得到模型输出,进入编辑状态后的内容如图 14.2 所示。可见,分析是按照 QA4n~QA4 的方向进行的,相应的统计量为负,这意味着 QA4n 的秩次小于 QA4,且 $P=0.026$,该差异有统计学意义。这说明在 2007 年年底 A4(未来一年家庭经济状况预期)的感受值确实比基线时期有下降。

采用类似的操作,还可以分别进行 A8、A10 的检验,结果为 A10 无统计学差异,但 A8(未来一年宏观经济状况预期)存在差异,相应的 QA8n~QA8 的统计量也为负,因此可以得出结论,认为预期指数的下降主要是因为受访者对未来一年的经济运行趋势不看好所致。

该模型输出无法得到精确 P 值,如果希望得到该数值,需要使用旧对话框来实现。

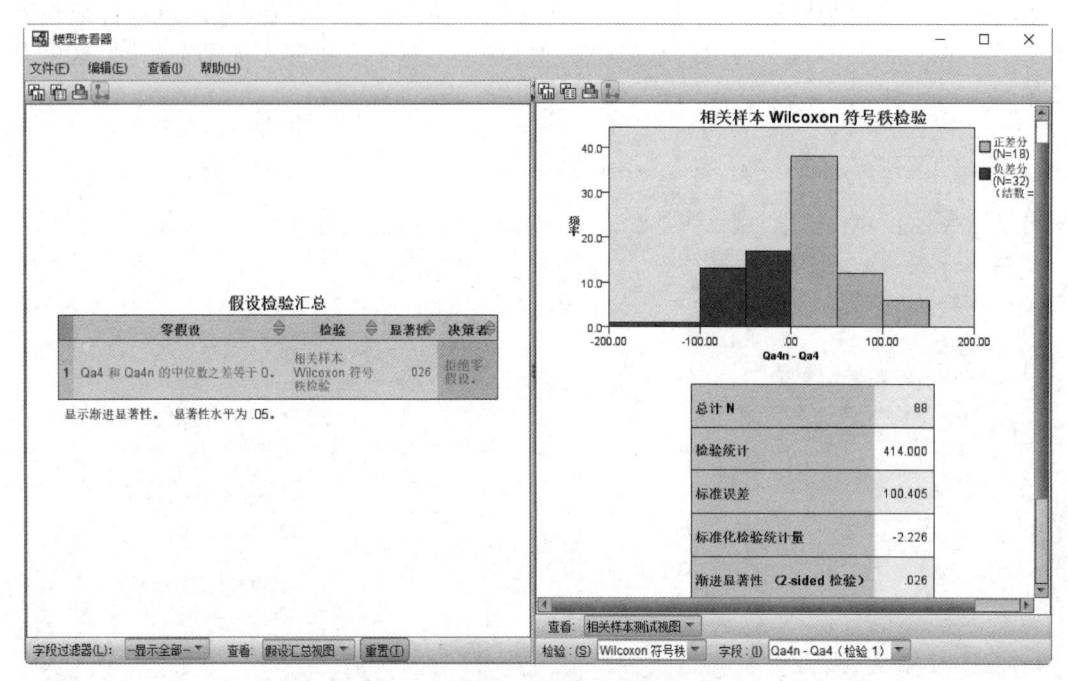

图 14.2 配对符号秩和检验的分析结果

14.3 两个独立样本的非参数检验

在两个独立样本的非参数检验方法中,Mann-Whitney U 检验,即两样本秩和检验是应用最广的一种。本节就以它为主加以讲解,并对其余几种方法加以介绍。

14.3.1 方法原理

1. Mann-Whitney U 检验

简单地讲,Mann-Whitney U(也可简写为 M-W U)检验就是和参数 t 检验相对应的最常用的两样本秩和检验方法,是由 H. B. Mann 和 D. R. Whitney 在秩和的基础上发展起来的,用来检验两个独立样本是否取自同一总体。它在检验时利用了大小次序,即检验 A 样本中的数值是否多数都大于 B 样本,这样就避开了正态性、方差齐性等问题,仅要求两个独立随机样本中产生的数据至少为顺序尺度。

设有 $X_1,\cdots,X_m$ 和 $Y_1,\cdots,Y_n$ 两个总体具有连续分布,建立的假设为:H_0:两总体分布的中心位置相同;H_1:两总体分布的中心位置不相同。将 m 个 X,n 个 Y 数据混合排序,这样可以计算出每个数值在混合样本中所在位置的次序,即等级或秩 R。在有结的情况下,每个结得到平均秩。分别计算出样本 X 和 Y 的秩和,即令 $W_X = \sum_{i=1}^{m} R_i, W_Y = \sum_{j=1}^{n} R_j$。显然,如果这两个总体分布的中心位置相同,则两个样本中各数据的秩次都应当围绕着平均秩次 $(N+1)/2$ 均匀分布,样本 X 的秩和应当接近于 $m(N+1)/2$,Y 的秩和接近于 $n(N+1)/2$,如果和该理论值差别较大,则可推断总体

的中心位置有差异。为了进行检验,可计算每个样本的 U-统计量为:

$$U_{XY} = mn + m(m+1)/2 - \sum_{i=1}^{m} R_i, U_{YX} = mn + n(n+1)/2 - \sum_{j=1}^{n} R_j$$

式中,U_{XY} 表示 Y 的观察值大于 X 观察值的个数;U_{YX} 表示 X 的观察值大于 Y 观察值的个数。

注意,有 $mn = U_{XY} + U_{YX}, m+n = N$。因此以上两式简化为:$U_{XY} = W_Y - n(n+1)/2$;$U_{YX} = W_X - m(m+1)/2$。当 m 和 n 均大于 10 时,U 近似服从正态分布,此时可以进一步计算标准正态分布的统计量 $Z = \dfrac{U-\mu}{\sigma} = \dfrac{U-mn/2}{\sqrt{mn(m+n+1)/12}}$。在 X、Y 的样本有相同的值,即混合样本有结时,可以用结统计量对 Z 值进行修正,由于公式较复杂,这里不予给出。在 SPSS 中相应的校正是自动进行的,不需要用户对此做特别关注。

除了 Mann-Whitney U 检验外,在统计教科书中更为常见的是 Wilcoxon 秩和检验,这两种方法是独立提出的,但仅仅是统计量的构造略有不同,其原理和检验结果完全等价,因此不再单独解释,而 SPSS 在分析时也会同时给出这两种统计量。

2. Kolmogorov-Smirnov Z 检验

和单样本检验讲到的 K-S 检验一样,Kolmogorov-Smirnov Z 检验可以对连续性资料的分布情况加以考察。K-S 检验的原理如下:它分别做出已知理论分布下的累计频数分布以及观察的累计频数分布,然后对两者进行比较,从中确定两种分布的最大差异点。如果样本确实服从理论分布,则最大差异值不应太高,否则就应当拒绝该假设。不过这次是检验两个独立样本是否取自同一总体,操作原理是做出两个样本的累计频数分布曲线,然后观察两条曲线究竟差了多远。显然,这种方法检验的是总体分布情况是否相同,而不仅仅是考察所在总体的中心位置是否相同。因此,如果只是要检验中心位置是否相同,最好不要选它。

3. Moses Extreme Reactions 检验

该检验有其特定用途,注意给出的结果均为单侧检验。顾名思义,如果施加的处理使得某些个体出现正向效应,而另一些个体出现负向效应时,就应当采用该检验方法。比如,要研究人们对电信资费下调的反应,如果研究目标人群中电信职工较多,不妨考虑采用此法。

4. Wald-Wolfowitz Runs 检验

从名字就可以看出它属于游程检验的一种,即检验的是总体分布情况是否相同。更准确地说,只要两样本各自所在总体有任何一点分布上的差别,无论是集中趋势、离散趋势、偏度还是波动情况,统统都逃不过它的法眼。因此,如果只是要检验中心位置是否相同,最好不要选它。该方法同样给出的是单侧检验的结果。

14.3.2 案例:不同婚姻状况家庭经济现状感受值的比较

例 14.2 在例 12.2 中,已经确认了已婚和未婚人群的总信心指数均值存在差异,现需要进一步分析究竟是哪些构成指标导致了总信心指数出现差异。

如前所述,题目分值直接作为连续性变量来分析可能不大妥当,这里改用秩和检验分析。

1. 界面说明

选择"分析"→"非参数检验"→"独立样本"菜单项,相应的对话框界面如图 14.3(a) 所示。

(1) "目标"选项卡:被分为在各个组之间自动比较分布、在各个组之间比较中位数以及定制分析几种情况,最下方的"描述"框会给出相应分析方法的简单说明。实际上,后面对选项卡的更改会使得此处的设定自动进行调整,因此一般不需要专门设定。

(2) "字段"选项卡:指定需要分析的变量,包括希望检验的字段,以及相应的分组变量。类似于成组 t 检验对话框中的相应设定。

(3) "设置"选项卡:如图 14.3(b)所示,这里列出了可供使用的各种两组、多组独立样本的比较方法,在变量的测量尺度设定正确的情况下,可以使用"根据数据自动选择检验"单选按钮,此时系统会按照所选变量的测量尺度自动选择检验方法,否则就需要用户进行检验方法的自定义。其中的检验选项和用户缺失值选单和第 11 章中介绍的方法界面基本相同,这里不再重复介绍。

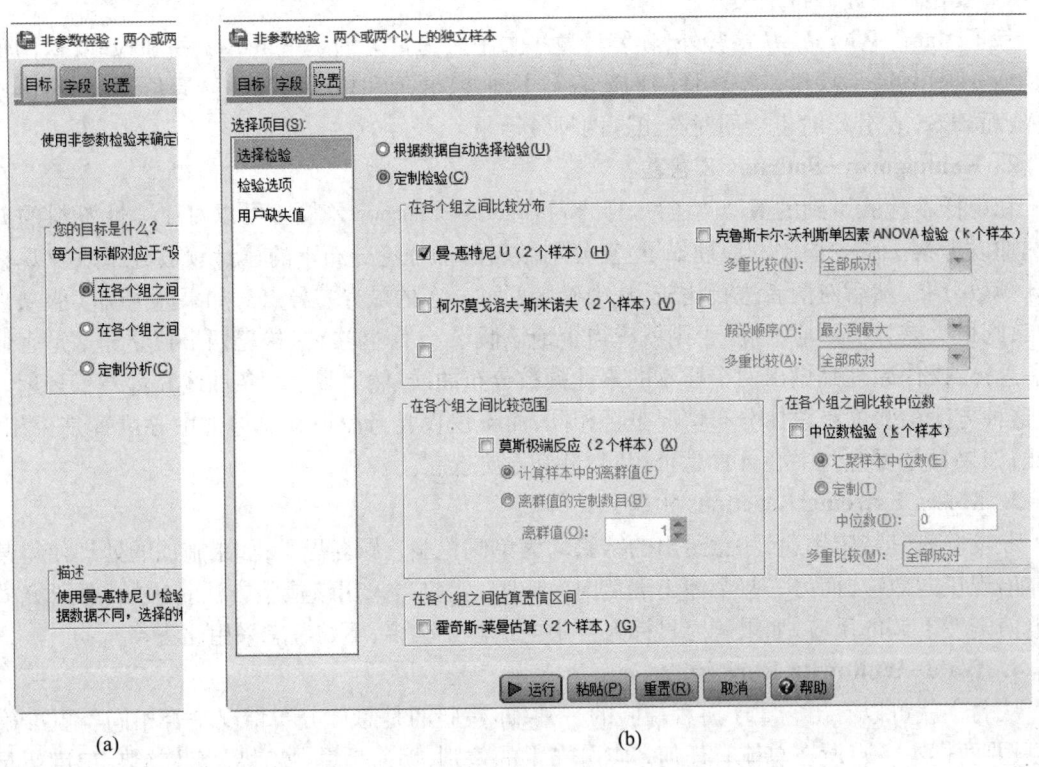

图 14.3 "两个或两个以上的独立样本"非参数检验对话框

2. 操作说明与结果解释

本例的操作并不复杂,但注意需要先使用"选择个案"过程将 S7=3 的受访者过滤掉,否则将不能执行两样本检验。在"字段"选项卡中要求使用定制字段分配,"检验字段"列表框中选入 Qa3、Qa4、Qa8、Qa10、Qa16,"组变量"列表框中选入 S7,然后在"设置"选项卡中选择"曼-惠特尼 U 检验",单击"运行"按钮后,就可以得到模型输出,进入编辑状态后的内容如图 14.4 所示。可以看到,具体是 QA3 和 QA8 的分值在不同婚姻状况的人群中存在差异,且平均秩次均为未婚人群更高一些。看来结婚最主要冲击的是对当前经济状况的感受,受访者婚后开始发现自己的经济现状没有以前那么宽裕了。

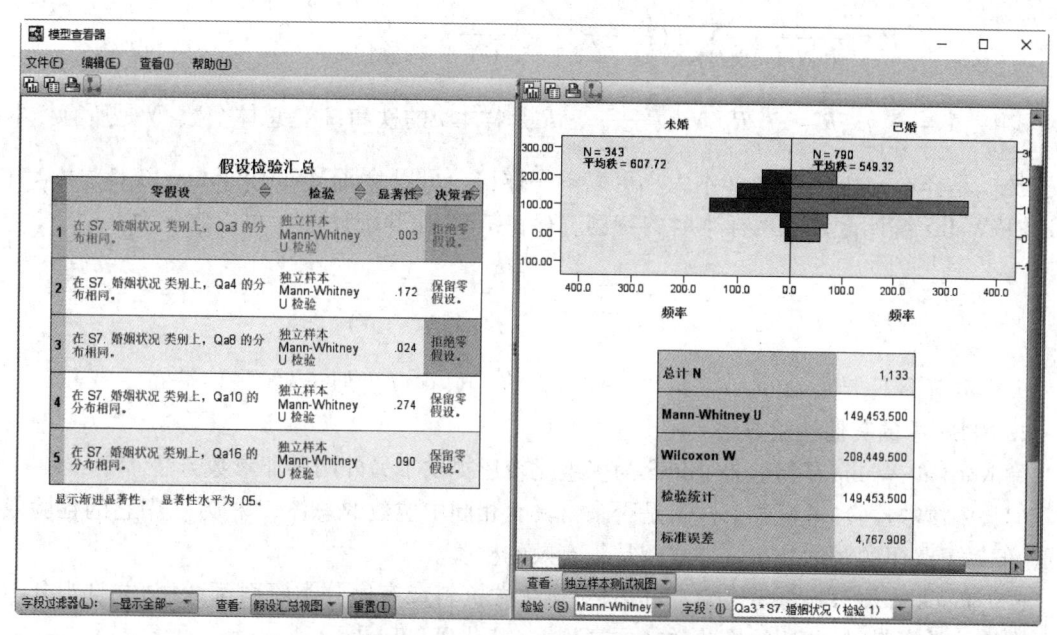

图 14.4　M-W U 检验的分析结果

14.4　多个独立样本的非参数检验

在第 13 章中使用方差分析方法进行了多组均数的比较,并进一步完成了组间的两两比较。但是方差分析方法也是有适用条件的,而当诸如正态性、方差齐性等条件无法不满足时,就必须考虑采取有针对性的处理措施,换用非参数检验方法就是其中之一。

14.4.1　方法原理

1. Kruskal-Wallis H 检验

Kruskal 和 Wallis 于 1952 年设计了一种类似 Wilcoxon 秩和检验的方法,来解决多个独立样本的非参数检验问题,其基本思路与 Wilcoxon 秩和检验几乎相同。实际上,Kruskal-Wallis(简称 K-W)H 检验可以被简单地看成是两样本 Wilcoxon 方法的多样本推广:将数据转化为秩统计量。具体而言,就是把大小为 $n_1, n_2, \cdots, n_k$ 的样本混合起来成为一个单样本,将数据按大小顺序排秩,每一个观测值在新样本中都有自己的秩,如果有相同的数据,则和以前一样取秩的平均值,记观测值 x_{ij} 的秩为 R_{ij},对每一个样本的观测值的秩求秩和 R_i,再找到它们在每组中的平均值 $\bar{R}_i = R_i/n_i$,此处的检验假设仍然针对分布的中心位置。

$$H_0: m_1 = m_2 = \cdots = m_k; H_1: 至少有一个 m_j 不同。$$

如果零假设为真,秩应该在 k 个样本之间均匀分布。也就是说,多样本实际的秩和与期望秩和的偏差应该很小,K-W 检验便建立在这一基础上。若这些 $\bar{R}_i$ 相差太大,就可以怀疑零假设。基于上述原理,K-W 检验构造的检验统计量为:

$$H = \frac{12}{N(N+1)} \sum_{i=1}^{k} n_i (\bar{R}_i - \bar{R})^2 = \frac{12}{N(N+1)} \sum_{i=1}^{k} \frac{R_i^2}{n_i} - 3(N+1)$$

式中,$N = \sum_{i=1}^{k} n_i, \bar{R} = \sum_{i=1}^{k} R_i/N = \frac{N+1}{2}$。$R_i$ 是样本 i 的秩和;k 是总体个数;N 是所有样本个体总数;n_i 是样本 i 的个体数(样本大小可以不一样!)。可以验证 Mann-Whitney 统计量 U_{XY} 就是 Kruskal-Wallis 统计量 H 在两样本时的特例。存在结时,检验统计量 H 可以修正为:

$$H_c = \frac{H}{1 - \sum_{i=1}^{g} (\tau_i^3 - \tau_i)/(N^3 - N)}$$

大样本情形下,当 $\min(n_1, \cdots, n_k) \to \infty$ 时,在 H_0 下,有 H 近似于 $\chi^2(k-1)$ 分布。

2. SPSS 中的其他检验方法

除 Kruskal-Wallis H 检验外,SPSS 为多组比较还提供了另外两种非参数方法。

(1) 中位数检验:考察各个样本是否来自具有相同中位数的总体,3 种方法中它的检验效能最低,但对于厚尾的对称分布该方法倒是很有效的检验。

(2) Jonckheere-Terpstra 检验:该检验对连续性资料或有序分类资料都适用,并且当分组变量为有序分类资料时,此法的检验效能要高于 Kruskal-Wallis 法。

14.4.2 案例:北京消费者不同时点的题目得分比较

例 14.3 在例 13.1 中已经发现北京消费者的总信心值在不同时点有差异,现需要进一步分析究竟是哪些构成指标导致了总信心指数出现差异。

本例是典型的成组设计 4 组平均水平比较问题,同样由于题目得分取值范围的问题,这里考虑使用秩和检验来分析。使用的对话框界面和 14.3 节中完全相同,这里不再重复介绍,直接给出操作步骤如下(请首先筛选出北京的受访者案例)。

(1) 选择"分析"→"非参数检验"→"独立样本"菜单项。

(2) "字段"选项卡:使用定制字段分配,将 QA3 选入"检验字段"列表框,time 选入"组"变量框。

(3) "设置"选项卡:切换为自定义检验,选择 K-W ANOVA 检验,多重比较采用默认的"全部成对"。

(4) 单击"运行"按钮。

1. 总体检验结果

模型的分析结果如图 14.5 所示,对 QA3 的总体检验结果为其近似 P 值 = 0.008,故应拒绝原假设,可以认为不同时点的家庭经济现状信心值差异有统计学意义,同样存在差异的还有 QA8,即未来一年宏观经济预期信心值也是在不同时点存在差异的。

2. 两两比较结果

显然,4 组在总体上存在差异时,还应当进行随后的两两比较,在图 14.5 右侧下方的"查看"下拉列表框中,将视图从默认的"独立样本测试视图"更改为"成对比较",则可以看到 QA3 具体的秩和检验两两比较结果,如图 14.6 所示。其中,图 14.6(a)是以网络图形式给出的 4 个时点的比较结果,连接线段深色代表所连接的两个节点无统计学差异,而浅黄色则代表所连接的两个

14.4 多个独立样本的非参数检验

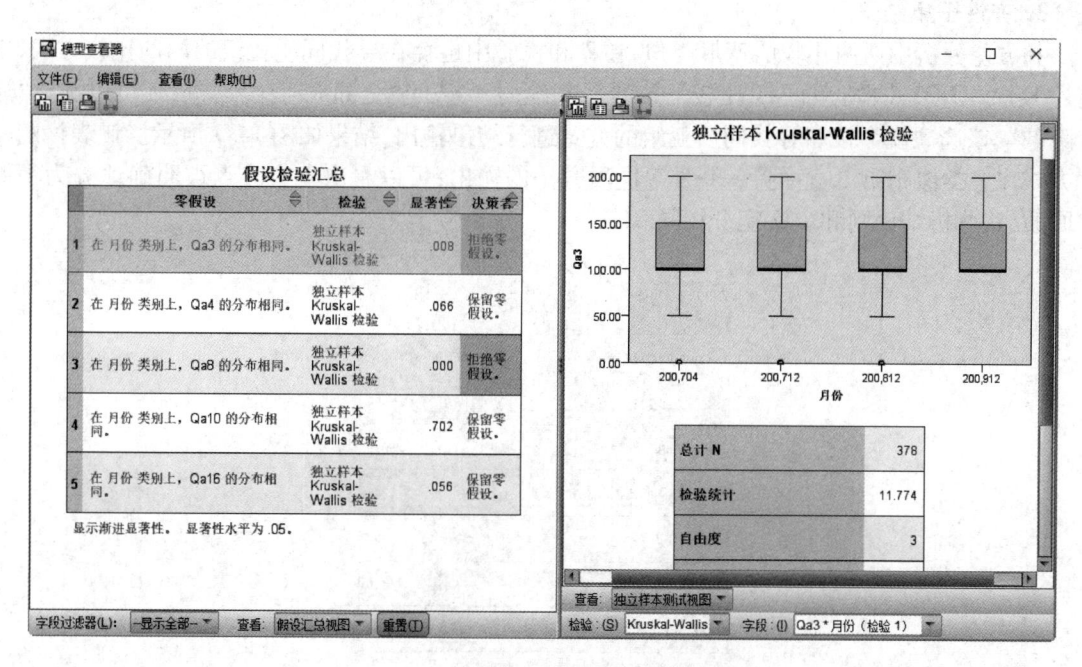

图 14.5 4 样本组 K-W 检验的分析结果

节点存在统计学差异。如果两个节点之间无连线,则说明相应节点的两两比较无法进行计算。从图中可见,QA3 在 2008 年 12 月和 2009 年 12 月的平均秩是存在差异的,其余时点之间两两无差异。

除网络图外,SPSS 也会具体给出两两比较的检验结果,如图 14.6(b)所示。注意这里提供了原始 P 值和 Bonferroni 校正 P 值两列输出,在样本量充足的情况下,默认应当以校正后 P 值的结果为准。可见,提供的信息实际上和网络图完全相同。对具体比较结果的解释,以及其余指标的分析和结果解释工作请读者自行完成,本章不再继续展开。

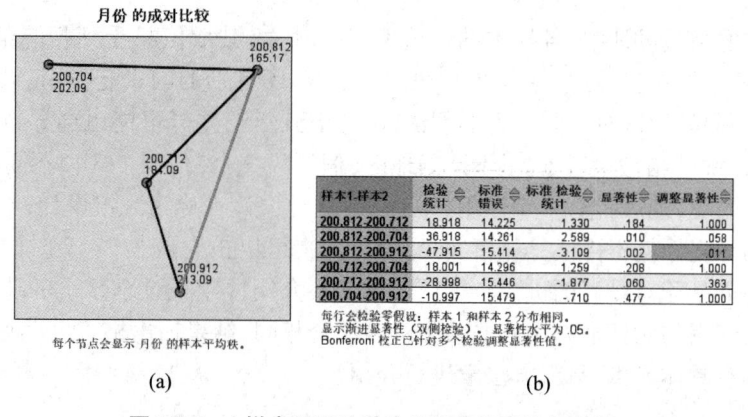

(a)   (b)

图 14.6 4 样本组平均秩次差异的两两比较结果

3. 齐性子集结果

和方差分析中两两比较的情形类似，在秩和检验中也存在寻找同质亚组的两两比较方法，在前述 K-W ANOVA 检验的多重比较下拉列表中，除了默认的"全部成对比较"外，还可以选择"逐步降低"，该选项就会按照寻找同质亚组的方式进行结果输出，结果如图 14.7 所示。该表格的阅读方式完全类似于第 13 章的 S-N-K 等同质方法的输出，可以看出 4 个时点被明确地分为了两个同质组，分析结论则和上文完全相同。

基于 Qa3 的均一子集

		子集	
		1	2
样本[1]	200,812	165.172	
	200,712	184.089	184.089
	200,704		202.090
	200,912		213.087
检验统计		1.512	3.427
显著性（2 侧检验）		.219	.180
调整后的显著性（2 侧检验）		.390	.180

均一子集基于渐进显著性。 显著性水平为 .05。
[1]每个单元格会显示 Qa3 的样本平均秩。

图 14.7 齐性子集的划分结果

> 对于非参数检验中两两比较是否还需要调整 α 水准，统计学家还有一些争议，一般而言，如果样本量较小，则不一定要调整 α 水准，直接比较即可，这样可以补偿非参数方法检验效能不足所带来的损失；如果样本量较大，比如每组均在 30 例以上，则必须要调整 α 水准。

14.5 多个相关样本的非参数检验

在独立样本的试验设计中，各样本的观测值相互独立，其取值只受到相应组"处理"（Treatment）因素的影响。但在实际生活中，除了"处理"之外，还有别的因素起作用。比如一个新口味食品的研究，在不同的地区对不同的人群测试，但考虑到年龄差异可能也会导致口味偏好不同，因此同时对测试者按年龄分组。这里不同的地区（假定为 3 个）代表了 3 种不同的处理（$K=3$），如果将年龄分为 5 等，则表示有 5 个区组（$B=5$）。这种设计被称为区组设计，当区组存在时，代表处理的样本的独立性就不再成立。事实上，配对样本可以被看成是 $K=2$ 时的区组设计特例，或者说区组设计就是配对设计的进一步推广。本节将介绍区组设计框架下的非参数检验方法。由于这些方法所使用的对话框和配对非参数检验完全相同，结果输出格式也没有新的内容出现，因此这里不再列举具体实例，只就方法学进行介绍。

14.5.1 Friedman 检验

Friedman 检验也称为弗里德曼双向评秩方差分析，在 1937 年由 Friedman 提出，也是关于位置参数的检验。该方法的基本思想是,由于区组间的差异各式各样,只有同区组的处理值的比较才有意义,因此应当独立地在每一个区组内各自对数据进行排秩,这样就可以消除区组间的差异以检验各种处理之间是否存在差异。该检验的假设如下:

$H_0: M_1 = \cdots = M_k$(所有的位置参数都相等);

H_1:至少有一个M_i与其他不同(不是所有的位置参数都相等)。

从假设上看似乎和前面的Kruskal-Wallis H检验一样,但是由于区组的影响,需要首先分区组单独计算各个处理的秩,再把每一个处理在各区组中的秩相加,最后再对各处理进行比较。倘若k种处理不存在差异(原假设H_0),那么无论从哪一个区组去观察,每一种处理所得到的数据在该区组内可能随机地排秩为$1\sim k$中的任何一个数。因此,对于每一种处理,各区组内所取秩的总和应该等于其他任何一种处理在各区组内所排秩的总和,或者这两种处理的秩平均数相等。1937年Friedman提出的检验统计量为:

$$Q = \frac{12}{bk(k+1)} \sum_{i=1}^{k} \left[R_i - \frac{b(k+1)}{2} \right]^2 = \frac{12}{bk(k+1)} \sum_{i=1}^{k} R_i^2 - 3b(k+1)$$

对于有限的b和k有零假设下的分布表可查(要做变换$W = Q/[b(k-1)]$)。大样本时Q近似服从自由度为$(k-1)$的χ^2分布(当某区组存在结时,Q可以修正为Q_c,$Q_c = Q/(1-C)$,其中$C = \sum_{i,j}(\tau_{ij}^3 - \tau_{ij})/[bk(k^2-1)]$,$\tau_{ij}$是第$j$区组中第$i$个结统计量)。

Friedman检验的最大缺陷在于检验效能太低——其独特的按区组分别编秩的做法,虽然有效利用了区组信息,但同时也使得秩次的可取值范围大大缩减,这意味着后续分析中可资利用的信息实际上非常有限,因此当样本量有限的时候,该方法的实际应用价值不大。

14.5.2 Kendall协同系数检验与Cochran检验

1. Kendall协同系数检验

在实际生活中,经常需要按照某些标准对个体进行评估或排序,比如消费者对于品牌商品的偏好,选民对候选人的评价,咨询机构对一系列企业的评估以及裁判对参赛人的打分等。人们往往想知道,这多个评价结果是否一致。如果很不一致,则这些评估多少有些随机,没有多大意义。令零假设为H_0:这些评估(对于不同个体)是不相关的或者是随机的;而备择假设为H_1:评估是正相关的或者是一致的。这里完全有理由用前面的Friedman方法来检验。但是,Friedman检验的结果如果是P值大于0.05,仅仅是说尚不能认为有差异,并不能告诉分析者究竟一致程度怎样,显然这离真正分析的目的还有一段距离。Kendall协同系数就是专门针对此类问题提出的,其统计量为

$$W = T \bigg/ \left[\frac{b^2 k(k^2-1)}{12} \right]$$

W的取值在0~1之间,当W越接近1,b个变量间的正相关性越好,即一致性越强;反之,当W越接近0,变量间正相关性越差,一致性越弱。因此,与Friedman检验相比,Kendall协同系数不仅可以检验k个相关样本是否来自同一总体,还能检验b个区组变量间的相关性。

由于Kendall协同系数的具体应用属于信度分析的范畴,本书不再对其展开深入讨论,对此

感兴趣的读者请参考《高级教程》一书中的相应章节。

2. Cochran 检验

有很多时候,观察值是定性数据和二元(0~1)数据,比如市场调查中顾客对商品满意与否,通常以"好"或"差"、"有效"或"无效"、"成功"或"失败"、"是"或"否"等形式出现,如果用 Friedman 检验将会有很多打结现象,即有许多相同的秩,这时可以使用 Cochran 检验。它是两个配对样本 McNemar 方法的推广,只适用于二分类变量。

14.6 秩变换分析方法

在本章中已经学习了很多非参数分析方法,但显然并不能解决所有的问题。这里介绍一种通用的非参数分析原理。

14.6.1 秩变换分析原理简介

秩变换分析方法就是基于 H_0 假设成立的情况,先求出原变量的秩次,然后使用秩次代替原变量进行参数分析。当样本含量较大时,其分析结果和相应的非参数方法基本一致,但该方法可以充分利用已知的参数方法,如多组样本的两两比较、多变量回归等,从而大大扩展了非参数分析方法的范围。事实上,如果大家充分理解了前面讲述的各种秩和检验方法的原理,就会发现这些方法其实质都是秩变换方法的不同应用而已。

SPSS 中的 Rank 过程可以用来求出秩次,该过程默认得到的是 1~n 均匀分布的秩次,使用者也可以自行指定生成正态分布的秩次,但由于进行秩变换分析的样本量都较大,这样做基本不影响分析结果。

14.6.2 案例:用秩变换来比较不同时点的家庭经济感受值

下面采用例 14.3,来看一下如果使用秩变换,相应的分析流程和结果是怎样的。首先应当进行原始变量的秩变换,由于这里是基于 H_0 成立的假设进行秩变换,因此不需要分组进行,操作如下。

(1) 选择"转换"→"个案排秩"菜单项。
(2) "变量"列表框:选入 Qa3。
(3) 单击"确定"按钮。

上述操作会在数据集中生成新变量 RQa3,数值为 Qa3 的不分组秩次。

随后使用该变量进行标准的单因素方差分析,操作如下。

(1) 选择"分析"→"比较均值"→"单因素 ANOVA 检验"菜单项。
(2) "因变量"列表框:RQa3。
(3) "因子"列表框:月份[time]。
(4) "两两比较"按钮:选中 S-N-K 方法并继续。
(5) 单击"确定"按钮。

分析结果如下:首先给出的如图 14.8 所示的表为对秩次进行方差分析的结果,可见家庭经济状况感受值的秩次在不同时点的差别是有统计学意义的。

Rank of Qa3

	平方和	自由度	均方	F	显著性
组间	120903.678	3	40301.226	4.019	.008
组内	3750476.322	374	10028.012		
总计	3871380.000	377			

图 14.8 方差分析表

图 14.9 所示为使用 S-N-K 法进行不同时点间秩次的同质子集划分,如果和 14.4 节中的齐性子集分析结果相对比,可以发现子集划分结果完全相同,但子集内的检验 P 值略有差异,秩变换分析方法的 P 值更低一些。

S-N-K[a,b]

月份	个案数	Alpha 的子集 = 0.05	
		1	2
200812	102	165.17157	
200712	101	184.08911	184.08911
200704	100		202.09000
200912	75		213.08667
显著性		.199	.120

将显示齐性子集中各个组的平均值。
a. 使用调和平均值样本大小 = 92.941。
b. 组大小不相等。使用了组大小的调和平均值。无法保证 I 类误差级别。

图 14.9 S-N-K 法的比较结果

> 虽然这里由于两两比较方法的不同,不宜严格进行 P 值大小的比较,但一般而言,秩变换方法的检验效能应当是不低于(即等同于或者高于)秩和检验的。

为了提高分析效率,还可以采用更复杂的变换方式,如要求生成的秩次服从正态分布,在随机区组设计数据中要求分组生成秩次等。因篇幅所限,本书不再深入,对此感兴趣的读者请参见相关统计专业书籍。

14.7 本 章 小 结

本章给出了几种常用的非参数方法的统计过程,在多数情况下,如果非参数检验结论为有统计学意义,相应正确应用的参数检验结论大多与之相同。如果出现矛盾的情况,必须仔细考察参数检验的条件是否符合。当总体分布非正态分布,也无法通过适当的变量变换达到正态分布,甚至于分布类型未知;对于诸如"18 岁以下"或"大于 2 000 元"等开口型无法精确测量的数据,以及数据是分类数据、样本很小时,传统的参数检验方法将不再适用,此时可以转而求助于非参数统计检验。

非参数检验方法中最常用的是等级次序或符号秩,这样做方法简单,易于理解。但是由于没有利用实际数值,会损失部分信息,因而检验的效能偏低。现将本章介绍的几种非参数方法简单总结如下。

(1) 关于两个独立样本的非参数检验,Mann-Whitney U 检验是功效最强、应用最广的非参数检验。其零假设和备择假设的基础是,如果两样本有差异,它们的中心位置将不同。

(2) 关于两个配对样本的非参数检验。最常用的是 Wilcoxon 配对秩和检验,它是对 Sign 符号检验正负号的改进,其基本思想是:若检验假设成立,则两组的秩和不应相差太大。该检验不仅考虑了样本配对数据差异的方向,同时又考虑到差数的顺序。

(3) 关于多个独立样本的非参数检验。SPSS 提供了 Kruskal-Wallis 检验和 Median 中位数法等,组间有差异时需要进一步做两两比较,且需要考虑 α 水准的校正问题。

(4) 关于多个配对样本的非参数检验。SPSS 提供了 Friedman 检验和 Kendall 协和系数以及 Cochran 检验方法,但是这些方法的检验效能都较低。

思考与练习

1. 在熟悉假设检验的思想基础上,比较参数检验与非参数检验的适用条件,并且根据某一种具体的检验方法举例。

2. 在关于放松(比如听音乐等)对成年女性入睡所需时间影响的研究中,抽取了 10 名女性组成样本见题表 1。下面给出了 10 个对象在有放松条件和无放松条件下入睡所需的时间(分钟)。就此数据你的结论是什么?

题表 1

研究对象	无放松	有放松
1	15	10
2	12	10
3	22	12
4	8	11
5	10	9
6	7	5
7	8	10
8	10	7
9	14	11
10	9	6

3. 对于一个由冬季各月中的某些天数组成的样本和一个由夏季各月中的某些天数组成的样本,警察记录了如下的每日犯罪报告的数据,见题表 2。给定 0.05 的显著性水平,请判断犯罪报告数量在冬季数月与夏季数月之间是否有显著的差异。

题表 2

冬季	夏季	冬季	夏季
18	28	20	29
20	18	12	23
15	24	16	38
16	32	19	28
21	18	20	18

4. 一名证券经纪人收集到了某年 3 大公司的股票每股所能获利的比例如题表 3。

题表 3

公司类别	每股获利比例(%)
计算机公司	1.94 2.76 8.95 3.23 3.04 0.69 1.52
药品公司	7.89 1.65 2.59 1.09 −1.70
公共服务公司	2.26 4.66 2.22 1.77 −0.15

试比较这 3 种不同类型的公司股票的盈利倾向是否相同。

5. 在做一个智力游戏时,人们认为它与年龄以及是否是盲人有关,现以年龄为区组,研究该游戏与眼睛看见与否是否有关。首先第一组安排天生眼盲的儿童参加游戏,第二组安排眼睛正常但做游戏时把眼睛蒙上的儿童参加游戏,第三组是眼睛正常而且不蒙住眼睛的儿童参加游戏,观察他们的得分(见题表 4),请就此进行分析。

题表 4

分组	年龄											
	1	2	3	4	5	6	7	8	9	10	11	12
盲人	0	0	0	0	1	8	8	8	0	8	8	8
蒙眼	0	8	0	0	2	8	5	6	8	8	3	8
不蒙眼	8	1	8	8	0	8	8	8	8	8	8	8

第15章 无序分类变量的统计推断——卡方检验

前面几章学习的方法可以解决连续变量和有序分类变量的组间比较问题,显然对于无序分类变量的组间比较需求,例如比较不同月份的性别抽样比例是否稳定,或者不同城市的职业分布是否存在差异等问题,就无法用 t 检验、方差分析或者秩和检验来加以解决。本章将要介绍的卡方检验就主要用于无序分类变量的统计推断,是在应用频度上可以和 t 检验媲美的另一种常用检验方法。

15.1 卡方检验概述

15.1.1 卡方检验的基本原理

1. 卡方检验的基本思想

卡方检验是以 χ^2 分布为基础的一种常用假设检验方法。它的无效假设 H_0 是,观察频数与期望频数没有差别。

该检验的基本思想是,首先假设 H_0 成立,基于此前提计算出 χ^2 值,它表示观察值与理论值之间的偏离程度。根据 χ^2 分布及自由度可以确定在 H_0 假设成立的情况下获得当前统计量及更极端情况的概率 P。如果 P 值很小,说明观察值与理论值偏离程度太大,应当拒绝无效假设,样本所代表的实际情况和理论假设之间确实存在差异;否则就不能拒绝无效假设,尚不能认为样本所代表的实际情况和理论假设有差别。

2. 卡方值的计算与意义

χ^2 值表示观察值与理论值之间的偏离程度。如何来计算这种偏离程度呢? 基本思路如下。

(1) 设 A 代表某个类别(频数单元格)的观察频数,E 代表基于 H_0 计算出的期望频数,A 与 E 之差被称为残差。

(2) 显然,残差可以表示某一个类别其观察值和理论值的偏离程度,但如果将残差简单相加,却并不能用于表示各类别观察频数与期望频数的总差异。因为残差有正有负,相加后会彼此抵消,总和仍然为 0。为此可以采取类似于离均差平方和用于表示离散程度的思路,将残差平方后求和。

(3) 另一方面,残差大小是一个相对的概念,相对于期望频数为 10 时,20 的残差非常大;可相对于期望频数为 1 000 时 20 的残差就很小了。考虑到这一点,人们又将残差平方先除以期望频数再求和,以估计观察频数与期望频数的差别。

在上述操作之后,就得到了常用的 χ^2 统计量,由于它最初是由英国统计学家 Karl Pearson 在 1900 年首次提出,因此也被称为 Pearson χ^2,其计算公式为

$$\chi^2 = \sum \frac{(A-E)^2}{E} = \sum_{i=1}^{k} \frac{(A_i - E_i)^2}{E_i} = \sum_{i=1}^{k} \frac{(A_i - np_i)^2}{np_i} \quad (i=1,2,3,\cdots,k)$$

其中，A_i 为 i 水平的观察频数，E_i 为 i 水平的期望频数，n 为总频数，p_i 为 i 水平的期望频率。i 水平的期望频数 T_i 等于总频数 $n \times i$ 水平的期望概率 p_i，k 为单元格数。当 n 比较大时，χ^2 统计量近似服从 $k-1-$(计算 E_i 时用到的参数个数) 个自由度的卡方分布。

> Pearson 先生当初发表在《哲学杂志》上的论文题目长得吓人：On the criterion that a given system of deviations from the probable in the case of a correlated system of variables is such that it can be reasonably supposed to have arisen from random sampling。

从卡方的计算公式可见，当观察频数与期望频数完全一致时，χ^2 值为 0，表示在所有类别（单元格）中观察频数均等于期望频数；χ^2 值越小，说明整体上观察频数与期望频数越接近；反之，χ^2 值越大，说明整体上观察频数与期望频数差别越大，即表明数据偏离假设越远。因此 χ^2 可以作为无效假设成立与否的度量指标。χ^2 值越大，就越倾向于拒绝 H_0。但 χ^2 究竟要大到什么程度才能拒绝 H_0 呢？这就要借助于卡方分布求出所对应的 P 值来确定。

3. 卡方检验的样本量要求

卡方分布本身是连续型分布，但是在分类资料的统计分析中，显然观测频数只能以整数形式出现，因此计算出的统计量是非连续的。只有当样本量比较充足时，两者间的差异才可以被忽略，否则将可能导致较大偏差。具体而言，一般认为对于卡方检验中的每一个单元格，需要其最小期望频数均大于 1，且至少有 4/5 的单元格期望频数大于 5，此时使用卡方分布计算出的概率值才是准确的。如果数据不符合要求时，可以采用确切概率法进行概率的计算，详见 15.5 节。

15.1.2 卡方检验的用途

卡方检验最常见的用途就是考察某无序分类变量各水平在两组或多组间的分布是否一致。但卡方检验可以有更广泛的应用。具体而言，其用途主要包括以下几个方面。

（1）检验某个连续变量的分布是否与某种理论分布相一致。如是否符合正态分布、均匀分布、Poisson 分布等。为了使用卡方检验，此时需要将连续变量分组段进行统计。

（2）检验某个分类变量各类的出现概率是否等于指定概率。如 36 选 7 的彩票抽奖中，是否每个数字出现的概率是否各为 1/36；掷硬币时，正反两面出现的概率是否均为 0.5。

（3）检验某两个分类变量是否相互独立。如吸烟（二分类变量：是、否）是否与呼吸道疾病（二分类变量：是、否）有关；产品原料种类（多分类变量）是否与产品合格（二分类变量）有关。二分类变量也称两分类变量，本书中不做区分。

（4）检验控制某种或某几种分类因素的作用以后，另两个分类变量是否相互独立。如上例中，控制性别、年龄因素影响以后，吸烟是否和呼吸道疾病有关；控制产品加工工艺的影响后，产品原料类别是否与产品合格有关？此时被控制的因素需要以分类变量形式出现。

（5）检验某两种方法的结果是否一致。如两种诊断方法对同一批人进行诊断，其诊断结果是否一致；两种方法对客户进行价值类别预测，预测结果是否一致。

本章主要介绍卡方检验的后 4 种应用，有关分布检验的内容请参看相关章节。

15.1.3 SPSS 中的相应功能

由于卡方检验的用途很广，因此在 SPSS 中会在多处出现，但很多地方都会以分布检验、方差齐性检验等其他检验的名义出现(或者说这些检验方法的统计量是服从卡方分布的),直接以卡方检验的名称示人的主要是以下3处。

1. 非参数分布检验中的卡方检验

准确地说,这里提供的就是检验某个分类变量各类的出现概率是否等于指定概率的分布检验,即单样本卡方检验。

2. 交叉表过程

主要用于针对两个/多个分类变量的交叉表进行其关联程度的卡方检验,并可进一步计算出关联程度指标等,上面提到的卡方检验用途中的后3项都可以在该过程中实现,而一般所说的卡方检验也就是指的该过程中的相应功能。

3. Tables 模块

制表模块的"检验统计"选项卡中可以完成行列变量的卡方检验,并且可以进一步完成列变量各类别间的两两比较。

15.2　单样本案例:考察抽样数据的性别分布

在第11章中已经讲到,如果希望考察某个二分类变量的分布是否服从假设分布,可以考虑使用二项分布检验。那么如果类别数多于两类时应当如何操作呢?无论是二分类还是多分类,这实际上都可以被归结为:从已知的样本数据出发,来判断总体各取值水平出现的概率是否与已知概率相符,即该样本是否的确来自已知总体分布。这实际上就是分类变量的分布拟合问题,在统计学上可以利用(单样本)卡方检验来进行分析。

> 实践工作中,有很多单样本率与总体率进行比较的例子。如骰子是否公平,检验各面出现的频率是否各等于1/6;检验彩票中奖号码的数字分布是否均匀,以检验彩票开奖是否作弊;国家人口老龄化问题是否更严重了;某产品的市场占有份额是否较以前更大;某病的发病率是否较前降低等。

例15.1　在第11章中用二项分布检验考察了2007年4月的性别分布是否均衡,这里使用卡方检验来完成相同的任务。

有了第11章的基础,相应的对话框界面等均无须重复解释,操作如下。

(1) 选择月份 time 为 200704 的样本。

(2) 选择"分析"→"非参数检验"→"单样本"菜单项。

(3) "目标"选项卡:自动比较观察数据和假设数据。

(4) "字段"选项卡:使用定制字段分配,将 S2 性别选入检验字段。

(5) "设置"选项卡:选择自定义检验中的第二项"卡方检验",相应选项中类别概率已经是所需的"所有类别概率相等",因此不需要更改。

(6) 单击"运行"按钮。

最终的模型输出如图 15.1 所示,读者有兴趣可以和二项分布检验的结果相对应,会发现非常相似。

(1) 右侧辅助视图中给出男性单元格的实际样本频数为 165 例,而理论频数为 150,因此该

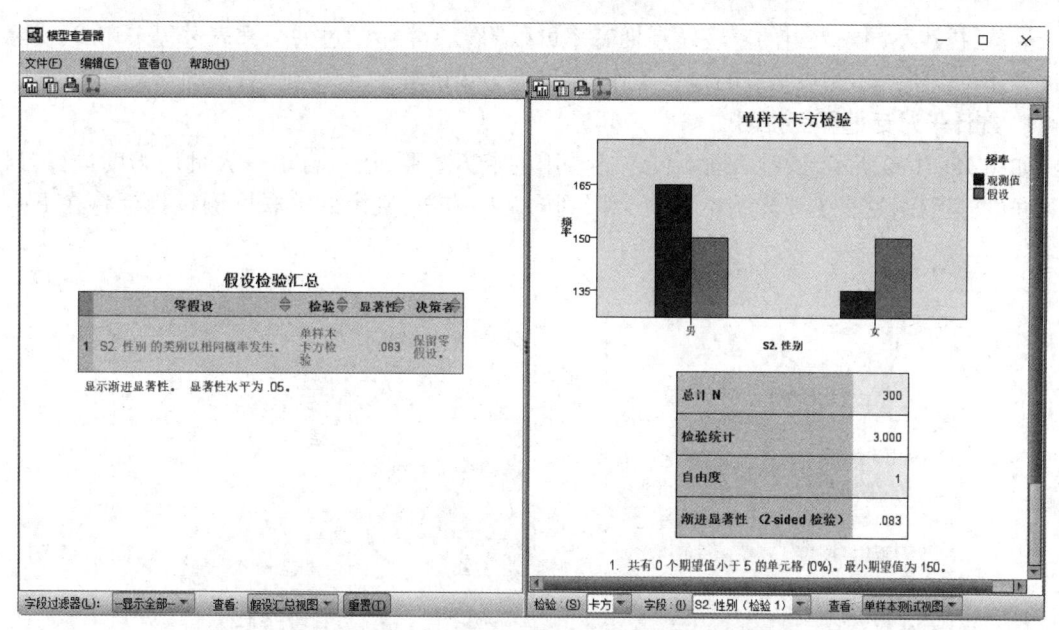

图 15.1 单样本卡方检验的分析结果

单元格的残差为 15,相应的女性单元格的残差为 -15。

(2) 由上述单元格残差可计算出整个样本的标化残差平方和,也就是卡方统计量为 3.0。

(3) 最终基于卡方值推导出的 P 值为 0.083,因此不能拒绝无效假设,尚不能认为 2007 年 4 月时 CCSS 抽样数据的性别分布不均衡。

左侧是汇总视图的输出,结论相同。

> 读者可以发现这里卡方检验的 P 值为 0.083,和二项分布检验的 0.094 略有差异,这是因为此处卡方检验给出的是近似 P 值,而二项分布检验给出的是确切 P 值。由于本案例样本量充足,因此两者差异不大。但如果要论正确性,则显然二项分布检验的 P 值是更准确的。

15.3 两样本案例:不同收入级别家庭的轿车拥有率比较

前面学习了样本率与已知总体率的检验方法,显然其中所使用的卡方检验原理很容易推广到两样本或多样本比较问题。也就是说,比较两个或多个样本其所在总体另一个分类变量的发生率/构成比是否相同,这在统计上都可以用卡方检验来分析。

> 需要注意的是,卡方检验仅仅告知使用者各类别的构成/分布是否相同,如果交叉表中有变量为有序分类变量,则使用卡方检验并不能充分利用信息,而应当用上一章介绍的秩和检验方法加以分析。

例 15.2 在 CCSS 的分析报告中,所有受访家庭会按照家庭年收入被分为低收入家庭和中高收入家庭两类,现希望考察不同收入级别的家庭其轿车拥有率是否相同。

显然,描述不同收入组的家庭轿车拥有率可以用第 8 章中学过的交叉表过程来完成,实际上该过程还可以进一步完成相应的检验工作,这里进一步讲解一下和检验有关的对话框功能。

1. 统计子对话框界面说明

如图 15.2(a)所示,该对话框不仅包括常用的卡方检验,还包含了一大批用于度量行、列变量关联度的指标,这里主要介绍本章将会用到的一些方法,其余的关联度测量指标将在下一章介绍。

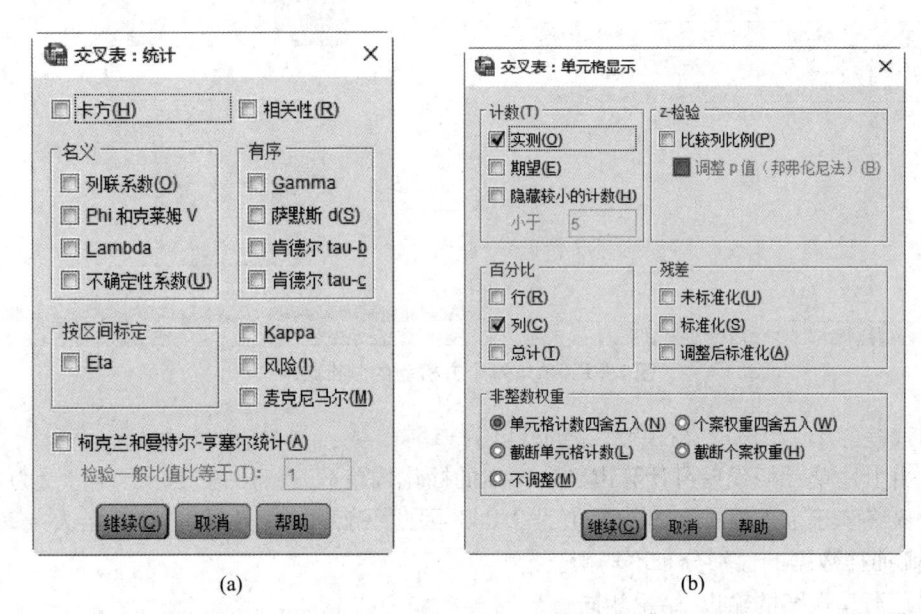

(a)　　　　　　　　　　　　(b)

图 15.2　交叉表过程的统计子对话框和单元格子对话框

(1)"卡方"复选框:进行卡方检验,对于 4 格表资料还会自动给出校正卡方检验和确切概率法的结果。

(2)"Kappa"复选框:计算 Kappa 值,即内部一致性系数。这是医学中非常常用的一致性指标,取值在 0~1 之间。

(3)"风险"复选框:计算 OR 值(比数比)和 RR 值(相对危险度),这些指标用于反映交叉表的行、列变量之间的关联强度。

(4)"麦克尼马尔"复选框:进行 McNemanr 检验,即常用的配对卡方检验。

(5)"柯克兰和曼特尔-亨赛尔统计"复选框:为两个二分类变量进行分层卡方检验,即层间的独立性检验和同质性(齐性)检验,同时可进行分层因素的调整。该复选框下方的文本框用于设定相应 H_0 假设的 OR 值,默认为 1。

2. 单元格子对话框界面说明

如图 15.2(b)所示,该子对话框用于定义交叉表单元格中需要显示的指标。

(1)"计数"复选框组:是否输出实际观察数(Observed)和理论频数(Expected)。

(2)"残差"复选框组:选择残差的显示方式,可以是原始残差(Unstandardized)、标化后的差值(Standardized,将差值转化为标准正态分布),或者被标准误除的单元格残差(Adj. Standardized)。

（3）"百分比"复选框组：是否输出行百分数（Row）、列百分数（Column）以及合计百分数（Total）。

（4）"z-检验"框组：对于组数超过两组的样本率比较，在整个交叉表的卡方检验有统计学意义之后，后续的问题和方差分析非常类似，也面临着组间两两比较的问题。本框组就用于实现列变量各类别间的行变量率/构成比的两两比较，且可以进一步要求在两两比较中进行检验水准的 Bonferroni 调整。

（5）"非整数权重"单选框组：当所分析的数据为加权数据，且权重变量可能有小数取值时，这将会导致单元格内的观测频数也出现小数，本框组用于确定此时对小数权重的处理方式。

3. 操作说明与结果解释

由于已经有了第 8 章的基础，这里的操作思路就非常清楚了，具体如下。

（1）选择"分析"→"描述统计"→"交叉表"菜单项。

（2）"行"列表框：选入是否拥有家庭轿车 O1。

（3）"列"列表框：选入家庭收入两级 Ts9。

（4）"单元格"子对话框：选中"列"百分比复选框。

（5）"统计"子对话框：选中"卡方"复选框。

（6）单击"确定"按钮。

分析结果中首先给出的是家庭收入分级和轿车拥有情况的交叉表描述，如图 15.3 所示。可见低收入家庭只有 10% 拥有轿车，而中高收入家庭有 34% 拥有轿车，样本数据的差异很明显，但该差异是否具有统计学意义尚需进行检验。

			家庭收入2级		总计
			Below 48,000	Over 48,000	
O1. 是否拥有家用轿车	有	计数	32	225	257
		占 家庭收入2级 的百分比	9.6%	34.4%	26.0%
	没有	计数	303	429	732
		占 家庭收入2级 的百分比	90.4%	65.6%	74.0%
总计		计数	335	654	989
		占 家庭收入2级 的百分比	100.0%	100.0%	100.0%

图 15.3　O1. 是否拥有家用轿车 * 家庭收入 2 级交叉制表

图 15.4 所示即为卡方检验结果表，可以看到其中给出了多种检验结果，在解释这些检验的结果之前，先来关心一下最下方的脚注内容：该 4 格表中，没有单元格（0%）的期望频数少于 5，其中期望频数最少的那个单元格的期望频数 87.05。该脚注充分说明本案例的样本量（及其单元格分布）完全满足 Pearson 卡方的要求，因此可以阅读 Pearson 卡方的检验结果，最终本例的分析结果为可以认为收入与轿车拥有率有关，家庭收入较高的类别其轿车拥有率也较高。

下面是表格中详细输出的内容的解释：

（1）Pearson 卡方：最标准，也是最常用的卡方检验结果，当样本量充足时使用。

（2）连续性校正卡方检验：由统计学家 Frank Yates 提出，故也称为 Yates 校正，详见 15.5.1 小节。

（3）费希尔精确检验：给出的是 Fisher 确切概率法的检验结果，详见 15.5.1 小节。

	值	自由度	渐进显著性（双侧）	精确显著性（双侧）	精确显著性（单侧）
皮尔逊卡方	71.134[a]	1	.000		
连续性修正[b]	69.848	1	.000		
似然比	80.146	1	.000		
费希尔精确检验				.000	.000
线性关联	71.062	1	.000		
有效个案数	989				

a. 0 个单元格 (.0%) 的期望计数小于 5。最小期望计数为 87.05。
b. 仅针对 2x2 表进行计算

图 15.4　卡方检验

（4）似然比卡方(Likelihood ratio)：与 Pearson 卡方相比，检验的是同样的 H_0 假设，即行变量与列变量之间相互独立，不同的是卡方的计算公式不一样，在处理多维表时有更大的优势。大多数情况下，两者的结论是基本一致的。

（5）线性卡方(Linear by linear)：检验的 H_0 假设是行变量与列变量之间无线性相关。在列联表分类变量中很少用，更多用于连续变量。

15.4　卡方检验的事后两两比较

例 15.3　不同城市的汽车牌照政策、生活习惯等并不相同，现希望考察北京、上海、广州三地的家庭轿车拥有率是否相同。

本质上，这里仍然是和例 15.2 相同的两个分类变量的关联性分析，相应的操作也和上例几乎完全相同，具体如下。

（1）选择"分析"→"描述统计"→"交叉表"菜单项。
（2）"行"列表框：选入是否拥有家庭轿车 O1。
（3）"列"列表框：选入城市 S0。
（4）"单元格"子对话框：选中"列"百分比复选框。
（5）"统计"子对话框：选中"卡方"复选框。
（6）单击"确定"按钮。

图 15.5 给出的是两个变量的交叉表描述，可见上海可能是因为牌照拍卖政策的影响，样本的家庭轿车拥有率要明显低于北京和广州。

图 15.6 所示为相应的卡方检验结果，由于本例并非 4 格表数据，因此默认不会给出校正卡方和确切概率法的分析结果，但从表格下标可知本例符合 Pearson 卡方的适用条件，因此可以直接使用相应的结果，检验的 P 值为 0.02，认为 3 个城市的家庭轿车拥有率确实是存在差异的。

上面的分析结果给出了城市间存在差异的结论，但由于有 3 个城市，因此后续分析需要考虑做两两比较以得到更为精确的结论，相应的新增操作如下。

"单元格"子对话框：选中"z-检验"框组的"比较列比例"复选框，进一步选中其下方的"调整 P 值"复选框。

			S0. 城市			总计
			100北京	200上海	300广州	
O1.是否拥有家用轿车	有	计数	118	87	107	312
		占 S0. 城市 的百分比	31.4%	22.5%	28.1%	27.3%
	没有	计数	258	300	274	832
		占 S0. 城市 的百分比	68.6%	77.5%	71.9%	72.7%
总计		计数	376	387	381	1144
		占 S0. 城市 的百分比	100.0%	100.0%	100.0%	100.0%

图 15.5　S0. 城市 * 家庭收入 2 级交叉制表

	值	自由度	渐进显著性（双侧）
皮尔逊卡方	7.810[a]	2	.020
似然比	7.901	2	.019
线性关联	1.017	1	.313
有效个案数	1144		

a. 0 个单元格 (.0%) 的期望计数小于 5。最小期望计数为 102.55。

图 15.6　卡方检验

分析结果中数据交叉表会发生变化，如图 15.7 所示，表格中会以 APA 下标格式标注出各组两两比较的结果，可见在本例中北京和上海的家庭轿车拥有率的确存在差异，但沪穗间和京穗间的比较尚无统计意义。

			S0. 城市			总计
			100北京	200上海	300广州	
O1.是否拥有家用轿车	有	计数	118$_a$	87$_b$	107$_{a,b}$	312
		占 S0. 城市 的百分比	31.4%	22.5%	28.1%	27.3%
	没有	计数	258$_a$	300$_b$	274$_{a,b}$	832
		占 S0. 城市 的百分比	68.6%	77.5%	71.9%	72.7%
总计		计数	376	387	381	1144
		占 S0. 城市 的百分比	100.0%	100.0%	100.0%	100.0%

每个下标字母都指示 S0. 城市 类别的子集，在 .05 级别，这些类别的列比例相互之间无显著差异。

图 15.7　含两两比较结果的交叉表

制表模块同样可以完成相应的各列两两比较的任务，输出格式在第 13 章中已经介绍过了，因此这里不再重复。

15.5　确切概率法和蒙特卡洛法

15.5.1　Yates 校正与确切概率法

前面已经提到，卡方分布本身是连续分布，但是在分类资料的统计分析中，计算出的卡方统计量是非连续的。只有当样本量比较充足时，两者间的差异才可以被忽略，那么如果样本量无法满足适用条件,又该如何处理呢?

当所分析的数据样本量不算很小,单元格的期望频数分布还不太极端时,统计学家 Frank Yates 提出可以对原卡方值加以校正来弥补此缺陷。具体而言,要求是样本含量大于 40,所有单元格的期望频数均大于 1,且只有 1/5 以下的单元格的期望频数小于 5 且大于 1。近年来蒙特卡洛随机模拟表明,Yates 校正似乎有一点矫枉过正,且适用范围也比较窄,但在实际工作中该方法的应用依然很常见。在 SPSS 中,进行卡方检验时默认会对四格表资料输出 Yates 校正的结果。

那么,有没有更加妥当的方法呢?图 15.4 中可以看到直接给出了 Fisher 确切概率法的结果,和 Pearson 卡方相比,确切概率法的优点在于不需要近似,其得到的 P 值最为准确,因此一般认为当样本量不满足要求,或者计算出的近似 P 值接近界值时,应当以确切概率法的分析结果为准。但该方法的计算量极大,SPSS 也只对四格表默认直接输出确切概率法的结果,更大的表格则不默认进行该检验方法的计算,并且对于单元格较多,样本量较大的表格,有可能计算机没有足够的内存资源完成相应的确切概率计算。

> 这里使用的确切概率法是由 R. A. Fisher 于 1934 年提出,概率计算的理论依据是超几何分布(Hypergeometric Distribution),实际和卡方检验无关,但在应用上一般将其作为四格表资料假设检验的补充。

15.5.2 蒙特卡洛法简介

科学家们总有力求完美的倾向,针对上述矛盾,一直有学者致力于在结果的精确性和计算的高效率之间达到最佳平衡,而蒙特卡洛(Monte Carlo)法就是最早期的一批成果之一,而且在历史上也得到了非常成功的应用。

一般认为,蒙特卡洛法是由 20 世纪 40 年代美国在第二次世界大战中研制原子弹的"曼哈顿计划"计划的成员 S. M. 乌拉姆和 J. 冯·诺伊曼在核武器研究中产生的方法学副产品。至于这个充满神秘色彩的名字,则是因其计算原理和赌博有点关联,因此,数学家冯·诺伊曼用驰名世界的赌城——摩纳哥的 Monte Carlo 城来命名这种方法。实际上,在这之前,蒙特卡洛方法就已经存在。1777 年,法国 Buffon 提出用投针实验的方法求圆周率,这被认为是蒙特卡洛方法的起源。

蒙特卡洛法又称统计模拟法、随机抽样技术,原理非常简单,就是使用随机数(或更常见的伪随机数)来解决很多计算问题的方法。用下面这个例子就可以解释清楚:假设要计算一个不规则图形的面积,显然图形的不规则程度和计算方法(比如是否使用积分)的复杂程度成正比,那么蒙特卡洛方法怎么解决这个呢?假设有一袋豆子,首先画一个大圆圈(或者大方框)把这个不规则图形框进来,然后把豆子均匀地朝这个大圆圈里撒,最后数这个图形中有多少颗豆子,这里要假定豆子都在一个平面上,相互之间没有重叠,那么最终基于不规则图形内豆子的数目(或者百分比)就可以推算出该图形的面积,因为图形内豆子的占比会近似等于该图形面积占外部大圆圈面积的比例,并且当豆子越小,撒的量越多时,结果就越精确。

显然,该方法的原理非常简单,但在手工计算条件下真正要使用起来却并不容易,这也是为什么传统蒙特卡洛方法长期得不到推广的主要原因。但是随着 20 世纪下半叶以来计算机技术的发展,数据模拟和数据抽样变得非常容易,使得蒙特卡洛方法在最近这些年得到快速普及。

初学者可能会把 Monte Carlo 法和 Bootstrap 法混淆,简单地说,Monte Carlo 是一个更基础的想法,比如在很多数学、物理或者工程问题中无法写出精确表达式,或者这样做的成本实在过高,此时为了能得到数值上的一个解,就可以通过随机采样的方法来快速得到足够精确的估计值。而 Bootstrap 法则完全是一种统计计算方法,一般的统计推断方法或者统计量只是浓缩了样本中的有效信息,但并没有完全取得样本中的信息,而 Bootstrap 法利用重抽样,把所有的样本剩余价值发挥在了构建置信区间上,并且该方法在重抽样计算中一般会用到 Monte Carlo 法。

15.5.3 蒙特卡洛法的 SPSS 实现

1. 界面说明

在 SPSS 的一些操作对话框中,特别是涉及分类资料推断的非参数分析和卡方检验方法对话框中,都会提供如图 15.8 所示的"精确"子对话框,其中提供了 3 种选项。

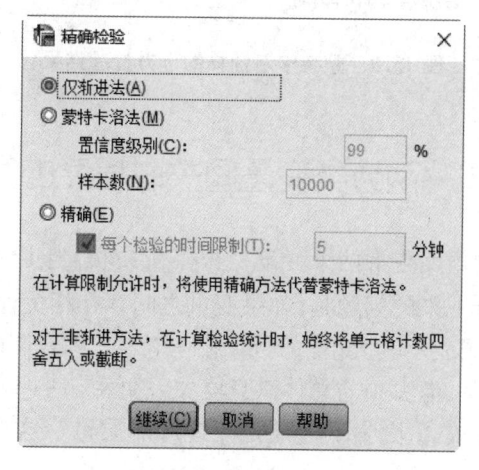

图 15.8 "精确检验"子对话框

(1)仅渐进法:只计算基于检验统计量的渐近分布的近似概率值,而不计算确切概率。此为默认选项,当样本量较大,且真实 P 值远离检验水准时,这样做可以节省计算时间。但是如果 P 值接近 α 水准,或者样本量不够大/分布太偏时,则可能计算出的结果偏差较大。

(2)蒙特卡洛法:即利用模拟抽样方法来求得对确切 P 值的无偏估计,当样本量较大时,和严格计算确切概率相比,蒙特卡洛方法可以在节约计算时间的情况下得到足够精确的结果。下方可以进一步设定抽样中的细节,一般而言,采用默认的 1 万次抽样,计算出真实 P 值的 99%可信区间就可以了,而其耗时一般在 10 s 以内,远低于确切概率法。

(3)精确:使用确切概率法计算出精确 P 值,由于大样本时这样做有可能非常耗时,因此默认计算时间限制在 5 分钟内,超过此时限则自动停止。该默认值可以更改。根据经验,除非非常大的数据集,否则现在的计算机大多数情况下都不会超过此时限。

2. 结果解释

如果在例 15.3 中使用蒙特卡洛抽样来计算 P 值,则相应的结果表格如图 15.9 所示。其右侧会多出蒙特卡洛抽样计算出的 P 值估计值,以及相应的 P 值的 99% 可信区间上下界。应用中是以 99% 可信区间为主,以 Pearson 卡方为例,其 P 值的 99% 蒙特卡洛置信区间为 0.016 ~ 0.024,由于该区间整体都小于 0.05 的界值,因此即使不知道 P 值的点估计,也仍然可以得出拒绝无效假设的分析结论。因此确切概率法的计算量过大时,蒙特卡洛法就是一个很好的替代方法。

	值	自由度	渐进显著性（双侧）	蒙特卡洛显著性（双侧）			蒙特卡洛显著性（单侧）		
				显著性	99% 置信区间		显著性	99% 置信区间	
					下限	上限		下限	上限
皮尔逊卡方	7.810[a]	2	.020	.020[b]	.016	.024			
似然比	7.901	2	.019	.020[b]	.016	.023			
费希尔精确检验	7.876			.020[b]	.016	.023			
线性关联	1.017[c]	1	.313	.329[b]	.317	.341	.172[b]	.163	.182
有效个案数	1144								

a. 0 个单元格 (.0%) 的期望计数小于 5。最小期望计数为 102.55。
b. 基于 10000 个抽样表，起始种子为 957002199。
c. 标准化统计为 1.009。

图 15.9　蒙特卡洛抽样的卡方检验结果

15.6　两分类变量间关联程度的度量

卡方检验可以从定性的角度告诉两个变量是否存在关联,当拒绝 H_0 时,在统计上有把握认为两个变量存在相关。但接下来的问题是,如果变量之间存在相关性,它们之间的关联强度有多大,有没有什么指标可以客观表示其大小? 例如,做一个客户满意度的研究,研究者发现价格、质量、服务都与总体满意度相关,但哪项与总体满意度关系更密切一些呢? 如果想要提高客户满意度,最需要做的是调整价格、提高服务水平,还是改进产品质量? 这里就来深入探讨一下对分类变量关联程度的度量方式。

> 针对不同的变量类型,在 SPSS 中可以计算各种各样的相关指标,而且交叉表过程也对此提供了完整的支持,但此处只涉及测量两分类变量间关联强度的指标,更系统的相关程度指标体系介绍请参见第 18 章。

15.6.1　相对危险度与优势比

实际应用中,卡方值的大小可以粗略反映两变量联系的强弱,但很难有更贴近实际的解释。但是如果有一个指标能够告诉研究者:男性和女性相比,购买该产品的可能性是女性的 3 倍,这就非常容易理解。相对危险度(Relative Risk,简称 RR)和优势比(Odds Ratio,也翻译成比数比,简称 OR)就可以满足这一要求,它们与其他关联测量指标的最大不同之处在于,RR 值和 OR 值关心的是行变量某一水平和列变量某一水平相对于基础水平的关联程度,即不同水平间的比较,而其余关联测量指标关心的则是整体上行列变量各水平的关联程度。

1. 相对危险度

RR 值是一个概率的比值,是指实验组人群反应阳性概率与对照组人群反应阳性概率的比值。用公式表示为:

$$RR = \frac{P_t}{P_c} = \frac{a/n_t}{c/n_c}$$

其中,P_t 为实验组人群反应阳性概率,P_c 为对照组人群反应阳性概率,n_t 为实验组总人数,a 为实验组反应阳性人数,n_c 为对照组总人数,c 为对照组反应阳性人数。RR 值用于反映实验因素与反应阳性的关联程度。取值范围从 0 到无限大。数值为 1 时,表明实验因素与反应阳性无关联;小于 1 时,表明实验因素导致反应阳性的发生率降低;大于 1 时,表明实验因素导致反应阳性的发生率增加。

2. 优势比

显然,RR 的解释非常容易理解,但是 RR 的计算要求得到各组的反应概率,由于在回顾性研究中很难求得人群反应概率的估计值,因此也无法进行 RR 值的估计,此时研究者往往使用 OR 值代替 RR 值,来反映实验因素与对照因素的关联强度。OR 值是一个比值,是反应阳性人群中实验因素有无的比例与反应阴性人群中实验因素有无的比例之比。计算公式可以表达为:

$$OR = \frac{a/b}{c/d} = \frac{ad}{bc}$$

其中,a 为反应阳性组实验因素阳性人数,b 为反应阳性组实验因素阴性人数,c 为反应阴性组实验因素阳性人数,d 为反应阴性组实验因素阴性人数。显然,如果 OR 大于 1,则说明该试验因素更容易导致结果为阳性,或者说采用试验因素和结果为阳性间有关联。

> 由于优势比是两个比值的比值,因此它不太好解释,而解释相对危险度则要容易得多,因此大多数情况下人们希望能够将优势比按照相对危险度的含义来解释。当所关注的事件发生概率比较小时(<0.1),优势比可作为相对危间度的近似。

15.6.2 案例:计算家庭收入级别和轿车拥有情况的关联程度

在例 15.2 中已经对家庭收入级别和轿车拥有情况的四格表做了卡方检验,结果显示两者之间存在联系,中高收入家庭的轿车拥有比例更高。那么,能否使用 RR、OR 等一系列指标来对其关联强度加以定量描述呢,操作如下。

(1)选择"分析"→"描述统计"→"交叉表"菜单项。
(2)"行"列表框:选入家庭收入两级。
(3)"列"列表框:选入是否拥有家庭轿车。
(4)"统计"子对话框:选中"风险"复选框。
(5)单击"确定"按钮。

> 由于本案例不是前瞻性的研究设计,严格地说,这里得到的只是两种人群的轿车拥有比例,而不是购买概率,所得到的 RR 值并不符合其定义,因此下文的数值解释也只是近似而不是精确的。

注意这里的分析操作对行、列变量的设定和前面相反,这主要是为了能够得到符合需求的 RR 输出,相应的分析结果如图 15.10 所示,从中可知:

(1) 优势比 OR 是两个比数的比。某个事件的比数是它发生的概率除以不发生的概率。本例中,低收入家庭拥有家庭轿车的比数是 9.6%/90.4% = 0.106,中高收入家庭拥有家庭轿车的比数是 34.4%/65.6% = 0.524,则 OR 值等于 0.106/0.524 = 0.201,该指标的 95% CI 同样不包括 1,说明该数值的确是不等于 1 的(有统计学差异)。

(2) 对于不同收入的家庭而言,其拥有家庭轿车的相对危险度是两组人群拥有轿车的概率之比,其估计值是 9.6%/34.4% = 0.278,即低收入家庭拥有轿车的概率是中高收入家庭的 0.278,或者反过来讲,中高收入家庭拥有家庭轿车的概率是低收入家庭的 1/0.278 = 3.597 倍,且其 95% CI 不包括 1,具有统计学意义。

(3) 相应地,不同收入家庭不拥有家庭轿车的概率则是两个人群不拥有轿车的概率之比,其估计值为 90.4%/65.6% = 1.379,即低收入家庭不拥有轿车的概率是中高收入家庭的 1.379 倍(当然从这个案例的背景而言更关心的是上面 0.278 的那个数据),该数值的 95% CI 同样也不包括 1。

上述 3 个指标的假设检验实际上完全等价,此外 OR 的数值也等于有车与无车的相对危险度之比值(0.278/1.379 = 0.201)。

	值	95% 置信区间 下限	上限
家庭收入2级 (Below 48,000 / Over 48,000) 的比值比	.201	.135	.300
对于 cohort O1. 是否拥有家用轿车 = 有	.278	.196	.392
对于 cohort O1. 是否拥有家用轿车 = 没有	1.379	1.291	1.472
有效个案数	989		

图 15.10 风险评估

15.7 一致性检验与配对卡方检验

15.7.1 Kappa 一致性检验

在前面接触到的交叉表中,行变量和列变量是一个事物的两个不同属性。但还有一种交叉表,其行变量和列变量反映的是一个事物的同一属性的相同水平,只是对该属性各水平的区分方法不同,这相当于在研究设计中采用了配对设计。例如,在一张表内显示某病的诊断结果,行变量为一种诊断方法,列变量为另一种诊断方法;或者在一张表内显示对某事物的评价等级,行变量和列变量分别显示不同裁判员的评价。如果希望检验这两种区分同一属性的方法给出的结果是否一致,则不应当使用 Pearson 卡方检验,因为 Pearson 卡方检验并不适用于这种配对设计的数据,它无法告诉结果的一致程度如何。此时,可以采用 Kappa 一致性检验对两种方法结果的一致程度进行评价。

更准确地说，Pearson 卡方只能告诉两种测量结果之间是否存在关联，但不能判断其是否具有一致性。例如，对于诊断者甲分别诊断为轻度、中度、重度疾病的患者，诊断者乙一律会分别诊断为中度、重度、轻度，则两者的诊断结果显然不具有一致性，但如果使用卡方检验，则是具有统计学意义的，因为它们的诊断结果的确存在关联！

例 15.4 某公司期望扩展业务，增开几家分店，但对开店地址不太确定。于是选了 20 个地址，请两位资深顾问分别对 20 个地址作了一个评价，把它们评为好、中、差 3 个等级，以便确定应对哪些地址进行更进一步调查，那么这两位资深顾问的评价结果是否一致？数据参见 site.sav。

在 SPSS 中，依然用交叉对话框，将两个顾问的评价结果分别作为行变量或列变量，并在"统计"子对话框中指定要求作 Kappa 统计分析。另外，因本例样本量很小，故要求计算确切概率以保证结果的正确性。SPSS 中具体操作如下。

（1）选择"数据"→"个案加权"菜单项。
（2）选择"个案加权系数"单选按钮。
（3）将 count 选入"频率变量"列表框。
（4）选择"分析"→"统计描述"→"交叉表"菜单项。
（5）"行"列表框：cons1。
（6）"列"列表框：cons2。
（7）"统计量"子对话框：选择"Kappa"复选框。
（8）单击"确定"按钮。

图 15.11 给出的是相应数据的配对交叉表。

计数

		顾问二的评价			总计
		差	中	好	
顾问一的评价	差	6	0	0	6
	中	5	2	2	9
	好	1	0	4	5
总计		12	2	6	20

图 15.11 顾问一的评价和顾问二的评价交叉制表

图 15.12 所示就是相应的一致性检验结果，注意这里 Kappa 检验的 H_0 假设是：Kappa=0，即两者完全无关。表中显示 Kappa 值为 0.429，P 值为 0.001，拒绝 H_0 假设（两位顾问的评价结果不一致），接受 H_1 假设，认为两位顾问的评价结果是存在一致性的。但根据经验，一般认为当 Kappa≥0.75 时表明两者一致性较好；0.75>Kappa≥0.4 时一致性一般，Kappa<0.4 则表明两者一致性较差。此处的估计值为 0.429，因此实际上本例中数据的一致性并不是很强。特别是有一个地址两人竟给出了完全对立的评价。

一致性检验在医学研究中用得很多。如在一种简单易行的诊断方法是否可替代另一种结果可靠、但操作繁杂的诊断方法的研究中，就会用到一致性检验。另外，在数据分析中，比较两种预测方法预测结果的一致性时也可能会用到 Kappa 检验。

	值	渐近标准化误差a	近似 Tb	渐进显著性
协议测量　Kappa	.429	.131	3.333	.001
有效个案数	20			

a. 未假定原假设。
b. 在假定原假设的情况下使用渐近标准误差。

图 15.12　对称测量

15.7.2　配对卡方检验

通过 Kappa 检验,已经回答了两种测量间究竟有无关联的问题。但是通过对列联表的观察,发现两位顾问的评价似乎不太一样,这种问题又如何来加以分析？这可以用 McNemar 配对卡方检验加以解答,在"统计"子对话框的右下角选择"麦克尼马尔"复选框,相应的结果输出如图 15.13 所示。此处的原假设为:两顾问的评价结果无差别,显然,P 值小于 0.05,因此拒绝该假设,认为应当有差别。进一步考察数据,会发现顾问二比顾问一更倾向于给出较差评价,但究竟哪一位顾问的评价更客观准确则并非 Kappa 检验或配对卡方检验所能回答的,需要根据实际情况自行判断。

	值	自由度	渐进显著性（双侧）
麦克尼马尔-鲍克检验	8.000	3	.046
有效个案数	20		

图 15.13　配对卡方检验

对于 4 格表数据,配对卡方会直接使用更精确的二项分布检验给出确切 P 值。但对于更大的表格,则只能使用近似的 McNemar-Bowker 检验给出近似 P 值。

现在,Kappa 检验告诉两者的评价存在一致性,而配对卡方检验则认为两者的结果是有差别的。实际上,这两个结论并不矛盾,参考前面对 Kappa 值的评价方式就可以理解。另外,这两者在信息的利用上也有差异。Kappa 检验会利用列联表中的全部信息,而 McNemar 检验只会利用非主对角线单元格上的信息,即它只关心两者不一致的评价情况,用于比较两个评价者间存在怎样的倾向。

在应用中,对于一致性较好,即绝大多数数据都在主对角线上的列联表,McNemar 检验可能会失去实用价值。例如,对 1 万个案例进行一致性评价,9995 个都是完全一致的,在主对角线上,另有 5 个分布在左下的三角区,显然此时一致性相当的好。但如果使用 McNemar 检验,由于它并不考虑主对角线上的数据,只会利用上、下三角区的信息,此时反而会得出两种评价有差异的结论来。而正确应用这些方法的关键点就在于弄清楚自己希望考察的究竟是一致性,还是差异性。

15.8　分层卡方检验

在例 15.2 中,经卡方检验发现家庭收入级别的确会影响家庭轿车的拥有情况,随后又进一步计算出了两者的关联强度指标 OR 和 RR。但研究者会发现还存在如下问题。

(1) 不同城市的轿车拥有情况存在差异,那么收入级别对其的影响在不同城市间是否也存在差异? 比如说在有的城市影响大些,而在其他城市的影响小些?

(2) 如果收入分级的影响在不同城市间没有差异,那么由于不同城市的人群其收入分布并不相同,直接将数据混合进行分析难免会影响结果的准确性。在考虑了此问题,或者说在控制了城市的混杂作用之后,校正后的 RR 或者 OR 应当是多少?

解决上述问题的统计方法有很多,而分层卡方检验就是最为基本和常用的一种,其基本思想是把研究对象分解成不同层次,每层分别研究行变量与列变量的相关,然后再想办法将分析结果加以合并。分层因素在几个组之间的分布不均,既可能削弱了原本存在的行变量与列变量间的关系,也可能使得原本不存在关系的两个变量的关系呈现统计学显著性。而分层分析就可以避开这一问题。

例 15.5 在例 15.2 的基础上,进一步控制城市的影响,在控制城市影响的前提下得到更准确的家庭收入分级和轿车拥有情况的关联程度测量指标。

(1) 选择"分析"→"描述统计"→"交叉表"菜单项。
(2) "行"列表框:选入家庭收入两级。
(3) "列"列表框:选入是否拥有家庭轿车。
(4) "层"列表框:选入城市 S0。
(5) "统计"子对话框:选中"风险"复选框、"柯克兰和曼特尔-亨赛尔统计"复选框;
(6) 单击"确定"按钮。

这里省略分层交叉表的输出,直接给出相应的分析结果。图 15.14 为"风险"复选框所对应的输出,由于设定了分层变量,因此该输出会对每一层单独进行风险估计,并同时给出合计样本的风险估计。仅从 OR 值就可以看出,北京、上海、广州三地的 OR 值虽然都不等于 1,但样本估计值并不相同,上海的 OR 值只有 0.089,而广州则高达 0.333。这种差异究竟代表的是抽样误差,还是真实存在的总体差异,仅靠普通的卡方检验/风险估计是无法回答的,这是分层卡方检验应当完成的任务。

分层卡方检验分析结果中首先给出的是层间差异的检验,即考察不同层间收入级别与轿车拥有情况的联系强度是否相同,如图 15.15 所示。其中分别采用了两种检验方法,可见两者在本案例中结论相同,认为在不同城市间,行×列变量的联系强度并不相同,因此不应当考虑将不同城市的数据结合起来得到一个总的分析结果。

> 如果按照多变量统计模型的说法,上述结果实际上意味着城市这个影响因素和行×列变量间存在交互作用,需要在模型中引入交互项。

图 15.16 给出的是分层卡方检验的结果,即考虑了(或者说去除了)分层因素的影响后,对行×列变量关联强度的检验结果。表格中共给出 CMH 卡方检验和 MH 卡方检验两种结果,前者是后者的改进,可见 P 值均小于 0.05,即可以认为收入级别与轿车拥有情况有关联,但是由于前面层间一致性检验结果为有统计学差异,因此这里的结论仅供参考。

图 15.17 给出的是 OR_{MH} 值(调整了分层因素作用后的综合 OR 值)、OR_{MH} 值的自然对数、可

S0. 城市		值	95% 置信区间 下限	上限
100 北京	家庭收入2级 (Below 48,000 / Over 48,000) 的比值比	.156	.075	.326
	对于 cohort O1. 是否拥有家用轿车 = 有	.231	.121	.440
	对于 cohort O1. 是否拥有家用轿车 = 没有	1.477	1.308	1.666
	有效个案数	319		
200 上海	家庭收入2级 (Below 48,000 / Over 48,000) 的比值比	.089	.031	.251
	对于 cohort O1. 是否拥有家用轿车 = 有	.123	.046	.328
	对于 cohort O1. 是否拥有家用轿车 = 没有	1.384	1.261	1.519
	有效个案数	337		
300 广州	家庭收入2级 (Below 48,000 / Over 48,000) 的比值比	.333	.189	.586
	对于 cohort O1. 是否拥有家用轿车 = 有	.434	.275	.683
	对于 cohort O1. 是否拥有家用轿车 = 没有	1.302	1.151	1.474
	有效个案数	333		
总计	家庭收入2级 (Below 48,000 / Over 48,000) 的比值比	.201	.135	.300
	对于 cohort O1. 是否拥有家用轿车 = 有	.278	.196	.392
	对于 cohort O1. 是否拥有家用轿车 = 没有	1.379	1.291	1.472
	有效个案数	989		

图 15.14　分层的风险评估

	卡方	自由度	渐进显著性（双侧）
Breslow-Day	6.165	2	.046
塔罗内	6.161	2	.046

图 15.15　比值比齐性检验

	卡方	自由度	渐进显著性（双侧）
柯克兰	72.397	1	.000
曼特尔-亨塞尔	70.879	1	.000

在条件独立性假定下，仅当层数固定，而曼特尔-亨塞尔统计始终渐近分布为1自由度卡方分布时，柯克兰统计才渐近分布为1自由度卡方分布。请注意，当实测值与期望值之差的总和为0时，曼特尔-亨塞尔统计将不会进行连续性修正。

图 15.16　条件独立性检验

信区间及其相应的 P 值，可见统计检验结论和前面一致，$OR_{MH} = 0.195$，即去除了不同分层的混杂效应后，和中高收入家庭相比，中低收入家庭拥有轿车的优势比为 0.195，或者说概率为前者的大约 1/5。当然，由于一致性检验有统计学差异，其实本例不应当计算综合 OR 值，而应当分层分别考察结果，这里的分析结果仅供参考。

分层卡方检验是一种很好的控制其他影响因素的方法，能得到更准确的结果。如果数据量足够大，还可以引入更多的分层因素加以控制。但是，和 SAS 中的 CMH 卡方不同，SPSS 提供的 CMH 卡方检验只能进行两分类变量的检验，而不能进行多分类变量的检验。这是因为分层卡方只是对分层因素进行了简单的控制，当各层间效应的大小不同，或者说分层因素和要分析的变量

估算			.195
ln(估算值)			-1.636
ln(Estimate) 的标准化误差			.206
渐进显著性（双侧）			.000
渐近95% 置信区间	一般比值比	下限	.130
		上限	.292
	ln(一般比值比)	下限	-2.040
		上限	-1.232

曼特尔-亨塞尔一般比值比估算在假定一般比值比为 1.000 的前提下进行渐近正态分布。自然对数估算也是如此。

图 15.17　Mantel-Haenszel 一般比值比估计

间存在交互作用时，分层卡方检验就不再适用。而这种情况在多分类变量的分层分析中会经常遇到，此时应当使用对数线性模型或者 Logistic 模型来进行更为深入和准确的分析，这些方法请参见本丛书《SPSS 统计分析高级教程》的相关章节，这里不再详述。

15.9　本章小结

（1）卡方检验是以卡方（χ^2）分布为基础的一种常用假设检验方法，常用作计数资料的显著性检验。其基本思想是，首先假设观察频数与期望频数没有差别。而统计量 χ^2 值表示观察值与理论值之间的偏离程度。当 n 比较大时 χ^2 统计量近似服从 χ^2 分布。在自由度固定时，每个 χ^2 值与一个概率值（P 值）相对应，此概率值即为在 H_0 假设成立的前提下，出现这样一个样本或更大差别样本的概率。如果 P 值小于或等于用户所设的显著性水平，则应拒绝 H_0，接受 H_1。

（2）关联程度的测量：卡方检验从定性的角度告诉是否存在相关，而各种关联指标从定量的角度告诉相关的程度如何。不同的指标适用于不同类型的变量。RR 值是一个概率的比值，是指实验组人群反应阳性概率与对照组人群反应阳性概率的比值。用于反映实验因素与反应阳性的关联程度。OR 值是比值的比，是反应阳性人群中实验因素有无的比例与反应阴性人群中实验因素有无的比例之比。在下列两个条件均满足时，可用于估计 RR 值。① 所关注的事件发生概率比较小（<0.1）。这个条件保证比数比将能对相对危险度有一个好的近似；② 所设计的研究是病例对照研究。

（3）Kappa 检验与配对卡方检验：Kappa 一致性检验对两种方法结果的一致程度进行评价。配对卡方检验则用于分析两种分类方法的分类结果是否有差异。

（4）分层卡方检验：分层卡方是把研究对象分解成不同层次，按各层对象来进行行变量与列变量的独立性研究。可在去除分层因素的影响后更准确地对行列变量的独立性进行研究。

思考与练习

1. 在周六晚节目单修订前后，分别作了收视率的调查。在节目修改前，收视率记录为 ABC 29%，CBS 28%，NBC 25%，独立电台 18%。节目修改后，300 个家庭所组成的样本产生下列电视收视数据：ABC 95 个家庭，CBS 70 个家庭，NBC 89 个家庭，独立电台 46 个家庭。取显著性水平 $\alpha=0.05$，检验电视收视率是否已经发生了变化。请用软件 SPSS 作分析，并解释各表含义。

2. 在周六晚节目单修订前后,分别作了收视率的调查。在节目修改前,300 个家庭收视记录为:ABC 76 个家庭,CBS 89 个家庭,NBC 83 个家庭,独立电台 52 个家庭。节目修改后,300 个家庭所组成的样本产生下列电视收视数据:ABC 95 个家庭,CBS 70 个家庭,NBC 89 个家庭,独立电台 46 个家庭。取显著性水平 $\alpha=0.05$,检验电视收视率是否已经发生了变化。请用软件 SPSS 作分析,并解释各表含义(请将本题与第 1 题作比较)。

3. 3 名推销员 3 个月内的销售数量报告如题表所示。取显著性水平 $\alpha=0.05$,检验推销员与产品类型的独立性。你有何结论?

题表

推销员	产品		
	A	B	C
Michael	14	12	4
David	21	16	8
Alice	15	5	10

第16章 相关分析

唯物论者认为任何事物之间都是有联系的,这种联系无非存在强弱、直接或间接的差别。相关分析就是通过定量的指标来描述这种联系。在第15章中实际上已经接触到了相关分析的指标体系,根据变量的不同类型,可以选用各种各样的相关程度描述指标。本章将主要针对连续变量的情形就此问题作进一步的深入探讨。

> 提到相关分析,读者可能会认为研究的是两个变量间的关系。但实际上,广义的相关分析研究的可以是一个变量和多个变量的关系,也可以是研究两个变量群,甚至于多个变量群之间的关系。由于后两种情况涉及比较复杂的模型,因此不在本书介绍范围之内,读者可以在高级教程中学习相应的方法。

16.1 相关分析简介

16.1.1 相关分析的指标体系

尽管在提及相关分析时,往往考察的都是两个连续变量的相关关系,但实际上对任何类型的变量,都可以使用相应的指标进行相关关系的考察。为了能使读者建立一个完整的相关分析体系,这里首先向大家介绍针对不同的变量类型时可供使用的相关分析指标种类。

> 测量相关程度的相关系数有很多,各种参数的计算方法、特点各异。有的是基于卡方值,有的则主要考虑预测效果。有些是对称性的,有些是非对称性的(在将变量的位置互换时,对称性参数将不变,非对称性参数则会改变)。大部分关联强度参数取值范围在0~1之间,0代表完全不相关,1代表完全相关;但是,对于反映定序变量或连续变量间关联程度的参数,其取值范围则在-1~1之间,绝对值代表相关程度,而符号则代表是正相关还是负相关。

1. 连续变量的相关指标

显然,这种情况最多见,此时一般使用积差相关系数,又称 Pearson 相关系数来表示其相关性的大小,其数值介于-1~1之间,当两变量相关性达到最大,散点呈一条直线时取值为-1或1,正负号表明了相关的方向;如两变量完全无关,则取值为0。

积差相关系数应用非常广泛,但严格地讲只适用于两变量呈线性相关时。此外,作为参数方法,积差相关分析有一定的适用条件,当数据不能满足这些条件时,分析者可以考虑使用 Spearman 等级相关系数来解决这一问题。

2. 有序变量的相关指标

对于有序的等级资料的相关性,又往往称其为一致性,所谓一致性高,就是指行变量等级高的列变量等级也高,行变量等级低的列变量等级也低。如果行变量等级高而列变量等级低,则被称为不一致。

在详细介绍所用指标之前先要明确两个指标的含义:当按此两变量取值列出交叉表后,P 代表一致对子数的两倍,Q 代表不一致对子数的两倍,所谓一致对子数就是指行变量等级高的列变量等级也高,反之亦然。按此可以计算下面的 5 个指标,它们实际上均是基于最前面的 Gamma 统计量衍生出来的。

(1) Gamma 统计量:描述有序分类数据联系强度的度量。介于 $-1 \sim 1$ 之间,当观察值集中于对角线处时,其取值为 -1 或 1,表示两者取值绝对一致或绝对不一致;如两变量完全无关,则取值为 0。它的计算公式非常简单,$\gamma = (P-Q)/(P+Q)$。

(2) Kendall's Tau-b:讲解该系数必须要先解释 τ_a 系数,该系数是以同序对 P 与异序对 Q 之差为分子:

$$\tau_a = \frac{P-Q}{n(n-1)/2}$$

理论上 τ_a 的取值范围是 ± 1,但是当相同等级太多时,会使其极大值与极小值不能达到 ± 1,为此在分母上按照相同等级的对子数进行了校正,以保证取值范围能达到 ± 1。此即 τ_b 系数,因校正后公式比较复杂,这里不再给出。

(3) Kendall's Tau-c:在 Kendall's Tau-b 的基础上又进一步考虑了整张列联表的大小,并对其进行了校正。

(4) Somers' D(C|R):d 系数为 Somer 所创,因此称 Somer's d。它是 τ_b 的不对称调整,只校正了自变量相等的对子。分别给出了 d_{yx} 和 d_{xy} 两个系数为:

$$d_{yx} = \frac{P-Q}{P+Q+P_y}, d_{xy} = \frac{P-Q}{P+Q+P_x}$$

d_{yx} 表示 x 为自变量,Y 为因变量时的情况,其中 P_y 表示仅在 y 方向的同分对。

3. 名义变量的相关指标

对于名义变量,实际第 15 章中所学习的 χ^2 值就可以用于测量两个变量的相关性,这里介绍的更专业的指标实际上多数也是从 χ^2 值进一步衍生而来。

(1) 列联系数(Contingency Coefficient):基于 χ^2 值得出,公式为 $\sqrt{\chi^2/(\chi^2+n)}$,其中 n 为总样本量。其值介于 $0 \sim 1$ 之间,越大表明两变量间相关性越强。

(2) Phi and Cramer's V:这两者也是基于 χ^2 值的,Phi 是基于卡方值和总观察频数计算而来,$\phi = \sqrt{\chi^2/n}$。在四格表 χ^2 检验中介于 $0 \sim 1$ 之间,其他列联表时其取值理论上没有上限,值越大,关联程度越强。Cramer's V 是 Phi 的一个调整,较 Phi 在关联程度的测量上相对保守,经调整后使得取值范围在任何列联表中,取值均不超过 1。指标的绝对值越大,则相关性越强。

$$V = \sqrt{\phi^2/\min[(r-1),(c-1)]}$$

分母中的 $\min[(r-1),(c-1)]$,表示选择 $(r-1)$,$(c-1)$ 中的较小者作为除数。经过这样的改进,V 的取值范围就在 $[0,1]$ 之间了,因此 V 系数就克服了 ϕ 系数不能与其他相关系数间进行比较的缺点。

(3) λ 系数(Lambda):用于反映自变量对因变量的预测效果,即知道自变量取值时对因变量的预测有多少改进,或者说知道自变量的取值时期望预测误差减少的比例,λ 将误差定义为列(行)变量预测时的错误,其预测值是基于个体所在行(列)的众数。值为 1 时表明知道了自变量就可以完全确定因变量取值,为 0 时表明自变量对因变量完全无预测作用。

$$\lambda = \frac{\sum f_{im} - F_{ym}}{n - F_{ym}}$$

f_{im} 为每一类 x 中 y 分布的众数次数,F_{ym} 为 y 次数分布的众数次数。λ 相关来自消减误差比率,对计算结果自然也从消减误差比例的角度解释,即"根据 x 去估计 y 可以减少百分之 λ 的误差"。λ 必定处于 0~1 之间。

另外要注意的是,如果将表中两个变量的位置对换,计算出的 λ 值将会不同,也就是说,行变量为自变量、列变量为自变量时的结果是不一样的。当无法确定自变量与因变量时,可以取两个 λ 平均值作为 λ 相关量,SPSS 会同时给出这 3 种结果。

(4) 不确定系数(Uncertainty Coefficient):其值介于 0~1 之间,和 λ 类似,也用于反映当知道自变量后,因变量的不确定性下降了多少(比例),只是在误差的定义上稍有差异。以熵为不确定性大小的度量指标,共会输出行变量为自变量、列变量为自变量、对称不确定系数 3 个结果,后者为前两者的对称平均指标。

> 相信很多读者会问:这么多指标,究竟用哪个才合适?如同方差分析中的两两比较方法一样,此处统计方法的"欣欣向荣"恰好说明了统计学在解决分类指标相关性方面所面临的困境。就现状而言,分析人员能做的事只能是根据具体的问题特征,来从上面这些各具特点的统计指标中挑选最为合适的一个加以使用。同时也要注意:不同的指标是不能简单地进行数值大小的对比的。

4. 其他特殊指标

除以上较为系统的指标外,当希望测量一个名义变量和连续变量间的相关程度时,还可以使用一个叫作 Eta 的指标,它所对应的问题以前是用方差分析来解决的。实际上,Eta 的二次方表示由组间差异所解释的因变量的方差的比例,即 SS 组间/SS 总。

在第 15 章中还学习过 Kappa、OR、RR 等统计指标,它们实际上也都是相关程度的测量指标,这里不再重复。

16.1.2 SPSS 中的相应功能

SPSS 的相关分析功能分散在几个过程中,但大致可被归为以下两类。

1. 交叉表:"统计"子对话框

该子对话框(见图 16.1)在第 15 章中已经有所接触,事实上,按照无序、有序、连续变量的分类,在对话框中提供了非常整齐的相关分析指标体系,大家可以在其中找到上文介绍的几乎全部指标,具体解释如下。

(1) "相关性"复选框:适用于两个连续变量的分析,计算行、列变量的 Pearson 相关系数和 Spearman 等级相关系数。

(2) "按区间标定"框组:包含了一个变量为数值变量,而另一个为分类变量时度量两者关联度的指标,Eta 的二次方表示由组间差异所解释的因变量的方差的比例,即 SS 组间/SS 总。系统一共会给出两个 Eta 值，分别对应了行变量为因变量（数值变量）和列变量为因变量的情况。

（3）"有序"复选框组：包含了一组用于反映分类变量一致性的指标，这些指标只能在两个变量均属于有序分类时使用。它们均是基于 Gamma 统计量衍生出来的。

（4）"名义"复选框组：包含了一组用于反映分类变量相关性的指标，这些指标在变量属于有序或无序分类时均可使用，但两变量均为有序分类变量时效率没有"有序"复选框组中的统计量高。

（5）"Kappa"复选框：计算 Kappa 值，即内部一致性系数。

（6）"风险"复选框：计算 OR 值（比数比）和 RR 值（相对危险度）。

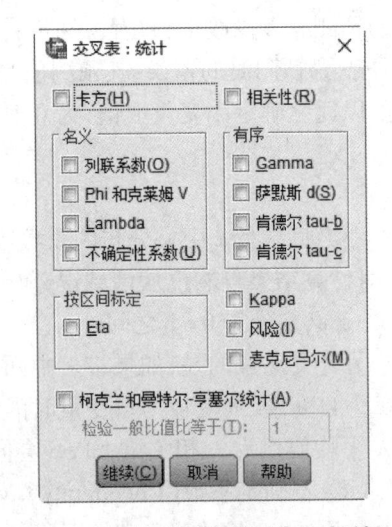

图 16.1　交叉表的"统计"子对话框

2. 相关子菜单

由于针对连续性变量的相关分析要更为常用，因此 SPSS 还专门提供了相关子菜单中的几个过程用于满足相应的分析需求。

（1）双变量（Bivariate）过程：用于进行两个/多个变量间的参数/非参数相关分析，如果是多个变量，则给出两两相关的分析结果。这是相关分析中最为常用的一个过程，实际上对它的使用可能占到相关分析的 95% 以上。

（2）偏相关（Partial）过程：如果需要进行相关分析的两个变量其取值均受到其他变量的影响，就可以利用偏相关分析对其他变量进行控制，输出控制其他变量影响后的相关系数，偏相关过程就是专门进行偏相关分析的。

（3）距离（Distances）过程：调用此过程可对同一变量内部各观察单位间的数值或各个不同变量间进行相似性或不相似性（距离）分析，前者可用于检测观测值的接近程度，后者则常用于考察各变量的内在联系和结构。该过程一般不单独使用，而是用于因子分析、聚类分析和多维尺度分析的预分析，以帮助了解复杂数据集的内在结构，为进一步分析做准备。

至于更复杂的相关分析问题，如两组变量间的相关分析等，在 SPSS 中还有线性回归模型、典型相关分析等更复杂的功能可供调用，但这已经超出了本书的讲授范围，对此感兴趣的读者请参见本丛书的《SPSS 统计分析高级教程》一书。

16.2　简单相关分析

16.2.1　方法原理

1. 一些基本概念

连续变量相关分析的一个显著特点是变量不分主次，被置于同等的地位。它的一些常用术语如下。

（1）直线相关：这是最简单的一种情况，两变量呈线性共同增大，或者呈线性一增一减的情况。相关分析中所讨论的情形基本上限于直线相关。

(2) 曲线相关:两变量存在相关趋势,但并非线性,而是呈各种可能的曲线趋势。此时如果直接进行直线相关分析,有可能得出无相关性的结论,此类问题一般用曲线回归来分析。

(3) 正相关与负相关:如果 A 变量增加时 B 变量也增加,则称为正相关,如 A 变量增加时 B 变量减小,则为负相关。

(4) 完全相关:两变量的相关程度达到了亲密无间的程度,当得知 A 变量取值时,就可以准确推算出 B 变量的取值,又分为完全正相关和完全负相关两种。

> 当数据为有序变量或者名义变量时,一般不再考虑直线、曲线相关的问题,但正、负相关和完全相关这些概念则仍然适用。

2. 系数计算

当两个连续变量在散点图上的散点呈直线趋势时,就可以认为二者存在直线相关趋势,也称为简单相关趋势。Pearson 相关系数,也称积差相关系数就是人们定量地描述线性相关程度好坏的一个常用指标。

> 一般认为,相关和回归的概念是在 1877~1888 年间由 Francis Galton 提出的,并在 1889 年出版的《自然遗传》一书中总结了自己的工作。但真正使这方面的理论系统化的是 Karl Pearson,正是后者的出色工作使得相关和回归理论大放光彩,并得到了广泛的应用。而为了纪念他的贡献,简单相关分析中所用的相关系数就也被称为 Pearson 相关系数。

为了介绍相关系数的计算方法,首先从方差开始讲起。对于相关分析中的两个变量,其方差 SS_X 和 SS_Y 分别反映了各自的变异程度,在相关与回归分析中方差又被记为 l_{xx} 和 l_{yy}。以 X 的样本方差为例,其计算公式为:

$$l_{xx} = \sum_{i=1}^{n}(x - \bar{x})^2/(n-1)$$

在相关分析中,协方差是一个非常重要的概念,它用符号 l_{xy} 来表示,其计算公式和方差非常类似,如下:

$$l_{xy} = \sum_{i=1}^{n}(x - \bar{x})(y - \bar{y})/(n-1)$$

可见,样本协方差是离均差乘积在样本中的平均,它可以被近似看成反映了变量 X 与 Y 之间的联系强弱和方向。若离均差乘积平均后接近0,则表明变量 X 和 Y 的部分取值同向,部分取值反方向,因而离均差乘积有正有负互抵消,其和就接近于零。而如果 X、Y 为同向变化,则离均差乘积大多为正,其和也为正,反之则离均差积和为负。

显然,协方差可以反映两变量相关性的大小,但由于协方差的大小与 X,Y 的量纲有关,不同问题中的协方差不可直接比较。因此考虑使用 X、Y 的方差对其进行标化,如下:

$$R^2 = l_{xy}^2/(l_{xx}l_{yy})$$

由于是同时用 X 和 Y 的方差进行标化,所以分子为协方差的二次方。该指标被称为决定系数,取值范围在 0~1 之间,可以很好地反映两变量间相关性的强弱:决定系数越大,表明两变量相关程度越高;当两变量为完全相关时,决定系数为1;当两变量间不相关时,决定系数为0。

但是,决定系数仍然存在问题。由于协方差二次方后均为正,从而决定系数不能反映相关的

方向。因此为了便于应用,又可以在标化协方差时不是将分子二次方,而是将分母开根号用于标化,如下:

$$r = l_{xy} / \sqrt{l_{xx} l_{yy}}$$

上述指标就是相关系数,显然它也是标准化之后的协方差,可以很好地反映相关程度的强弱,而且数值介于-1 和+1 之间,其正负就反映了相关的方向,便于应用。

归纳起来相关系数具有如下特点。

（1）相关系数 r 是一个无单位的量值,且 $-1 < r < 1$。

（2）$r > 0$ 为正相关,$r < 0$ 为负相关。

（3）$|r|$ 越接近于 1,说明相关性越好,$|r|$ 越接近于 0,说明相关性越差。

3. 相关系数的检验方法

计算出样本相关系数后必须对其进行检验,以确定其不是从一个数值为 0 的相关系数的总体中抽出的(避免计算出的数值是由于抽样误差所导致的)。它的假设检验如下。

$H_0: \rho = 0$,两变量间无直线相关关系。

$H_1: \rho \neq 0$,两变量间有直线相关关系。

检验的方法主要是 t 检验,公式为:$t = \dfrac{r - 0}{s_r}, v = n - 2$。求出统计量后即可根据自由度得到 P 值,通过 P 值与临界值的比较就可以进行判断了。但是在 SPSS 的结果中只会给出相关系数值和最终的 P 值,并不会给出统计量 t 的具体计算结果。

4. 积差相关系数的适用条件

任何一种统计方法都是有适用条件的,在相关分析中首先要考虑的问题就是两个变量是否可能存在相关关系,如果得到了肯定的结论,那才有必要进行下一步定量的分析。另外,在进行相关分析前必须注意以下几个问题。

（1）积差相关系数适用于线性相关的情形,对于曲线相关等更为复杂的情形,积差相关系数的大小并不能代表其相关性的强弱。

（2）样本中存在的极端值对积差相关系数的计算影响极大,因此要慎重考虑和处理,必要时可以对其进行剔除,或者加以变量变换,以避免因为一两个数值导致出现错误的结论。需要注意的是,有的时候在分别观察每个变量时极端值并不明显,但是联合观察两个变量时就会凸现出来。

（3）积差相关系数要求相应的变量呈双变量正态分布,注意双变量正态分布并非简单的要求 x 变量和 y 变量各自服从正态分布,而是要求服从一个联合的双变量正态分布,如图 16.2 所示。

在以上几条要求中,前两者要求最严,第三条比较宽松,违反时系数的计算结果也是比较稳健的。一般而言,分析者可以使用图形工具来对以上条件加以考察,散点图和直方图是最常用的工具。特别是散点图,它可以同时考察变量间是否存在线性相关、有无极端值、变量的分布是否接近正态,因此在相关分析考察适用条件时更为常用。从散点图可以发现如下重要信息:

（1）两变量间是否存在相关趋势。

（2）这种相关趋势是呈现为线性趋势还是曲线趋势,是否可以直接使用线性相关的积差相关系数加以刻画。

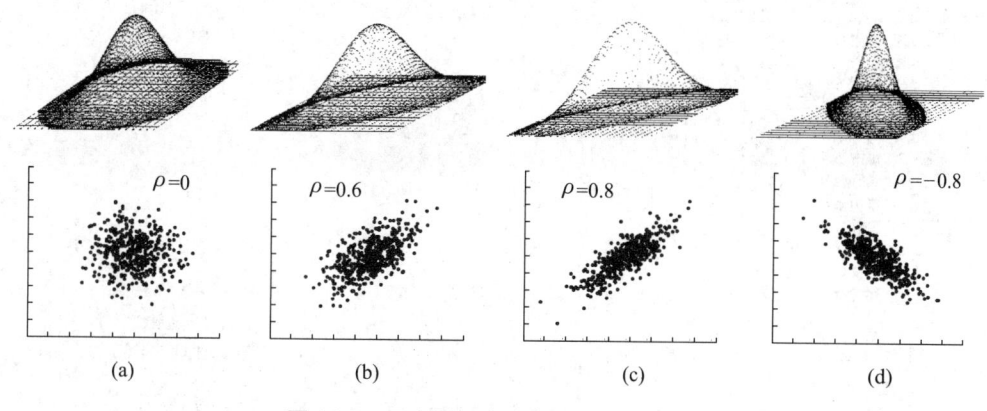

(a) ρ=0　　(b) ρ=0.6　　(c) ρ=0.8　　(d) ρ=-0.8

图 16.2　双变量正态分布及其样本散点图

(3) 散点图上是否发现明显的异常值,或者说强影响点。

只有上述问题都得到解答,后续相关分析的结果才是可信的。

16.2.2　案例:考察信心指数值和年龄的相关性

例 16.1　利用相关分析考察总信心指数值和年龄的相关性。

对于本例,首先应该意识到的是题中的变量均为连续性变量,因此在相关指标体系中应当考虑使用描述两个连续性变量相关性的指标。

> 此处因为在第 10 章中已经绘制过相应的散点图,可以确认两者之间存在直线负相关趋势,因此直接进入了后续分析操作,否则必须要首先进行散点图的考察。

1. 界面说明

双变量相关过程的对话框如图 16.3(a)所示,内容非常简单,这里扼要介绍如下。

(1) "变量"列表框:用于选入需要进行相关分析的变量,至少需要选入两个。如果选入了多个,则分析结果会以相关矩阵的形式给出两两直线相关分析的结果。

(2) "相关系数"复选框组:用于选择需要计算的相关分析指标。Pearson 是默认选项,进行积差相关分析;Kendall 的 tau-b 要求计算 Kendall's 等级相关系数;Spearman 则计算 Spearman 相关系数,即最常用的非参数相关分析(秩相关)。

(3) "显著性检验"单选框组:用于确定是进行相关系数的单侧(One-tailed)或双侧(Two-tailed)检验,一般选双侧检验。

(4) "标记显著性相关性"复选框:会要求在结果中用星号标记有统计学意义的相关系数,一般选中。此时 $P \leqslant 0.05$ 的系数值旁会标记一个星号,$P \leqslant 0.01$ 则标记两个星号。

(5) "选项"子对话框:如图 16.3(b)所示,用于选择需要计算的描述统计量和统计分析指标,包括常用的均值和标准差,以及相关分析特有的交叉积和与协方差,下方的缺失值单选框组则用于定义分析中对缺失值的处理方法,前面已经出现过多次。

2. 操作说明与结果解释

本例的操作步骤非常简单,具体操作如下。

(1) 选择"分析"→"相关"→"双变量"菜单项。

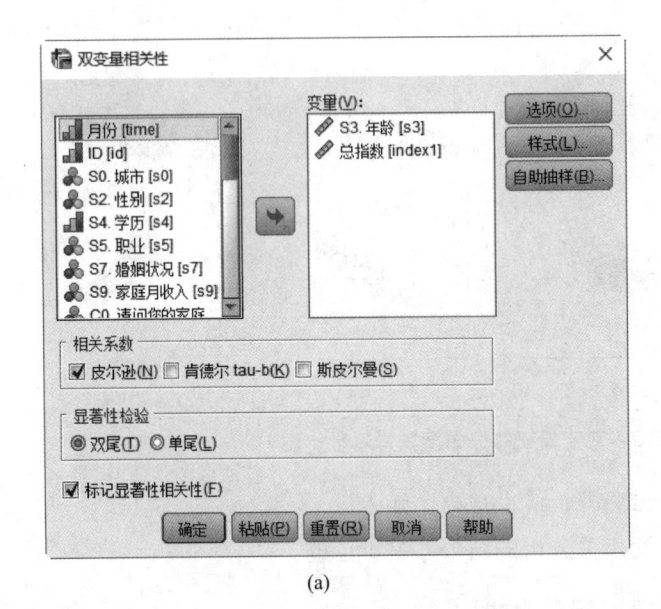

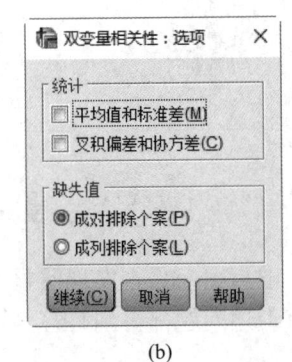

图 16.3 "双变量相关性"对话框

(2) 将总信心指数、年龄选入"变量"列表框。

(3) 单击"确定"按钮。

图 16.4 给出的就是 Pearson 相关系数的结果,是以对角阵的形式给出,由于这里只分析了两个变量,因此是 2×2 的方阵。每个单元格共分为 3 行,分别是相关系数、P 值和样本数。可以看到总信心指数和年龄的相关系数为 -0.219,对相关系数的检验的双侧 P 值小于 0.001,所以可以认为两变量间的负相关有统计学意义,随着年龄的增加,总指数值呈现减少趋势。

		总指数	S3.年龄
总指数	皮尔逊相关性	1	-.219**
	显著性（双尾）		.000
	个案数	1147	1147
S3.年龄	皮尔逊相关性	-.219**	1
	显著性（双尾）	.000	
	个案数	1147	1147

**. 在 0.01 级别（双尾），相关性显著。

图 16.4 相关性

如果在"选项"子对话框中选择了"叉积偏差和协方差"复选框,则会在输出表格中包括离均差平方以及协方差值,大家可以按照前述公式计算出相关系数,结果就是 -0.219,这可以帮助大家理解前面的计算过程。

16.2.3 秩相关系数

Pearson 相关系数作为一种参数分析方法,要求 x、y 服从双变量正态分布,当这两个变量明显偏离正态分布时,显然用它来测量相关性并不恰当,此时可以使用其他的相关性测量指标,而最常用的一个就是 Spearman 等级相关系数。

　　Spearman 相关系数又称为秩相关系数,是利用两变量的秩次大小作线性相关分析,对原始变量的分布不作要求,属于非参数统计方法。因此它的适用范围较 Pearson 相关系数要广得多。Spearman 相关系数的计算公式可以完全套用 Pearson 相关系数的计算公式,但公式中的 x 和 y 用 x 和 y 相对应的秩次代替即可。样本含量 n 小于等于 50 时 Spearman 相关系数的检验可以通过查界值表判断,大于 50 后检验公式与积差相关系数相同。

　　对于上面的例子,如果计算秩相关系数的话,则结果如图 16.5 所示,可见 Spearman 相关系数为 -0.213,P 值小于 0.001,在 $\alpha = 0.05$ 的水平上拒绝无效假设,结论和前面相同。

			总指数	S3.年龄
斯皮尔曼 Rho	总指数	相关系数	1.000	-.213**
		显著性（双尾）	.	.000
		个案数	1147	1147
	S3.年龄	相关系数	-.213**	1.000
		显著性（双尾）	.000	.
		个案数	1147	1147

**. 在 0.01 级别（双尾），相关性显著。

图 16.5　秩相关系数

　　由于非参数方法对信息的利用效率要低于参数方法,因此对于同一个资料,在双变量正态分布成立的时候,绝大多数情况下 Spearman 等级相关系数的绝对数值都是小于 Pearson 相关系数的。同时 Pearson 相关系数是比较稳健的统计方法,数据轻微偏离适用条件也影响不大。

16.2.4　Kendall 等级相关系数

　　在对话框中还提供了 Kendall's tau-b 等级相关系数的选项,显然该指标适用于两个变量均为有序分类的情况。对于上例,如果计算等级相关系数(这里仅仅是演示计算),则结果如图 16.6 所示,可见分析结论和前面相同。而且大家可以发现对相同的数据,秩相关系数和等级相关系数的绝对值都小于积差相关系数,显然这是由于在秩变换或者数据按有序分类处理时会损失信息所致。

			总指数	S3.年龄
肯德尔 tau_b	总指数	相关系数	1.000	-.152**
		显著性（双尾）	.	.000
		个案数	1147	1147
	S3.年龄	相关系数	-.152**	1.000
		显著性（双尾）	.000	.
		个案数	1147	1147

**. 在 0.01 级别（双尾），相关性显著。

图 16.6　Kendall 的 tau_b 相关系数

16.3 偏相关分析

16.3.1 方法原理

1. 偏相关所需要解决的问题

上面介绍的相关分析都只是分析了两个变量间的关系,没有考虑第三方的影响,这就有可能导致对事物的解释出现偏差。例如,上面总信心指数和年龄的相关分析,家庭收入 QS9 和总信心指数也存在着负相关趋势,显然年龄可能和家庭收入存在一定的关联,那么前述-0.219 的相关系数中究竟有多少反映的是年龄—家庭收入—信心值这样一种间接链条的影响? 或者说在控制了家庭收入的作用之后,年龄和信心值之间还有相关性吗? 这就是偏相关分析所需要考虑解决的问题。

2. 偏相关分析的计算公式

偏相关分析是在相关的基础上考虑两个因素以外的各种影响因素,或者说在扣除了其他因素的作用大小以后,重新来考察这两个因素间的关联程度。这种方法目的就在于消除其他变量关联性的传递效应。

偏相关系数在计算时可以首先分别计算 3 个因素之间的相关系数,然后通过这 3 个简单相关系数来计算偏相关系数,计算公式为:

$$r_{12(3)} = \frac{r_{12} - r_{13} \times r_{23}}{\sqrt{1-r_{13}^2} \times \sqrt{1-r_{23}^2}}$$

该公式就是在控制了第三个因素的影响后所计算的第一、第二个因素之间的偏相关系数。当考虑一个以上的控制因素时公式类推。

> 事实上,如果用回归的角度来解释,偏相关系数就是首先以希望分析的变量为因变量,被控制的变量为自变量分别拟和两个回归方程,然后将所得的两组残差进行简单相关分析,有兴趣的读者可以自行尝试一下。

16.3.2 案例:控制家庭收入的影响之后考察年龄的作用

例 16.2 在控制家庭收入 QS9 的影响后,考察总信心指数值和年龄的相关性。

这里可以首先对上述 3 个变量的相关性进行两两考察,结果如图 16.7 所示,可见家庭收入和年龄呈负相关关系,同时和总指数呈正相关关系,且两者均有统计学意义。这样一来,年龄就完全可能通过上述相关关系和总指数建立数量上的关联,需要考虑利用偏相关分析来得到更加纯粹的分析结果。

1. 界面说明

偏相关分析所使用的对话框和相关分析极为相似,如图 16.8 所示,简述如下。

(1) 主对话框:大部分内容和双变量相关分析主对话框类似,只是新出现了一个"控制"列表框,用于选择需要在偏相关分析时进行控制的变量。如果不选入,则进行的是普通的相关分析(求出的是积差相关系数)。

16.3 偏相关分析

皮尔逊相关性

	总指数	S3.年龄	Qs9
总指数	1	-.219**	.084**
S3.年龄	-.219**	1	-.138**
Qs9	.084**	-.138**	1

**. 在 0.01 级别（双尾），相关性显著。

图 16.7　相关性

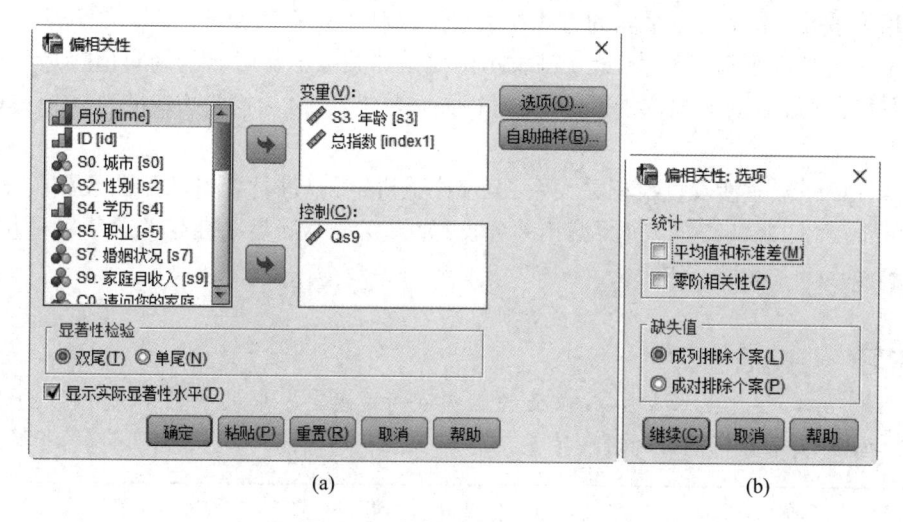

(a)　　　　　　　　　　　　　　(b)

图 16.8　偏相关分析的对话框

（2）"选项"子对话框：除给出均数、标准差等的描述外，还可以选择"零阶相关性"复选框，要求给出包括协变量在内所有变量两两相关的系数阵。

2. 操作说明与结果解释

本例的操作步骤非常简单，具体操作如下。

（1）选择"分析"→"相关"→"偏相关"菜单项。

（2）将总信心指数、年龄选入"变量"列表框。

（3）将家庭收入 Qs9 选入"控制"列表框。

（4）单击"确定"按钮。

图 16.9 所示就是在控制了家庭收入 Qs9 的作用之后计算出的年龄和总指数间的偏相关系数矩阵，可见两者的偏相关系数为-0.216，虽然绝对数值有所减小，但仍然具有统计学意义，因此在控制了家庭收入的作用之后，仍然可以确认年龄和总指数之间存在负相关关系。

控制变量			总指数	S3.年龄
Qs9	总指数	相关性	1.000	-.216
		显著性（双尾）	.	.000
		自由度	0	989
	S3.年龄	相关性	-.216	1.000
		显著性（双尾）	.000	.
		自由度	989	0

图 16.9　相关性

16.4 本章小结

(1) 虽然一般所说的相关分析均是指两个连续变量的相关性,但实际上任意测量尺度的两个变量都可以有相应的指标来描述其相关程度大小,并且也可以对两组甚至于多组变量进行相关分析。

(2) 相关系数 r 表示两变量间的直线相关程度,r 值的范围从 -1 到 1。r 为正表示 X 与 Y 之间为正相关,r 为负表示负相关。r 近于零表示两变量间关系不密切,r 的绝对值接近于 1 表示两变量间关系较密切。但 r 有抽样误差,故算得相关系数之后,必须检验相应的总体相关系数 ρ 是否为 0。

(3) 研究中一般只涉及直线相关关系,但理论上讲,可以进行变量间的曲线相关分析;如果希望扣除其他变量的影响,可以进行偏相关分析;如果变量不满足线性相关分析的适用条件,则可以进行 Spearman 秩相关分析。

思考与练习

某医师研究婴儿出生体重和双顶径的数量关系,收集了婴儿出生体重(X,g)和双顶径(Y,mm)数据如下,请分析两者的数量关系。

X	273	299	226	315	294	260	383	273	234	329	302	357
Y	94	88	91	99	93	87	94	93	81	94	94	91

第17章 线性回归模型入门

通过第 16 章的相关分析,已经发现年龄和总信心指数之间存在负相关关系。但是,相关分析中的变量是不分主次的,而在 CCSS 案例中,显然研究者更关心的是信心指数的大小,或者说重点考虑的是年龄的变化会给信心指数的平均水平带来怎样的影响。不仅如此,在分析年龄对信心指数的影响时,还不可避免地需要考虑如何控制收入、职业、性别等其余背景变量的影响,这样才能得到更为准确的结论。这些分析需求都是相关分析所难以满足的,而线性回归模型就是对付这些需求的利器。

17.1 线性回归模型简介

17.1.1 相关分析与回归分析的联系与区别

和第 16 章学习的相关分析相对比,回归分析也可以用来考察两个连续变量间的联系,但反映的是不同的侧面。以图 17.1 为例,这两幅散点图坐标尺度相同,都反映了 X 和 Y 两个变量的关联趋势,但它们有以下两个明显的差别。

(1) 首先,图 17.1(a) 的散点明显要比图 17.1(b) 中稀疏一些,这表明图 17.1(a) 中两变量在数量上的联系弱于图 17.1(b)。如果要用统计指标对这种差别进行表述,则应当进行相关分析,相关系数就可以反映散点的疏密,图 17.1(a) 计算出的相关系数没有图 17.1(b) 的大。

(2) 其次,如果观察当 X 变动时 Y 的数量变化,则会发现在图 17.1(a) 中当 X 每增加一个单位时,Y 平均增加的较多,而在图 17.1(b) 中 X 增加一个单位时 Y 平均增加的较少。即图 17.1(a) 中 X 的变动对 Y 数值的影响要比图 17.1(b) 中大,这种差别在统计中可以使用回归分析来加以表述。

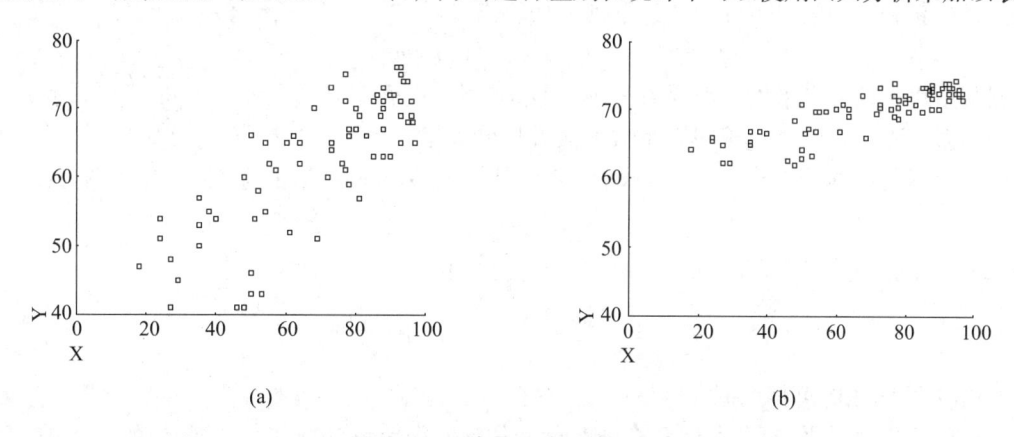

图 17.1 两变量间关系的示意图

从上面的比较可知,通过回归方程解释两变量之间的关系会显得更为精确,例如可以计算出年龄每增加一岁时信心指数值平均下降的单位数量,这是相关分析无法做到的。除了描述两变量的关系以外,通过回归方程还可以进行预测和控制,预测就是在回归方程中控制了变量 x 的取值范围就可以相应的得到变量 y 的上下限,而控制则正好相反,也就是通过限制结果变量 y 的取值范围来得到 x 的上下限。这两点在实际的应用中显得尤为重要。

17.1.2 简单回归分析的原理和要求

1. 模型的基本结构

如果将两个事物的取值分别定义为变量 x 和 y,则可以用回归方程 $\hat{y}=a+bx$ 来描述两者的关系,这里需要注意的有两点:第一,变量 x 称为自变量,而 y 为因变量,一般来讲应该有理由认为是由于 x 的变化而导致 y 发生变化。第二,$\hat{y}$ 不是一个确定的数值,而是对应于某个确定 x 的群体的 y 值平均值的估计。该方程的含义可以从其等式右边的组成来理解,即每个预测值都可以被分解成两部分。

(1) 常量(Constant):为 x 等于零时回归直线在 Y 轴上的截距(Intercept),即 x 取值为零时 y 的平均估计量。

(2) 回归部分:它刻画因变量 y 的取值中,由反应变量 y 与自变量 x 的线性关系所决定的部分,即可以由 x 直接估计的部分。b(总体回归直线中则表示为 β)被称为回归系数(Coefficient of Regression),又称其为回归线的斜率(Slope)。

估计值 $\hat{y}$ 和每一个实测值之间的差被称为残差。它刻画了反应变量 y 除了自变量 x 以外的其他所有未进入该模型,或未知但可能与 y 有关的随机和非随机因素共同引起的变异,即不能由 x 直接估计的部分。往往假定 ε_i 服从正态分布 $N(0,\sigma^2)$。

既然模型中有无法消除的残差存在,采用初中学过的那种两点确定一条直线的方法是无法求得方程中具体参数值的。由于方程应当和大多数点尽量靠近,从模型算得的预测值应当就是总体中相应个体 y 值的均数,为此人们一般采用最小二乘法来拟合模型,即保证各实测点至回归直线纵向距离的平方和为最小。

2. 回归系数的计算和检验

公式中 a 和 b 的数值可分别通过下列公式算出:

$$b=l_{xy}/l_{xx},\ a=\bar{y}-b\bar{x},\ \nu=n-2$$

回归系数 b 计算出来以后需要对其进行假设检验,以确定求出的不为 0 的回归系数并不是由于抽样误差而导致的。对于回归系数的假设检验可用 t 检验和方差分析,公式分别如下。

(1) t 检验:其检验统计量为 $t_b=(b-\beta)/S_b$,其中 S_b 为回归系数的标准误,其定义为:

$$S_b=S_{Y.X}\sqrt{1/l_{xx}},\ \nu=n-2$$

(2) 方差分析:其原理和前面的单因素方差分析相同,即

$$F=\frac{MS_{回归}}{MS_{剩余}}=\frac{SS_{回归}/\nu_{回归}}{SS_{剩余}/\nu_{剩余}},\ \nu_{回归}=1,\ \nu_{剩余}=n-2$$

3. 总体回归线的可信区间

在回归分析的结果应用时,经常会涉及区间估计的问题,这里可以对回归线的总体进行可信区间的估计,该区间估计范围在散点图上表现为一个二维空间的弧形区带,也被称为回归线的置信带(Confidence Band)。以 95% 的区间为例,其含义是在满足线性回归的假设条件下,两条弧形

曲线所形成的区域包含真实总体回归直线的置信度为95%。其标准误如下：

$$S_{\hat{Y}_X} = S_{Y.X} \sqrt{\frac{1}{N} + \frac{(X-\overline{X})^2}{\sum(X_i-\overline{X})^2}}$$

相应的总体回归线$100(1-\alpha)\%$置信带为：$\hat{Y} \pm t_{\alpha(n-2)} S_{\hat{Y}}$。因为其方差是$x$的函数，所以其置信带在均数$(\overline{X},\overline{Y})$处的宽度最小，越远离该均数点，则其区间宽度越大。

4. 个体Y预测值的区间估计

该区间指的是当X为某定值时，个体Y值的参考值范围的波动范围，其分布的标准差$S_{Y|X_p}$按下式估计：

$$S_{Y|X_p} = S_{Y.X} \sqrt{1 + \frac{1}{n} + \frac{(X_p-\overline{X})^2}{\sum(X-\overline{X})^2}}$$

为了简化计算，当X与$\overline{X}$接近且n充分大时，可用$S_{Y.X}$代替$S_{Y|X_p}$，其参考值区间为$\hat{Y} \pm t_{\alpha(n-2)} S_Y$。该区间是比总体回归线置信区带更远离的两条弧形曲线，以95%的区间为例，表示的是期望有95%的数据点所落入的范围。

> 在 SPSS 中可以使用散点图对简单回归分析进行非常直观的图形呈现，并通过编辑方式直接绘制出回归线、回归线的95%可信区间和个体值的95%参考值范围，并加绘出实测值和预测值的差距(残差)，大大方便了实际使用。具体操作请参见第 10 章。

5. 回归模型的适用条件与注意事项

即使是进行简单回归分析，模型对数据也有一定的要求，基本的适用条件如下。

（1）**线性趋势**：自变量与因变量的关系是线性的，如果不是，则不能采用线性回归来分析。这可以通过散点图来加以判断。

（2）**独立性**：可表述为因变量y的取值相互独立，之间没有联系。反映到模型中，实际上就是要求残差间相互独立，不存在自相关，否则应当采用自回归模型来分析。

（3）**正态性**：就自变量的任何一个线性组合，因变量y均服从正态分布，反映到模型中，实际上就是要求残差服从正态分布。

（4）**方差齐性**：就自变量的任何一个线性组合，因变量y的方差均相同，实质就是要求残差的方差齐。

如果只是建立方程，探讨自变量与因变量间的关系，而无须根据自变量的取值预测因变量的容许区间、可信区间等，则后两个条件可以适当放宽。

此外在进行回归分析时，还需要特别注意不能将回归模型的分析结果随意延伸到因果关系上去，也就是说，自变量和因变量有回归关系并不一定代表两者一定会有因果关联，但显然这是个很常见的误用和误解——统计分析不是万能的。因果关系的推定需要统计以外的专业知识，仅靠数据和模型尚不能做到这一点。

> 遗憾的是，很多著名的学者都在这一点上栽了跟头，或许最知名的例子是太阳黑子活动周期和犯罪率的关系，称得上是非常漂亮的模型。这个故事读者可自行到网上搜索。这

里可以举另外一个有趣的例子:自冥王星被发现以来,最初人们以为它很大,随着观测手段的不断进步,观测工具的精度不断提高,冥王星的直径测量值就在不断地缩小:

◇ 1949 年:10 000 千米
◇ 1950 年:6 000 千米
◇ 1965 年:5 500 千米
◇ 1977 年:2 700 千米
◇ ……

以至于后来有人用测量时间和观测直径做了回归分析,结论是在 1980 年,冥王星将会消失。

17.2 案例:建立用年龄预测总信心指数值的回归方程

这里利用相关分析中采用的例题来进一步进行回归分析,计算它的回归方程。与相关分析类似,在回归分析前首先要考虑的问题就是两个变量是否可能存在某种趋势,通过前面的散点图分析已经得到了肯定的结论,因此可以直接进行回归分析。

1. 界面说明

选择"分析"→"回归"→"线性"菜单项,即可弹出相应的"线性回归"主对话框,如图 17.2 所示。这里只介绍主界面的内容,各子对话框的功能将在下一节中加以介绍。

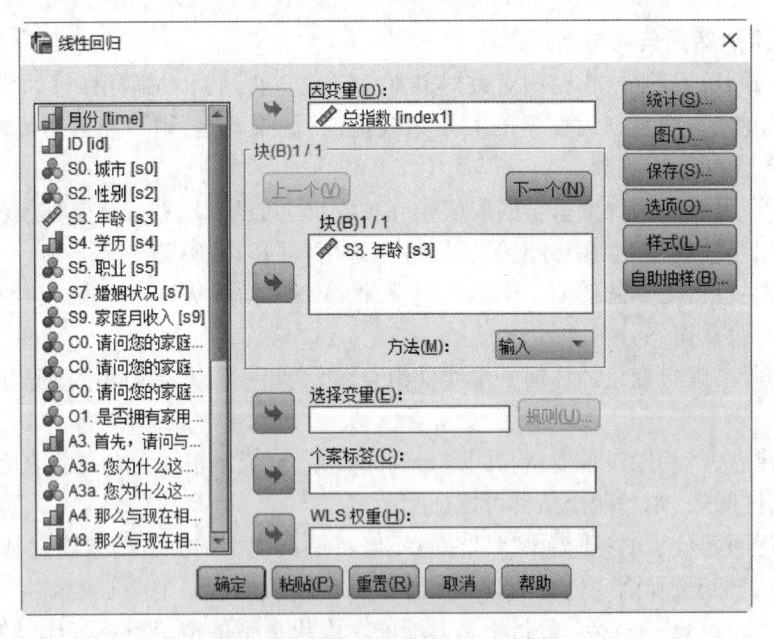

图 17.2 线性回归过程的主对话框

(1)"因变量"列表框:用于选入回归分析模型中的因变量,只能选入一个。
(2)"块"按钮组:由"上一个"和"下一个"这一对按钮组成,用于将下面自变量框中选入的自变量分组。由于多变量回归分析中自变量的选入方式有前进、后退、逐步等方法,如果对不同的自变量选入的方法不同,则用该按钮组将自变量分组选入即可。

(3)"自变量"列表框:重复调用后会重命名为"块"列表框,用于选入回归分析的自变量,它们进入模型的方法可使用块按钮组进行不同的定义。

(4)"方法"下拉列表框:用于选择对自变量的选入方法,具体的选择方式有前进、后退、逐步等方法,该选项对当前"自变量"列表框中的所有变量均有效。

(5)"选择变量"列表框:实际含义是进行案例筛选。选入一个筛选变量,并利用右侧的规则钮建立一个选择条件,这样只有满足该条件的记录才会进入回归分析。

(6)"个案标签"列表框:选择一个变量,它的取值将作为每条记录的标签。最典型的情况是使用记录 ID 号的变量。

(7)"WLS 权重"列表框:可选择权重变量以进行加权最小二乘法的回归分析。

2. 操作说明和结果解释列表

本例的操作是比较简单的,具体操作如下。

(1)选择"分析"→"回归"→"线性"菜单项。

(2)将总信心指数选入"因变量"列表框;将年龄选入"自变量"列表框。

(3)单击"确定"按钮。

分析结果中一共会出现 4 张表格,首先如图 17.3 所示的表是对模型中各个自变量纳入模型情况进行的汇总,由于本例只有一个自变量,所以结果显得比较单薄。可以看到进入模型的只有年龄一个变量,变量选择的方法为强行进入法,也就是将所有的自变量都放入模型中。筛选自变量的方法有很多种,不同的情况可以选择不同的筛选方法。

模型	输入的变量	除去的变量	方法
1	S3.年龄[a]	.	输入

a. 已输入所请求的所有变量。
b. 因变量:总指数

图 17.3 输入/移去的变量

图 17.4 所示的表是对模型的简单汇总,其实就是对回归方程拟和情况的描述,通过这张表可以知道相关系数(绝对值)的取值(R),相关系数的二次方即决定系数(R Square),调整后的决定系数(Adjusted R Square)和回归系数的标准误(Std. Error of the Estimate)。注意这里的相关系数绝对值大小和第 16 章相关分析中计算出的结果完全相同。决定系数的取值在 0~1 之间,它的含义就是自变量所能解释的方差在总方差中所占的百分比,取值越大说明模型的效果越好。通俗地讲就是决定系数越大该因素所起的作用越大。

模型	R	R 方	调整后 R 方	标准估算的误差
1	.219[a]	.048	.047	20.49596

a. 预测变量:(常量), S3.年龄

图 17.4 模型摘要

> 如果决定系数 R^2 为 0.8,则说明回归关系可以解释因变量 80% 的变异。换言之,如果能够成功的控制自变量的取值不变,则因变量的变异程度会减少 80%。调整后的决定系数主要用于自变量数量不同的模型拟合效果进行相互对比,在简单回归模型中没有实际价值。

图 17.5 所示的表即为对模型进行方差分析的结果,可以看到方差分析的结果 F 值为 57.726,P 值小于 0.05,所以模型有统计意义,由于只有一个自变量,也就等价于说该自变量的回归系数有统计意义。在只有一个自变量的简单回归中方差分析的结果和回归系数 t 检验的结果完全等价,大家可以和下面的结果加以比较。

模型		平方和	自由度	均方	F	显著性
1	回归	24249.673	1	24249.673	57.726	.000a
	残差	480996.625	1145	420.084		
	总计	505246.298	1146			

a. 预测变量: (常量), S3.年龄
b. 因变量: 总指数

图 17.5　方差分析表

图 17.6 所示的表为回归系数表,给出了回归方程中常数项、回归系数的估计值和检验结果,可见 $a=108.898, b=-0.358$,通过它就可以写出回归方程如下:

模型		未标准化系数		标准化系数	t	显著性
		B	标准误差	Beta		
1	(常量)	108.898	1.816		59.982	.000
	S3.年龄	-.358	.047	-.219	-7.598	.000

a. 因变量: 总指数

图 17.6　系数

$$\widehat{总信心指数} = 108.898 - 0.358 \times 年龄$$

上述回归方程提供了如下信息。

(1) 年龄为 0 岁时,受访者的信心指数平均理论值为 108.9,显然这只是个理论值,因为 CCSS 项目的受访者必须年满 18 岁。

(2) 年龄每增加一个单位,信心指数值平均会下降 0.358 点。

表格中还使用 t 检验对各参数进行了检验,其中对常数项是检验其是否为 0,但这在回归问题中一般没有实际意义,因此不用加以关心。

> 如果在一些特殊的建模分析中不希望模型包括常数项,或者说想将常数项固定为 0 的话,则在选项子对话框中去除"在等式中包含常量"复选框即可。

3. 存储预测值和区间估计值

如果建立回归模型的任务不仅是寻找潜在的影响因素,而是希望对因变量进行预测,则往往需要在数据集中计算出预测值、个体参考值范围等。在保存子对话框(见图 17.7)中提供了以下的信息存储功能。

(1) "预测值"复选框组:包含了各种可供存储的因变量预测值,包括原始预测值、标准化预测值(服从标准正态分布)、调节预测值(去掉当前记录时模型对该记录因变量的预测值),以及预测值的标准差(标准误)。

(2) "残差"复选框组:包含了可供存储的各种残差,可用于模型诊断。具体包括原始残差、标准化残差(服从标准正态分布)、学生化残差(服从 t 分布)、删除残差(调节预测值所对应的残差)、学生化已删除残差(上一个预测值进行 t 变换后的结果)。

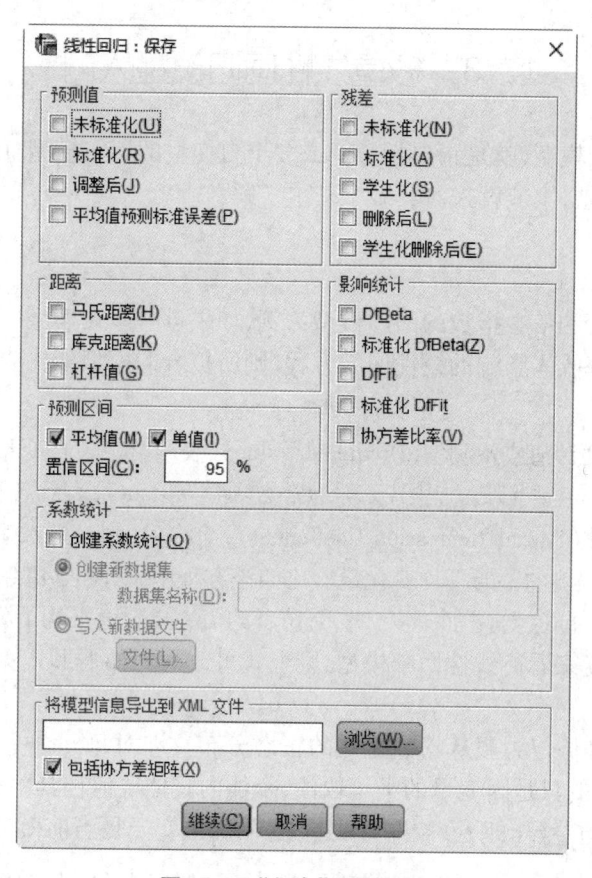

17.2 案例:建立用年龄预测总信心指数值的回归方程

图 17.7 "保存"子对话框

(3)"距离"复选框组:给出一系列用于测量数据点离拟合模型距离的指标,包括马哈拉诺夫距离、Cook 距离、杠杆值等,这些指标主要用于强影响点的诊断。

(4)"影响统计"复选框组:提供一些专门用于判断强影响点的统计量,如 DfBeta、DfFit、协方差比率等。

(5)"预测区间"复选框组:要求给出均数的可信区间或个体参考值范围的上下界,默认为 95%区间,用户可以自己设定概率值。

(6)"系数统计"框组:可以将回归系数等模型结果输出到一个新的数据文件中供后续分析使用。

(7)"将模型信息输出到 XML 文件"复选框:实际含义是将所拟合的模型以 PMML 语言格式输出为 XML 文件,以便可以读取该数据交换格式的分析软件对该模型加以利用。该功能与数据挖掘应用有关,这里不再详述。

在本例中,如果希望存储预测值和个体参考值范围,则所需操作如下:"保存"子对话框,选中"未标化预测值"、"单值预测区间"两个复选框,这样在建模完成后,原数据集就会增加 PRE_1、LICI_1 和 UICI_1 这 3 个新变量,分别代表了每条案例的模型预测值、个体预测值 95%参考值区间的下界和上界。

17.3 多重线性回归模型入门

所谓多重线性回归模型,就是指包括一个或多个自变量的回归模型,由于自变量数可能超过一个,因此架构更为复杂,本节就来对其做一基本了解。

17.3.1 模型简介

以上面分析的年龄和信心指数的回归模型为例,如果进一步在模型中加入家庭收入,希望建立同时考虑年龄和家庭收入影响的线性回归方程,则所拟合的模型架构为:

$$\hat{y}=a+b_1x_1+b_2x_2$$

这里,$\hat{y}$ 称为 y 的估计值或预测值(Predicted Value),表示给定各自变量的值时,因变量 y 的估计值;a 为截距(Intercept),在回归方程中又称为常数项(Constant),表示各自变量均为 0 时 y 的估计值;b_i 称为偏回归系数(Partial Regression Coefficient),简称为回归系数,表示其他自变量不变,x_i 每改变一个单位时,所预测的 y 的平均变化量。比如该方程中 x_1 代表年龄,并最终求得 $b_1=-0.2$,则表示当年龄上升一个单位(即增加一岁)时,受访者的信心指数值平均下降 0.2 个单位。

如果从个体的角度来看待线性回归模型,则上式可改写为如下形式:

$$y_i=\hat{y}+e_i=a+b_1x_{1i}+b_2x_{2i}+e_i$$

其中,e_i 为随机误差,被假定为服从均数为 0 的正态分布。即对每一个个体而言,在知道了所有自变量取值时,能确定的只是因变量的平均取值,个体的具体取值在其附近的一个范围内。而具体取值和平均取值间的差异(即 e_i)被称为残差,这一部分变异是当前模型无法控制的。

> 多重线性回归模型的适用条件和简单线性回归模型类似,也是线性趋势、独立性、正态性、方差齐性 4 项,但为了保证参数估计值的稳定,还需要注意模型的样本量要求。虽然在这方面还没有精确的计算公式可供选择,但根据经验,记录数应当在希望分析的自变量数的 20 倍以上为宜。比如模型中希望纳入 5 个自变量,则样本量应当在 100 以上,少于此数则可能会出现检验效能不足的问题。此时得到的阳性结论并非不可信,但在解释时要加倍小心,需要时刻牢记得到的系数可能是不稳定的。

17.3.2 多重线性回归模型的标准分析步骤

多重线性回归分析被应用得非常广泛,已经到了滥用的程度。作为一个严肃的统计学模型,它有着自己严格的适用条件,在拟合时也需要不断进行这些适用条件的判断。但是,许多使用者往往忽视了这一点。这不仅浪费信息,更有可能得出错误的结果。这里给出的是比较合适的回归分析操作步骤,仅供大家参考。

1. 关联趋势的图形考察

首先应当做出散点图,观察变量间的趋势。如果是多个变量,则还应当做出散点图矩阵、重叠散点图和三维散点图。具体做法请参见第 10 章。

图 17.8 依次为 4 幅散点图,可见图 17.8(a)中两变量间关系基本呈线性,可进行分析;图 17.8(b)中实际上为曲线关系,应当进行曲线方程的拟合;图 17.8(c)中两变量间虽然呈直线

关系,但存在一个异常点,必须先对它进行考察后才能进行分析,并且在分析方法上可能要采用其他拟合方法;图 17.8(d)中两变量间存在的线性趋势非常微弱,但由于一个异常点的出现使得这种关系被虚假的大大增强。这种情况同样要先考察异常点,并考虑采用其他拟合方法来分析。第 4 种情况应当引起大家充分的注意,因为该异常点离线性趋势线不远,许多人都错误地把它当作是正常情况。

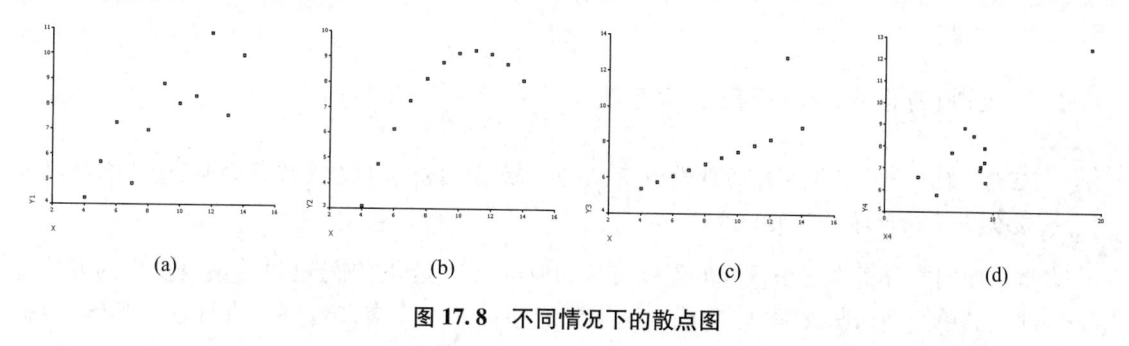

图 17.8　不同情况下的散点图

从上面这 4 幅图就可以看出,散点图是线性回归分析之前的必要步骤,不能随意省略。

2. 数据分布考察与预处理

用统计量或者图形考察数据的分布,进行必要的预处理。即分析变量的正态性、方差齐等问题。并确定是否可以直接进行线性回归分析。如果进行了变量变换,则应当重新绘制散点图,以确保线性趋势在变换后仍然存在。

3. 初步建模

对数据进行直线回归分析。这是大家最熟悉的一步,包括变量的初筛、变量选择方法的确定等,这里不再重复。

4. 残差分析

建模完毕后就开始了模型诊断的工作,残差分析是模型诊断过程的第一步,主要分析两大方面。

(1) 残差间是否独立:一般采用 Durbin-Watson 残差序列相关性检验进行分析。

(2) 残差分布是否为正态:可以采用残差列表及一些相关指标来分析,但最重要和直观的方法为图示法。图 17.9 的三幅残差图中,图 17.9(a)的残差分布非常好,没有什么问题;图 17.9(b)中残差虽然围绕均线均匀分布,但波动范围随着拟合值增大而增大,提示方差不齐,模型假设不成立,应当进行变量变换,或采用加权最小二乘法分析;图 17.9(c)问题最严重,残差随着拟合值的不同有明显趋势,提示因变量与自变量间并非直线关系,应该按曲线趋势进行拟合。

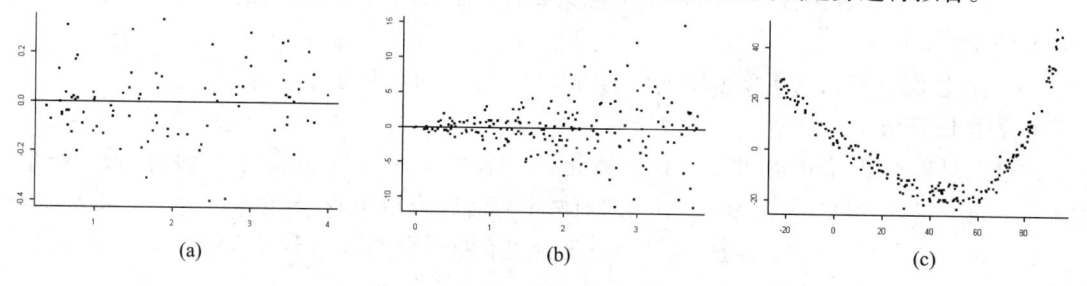

图 17.9　几种常见的残差分布情况

5. 强影响点的诊断及多重共线性问题的判断

这两个步骤和残差分析往往混在一起,难以完全分出先后,由于操作较为复杂,具体的方法和操作请参见《高级教程》的相应内容。

只有以上5步全部通过,研究者才能认为得到的是一个统计学上无误的模型,下一步该做的事情就是结合专业实际,将分析结果运用到现实中,来看看结果有无实用价值,以及是否存在应用中的其他问题。

17.3.3 回归方程中的自变量筛选方法

> 注意:变量选择不是纯粹的数学问题,不能孤立于背景来考虑。许多时候,专业上的判断要优先于统计学检验的结果。

多重线性回归分析中一个重要的问题就是如何进行自变量的筛选,虽然最为稳妥的方法是先分别建立简单线性回归方程,然后根据所得到的结果建立多重线性回归方程。但 SPSS 也提供了一些方法以简化分析人员的工作,具体来说是下面几种。

1. 进入法

所有纳入自变量框的变量均进入模型,不涉及变量筛选问题,为默认选项。

2. 向前法

(1) 分别对 p 个自变量 $(x1, x2, \cdots, xp)$ 拟合它与因变量的简单线性回归模型,共有 p 个。

(2) 考察其中有统计学意义的 k 个简单线性回归模型 $(k \leq p)$,将其中 P 值最小的模型所对应的自变量 (x_i) 首先引入模型。如果所有模型均无统计学意义,则运算结束,没有模型被拟合。

(3) 在已经引入模型的 x_i 的基础上,再分别拟合引入模型外的 $p-1$ 个自变量的线性回归模型。即自变量组合为 x_i+x_1、$\cdots$、x_i+x_{i-1}、x_i+x_{i+1}、$\cdots$、x_i+x_p 的 $p-1$ 个线性回归模型。将这些模型中统计学检验 P 值最小且有统计学意义的那个自变量 (x_j) 引入模型。如果除 x_i 之外的 $p-1$ 个自变量中没有一个有统计学意义,则运算过程终止,SPSS 给出模型 $\hat{y}=a+b_i x_i$ 的参数估计。

(4) 如此反复进行,直至模型外的自变量均无统计学意义为止。

3. 向后法

(1) 与向前法相反,首先对因变量拟合包含全部 p 个自变量的线性回归模型。

(2) 考察其中无统计学意义的 k 个自变量 $(k \leq p)$,将其中 P 值最大者 (x_i) 剔除出模型。如果所有自变量的 P 值均有统计学意义,则运算过程终止,SPSS 给出包含所有自变量的线性回归模型。

(3) 对因变量拟合包含剩下的 $p-1$ 个自变量的线性回归模型,同样剔除 P 值最大且无统计学意义的变量。

(4) 如此反复进行,直至模型中剩余的所有自变量均有统计学意义为止。

4. 逐步回归法

前进法只进不出,而后退法只出不进,在逻辑上都有缺陷,而逐步法则将上面两种方法结合起来筛选自变量,显得更为完善。逐步法的前两步与前进法相同,第3步开始的步骤如下。

(1) 考察第1步引入模型的自变量 (x_i) 是否仍有统计学意义。若没有统计学意义,则将其剔除出模型。

（2）拟合包含第 2 步引入模型的自变量(x_j)与除 x_i 外的 $p-2$ 个自变量的模型,将其中 P 值最小且有统计学意义者引入模型。此时若没有自变量有统计学意义,则运算过程终止,SPSS 给出仅包含自变量 x_j 的模型参数估计结果。

（3）如果第 1 步引入模型的自变量(x_i)有统计学意义,则进行第 4 步。在模型引入自变量 x_i、x_j 的基础上继续拟合包含其他 $p-2$ 个自变量的回归模型,考察剩余的 $p-2$ 个自变量是否有统计学意义。引入 P 值最小且有统计学意义的自变量。如果剩余的 $p-2$ 个自变量均无统计学意义,则运算过程终止,SPSS 输出包含 x_i、x_j 的回归模型参数估计结果。

（4）如此反复进行,直至模型外的自变量均无统计学意义,而模型内的自变量均有统计学意义。

由此可见,与前进法、后退法相比,逐步回归是比较"负责任"的,每向模型引入一个新变量,均要考察原来在模型中的自变量是否还有统计学意义,是否可以被剔除。

5. 删除法

规定为删除(Remove)的自变量将被强制剔除出模型。但 SPSS 会给出如果将其引入模型的参数估计及检验结果。该方法实际上是和将自变量分块的功能联合使用的。

> 对于不同的自变量纳入方法,在 SPSS 中可通过将其分为不同的"块"决定其进行模型的方式,同一区块中的自变量内进入模型的方式需要相同,而不同块则可以完全不同。

17.3.4 SPSS 中与多重线性回归模型相关的功能

在 SPSS 的回归子菜单中提供了相当丰富和强大的回归建模功能,但就本章所涉及的多重线性回归模型而言,主要可能会用到以下两个过程。

1. 线性回归过程

前面几节使用的线性回归过程本身就是一个非常强大的回归模型拟合过程,除对模型进行拟合外,该过程的各子对话框还提供了非常强大的模型诊断、模型输出等功能,完全可以满足复杂多重线性回归模型的变量筛选和建模工作。

这里简单介绍一下上文中还未加以介绍的几个子对话框的功能,以便大家对该过程有一个较全面的了解。

（1）"统计"子对话框:用于选择所需要的各种统计量,如图 17.10(a)所示。"回归系数"复选框组可以要求在结果中输出回归系数的估计值和检验结果,以及其可信区间、协方差矩阵等;"残差"复选框组则用于选择输出残差诊断的信息,包括 Durbin-Watson 残差序列相关性检验、超出规定的 n 倍标准误的残差列表;右侧的复选框用于输出模型诊断相关的指标,包括决定系数、自变量间的相关、部分相关和偏相关系数、一些共线性诊断统计量,如特征根(Eigenvalues)、方差膨胀因子(VIF)等。

（2）"图"子对话框:用于指定残差分析中所需的图形输出,如图 17.10(b)所示。可直接绘制残差的直方图和 P-P 图;也可使用左侧列表中预设的模型变量绘制各种散点图;而右下角的"生成所有局部图"复选框的含义是对每一个自变量绘出它与因变量残差的散点图,主要也用于回归诊断。

（3）"选项"子对话框:设置回归分析的一些选项,如图 17.10(c)所示。"步进法条件"框组用于设置纳入和排除标准,可按 P 值或 F 值来设置,"在方程中包括常量"复选框用于决定是否在模型中包括常数项,默认选中;"缺失值"框组则用于选择对缺失值的处理方式。

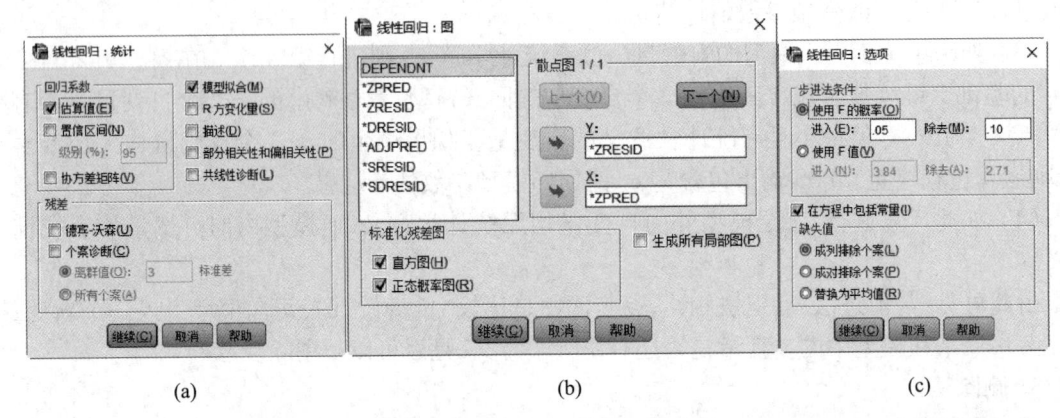

图 17.10　线性回归过程的"统计""图"和"选项"子对话框

2. 自动线性建模过程

该过程是 SPSS 近年来向自动化、智能化操作平台努力的成果之一,利用该过程,用户可以采用几乎完全自动的方式进行自变量的预变换、筛选、模型优化、检验等工作。自变量也可以是连续、有序、无序等任何一种测量尺度,系统会自动选择相应的转换方式/算法来加以分析。

由于自动线性建模过程的自动化程度较高,中间又会涉及一些比较复杂的算法,因此笔者并不建议不了解回归模型细节的初学者使用,本书将不对其作深入介绍,对该过程感兴趣的读者可参考高级教程一书。

17.3.5　案例:建立自变量包括年龄、性别、家庭收入的信心指数回归方程

例 17.1　建立候选自变量包括年龄、性别、家庭收入的总信心指数回归方程。

本例需要建立包括 3 个候选自变量的回归方程,由于事前不能确定这些自变量是否均具有统计学意义,因此出于简化模型的思路,可以考虑用向后法进行变量筛选。注意在真正的数据分析中,需要先分别绘制散点图进行观察,这里将该工作留给读者自行完成。

1. 操作说明与结果解释

(1) 选择"分析"→"回归"→"线性"菜单项。
(2) 将总信心指数选入"因变量"列表框,将年龄、性别、QS9 选入"自变量"列表框。
(3) "方法"下拉列表框选择"后退法"。
(4) 单击"确定"按钮。

图 17.11 给出了 SPSS 在回归过程中每个步骤所进行的操作,第一步是采用进入法纳入了全部 3 个候选自变量,然后在第 2 步剔除了性别,原因是其检验概率大于 0.1 的剔除标准。

图 17.12 给出了两步分析中所拟合模型的决定系数,可见总决定系数几乎没有下降,而校正的决定系数在自变量较少的第 2 个模型中还略有上升,这说明被剔除的自变量的确不应当纳入模型。

图 17.13 分别检验所拟合的两个模型是否在整体上具有统计学意义,显然两个模型都是具有一定预测价值的。

17.3 多重线性回归模型入门

模型	输入的变量	除去的变量	方法
1	Qs9, S2.性别, S3.年龄[a]	.	输入
2	.	S2.性别	向后（条件：要除去的 F 的概率 >= .100）。

a. 已输入所请求的所有变量。
b. 因变量：总指数

图 17.11 输入/移去的变量

模型	R	R 方	调整后 R 方	标准估算的误差
1	.231[a]	.053	.050	20.93061
2	.231[b]	.053	.051	20.92005

a. 预测变量：(常量), Qs9, S2.性别, S3.年龄
b. 预测变量：(常量), Qs9, S3.年龄

图 17.12 模型汇总

模型		平方和	自由度	均方	F	显著性
1	回归	24360.728	3	8120.243	18.536	.000[a]
	残差	432833.227	988	438.090		
	总计	457193.955	991			
2	回归	24359.741	2	12179.871	27.830	.000[b]
	残差	432834.214	989	437.648		
	总计	457193.955	991			

a. 预测变量：(常量), Qs9, S2.性别, S3.年龄
b. 预测变量：(常量), Qs9, S3.年龄
c. 因变量：总指数

图 17.13 方差分析表

图 17.14 输出了两个模型中自变量的偏回归系数估计，表格中显示为 0 的家庭收入回归系数可以进入表格编辑状态看到精确值。注意第一个模型中性别的检验 P 值高达 0.962，没有统计学意义；而从回归系数的估计值可见，当性别被剔除出模型之后，年龄、家庭收入的系数值基本未发生变化，这也间接支持了应当将性别剔除出模型。

模型		未标准化系数 B	标准误差	标准化系数 Beta	t	显著性
1	(常量)	108.238	2.960		36.565	.000
	S2.性别	.064	1.339	.001	.047	.962
	S3.年龄	-.362	.052	-.217	-6.948	.000
	Qs9	.000	.000	.054	1.721	.086
2	(常量)	108.330	2.238		48.409	.000
	S3.年龄	-.362	.052	-.217	-6.952	.000
	Qs9	.000	.000	.054	1.721	.085

a. 因变量：总指数

图 17.14 系数

图 17.15 则给出了所有被剔除出模型的变量的检验结果，包括如果将其纳入模型之后的回归系数估计、偏相关系数、共线性统计量等。这里的偏相关系数是控制模型中所包含的自变量之后所计算出的模型残差与该自变量的偏相关系数，显然绝对数值越小，就越说明该自变量没有必要被纳入模型。

模型		输入 Beta	t	显著性	偏相关	共线性统计 容差
2	S2.性别	.001ᵃ	.047	.962	.002	.996

a. 模型中的预测变量：(常量), Qs9, S3.年龄
b. 因变量：总指数

图 17.15　已排除的变量

最终本次分析得到的是包含两个自变量的回归方程，其表达式如下：

$$\widehat{总信心指数} = 108.33 - 0.362 \times 年龄 + 1.65 \times 10^{-4} \times 家庭月收入$$

注意在最终得到的模型 2 中，家庭收入的 P 值是大于 0.05 的，之所以仍被保留在模型中，是因为此处向后法所用的剔除标准是 $P \geqslant 0.1$，候选自变量相应地纳入和剔除标准可以在选项子对话中加以修改。

2. 残差的独立性检验

虽然上面已经得到了所需的回归方程，并进行了相应的假设检验，但分析工作不应当就此停止，因为数据是否满足回归模型的适用条件这一问题还未得到彻底回答，在上面的工作中，至多只是完成了线性趋势的考察，而独立性、正态性和方差齐性方面均未涉及。下面就来完成这些工作，首先是残差的独立性检验，这可以使用统计量子对话框中的"德宾-沃森"复选框来进行，相应的结果输出如图 17.16 所示，可见模型汇总表格的右侧增加了 Durbin-Watson 统计量的输出。该统计量的取值在 0~4 之间。具体应用可查相应统计用表，若大于界值上界，则说明残差间相互独立；低于下界，说明残差间存在自相关。一般地，该统计量在 1~3 之间取值时，基本上可以肯定残差间相互独立，本例的计算结果为 1.880，显然独立性是没有问题的。

模型	R	R 方	调整后 R 方	标准估算的误差	德宾-沃森
1	.231ᵃ	.053	.050	20.93061	
2	.231ᵇ	.053	.051	20.92005	1.880

a. 预测变量：(常量), Qs9, S2.性别, S3.年龄
b. 预测变量：(常量), Qs9, S3.年龄
c. 因变量：总指数

图 17.16　模型汇总

3. 残差分布的图形观察

下面来利用图形进行残差的独立性检验，如图 17.17 所示，具体的操作在绘制子对话框中完成：

"图"子对话框：选中"直方图"和"正态概率图"复选框。

从残差直方图和 P-P 图可以看出，模型的残差比较好的服从正态分布，基本上没有严重偏离正态性假设。但是在左侧存在个别数值低于 -4 的案例，说明模型中有可能存在强影响点。

需要注意的是，自变量与因变量间关系并非线性、残差方差不齐、观测值间不独立等情况均会导致残差的直方图、茎叶图、P-P 图等表现出非正态。因此建议在确认残差服从线性回归的其他几项条件后，再来研究残差分布是否正态。

4. 方差齐性的图形观察

方差齐性同样也可以通过残差图来加以考察，操作如下。

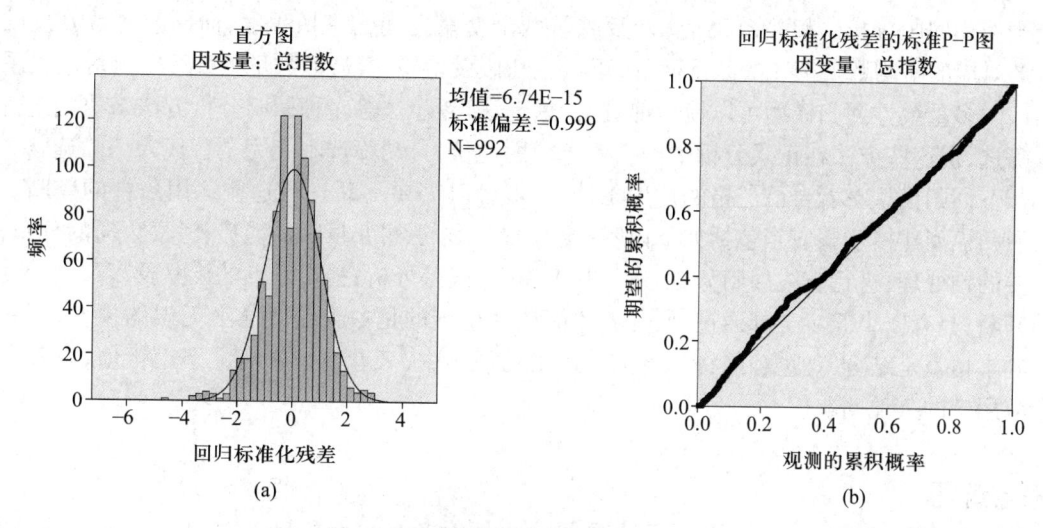

图 17.17 模型残差的直方图与 P-P 图

"图"子对话框：将 ZPRED（标化预测值）选入 X 框，ZRESID（标化残差）选入 Y 框。

最终绘制出的散点图如图 17.18 所示，从中可以看到的确存在个别残差偏离较远的案例，一般而言残差绝对值大于 3 就需要加以注意，大于 5 则最好进行有针对性的分析评估，本例就属于此类情况。由于篇幅和本书讲解深度所限，上述残差分析中发现的线索本书将不再继续深入分析，有兴趣的读者可参考高级教程一书自行完成相应工作。

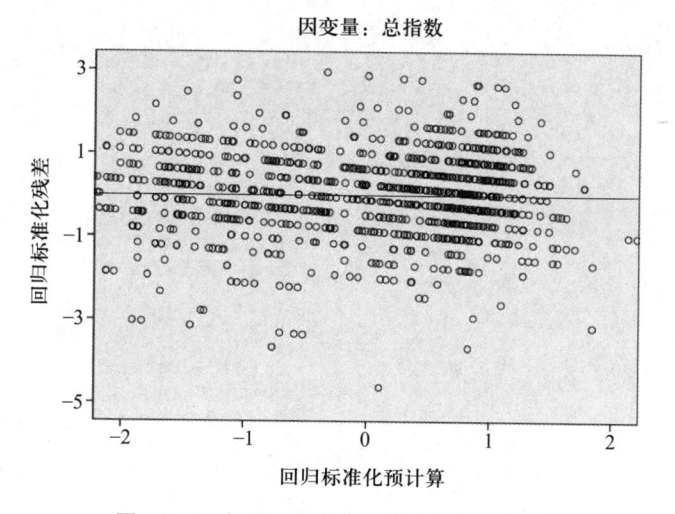

图 17.18 标化预测值和标化残差的散点图

17.4 本章小结

（1）相关分析和回归分析具有密切的联系，如果要用统计指标对变量数量联系的密切程度进行表述，则应当进行相关分析；如果希望反映一个变量变化时对另一个变量数量的影响大小，则应当使用回归分析。相关系数 ρ 大小反映了两个变量之间的密切程度，而回归系数 β 反映了 X 与 Y 对应的平均数量变化关系，两者的正负号和假设检验一致，但数量上没有定量对应关系。

（2）多重线性回归模型可以使用前进法、后退法、逐步法等多种回归分析方法来协助进行自变量筛选，但这些方法在正式分析中应当处于辅助地位，自动筛选不能完全替代人工筛选。

（3）回归模型有着自己严格的适用条件，在拟合时需要不断进行这些适用条件的判断。标准的回归模型建模步骤应当包括如下内容：绘制散点图，观察变量间的趋势；考察数据的分布，进行必要的预处理；进行直线回归分析，建立基本模型；残差分析；强影响点的诊断及多重共线性问题的判断；只有以上 5 步全部通过，研究者才能认为得到的是一个统计学上无误的模型，下一步该做的事情就是结合专业实际，将分析结果运用到现实中，来看看结果有无实用价值，以及是否存在应用中的其他问题。

思考与练习

请按照回归分析的方式对第 16 章中偏相关分析的实例进行重新分析，在建立回归方程后，使用"保存"子对话框中右上角的功能存储残差（使用"未标准化"复选框），最后用这两组残差进行简单相关分析，并将结果和直接用偏相关分析的结果相比较。

第四部分

统计实战案例集锦

第18章 CCSS项目的自动化生产

18.1 项目背景

通过对本书前面章节的学习,相信读者已经对CCSS案例有了一个全面的了解,也已经掌握了如何利用SPSS软件来得到所需要的信息,回答所感兴趣的研究问题。但是,如何将相应的分析结果用适当的形式提供给最终客户呢?毕竟并不是所有人都懂统计分析,也不是所有人都会使用SPSS软件。

在CCSS项目中,向客户提交的产品主要包括数据报告和分析报告两种,具体需求如下。

(1)每月最后一个工作日,向付费用户提交当月CCSS项目的分析结果产品。

(2)数据报告以Excel制作,最终封装为PDF格式提供,用于提供详细的数据汇总表格供客户阅读。

(3)分析报告以PowerPoint制作,最终封装为PDF格式提供,提供对当月数据变化趋势的深入解读。

由于CCSS要求数据采集尽量覆盖整月,从原始数据采集完毕到正式提交报告产品大约只有3个工作日,而这期间项目团队需要完成的工作很多,因此如何尽量减少人工干预,提高工作的自动化程度就显得非常重要,高度自动化不仅意味着工作效率的提高,也意味着出错风险的大大降低。这里就来简单探讨一下如何充分利用SPSS的相关功能来完成这些工作。

18.2 分析思路

简单地说,这里需要考虑的是如何能够把整个工作流程分解为若干个环节,然后将其中可被计算机自动/半自动执行的环节尽量自动化,以同时满足提高工作效率、减少出错概率两个目的。具体而言,项目的分析思路如下。

1. 工作流程分解

首先应当对工作流程进行分解,以便分别研究对策。整个项目流程可以分解如下。

(1)数据查错,编码,合并入库。

(2)数据分析,生成数据分析师撰写报告所需的内部统计分析结果,计算出报告所需的汇总统计量/汇总表格、进行所需的假设检验、绘制需要的统计图。

(3)在Excel中将计算出的统计量/汇总表格按标准输出格式的要求进行表格呈现,完成数据报告的制作。

(4)数据分析师利用得到的统计表、统计图,在PPT中完成分析报告的撰写工作,并进行PPT中相应的统计图形更新,完成分析报告的撰写。

(5)将XLS文件和PPT文件转换成PDF,完成报告封装。

（6）将完成的报告提交给产品发送系统准备定时发送。

2. 分析需求整理

可见在上面的 6 步中,最后两步和 SPSS 完全无关;第 4 步较为依赖人工,前面 4 步则有很大的自动化空间,因此相应的分析需求可以归纳为如下两点。

（1）在前 2 步尽量做到程序化、自动化。

（2）在第 3、4 两步中,重点研究 SPSS 给出的输出结果能否被直接应用/转化为所需的表格/图形,如果不能直接使用,则尽量减少转化所需的人工干预工作量。

> 实际上,CCSS 项目报告生产时的绝大部分工作都已经实现自动化,但其中涉及的工具不仅限于 SPSS,本书因为是 SPSS 教程,只涉及了利用 SPSS 所完成的部分。

在理清分析需求之后会发现,前 2 步的程序化、自动化是比较容易的,毕竟每个月所需要做的分析非常相似,完全可以考虑将程序代码固定。这些内容大家通过前面章节的学习也已掌握,这里不再重复。

3. 输出格式需求整理

在第 3、4 步中,需要进一步考虑其输出格式是否能否满足最终报告的需求。在仔细分析之后,发现大致分为如下几种情况。

（1）可直接生成所需格式的统计表:可以基本满足报告需求。如同大家在第 9 章中所见到的,诸如 A3、A3a 等题目在数据报告中所需的格式,完全可以在 SPSS 中利用制表过程实现。至多只是个别细节上需要进行调整。

（2）无法直接生成所需格式的统计表:只能计算出所需指标,难以直接得到设定格式的表格输出。此类表格数量较少,但确实存在,最典型的情况是用于显示统计量和检验结果的表格,SPSS 几乎没有过程可以将统计量和 P 值直接进行设定格式的输出,虽然相应的表格可以通过 OMS 技术来编程实现,但和其他自动化工具相比,这样做是否效率最高还有待讨论。

（3）统计图:虽然 SPSS 可以实现全部的图形需求,但由于 PPT 下 MS Office 风格的图形更容易为客户所接受,因此基本上不能考虑直接使用 SPSS 制作的图形。

4. 需求实现方式确定

根据上面整理出来的输出格式需求,最终确定实现方式如下。

（1）可基本满足需求的统计表:在 SPSS 中进行表格制作,然后将结果导出为 xls 格式完成剩余的编辑工作。

（2）难以直接满足需求的统计表/统计图:用 SPSS 计算出表格/图形中所需的汇总数据,然后再考虑使用 SPSS 以外的工具完成剩余工作。

5. 业务流程的技术实现

在需求实现方式确定之后,剩下的只是相应方式的技术实现问题了。对于同一个需求,往往会有好几种可能的技术实现方式,而确定最终采用哪种技术路线的大原则就是:简单、高效、低故障率。在本项目中,最终笔者选择的是如下方式。

（1）可基本满足需求的统计表:由于相应的格式比较规范,大致可以被归纳为 3~4 种表格模板,因此直接在 SPSS 中进行模板设定,然后采用宏代码方式编写程序。

（2）难以直接满足需求的统计表/统计图:利用 SPSS 的 OMS,将表格/图形中所需数据输出为 sav 数据文件,然后根据表格要求,或者进一步采用 SPSS 绘制出表格雏形,或者直接导出至 xls 文件中以便在 Excel 中完成剩余制表工作。

18.3 具体操作

下面就来具体看一下相应业务流程的具体技术实现方式。

1. 表格模板设计

从第 9 章的案例讲解已经知道,如 A3、A3a 这样的表格框架实际上就是最终产品表格中被广泛使用的格式。因此可以考虑将其制作成标准模板加以应用,包括对其字体、行高、网格线等都按照最终产品所需的格式来精心设定,以尽可能地减少出表后的人工编辑操作。

因篇幅所限,这里不再详细讲解具体的模板设定操作,具体的技术细节读者可以参考 9.5 节中的相应内容。

2. 提取基本制表程序框架

下面考虑将上文表格框架所对应的代码提取出来,并改写为宏代码,以大大简化编程工作。这里以 A3 对应的表格为例来加以说明。按照例 9.1 的操作,绘制 A3 表格所对应的 SPSS 代码如下:

```
CTABLES
  /VLABELS VARIABLES=a3 Qa3 time DISPLAY=NONE
  /TABLE a3[C][ROWPCT.COUNT"F40.1]+Qa3[S][MEAN'感受值'F40.1]
    BY time[C]
  /SLABELS POSITION=ROW
  /CATEGORIES VARIABLES=a3 ORDER=A KEY=VALUE EMPTY=INCLUDE
  /CATEGORIES VARIABLES=time ORDER=A KEY=VALUE EMPTY=EXCLUDE.
```

3. 制表宏代码编写

考虑到 A4、A5 等题目实际上都使用相同的表格框架,因此只需要将代码中与具体题目有关的部分替换为宏变量即可,此处为 A3、QA3。相应的宏变量替换方式有两种。

(1) 将 A3、QA3 分别用两个宏变量替换,调用宏程序时则需要同时指定好这两个宏变量。这种方式稍显麻烦,但易于理解。

(2) 利用宏函数,只指定一个宏变量,然后用宏函数生成所需的另一个宏变量。

这里介绍更为简洁的后者,相应的宏代码如下:

```
* 表框架一:频数+均数的组合输出,Q 变量用于计算均数
DEFINE M_Tb01( invar1=! charend('/') ).
  CTABLES
    /VLABELS VARIABLES=! invar1 ! concat("Q",! invar1) time DISPLAY=NONE
    /TABLE ! invar1[C][ROWPCT.COUNT"F40.1]
      +! concat("Q",! invar1)[S][MEAN'感受值'F40.1] BY time[C]
    /SLABELS POSITION=ROW
    /CATEGORIES VARIABLES=! invar1 ORDER=A
```

```
KEY = VALUE EMPTY = INCLUDE
    /CATEGORIES VARIABLES = time ORDER = A KEY = VALUE EMPTY = EXCLUDE.
! ENDDEFINE.

M_tb01 invar1 = a3.
```

其中的！concat( )就是用于合并宏字符串的宏函数，在它的帮助下，只需要指定一个宏变量，就可以生成所需的另外一个宏变量。而最后一句调用 M_tb01 宏所得到的分析结果完全等同于原先的程序段。

> 编程爱好者或许会想到：这里的宏变量指定显然还可以写得更简洁，例如将 invar 只需指定为数字 3，然后将 A3 用！concat("A",！invar1)，QA3 可以用！concat("QA",！invar1)来加以实现，这样代码不是更漂亮吗？
> 很遗憾，这是不行的。请思考，如果这样写：
> ◇ 代码更简单了吗？显然可读性随着函数用量的增多而变差了。
> ◇ 代码执行效率提高了吗？多用了一个！concat( )函数，无论如何程序的执行效率也是降低了。
> ◇ 代码的使用范围扩展了吗？只要是输出相同的表格框架，原先的代码无论是 A3 还是 C3 都可以拿来用，而新的代码只能用于 A 开头的变量，适用范围明显缩小了。
> 简言之，得到了一个更难阅读、速度更慢、适用范围更窄的代码，唯一的报答是获得了一点简单问题复杂化的快感。对于并非需要发表学术论文/获取学位，而是需要解决实际问题的读者，笔者在这里要慎重提醒：简单、实用的方法，才是最好的方法。

4. 结果表格的导出

对于上述生成的可以直接用于最终报告产品的结果表格，可以考虑直接将其导出为 xls 格式使用。

```
SAVE TRANSLATE OUTFILE = 'D:\OutTbl1.xls'
    /TYPE = XLS
    /VERSION = 8
    /MAP
    /REPLACE
    /FIELDNAMES
    /CELLS = VALUES.
```

> 在导出之前，如果能够注意表格生成顺序尽量与报告产品中的顺序相一致，则可以大大简化后续操作。对 Excel 中的 VB 宏比较熟悉的读者更可以利用 VB 宏代码来尽量做到自动化。至少在 CCSS 项目中，这些工作都是不需要人工干预的。

5. OMS 代码编写

现在考虑如何对付无法直接生成的统计表/统计图。如前所述，考虑利用 OMS 来输出相应的汇总数据。这部分工作很多方面都类似于上面详细讲解的内容，因此不再展开讨论，这里只指出几个关键点。

（1）OMS 对于不同格式的数据框架，无法做到同时输出，必须分别加以指定，因此必须先对数据需求加以整理，将其统一为少数几个数据模板。

（2）数据模板的设定必须要考虑到后续步骤的制表/绘图需求，如果输出的数据格式还要求随后进行大量的手工编辑工作才能用于制表/制图，则格式显然还有很大的改进空间。

（3）OMS 中同样可以利用宏代码，特别是将需求统一为几个数据模板之后，就可以针对每种模板需求进行宏代码的编写工作。

下面是 CCSS 项目中所用到的一个 OMS 程序实例。

```
* OMS 例程开始,此处 'D:\temp.sav' 为临时文件,对 OMS 熟悉的用户可以不生成
  临时文件,而是将信息存储在内存工作区中
OMS
  /SELECT TABLES
  /IF COMMANDS=['CTables'] SUBTYPES=['Custom Table']
  /DESTINATION FORMAT=SAV NUMBERED=TableID
VIEWER=yes OUTFILE='D:\temp.sav'.

* 相应的汇总数据指标宏代码段,此处省略

* OMS 例程结束
OMSEND

* 读取临时文件,准备导出
GET
  FILE='D:\temp.sav'
* 指定变量 var5 的输出格式,以方便随后的工作
Formats   var5(f5.1)

* 将数据导出为 xls 格式文件
SAVE TRANSLATE OUTFILE='D:\InSheet.xls'
  /TYPE=XLS
  /VERSION=8
  /MAP
  /REPLACE
  /FIELDNAMES
  /CELLS=VALUES.
```

对于上述 OMS 代码所涉及的详细知识，请读者参见第 5 章的相应内容，这里不再详述。

18.4 项目总结与讨论

菜单对话框是轻松愉快的操作方式，有对话框可用的时候没人会喜欢写程序。但是在涉及

具体的业务需求时，就必须要加以认真权衡：显然在需要重复执行相同分析任务的背景下，程序方式就成了最佳的选择。而使用程序方式，往往就是为了能够突出利用其可重用、高执行效率等优点。

在 6.4 节的案例中，已经介绍过如何利用代码方式来完成 CCSS 项目数据计算的任务。本章则更进一步，在真实的项目需求场景下综合利用了程序代码、复杂制表、OMS 等功能，这对大家充分理解 SPSS 在真实项目中的应用方式很有帮助。

同时，本案例非常引人注目的一点是，并非所有的工作都是在 SPSS 内部完成，而是涉及了和 MS Office 软件的交互问题，在多个软件平台的协作下才能全部满足项目的业务需求。事实上，对于绝大多数真实世界中的业务项目而言，几乎不可能仅依靠一种软件平台就 100% 的满足业务需求，多平台/多系统协作是普遍现象（当然，那种在 500 强企业中被强制必须使用公司内部业务系统来完成工作的情况例外）。因此，在公司政策/版权许可的情况下，充分发掘可用工具的能力，并对其进行优化搭配是业务人员所需要思考的问题。只有紧紧抓住业务的核心需求，不局限于个人的使用习惯与好恶，去充分发掘可用的资源，才能最大程度地去切合需求，并最终得到客观真实的分析结果。

> 事实上，CCSS 项目剩余的工作，包括数据报告的更新、格式化和英语翻译，分析报告的统计图表更新等工作，都是依靠 Excel 和 PowerPoint 中的 VB 宏来完成的，具体的这些工作都不需要人工干预。

思考与练习

请自行练习本章中涉及的案例数据操作。

第19章　X药物治疗原发性高血压的临床试验研究

19.1　项目背景

19.1.1　研究概况

1. X药物的基本情况

X药物是由某公司研发的长效二氢吡啶钙离子拮抗剂,国外临床研究表明该药可平稳、长效降血压,且对老年人高血压治疗疗效稳定、安全性高,对伴有肾功能损害的高血压病患者具有肾脏保护作用。

2. 研究目的

以苯磺酸氨氯地平为对照药,通过多中心、随机、双盲、平行对照试验,验证X药物单独给药对原发性高血压病患者的疗效和安全性。

19.1.2　研究方法

1. 试验方案简述

(1) 使用药品:被试制剂为X药物,参比制剂为苯磺酸氨氯地平,商品名络活喜。

(2) 随机和分组:本试验在门诊原发性高血压患者中完成。经过筛选,251例合格的原发性高血压患者在治疗期0周随访时被随机分组。研究者按照患者0周来访的先后顺序由小到大分配随机号码。试验组接受X药物,对照组接受氨氯地平。

(3) 诊室血压研究内容:患者进行病史回顾,接受全面体检,签署书面知情同意书。

试验开始前两周服用过任何降压药的患者(SeDBP $\geqslant$ 90 mmHg 且 SeSBP<180 mmHg),且完全符合观察期开始时的入选标准和排除标准,启动观察期,同时停服所有的抗高血压药物。观察期持续时间至少为中止服药后两周以上。观察期结束后进行血、尿、心电图及胸部平片检查,完全符合治疗期开始时的入选标准和排除标准者(SeDBP 为 95~114 mmHg 且 SeSBP<180 mmHg)启动治疗期。

试验开始前两周未服用过任何降压药的患者(SeDBP $\geqslant$ 95 mmHg 且 SeSBP<180 mmHg),且完全符合观察期开始时的入选标准和排除标准,进行血、尿、心电图及胸部平片检查,若完全符合治疗期开始时的入选标准和排除标准者(SeDBP 为 95~114 mmHg 且 SeSBP<180 mmHg)启动治疗期。

> ⚠ 为保护项目信息,本案例只随机抽取了251例真实样本中的159例用于分析。

2. 试验对象

(1) 患者来源:4个临床中心于2003年9月~2004年2月选择中国人原发性高血压门诊患

者 251 例(平均坐位舒张压(SeDBP)为 95～114 mmHg 且平均坐位收缩压(SeSBP)<180 mmHg)。经 2 周停药观察期后,随机双盲接受 X 药物(n=126)或氨氯地平(n=125),治疗 8 周。

(2) 入选标准、排除标准、退出实验标准:此处略。

3. 疗效评价和安全性评价

(1) 主要疗效评价指标:根据治疗期开始前和治疗结束时坐位舒张压的差值评价降压效果。疗效按以下方式分类:显效、有效或无效(根据我国药审现行要求)。

① 显效:舒张压下降≥10 mmHg 并降到正常,或下降≥20 mmHg。

② 有效:舒张压下降虽未达 10 mmHg 但降到正常,或下降 10～19 mmHg。

③ 无效:未达到上述标准。

如为收缩期性高血压,收缩压下降≥30 mmHg 为有效。

(2) 次要疗效评价指标:血压正常化率,以治疗期末的 SeDBP 达到正常范围(即低于 90 mmHg)的病例数为分子,以全部可供疗效评价的入选病例作为分母,统计血压正常化率。

(3) 安全性参数。

① 不良事件;

② 体格检查发现;

③ 胸部 X 片(正位);

④ 导联心电图检查;

⑤ 实验室检查:红细胞计数、血红蛋白、红细胞压积、白细胞计数、白细胞分类、血小板计数;总蛋白、白蛋白、ALT、AST、GGT、ALP、LDH、总胆红素、总胆固醇、HDL、TG、血糖、BUN、肌酐、尿酸、Na、K、Cl、CPK;尿蛋白、尿糖、尿胆原、尿沉渣。

4. 样本量计算

(1) 根据马来酸氨氯地平与苯磺酸氨氯地平治疗原发性高血压的临床试验结果(中国新药杂志 2000,9,12),每组 60 例的对照试验得到有效率分别为 87% 和 85%。

(2) X 药物与尼卡地平为对照的临床试验(Therapeutic res,1990,11:1657)所得到的有效率为 84%。

(3) 本次试验采用苯磺酸氨氯地平为对照药,假设苯磺酸氨氯地平或 X 药物的有效率为 85%,而对照的另一方有效率为 70%,显著性水平为 0.05,把握度为 80% 时,可算出样本数为每组 100 例。假设脱落率为 20%,本试验至少需入选有效病例 240 例。

5. 统计学分析

(1) 疗效分析采用符合方案分析集(PPS),安全性分析采用安全集(SS)。

(2) 计量资料用均数、标准差、中位数等表示,根据正态性检验结果采用 t 检验,或组间采用 Wilcoxon 秩和检验,组内前后比较采用配对 t 检验或符号秩和检验。计数资料用频数、构成比等表示,采用 χ^2 检验。

(3) 所有统计检验采用双侧检验,显著性水平定为 0.05。

19.2 数据准备

在实验过程中,出于数据安全的需要,原始数据分别储存在不同的文件中,具体在本案例中涉及如下几个数据文件。

（1）Xdrug_key：病例分组文件，包括病例的 ID 号（由流水号+中心号组成），以及具体的药品分组，在揭盲之前，两个药品组分别用 A、B 代号表示。

（2）Xdrug_main：存储了病例的所在中心号、入组流水号、受试者背景变量、实验室检查结果、不良事件和不良反应记录等。其中，基线指标变量均用 V1 开头，治疗结束时指标变量均用 V2 开头。

> 实际上，本案例的原始数据存储方式要比现在描述的复杂得多，为了便于理解，同时也为了保护真实的试验信息，这里进行了大幅度的简化。

因此在进行正式统计分析之前，分析师必须要将不同的数据库按照索引变量合并起来，并计算出分析中所需的一些变量，如疗效结果等，具体的 SPSS 程序如下：

```
* 分别读入所需数据文件,假设两个文件均放置在 E 盘盘根上
GET
   FILE='E:\XDRUG_KEY.SAV'.
DATASET NAME KEY.
GET
   FILE='E:\XDRUG_MAIN.SAV'.
DATASET NAME MAIN WINDOW=FRONT.

* 计算 ID 变量
STRING   ID(A10).
COMPUTE ID=CONCAT(STRING(RANDONO,F2.0),"-",STRING(CENTERNO,F1.0)).
EXECUTE.

* 文件 KEY 中已排序,只需对 MAIN 进行排序操作
SORT CASES BY ID(A).
MATCH FILES /FILE= *
   /FILE='KEY'
   /BY ID.
EXECUTE.

* 计算疗效指标.
COMPUTE TREATRES=0.
IF V1SBP>180 & V2SBP-V1SBP>=30 TREATRES=1.
IF (V2DBP-V1DBP<10 & V2DBP<95)|RANGE(V2DBP-V1DBP,10,19)=1 TREATRES=1.
IF (V2DBP-V1DBP>=10 & V2DBP<95)|RV2DBP-V1DBP>=20 TREATRES=2.
EXECUTE.
VARIABLE LEVEL TREATRES (SCALE).

COMPUTE BPNORMAL=0.
```

IF V2DBP<95 & V2SBP<180 BPNORMAL=1.
EXECUTE.

19.3 基线情况比较

这里需要进行比较的指标分为以下几大类：
(1) 性别、年龄、身高、体重、体重指数等基本背景变量。
(2) 高血压病史和病程、家族史、高血压患者服药情况、其他既往疾病史等疾病相关的背景变量。
(3) 基线血压、血细胞、实验室检查相关变量。

其分析的核心目的是需要确认两组患者的确符合随机入组的要求。

由于变量较多,这里只列举少数变量的分析结果为例,来说明具体的操作。

1. 性别的组间比较

(1) 选择"分析"→"描述统计"→"交叉表"菜单项。
(2) "行"列表框:选入分组变量 keys。
(3) "列"列表框:选入 sex。
(4) "统计量"子对话框:选中"卡方"复选框。
(5) 单击"确定"按钮。

从如图 19.1 和图 19.2 所示的分析结果可见,由于样本量满足卡方检验的要求,因此可以直接使用卡方检验的 P 值 0.474。性别分布在两组间无统计学差异。

计数

		受试者性别 SEX		总计
		1	2	
keys	A	43	39	82
	B	36	41	77
总计		79	80	159

图 19.1　keys * 受试者性别 SEX 交叉制表

	值	自由度	渐进显著性（双侧）	精确显著性（双侧）	精确显著性（单侧）
皮尔逊卡方	.514[a]	1	.474		
连续性修正[b]	.311	1	.577		
似然比	.514	1	.473		
费希尔精确检验				.527	.289
有效个案数	159				

a. 0 个单元格 (.0%) 的期望计数小于 5。最小期望计数为 38.26。
b. 仅针对 2x2 表进行计算

图 19.2　卡方检验

2. 身高、体重、体重指数等的组间比较

按照分析方案规定,首先应当进行分组的正态分布检验。
(1) 选择"分析"→"描述统计"→"探索"菜单项。
(2) "因变量列表"列表框:选入身高、体重、体重指数。

(3)"因子列表"列表框:选入 Keys。
(4)"图"子对话框:选中"含检验的正态图"复选框。
(5)单击"确定"按钮。

结果如图 19.3 所示,由于本例样本量较小,因此应当阅读 Shapiro-Wilk 检验的结果,可见这 3 个变量在各组都没有拒绝正态性假设,因此可以直接进行标准的两样本 t 检验。

	keys	柯尔莫戈洛夫-斯米诺夫[a]			夏皮洛-威尔克		
		统计	自由度	显著性	统计	自由度	显著性
身高(cm) HEIGHT	A	.074	82	.200*	.984	82	.415
	B	.077	77	.200*	.980	77	.252
体重(kg) WEIGHT	A	.077	82	.200*	.980	82	.240
	B	.075	77	.200*	.991	77	.892
体重指数 WINDEX	A	.070	82	.200*	.979	82	.213
	B	.067	77	.200*	.984	77	.429

a. 里利氏显著性修正
*. 这是真显著性的下限。

图 19.3 身高、体重等的分组正态分布检验结果

> 这里的分析思路和本书前面所介绍的不太一样,是严格按照正态分布检验的结果来进行后续方法的选择的,而本书更推荐灵活处理。这是因为临床试验在统计分析方面的相关规定是非常死板和严格的(主要是防止制药公司钻空子),因此没有什么变化可讲,只能照着指导原则进行。

(1)选择"分析"→"比较均值"→"独立样本 t 检验"菜单项。
(2)"检验变量"列表框:选入身高、体重、体重指数。
(3)"分组变量"列表框:选入 keys。
(4)"定义组"子对话框:组 1、组 2 分别输入 A 和 B。
(5)单击"确定"按钮。

从如图 19.4 和图 19.5 所示的结果可见,身高、体重、体重指数的两样本 t 检验均为方差齐, P 值分别为 0.306、0.593 和 0.770,均无统计学意义。

	keys	个案数	平均值	标准差	标准误差平均值
身高(cm) HEIGHT	A	82	166.63	8.719	.963
	B	77	165.26	8.108	.924
体重(kg) WEIGHT	A	82	73.3598	10.45545	1.15461
	B	77	72.4675	10.55666	1.20304
体重指数 WINDEX	A	82	26.3659	2.71772	.30012
	B	77	26.5039	3.22284	.36728

图 19.4 分组统计量

3. 基线血压的比较

基线血压比较的分析思路和上面的身高、体重等基本相同,这里省略对同类操作的叙述,直接给出结果。首先是正态性检验的结果。由图 19.6 可见基线收缩压和舒张压的正态性检验 P

		莱文方差等同性检验		平均值等同性 t 检验		
		F	显著性	t	自由度	显著性（双尾）
身高(cm) HEIGHT	假定等方差	.395	.531	1.028	157	.306
	不假定等方差			1.030	156.987	.305
体重(kg) WEIGHT	假定等方差	.006	.940	.535	157	.593
	不假定等方差			.535	156.169	.593
体重指数 WINDEX	假定等方差	3.176	.077	-.293	157	.770
	不假定等方差			-.291	149.034	.771

图 19.5　独立样本检验（部分结果）

值均小于 0.05，不能认为其服从正态分布，因此下面考虑采用秩和检验进行组间比较。

	keys	柯尔莫戈洛夫-斯米诺夫[a]			夏皮洛-威尔克		
		统计	自由度	显著性	统计	自由度	显著性
V1SBP	A	.076	82	.200*	.969	82	.046
	B	.124	77	.005	.960	77	.016
V1DBP	A	.200	82	.000	.859	82	.000
	B	.224	77	.000	.868	77	.000

a. 里利氏显著性修正
*. 这是真显著性的下限。

图 19.6　基线血压的正态分布检验结果

图 19.7 所示的结果显示基线收缩压、舒张压的分布在两组间均无统计学差异。

假设检验汇总

	原假设	测试	Sig.	决策者
1	V1SBP 的分布在 keys 类别上相同。	独立样本 Mann-Whitney U 检验	.363	保留原假设。
2	V1DBP 的分布在 keys 类别上相同。	独立样本 Mann-Whitney U 检验	.728	保留原假设。

显示渐进显著性。显著性水平是 .05。

图 19.7　独立样本检验

4. 基线比较结论

两组基线坐位血压无统计学差异。两组患者服药前年龄、性别、身高、体重、体重指数及高血压病史和病程、家族史、高血压患者的服药情况以及其他既往疾病史等分布的差别均无统计学差异。说明两组患者符合随机入组的要求。

19.4　疗效评价

1. 总有效率

由于所有病例中无人被分为显效，只被分为无效和有效两类，因此分析可以简化为只采用卡方检验来进行。

图 19.8 显示两种药物的治疗后总有效率分别为 80.5%和 88.3%。

			TREATRES		总计
			.00	1.00	
keys	A	计数	16	66	82
		占 keys 的百分比	19.5%	80.5%	100.0%
	B	计数	9	68	77
		占 keys 的百分比	11.7%	88.3%	100.0%
总计		计数	25	134	159
		占 keys 的百分比	15.7%	84.3%	100.0%

图 19.8　keys * TREATRES 交叉表

图 19.9 显示总有效率组间比较 $P=0.176$，无统计学差异。

	值	自由度	渐进显著性（双侧）	精确显著性（双侧）	精确显著性（单侧）
皮尔逊卡方	1.834[a]	1	.176		
连续性修正[b]	1.292	1	.256		
似然比	1.859	1	.173		
费希尔精确检验				.197	.128
有效个案数	159				

a. 0 个单元格 (.0%) 的期望计数小于 5。最小期望计数为 12.11。
b. 仅针对 2x2 表进行计算

图 19.9　卡方检验

2. 坐位血压下降情况

这里需要首先将数据按组别进行拆分，以便分别比较两组治疗前后的血压下降情况。
(1) 选择"数据"→"拆分文件"菜单项。
(2) 比较组，"分组方式"列表框选入 keys。
(3) 单击"确定"按钮。
(4) 选择"分析"→"比较均值"→"配对样本 t 检验"菜单项。
(5) "检验变量"列表框：成对选入 V1SBP-V2SBP、V1DBP-V2DBP。
(6) 单击"确定"按钮。

图 19.10 显示，A、B 两组的收缩压/舒张压均较试验前明显下降，$P<0.001$。A 药的收缩压下降 18.0 mmHg，而 B 药下降幅度为 19.3 mmHg。两组的舒张压下降幅度则分别为 13.1 mmHg 和 15.4 mmHg，相差不大。

keys			配对差值			t	自由度	显著性（双尾）
			平均值	标准差	标准误差平均值			
A	配对 1	V1SBP - V2SBP	17.963	12.242	1.352	13.288	81	.000
	配对 2	V1DBP - V2DBP	13.146	7.293	.805	16.323	81	.000
B	配对 1	V1SBP - V2SBP	19.338	16.495	1.880	10.287	76	.000
	配对 2	V1DBP - V2DBP	15.429	7.752	.883	17.465	76	.000

图 19.10　成对样本检验（部分结果）

随后将进一步比较两组的血压下降程度有无差异，需要首先将差值变量计算出来。

```
COMPUTE SBPMIN=V2SBP-V1SBP.
COMPUTE DBPMIN=V2DBP-V1DBP.
EXEC.
```

然后使用差值变量进行两组间的 t 检验(请首先去除上面的文件拆分状态)。图 19.11 显示两组治疗前后的收缩压/舒张压下降幅度组间比较无统计学差异,P 值均大于 0.05。

		莱文方差等同性检验		平均值等同性t检验			
		F	显著性	t	自由度	显著性(双尾)	平均值差值
SBPMIN	假定等方差	4.446	.037	.599	157	.550	1.37425
	不假定等方差			.594	139.844	.554	1.37425
DBPMIN	假定等方差	.564	.454	1.913	157	.058	2.28223
	不假定等方差			1.909	154.618	.058	2.28223

图 19.11 独立样本检验

3. 血压正常化率

两组的血压正常化率,组间卡方比较 $P>0.05$,无统计学差异,此处略去输出。

19.5 安全性评价

1. 实验室检查

实验室检查涉及血常规、尿常规、血生化三大类指标。这里只以红细胞、总蛋白为例给出分析结果如图 19.12 所示,可见试验前后的红细胞数分布符合正态分布,但总蛋白数均不符合正态分布。因此它们将分别使用 t 检验和秩和检验进行组间比较。

	keys	柯尔莫戈洛夫-斯米诺夫[a]			夏皮洛-威尔克		
		统计	自由度	显著性	统计	自由度	显著性
1红细胞	A	.069	78	.200*	.986	78	.531
	B	.051	73	.200*	.990	73	.842
1总蛋白	A	.360	78	.000	.565	78	.000
	B	.349	73	.000	.519	73	.000
2红细胞	A	.073	78	.200*	.986	78	.541
	B	.048	73	.200*	.990	73	.855
2总蛋白	A	.358	78	.000	.535	78	.000
	B	.393	73	.000	.482	73	.000

a. 里利氏显著性修正
*. 这是真显著性的下限。

图 19.12 实验室指标的正态分布检验结果

如图 19.13 所示的分析结果显示试验前、后的红细胞数在两组间都无统计学差异。

如图 19.14 的分析结果同样显示试验前、后的总蛋白红细胞数在两组间均无统计学差异。

最终对全部血常规、尿常规、血生化三大类指标的分析结果显示,绝大部分指标在试验前后均无统计学差异。极个别指标虽然存在试验后升高或下降的统计学意义,但变化幅度均无临床意义。此外,各指标的组间比较也均无统计学差异。

19.5 安全性评价

		莱文方差等同性检验		平均值等同性 t 检验			
		F	显著性	t	自由度	显著性(双尾)	平均值差值
1 红细胞	假定等方差	.177	.674	-1.235	156	.219	-.09913
	不假定等方差			-1.236	155.888	.218	-.09913
2 红细胞	假定等方差	.542	.463	.775	149	.439	.05698
	不假定等方差			.773	145.912	.441	.05698

图 19.13　独立样本检验(部分结果)

假设检验汇总

	原假设	测试	Sig.	决策者
1	总蛋白 的分布在 keys 类别上相同。	独立样本 Mann-Whitney U 检验	.288	保留原假设。
2	总蛋白 的分布在 keys 类别上相同。	独立样本 Mann-Whitney U 检验	.246	保留原假设。

显示渐进显著性。显著性水平是 .05。

图 19.14　总蛋白的组间秩和检验

2. 不良事件和不良反应

图 19.15 显示，A 药物组不良事件发生率为 35.4%(29/82 例)，B 药物组为 49.4%(38/77 例)，试验过程中无严重不良事件发生。

			不良事件		总计
			0	1	
keys	A	计数	53	29	82
		占 keys 的百分比	64.6%	35.4%	100.0%
	B	计数	39	38	77
		占 keys 的百分比	50.6%	49.4%	100.0%
总计		计数	92	67	159
		占 keys 的百分比	57.9%	42.1%	100.0%

图 19.15　keys * 不良事件的交叉表

图 19.16 显示，对两组的不良事件率进行组间比较，$P>0.05$，无统计学意义。

	值	自由度	渐进显著性(双侧)	精确显著性(双侧)	精确显著性(单侧)
皮尔逊卡方	3.185[a]	1	.074		
连续性修正[b]	2.638	1	.104		
似然比	3.194	1	.074		
费希尔精确检验				.080	.052
有效个案数	159				

a. 0 个单元格 (.0%) 的期望计数小于 5。最小期望计数为 32.45。
b. 仅针对 2x2 表进行计算

图 19.16　卡方检验

对不良反应的分析本案例略。

19.6　结论与总结

1. 研究结论

（1）每日一次口服 A 药物 4~8 mg 能有效地降低轻中度原发性高血压患者的坐位舒张压和收缩压，治疗 8 周的总有效率为 80.5%（66/82 例），其降压作用与 B 药物（88.3%，68/77 例）相比无明显差别。两组的血压下降幅度、血压正常化率等也无差别。

（2）两种药物每日一次服药安全性和耐受性较好。A 药物组的不良事件发生率为 35.4%（29/82 例），B 药物组为 49.4%（38/77 例），无统计学差异，试验过程中无严重不良事件发生。

最终在盲底揭盲之后，就可以知道 A、B 两组所对应的药物究竟是试验的 X 药物，还是对照用的苯磺酸氨氯地平，并形成最终的 X 药物临床研究总报告了。

2. 项目总结

对不熟悉临床试验项目的读者而言，本案例在许多方面都显得不易理解：

（1）数据安全性和保密性在项目中非常关键，不仅真实的药物名称不会在分析中出现，而且所有原始数据被分成多个单独的数据文件进行管理、保存（本案例已经将其简化为只有两个）。

（2）虽然是多中心研究，而且也涉及很多变量，但是在分析计划中完全以最简单的 t 检验、方差分析、秩和检验为主，整个统计分析计划中根本就没有考虑过多因素模型，更不要说考虑随机效应的 GEE、混合效应模型等。

（3）整个研究流程异常死板，以连续性变量为例，完全按照是否符合正态分布来考虑，如果检验拒绝正态分布假设，则必须采用秩和检验这种严格规定的流程来执行，不存在任何例外。

实际上，这正是临床试验这一特殊分析类型的特点所在，出于确保病人利益、杜绝方法体系上一切可能的漏洞的原因，整个临床试验统计分析体系都是尽量采用的保守、稳妥的思路来构建，只要能够采用简单方法解决的问题，就必然不会考虑更加复杂的方法。在大家深入了解了这一行业的特点之后，就会真正明了上述做法的原因所在。

思考与练习

请自行练习本章中涉及的案例数据操作。

第 20 章　咖啡屋需求调查

20.1　项目背景

1. 研究目的

2003 年,受毕业校友的委托,北京大学的几位在读研究生在校内进行了一次关于北京大学师生对咖啡屋及类似休闲场所的需求调查,以便对这些校友的创业决策(在校内开设一家咖啡屋)提供数据支持。具体而言,本研究的需求如下。

(1)了解北大校内咖啡消费人群的基本背景状况。

(2)了解该消费人群的咖啡消费习惯,包括频次、额度、消费原因等。

(3)了解该消费人群可能存在,但目前尚未被满足的潜在需求。

2. 研究问卷

该调查共收集了 302 位受访者的回答,具体的问卷如下。

北京大学师生对咖啡屋及类似休闲场所的需求调查

第一部分:甄别问卷

F3. 您是否在过去的一年中去过咖啡店或类似的休闲场所?

1. 是　　　　　　　2. 否(跳至 Q9)

第二部分:主体问卷

Q1. 以下休闲吧您光顾最频繁的是:

1. 星巴克　2. 仙踪林　3. 真锅咖啡　4. 雕刻时光　5. 绿叶谷　6. 师生缘

7. 勺园咖啡屋　8. 西门外酒吧　9. 闲情偶寄　10. 其他

Q2. 以下休闲吧您最喜欢的是:

1. 星巴克　2. 仙踪林　3. 真锅咖啡　4. 雕刻时光　5. 绿叶谷　6. 师生缘

7. 勺园咖啡屋　8. 西门外酒吧　9. 闲情偶寄　10. 其他

Q3. 您喜欢的原因是出于(多选,三项以内):

1. 那里有我最喜欢的饮料;　2. 我喜欢那里的情调和环境;

3. 那里的价格很公道;　　　4. 因为朋友喜欢,我就一起去了;

5. 因为离得近,方便;　　　6. 其他

Q4. 您去咖啡屋或休闲吧的主要目的是(多选,三项以内):

1. 喝喜欢的东西　　　2. 与朋友聊天　　　3. 自习或一个人看东西

4. 讨论案例或公事　　5. 约会　　　　　　6. 其他

Q5. 您去咖啡屋或休闲吧主要消费的是(多选):
1. 咖啡   2. 奶茶   3. 啤酒   4. 冰淇淋   5. 碳酸饮料   6. 果汁
7. 牛奶   8. 茶   9. 矿泉水   10. 爆米花   11. 面包小点   12. 薯条
13. 沙拉   14. 套餐   15. 其他
Q6. 您去咖啡屋或休闲吧平均每次的花费大约是:(人均)
1. 20 元以下   2. 20~39 元   3. 40~59 元   4. 60 元及以上
Q7. 您去咖啡屋或休闲吧平均每次停留的时间大约是:
1. 1 小时以下   2. 1~2 小时   3. 2~3 小时   4. 3 小时以上
Q8. 一般来说,您得知学校附近开新店的消息是通过何种途径(多选):
1. 路过看到   2. 朋友介绍   3. 校内海报   4. 网上广告   5. 校内 BBS   6. 其他
Q9. 您觉得在校内开咖啡店的理想位置是:
1. 三角地   2. 学生宿舍楼区   3. 勺园周围   4. 理教、光华一带
5. 一教及图书馆一带   6. 三教、四教一带   7. 其他

第三部分:个人信息
P1 性别:1. 男   2. 女
P2 年龄:
P3 您是:1. 本科   2. 研究生   3. MBA 学生   4. 博士生   5. 进修生
6. 教师   7. 留学生
P4 可支配的月收入:(人民币)
1. 500 元以下   2. 500~999 元   3. 1 000~2 999 元
4. 3 000~4 999 元   5. 5 000 元以上

为便于讲解,问卷及原始数据均有所修改,以简化结果输出。

最终整理完毕的数据见文件 coffee.sav。

20.2 数据预分析

因本案例结构非常清楚,因此省略分析思路的讨论,直接开始数据预分析。首先需要了解受访者人群的人口背景特征,由于样本可以被分为过去是否去过咖啡店的两类人群,因此直接进行交叉表分析。

特别需要注意的是交叉表的总样本量,如果小于302例,则说明相应变量中存在缺失值,而这些含缺失值的案例是会被直接剔除出交叉表分析的。

如图 20.1 所示的结果显示,本研究中的受访者以男性为主,占 63%,由于性别比例不平衡,因此需要注意性别是否会对某些题目的答案有影响,以免数据解释错误。

如图 20.2 所示的卡方检验结果显示,女性去过咖啡消费场所的比例要更高一些,且差异具

			性别		总计
			男	女	
过去是否去过	是	计数	151	101	252
		占过去是否去过 的百分比	59.9%	40.1%	100.0%
	否	计数	39	11	50
		占过去是否去过 的百分比	78.0%	22.0%	100.0%
总计		计数	190	112	302
		占过去是否去过 的百分比	62.9%	37.1%	100.0%

图 20.1　过去是否去过 * 性别交叉表

有统计学意义,这或许提示以女性为新店客源的突破口比较可行。

	值	自由度	渐进显著性（双侧）	精确显著性（双侧）	精确显著性（单侧）
皮尔逊卡方	5.845[a]	1	.016		
连续性修正[b]	5.096	1	.024		
似然比	6.235	1	.013		
费希尔精确检验				.016	.010
线性关联	5.825	1	.016		
有效个案数	302				

a. 0 个单元格 (.0%) 的期望计数小于 5。最小期望计数为 18.54。
b. 仅针对 2×2 表进行计算

图 20.2　卡方检验

⚠️ 为节约篇幅,本案例中使用的卡方检验、制表模块等的具体操作均不再列出,且交叉表所对应的卡方检验结果也不再列出,后续的交叉表除非特别指明,否则其卡方检验 P 值均为小于 0.05。

如图 20.3 所示的结果表明,无论是否去过咖啡店,两群体的年龄平均水平和分布基本相同。

		年龄					
		平均值	最小值	百分位数 25	中位数	百分位数 75	最大值
过去是否去过	是	25	18	22	24	28	45
	否	25	16	22	24	27	37

图 20.3　年龄的表格描述

图 20.4 显示,受访者中本科、研究生一共占一半以上,此外 MBA/博士总共占 30%,进修生和留学生合计占 10%,因此分析结果上还是首先考虑本科/硕士生的需求,MBA/博士由于经济状况、年龄等和本科/研究生相差较大,因此作为次要研究人群考虑。

图 20.5 显示受访者收入以 3 000 元以下为主,特别是 1 000 元以下的占了 2/3,非常符合学生的特征。收入的分布在去过/未去过咖啡吧的人群间无统计学差异(通过秩和检验得知)。

综合上述对人口背景资料的分析,可以得到如下线索。

(1) 整个研究接触到的核心人群应当就是本科/硕士在读学生,在抽样合理的情况下,这也应当是主要的咖啡消费人群。

(2) 需要注意性别间可能存在的差异。

			身份					总计
			本科	研究生	MBA	博士	进修生	留学生	
过去是否去过	是	计数	64	81	38	34	7	28	252
		行%	25.4%	32.1%	15.1%	13.5%	2.8%	11.1%	100.0%
	否	计数	19	11	8	12	0	0	50
		行%	38.0%	22.0%	16.0%	24.0%	.0%	.0%	100.0%
总计		计数	83	92	46	46	7	28	302
		行%	27.5%	30.5%	15.2%	15.2%	2.3%	9.3%	100.0%

图 20.4 过去是否去过身份交叉表

			可支配月收入					总计
			500元以下	500-999元	1000-2999元	3000-4999元	5000以上	
过去是否去过	是	计数	63	100	55	9	21	248
		行%	25.4%	40.3%	22.2%	3.6%	8.5%	100.0%
	否	计数	18	17	8	3	3	49
		行%	36.7%	34.7%	16.3%	6.1%	6.1%	100.0%
总计		计数	81	117	63	12	24	297
		行%	27.3%	39.4%	21.2%	4.0%	8.1%	100.0%

图 20.5 过去是否去过 * 可支配月收入交叉表

20.3 主体问卷分析

1. 受访者对现有酒吧的 U&A

下面开始就主体问卷中的题目进行分析,首先是对光顾频次和咖啡店偏好情况的交叉分析。从图 20.6 所示的数据可以看出。

（1）在消费的频繁程度上,师生缘明显具有优势,处于第一集团,其次为星巴克,和其余竞争对手相比也明显具有优势。

（2）将消费的频繁程度和最受欢迎的程度交叉起来,会发现师生缘其实并不是最受欢迎的,星巴克、雕刻时光的受欢迎程度不相上下,均明显优于其他竞争对手。

计数		最喜欢							总计
		星巴克	仙踪林	雕刻时光	师生缘	勺园咖啡屋	西门外酒吧	其他	
最频繁	星巴克	26	2	5	1	0	0	6	40
	仙踪林	2	17	5	0	0	0	1	25
	雕刻时光	3	1	19	1	0	0	0	24
	师生缘	13	9	10	27	3	2	16	80
	勺园咖啡屋	5	2	1	0	5	0	1	14
	西门外酒吧	1	2	6	0	0	17	4	30
	其他	3	2	4	0	1	0	23	33
总计		53	35	50	29	9	19	51	246

图 20.6 最频繁 * 最喜欢交叉表

上述结果带来两个需要进一步考察的问题。

（1）首先，为什么师生缘消费频繁程度明显高于其受欢迎程度的表现，是价格还是风格等原因？

（2）其次，雕刻时光的受欢迎程度为什么无法转换为其实际消费行为？

下面进一步结合多选题 Q3 的答案来对上述问题进行解答。

> ⚠️ 图 20.7 是使用制表模块生成，制表时需要注意将 Q1、Q2 等变量的测量尺度指定为正确的名义尺度，而不是直接使用数据中默认的度量尺度，否则将无法得到所需的表格，具体操作请参见制表一章。

从图 20.7 所示的结果可见。

（1）平均而言，受访者去咖啡吧最看重的就是情调和环境，平均提及率高达 70%。

（2）师生缘最大的优势就是距离近，得分较高的情调和环境实际上已经低于均值，至于其他几项的提及率就更差。

（3）星巴克和雕刻时光在情调和环境这一项上都得分颇高，但在距离上明显不占优势，导致了其受欢迎程度无法充分转换为其实际消费行为。

		有喜欢的饮料	喜欢那里的情调和环境	价格公道	因为朋友喜欢	距离近	其他原因
最喜欢	星巴克	22.6%	81.1%	9.4%	22.6%	3.8%	3.8%
	仙踪林	8.8%	82.4%	2.9%	20.6%	11.8%	8.8%
	雕刻时光	8.0%	82.0%	16.0%	24.0%	8.0%	2.0%
	师生缘	3.4%	51.7%	10.3%	17.2%	65.5%	.0%
	勺园咖啡屋	.0%	55.6%	11.1%	22.2%	77.8%	.0%
	西门外酒吧	15.8%	57.9%	21.1%	36.8%	36.8%	10.5%
	其他	14.3%	55.1%	30.6%	12.2%	40.8%	10.2%

图 20.7　最喜欢的原因

> 🔨 多选题的交叉表也是可以进行假设检验的，但方法比较麻烦（标准分析模型应当是多水平模型），大多数情况下，在探索性的调研项目中，通过数据描述来探知多选题中可能包括的趋势就够了。

上述分析结果已经很清楚地提示距离远近是一个重要影响因素，下面再利用 Q5 的结果来进一步剖析数据。基于图 20.8 的结果可以看出。

（1）星巴克既适合于独坐，也适合于分享，但不适合于恋爱约会；

（2）星巴克的另一个优势是饮料品种/口味更受欢迎，这方面仅有西门外酒吧的提及率与其相近。

（3）相比之下，仙踪林是比较受恋人青睐的地方。

（4）师生缘最合适的是好友同行，但实际上该项提及率还低于平均水平，总体而言看不出有明显优势。

上述结果进一步确认了前面的发现：距离足够近是消费频率的关键因素，师生缘虽然各项指标都不出色，但距离近就使得它成为了最常光顾的酒吧。

2. 受访者在酒吧消费的情况

下面再进一步考察受访者具体消费的情况。结果如图 20.9 所示。表中删除了提及过少的

		喝喜欢的东西	与朋友聊天	自习或一个人看东西	讨论案例或公事	约会	其他目的
最频繁	星巴克	22.0%	80.5%	24.4%	26.8%	7.3%	7.3%
	仙踪林	12.0%	76.0%	16.0%	8.0%	56.0%	4.0%
	真锅咖啡	.0%	.0%	.0%	.0%	.0%	.0%
	雕刻时光	4.2%	79.2%	25.0%	8.3%	16.7%	4.2%
	绿叶谷	.0%	.0%	.0%	.0%	.0%	.0%
	师生缘	4.8%	83.1%	8.4%	19.3%	24.1%	4.8%
	勺园咖啡屋	14.3%	100.0%	7.1%	28.6%	35.7%	.0%
	西门外酒吧	16.1%	87.1%	16.1%	6.5%	19.4%	9.7%
	闲情偶寄	.0%	.0%	.0%	.0%	.0%	.0%
	其他	9.1%	90.9%	9.1%	9.1%	15.2%	6.1%

图 20.8 去咖啡店的主要目的

饮料/食品种类,从中会发现一些很有趣的信息。

（1）星巴克已经牢牢占据了正宗咖啡的形象阵地,咖啡的消费比例在星巴克非常高。

（2）类似于仙踪林则是以奶茶、果汁、冰激凌的消费为主,看来这两样比较适合于和恋人同行时饮用,而且受访者实际上并未将该店定位为咖啡吧。换言之,北大的恋人们是不会去咖啡吧这类地方谈恋爱的。

（3）师生缘又一次走了中庸路线,没有发现它的消费人群更偏向于消费哪种饮料/食品。

（4）西门外酒吧饮用啤酒和碳酸饮料的比例很高,这应当是一个很合理的结果。

		咖啡	奶茶	啤酒	冰激凌	碳酸饮料	果汁	茶	爆米花	薯条
最频繁	星巴克	85.4%	14.6%	14.6%	19.5%	14.6%	24.4%	26.8%	4.9%	2.4%
	仙踪林	52.0%	48.0%	16.0%	32.0%	12.0%	52.0%	20.0%	8.0%	20.0%
	真锅咖啡	.0%	.0%	.0%	.0%	.0%	.0%	.0%	.0%	.0%
	雕刻时光	62.5%	25.0%	20.8%	16.7%	8.3%	33.3%	29.2%	25.0%	16.7%
	绿叶谷	.0%	.0%	.0%	.0%	.0%	.0%	.0%	.0%	.0%
	师生缘	38.1%	22.6%	26.2%	16.7%	14.3%	35.7%	21.4%	21.4%	25.0%
	勺园咖啡屋	53.8%	15.4%	15.4%	30.8%	7.7%	38.5%	30.8%	15.4%	23.1%
	西门外酒吧	32.3%	9.7%	61.3%	9.7%	25.8%	16.1%	16.1%	22.6%	22.6%
	闲情偶寄	.0%	.0%	.0%	.0%	.0%	.0%	.0%	.0%	.0%
	其他	57.6%	21.2%	30.3%	27.3%	9.1%	27.3%	21.2%	33.3%	39.4%

图 20.9 去咖啡店消费的主要饮料/食品种类

下面来考察人均花费的情况,图 20.10 反映出咖啡吧的主要消费群体是人均 20~60 元。虽然从样本数据描述来看去雕刻时光、勺园的花费偏低,而去星巴克、仙踪林、西门外酒吧的则偏高,但秩和检验无统计学差异。

3. 酒吧/咖啡吧相关的信息来源

下面来进一步考察信息来源,从图 20.11 可以看出。

（1）受访者对此类场所的了解还是通过路过看到/朋友介绍/校内海报等传统方式为主,比较新的网上广告/校内 BBS 所占比例并不高。

（2）对于恋爱人群和酒吧人群而言,校内 BBS 是一个可能有价值的推广渠道。

（3）无论过去是否去过酒吧,其信息来源渠道是非常接近的。

占 最频繁 的百分比

		人均花费				总计
		20元以下	20-39元	40-59元	60元以上	
最频繁	星巴克	14.6%	39.0%	34.1%	12.2%	100.0%
	仙踪林	4.0%	36.0%	32.0%	28.0%	100.0%
	雕刻时光	8.3%	54.2%	29.2%	8.3%	100.0%
	师生缘	19.0%	38.1%	28.6%	14.3%	100.0%
	勺园咖啡屋	7.1%	64.3%	21.4%	7.1%	100.0%
	西门外酒吧	6.5%	35.5%	35.5%	22.6%	100.0%
	其他	12.1%	30.3%	33.3%	24.2%	100.0%
总计		12.7%	39.7%	31.0%	16.7%	100.0%

图 20.10 人均花费情况

		路过看到	朋友介绍	校内海报	网上广告	校内BBS	其他信息渠道
过去是否去过	是	36.5%	63.9%	38.6%	2.0%	14.5%	.8%
	否	37.5%	50.0%	45.8%	4.2%	14.6%	2.1%
最频繁	星巴克	50.0%	65.0%	40.0%	2.5%	7.5%	.0%
	仙踪林	32.0%	52.0%	36.0%	4.0%	24.0%	.0%
	真锅咖啡	.0%	.0%	.0%	.0%	.0%	.0%
	雕刻时光	56.5%	47.8%	26.1%	.0%	13.0%	4.3%
	绿叶谷	.0%	.0%	.0%	.0%	.0%	.0%
	师生缘	28.9%	59.0%	41.0%	2.4%	13.3%	1.2%
	勺园咖啡屋	21.4%	78.6%	35.7%	.0%	14.3%	.0%
	西门外酒吧	41.9%	80.6%	38.7%	3.2%	22.6%	.0%
	闲情偶寄	.0%	.0%	.0%	.0%	.0%	.0%
	其他	30.3%	72.7%	42.4%	.0%	12.1%	.0%

图 20.11 主要信息来源

下面来看选址的结果。从图 20.12 可以看出,有过咖啡吧消费经验的人非常倾向于新店开在宿舍区,而没有消费经验的人群会同时考虑三角地,但宿舍区仍然是其首选。

		三角地	学生宿舍楼区	勺园周围	理教光华一带	一教图书馆一带	三教四教一带	其他	未名湖
过去是否去过	是	9.2%	33.1%	1.E1%	17.9%	11.6%	1.2%	5.6%	5.2%
	否	20.8%	43.8%	4.2%	10.4%	14.6%	2.1%	2.1%	2.1%

图 20.12 过去是否去过 * 选址交叉制表

4. 加入背景资料进行结果验证

下面考虑将上面得到的线索和背景资料结合起来重新分析,以进一步验证该结果的真实性。这里为了节省篇幅,只给出比较重要的几个表格。

> 背景资料和主体题目的交叉分析一般是融合在主体问卷分析中一并完成的,本案例为了节省篇幅,同时也为了使讲解更为清晰,将其放在最后作为结果核查/补充之用。

从图 20.13 所示的结果看,似乎女性更喜欢星巴克,更少去师生缘,但卡方检验 P 值为 0.1,差异尚无统计学意义。

占性别 的百分比

		星巴克	仙踪林	雕刻时光	师生缘	勺园咖啡屋	西门外酒吧	其他	总计
性别	男	11.9%	9.9%	9.3%	35.1%	4.0%	15.9%	13.9%	100.0%
	女	22.8%	9.9%	9.9%	30.7%	7.9%	6.9%	11.9%	100.0%
总计		16.3%	9.9%	9.5%	33.3%	5.6%	12.3%	13.1%	100.0%

图 20.13　性别 * 最频繁交叉制表

如图 20.14 所示的数据显示,相对而言,研究生/博士生更喜欢雕刻时光和师生缘,显然前者占领的是恋爱人群,后者占领的则是大众人群。而 MBA、留学生则更倾向于去星巴克消费。

占身份 的百分比

		星巴克	仙踪林	雕刻时光	师生缘	勺园咖啡屋	西门外酒吧	其他	总计
身份	本科	21.9%	17.2%	26.6%	10.9%	1.6%	12.5%	9.4%	100.0%
	研究生	15.0%	13.8%	26.3%	16.3%	3.8%	3.8%	21.3%	100.0%
	MBA	36.8%	15.8%	7.9%	10.5%	2.6%	2.6%	23.7%	100.0%
	博士	6.3%	9.4%	25.0%	12.5%		3.1%	43.8%	100.0%
	进修生	33.3%	16.7%			16.7%	16.7%	16.7%	100.0%
	留学生	34.6%	11.5%	3.8%	3.8%	11.5%	19.2%	15.4%	100.0%
总计		21.5%	14.2%	20.3%	11.8%	3.7%	7.7%	20.7%	100.0%

图 20.14　交叉表

图 20.15 显示,月收入 1 000 元以下人群的消费行为明显集中在师生缘,随着收入的增加,受访者对星巴克和西门外酒吧的兴趣似乎也在增加。但是上述趋势在检验中均无统计学意义。

占可支配月收入 的百分比

		星巴克	仙踪林	雕刻时光	师生缘	勺园咖啡屋	西门外酒吧	其他	总计
可支配月收入	500元以下	7.9%	7.9%	12.7%	34.9%	6.3%	12.7%	17.5%	100.0%
	500-999元	15.0%	8.0%	11.0%	38.0%	4.0%	11.0%	13.0%	100.0%
	1000-2999元	20.0%	12.7%	3.6%	29.1%	7.3%	16.4%	10.9%	100.0%
	3000-4999元	11.1%	11.1%	11.1%	22.2%	11.1%	22.2%	11.1%	100.0%
	5000以上	33.3%	14.3%	9.5%	23.8%	4.8%	4.8%	9.5%	100.0%
总计		15.7%	9.7%	9.7%	33.5%	5.6%	12.5%	13.3%	100.0%

图 20.15　可支配月收入 * 最频繁交叉制表

图 20.16 显示出相比之下,女性虽然去过咖啡吧的比例更高,但消费额度却比男性更低,更加集中在 20~39 元之间。

占性别 的百分比

		人均花费				总计
		20元以下	20-39元	40-59元	60元以上	
性别	男	12.6%	33.1%	31.8%	22.5%	100.0%
	女	12.9%	49.5%	29.7%	7.9%	100.0%
总计		12.7%	39.7%	31.0%	16.7%	100.0%

图 20.16　性别 * 人均花费交叉制表

20.4 项目总结与讨论

根据上述分析,可以得到研究结论如下:

(1) 校园咖啡吧的消费人群应当以本科/研究生学历,月收入 1 000 元以下的人群为主。

(2) 校园咖啡吧大致有两种设计思路:便捷性为主(如师生缘),或者有突出的特色(如雕刻时光或者西门外酒吧),但是前者显然更贴合消费人群的需求。

(3) 主要消费人群的消费额度是人均 30~60 元的范围,相对而言,咖啡吧所提供的食品种类及特色并不重要,控制总价范围,或者说提供食品之外的消费选择可能更为重要。

(4) 咖啡吧选址应当尽量考虑宿舍区这种便捷性场所。

(5) 如果不是特殊定位,那么网络、校内 BBS 不是特别重要的宣传渠道(注意该研究的年份)。

(6) 在开业初期,女性群体可以作为首批推广的主要对象。

读者可以看到,前面十几页的分析最终被汇总为很简单的几句话结论。实际上,对于一个真实的分析项目,在研究目标的指导下,分析员应当对所可能涉及的分析维度尽可能加以考察,但是并不是所有的分析结果都需要在报告里呈现。能把 100 页报告的内容浓缩成两三页的分析人员,才是真正的大师,而篇幅只有一页的报告才是领导想看的东西。

在本研究中,并未使用过于复杂的分析方法,主要是通过单选题交叉表、多选题交叉表,外加相应的卡方检验来对数据进行分析。虽然类似于交叉表也可以用对应分析图来做到更好的呈现,但显然这些方法的应用只是锦上添花。只要能够解决实际问题,那么简单的方法就应当被优先考虑,更加复杂(往往也更加难懂)的方法只应当在需要的时候才加以应用。

思考与练习

自行练习本章中涉及的案例数据操作。

第 21 章 牙膏新品购买倾向研究

21.1 项目背景

国内的牙膏市场在 21 世纪以来处于相对稳定的状态,高露洁、佳洁士等几大国际品牌占据了主要的市场份额,而蓝天六必治、两面针等品牌则因其某些方面的优势占据着某个细分市场。但是,即使是相对稳定的市场,用于老产品升级换代的新品的推出也是一件非常慎重的事情,错误的产品投放决策完全可能导致原本稳固的市场份额出现流失。因此,在上市前对新品受消费者的欢迎程度,特别是具体的市场定位进行研究,就成为了非常重要的一个决策依据。

在 2003 年,受客户的委托,对某牙膏新品的市场潜力进行了一次研究,其研究目的如下。

(1) 考察该牙膏新品的市场欢迎程度是否达到预期。
(2) 受访者对该牙膏新品的评价是否能超过现有市场品牌。
(3) 受访者对该新品的评价受到哪些因素的影响,是否存在比较合适进入的细分市场。

在具体的研究设计方面,和本案例有关的内容如下。

(1) 核心评判指标:本研究中的核心评价指标为对未来购买该新品的倾向性评分,按照 1~10 分设定,10 分表示一定会购买,1 分则表示一定不会购买。

(2) 考虑人口背景变量的影响:不同受访者的所在城市、性别、年龄、收入等人口背景资料显然应当被纳入分析范围,对其可能的影响进行分析。

(3) 考虑卫生习惯的影响:受访者的日常卫生习惯(如每日刷牙次数等)也应当是重要的潜在影响因素。

(4) 现在使用牙膏品牌的影响:不同品牌的牙膏实际上占据的是不同的细分市场,而新上市产品的细分市场定位是否正确,将会直接影响其上市是否成功。因此受访者目前最常使用的牙膏品牌也将是重要的潜在影响因素。

考虑到本项目的复杂性,这里只提取了年龄、目前最常用的牙膏品牌、购买倾向性这 3 个变量用于案例分析,而分析目的如下。

(1) 考察年龄、目前最常用的牙膏品牌这两个变量是否对购买倾向性有影响。
(2) 如果有影响,则给出不同状况下的购买倾向性评分估计值。

本案例的数据见文件"牙膏新品研究.sav"。

21.2 分析思路

在有针对性的研究设计框架之下,本项目的数据分析实际上是比较简单的。

(1) 首先,本研究中所关心的结局变量为购买倾向性评分,取值为 1~10,由于范围较宽,因此可以直接按照连续性变量加以分析(为稳妥起见,最好列出频数表确认实际取值范围)。

(2) 其次,由于该评分是从每一位受访者询问而来,因此研究中的基本观察单位就是受访者。

(3) 本案例中所需要考虑的潜在影响因素有两个,最常用的牙膏品牌共分为 6 个水平,如果只分析该变量的作用,则分析目的就是希望考察这 6 组人群的平均购买倾向性评分有无差异,可以考虑使用单因素方差分析模型进行数据分析,即将牙膏品牌作为模型中的影响因素,考察它对评分有无影响。另一个潜在影响因素为年龄,如果只分析该变量的作用,则可以考虑采用相关分析或者回归分析。

(4) 如果同时考虑上述两个影响因素的作用,则必须要建立一个多变量分析模型,最基本的模型框架是一般线性模型,然后可以在该模型的架构下进行不同影响因素组合之下更准确的购买倾向均数(即边际期望均数)估计。

(5) 在实际分析中,没有必要直接去建立多变量模型,而应当先逐个进行变量的筛选和数据理解,在了解到足够的信息之后再来建立复杂模型。

下面就按此思路进行分析。

21.3 数据预分析

1. 因变量的统计描述

模型中的因变量为分值,属于连续性变量,对连续性变量可以考虑使用描述过程进行简单快速的统计描述,操作如下:

(1) 选择"分析"→"描述统计"→"描述"菜单项。
(2) "变量"文本框:选入上市后购买指数。
(3) 单击"确定"按钮。

图 21.1 反映出购买指数的数值分布介于 1~10 之间,因此分布范围比较理想,且标准差大小只有均数的 1/3 左右,因此大致可以看出不存在明显的极端值/偏态分布。当然,对此问题更好地观察方法是使用图形工具,本例中用条图或者直方图也可以,这里采用条图考察。

	个案数	最小值	最大值	平均值	标准差
上市后购买指数	484	1	10	6.37	2.088
有效个案数(成列)	484				

图 21.1 描述统计量

> 如果该变量的取值范围较窄,例如实际取值范围只在 3~7 之间,则要考虑按照有序分类变量来加以分析才更为合理。

(1) 选择"图形"→"图表构建器"菜单项。
(2) 在图库中选择条图组,将简单条图图标拖入画布。
(3) 在变量"上市后购买指数"处单击右键,将测量尺度改为序号。
(4) 将"上市后购买指数"拖入 X 轴框。
(5) 单击"确定"按钮。

注意上述操作中,必须先将"上市后购买指数"的测量尺度改为序号或者名义,否则按照默认的度量方式,系统仍然会自动切换为绘制直方图。从图 21.2 中可以看出,分数分布虽然左侧 1、2 的取值频数略少,似乎略呈偏态,但不是非常强烈,而且也不存在明显的极端值(因取值范围所限),在实际数据中应当是比较好的分布情况了。

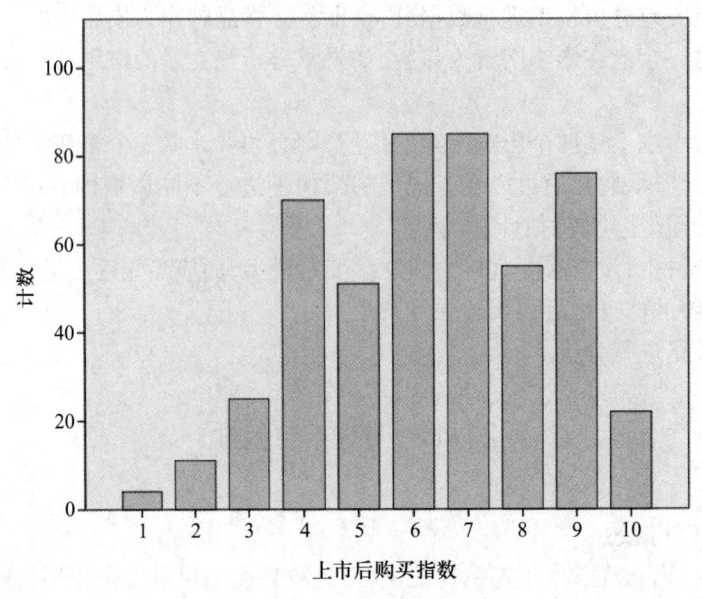

图 21.2 购买指数的条图

条图严格来说应当被用于分类变量,这里由于指数变量只有 10 种分数取值,使用条图反而比直方图更容易进行原始数据的观察,因此进行了工具的活用。

2. 分类自变量的统计描述

首先考察最常使用品牌的分布情况,这可以采用频率过程来实现。

(1)选择"分析"→"描述统计"→"频率"菜单项。

(2)"变量"列表框:选入最常使用的品牌。

(3)单击"确定"按钮。

图 21.3 无须过多解释,依次为频数、百分比、累计百分比的数值。这里由于在设计中对不同牙膏品牌根据其市场表现进行了配额,因此高*和佳*的样本量大约是其余几个品牌的两倍。

		频率	百分比	有效百分比	累计百分比
有效	高*	108	22.3	22.4	22.4
	佳*	105	21.7	21.8	44.2
	黑*	51	10.5	10.6	54.8
	中*	56	11.6	11.6	66.4
	蓝*	47	9.7	9.8	76.1
	其他	115	23.8	23.9	100.0
	总计	482	99.6	100.0	
缺失	系统	2	.4		
总计		484	100.0		

图 21.3 最常使用的品牌

对于品牌,这里也可以使用条图进行图形描述,请读者自行操作,此处略去。

3. 连续自变量的统计描述

下面考虑对年龄进行描述,可以使用探索过程做一个全面的统计描述。

(1)选择"分析"→"描述统计"→"探索"菜单项。

(2)"因变量列表"列表框:选入年龄。

(3)单击"确定"按钮。

如图 21.4 所示就是年龄的统计描述表格,因内容较多,依次解释如下。

(1)集中趋势指标:可见样本的年龄均值为 38.4 岁,而 5% 截尾均数为 38.0,中位数为 38,三者相差不明显,说明年龄变量基本呈对称分布。

(2)离散趋势指标:样本年龄在 19~72 岁之间分布,方差为 124.5,其平方根即标准差为 11.2,全距和四分位间距分别为 53 和 16。由于标准差只有均数的大约 1/3,因此同样可以粗略看出数据分布是比较好的。

(3)参数估计:年龄总体均数的标准误为 0.5,相应的总体均数 95% 可信区间为 37.4~39.4。

(4)分布特征指标:表格最下方还会给出表示数据偏离正态分布程度的偏度系数和峰度系数,及其各自的标准误,这里不再详述。

			统计	标准误差
年龄	平均值		38.42	.507
	平均值的 95% 置信区间	下限	37.43	
		上限	39.42	
	5% 剪除后平均值		37.99	
	中位数		38.00	
	方差		124.526	
	标准差		11.159	
	最小值		19	
	最大值		72	
	全距		53	
	四分位距		16	
	偏度		.467	.111
	峰度		-.459	.222

图 21.4 描述

在统计描述表格之后,探索过程还会给出年龄的茎叶图和箱图,这里只给出箱图的结果,如图 21.5 所示。从图形得到的年龄分布信息与统计表格基本相似,即年龄的分布虽然略有偏态,但程度应当是非常轻微的。

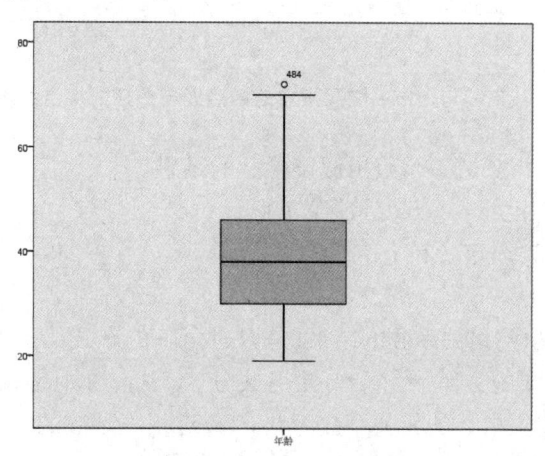

图 21.5 年龄的箱图

21.4 数据建模

1. 年龄对上市后指数影响程度的分析

由于年龄和上市后购买指数均为连续性变量,因此可以直接采用散点图对其关联性进行考察,当然由于购买指数取值种类较少,可以考虑在散点图中进一步加绘回归线以使得趋势更为清晰。

(1) 选择"图形"→"图表构建器"菜单项。
(2) 在图库中选择散点图图组,将简单散点图图标拖入画布。
(3) 将年龄拖入 X 轴框,上市后购买指数拖入 Y 轴框。
(4) 单击"确定"按钮。
(5) 双击生成的散点图进入编辑状态。
(6) 选择"元素"→"总计拟合线"菜单项。
(7) 拟合线选项卡:"置信区间"框组,更改为均值。
(8) 单击"应用"按钮。

从图 21.6 中可以看到,如果对这两个变量进行回归分析,则相应模型的决定系数只有 0.002,如此低的决定系数意味着即使两者间的关联具有统计学意义,其联系也是非常微弱的。

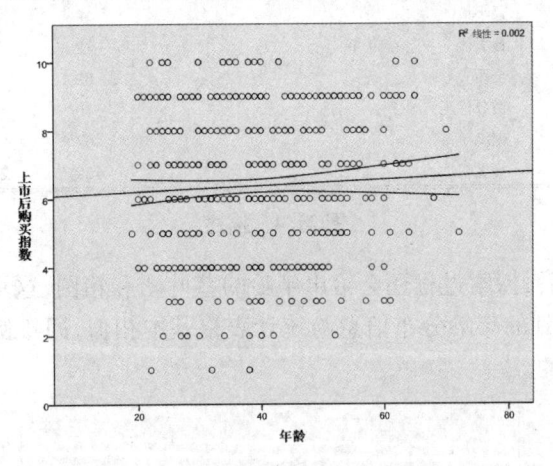

图 21.6 年龄与上市后购买指数的散点图与相应的拟合线对话框

下面可以采用相关分析来进一步给出假设检验的结果。
(1) 选择"分析"→"相关"→"双变量"菜单项。
(2) "变量"列表框:选入年龄和上市后购买指数。
(3) 单击"确定"按钮。

如图 21.7 所示就是积差相关系数的结果,是以对角阵的形式给出的,由于这里只分析了两个变量,因此给出的是 2×2 的方阵。每个单元格共分为 3 行,分别是相关系数、P 值和样本数。可以看到年龄和上市后购买指数的相关系数为 0.047,对相关系数的检验的双侧 P 值为 0.3,远大于 0.05,因此这两个变量的线性关联趋势没有统计学意义。

		年龄	上市后购买指数
年龄	皮尔逊相关性	1	.047
	显著性（双尾）		.300
	个案数	484	484
上市后购买指数	皮尔逊相关性	.047	1
	显著性（双尾）	.300	
	个案数	484	484

图 21.7 相关性

2. 对品牌的作用进行总体检验

下面进一步来考察品牌对上市后购买指数的作用大小，如前所述，该问题可被归纳为一般线性模型框架下的方差分析。由于上面的分析中已经发现年龄可能不具有统计学意义，因此问题很可能会被简化成单因素方差分析。从标准的分析流程而言，这里首先应当对上市后购买指数进行品牌的分组描述，但这里将其合并，直接利用方差分析对话框中的描述功能来完成，操作如下。

（1）选择"分析"→"比较均值"→"单因素 ANOVA"菜单项。
（2）"因变量列表"列表框：选入上市后购买指数。
（3）"因子"列表框：选入最常使用的品牌。
（4）进入"选项"子对话框。
（5）"统计量"框组：选中描述统计、方差同质性检验。
（6）单击"继续"按钮。
（7）单击"确定"按钮。

如图 21.8 所示就是各品牌组的上市后购买指数均值、标准差和样本量，可以很清晰地看出，目前使用高*或佳*品牌牙膏的受试者对测试新品的购买指数明显较低，但和其他品牌组相比是否具有统计学意义，尚需检验后才能得知。

上市后购买指数

	个案数	平均值	标准差	标准误差	平均值的95% 置信区间 下限	平均值的95% 置信区间 上限	最小值	最大值
高*	108	5.33	1.943	.187	4.96	5.70	1	9
佳*	105	5.67	1.736	.169	5.33	6.00	1	9
黑*	51	7.27	2.272	.318	6.64	7.91	3	10
中*	56	6.48	1.748	.234	6.01	6.95	2	10
蓝*	47	6.62	2.132	.311	5.99	7.24	2	10
其他	115	7.44	1.888	.176	7.09	7.79	3	10
总计	482	6.37	2.092	.095	6.19	6.56	1	10

图 21.8 描述

如图 21.9 所示是方差齐性检验的分析结果，此处的无效假设为：各组方差齐。可见 P 值为 0.057，大于 0.05，因此尚不能拒绝该无效假设，即可以认为方差齐。

上市后购买指数

Levene 统计量	df1	df2	显著性
2.163	5	476	.057

图 21.9 方差齐性检验

如图 21.10 所示就是结果中最重要的方差分析表,可见该检验的 P 值远小于 0.05,因此组间的确实存在差异的,即最常使用品牌不同的人群,对该新产品的购买倾向是不同的。

上市后购买指数

	平方和	自由度	均方	F	显著性
组间	345.819	5	69.164	18.717	.000
组内	1758.961	476	3.695		
总计	2104.780	481			

图 21.10 ANOVA

3. 品牌的组间两两比较

上面的结果表明品牌间是有差异的,但究竟是哪些品牌间有差异?为了进一步详细的回答此问题,在方差分析后需要使用两两比较方法作进一步的分析。这里采用 SNK 法进行两两比较,具体操作如下。

(1) 进入"两两比较"子对话框。
(2) 两两比较检验框:选择 S-N-K。
(3) 单击"继续"按钮。

如图 21.11 所示是用 S-N-K 法进行两两比较的结果,可见 6 种品牌被分在了 3 个不同的亚组中,第 1 亚组由高*、佳*组成,评分最低,且它们两者间的比较无差异,在该列的最下方可见本亚组的检验 P 值为 0.307;第 2 亚组由中*、蓝*组成,评分居中;第 3 亚组由黑*、其他组成,评分最高。如果两个品牌被分在了完全不同的亚组中,则它们的均数有统计学差异,如高*和黑*,或者高*和中*均是如此。

S-N-K[a,b]

最常使用的品牌	个案数	Alpha 的子集 = 0.05		
		1	2	3
高*	108	5.33		
佳*	105	5.67		
中*	56		6.48	
蓝*	47		6.62	
黑*	51			7.27
其他	115			7.44
显著性		.307	.679	.604

将显示齐性子集中各个组的平均值。
a. 使用调和平均值样本大小 = 69.589。
b. 组大小不相等。使用了组大小的调和平均值。无法保证 I 类误差级别。

图 21.11 上市后购买指数

21.5 项目总结与讨论

本案例分析了受访者目前使用品牌与年龄对新品上市后购买指数的影响,结果显示后者应当没有作用,而前者则有明显影响。根据以上结果,可以得出分析结论如下。

(1) 在 6 种现有牙膏品牌的使用人群大致可被分为 3 组,最常使用黑*、其他品牌者对新产品表现出了较大兴趣,平均购买分值在 7 分以上。

(2) 高*、佳*的使用者表现出了较高的忠诚度,上市后购买指数的平均分值仅5.5分左右。

(3) 中*、蓝*的适用者情况介于两者之间,评分居中。

综上,建议该新产品在上市后应当主攻黑*、其他品牌的定位人群,相对而言成功进入该细分市场的可能性较大,应当会有较好的收益。

思考与练习

请自行练习本章中涉及的案例数据操作。

第 22 章 证券业市场绩效与市场结构关系的实证分析

22.1 项目背景

在证券业中为了描述市场结构和绩效之间的关系,存在着各种各样的理论模型和假说,如市场结构假说(SCP 假说)、有效结构假说(ES 假说)、共谋假说(CH 假说)等,这些假说存在着互相矛盾甚至于相反的一些前提假设,但是却又都能适用于某些具体的市场状况。因此在开展进一步的研究工作之前,就需要首先确定究竟所研究的证券市场适用于哪种假说。

2008 年,某研究者针对国内证券市场进行了有关研究,经过文献检索,认为我国证券业市场结构与市场绩效之间的关系比较倾向于 SCP 假说与 CH 假说,并在借鉴 Smirlock(1984)、Shepherd(1986)、Timme 和 Yang(1991)以及 Berger(1995)等人所用模型的基础上,进一步构建了以下模型:

$$P=\beta_0+\beta_1 CR+\beta_2 MS+\beta_3 EF+\beta_4 TA+\beta_5 ACR+\beta_6 GR+\beta_7 SR+\varepsilon$$

其中,P 是证券业的市场绩效,CR 是市场集中度,MS 是证券公司的市场份额,EF 代表证券公司的经营效率变量,TA 是证券公司总资产金额,ACR 为证券公司总资产金额与资本金的比率(反映证券公司利用财务杠杆来提高效益的能力,同时也反映证券公司的经营风险),GR 和 SR 是反映市场绩效的环境变量,其中 GR 是 GDP 增长率,SR 是股票市场增长率,β_i 为各待估系数,ε 是随机项。

在完成对上述模型的构建之后,研究者将进一步通过对模型中各系数的比较与计算确定其更加符合哪种细分的绩效模型,因为随后的工作相对偏离本书主题,此处不赘。

22.2 数据的采集

1. 模型中变量的进一步确定

上面模型中列出的是较为理想的变量,但是在实际操作中,某些变量可能实际上难以获取,或者说难以准确测量,因此需要对模型中的变量根据实际情况加以调整,具体如下。

(1)效率变量:在验证有效结构假说时,Smirlock(1984)等运用市场份额代表了效率变量,理由是效率高的企业会赢得更大的市场份额,两者之间高度相关。但是,Berger(1995)等人对此提出了质疑并认为,市场份额高的企业未必经营效率高。因此,市场份额不宜作为企业经营效率的代表。基于这一原因,最终研究者的模型中使用的是企业经营效率这一变量。但是在该指标的具体计算上,测定证券公司效率的方法涉及证券公司的投入、产出及劳动力价格、经营成本、业务收入等数据,而此类数据较难获取。相对比较容易获得的近似指标只能是证券公司的营业收入/资产总额。虽然严格说来,营业收入/资产总额过于笼统,但它与公司的综合经营效率间有较高的相关性。因此,在数据来源有限的情况下这也是一个可行的选择。

(2) 市场绩效指标 P：对于证券公司而言，其效益主要体现在收益率。因此在分析中选用净资产收益率（ROE）来衡量。

(3) 市场份额 MS：同样基于上述理由，考虑采用证券公司总收入的总市场份额来代表。

(4) 其他指标：市场集中度 CR 采用 H 指数来表示，SR 则用上证综合指数每年收盘价的增长率来衡量。

2. 实证检验的数据来源

由于国内证券市场自开始以来就波动频繁，有关公司变化很大，因此最终研究中所选取的研究对象是 2007 年总资产前 20 位的证券公司。选前 20 家公司的原因一是因为前 20 家证券公司能基本反映我国证券业的整体状况，二是考虑到数据的持续可得性，过于早期的数据不仅可能无法代表现在的市场状况，而且很难收集完整。

样本数据的采集区间为 6 年，即 2002~2007。因此理论上的样本总数为 120。数据主要来源于《中国证券期货统计年鉴2007》，对于 GDP 等年度数据，则直接采用复制的方法赋值给每一个案例。最终整理完毕的数据见文件"证券实证分析.sav"。

22.3 数据预分析

1. 原始变量描述

首先应当对所有需要纳入模型分析的变量进行基本描述，采用描述过程，相应结果如图 22.1 所示。

	个案数	最小值	最大值	平均值	标准差
营业收入	105	-1699.05	3087111.41	274433.2303	462951.44699
利润总额	103	-70247.80	1990417.28	151051.2413	319913.76884
净利润	104	-132463.58	1354578.59	103079.4217	221767.89590
总资产	107	146436.64	18965388.17	2226362.7287	2849258.45363
负债合计	104	45075.41	13563045.62	1818178.6829	2308847.27388
实收资本	83	51874.52	873443.89	255170.6120	198925.85845
所有者权益	85	-614594.09	1230994.94	251783.6613	214779.14810
净资本	102	-39329.58	5402342.55	399512.9902	697876.38109
净资产收益率	104	-.85	.67	.1096	.25949
H指数	107	.04	.05	.0427	.00626
证券市场增长率	107	-.18	1.30	.3963	.61229
GDP增长率	107	9.10	11.90	10.4832	.84580
市场份额	107	.00	.11	.0273	.02137
经营效率	105	-.01	.38	.0999	.06482
ACR	85	-7.03	31.36	4.8944	3.94273
有效个案数（成列）	78				

图 22.1 描述统计量

描述表格中，可以发现几乎所有的变量都存在一定数量的缺失值，这导致所采集到的 107 例样本只有 78 例具有完整的信息，数据缺失的原因有一部分是未能收集到，但也有另一部分确实是因为各种原因而无法计算。

一般而言,当总样本中因缺失而导致的样本损失超过 10% 时,就可能对分析结果造成明显的影响。本例已经达到了 30%。但是除非能够继续收集到所缺失的数据,在统计上暂时不考虑采取什么主动措施来加以弥补,因为证券市场的波动非常剧烈,在没有弄清楚其具体规律之前,任何一种缺失值填补方法都可能会带来更大的误差。而且本研究的目的只是通过获取拟合方程的系数估计值来进行市场的模式推断,并不涉及数值预测,因此保持原数据状况进行模型估计应当是更合理的做法。

在数据表中从很多变量的标准差都接近甚至大于均值可以看出另一个问题,即这些变量都存在着高度的离散性,很可能不服从正态分布。实际上,这恐怕是所有金融类模型都可能遇到的问题。这里同样不考虑进行事前处理,而是建模之后再进行考虑。

最后,从图 22.1 中的数据可以得出一个专业上的结论:低市场集中度和低利润率并存是我国证券业的一大特点。

2. 数据变换

下面考虑对建模所需的变量进行计算,根据上面的讨论,相应的数值计算程序如下:

COMPUTE 经营效率=营业收入/总资产.
COMPUTE ACR=总资产/所有者权益.
EXEC.

上述程序运行之后,数据集中就会增加经营效率和 ACR 两个新变量,注意这两个新变量中也存在缺失值,这是因为计算用原始变量也存在缺失值所致。

22.4 数据建模

对于比较熟悉统计模型的读者,可能会想到这应当是一个比较典型的重复测量数据结构:20 家公司在 6 个年度重复给出所测量的数据,构成了一个完美的重复测量结构,因此在分析时就应当考虑这种特殊的数据结构,采用重复测量的一般线性模型,最好能够采用重复测量的 GEE 模型或者混合效应模型来进行建模估计——这类想法完全可以理解,但模型是用来解决问题的,本案例的分析目的如此简单,有必要建立这么复杂的分析模型吗?

下面考虑基于上述数据对前文构建的模型公式进行估计,采用回归过程来分析,注意此处不应当采用变量筛选,而是所有变量使用进入法纳入模型,相应的结果如下。

图 22.2 显示整个模型的决定系数为 39%,也就是说,对样本的因变量变异有一定的解释能力。但是否具有统计学意义尚需进行检验。

模型	R	R方	调整后R方	标准估算的误差
1	.624[a]	.390	.333	.16951

a. 预测变量:(常量),H指数,ACR,市场份额,经营效率,GDP 增长率,证券市场增长率,总资产

图 22.2 模型汇总

图 22.3 所示为模型总的检验结果,提示整个模型用于预测因变量是有价值的,具有统计学意义。

图 22.4 给出了模型中每个系数的估计值和检验结果,可见大多数系数都没有统计学意义,那么是否需要剔除后建立简化模型呢?在本例中恰恰不需要这样做,至少在回答研究问题这一点上,简化模型并不重要。

22.4 数据建模

模型		平方和	自由度	均方	F	显著性
1	回归	1.376	7	.197	6.844	.000[a]
	残差	2.155	75	.029		
	总计	3.531	82			

a. 预测变量：(常量), H指数, ACR, 市场份额, 经营效率, GDP增长率, 证券市场增长率, 总资产
b. 因变量：净资产收益率

图 22.3 Anova

模型		未标准化系数 B	标准误差	标准化系数 Beta	t	显著性
1	(常量)	-.023	.553		-.041	.967
	证券市场增长率	.232	.134	.687	1.737	.087
	ACR	-.002	.005	-.048	-.511	.611
	市场份额	.362	3.939	.035	.092	.927
	经营效率	1.090	.349	.314	3.120	.003
	GDP增长率	.031	.086	.080	.362	.718
	总资产	1.088E-8	.000	.060	.147	.883
	H指数	-10.050	14.265	-.340	-.704	.483

a. 因变量：净资产收益率

图 22.4 系数

作为建模后的常规步骤，也可以考虑对模型的残差分布等进行考察，图形结果如图 22.5 所示。可见模型的残差分布并不理想，主要是在较小侧存在可疑的极端值。可以考虑删除相应的案例，重新拟合无极端值的模型，以比较回归系数的估计值是否会因极端值的出现而发生变化，读者可自行按此思路操作，此处不再详述。

除极端值以外，如果进行共线性分析，则会发现该模型可能会存在共线性问题，但是在本例中，共线性问题可能是无法去加以解决的，因为从自变量的含义上，这些变量可能就存在数量上的关联。因此基于本案例的分析目的，首先考虑的应当是模型分析结果能否协助找到合适的市场假说模型，只有当系数估计值不合理，无法达成分析目的时，才应当考虑是否需要去解决共线性问题。

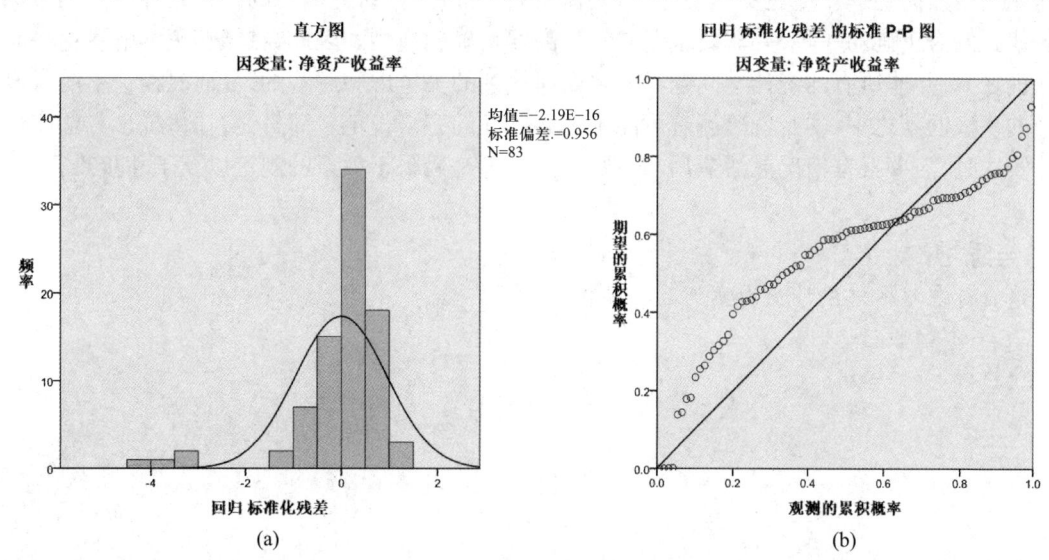

图 22.5 模型残差的直方图和 P-P 图

22.5 项目总结与讨论

1. 项目分析结论

由于上述回归模型总体检验具有统计学意义,因此模型可以用来解释我国证券业市场结构与市场绩效之间的关系。从具体回归方程的系数结果来看,可以得到以下结论。

(1) 我国证券业的市场绩效与市场集中度之间的正相关关系并未通过显著性检验($P=0.483$),因此,根据有关理论,可以拒绝纯共谋假说。这也同时表明,较高的市场集中度在给我国证券公司带来高额垄断利润的同时并没有给投资者带来相应的投资回报。

(2) 我国证券业的市场绩效与市场份额之间没有表现出显著的正相关关系($P=0.927$),因此,根据有关理论,拒绝纯有效结构假说和混合的共谋/有效结构假说。

(3) 市场绩效和基金公司经营效率之间的正相关关系有统计学意义,而与市场集中度之间的正相关关系不显著,因此可以考虑接受修正的有效结构假说。

(4) 我国证券业并未体现出一定程度的规模经济($P=0.883$)。

(5) 我国证券业总体上并不能较好地控制财务风险并提高资本创利能力($P=0.611$)。

(6) 证券市场绩效与 GDP 之间正相关但无统计学意义,这是因为我国证券市场绩效的变化主要由证券市场主导,而证券市场的涨升与国民经济运行存在脱节。

(7) 我国证券业抗股市风险的能力还不足,市场绩效可能在很大程度上还依赖于股市行情(回归系数检验的 $P=0.087$,非常接近 0.05 水平)。

2. 项目讨论

本分析项目实际上在统计分析上是一个比较简单的回归问题,笔者将它放在这里是为了演示统计分析方法在不同的专业领域中可能遇到的具体应用方式。对于并不熟悉证券业的读者而言,可能在处理本案例时会考虑的非常复杂:缺失值应当如何处理?模型中的共线性、异常值这些问题应当如何处理?但是实际上,只需要抓住一点即可:本研究的目的是在几种可能的市场假说中找到最为正确的一种,并非要求建立一个高度精确的模型。因此,在能够正确解答这一问题的前提之下,并非所有的统计学问题都需要面面俱到的去考虑和解答的,更何况在这里所假设要拟合的模型框架之中,本身就蕴涵着可能出现共线性的变量设定。简言之,在将统计方法应用到具体实践时,需要根据情况灵活应用,客观取舍,而不是局限于教条的规定以至于寸步难行。

思考与练习

请自行练习本章中涉及的案例数据操作。

附　　录

附录1　各种情形下最常用的统计检验方法索引[①]

1. **单变量**
   - 连续　　　　　　　　单样本 t 检验
   - 有序多分类　　　　　单样本秩和检验
   - 无序多分类　　　　　单样本卡方检验
   - 二分类　　　　　　　二项分布确切概率法
2. **因变量:连续变量**
   - 单个自变量:连续　　　　　　　相关分析,回归分析
   - 　　　　　有序多分类　　　　单因素方差分析,结果解释时利用有序信息
   - 　　　　　无序多分类　　　　单因素方差分析
   - 　　　　　二分类　　　　　　两样本 t 检验
   - 多个自变量:连续变量为主　　　线性回归模型
   - 　　　　　分类变量为主　　　方差分析模型,和回归模型实际上等价
3. **因变量:有序分类变量**
   - 单个自变量:连续　　　　　　　有序分类的 Logistic 回归
   - 　　　　　有序多分类　　　　秩相关分析、CMH 卡方
   - 　　　　　无序多分类　　　　多样本秩和检验(H 检验)
   - 　　　　　二分类　　　　　　两样本秩和检验(W 检验)
   - 多个自变量:连续变量为主　　　有序分类的判别分析,有序分类的 Logistic 回归
   - 　　　　　分类变量为主　　　有序分类的 Logistic 回归
4. **因变量:无序分类变量**
   - 单个自变量:连续　　　　　　　无序分类的 Logistic 回归
   - 　　　　　有序多分类　　　　可将自变量/因变量交换后分析
   - 　　　　　无序多分类　　　　卡方检验,深入分析可用对数线性模型
   - 　　　　　二分类　　　　　　卡方检验
   - 多个自变量:连续变量为主　　　判别分析、无序分类的 Logistic 回归
   - 　　　　　分类变量为主　　　无序分类的 Logistic 回归
5. **因变量:二分类变量**
   - 单个自变量:连续　　　　　　　两分类 Logistic 回归

[①] 这里给出的仅仅是各种情况下最常见的分析方法,便于初学者选用,并不意味着必须要使用相应的方法来分析。

有序多分类	可将自变量/因变量交换后分析
无序多分类	卡方检验,两分类的 Logistic 回归
二分类	四格表卡方检验,确切概率法
多个自变量:连续变量为主	判别分析、两分类 Logistic 回归,两法实际等价
分类变量为主	两分类 Logistic 回归

6. 多元分析方法

考察的特征需要由多个因变量来表示,同时研究多个自变量对它们的影响:多元方差分析模型、多元回归模型。

希望将变量/纪录分成若干个类别,但类别数不清楚,或各类别的特征不明:聚类分析。

已知分类情况,研究目的是希望建立判别方程,对以后新进入的案例进行所属类别的预测:判别分析。

需要探索多个连续变量间的内在联系或数据的内在结构:因子分析。

需要探索多个分类变量间的内在联系或数据的内在结构:对应分析。

考察多个概念间的相似程度,并寻找受访者用于评价相似性的标准:多维尺度分析。

生存时间和生存结局都是需要关心的因素,同时数据中存在大量的失访:生存分析。

得到的是时间序列数据,需要根据历史资料对以后的情形加以预测:时间序列模型。

附录2　SPSS 函数一览表

本部分的内容是基于目前上市的最高版本 IBM SPSS Statistic 24 版本编写的,在 SPSS 中共有上百个函数,可将其分为十多个类别。每个函数由两部分构成:一部分是函数名称,以大写字母表示;另一部分是参数,以小写字母表示,一个函数中可以有一个或几个参数,每个参数之间用逗号分隔,所有参数用括号括起来。

参数是在使用函数时要替换和更改的部分,因此掌握函数,就必须掌握每个参数的意义。每个参数要求的表达式的形式是不一样的,有的要求是数值型(既可以是具体数字,也可以是数值型变量);有的要求是字符型(既可以是具体字符,也可以是字符型变量);有的要求是日期型(既可以是具体日期时间,也可以是日期型变量);还有的参数对其取值范围有具体要求。SPSS 的函数中涉及的参数大致可归纳为以下。

(1) 数字或数值型变量作参数,如 num、radians、mod、high、low、test、pos、length、divisor、value、numexpr、numvar、variable。

(2) 各种分布的参数,如 quant、prob、shapel、r、scale、loc、df、mean、std、sample、hits、total、threshold、size、min、max、zvalue、nc。

(3) 字符或字符型变量作参数,如 high、low、test、char、needle、haystack、strexpr、value、variable。

(4) 数值或时间日期型变量作参数,如 timevalue、day、month、year、quarter、weeknum、daynum、hours、min、sec、datevalue。

(5) 变量作参数,如 variable。

下面分类介绍各类函数。

1. 数学函数(附表1)

附表1 数 学 函 数

函数形式	返回值类型	函数说明
ABS(num)	数值型	计算 num 的绝对值 例:ABS(-3)= 3
ARSIN(num)	数值型	返回 num 的反正弦值,以弧度为单位,num 需介于-1~1 之间
ARTAN(num)	数值型	返回 num 的反正切值,以弧度为单位
COS(radians)	数值型	返回 radians 的余弦值,以弧度为单位
EXP(num)	数值型	返回 e 的 num 次幂 例:EXP(2)= e^2 = 7.389
LG10(num)	数值型	返回 num 的以 10 为底的对数值,num 必须大于 0 例:LG10(100)= $\log_{10}100$ = 2
LN(num)	数值型	返回 num 的自然对数值,num 必须大于 0 例:LN(7.389)= 2
LNGAMMA(num)	数值型	返回 num 的完全 Gamma 函数的自然对数值,num 必须大于 0 例:LNGAMMA(5)= 3.18
MOD(num,mod)	数值型	返回 num 除以 mod 以后的余数,mod 不能为零 例:MOD(3,2)= 1
RND(num,[mult,fuzz])	数值型	只使用 num 参数,则返回最接近 num 的整数;mult 指定结果为该数值的整数倍;fuzz 用于设定四舍五入所需要考虑的小数位数阈值,默认为 6,该选项用于一些特殊情况下避免程序计算错误,一般不需要使用 例:RND(4.75)= 5,RND(4.75,0.1)= 4.7
SIN(radian)	数值型	返回 num 的正弦值,参数必须为数值型 例:SIN(3.14)= 0
SQRT(num)	数值型	返回 num 的平方根,参数必须为数值型,又不为负数 例:SQRT(4)= 2
TRUNC(num,[mult,fuzz])	数值型	返回 num 向 0 方向截尾的值,用法类似与 RND 函数 例:TRUNC(4.7)= 4

2. 累计概率函数、逆分布函数、概率密度函数与显著性函数

基于统计分布的以下几大类函数,见附表2。

(1) CDF 族函数:用于计算当概率函数值等于 quant 时指定分布函数的下侧(左侧)累计概率值,共有 25 种常用分布可供选择。

（2）非中心 CDF 族函数：返回非中心化分布函数的下侧（左侧）累计概率值，和普通分布相比，其中非中心化分布需要多指定一个非中心参数。

（3）IDF 族函数：相当于 CDF 族函数的反函数，返回指定分布在下侧累计概率值概率为所给数值时的函数值。共有 18 个，基本上和 CDF 族函数一一对应，这里不再一一列出。

（4）PDF 族函数：即概率密度函数，用于计算当概率函数值等于 quant 时指定分布函数的点概率密度值，共有 25 种，和上面的 CDF 函数可一一对应，此处不再重复。

（5）非中心 PDF 函数：共有 4 种，用于计算非中心化分布函数的点概率密度值，和上面的 NCDF 函数可一一对应，此处不再重复。

（6）SIG 族函数：用于计算相应分布的右侧累计概率值，目前只有 Chisq 和 F 两个。

附表 2　累计概率函数、逆分布函数、概率密度函数与显著性函数

函数形式	返回值类型	函数说明
CDF.BERNOULLI（quant,prob）	数值型	返回参数为"prob"的贝努利分布的"quant"分位点的累积概率值
CDF.BETA（quant,shape1,shape2）	数值型	返回参数为"shape1、shape2"的贝塔分布的"quant"分位点的累积概率值
CDF.BINOM（quant,n,prob）	数值型	返回实验次数（n）和成功概率（Prob）的二项分布的"quant"分位点的累积概率值
CDF.BVNOR（q1,q2,r）	数值型	返回相关系数为"r"的双变量标准正态分布的"q1,q2"分位点的累积概率值
CDF.CAUCHY（quant,loc,scale）	数值型	返回位置、比例参数分别为"loc"和"scale"的柯西分布的"quant"分位点的累积概率值
CDF.CHISQ（quant,df）	数值型	返回自由度为"df"的卡方分布的"quant"分位点的累积概率值
CDF.EXP（quant,shape）	数值型	返回参数为"shape"的指数分布的"quant"分位点的累积概率值
CDF.F（quant,df1,df2）	数值型	返回自由度为"df1\df2"的 F 分布的"quant"分位点的累积概率值
CDF.GAMMA（quant,shape,scale）	数值型	返回来自给定形状参数（shape）和比例参数（scale）的伽马分布的"quant"分位点的累积概率值
CDF.GEOM（quant,prob）	数值型	返回概率参数为"prob"的几何分布的"quant"分位点的累积概率值
CDF.HALFNRM（quant,mean,std）	数值型	返回总体均数为"mean"和标准差为"std"的半正态分布的"quant"分位点的累积概率值
CDF.HYPER（quant,total,sample,hits）	数值型	返回总体为"total"和对应项大小为"hits"以及样本大小为"sample"的超几何分布的"quant"分位点的累积概率值

函数形式	返回值类型	函数说明
CDF.IGAUSS(quant,mean,scale)	数值型	返回来自给定均数和标准差的反高斯分布的"quant"分位点的累积概率值
CDF.LAPLACE(quant,mean,scale)	数值型	返回均值为"mean"和比例参数为"scale"的拉普林斯分布的"quant"分位点的累积概率值
CDF.LOGISTIC(quant,mean,scale)	数值型	返回均值为"mean"和比例参数为"scale"的Logistic分布的"quant"分位点的累积概率值
CDF.LNORMAL(quant,a,b)	数值型	返回参数为"a,b"的对数正态分布的"quant"分位点的累积概率值
CDF.NEGBIN(quant,thresh,prob)	数值型	返回次数参数为"thresh"和概率为"prob"的获取成功所需试验次数的"quant"分位点的累积概率
CDF.NORMAL(quant,mean,stddev)	数值型	返回均值为"mean"和标准差为"stddey"的正态分布的"quant"分位点的累积概率值
CDF.PARETO(quant,threshold,shape)	数值型	返回参数为"threshold"和形状参数shape的帕累托分布的"quant"分位点的累积概率值
CDF.POISSON(quant,mean)	数值型	返回均值为"mean"的泊松分布的"quant"分位点的累积概率值
CDF.SMOD(quant,size,df)	数值型	返回参数为"size、df"的Studentized maximum modulus的"quant"分位点的累积概率值
CDF.SRANGE(quant,size,df)	数值型	返回参数为"size、df"的Studentized range statistic的"quant"分位点的累积概率值
CDF.T(quant,df)	数值型	返回自由度为"df"的T分布的"quant"分位点的累积概率值
CDF.UNIFORM(quant,min,max)	数值型	返回最小值为"min"和最大值为"max"的均匀分布的"quant"分位点的累积概率值
CDF.WEIBULL(quant,a,b)	数值型	返回参数为"a,b"的威布尔分布的"quant"分位点的累积概率值
CDFNORM(zvalue)	数值型	返回标准正态分布的"zvalue"分位点的累积概率值
NCDF.BETA(quant,shapel,shape2,nc)	数值型	返回形状参数为"shapel,shape2"和非中心参数为"nc"的非中心贝塔分布的"quant"分位点的累积概率值
NCDF.CHISQ(quant,df,nc)	数值型	返回自由度为"df"和非中心参数为"nc"的非中心卡方分布的"quant"分位点的累积概率值

续表

函数形式	返回值类型	函数说明
NCDF.F(quant,df1,df2,nc)	数值型	返回自由度为"df1,df2"和非中心参数为"nc"的非中心 F 分布的"quant"分位点的累积概率值
NCDF.T(quant,df,nc)	数值型	返回自由度为"df"和非中心参数为"nc"的非中心 T 分布的"quant"分位点的累积概率值
SIG.CHISQ(q,df)	数值型	返回自由度为"df"的卡方分布的"quant"分位点的右侧累积概率值
SIG.F(q,df1,df2)	数值型	返回自由度为"df1,df2"的 F 分布的"quant"分位点的右侧累积概率值

3. 日期时间函数

日期时间函数主要有 6 大类(见附表 3),在计算时均以 1582 年 10 月 14 日午夜为基线时间,它们的功能如下。

(1) 当前日期与时间:用于返回函数执行时的系统时间。

(2) 日期运算:对时间变量进行四则运算。

(3) TIME:用于创建时间变量,返回数值型时间变量,参数"day"、"hour"、"min"、"sec"为数值,反映当前时间的秒数。

(4) DATE:用于创建日期,返回数值型时间变量,参数"day"、"month"、"quarter"、"year"、"weeknum"、"daynum"均为数值型,反映当前时间距基线日期的秒数。

(5) CTIME:用于提取时间段,返回数值型变量,参数"timevalue"为时间变量或表达式,即一般要使用 Time 或 Date 系列函数来设置变量参数,返回该日期和基线时间相差的累计日、时、分或秒数,计算时会将上一层次的差异换算下来,如将小时换算为分。

(6) XDATE:用于提取日期,返回数值变量,参数"datevalue"必须为时间变量或表达式,即一般要使用 Time 或 Date 系列函数来设置变量参数,返回该日期和基线时间相差的日、时、分或秒数,注意只计算同级差异,如计算秒时不考虑分的差异。

附表 3　日期时间函数

函数形式	返回值类型	函数说明
$ DATE	字符型	返回采用两位数记年格式的当前日期
$ DATE11	字符型	返回采用四位数记年格式的当前日期
$ JDATE	数值型	返回从基线日期开始计算的当前日期,格式为 F6.0
$ TIME	数值型	返回从基线日期午夜到命令执行时间所经历的秒数,格式为 F20
DATEDIFF(time2,time1,"unit")	数值型	返回两个日期变量的差值,unit 则为引号括起来的有效时间单位值,如 years、months、minutes 等

续表

函数形式	返回值类型	函数说明
DATESUM(time,value,"unit", "method")	日期数值型	按照 unit 给定的时间单位,将 value 的值和 time 相加,备选的 method 默认为 closest,即使用月中最接近的合法日期,可更改为 rollover,即将多余天数前移
DATE.DMY(day,month,year)	日期数值型	返回日期"year"年"month"月"day"日距基线日期的秒数 例:DATE.DMY(02,03,1982)意思是 1982 年 3 月 2 日
DATE.MDY(month,day,year)	日期数值型	返回日期:"year"年"month"月"day"日距基线日期的秒数 例:DATE.MDY(02,03,1982)意思是 1982 年 2 月 3 日
DATE.MOYR(month,year)	日期数值型	返回日期:"year"年"month"月 1 日距基线日期的秒数 例:DATE.MOYR(02,1982)意思是 1982 年 2 月
DATE.QYR(quarter,year)	日期数值型	返回日期:"year"年第"quarter"季第 1 天距基线日期的秒数 例:DATE.QYR(3,1982)意思是 1982 年第 3 季度
DATE.WKYR(weeknum,year)	日期数值型	返回日期:"year"年第"weeknum"周第 1 天距基线日期的秒数 例:DATE.WKYR(21,1982)意思是 1982 年第 21 周
DATE.YRDAY(year,daynum)	日期数值型	返回日期:"year"年第"daynum"天距基线日期的秒数 例:DATE.YRDAY(1982,21)意思是 1982 年第 21 天
XDATE.DATE(datevalue)	数值型	返回"datevalue"距离基线日期的秒数, 与 CTIME.SECONDS(timevalue)相似 例:XDATE.DATE(1952/02/03)= 11 654 150 400.00
XDATE.HOUR(datevalue)	数值型	返回"datevalue"为本天第几时,为整数,介于 0~23 之间 例:XDATE.HOUR(02-MAR-2003 02:30:30)= 2
XDATE.JDAY(datevalue)	数值型	返回"datevalue"为本年度第几天,为整数,介于 1~366 之间 例:XDATE.JDAY(31-DEC-2004)= 366
XDATE.MDAY(datevalue)	数值型	返回"datevalue"为本月第几天,为整数,介于 0~31 之间 例:XDATE.MDAY(31-DEC-2003)= 31
XDATE.MINUTE(datevalue)	数值型	返回"datevalue"为本时第几分,为整数,介于 0~59 之间 例:XDATE.MINUTE(02-MAR-2003 02:30:29)= 30
XDATE.MONTH(datevalue)	数值型	返回"datevalue"为本年度第几月,为整数,介于 1~12 之间 例:XDATE.MONTH(02-MAR-2003 02:30:29)= 3
XDATE.QUARTER(datevalue)	数值型	返回"datevalue"为本年度第几季,为整数,介于 1~4 之间 例:XDATE.QUARTER(02-MAR-2003 02:30:29)= 1

续表

函数形式	返回值类型	函数说明
XDATE. SECOND(datevalue)	数值型	返回"datevalue"为本分第几秒,为整数,介于 1~60 之间 例:XDATE. SECOND(02-MAR-2003 02:30:29)=29
XDATE. TDAY(datevalue)	数值型	返回"datevalue"距离 1582 年 1 月 1 日的整数天数。 与 CTIME. SECONDS(timevalue)相似 例:XDATE. TDAY(02-MAR-2003 02:30:29)=153 541.00
XDATE. TIME(datevalue)	日期数值型	返回"datevalue"为当天的第几秒 例:XDATE. TIME(02-MAR-2003 02:30:29)=26 430.00
XDATE. WEEK(datevalue)	数值型	返回"datevalue"为当年的第几整周,取值为 1~53 例:XDATE. WEEK(02-MAR-2003 02:30:29)=9.00
XDATE. WKDAY(datevalue)	数值型	返回"datevalue"为星期几,取值为 1~7 的整数 例:XDATE. WEEK(02-MAR-2003 02:30:29)=1.00
XDATE. YEAR(datevalue)	数值型	返回"datevalue"4 位数整数表示的年号 例:XDATE. YEAR(02-MAR-2003 02:30:29)=2 003.00
YRMODA(year,month,day)	数值型	返回从 1582 年 10 月 15 日开始一直到参数 year、month 和 day 所代表的天数 例:XDATE. YEAR(03,3,2)=153 541.00
TIME. DAYS(days)	日期数值型	返回"days"天的秒数,"days"必须为数值 例:TIME. DAYS(1)=86 500(1 天为 86 400 秒)
TIME. HMS(hours,[min,sec])	日期数值型	返回"hour"小时"min"分"sec"秒所对应的秒数,参数必须为数值,且后两者可选。如果希望结果显示为时间,则将其指定为时间格式 例:TIME. HMS(1,1,1)=3 661(1 小时 1 分 1 秒=3 661 秒)
CTIME. DAYS(timevalue)	数值型	返回"timevalue"距基线日期的累计天数,包括小数,"timevalue"必须是数字或日期格式的表达式 例:CTIME. DAYS(1952/02/03)=134 886.00
CTIME. HOURS(timevalue)	数值型	返回"timevalue"距基线日期的累计小时数,包括小数,"timevalue"必须是数字或日期格式的表达式 例:CTIME. HOURS(1952/02/03)=3 237 264.00
CTIME. MINUTES(timevalue)	数值型	返回"timevalue"距基线日期的累计分钟数,包括小数,"timevalue"必须是数字或日期格式的表达式 例:CTIME. MINUTES(1952/02/03)=194 235 840.00

续表

函数形式	返回值类型	函数说明
CTIME.SECONDS(timevalue)	数值型	返回"timevalue"距基线日期的累计秒数,包括小数,"timevalue"必须是数字或日期格式的表达式 例:CTIME.SECONDS(1952/02/03)=11 654 150 400.00

4. 缺失值函数(附表 4)

附表 4　缺失值函数

函数形式	返回值类型	函数说明
$ SYSMISS		返回系统缺失值
MISSING(variable)	逻辑型	判断变量"variable"是否为缺失值,如是,返回"1",否则返回"1"
NMISS(variable(…))	数值型	返回"variable(…)"中含缺失值的变量个数
NALID(variable(…))	数值型	返回"variable(…)"中非缺失值的变量个数
SYSMIS(numvar)	逻辑型	判断数值型变量"numvar"是否为系统缺失值
VALUE(variable)	数值型/字符型	返回变量"vanable"的值,即使是用户自定义的缺失值也返回,并不再把它看作缺失值

5. 随机函数

随机函数主要为 RV 系列函数,用于返回随机数。RV 函数共有 25 个,同样可以和 CDF 系列一一对应,这里不再重复。

6. 检索函数(附表 5)

附表 5　检 索 函 数

函数形式	返回值类型	函数说明
ANY(test,value,(value…))	逻辑型	如果"test"与各"value"中的任何一个匹配,则返回"1",否则返加"0" 例:ANY('a','b','c','d')=0 ANY('a','b','a','d')=1
CHAR.INDEX(haystack,needle,[divisor])	数值型	返回 haystack 中第一次出现 needle 的位置,可选参数 divisor 则指定可以将 needle 划分为单独字符串的字符数
CHAR.RINDEX(haystack,needle,[divisor])	数值型	返回 haystack 中最后一次出现 needle 的位置,可选参数 divisor 则指定可以将 needle 划分为单独字符串的字符数
MAX(value,value[,…])	数值型/字符型	返回"value"中的最大值,需要两个或以上 value,可以为本函数指定有效变量的最小个数 例:MAX(2,3,7,9)=9;MAX(a,b,c,d)=d

函数形式	返回值类型	函数说明
MIN(value,value[,…])	数值型/字符型	返回value中的最小值,需要两个以上value,可以为本函数指定有效变量的最小个数 例:MAX(2,3,7,9)=2;MAX(a,b,c,d)=a
RANGE(test,low,high,(low,high…))	逻辑型	如果"test"落在"low"与"high"确定的范围内,则返回"1",否则返回"0"。如果"low"与"high"为字符,必须等长度 例:ANY(2,10,20)=0 ANY('d','a','f')=1
REPLACE(a1,a2,a3[a4])	字符型	在a1中,将所有a2实例替换为a3,a4指定允许替换的次数,默认为全部替换

7. 统计函数(附表6)

附表6 统 计 函 数

函数形式	返回值类型	函数说明
CFVAR(numexpr,numexpr[,…])	数值型	返回"numexpr"中有效值构成样本的变异系数,需要两个或以上value,可以为本函数指定有效变量的最小个数
MAX(value,value[,…])	数值型/字符型	返回"value"中的最大值,需要两个或以上value,可以为本函数指定有效变量的最小个数 例:MAX(2,3,7,9)=9;MAX(a,b,c,d)=d
MEDIAN(value,value[,…])	数值型	返回value中的中位数,需要两个以上value,可以为本函数指定有效变量的最小个数
MEAN(numexpr,numexpr[,…])	数值型	返回"numexpr"这些数值型变量的算术平均值,需要两个或以上numexpr,可以为本函数指定有效变量的最小个数 例:MEAN(3,4,8)=5
MIN(value,value[,…])	数值型/字符型	返回value中的最小值,需要两个以上value,可以为本函数指定有效变量的最小个数 例:MAX(2,3,7,9)=2;MAX(a,b,c,d)=a
SD(numexpr,numexpr[,…])	数值型	返回"numexpr"这些数值型变量中含有有效值的变量的标准差,此函数需要两个或以上的数值型变量,可以为此函数指定有效变量的最小个数

续表

函数形式	返回值类型	函数说明
SUM(numexpr,numexpr[,...])	数值型	返回"numexpr"这些数值型变量中含有有效值的变量的总和,此函数需要两个或以上的数值型变量,可以为此函数指定有效变量的最小个数
VARIANCE(numexpr,numexpr[,...])	数值型	返回"numexpr"这些数值型变量中含有有效值的变量的方差,此函数需要两个以上的数值型变量,你可以为此函数指定有效变量的最小个数

8. 字符串函数(附表7)

附表7 字符串函数

函数形式	返回值类型	函数说明
CHAR.INDEX(haystack,needle,[divisor])	数值型	返回haystack中第一次出现needle的位置,可选参数divisor则指定可以将needle划分为单独字符串的字符数
CHAR.RINDEX(haystack,needle,[divisor])	数值型	返回haystack中最后一次出现needle的位置,可选参数divisor则指定可以将needle划分为单独字符串的字符数
CHAR.LENGTH(strexpr)	数值型	返回"strexpr"的长度不包括尾部空格 例:CHAR.LENGTH('abcde ')=5
CHAR.LPAD(strexpr,length,[str2])	字符型	使用str2在"strexpr"左侧填充,直至其长度达到length,如果省略str2,则使用空格填充 例:LPAD('ab',5,'c')='cccab'
CHAR.RPAD(strexpr,length,[str2])	字符型	使用str2在"strexpr"右侧填充,直至其长度达到length,如果省略str2,则使用空格填充
CHAR.MBLEN(strexpr,pos)	数值型	返回在strexpr的字符位置pos处的字符中的字节数
CHAR.SUBSTR(strexp,pos,[length])	字符型	返回"strexpr"中从"pos"位置开始,长度为"length"的字符串,"pos"、"length"均为整数,省略length则返回至末尾
CONCAT(strexpr,strexpr[,...])	字符型	返回"strexpr"合并而成的字符串,需要两个或以上的表达式 例:CONCAT('a','b')=ab
LENGTH(strexpr)	数值型	返回"strexpr"的长度,在常用的代码页模式中,该函数返回的实际上是定义的字符串长度,包括尾部空格

续表

函数形式	返回值类型	函数说明
LOWER(strexpr)	字符型	返回"strexpr"中的大写字母变为小写 例：LOWER('aBcD')= abcd
UPCAS(strexpr)	字符型	返回"strexpr"中的小写字母变为大写 例：LOWER('aBcD')= ABCD
LTRIM(strexpr,[char])	字符型	删除"strexpr"左侧的"char"，"char"必须是一个单一字符，省略时则删除空格 例：LTRIM('aatt','a')= tt
MBLEN.BYTE(strexpr,pos)	数值型	返回在strexpr的字节位置pos处的字符中的字节数
NORMALIZE(strexp)	字符串	返回strexp标准化版本。Unicode模式下，返回Unicode NFC。代码页模式下，无效应并返回未修改的strexp。结果长度可能与输入长度不同
NTRIM(varname)	字符串	返回varname值，不用删除拖尾空格。varname的值必须是一个变量名，不可以是一个表达式
REPLACE(a1,a2,a3[a4])	字符串	在a1中，将所有a2实例替换为a3,a4指定允许替换的次数，默认为全部替换
RTRIM(strexpr,char)	字符型	删除"strexpr"右侧的"char"，"char"必须是一个单一字符，省略则删除空格
SUBSTR(strexpr,pos)	字符型	返回"strexpr"中从"pos"位置开始至最后一个字符的字符串，"pos"是一个数字 例：SUBSTR('factory',2)= actory
STRUNC(strexp,length)	字符串	返回截断至长度(以字节为单位)的strexp然后删除所有拖尾空格。截断将删除任何可能被截断的字符片段

9. 转换、特殊变量与其他函数(附表8)

附表8 转换、特殊变量与其他函数

函数形式	返回值类型	函数说明
NUMBER(strexpr,format)	数值型	以"format"格式返回"strexpr"的数值 例：NUMBER('3.2',f8.1)= 3.2(为数值型)
STRING(num,format)	字符型	以"format"格式读取"num"数值，把它返回字符型 例：STRING(-1.5,F5.2)= -1.50(为字符型)

续表

函数形式	返回值类型	函数说明
$CASENUM		返回当前个案的顺序号
LAG(variable,[n])	数值型/字符型	返回前面第 n 条记录的"variable"的取值,为前 n 条记录返回系统缺失值(对于数值型变量)或空格(对于字符型变量),第2个参数可选,默认为1
VALUELABEL(Varname)	字符型	返回变量值的值标签,如果没有值标签,则返回空字符串
APPLYMODEL(handle,"func",value)	数值型	使用句柄指定的模型将特定得分函数应用于输入个案数据,其中"function"是以下字符串文本值之一,以引号括起:predict, stddev, probability, confidence, nodeid, cumhazard, neighbor, distance. 模型句柄是与外部 XML 文件相关联的名称,在 MODEL HANDLE 命令中定义。当功能是"概率"、"邻元素"或"距离"时,应用可选第3参数。对于"概率",其指定为其计算概率的类别。对于"邻元素"和"距离",其指定最近相邻模型的特定邻元素(作为整数)。如果无法计算值,则 ApplyModel 返回系统缺失值
STRAPPLYMODEL(handle,"func",value)	字符型	使用句柄指定的模型将特定得分函数应用于输入个案数据,其中"function"是以下字符串文本值之一,以引号括起:predict, stddev, probability, confidence, nodeid, cumhazard, neighbor, distance. 模型句柄是与外部 XML 文件相关联的名称,在 MODEL HANDLE 命令中定义。当功能是"概率"、"邻元素"或"距离"时,应用可选第3参数。对于"概率",其指定为其计算概率的类别。对于"邻元素"和"距离",其指定最近相邻模型的特定邻元素(作为整数)。如果不能计算值,则 StrApplyModel 返回空字符串

附录3 统计术语英汉名词对照表

本对照表并不代表 SPSS 官方的意见,仅仅是为初学者提供的一份统计英文术语参考译名索引,考虑到国内统计界的使用习惯,许多术语在译法上和 SPSS 中文界面和输出的方式都有所差异。

由于在不同行业内,统计术语的使用频率和翻译方式各不相同,因篇幅所限,本对照表中只是提供了最为常用的术语。在可能有多种译法时,主要采用最为标准和常用的一种,并随后标出备选的其他译法,或者相应术语更为通俗的称呼(但与字面含义无关)。如 censoring 对应的译法为:删失,失访,终检。这表示以上3种译法均很常见,但以删失最为妥当。这种推荐次序仅供读者参考。

A

accuracy	准确度
actual frequency	实际频数
adjusted value	校正值
alternative hypothesis	备择假设
analysis of covariance	协方差分析
analysis of variance, ANOVA	方差分析
arithmetic mean	算术平均数
asymmetric distribution	非对称分布
autocorrelation	自相关

B

bar chart	条图
bayes' theorem	Bayes 定理
bias	偏倚,偏性
binominal distribution	二项分布
bivariate normal distribution	双变量正态分布
block	区组
box plot	箱图,箱线图

C

canonical correlation	典型相关
case-control study	病例—对照研究
categorical variable	分类变量
cell	单元
censored data	截尾数据
censoring	删失,失访,终检
central limit theorem	中心极限定理
central tendency	集中趋势
chance error	随机误差
class mid-value	组中值
cluster analysis	聚类分析
cluster sampling	整群抽样
coding	编码
coefficient of contingency	列联系数
coefficient of correlation	相关系数
coefficient of determination	决定系数
coefficient of partial correlation	偏相关系数
coefficient of product-moment correlation	积差相关系数
coefficient of rank correlation	等级相关系数
coefficient of regression	回归系数
coefficient of skewness	偏度系数
coefficient of variation	变异系数
cohort study	队列研究
communality variance	公共方差
comparability	可比性
complete association	完全相关
complete random design	完全随机设计
conditional likelihood	条件似然
conditional probability	条件概率
confidence interval, CI	可信(置信)区间
confidence limit, CL	可信(置信)限
confirmatory factor analysis	验证性因子分析
confirmatory research	证实性研究
conjoint analysis	联合分析
consistency test	一致性检验
constraint	约束
contingency table	列联表(R×C 表)
contribution rate	贡献率
control	对照
controlled experiments	对照实验
correction	校正
correction for continuity	连续性校正
correlation	相关
correlation analysis	相关分析
correlation coefficient	相关系数
correspondence analysis	对应分析
counts	计数/频数
covariance	协方差
Cox regression	Cox 回归
criteria for fitting	拟合准则
critical value	(临)界值
cross-over design	交叉设计
cross-section analysis	横断面分析
cross-section survey	横断面调查
crosstabulation table	交叉表
crosstabs	交叉表
cumulative frequency	累计频数
cumulative probability	累计概率
curve fit	曲线拟合
curvilinear regression	曲线回归

D

data reduction	数据缩减
data transformation	数据变换
dataset	数据集

degree of freedom	自由度	**G**	
degree of reliability	可靠度	general liner model, GLM	一般线性模型
density function	密度函数	generalized liner model	广义线性模型
dependent variable	因变量	geometric mean	几何均数
deviation	离差	goodness of fit	拟合优度
discrete variable	离散型变量	**H**	
discriminant analysis	判别分析	half-life	半衰期
distribution	分布	harmonic mean	调和均数
distribution-free method	任意分布方法,分布自由方法	hazard function	风险函数
		hazard rate	风险率
dose response curve	剂量反应曲线	heterogeneity	不同质
dummy variable	哑变量,虚拟变量	heterogeneity of variance	方差不齐
E		heteroscedasticity	方差不齐
eigenvalue	特征值	hierarchical clustering method	分层聚类法
eigenvector	特征向量	histogram	直方图
equivariance	等方差	homogeneity	同质,齐性
error	误差/错误	homogeneity of variance	方差齐性
error of estimate	估计误差	homogeneity test	齐性检验
estimated value	估计值	homoscedasticity	方差齐性
euclidean distance	欧氏距离	hypothesis test	假设检验
event	事件	hypothesis testing	假设检验
expected values	期望值	**I**	
experiment design	实验设计	independence	独立性
exploratory data analysis	探索性数据分析	independent variable	自变量
exponential curve	指数曲线	initial mean vectors	初始凝聚点
extrapolation	外推法	interaction	交互作用
extremes	极端值,极值	intercept	截距
F		interpolation	内插法
F distribution	F 分布	inter-quartile range	四分位数间距
factor analysis	因子分析	interval estimation	区间估计
factor score	因子得分	inverse matrix	逆矩阵
factorial	阶乘	iteration	迭代
factorial design	析因试验设计	**K**	
false negative	假阴性	K means method	K-均值聚类法
false positive	假阳性	Kaplan-Merier curve	Kaplan-Merier 曲线
finite population	有限总体	kendall's rank correlation	Kendall 等级相关
fitted value	拟合值	Kolmogorove-Smirnove test	K-S 检验
fitting a curve	曲线拟合	Kruskal and Wallis test	K-W 检验,H 检验
forecast	预测	Kurtosis	峰度
fourfold table	四格表	**L**	
frequency	频数	lack of fit	拟合劣度,失拟
frequency distribution	频数分布	Latin square design	拉丁方设计

least square method	最小二乘法	multiple covariance	多元协方差
legend	图例	multiple linear regression	多重线性回归
level	水平	multiple response	多重应答,多选题
level of significance	统计意义水平	multi-stage sampling	多阶段抽样
life table	寿命表	multivariate regression	多元回归
likelihood function	似然函数	multivariate statistical analysis	多变量统计分析,多元统计分析
likelihood ratio test	似然比检验		
line graph	线图		**N**
linear	线性	negative correlation	负相关
linear correlation	直线相关	no statistical significance	无统计学意义
linear equation	线性方程	nominal variable	名义变量
linear programming	线性规划	nonlinear regression	非线性回归
linear regression	直线回归	nonparametric statistics	非参数统计
linear trend	线性趋势	nonparametric test	非参数检验
loading	载荷	normal distribution	正态分布
log-rank test	时序检验	null hypothesis	无效假设
logarithmic scale	对数尺度	numerical variable	数值变量
logistic regression	logistic 回归		**O**
logit transformation	logit 转换	observation unit	观察单位
loglinear model	对数线性模型	observed value	观察值
	M	odds ratio, OR	优势比,比数比
main effect	主效应	one-sided test	单侧检验
matched data	配对资料	one-way ANOVA	单因素方差分析
matching	配对	optimum allocation	最优分配
maximum likelihood method	最大似然法	order statistics	顺序统计量
maximum likelihood ratio test	似然比检验	ordered categories	有序分类
mean	均数	orthogonal experimental design	正交试验设计
mean square, MS	均方	outlier	异常值
measurement bias	测量性偏倚	overall survey	普查
median	中位数		**P**
median effective dose	半数效量	paired design	配对设计
median lethal dose	半数致死量	paired(matched)t-test	配对 t 检验
median survival time	中位生存时间	parameter	参数
median test	中位数检验	parametric statistics	参数统计
M-estimators	M 估计量	parametric test	参数检验
minimum lethal dose	最小致死量	path analysis	路径分析
missing value	缺失值	partial correlation	偏相关
multidimensional scaling analysis, MDS	多维尺度分析	partial likelihood	偏似然函数
		partial regression coefficient	偏回归系数
multinomial distribution	多项分布	percent bar graph	百分条图
multiple comparison	多重比较	percentage	百分比,百分数
multiple correlation	复相关,多重相关	percentile	百分位数/位点

periodicity	周期性
pie graph	饼图,圆图
placebo	安慰剂
point estimation	点估计
Poisson distribution	Poisson 分布
polynomial curve	多项式曲线
population	总体
population mean	总体均数
positive correlation	正相关
posterior distribution	后验分布
power of a test	检验效能
power of statistics	检验效能
precision	精度
principal component analysis	主成分分析
prior distribution	先验分布
product moment	乘积矩/协方差
product-limit method	乘积极限法
proportion	构成比
prospective study	前瞻性研究
P-value	P 值

Q

qualitative evaluation	定性评价
qualitative method	定性方法
quantile-quantile plot	Q-Q 图
quantitative analysis	定量分析
quantitative evaluation	定量评价
quartile	4 分位数
questionnaire	问卷
quick cluster	快速聚类

R

random event	随机事件
random sampling	随机抽样
randomization	随机化
randomized allocation	随机分配
randomized block design	随机区组设计
randomized control trial	随机对照试验
randomized double blind control trial	随机双盲对照试验
range	极差(全距)
rank correlation	等级(秩)相关
rank sum test	秩和检验
ranked data	等级资料
rate	率
ratio	比
raw data	原始资料
regression analysis	回归分析
regression coefficient	回归系数
regression SS	回归平方和
relative number	相对数
relative risk, RR	相对危险度
reliability	可靠性,信度
replacement level	更替水平
residual	残差
residual standard deviation	剩余标准差
residual sum of square	剩余平方和
ridge trace	岭迹
ridit analysis	Ridit 分析
risk ratio	风险比,危险比
rotation	旋转
r×c table	R×C 表

S

sample	样本
sample size	样本量
sampling error	抽样误差
sampling fraction	抽样比
sampling study	抽样研究
sampling survey	抽样调查
scale	测量尺度
scatter diagram	散点图
score test	比分检验
screening	筛检
selection bias	选择性偏倚
semilogarithmic line graph	半对数线图
sequential design	序贯设计
sign test	符号检验
signed rank	符号秩
significance level, α	显著性水准
significance test	显著性检验
simple correlation	简单相关
simple regression	简单回归
skewness	偏度
slope	斜率
spearman rank correlation	spearman 等级相关
spherical distribution	球型分布

standard deviation, SD	标准差
standard error, SE	标准误,标准误差
standard normal distribution	标准正态分布
standardization	标准化
standardized partial regression coefficient	标准化偏回归系数
statistic	统计量
statistical control	统计控制
statistical graph	统计图
statistical inference	统计推断
statistical significance	统计学意义
statistical table	统计表
stem and leaf graph	茎叶图
stepwise method	逐步法
strata	层(复数)
stratification	分层
stratified cluster sampling	分层整群抽样
stratified sampling	分层抽样
structural equation modeling	结构方程模型
sum of squares	离差平方和
sum of squares of deviations from mean	离均差平方和
survey	调查
survival analysis	生存分析
survival curve	生存曲线
survival probability	生存概率
survival rate	生存率
survival time	生存时间
symmetry	对称
synthetic index	综合指数
synthetical evaluation	综合评价
systematic error	系统误差
systematic sampling	系统抽样

T

t-distribution	t 分布
tendency of dispersion	离散趋势
test statistic	检验统计量
testing of hypotheses	假设检验
theoretical frequency	理论频数
time series analysis	时间序列分析
t-test	t 检验
two-sided test	双侧检验
two-stage least squares method	二阶段最小二乘法
two-stage sampling	二阶段抽样
two-step cluster	两步聚类法
two-tailed probability	双尾概率
two-tailed test	双侧检验
two-way ANOVA	两因素方差分析
two-way table	双向表
type Ⅰ error	Ⅰ类错误
type Ⅱ error	Ⅱ类错误

U

unbiased estimate	无偏估计
uniform distribution	均匀分布
upper limit	上限
u test	u 检验

V

variable	变量
variance	方差
variance component estimation	方差成分估计
varimax orthogonal rotation	方差最大化正交旋转

W

weight	权重
weighted linear regression method	加权直线回归
weighting method	加权法

Z

zero correlation	零相关
z-transformation	标准正态(Z)变换

参 考 文 献

[1] IBM SPSS Statistics 24 简明指南[M]. Armonk,NY,2016.
[2] IBM SPSS Statistics 24 Core System 用户指南[M]. Armonk,NY,2016.
[3] IBM SPSS Statistics Base 24[M]. Armonk,NY,2016.
[4] IBM SPSS Statistics 24 Command Syntax Reference[M]. Armonk,NY,2016.
[5] IBM SPSS Custom Tables 24[M]. Armonk,NY,2016.
[6] IBM SPSS Bootstrapping 24[M]. Armonk,NY,2016.
[7] IBM SPSS Regression 24[M]. Armonk,NY,2016.
[8] IBM SPSS Data Preparation 24[M]. Armonk,NY,2016.
[9] Presenting Data with SPSS Tables™:Advanced[M]. Chicago,Illinois,2003.
[10] Statistical Analysis Using SPSS[M]. Chicago,Illinois,2001.
[11] Efron B,Tibshirani R J. An Introduction to the Bootstrap[M]. New York:Chapman & Hall,1994.
[12] David F G. Business Statistics:A Decision-Making Approach[M].北京:中国统计出版社,2003.
[13] Kleinbaum D G,Kupper L L,Muller K E. Applied Regression Analysis and Other Multivariable Methods[M]. California:Brooks/Cole,1998.
[14] Sit V. Analyzing ANOVA Designs,Biometrics Information Handbook[M]. Canada:Province of British Columbia 1995.
[15] Sahai H,Ageel M I,The Analysis of Variance:Fixed,Random and Mixed Models[J]. Birkhasuser,2000.
[16] Steel R G D,Torrie J H. Principles and Procedures of Statistics:A Biometrical Approach[M]. 2nd Edition. McGraw-Hill,1980.
[17] 张文彤,邝春伟.SPSS统计分析基础教程[M].2版.北京:高等教育出版社,2011.
[18] 张文彤,董伟.SPSS统计分析高级教程[M].2版.北京:高等教育出版社,2013.
[19] 张文彤.SPSS11统计分析教程(基础篇)[M].北京:北京希望电子出版社,2002.
[20] 张文彤.SPSS11统计分析教程(高级篇)[M].北京:北京希望电子出版社,2002.
[21] Ronald M W,商务统计导论[M].北京:北京大学出版社,2003.
[22] Robert D M,Douglas A L. 商务经济统计方法(英文版)[M].9版.北京:机械工业出版社,1998.
[23] 吴喜之.统计学基本概念和方法[M].北京:高等教育出版社,2003.
[24] 杨树勤.中国医学百科全书·医学统计学分册[M].上海:上海科学技术出版社,1982.
[25] 杨树勤.卫生统计学[M].3版.北京:人民卫生出版社,1995.
[26] 方积乾.卫生统计学[M].5版.北京:人民卫生出版社,2003.
[27] 曹素华,赵耐青.卫生统计学方法[M].上海:复旦大学出版社,2003.
[28] 缪铨生.概率与数理统计[M].2版.上海:华东师范大学出版社,1997.
[29] 盛骤,谢式千,潘承毅.概率论与数理统计[M].2版.北京:高等教育出版社,2000.
[30] 茆诗松,周纪芗.概率论与数理统计[M].北京:中国统计出版社,1996.
[31] Freedman D,等.统计学[M].魏宗舒,等,译.2版.北京:中国统计出版社,1997.
[32] 陆守曾.医学统计学[M].北京:中国统计出版社,2002.
[33] 茆诗松.统计手册[M].北京:科学出版社,2003.
[34] Anderson D R,等.商务与经济统计[M].张建华,等,译.7版.北京:机械工业出版社,2000.

[35] 周润兰,喻胜华.应用概率统计[M].北京:科学出版社,1999.
[36] 何灿芝.概率统计学习指导[M].长沙:湖南科学技术出版社,1984.
[37] 吴喜之.非参数统计[M].北京:中国统计出版社,1999.
[38] 吴喜之,王兆军.非参数统计方法[M].北京:高等教育出版社,1996.
[39] 方开泰,金辉,陈庆云.实用回归分析[M].北京:科学出版社,1988.
[40] 陈希孺.数理统计学简史[M].长沙:湖南教育出版社,2002.
[41] 任仕泉.非独立数据统计分析方法及其医学应用[D].成都:华西医科大学,1999.
[42] 潘晓平,倪宗瓒,殷菲.一种稳健的方差齐性检验方法[J].现代预防医学,2002,29(6):774-776.
[43] 刘彤.利用非参数方法对上海股市周末效应的研究[J].数理统计与管理,2003,1:28-32.
[44] 拉里科夫.仅仅依靠爱情?[J].文学杂志,1974,(29):13-28.
[45] 密歇根大学消费者信心指数主页[EB/OL].http://www.sca.isr.umich.edu/.
[46] CRISP-DM 方法论主页[EB/OL].http://www.crisp-dm.org/.

郑重声明

高等教育出版社依法对本书享有专有出版权。任何未经许可的复制、销售行为均违反《中华人民共和国著作权法》，其行为人将承担相应的民事责任和行政责任；构成犯罪的，将被依法追究刑事责任。为了维护市场秩序，保护读者的合法权益，避免读者误用盗版书造成不良后果，我社将配合行政执法部门和司法机关对违法犯罪的单位和个人进行严厉打击。社会各界人士如发现上述侵权行为，希望及时举报，本社将奖励举报有功人员。

反盗版举报电话　（010）58581999　58582371　58582488
反盗版举报传真　（010）82086060
反盗版举报邮箱　dd@hep.com.cn
通信地址　北京市西城区德外大街4号
　　　　　高等教育出版社法律事务与版权管理部
邮政编码　100120